GRUNDRISSE DES RECHTS

Pieroth/Schlink/Kniesel
Polizei- und Ordnungsrecht

Polizei- und Ordnungsrecht

mit Versammlungsrecht

von

Prof. Dr. Bodo Pieroth
Westfälische Wilhelms-Universität Münster

Prof. Dr. Bernhard Schlink
Humboldt-Universität zu Berlin

und

Rechtsanwalt Michael Kniesel
ehem. Polizeipräsident in Bonn

7. Auflage

Verlag C. H. Beck München 2012

www.beck.de

ISBN 978 3 406 64345 3

Wilhelmstraße 9, 80801 München
Druck und Bindung: Nomos Verlagsgesellschaft,
In den Lissen 12, 76547 Sinzheim

Satz: Thomas Schäfer, www.schaefer-buchsatz.de

Gedruckt auf säurefreiem, alterungsbeständigem Papier
(hergestellt aus chlorfrei gebleichtem Zellstoff)

Vorwort

Das Polizei- und Ordnungsrecht ist für das Studium des Öffentlichen Rechts von zentraler Bedeutung. Zugleich ist es nicht leicht zu lernen und zu beherrschen. Das liegt daran, daß es seine dogmatische Gestalt vor rund hundert Jahren gewonnen hat und seitdem um zahllose gesetzliche Regelungen ergänzt und in zahlreichen dogmatischen Aussagen geändert wurde, daß diese Ergänzungen und Änderungen aber punktuell erfolgten und sich systematisch nicht zusammenfügen. So stimmt die alte dogmatische Gestalt nicht mehr recht, ohne daß schon eine neue an ihre Stelle treten könnte.

Die neue dogmatische Gestalt des Polizei- und Ordnungsrechts bereitet sich vor, ist aber noch nicht fertig. Denn noch immer ist das Polizei- und Ordnungsrecht im Übergang: von einem Recht der Generalklauseln zu einem Recht der Spezialermächtigungen, von einem Recht der konkreten zu einem Recht der abstrakten Gefahrenabwehr, von einem auf objektive zu einem auf subjektive Befunde und Kriterien setzenden Recht. Zugleich verschiebt sich das Gefüge der Aufgaben und Befugnisse; Kompetenzen wandern von den Ländern zum Bund und von beiden zu europäischen Einrichtungen, die Grenzen zwischen polizeilicher und geheimdienstlicher Tätigkeit werden durchlässig, und das private Sicherheitsgewerbe drängt auf die rechtliche Anerkennung seiner wachsenden tatsächlichen Bedeutung.

Ein Lehrbuch kann dem Übergang nicht vorausgreifen. Es kann die Ergänzungen und Änderungen, statt sie neben die alte dogmatische Gestalt zu stellen, ihr einfügen und, wo dies nicht geht, erklären, warum sie die alte dogmatische Gestalt sprengen und auf welche neue sie hinlaufen. Es kann das Polizei- und Ordnungsrecht nicht geschlossener, nicht einfacher machen als es ist. Aber es kann es transparent machen.

Die vorhandenen Lehrbücher sind oft Landeslehrbücher, zu denen die Studenten und Studentinnen des betreffenden Landes gerne greifen, weil die anderen Lehrbücher einigermaßen zufällig mal auf dieses und mal auf jenes Landesrecht Bezug nehmen. Dadurch gerät aus dem Blick, daß das Polizei- und Ordnungsrecht nach Geschichte und Gestalt gemeindeutsches Recht ist. Seit 1976 wird es von dem von der Innenministerkonferenz vorgelegten Musterentwurf eines einheitlichen

Polizeigesetzes des Bundes und der Länder einheitlich geprägt. Zugleich wird der Musterentwurf von den Ländern erheblich variiert, und der Blick auf das Neben- und Gegeneinander der verschiedenen Landesregelungen erhellt die Leistungen und die Probleme der einzelnen Rechtsinstitute besser als der auf die einzelnen Landesregelungen verengte Blick. Das vorliegende Lehrbuch ist daher ein Lehrbuch des Polizei- und Ordnungsrechts in der Bundesrepublik Deutschland. Zugleich erkennt es das Bedürfnis der Studentinnen und Studenten nach vollständiger und verläßlicher Information über die einschlägigen Bestimmungen des jeweiligen Landesrechts an. Es weist deshalb nicht exemplarisch hier diese und dort jene, sondern stets alle einschlägigen landesrechtlichen Bestimmungen nach. Während sich die Nachweise aus Rechtsprechung und Literatur im Text finden, sind die Fußnoten den landesrechtlichen Nachweisen vorbehalten. Es mag sich empfehlen, die jeweils einschlägige Bestimmung farblich zu markieren.

Systematisch behandelt der Text in den ersten drei Teilen die allgemeinen Fragen und die Generalklauseln; im vierten, größten Teil behandelt er die Spezialbefugnisse. Bei den einzelnen Spezialbefugnissen erzählt er nicht die gesetzlichen Bestimmungen paraphrasierend und kommentierend nach, wie dies gemeinhin geschieht, sondern legt eine einheitliche, nach Begriff, rechtlicher Grundlage, formeller und materieller Rechtmäßigkeit, Schutzgut, Gefahr, Pflichtigkeit, Verhältnismäßigkeit und Durchsetzung unterscheidende Systematik zugrunde. Der fünfte Teil widmet sich konzentriert dem Versammlungsrecht als besonderem Gefahrenabwehrrecht für Versammlungen, weil es im Studium und in den Prüfungen eine besondere Bedeutung hat. Im sechsten Teil behandelt der Text die Regelungen über Vollstreckung, Kosten und Schadensausgleich, die die Aufgaben und Befugnisse als den Kern des Polizei- und Ordnungsrechts abrunden und ergänzen. Im siebten Teil leitet er die Umsetzung des systematisch präsentierten Stoffs in die in Ausbildung und Prüfung geforderte Fallbearbeitung an. Insgesamt bietet das vorliegende Lehrbuch das Polizei- und Ordnungsrecht in der Breite und Tiefe, in der es Gegenstand der ersten Prüfung für Juristen ist. Wir wünschen es uns aber in die Hände der Studentinnen und Studenten nicht nur an den Universitäten, sondern auch an den Fachhochschulen des Bundes und der Länder und überdies der in Referendariat und Praxis polizei- und ordnungsrechtlich Interessierten.

Bei einem Lehrbuch, das unter mehreren Autorennamen erscheint, liegt die Frage nahe, welcher Autor welchen Paragraphen verfaßt hat.

Wir können sie nicht beantworten. Jeder Paragraph ist in mehreren Fassungen aus verschiedenen Federn entstanden, mehrfach gemeinsam diskutiert, schließlich gemeinsam redigiert und also tatsächlich gemeinsam verfaßt worden. Wir hoffen, daß die Freude, die dieser Arbeitsprozeß uns gemacht, und die Bereicherung, die er für jeden von uns bedeutet hat, sich auch unseren Leserinnen und Lesern mitteilt. Wir hoffen auch auf ihre Kritik und Anregungen. Wenn uns bei der Fülle der Nachweise in den Fußnoten der eine oder andere Fehler unterlaufen sein sollte, bitten wir um Nachsicht und sind für einen Hinweis dankbar.

In der vorliegenden 7. Auflage ist das Lehrbuch auf dem Stand von Juni 2012.

Berlin/Königswinter/Münster, Juli 2012

Bodo Pieroth
Bernhard Schlink
Michael Kniesel

Inhaltsübersicht

Inhaltsverzeichnis

3. Teil. Allgemeine Befugnisse

4. Teil. Spezialbefugnisse

5. Teil. Versammlungsrecht

6. Teil. Folgen

Verzeichnis der abgekürzt zitierten Polizei- und Ordnungsgesetze

bayLStVG	(Bayerisches) Landesstraf- und Verordnungsgesetz vom 13. Dezember 1982 (GVBl. S. 1098), zuletzt geändert am 12. April 2010 (GVBl. S. 169)
bayPAG	(Bayerisches) Polizeiaufgabengesetz vom 14. September 1990 (GVBl. S. 397), zuletzt geändert am 20. Dezember 2011 (GVBl. S. 689)
bayPOG	(Bayerisches) Polizeiorganisationsgesetz vom 10. August 1976 (GVBl. S. 303), zuletzt geändert am 20. Dezember 2011 (GVBl. S. 689)
bbgOBG	(Brandenburgisches) Ordnungsbehördengesetz vom 21. August 1996 (GVBl. I S. 266), zuletzt geändert am 20. Dezember 2010 (GVBl. I Nr. 47 S. 1)
bbgPolG	Brandenburgisches Polizeigesetz vom 19. März 1996 (GVBl. I S. 74), zuletzt geändert am 19. Dezember 2011 (GVBl. I Nr. 31 S. 1)
berlASOG	(Berliner) Allgemeines Sicherheits- und Ordnungsgesetz vom 11. Oktober 2006 (GVBl. S. 930), zuletzt geändert am 15. Februar 2012 (GVBl. S. 42)
BKAG	Bundeskriminalamtsgesetz vom 7. Juli 1997 (BGBl. I S. 1650), zuletzt geändert am 6. Juni 2009 (BGBl. I S. 1226)
BPolG	Bundespolizeigesetz = Bundesgrenzschutzgesetz vom 19. Oktober 1994 (BGBl. I S. 2978), zuletzt geändert am 31. Juli 2009 (BGBl. I S. 2507)
bremPolG	Bremisches Polizeigesetz vom 6. Dezember 2001 (GBl. S. 441, 2002, S. 47), zuletzt geändert am 8. Mai 2012 (GBl., S. 160)
bwPolG	(Baden-Württembergisches) Polizeigesetz vom 13. Januar 1992 (GBl. S. 1, 596, 1993, S. 155), zuletzt geändert am 4. Mai 2009 (GBl. S. 195)
hambGDatPol	(Hamburgisches) Gesetz über die Datenverarbeitung der Polizei vom 2. Mai 1991 (GVBl. S. 187, 191), zuletzt geändert am 17. Februar 2009 (GVBl. S. 29, 34)
hambHafenSG	Gesetz zur Verbesserung der Sicherheit im Hamburger Hafen vom 6. Oktober 2005 (GVBl. S. 424), zuletzt geändert am 22. Juni 2010 (GVBl. S. 440)
hambSOG	(Hamburgisches) Gesetz zum Schutz der öffentlichen Sicherheit und Ordnung vom 14. März 1966 (GVBl.

	S. 77), zuletzt geändert am 15. Dezember 2009 (GVBl. S. 405, 433)
hessSOG	Hessisches Gesetz über die öffentliche Sicherheit und Ordnung vom 14. Januar 2005 (GVBl. I S. 14), zuletzt geändert am 14. Dezember 2009 (GVBl. I S. 635)
mvPOG	Gesetz zur Organisation der Landespolizei in Mecklenburg-Vorpommern vom 30. November 2010 (GVOBl. S. 674)
mvSOG	Gesetz über die öffentliche Sicherheit und Ordnung in Mecklenburg-Vorpommern vom 9. Mai 2011 (GVOBl. S. 246)
ndsSOG	Niedersächsisches Gesetz über die öffentliche Sicherheit und Ordnung vom 19. Januar 2005 (GVBl. S. 9), zuletzt geändert am 13. Oktober 2011 (GVBl. S. 353)
nwOBG	(Nordrhein-Westfälisches) Ordnungsbehördengesetz vom 13. Mai 1980 (GVBl. S. 528), zuletzt geändert am 8. Dezember 2009 (GVBl. S. 793)
nwPolG	Polizeigesetz des Landes Nordrhein-Westfalen vom 25. Juli 2003 (GVBl. S. 441), zuletzt geändert am 9. Februar 2010 (GVBl. S. 132)
nwPOG	(Nordrhein-Westfälisches) Polizeiorganisationsgesetz vom 5. Juli 2002 (GVBl. S. 308, 629), zuletzt geändert am 25. Oktober 2011 (GVBl. S. 498)
rpPOG	(Rheinland-Pfälzisches) Polizei- und Ordnungsbehördengesetz vom 10. November 1993 (GVBl. S. 595), zuletzt geändert am 20. Dezember 2011 (GVBl. S. 427)
saarlPolG	Saarländisches Polizeigesetz vom 26. März 2001 (ABl. S. 1074), zuletzt geändert am 26. Oktober 2010 (ABl. S. 1406)
sächsPolG	Polizeigesetz des Freistaates Sachsen vom 13. August 1999 (GVBl. S. 466), zuletzt geändert am 27. Januar 2012 (GVBl. S. 130)
saSOG	Gesetz über die öffentliche Sicherheit und Ordnung des Landes Sachsen-Anhalt vom 23. September 2003 (GVBl. S. 215), zuletzt geändert am 18. Mai 2010 (GVBl. S. 340)
shLVwG	(Schleswig-Holsteinisches) Landesverwaltungsgesetz vom 2. Juni 1992 (GVOBl. S. 243, 534), zuletzt geändert am 17. Dezmber 2010 (GVOBl. S. 789)
thürOBG	Thüringer Ordnungsbehördengesetz vom 18. Juni 1993 (GVBl. S. 323), zuletzt geändert am 9. Dezember 2010 (GVBl. S. 291)
thürPAG	Thüringer Polizeiaufgabengesetz vom 4. Juni 1992 (GVBl. S. 199), zuletzt geändert am 25. Oktober 2011 (GVBl. S. 268)

thürPOG .... Thüringer Polizeiorganisationsgesetz vom 25. Oktober 2011 (GVBl. S. 268)

Verzeichnis der abgekürzt zitierten Literatur

Dietel u. a.	*A. Dietel/K. Gintzel/M. Kniesel,* Versammlungsgesetz, 16. Aufl. 2011
Drews u. a.	*B. Drews/G. Wacke/K. Vogel/W. Martens,* Gefahrenabwehr. Allgemeines Polizeirecht (Ordnungsrecht) des Bundes und der Länder, 9. Aufl. 1986
Götz	*V. Götz,* Allgemeines Polizei- und Ordnungsrecht, 14. Aufl. 2008
Gusy	*C. Gusy,* Polizei- und Ordnungsrecht, 8. Aufl. 2011
HdbPolR	*H. Lisken/E. Denninger* (Hrsg.), Handbuch des Polizeirechts, 4. Aufl. 2007
HdbStR	J. Isensee/P. Kirchhof (Hrsg.), Handbuch des Staatsrechts der Bundesrepublik Deutschland, 1. Aufl. 10 Bände, 1987–2000; 2. Aufl. materiell unverändert; HdbStR^3: 3. Aufl., bisher 9 Bände, 2003–2011
Heckmann	*D. Heckmann,* Bayerisches Polizei- und Sicherheitsrecht, in: U. Becker/D. Heckmann/B. Kempen/G. Manssen, Öffentliches Recht in Bayern, 5. Aufl. 2011, S. 239
JP	*H. D. Jarass/B. Pieroth,* Grundgesetz für die Bundesrepublik Deutschland. Kommentar, 11. Aufl. 2011
Knemeyer	*F.-L. Knemeyer,* Polizei- und Ordnungsrecht, 11. Aufl. 2007
Kugelmann	*D. Kugelmann,* Polizei- und Ordnungsrecht, 2. Aufl. 2012
Maurer, Allg. VwR	*H. Maurer,* Allgemeines Verwaltungsrecht, 18. Aufl. 2011
Maurer, StaatsR	*H. Maurer,* Staatsrecht I, 6. Aufl. 2010
Pieroth/Schlink	*B. Pieroth/B. Schlink,* Grundrechte. Staatsrecht II, 27. Aufl. 2011
Schenke	*W.-R. Schenke,* Polizei- und Ordnungsrecht, 7. Aufl. 2011
Schmidbauer u. a.	*W. Schmidbauer/U. Steiner,* Bayerisches Polizeiaufgabengesetz, 3. Aufl. 2011
Schoch	*F. Schoch,* Polizei- und Ordnungsrecht, in: E. Schmidt-Aßmann/F. Schoch (Hrsg.), Besonderes Verwaltungsrecht, 14. Aufl. 2008, S. 127
Tegtmeyer/Vahle	*H. Tegtmeyer/J. Vahle,* Polizeigesetz Nordrhein-Westfalen, 10. Aufl. 2011

Würtenberger/Heckmann .... *T. Würtenberger/D. Heckmann*, Polizeirecht in Baden-Württemberg, 6. Aufl. 2005

1. Teil. Grundlagen

§ 1. Geschichte und Begriff

Die Begriffe des Rechts wachsen in der Geschichte. Sie sind daher nur mit ihrer und aus ihrer Geschichte zu verstehen. In der Geschichte der Begriffe des Polizeirechts schlägt sich zudem die Entwicklung **vom Polizei- zum Rechtsstaat** nieder und wurden Konzepte und Modelle für die Zähmung der Macht durch das Recht entwickelt, auf die auch der moderne Verfassungsstaat angewiesen bleibt. 1

I. Geschichte

1. Die wohlfahrtsstaatliche Polizei

Im 16. und 17. Jahrhundert bezeichnete **gute policey** die Tätigkeit, mit der der Fürst das Gemeinwesen in gute Ordnung brachte und in guter Ordnung erhielt. Die gute Ordnung des Gemeinwesens verlangte, daß Fürst, Stände und Untertanen in Frieden und Eintracht zusammenlebten, daß jeder an seinem Platz seine Pflicht erfüllte, Gott ehrte und seinen Geboten gemäß lebte. Alle Bereiche des Lebens waren Teil der guten Ordnung des Gemeinwesens, Ehe und Familie, Essen, Trinken und Kleidung, Haus und Hof, Ackerbau und Viehzucht, Jagd und Fischfang; und wie der Hausvater sein Haus und Hof in guter Ordnung zu halten hatte, hatte der Fürst sein Land durch seine Geldwirtschaft und Steuererhebung, Förderung von Sittlichkeit, Religion und Bildung, Handel und Wandel und Gesundheits- und Bevölkerungspolitik zu verwalten. Seine Landespolizeiordnungen hatten ebenso wie die Reichspolizeiordnungen alle Lebensbereiche zum Gegenstand. 2

Beispiel: „Der Römischen Keyserlichen Maiestat reformirte und gebesserte Policey Ordnung/zu befürderung gemeines guten, bürgerlichen wesen und nutzen/auff Anno M.D.LXXVII. zu Franckfort gehaltenem Reichs Deputation tag verfast und auffgericht" handelt in ihren 38 Titeln „I. Von den Gottslästerungen, II. Von Gottes schwüren und flüchen, III. Von lästerung der 3

Mutter Christi/und Gottes Heiligen, IIII. Von deß Adels/und ihren raisigen Knechten/Gottes schwüren und flüchen, V. Von der Kriegsleuten Gottslästerung/auch schwören und fluchen, VI. Was in den Kriegsläuffen gefreyet, VII. Von den Herrnlosen und Gardenden Knechten/so sich understehn zuversammlen/und die arme leut zu beschweren, VIII. Von ubermessigem trincken und vom zutrincken, IX. Von unordnung und köstlichkeit der Klaider, X. Von Bürgern/Bawern/und andern underthanen, XI. Vom Adel, XII. Von Doctorn, XIII. Von Graffen und Herrn, XIIII. Pferdtzeug, XV. Von etlichen Articuln/darinn den Obrigkaiten/Ordnung fürzunemmen befohlen würdet, XVI. Von den Schiff/und Fuhrleuten/und verfälschung der Wein, XVII. Von wucherlichen contrecten, XVIII. Die monopolia, und schädliche auff und fürkäuff belangend, XIX. Von verkauffen der Frücht im Feldt/auch Korn und Weingülten, XX. Von Jüden/und irem wucher, XXI. Verkauffung der wüllen Tücher/gantz/oder zum außschnitt mit der Elen/und von verbottnen neuwlich gefundener fressender farben/die Teuffelsfarb/genannt, XXII. Wie es mit verkauffung und verführung der Wollen und deß Leders/zuhalten, XXIII. Von verdorbenen Kauffleuten, XXIIII. Verkauffung deß Ingwers/Pfeffers/Safferig/und anderer gewürtz/und Specereyen, XXV. Von Raisigen Knechten und Dienstbotten, XXVI. Von leichtfertiger beywohnung, XXVII. Von Bettlern und müssiggängern, XXVIII. Von den Zeugeunern, XXIX. Von Schalcksnarren, XXX. Von Pfeiffern und Botten, XXXI. Von Landtfahrern/Singern und Reimensprechern, XXXII. Von der Pupillen/und Minderjärigen kindern/Tutorn/und Vormündern, XXXIII. Von Richtern/Advocaten/und Procuratorn, XXXIIII. Von den Apoteckern, XXXV. Von Buchdruckern/Schmächschrifften/schmälichen gemäls/Gedichten/und anschlägen, XXXVI. Von Goldtschmiden, XXXVII. Von den Handtwercken ingemein, XXXVIII. Von Handtwercks Söhnen/Gesellen/Knechten und Lehrknaben" (*Weber*, S. 215 ff.).

4 Im 18. Jahrhundert erstarkte die Machtstellung des Fürsten gegenüber Ständen und Untertanen. Damit erstarkten auch seine Macht und sein Recht, die gute Ordnung des Gemeinwesens zu definieren und zu bestimmen, was zu ihrer Erreichung geeignet und notwendig war. Das ius politiae, die Polizeigewalt als Hoheitsrecht, wurde zum juristischen Inbegriff der absoluten Herrschaft. Unter der Geltung des **Schlusses vom Zweck auf die Mittel** – „ius ad finem dat ius ad media" (*von Kreittmayr*, Grundriß des Allgemeinen, Deutsch- und Bayrischen Staatsrechtes, 1769, S. 15) – gab das ius politiae, das sich auf den Zweck der guten Ordnung des Gemeinwesens oder der salus publica im weitesten Sinn bezog, zur Erreichung des Zwecks in ebenso weitem Umfang die iura ad media politiae, d. h. die Mittel oder Befugnisse gegenüber Ständen und Untertanen. Man spricht vom Polizeistaat, der keine verbürgten Rechte der Untertanen und der Stände mehr kannte, keinen gerichtlichen Rechtsschutz, keine

Trennung von vollziehender und gesetzgebender Gewalt, und der die Gesellschaft umfassend bevormundete. Der Polizeistaat war auch Wohlfahrtsstaat.

Gegen den polizeistaatlichen Absolutismus ging die Forderung der **Aufklärung** dahin, die Aufgabe der Polizei auf die Gefahrenabwehr zurückzunehmen. Die Forderung findet sich bei *Johann Stephan Pütter* (Institutiones iuris publici Germanici, 1770, S. 330 ff.) und *Carl Gottlieb Svarez* in einem Vortrag von 1791 (*Conrad/Kleinheyer* [Hrsg.], Vorträge über Recht und Staat von Carl Gottlieb Svarez, 1960, S. 36 ff., 485 ff.), bei beiden allerdings durchaus vorsichtig vorgetragen. So schreibt *Svarez,* daß der Staat „zu Einschränkungen, welche zur Abwehr gemeiner Störungen und Gefahren abzielen, ... ein stärkeres Recht [hat], als zu solchen, wodurch bloß der Wohlstand, die Bequemlichkeit, die Schönheit oder andre dergleichen Nebenvorteile für das Ganze befördert werden sollen" (a. a. O. S. 487). Nicht ohne Zwiespältigkeit ist auch das 1794 von *Svarez* geschaffene Allgemeine Landrecht für die preußischen Staaten (ALR). Es enthält einerseits Bestimmungen, unter denen die Polizei wohlfahrtsstaatlich tätig wird. Es enthält andererseits den durchaus programmatisch gehaltenen und gemeinten § 10 II 17: „Die nöthigen Anstalten zur Erhaltung der öffentlichen Ruhe, Sicherheit und Ordnung, und zur Abwendung der dem Publico, oder einzelnen Mitgliedern desselben, bevorstehenden Gefahr zu treffen, ist das Amt der Polizey" (vgl. *Hattenhauer* [Hrsg.], Allgemeines Landrecht für die preußischen Staaten, 3. Aufl. 1996, S. 626). 5

Diese Programmatik des Allgemeinen Landrechts blieb unerfüllt. Schon in § 3 der Verordnung über die verbesserte Einrichtung der Provinzial-, Polizei- und Finanzbehörden von 1808 hieß es, daß die Polizei „so berechtigt als verpflichtet [ist], nicht allein allem vorzubeugen und solches zu entfernen, was dem Staate oder seinen Bürgern Gefahr oder Nachteil bringen kann, mithin die nötigen Anstalten zur Erhaltung der öffentlichen Ruhe, Sicherheit und Ordnung zu treffen, sondern auch dafür zu sorgen, daß das allgemeine Wohl befördert und erhöht werde" (vgl. *Drews,* Preußisches Polizeirecht, 1. Aufl. 1927, S. 3), und noch in den amtlichen Erläuterungen zum Entwurf des Gesetzes über die Polizeiverwaltung von 1850 wurde „das Gebiet der Polizei [als] überhaupt ein fast unbegrenztes" bezeichnet (vgl. *Rosin,* Das Polizeiverordnungsrecht in Preußen. 2. Aufl. 1895, S. 312). Die **Restauration** kennzeichnete nach 1815 wie das Staatsleben insgesamt so auch das Wirken der Polizei. Die 6

Zeit wird gelegentlich als nachlandrechtlicher Polizeistaat gekennzeichnet; nochmal griffen polizeiliche Gängelungen tief in Wirtschaft und Verkehr, das Vereins-, Versammlungs- und Pressewesen und den Lebenswandel vom Besuch des Wirtshauses bis zum Veranstalten eines Begräbnisses, vom Rauchen über das Barttragen bis zu bestimmten Rede- und Anredeweisen.

7 **Beispiel:** In einem Publikandum von 1819 verbietet die Königliche Regierung zu Breslau „ausdrücklich: 1. das Herumgehen der Heiligen Drei Könige; 2. das Herumgehen des sogenannten Christkindes mit Joseph und dem Knecht Ruprecht; 3. das Baden und Schwemmen der Menschen und Thiere vorzüglich der Pferde am Kharfreitage und zweiten Osterfeiertage; 4. das Austragen des sogenannten Tods, polnisch Marczane; 5. das Abschneiden der Wipfel von jungen Kiefern, Fichten und andern Bäumen, zum sogenannten Sommergehen am Sonntag Lätare, und endlich 6. das Begießen mit Wasser, wenn die Mägde zum ersten Male nach Straße gehen, oder auch am Kharfreitage und zweiten Osterfeiertage, welches, wie die Erfahrung so oft bewiesen hat, von den nachtheiligen Folgen für die Gesundheit ist" (vgl. *von Rönne/Simon,* Das Polizeiwesen des Preußischen Staates, 2. Bd. 1841, S. 398f.).

8 Die **zeitgenössische Kritik** meinte, im nachlandrechtlichen Polizeistaat sogar eine Verfallform des vorlandrechtlichen erblicken zu können, weil es nun nicht mehr um Förderung der gesellschaftlichen Wohlfahrt, sondern um Nieder- und Ruhighaltung der aufstrebenden bürgerlichen Gesellschaft gegangen sei (vgl. *Wolzendorff,* Die Grenzen der Polizeigewalt, 2. Bd., 1906, S. 33).

2. Abschied vom Polizeistaat

9 Das änderte sich mit und nach der Revolution von 1848. Jetzt setzte eine **Disziplinierung** der Polizei ein, die sich zweier Ansätze bediente. Dem einen war schon das Allgemeine Landrecht gefolgt, indem es den Aufgabenkreis der Polizei beschränkte. Amt der Polizei sollte nicht mehr alles und jedes, was mit der Wohlfahrt des Staats zu tun hatte, sondern tendenziell nur noch die Gefahrenabwehr sein. Wie die Polizei den Zweck der Gefahrenabwehr verfolgen, welche Mittel sie dafür einsetzen würde, blieb dabei offen, ungeregelt und undiszipliniert. Es genügte schon, daß der Aufgabenkreis reduziert war. „War die Zuständigkeit der Polizei auf ein Minimum beschränkt, so mochte sie in diesem ihrem Bereich terrorisieren" (*Wolzendorff,* Die Grenzen der Polizeigewalt, 2. Bd., 1906, S. 15). Der zweite Ansatz setzte die Disziplinierung inhaltlich an und verwehrte der Polizei den Schluß vom Zweck auf das Mittel, von der Aufgabe auf die Be-

fugnis. Nicht mehr alles, was sie zur Erfüllung ihrer Aufgabe, sei es auch nur der Aufgabe der Gefahrenabwehr, für erforderlich hielt, sollte sie tun dürfen, sondern nur das, was tatsächlich erforderlich war. Hier also ging es nicht um die Beschränkung des Aufgabenkreises, sondern um die Disziplinierung der Aufgabenerfüllung.

Seine Bedeutung und seine Berühmtheit erhält das **Kreuzberg-Erkenntnis** des Preußischen Oberverwaltungsgerichts vom 14. 6. 1882 (PrOVG 9, 353 = DVBl. 1985, 219) dadurch, daß es beide Disziplinierungsansätze miteinander verband. Gegenstand war eine Klage auf Erteilung einer Baugenehmigung für ein vierstöckiges Wohnhaus. Die Baugenehmigung war versagt worden, weil das Wohngebäude die Aussicht auf die Stadt und das Siegesdenkmal auf dem Kreuzberg beeinträchtige; Grundlage war eine Polizeiverordnung, nach der „in dem das Siegesdenkmal auf dem Kreuzberg umgebenden Bauviertel… Gebäude fortan nur in solcher Höhe errichtet werden [dürfen], daß dadurch die Aussicht von dem Fuße des Denkmals auf die Stadt und deren Umgebung nicht behindert und die Ansicht des Denkmals nicht beeinträchtigt wird". Das Preußische Oberverwaltungsgericht gab der Klage statt. Es maß das Bauverbot und die es tragende Verordnung an § 10 II 17 ALR und ließ es daran scheitern. Denn Bauverbot und Verordnung bezweckten nicht Gefahrenabwehr, sondern Wohlfahrtspflege durch ästhetische Bauweise; dies sei durch § 10 II 17 ALR nicht mehr gedeckt. 10

Das Preußische Oberverwaltungsgericht hat für die Norm des § 10 II 17 ALR, die durch die zwischenzeitige Gesetz- und Verordnungsgebung eigentlich bedeutungslos geworden war, nicht nur fortdauernde Gültigkeit behauptet und in Wahrheit neuerliche Geltung begründet. Es hat die Norm auch **uminterpretiert.** Es hat ihr zum einen eine konsequente Reduktion der Polizeiaufgaben um die Wohlfahrtspflege auf die Gefahrenabwehr entnommen, obwohl dies im Allgemeinen Landrecht nur als Forderung programmatisch angeklungen und keineswegs durchgeführt worden war. Zum anderen hat es aus der Aufgabennorm eine Aufgaben- und Befugnisnorm gemacht. Ursprünglich war § 10 II 17 ALR eine Amts- oder Aufgabenumschreibung gewesen; von den Mitteln zur Erfüllung der Aufgabe und zur Wahrnehmung des Amts hatte die Norm nicht handeln müssen, weil aus dem ius ad finem politiae ohnehin die iura ad media politiae gefolgt waren. Nun sah das Preußische Oberverwaltungsgericht in § 10 II 17 ALR eine Aufgaben- und Befugnisnorm; in § 10 II 17 ALR sei sowohl „die Aufgabe der Polizei … umschrieben" (S. 370) 11 als auch der den „Befugnissen der Polizeibehörden ... gegebene Rahmen" (S. 373).

12 Der Schluß von der Aufgabe auf die Befugnis wurde derart im Gesetz untergebracht, durch das Gesetz legitimiert und zugleich diszipliniert. In der mit dem Kreuzberg-Erkenntnis beginnenden Rechtsprechung untersuchte das Preußische Oberverwaltungsgericht immer sorgfältiger und detaillierter, ob im Einzelfall die polizeilichen Mittel zur Erreichung der polizeilichen Aufgabe geeignet und notwendig und damit rechtmäßige polizeiliche Befugnisse waren. Das Preußische Oberverwaltungsgericht hat den Zusammenhang von Aufgabe und Befugnis immer mehr verrechtlicht und dabei den **Grundsatz der Verhältnismäßigkeit** entwickelt (vgl. PrOVG 13, 426/427 f.; 38, 421/426 f.; 51, 284/288; *Bühler,* Die subjektiven öffentlichen Rechte und ihr Schutz in der deutschen Verwaltungsrechtsprechung, 1914, S. 197 f.). Der Schluß von der Aufgabe auf die Befugnis, von *Otto Mayer* als die Folgerungsweise des Polizeistaats apostrophiert (Verwaltungsrecht, 1. Bd., 1895, S. 283 f., Fn. 20), wandelt sich zum Grundsatz der Verhältnismäßigkeit, einem zentralen Kontrollmaßstab des Rechtsstaats.

13 Eine Gerichtsentscheidung als **Signal** des Abschieds vom Polizeistaat – darin kommt sinnfällig zum Ausdruck, daß in der deutschen Entwicklung das Bürgertum nicht revolutionär die Demokratie, sondern in weitgehender Anpassung an vorgegebene Machtverhältnisse den Rechtsstaat hervorgebracht hat. Die Franzosen haben die Bastille gestürmt, die Deutschen haben die Verwaltungsgerichtsbarkeit und den Grundsatz der Verhältnismäßigkeit erfunden.

3. General- und Spezialermächtigung

14 In den süddeutschen Staaten verlief die Entwicklung anders. Hier fand das Polizeirecht seine gesetzliche Gestalt in **Polizeistrafgesetzbüchern.** Diese enthielten strafbewehrte Verbotsvorschriften und Ermächtigungen zum Erlaß strafbewehrter Verordnungen und Verfügungen.

15 **Beispiel:** 1862 erklärte das Gesetz die Einführung des Strafgesetzbuches und des Polizeistrafgesetzbuches für das Königreich Bayern betreffend in Art. 28 „die Polizeibehörden [für] befugt, Verfügungen, die sie innerhalb ihrer Zuständigkeit zum Vollzuge von Gesetzen, deren Uebertretung nicht mit Strafe bedroht ist, an bestimmte Personen erlassen und diesen eröffnet haben, durch Anwendung gesetzlicher Zwangsmittel zur Ausführung zu bringen. Zu die-

sem Zwecke sind die Polizeibehörden insbesondere berechtigt, die Nichtbefolgung einer Verfügung der in Abs. 1 bezeichneten Art mit Ungehorsamsstrafen zu bedrohen und diese im Falle des Ungehorsams für verwirkt zu erklären" (Gesetz-Blatt für das Königreich Bayern 1861/1862, Sp. 342).

Die ursprüngliche, umfangreiche Strafgewalt der Polizei wurde im Fortgang der Entwicklung zum einen tatbestandlich und zum anderen dadurch **begrenzt,** daß die Strafe an die Entscheidung eines unabhängigen Richters geknüpft wurde. Eine polizeiliche Generalklausel, die die Polizei zum Einschreiten bei jeglicher Gefahr für die öffentliche Sicherheit und Ordnung ermächtigte, wurde neben den Spezialnormen und -ermächtigungen zwar in den süddeutschen Staaten durchweg anerkannt, geschrieben oder ungeschrieben, aber sie spielte doch keine § 10 II 17 ALR vergleichbare Rolle. **16**

Zu Beginn des 20. Jahrhunderts wurde mehrfach die Frage gestellt, unter welchem der beiden Systeme, dem preußischen oder dem süddeutschen, die Bindung und Kontrolle der Polizei **besser gewährleistet** sei. Zunächst klingt die These plausibel, der Handlungsspielraum der Polizei müsse mit generalklauselartigen Normierungen zu- und mit spezialgesetzlichen abgenommen haben. Aber die Analyse neigte eher zum gegenteiligen Bild. Unter § 10 II 17 ALR sei die „Nachprüfung fast der ganzen administrativen Erwägung unvermeidlich" geworden (*Wolzendorff,* Der Polizeigedanke des modernen Staats, 1918, S. 227); die Gerichtskontrolle beurteile die Notwendigkeit, Verhältnismäßigkeit und sogar Zweckmäßigkeit des polizeilichen Handelns und binde dieses auch entsprechend, da es sich der gerichtlichen Praxis anpasse (ebenso *Bühler,* Die subjektiven öffentlichen Rechte und ihr Schutz in der deutschen Verwaltungsrechtsprechung, 1914, S. 172 ff., 311 ff.). Dagegen gebe es unter einem System von Spezialermächtigungen die Erfahrung, daß die Rechtsprechung sich „leicht mit der Nachprüfung [begnügt], ob überhaupt für einen bestimmten Gegenstand (z. B. Straßenverkehr, Polizeistunde) polizeiliche Regelung formell zugelassen ist, ohne sich weiter Sorge zu machen, ob materiell die unerläßlichen 'objektiven Voraussetzungen' ... gegeben sind" (*Wolzendorff,* Der Polizeigedanke des modernen Staats, 1918, S. 227 f.). Entsprechend leicht mache es sich dann auch die Polizei. Nach dem Ende des Kaiserreichs sind beide Entwicklungen zusammengemündet; kein neues Polizeigesetz hat auf eine Generalklausel verzichtet, keines aber auch auf Spezialermächtigungen da, wo sich typisches polizeiliches Handeln fassen und regeln läßt. **17**

18 Eine wichtige Station in der Entwicklung des Polizeirechts war das **Preußische Polizeiverwaltungsgesetz** von 1931 (PVG). In § 14 enthielt es eine Generalklausel, die in der Tradition von § 10 II 17 ALR steht und zugleich Vorbild für alle späteren Generalklauseln geworden ist: „Die Polizeibehörden haben im Rahmen der geltenden Gesetze die nach pflichtmäßigem Ermessen notwendigen Maßnahmen zu treffen, um von der Allgemeinheit oder dem Einzelnen Gefahren abzuwehren, durch die die öffentliche Sicherheit oder Ordnung bedroht wird." Ähnlich prägend wurde der 1976 von der Innenministerkonferenz beschlossene Musterentwurf eines einheitlichen Polizeigesetzes des Bundes und der Länder (MEPolG).

II. Materieller und formeller Polizeibegriff

1. Auseinanderfallen des Polizeibegriffs

19 In § 14 PVG kamen der später sog. materielle und der ebenfalls später sog. formelle Polizeibegriff zur Deckung. Der **materielle** Polizeibegriff setzt Polizei mit Gefahrenabwehr gleich. Er spricht in allen Verwaltungsbereichen bei den gefahrenabwehrenden Verwaltungsfunktionen von Polizei, d. h. also von Bau-, Feuer-, Fremden-, Jugend-, Markt-, Sitten-, Preßpolizei etc. Der **formelle** oder auch institutionelle oder organisatorische Polizeibegriff bezeichnet demgegenüber den Inbegriff der Zuständigkeiten der als Polizeibehörden bezeichneten Verwaltungsbehörden. Als sich beide Polizeibegriffe unter § 14 PVG noch deckten, spielte die spätere Unterscheidung von materiellem und formellem Polizeibegriff noch keine Rolle. Erst als beide auseinanderzufallen begannen, als die Polizeibehörden auch andere Verwaltungsfunktionen zu versehen und als auch andere Verwaltungsbehörden Gefahrenabwehr zu besorgen hatten, versuchte man, beides unter einem einheitlichen Begriff von Polizei mit der Differenzierung von materiell und formell noch zusammenzuhalten.

20 Daß die beiden Polizeibegriffe **auseinanderdriften** mußten, lag in der Natur der Sache. Mit dem Ausgreifen der Verwaltung auf immer neue Aufgaben und Bereiche seit der Kriegs- und Mangelwirtschaft und -verwaltung des 1. Weltkriegs und der Weimarer Republik ging auch eine Ausdifferenzierung spezialisierter Verwaltungseinheiten einher. Bei diesen erschien es dann sinnvoll, auch die Zuständigkeit zur Gefahrenabwehr für den besonderen Bereich zu begründen. Um-

gekehrt bedarf Verwaltung auch da, wo sie nicht die Aufgabe der Gefahrenabwehr erfüllt, eines zu Befehl und Zwang fähigen Handlungs- und Vollzugsorgans. Dies ist nun einmal die Polizei, und so hat denn auch schon § 14 PVG in Abs. 2 die Möglichkeit vorgesehen, daß den Polizeibehörden auch andere als Gefahrenabwehraufgaben übertragen werden.

Das Auseinanderdriften hat aber noch einen **tieferen Grund.** Mit 21
und nach dem 1. Weltkrieg wurde die alte rechtsstaatlich-liberale Gegenüberstellung von Polizei und Wohlfahrtspflege, wobei tendenziell polizeiliche Gefahrenabwehr als legitim, Wohlfahrtspflege dagegen als illegitim angesehen wurde, problematisch. Je wichtiger Planung, Lenkung und Vorsorge des Staats wurden, desto weniger ging es an, sie als traditionelle Wohlfahrtspflege der Gefahrenabwehr gegenüberzustellen. Die Vorstellung, man könne, man müsse sogar die Gesellschaft und Wirtschaft ihrer Selbständigkeit und -läufigkeit überlassen und nur äußere Gefahren und Störungen von ihr abhalten, hat sich in der 1. Weltkriegs- und -nachkriegssituation als überholt erwiesen (vgl. *Forsthoff,* Lehrbuch des Verwaltungsrechts, 1. Bd., 10. Aufl. 1973, S. 36, 63 f.). Weiter gilt, daß die durch die technisch-industrielle Entwicklung entstehenden Gefahren für Leben, Gesundheit und Umwelt immer größer werden und nicht erst, wenn akut geworden, abgewehrt, sondern durch Planung, Lenkung und Vorsorge am Entstehen gehindert werden müssen. Der Staat also, der auch sozial gestalten und umgestalten, den großen Gefahren vorbeugen und daher Wirtschaft und Gesellschaft nicht einfach sich selbst überlassen will, muß das ganze Instrumentarium von Gefahrenabwehr und Leistung, Planung, Lenkung und Vorsorge nutzen und in den verschiedenen Bereichen ineinandergreifend und aufeinander abgestimmt einsetzen.

2. Die sog. Entpolizeilichung nach dem Ende des nationalsozialistischen Staats

Zu diesen einfach der modernen Entwicklung von Gesellschaft und 22
Verwaltung geschuldeten Gründen für das zunehmende Auseinanderfallen von formellem und materiellem Polizeibegriff kommt noch ein **spezifisch deutscher.** Es ist dies die sog. Entpolizeilichung der deutschen Verwaltung durch die westlichen Alliierten nach dem 2. Weltkrieg.

Im **nationalsozialistischen Deutschland** war zwar das Preußische 23
Polizeiverwaltungsgesetz von 1931 in Geltung geblieben. Aber seine

Generalklausel war nationalsozialistisch ausgelegt und angewandt worden; unter ihr war „alles, was objektiv dazu beitragen kann, dem nationalsozialistischen Staat gegenüber untergrabend, hemmend, verstimmend oder auch nur staatsentfremdend zu wirken, als Störung der öffentlichen Sicherheit zu erachten" (*Drews,* Preußisches Polizeirecht, 1. Bd., 1936, S. 13f.), und mit ihr wurde entsprechend „schlechterdings jede gemeinschaftsgestaltende, die völkischen Werte schützende, die Ordnung des Zusammenlebens stützende Handlung der Polizei ... gerechtfertigt" (*Maunz,* Gestalt und Recht der Polizei, in: Huber [Hrsg.], Idee und Ordnung des Reiches, 2. Bd., 1943, S. 57). Der totalitäre nationalsozialistische Staat hatte aus der Generalklausel zur Gefahrenabwehr eine Generalklausel zur Aufrechterhaltung der nationalsozialistischen Ordnung in ihrer Totalität gemacht. Er hatte auch einen totalitären Polizeiapparat geschaffen. Die Länder- und z. T. auch noch kommunalen Polizeien hatte er in einem reichseinheitlichen Polizeiapparat zusammengefaßt; diesen hatte er aus der allgemeinen inneren Verwaltung herausgelöst, immer enger mit zunächst der SA und dann der SS verschmolzen und, soweit es um die Maßnahmen der Geheimen Staatspolizei ging, der richterlichen Kontrolle entzogen.

24 Diesen Polizeiapparat zu entnazifizieren und entmilitarisieren, war das eine Ziel der **westlichen Alliierten;** das andere war, ihn durch Dezentralisierung und Entpolizeilichung zu demokratisieren. Dezentralisierung bedeutete Föderalisierung und Kommunalisierung, Schaffung von Länder- und von Gemeindepolizeien anstelle des zerschlagenen Reichspolizeiapparats. Entpolizeilichung, d. h. Reduzierung der Bedeutung der Polizei in der Verwaltung, geschah dadurch, daß die Polizeibehörden auf bloße Exekutiv- oder Vollzugsmaßnahmen beschränkt und daß für die eigentlichen Aufgaben der Gefahrenabwehr Sicherheits- oder Ordnungsbehörden geschaffen wurden.

25 Auch der **östliche Alliierte** hat den alten Polizeiapparat entnazifiziert und den neuen zunächst ländermäßig aufgebaut. Aber schon 1948 wurden Teile der Polizei kaserniert, 1949 wurde die Polizei zentralisiert, und eine Entpolizeilichung der Verwaltung wurde nicht betrieben. Das Preußische Polizeiverwaltungsgesetz wurde 1968 durch das Gesetz über die Aufgaben und Befugnisse der Deutschen Volkspolizei abgelöst (GBl. I 232), das der Polizei in der Präambel zur Aufgabe machte, „unablässig... die sozialistische Entwicklung in der Deutschen Demokratischen Republik aktiv zu unterstützen und deren Schutz zu gewährleisten", und das ihr die Befugnisse für die

Gewährleistung der entsprechend weit verstandenen öffentlichen Ordnung und Sicherheit in § 11 Abs. 1 durch eine Generalklausel gab.

Zwar ist die Vorstellung der westlichen Alliierten, durch Dezentralisierung und Entpolizeilichung Demokratie erreichen zu können, oft kritisiert worden (*Wolff,* VVDStRL 1952, S. 134/147, 151 ff.; *Gönnenwein,* ebd., S. 181/195 f.). Aber die Neuorganisation der Alliierten blieb bis auf die in den 50er bis 70er Jahren wieder zurückgenommene Kommunalisierung der Polizei prägend. Bei verschiedenen Bezeichnungen und organisatorischen Zuordnungen gilt **in allen Bundesländern,** daß die Eil- und Vollzugsaufgaben der Gefahrenabwehr, gewissermaßen die Gefahrenabwehr vor Ort, von anderen Behörden wahrgenommen werden als die regelmäßige Gefahrenabwehr, die sich gewissermaßen vom Schreibtisch aus erledigen läßt. Das eine Mal wird die Polizei oder der Polizeivollzugsdienst tätig, das andere Mal werden es entweder alle Behörden oder die Ordnungs- und Sonderordnungsbehörden oder auch Polizeiverwaltungsbehörden. Alle Behörden zusammen fallen unter den materiellen Polizeibegriff, aber nur noch ein Teil von ihnen unter den formellen, immerhin alle die, die die Eil- und Vollzugsaufgaben der Gefahrenabwehr vor Ort versehen. 26

3. Ist der materielle Polizeibegriff überholt?

Angesichts dessen wurde die Frage aufgeworfen und nachdrücklich verneint, ob es noch sinnvoll sei, am materiellen Polizeibegriff festzuhalten. Insbesondere drei Argumente werden **gegen den materiellen Polizeibegriff** vorgebracht (*Götz,* § 2 Rn. 19): Die dereinst einmal freiheitsfördernde und -sichernde Funktion der Beschränkung der Polizei auf die Gefahrenabwehr sei funktionslos, da Gefahrenabwehr und Leistung, Planung, Lenkung und Vorsorge gleichermaßen durch die gewaltenteilige Ordnung und die Maßgabe der Grundrechte bestimmt seien. Wichtiger als der ohnehin nicht mehr reinlich durchzuhaltende Unterschied zwischen Gefahrenabwehr und Sozialgestaltung sei der Unterschied zwischen den vom Schreibtisch aus zu leitenden Überwachungs- und Gefahrenabwehraufgaben, die bei den Sonderordnungsbehörden in engem Zusammenhang mit Sozialgestaltungsaufgaben stünden, und der exekutivischen Vollzugstätigkeit vor Ort. Schließlich führe die Verabschiedung des materiellen Polizeibegriffs den Polizeibegriff wieder auf den allgemeinen Sprachgebrauch 27 zurück. Die Kritik läßt sich dahin zusammenfassen, daß der materielle Polizeibegriff eben einfach überholt und damit falsch geworden sei.

28 Aber Definitionen sind nicht richtig oder falsch, sondern zweckmäßig oder unzweckmäßig. Die Frage ist daher, ob es noch zweckmäßig ist, mit der **Aufrechterhaltung** des materiellen Polizeibegriffs die Eigenständigkeit der Gefahrenabwehraufgabe und ihre Unterscheidung von den Sozialgestaltungsaufgaben aufrechtzuerhalten. Richtig ist natürlich, daß rechtspolitisch beides miteinander verbunden ist und der Gesetzgeber sich beider Instrumentarien im Zusammenhang miteinander bedienen muß. Gleichwohl erscheinen die auch grundrechtlich geprägten Zulässigkeitsvoraussetzungen, die entsprechenden Befugnisse und die einschlägigen rechtsdogmatischen Überlegungen hinreichend unterschiedlich, um beides auseinander- und den materiellen Polizeibegriff aufrechtzuerhalten (vgl. *Schoch*, Rn. 7). Dies gilt gerade gegenüber modernen Tendenzen einer Vermischung von Aufgaben und Befugnissen, wie sie unter dem Stichwort des Rechts der inneren Sicherheit zu beobachten sind.

III. Wandlungen und Tendenzen des Polizeirechts in der Bundesrepublik Deutschland

1. Wandlungen

29 Unter den Wandlungen des Polizeirechts ist als erste die **Versubjektivierung** zu verzeichnen. Das klassische Polizeirecht orientierte sich an objektiven Befunden; eine Gefahr lag objektiv vor oder nicht, jemand hatte die Gefahr objektiv verursacht oder nicht, die Polizei handelte unter objektiven Vorgaben rechtmäßig oder rechtswidrig. Das moderne Polizeirecht, wie es sich in der Bundesrepublik Deutschland in den 60er bis 80er Jahren entwickelt hat, stellt nicht mehr allein darauf ab, ob eine Gefahr objektiv gegeben ist, sondern läßt schon genügen, daß die Polizei in vertretbarer Einschätzung der Lage fälschlich angenommen hat, es sei eine Gefahr gegeben. Ähnlich ist es dem modernen Polizeirecht immer fremder, jemanden als Verursacher einer Gefahr für deren Beseitigung verantwortlich zu machen, den für die Verursachung keine Schuld trifft, der von der Gefahr vielleicht selbst hart getroffen und bedroht ist. Rechtmäßig ist in Konsequenz dieser Entwicklung polizeiliches Handeln schon dann, wenn dem zuständigen Polizisten das Handeln nicht vorzu-

werfen ist (vgl. § 4 Rn. 47), und rechtswidrig kann es schon dann werden, wenn dem durch das Handeln in die Pflicht genommenen Verursacher die Verursachung nicht vorzuwerfen ist (vgl. § 4 Rn. 69).

Mit dem Trend zur Versubjektivierung geht der zur **Versubjektiv-rechtlichung** einher. Auch daß die Polizei die Erfüllung ihrer Aufgabe nur objektiv-rechtlich, d. h. der Allgemeinheit schuldet, wird im modernen Polizeirecht abgelehnt und dahin überholt, daß der einzelne, der von einer Gefahr bedroht ist, ein subjektives Recht jedenfalls auf ermessensfehlerfreie Entscheidung über das Ob und Wie des polizeilichen Einschreitens hat. Unter Umständen erstarkt dieses subjektive Recht zum Anspruch auf ein bestimmtes Einschreiten, und unter Umständen hat es sogar der, der die Gefahr verursacht hat (vgl. § 10 Rn. 45). Ob Versubjektivierung oder Versubjektivrechtlichung – mit der starken Stellung, die die Grundrechte dem Subjekt einräumen, erscheint es offensichtlich schwer vereinbar, Urteile über Rechtmäßigkeit und Rechtswidrigkeit allein aus objektivem Recht und nach objektiver Maßgabe zu begründen. Daß die Verabschiedung der objektiven Begründung von Rechtmäßigkeits- und -widrigkeitsurteilen grundrechts-, rechtsstaats- oder polizeirechtsdogmatisch geboten oder auch nur sinnvoll ist, ist damit freilich noch nicht gesagt (vgl. § 4 Rn. 40 ff.). 30

Auch die nächste Wandlung, die zu verzeichnen ist, ist den Grundrechten geschuldet. Im Volkszählungsurteil hat das Bundesverfassungsgericht aus Art. 2 Abs. 1 GG das **informationelle Selbstbestimmungsrecht** entwickelt, d. h., „die aus dem Gedanken der Selbstbestimmung folgende Befugnis des einzelnen, grundsätzlich selbst zu entscheiden, wann und innerhalb welcher Grenzen persönliche Lebenssachverhalte offenbart werden" (E 65, 1/42). Auch und gerade die Polizei erhebt persönliche Lebenssachverhalte, auch und gerade ihr gegenüber gilt daher die Befugnis des einzelnen, grundsätzlich selbst über deren Offenbarung zu entscheiden. Damit die Befugnis des einzelnen beschränkt und die Polizei zur Erhebung der persönlichen Lebenssachverhalte instand gesetzt wird, bedarf es seit dem Volkszählungsurteil des Gesetzes, und die moderne Gesetzgebung auf dem Gebiet des Polizeirechts ist denn auch wesentlich Informations- und Datenerhebungs-, -verarbeitungs- und -schutzgesetzgebung. Sie ist materiell- und verfahrensrechtliche Gesetzgebung; da eine erschöpfende materiell-rechtliche Regelung, wann welche persönlichen Lebenssachverhalte erhoben und verarbeitet werden dürfen, schlechterdings unmöglich ist, muß der Grundrechtsschutz hier 31 auch durch Verfahren verwirklicht werden, d. h. durch Begründung von Benachrichtigungspflichten, Einsichts- und Berichtigungsrechten, Löschungsfristen, Übermittlungsregelungen und Anforderungen an die Qualifikation dessen, der über die Informationserhebung und -verarbeitung entscheidet.

32 Die dritte hier zu verzeichnende Wandlung hat die Aufgabe der Gefahrenabwehr in das sog. Vorfeld geweitet und die **Gefahrenvorsorge** und **vorbeugende Verbrechensbekämpfung** eingeschlossen (vgl. § 4 Rn. 13 ff.; § 5 Rn. 1 ff.). Zum Teil ist diese Wandlung eine Folge der zuletzt genannten. Schon immer hat die Polizei Informationen erhoben und gesammelt, um dadurch über gefährliche Lagen und Szenen im Bild zu sein und sich für Situationen zu rüsten, in denen es Straftaten aufzuklären und zu verfolgen galt. Solange die Informationserhebung und -verarbeitung nicht als grundrechtsrelevant erkannt und nicht dem Gesetzesvorbehalt unterworfen wurde, bestand auch keine Notwendigkeit, sie als eigenes Tätigkeitsfeld rechtlich zu erfassen und gesetzlich zu legitimieren. Indem die Entwicklung des informationellen Selbstbestimmungsrechts diese Erfassung und Legitimation verlangte, rückte ein Tätigkeitsfeld, das es schon immer gab, als Vorfeld der Abwehr konkreter Gefahren neu in den Blick. Ein weiterer Grund für die Beschäftigung mit der polizeilichen Tätigkeit im Vorfeld war die Zunahme der sog. organisierten Kriminalität. Eine Polizei, die in Gefahrenabwehr und Strafverfolgung auf die manifesten Erscheinungen organisierter Kriminalität nur reagiert, kommt insgesamt zu spät. Organisierte Kriminalität kann allenfalls dadurch erfolgreich bekämpft werden, daß sie auch in ihren nichtspektakulären Erscheinungsformen, in ihren organisatorischen und informationellen Strukturen, in ihren legalen und halblegalen Geschäften, ihren vorbereitenden und absichernden Unternehmungen ausgeforscht wird. Wieder gilt, daß materiell-rechtliche Regelungen die Polizei bei dieser Tätigkeit nur unzureichend binden und kontrollieren können. Das Vorfeld ist offen, und die Tätigkeit muß sich den sich wandelnden Handlungsformen der organisierten Kriminalität anpassen können. Auch hier hat daher Grundrechtsschutz durch Verfahren im Polizeirecht eine besondere, bisher freilich noch nicht ausgelotete Bedeutung (vgl. *Volkmann*, NVwZ 2009, 2016).

2. Tendenzen

Die Tendenzen, die im Polizeirecht gegenwärtig zu beobachten sind, zielen auf Verlagerungen polizeilicher Aufgaben und Befugnisse. In allen Bundesstaaten gibt es eine **Zentralisierungstendenz,** ein „Hochwandern" von Kompetenzen der unteren zu den oberen Ebenen der Staatlichkeit, von den Gemeinden zu den Einzelstaaten und von diesen zum Gesamtstaat. In der Bundesrepublik Deutschland wurde die Polizei, wo sie Sache der Gemeinden war, Sache der Länder, zuletzt 1975 in München. Derzeit wandern immer mehr polizeiliche Kompetenzen von den Ländern zum Bund (vgl. *Lisken/ Denninger,* HdbPolR, C Rn. 151; *Gusy,* VerwArch 2010, 309/331). Der frühere Bundesgrenzschutz hat die polizeilichen Aufgaben und Befugnisse bei der Bahn, auf den Flughäfen und an Bord deutscher Luftfahrzeuge übertragen bekommen, seine Verantwortung für die Grenzsicherung wurde ins Hinterland ausgedehnt und schließt die Ermächtigung zur sog. Schleierfahndung, d. h. zu verdachtsunabhängigen Kontrollen ein; er heißt seit dem 1. Juli 2005 Bundespolizei. Das Bundeskriminalamt wird immer stärker mit Aufgaben der vorbeugenden Verbrechensbekämpfung betraut; seit Ende 2008 hat es zur Abwehr von Gefahren des internationalen Terrorismus sämtliche polizeirechtlichen Befugnisse (vgl. § 3 Rn. 3). Auch Bundesnachrichtendienst und Bundesamt für Verfassungsschutz drängen in die Bekämpfung der organisierten Kriminalität und des internationalen Terrorismus. Das Zollkriminalamt hat Aufgaben der vorbeugenden Verbrechensbekämpfung und dafür die Befugnis zu Eingriffen in das Brief-, Post- und Fernmeldegeheimnis erhalten. 33

Grund für dieses Hochwandern ist zum einen die schwache Finanzkraft der meisten Länder; diese kämpfen nicht um Aufgaben, deren Erfüllung sie teuer zu stehen kommt. Grund ist zum anderen die veränderte Situation an den Grenzen; nachdem diese im Westen nicht mehr kontrolliert werden und im Osten durchlässig geworden sind, kann der Bund seine Aufgabe der Grenzsicherung nicht erfüllen, ohne im Hinterland, d. h. im Gebiet der Länder tätig zu werden. Grund ist schließlich, daß die organisierte Kriminalität sich nicht um Ländergrenzen schert, so daß auch ihre Bekämpfung sich Reibungsverluste durch eine Vielfalt von Ländergrenzen und -kompetenzen nicht leisten kann. Die organisierte Kriminalität schert sich auch nicht um Staatsgrenzen; sie muß daher im europäischen Verbund und international bekämpft werden, und dabei muß die Bundesrepublik 34

Deutschland mit einer Stimme sprechen und auch entsprechend handeln können.

35 Soll die Bekämpfung der organisierten Kriminalität Aussicht auf Erfolg haben, braucht der europäische Verbund seinerseits polizeiliche Kompetenzen. Das Hochwandern von Kompetenzen von den Gemeinden zu den Ländern und von den Ländern zum Bund setzt sich als **Europäisierungstendenz** vom Bund zur Europäischen Union fort (vgl. *Möstl*, Verwaltung 2008, 309). Schon das Übereinkommen von Schengen von 1985, seit dem Vertrag von Amsterdam von 1997 weithin in das Recht der Europäischen Union integriert, hat zum Ausgleich für die Abschaffung der Kontrollen an den Grenzen eine polizeiliche Zusammenarbeit und ein gemeinsames Informationssystem eingerichtet. Das Europol-Übereinkommen von 1995 hat zur Errichtung eines europäischen Polizeiamts geführt, das 1998 seine Arbeit aufgenommen hat; als Zentralstelle für Informations- und Datensammlung und -analyse bekämpft es schwerwiegende Formen organisierter internationaler Kriminalität (vgl. *Kalk,* DuD 1999, 442; *Tolmein,* StV 1999, 108). In der Logik dieser Entwicklung liegt der Ausbau von Europol zur europäischen Polizei und die Ausstattung nicht nur mit informationellen, sondern auch mit aktionellen Befugnissen (vgl. § 12 Rn. 6ff.); bisher bleibt die Europäische Union allerdings zur Ausübung von Zwangsbefugnissen auf die Mitgliedstaaten angewiesen (*Möstl,* in: Hatje/Nettesheim, S. 33/50).

35a Eine über die europäische hinausgehende internationale polizeiliche Zusammenarbeit geschieht regelmäßig auf der Grundlage völkerrechtlicher Verträge. Die Kompetenz zu deren Abschluß liegt gem. Art. 32 Abs. 1 GG beim Bund und gem. Art. 32 Abs. 3 i. V. m. Art. 70ff. GG bei den Ländern. Insgesamt läßt sich eine gewisse **Internationalisierungstendenz** verzeichnen. Der Bund hat die Gesetzgebungskompetenz aus Art. 73 Abs. 1 Nr. 9 a und 10 GG, wobei unter internationaler Verbrechensbekämpfung heute auch internationale Verbrechensverhütung verstanden wird; er hat von der Kompetenz besonders in §§ 3, 4a, 14 und 15 BKAG Gebrauch gemacht und für die polizeiliche Zusammenarbeit in Grenzgebieten und auch für sonstige internationale polizeiliche Amtshilfe zunehmend Rechtsgrundlagen in völkerrechtlichen Verträgen geschaffen (vgl. *Mokros,* HdbPolR, O Rn. 219). Die Länder haben zu den gleichen Themen gelegentlich informelle Absprachen getroffen oder sogar Verträge mit Grenznachbarn geschlossen (vgl. *Pernice,* in: Dreier, GG, Bd. 2, 2. Aufl. 2006, Art. 32 Rn. 35ff.; *Baldus,* S. 122 Fn. 11). Für Interpol gibt es eine Rechtsgrundlage weder in völkerrechtlichen Verträgen noch in Regierungsabkommen; Interpol funktioniert aufgrund informeller Absprachen der nationalen Polizeibehörden und eigener Richtlinien (vgl. *Mokros,* HdbPolR, O Rn. 82ff.), wobei die nationalen Polizeibehörden nach Maßgabe ihrer nationalen Befugnisse kooperieren, das Bundeskriminalamt nach Maßgabe von § 14 Abs. 5 BKAG. Schwerpunkt der Arbeit von Interpol ist die Verarbeitung und der Austausch von Daten zu Personen- und Sachfahndungen.

Diesen Zentralisierungs-, Europäisierungs- und Internationalisie- **36**
rungstendenzen läuft eine weitere Tendenz, die den Gemeinden erhöhte Aufmerksamkeit widmet und insofern als **Kommunalisierungstendenz** bezeichnet werden kann, nur auf den ersten Blick entgegen. Bei ihr geht es zwar teilweise auch darum, polizeiliche Kompetenzen auf die Gemeindeebene zurückzuholen; das geschieht durch die Ausstattung der städtischen Ordnungsbehörden mit Vollzugsbeamten (Ordnungsdienste und Stadtpolizeien; vgl. *Söllner,* Die Verpolizeilichung 2011, S. 36ff., 109ff.). Vor allem aber geht es darum, daß kriminogene Strukturen, Szenen und Milieus, weil sie in den Gemeinden entstehen, auch in ihnen bekämpft werden müssen. Die Zunahme von Unsauberkeit und Unordnung, Nichtseßhaftigkeit, Alkohol- und Drogenkonsum, aggressivem Betteln, Graffitischmierereien, Randalieren und Vandalisieren von Jugendlichen und zugleich von massiver Kriminalität im öffentlichen Raum hat in den USA die Broken-Windows-Theory und Zero-Tolerance-Doctrine hervorgebracht; diese Theorien vertreten, die Duldung kleiner Rechtsverstöße in einem Stadtviertel führe zu dessen kriminellem Niedergang, sei daher schlechterdings unannehmbar und müsse entschlossen und umfassend unterbunden werden. Eine andere Antwort auf die Zunahme der Probleme im öffentlichen Raum ist die Strategie des Community Policing, die im Umgang mit kriminogenen Strukturen, Szenen und Milieus auf eine gemeinde- und stadtviertelbezogene Polizeiarbeit im Verbund mit sowohl Jugend-, Sozial- und Gesundheitsbehörden als auch den Bürgerinnen und Bürgern und ihren gesellschaftlichen Organisationen und Institutionen setzt. In Deutschland findet eine Umsetzung der Broken-Windows-Theory und Zero-Tolerance-Doctrine rechtsstaatliche und grundrechtliche Grenzen (vgl. *Dolderer,* NVwZ 2001, 130; *Volkmann,* NVwZ 1999, 230), und auch die von Gemeinden mittels Straßensatzungen und ordnungsbehördlichen Verordnungen unternommenen Versuche, Betteln und Alkoholkonsum im öffentlichen Raum zu unterbinden und

Nichtseßhafte und andere unerwünschte Personen aus dem Gebiet der Gemeinde zu verbannen, stoßen auf gravierende rechtliche Schwierigkeiten (vgl. § 4 Rn. 10, § 11 Rn. 16). Es bleiben Kriminalpräventive Räte (*Kühne,* DRiZ 2002, 18), Ordnungs- und Sicherheitspartnerschaften (*Pitschas,* DÖV 2002, 221) und andere Koordinierungen, Beiräte, Hilfseinrichtungen und -angebote i. S. des Community Policing, dessen sich auch der Gesetzgeber anzunehmen beginnt.[1]

37 Die Gemeinden, denen dies nicht genügt, suchen, Sicherheit zu kaufen, und finden und nutzen ein wachsendes Angebot von Sicherheitsleistungen privater Dienste. Inzwischen sind sie nicht mehr die einzigen, die der **Privatisierungstendenz** begegnen und sie zugleich fördern; die Tendenz erreicht mehr und mehr Bereiche der staatlichen Sicherheitsverwaltung (vgl. § 5 Rn. 54 ff.).

38 **Literatur:** *A. v. Arnauld,* Die Europäisierung des Rechts der inneren Sicherheit, JA 2008, 327; *M. Baldus,* Transnationales Polizeirecht, 2001; *H. Boldt/M. Stolleis,* Geschichte der Polizei in Deutschland, HdbPolR, A Rn. 1 ff.; *A. Funk,* Polizei und Rechtsstaat. Die Entwicklung des staatlichen Gewaltmonopols in Preußen 1848–1918, 1986; *C. Gusy,* Staat und Sicherheit – Der kooperative Präventionsstaat, Jahrbuch für Öffentliche Sicherheit 2010/2011, 21; *A. Hatje/M. Nettesheim* (Hrsg.), Sicherheit in der Europäischen Union, 2009; *J. Hecker,* Die Europäisierung der inneren Sicherheit, DÖV 2006, 273; *H. Heuer,* Die Generalklausel des preußischen Polizeirechts von 1875 bis zum Polizeiverwaltungsgesetz von 1931, 1988; *F.-L. Knemeyer,* Polizei, in: O. Brunner u. a. (Hrsg.), Geschichtliche Grundbegriffe. Historisches Lexikon zur politisch-sozialen Sprache in Deutschland, 4. Bd., 1978, S. 875; *J. F. Lindner,* Die gemeinschaftsrechtliche Dimension des Polizeirechts, JuS 2005, 302; *H. Maier,* Die ältere deutsche Staats- und Verwaltungslehre, 2. Aufl. 1980; *J. C. Pauly,* Die Entstehung des Polizeirechts als wissenschaftliche Disziplin, 2000; *P. Preu,* Polizeibegriff und Staatszwecklehre. Die Entwicklung des Polizeibegriffs durch die Rechts- und Staatswissenschaften des 18. Jahrhunderts, 1983; *H. Reinke* (Hrsg.), „… nur für die Sicherheit da …?" Zur Geschichte der Polizei im 19. und 20. Jahrhundert, 1993; *J. Ruthig,* Verfassungsrechtliche Grenzen der transnationalen Übermittlung personenbezogener Daten, in: FS Hilger, 2003, S. 183; *F. Schoch,* Abschied vom Polizeirecht des liberalen Rechtstaats?, Staat 2004, 347; *W. Schulte,* Die historische Entwicklung der Polizei in der Bundesrepublik Deutschland, Polizei 2009, 16; *T. Simon,* Gute Policey. Ordnungsleitbilder und Zielvorstellungen politischen Handelns in der Frühen Neuzeit, 2004; *M. Weber,* Die Reichspolizeiordnungen von 1530, 1548 und 1577, 2002.

1 § 82 bbgPolG; § 1 Abs. 9 rpPOG.

§ 2. Strukturen

I. Das Recht der Gefahrenabwehr im Gefüge des Rechts der inneren Sicherheit

1. Sicherheit als Aufgabe des Staats

1 Seit den 80er Jahren wird die innere Sicherheit als Aufgabe des Staats, Auftrag des Grundgesetzes, Gegenstand einer grundrechtlichen Schutzpflicht und **Dach- und Sammelbegriff** für verschiedene Einzelaufgaben der Verwaltung und der Justiz thematisiert (vgl. *Götz,* HdbStR[3] IV, § 85 Rn. 1 ff.; *Isensee,* Das Grundrecht auf Sicherheit, 1983). Zu den Einzelaufgaben gehören die Strafverfolgung durch Staatsanwaltschaft und Polizei, die vorbeugende Verbrechensbekämpfung durch die Polizei, das traditionell polizeiliche Melde-, Paß-, Ausländer-, Vereins- und Versammlungswesen, die polizeiliche Gefahrenabwehr und der geheim- und nachrichtendienstliche Staats- und Verfassungsschutz. Unter dem Dach- und Sammelbegriff der inneren Sicherheit werden zwischen den für die Erfüllung der Einzelaufgaben zuständigen Behörden eine besonders intensive Kooperation, ein besonders reicher Austausch von Informationen und Daten und eine besonders leichte wechselseitige Indienstnahme bzw. -stellung von Befugnissen gefordert und auch für verfassungsrechtlich legitimiert gehalten (vgl. *Scholz/Pitschas,* Informationelle Selbstbestimmung und staatliche Informationsverantwortung, 1984). Da Sicherheit der fundamentale Zweck des modernen Staats sei, da die Behörden der inneren Sicherheit durch die Grundrechte zum Schutz der Sicherheit des Bürgers verpflichtet und verbunden seien und da zwischen ihnen „Funktionseinheit" (*Scholz/Pitschas,* a. a. O., S. 119) bestehe, müßten und dürften sie auch kooperieren. Hindernisse für die entsprechende Aktivierung des staatlichen Potentials habe der Gesetzgeber zu beseitigen; fehlten gesetzliche Grundlagen, bleibe „als ultima ratio… der Rekurs auf die grundrechtliche Schutzpflicht" (*Isensee,* HdbStR V, § 111 Rn. 161).

2 Aber die staatstheoretische und -geschichtliche Einsicht in die Bedeutung der Staatsaufgabe Sicherheit stiftet **keine Funktionseinheit** unter den Behörden der inneren Sicherheit. Als fundamentale Aufgabe des modernen Staats umfaßt Sicherheit mehr als die innere Si-

cherheit; sie schließt die äußere und die soziale Sicherheit ein (vgl. *Robbers,* Sicherheit als Menschenrecht, 1987). Diese verschiedenen Dimensionen oder Funktionen der Sicherheit waren in der staatlichen Praxis und in der staatstheoretischen Reflexion nicht immer gleich bedeutsam, aber nie wurde eine von ihnen völlig vernachlässigt. Friedenseinheit ist der Staat nur, wenn er den inneren wie den äußeren Frieden und im Inneren neben dem Schutz vor Gewalt auch den sozialen Frieden gewährleistet, ohne daß darum eine Funktions- i. S. einer Kooperationseinheit zwischen Militär und Polizei, Ordnungs- und Sozialverwaltung bestünde. Denn die Geschichte des modernen Staats ist die Geschichte der Ausdifferenzierung seiner Funktionen, nicht nur der Funktionen von Gesetzgebung, Verwaltung und Rechtsprechung, sondern in der Verwaltung auch der Funktionen des Militärs, der Wohlfahrtspflege und der Gefahrenabwehr, der Ordnungs- und der Polizeiverwaltung, der Strafverfolgungsorgane und der Geheim- und Nachrichtendienste. Funktionseinheit würde bedeuten, daß um der gemeinsamen Funktion willen die Befugnisse, Daten und Informationen einer Behörde in den Dienst der Aufgabe einer anderen Behörde gestellt werden dürfen und daß damit aus der Aufgabe eine Befugnis auch da erschlossen werden kann, wo das Gesetz sie nicht ausdrücklich zuweist. Aber der Schluß von der Aufgabe auf die Befugnis ist die Folgerungsweise des Polizeistaats (vgl. § 1 Rn. 12), und die Ausdifferenzierung und Verselbständigung der verschiedenen Funktionen der Verwaltung der inneren Sicherheit ist eine rechtsstaatliche Errungenschaft. Wieviel Kooperation es zwischen den Behörden der inneren Sicherheit gibt, folgt nicht aus einer angenommenen Funktionseinheit, sondern allein aus dem Gesetz.

2. Innere und äußere Sicherheit

2a Gelegentlich ist heute sogar von einem ganzheitlichen oder **erweiterten Sicherheitsbegriff** die Rede, unter dem die für die innere und die äußere Sicherheit verantwortlichen Behörden funktional zusammengeschlossen werden sollen (*Brill,* ZfP 2001, 449; *Wellershoff,* Der „Erweiterte Sicherheitsbegriff" – Zusammenschau und Zusammenwirken im Dienste der Sicherheit, in: Bundesakademie für Sicherheitspolitik [Hrsg.], Jubiläumsschrift, 2002, S. 23). Aber auch hier stiftet die richtige Einsicht in die Gefährlichkeit des internationalen Terrorismus und in die Notwendigkeit sowohl zivilen als auch militärischen Sicherheitsengagements keine Befugnisse; das Ausmaß der Kooperation zwischen Polizei- und Ordnungsbehörden und Bundeswehr folgt allein aus dem Gesetz und bedarf dabei wegen Art. 87 a Abs. 2 GG einer grundgesetzlichen Grundlage.

Soweit der internationale Terrorismus nicht derart von Staaten getragen ist, daß zu seiner Bekämpfung diese Staaten bekämpft werden müssen, liegt überhaupt kein Problem der äußeren, sondern der inneren Sicherheit vor, das weniger nach dem Einsatz militärischer Mittel als vielmehr nach einer funktionierenden **internationalen Kooperation** auf dem Gebiet der Polizei und der Justiz verlangt (vgl. *Möstl,* Die staatliche Garantie für die Sicherheit und Ordnung, 2002, S. 279ff.). Ausnahmsweise mag auch der Einsatz der Bundeswehr notwendig werden; Art. 35 Abs. 2 und 3 (vgl. BVerfGE 115, 118/140ff.) und Art. 87 a Abs. 4 i. V. m. 91 Abs. 2 GG lassen ihn bereits zu, und die Frage ist lediglich, ob diese Ermächtigungen für den erfolgversprechenden Kampf gegen den internationalen Terrorismus nach dem 11. 9. 2001 ausreichen (*Schmidt-Jortzig,* DÖV 2002, 773) oder um weitere grundgesetzliche Bestimmungen ergänzt werden sollten (*Fischer,* JZ 2004, 376; *Linke,* AöR 2004, 489). 2b

3. Innere und soziale Sicherheit

Die Ausdifferenzierungen von Sicherheitsfunktionen haben schon früh zur **Trennung** der Aufgabe der sozialen Sicherheit von der der inneren Sicherheit geführt. Seit dem 19. Jahrhundert umfaßt das Polizei- und Ordnungsrecht nicht die Wohlfahrtspflege und also auch nicht die Gestaltung und Sicherung der sozialen Lage (vgl. § 1 Rn. 9ff.). Der materielle Polizeibegriff schließt mit seiner Konzentration auf die Funktion der Gefahrenabwehr diese anderen Funktionen aus. 3

Allerdings heißt das nicht, daß bei der Gestaltung und Sicherung der sozialen Lage nicht **auch** auf **Gefahren** zu achten und zu reagieren wäre. Das Sozialrecht dient auch dazu, Verwahrlosung und Verelendung zu verhindern. Das Arbeits-, Wirtschafts- und Steuerrecht hat auf die sozialen Folgeprobleme von Arbeitslosigkeit, schlechter Ausbildung der Jugend und unzureichender Vorsorge für Krankheit und Alter Bedacht zu nehmen. Das Schulrecht muß ermöglichen, daß sozialer Sprengstoff, der aus der Zusammensetzung einer Klasse folgt, notfalls durch eine andere Zusammensetzung der Klassen entschärft wird. Dabei ist Gefahrenabwehr aber nicht der regelmäßige und typische Inhalt der Rechtsgebiete, und nur wenn dies der Fall ist, gehört ein Rechtsgebiet zum Polizei- und Ordnungsrecht. 4

5 Gefahren, die ihre Wurzeln in der sozialen Lage haben, können sich aber auch so **zuspitzen,** daß für ihre Abwehr das Polizei- und Ordnungsrecht einschlägig ist. Die Abwehr zielt dabei nicht auf die sozialen Ursachen, sondern auf die die öffentliche Sicherheit oder Ordnung gefährdende Wirkung.

6 **Beispiel:** Obdachlosigkeit ist ein Symptom wirtschaftlicher und sozialer Krisen und geht zurück, wenn es der Wirtschafts- und Sozialpolitik gelingt, die Krise zu meistern. Zugleich ist sie eine Störung der öffentlichen Sicherheit und wird kurzfristig von der Polizei durch Einweisungen in Wohnungen abgewehrt (vgl. § 9 Rn. 84 f.); die dauerhafte Unterbringung ist Aufgabe des Trägers der Sozialhilfe (VGH Kassel, NVwZ-RR 2011, 474/475).

4. Gefahrenabwehr und Strafverfolgung

7 Obwohl die Gewährleistung der inneren Sicherheit Gefahrenabwehr und Strafverfolgung einschließt, sind beide Aufgaben **getrennt.** Der Gedanke der Prävention leitet zwar nicht nur das Recht der Gefahrenabwehr, sondern ist insofern auch dem Strafrecht nicht fremd, als Strafen u. a. spezial- und generalpräventiv wirken, d. h. den Täter und jedermann von der Begehung von Straftaten abschrecken sollen. Aber die Gefahr der Begehung von Straftaten durch den Täter oder jedermann ist hypothetisch; anders als die polizei- und ordnungsrechtliche Gefahrenabwehr, die auf die Abwehr bestimmter Gefahren zielt, zielen die strafrechtliche Spezial- bzw. Generalprävention weder beim Täter noch bei jedermann auf die Abwehr bestimmter Straftaten. Überdies ist zweifelhaft, ob Strafen überhaupt präventive Wirkungen haben oder nur das Symbol dafür sind, daß die Gesellschaft ihre Werte hochhält und verteidigt. Erstes Ziel des Strafrechts ist denn auch nicht die Prävention erst drohender, sondern die Repression schon begangener Straftaten durch die Auferlegung tat- und schuldangemessener Strafen. Strafrecht und Strafverfolgung sind weniger präventiv als vielmehr repressiv.

8 Nach § 163 StPO ist die Strafverfolgung und nach Polizei- und Ordnungsrecht ist die Gefahrenabwehr Aufgabe der Polizei (vgl. § 5 Rn. 1 ff.). Beidemal geht es um **Verschiedenes,** das eine Mal um Repression und das andere Mal um Prävention. Beidemal steht die Erfüllung der Aufgabe unter verschiedenen Prinzipien; das eine Mal gilt das Legalitätsprinzip, das die Verfolgung aller begangenen Straftaten verlangt (§§ 152 Abs. 2, 160, 161, 163 Abs. 1 StPO), das andere Mal das Opportunitätsprinzip, das den Polizei- und Ordnungsbehörden

Ermessen einräumt, ob und wie Gefahren abzuwehren sind. Beidemal gibt es verschiedene, wenn auch z. T. inhaltsgleiche Befugnisse, das eine Mal die der Strafprozeßordnung und das andere Mal die des Polizei- und Ordnungsrechts. Schließlich ist für das strafrechtliche gerichtliche Verfahren, das traditionell neben dem Hauptverfahren vor dem Gericht auch das weniger durch das Gericht und mehr durch Staatsanwaltschaft und Polizei geprägte Ermittlungsverfahren einschließt, der Bundesgesetzgeber zuständig (Art. 74 Abs. 1 Nr. 1 GG), für das Polizei- und Ordnungsrecht in erster Linie der Landesgesetzgeber; dabei ist die Verhütung künftiger Straftaten nicht Sache des Bundes-, sondern des Landesgesetzgebers, da sie, anders als die Verfolgung begangener Straftaten oder die isolierte Vorsorge für die Verfolgung künftiger Straftaten, des erforderlichen Bezugs zum gerichtlichen Verfahren entbehrt (BVerfGE 113, 348/368; vgl. § 5 Rn. 5 ff.).

Die Trennung von Gefahrenabwehr und Strafverfolgung schließt 9
nicht aus, daß sich die Aufgaben **überschneiden** können. Dieselben Polizeibeamten, die für die Gefahrenabwehr zuständig sind, sind auch für die Strafverfolgung zuständig. Dieselben Polizeibeamten, die dem Polizeipräsidenten unterstehen, unterstehen auch dem Staatsanwalt und haben dessen Ersuchen oder, da sie regelmäßig auch Ermittlungspersonen der Staatsanwaltschaft sind (§ 152 GVG), dessen Aufträgen gem. § 161 Abs. 1 S. 2 StPO zu genügen. Dieselben Daten, die zur Verhütung künftiger Straftaten erhoben werden, sorgen auch für die künftige Verfolgung von Straftaten vor. Dieselbe Situation kann Gefahrenabwehr und Strafverfolgung verlangen, und zwar so, daß beides nebeneinander, das eine durch das andere oder auch das eine nur auf Kosten des anderen erreicht werden kann.

Beispiele: Eine Situation, in der typischerweise Gefahrenabwehr und Straf- 10
verfolgung nebeneinander erreicht werden, ist das Einschreiten bei strafrechtlichen Dauerdelikten. Die Polizei, die den Hausfriedensbrecher festnimmt, wehrt die Gefahr des fortdauernden Hausfriedensbruchs ab und beginnt mit der Strafverfolgung. – Die zur Wirtshausschlägerei gerufene Polizei hat zu verhindern, daß weitere Rauflustige die Schlägerei eskalieren, die Streithähne auseinanderzuhalten, Strafanzeigen aufzunehmen und Straftaten zu erforschen. Wenn sie bei einem Schläger die Identität feststellt, ihn vernimmt oder festnimmt, um ein Strafverfahren zu ermöglichen, hat dies nicht nur einen Strafverfolgungs-, sondern auch einen Gefahrenabwehreffekt. Wenn ein Schläger, der Körperverletzungen begangen hat, flüchtet, die Schlägerei aber noch weitergeht, kann die schwach vertretene Polizei nur auf Kosten der Gefahrenabwehr die Verfolgung des flüchtigen Straftäters aufnehmen oder unter Verzicht auf die Strafverfolgung die Schlägerei beenden.

11 Die Überschneidungssituationen, in denen beide Aufgaben anstehen und eine Maßnahme entweder der einen oder der anderen Aufgabe oder u. U. als sog. doppelfunktionale Maßnahme (vgl. *Rieger*, Die Abgrenzung doppelfunktionaler Maßnahmen der Polizei, 1994) beiden Aufgaben dienen kann, werfen mehrere **rechtliche Probleme** auf.

12 **a) Vorrang.** Zum Problem kann werden, welche Aufgabe in **ein und derselben Situation** Vorrang besitzt, Strafverfolgung oder Gefahrenabwehr, welches Recht demnach Anwendung findet, die Strafprozeßordnung oder das Polizeigesetz, und wer im Zweifel über den Vorrang entscheidet, der in der Situation den Einsatz leitende Polizeibeamte oder der ebenfalls anwesende Staatsanwalt. Die als Verwaltungsvorschriften erlassenen „Gemeinsamen Richtlinien der Justizminister/-senatoren und der Innenminister/-senatoren des Bundes und der Länder über die Anwendung unmittelbaren Zwanges durch Polizeibeamte auf Anordnung des Staatsanwalts" sehen vor, daß der Staatsanwalt allgemeine Weisungen erteilt und der Polizeibeamte die Ausführung übernimmt, daß beide einvernehmlich zusammenarbeiten, daß im Einzelfall abgewogen wird, ob Gefahrenabwehr oder Strafverfolgung den Vorrang verdient und daß im Zweifel der Polizeibeamte entscheidet. Damit tragen die Richtlinien nicht nur dem Umstand Rechnung, daß die Polizei näher an der Situation dran ist, die stärkeren Kräfte hat und einfach nicht übergangen werden kann. Sie bringen vor allem zur Geltung, daß im Zweifel die Wahrung des Rechts wichtiger als die Sanktion seiner Verletzung, die Abwehr erst drohender Gefahren wichtiger als die Verfolgung schon begangener Straftaten ist (BVerfGE 39, 1/44).

13 **Beispiele:** Mit Kontrollstellen im Vorfeld von Großdemonstrationen soll zwar auch die Strafverfolgung gewalttätiger Demonstranten ermöglicht werden. Wichtiger ist aber, daß die Großdemonstrationen gewaltfrei verlaufen. Ebenso ist bei einer Hausbesetzung die Wiederherstellung der Verfügungsgewalt des Berechtigten regelmäßig wichtiger als die Festnahme der Besetzer und bei einer Geiselnahme die Rettung der Geisel als die Festnahme der Geiselnehmer.

14 **b) Rechtsschutz.** Zum weiteren Problem kann werden, auf welchem **Rechtsweg** der von einer doppelfunktionalen Maßnahme Betroffene Rechtsschutz findet. Denn Rechtsschutz gegen polizeiliches Handeln zwischen Gefahrenabwehr und Strafverfolgung kann vor drei Gerichten stattfinden:

- Handelt die Polizei zum Zweck der Strafverfolgung in Eil- und Notfällen anstelle des eigentlich zuständigen Richters, z. B. bei der Beschlagnahme gem. § 98 StPO, oder im Vorgriff auf seine Entscheidung, z. B. bei der vorläufigen Festnahme gem. § 127 StPO, kann gem. § 98 Abs. 2 S. 2 StPO dieser Richter angerufen werden. Die Bestimmung des § 98 Abs. 2 S. 2 StPO wird bei der Beschlagnahme direkt, bei den anderen repressiven Maßnahmen analog angewendet (vgl. *Götz,* § 19 Rn. 19; *Beulke,* Strafprozeßrecht, 11. Aufl. 2010, Rn. 323). § 98 Abs. 2 S. 2 StPO ist auch anwendbar, wenn sich die Maßnahmen erledigt haben (BVerfG, NJW 1997, 2163; BGH, NJW 1998, 3653 f.; *Laser,* NStZ 2001, 120/122).
- Handelt sie zum Zweck der Strafverfolgung in eigener Zuständigkeit, z. B. bei der Identitätsfeststellung gem. § 163 b StPO, wird regelmäßig auch § 98 Abs. 2 S. 2 StPO analog angewendet; es besteht aber gem. §§ 23 ff. EGGVG eine subsidiäre Zuständigkeit des Oberlandesgerichts (vgl. *Götz,* § 19 Rn. 20; *Roxin/Schünemann,* Strafverfahrensrecht, 26. Aufl. 2009, § 29 Rn. 16; a. A. *Schenke,* NJW 2011, 2838).
- Handelt sie zum Zweck der Gefahrenabwehr, kann gem. § 40 Abs. 1 VwGO das Verwaltungsgericht angerufen werden.

Allgemein wird bei der Entscheidung für den einen oder den ande- 15
ren Rechtsweg darauf abgestellt, ob die doppelfunktionale Maßnahme ihren **Schwerpunkt** in der Strafverfolgung oder in der Gefahrenabwehr hat (vgl. VGH München, NVwZ 1986, 655; *Gusy,* Rn. 484 ff.; *Ehrenberg/Frohne,* Kriminalistik 2003, 737; a. A. *Schenke,* Rn. 423). Im Zweifel muß wieder zur Geltung kommen, daß Gefahrenabwehr wichtiger ist als Strafverfolgung. Ist bei einer doppelfunktionalen Maßnahme der Schwerpunkt der Strafverfolgung wegen deren besonderer Dringlichkeit oder Bedeutung nicht sichtbar, ist vom Schwerpunkt der Gefahrenabwehr auszugehen und der Rechtsweg zum Verwaltungsgericht eröffnet. Dabei ist für die Frage der Sichtbarkeit auch die Sicht des Betroffenen relevant.

5. Gefahrenabwehr und geheimdienstlicher Staats- und Verfassungsschutz

Getrennt sind auch die Aufgaben der Gefahrenabwehr und des ge- 16
heimdienstlichen Staats- und Verfassungsschutzes. Zwar können auch hier unter dem Gesichtspunkt der Prävention Gemeinsamkeiten festgestellt werden, da der geheimdienstliche Staats- und Verfassungs-

schutz Störungen der Staats- und Verfassungsordnung vorbeugen soll. Aber wieder sind die Bestimmtheit und auch die Nähe der Gefahren verschieden, und ebenso verschieden sind regelmäßig auch die Reaktionen auf die Gefahren.

17 Polizei- und Ordnungsbehörden wehren regelmäßig Gefahren von **bestimmtem Störungs- oder Schadenspotential** ab. Bei der konkreten Gefahr droht das bestimmte Störungs- oder Schadenspotential in der konkret gegebenen Situation, bei der abstrakten Gefahr mit statistischer Wahrscheinlichkeit in einer Situation eines gewissen Typs (vgl. § 4 Rn. 9ff.). Auch die vorbeugende Verbrechensbekämpfung, mit der die Polizei Milieus und Szenen ausforscht, die wahrscheinlich verbrechensgeneigt, d. h. abstrakt gefährlich sind, zielt nach den einschlägigen Vorschriften auf die Verhinderung bestimmter, besonders bedeutsamer Straftaten, vor allem auf Drogen-, Waffen- und Menschenhandel.

18 Demgegenüber haben die Behörden des geheimdienstlichen Staats- und Verfassungsschutzes regelmäßig alles zu erheben, was dereinst einmal nicht nur zu Straftaten gegen Staat und Verfassung, sondern auch zu verfassungswidrigem Mißbrauch grundrechtlicher Freiheit (vgl. Art. 18 GG), zur Gründung und Betätigung verfassungswidriger Vereinigungen (vgl. Art. 9 Abs. 2 GG) und Parteien (vgl. Art. 21 Abs. 2 GG), zu verfassungswidrigen Handlungen gegen das friedliche Zusammenleben der Völker (Art. 26 Abs. 1 GG), zu rechts- oder linksextremistischen oder zu terroristischen Milieus oder Szenen führen kann, in denen einzelne zu Straftätern oder Verfassungsfeinden werden. Die Behörden des geheimdienstlichen Staats- und Verfassungsschutzes sind nicht Polizei (*Götz,* § 16 Rn. 32; a. A. *Drews u. a.,* S. 82), sondern handeln im **Vorfeld** der polizeilichen Gefahrenabwehr. Sie handeln nicht mit dem Ziel, daß das, was sie erheben, in Gefahrenabwehr- oder gar Strafverfolgungsmaßnahmen umgesetzt wird. Ihre Erhebungen zielen auf Lagebilder und -einschätzungen, auf Verfassungsschutzberichte, aufgrund deren die politische Führung auf verschiedene Weise tätig werden, z. B. gegen verfassungswidrige Vereinigungen oder Parteien vorgehen oder soziale Konzepte für den Umgang mit extremismusgefährdeten Personen entwickeln kann. Wegen dieses Ziels brauchen und haben die Behörden des geheimdienstlichen Staats- und Verfassungsschutzes nicht die typischen polizeilichen Befugnisse, sondern lediglich die Befugnis, bestimmte Mittel heimlicher Informationsbeschaffung einzusetzen (vgl. *Michaelis,* KritV 2002, 188/198ff.; *Baldus,* NVwZ 2003, 1289). Entsprechend unterscheidet sich auch ihr Erscheinungsbild von dem der Polizei: Diese tritt dem Bürger grundsätzlich offen und nur ausnahmsweise verdeckt gegenüber, jene Behörden begegnen dem Bürger grundsätzlich verdeckt und nur ausnahmsweise offen.

Gelegentlich wird über die gesetzlich normierte[1] oder vereinzelt 19 landesverfassungsrechtlich geforderte (vgl. SächsVerfGH, NVwZ 2005, 1310) Trennung hinaus ein **bundesverfassungsrechtliches Trennungsgebot** für die Verwaltungsorganisation und -kompetenzen von Gefahrenabwehrbehörden und Behörden des geheimdienstlichen Staats- und Verfassungsschutzes auf Bundes- wie auf Länderebene behauptet; es soll aus entsprechenden Vorgaben der Besatzungsmächte und überdies aus dem Rechtsstaats-, vielleicht sogar aus dem Bundesstaatsprinzip folgen (*Lisken/Denninger,* HdbPolR, C Rn. 114 ff.; *Gusy,* Jahrbuch Öffentliche Sicherheit 2008/2009, 177/179 ff.). Aber die Vorgaben der Besatzungsmächte sind heute ohne verfassungsrechtliche Verbindlichkeit, und das Rechtsstaatsprinzip steht, auch wenn es gewiß einen übermächtigen, undurchschaubaren polizeilich-geheimdienstlichen Apparat verbietet, einer begrenzten und geregelten Zusammenarbeit der Behörden nicht entgegen (vgl. *Klee,* Neue Instrumente der Zusammenarbeit von Polizei und Nachrichtendiensten, 2010, S. 48 ff.; *Wolff,* DÖV 2009, 597/600 ff.). Eine Trennung der Gesetzgebungskompetenzen korrespondiert mit dem Unterschied der Aufgaben und Befugnisse nur teilweise. Zwar liegen die Gesetzgebungskompetenzen für den Bundesnachrichtendienst, den Militärischen Abschirmdienst und den länderübergreifenden und -verbindenden Verfassungsschutz beim Bund. Aber auch die Länder haben neben ihrer Gesetzgebungszuständigkeit für das Polizei- und Ordnungsrecht eine, freilich praktisch weniger bedeutsame Gesetzgebungskompetenz für den Verfassungsschutz in den Ländern. Die Aufgaben der verschiedenen Behörden des geheimdienstlichen Staats- und Verfassungsschutzes überlappen sich:

– Die **Verfassungsschutzbehörden** haben besonders den linken und 20 den rechten Extremismus zu beobachten, im Inland Spionage abzuwehren, sicherheitsgefährdende, insbesondere terroristische Aktivitäten zu überwachen und in sicherheitsempfindlichen öffentlichen und privaten Bereichen Personen zu überprüfen, Objekte zu schützen und Sabotage zu verhindern (vgl. § 3 BVerfSchG; *Wert-*

---

1 §§ 2 Abs. 1 S. 3, 8 Abs. 3 BVerfSchG; §§ 1 Abs. 4, 4 Abs. 2 MADG; §§ 1 Abs. 1 S. 2, 2 Abs. 3 BNDG.

hebach, DÖV 1992, 515). Einige Länder haben den Beobachtungsauftrag explizit auch auf die sog. organisierte Kriminalität ausgedehnt.[2] Nach manchen Stimmen in der Literatur geht er implizit ohnehin so weit, da auch die organisierte Kriminalität die freiheitliche Grundordnung untergrabe (*Werthebach/Droste-Lehnen,* ZRP 1994, 57). Aber die organisierte Kriminalität will keine andere Staats- und Gesellschaftsordnung, sondern in der gegebenen Ordnung Profite machen, und ihre Beobachtung ist bei der Polizei, die auch sonst mit ihr zu tun hat, besser aufgehoben als bei den Verfassungsschutzbehörden.

21 – Der **Militärische Abschirmdienst** ist gewissermaßen die Verfassungsschutzbehörde der Bundeswehr; er hat, alles in allem, dieselben Aufgaben wie die Verfassungsschutzbehörden, auf den Bereich der Bundeswehr beschränkt und dem Bundesminister für Verteidigung unterstehend (§ 1 MADG; vgl. *Dau,* DÖV 1991, 661).

22 – Der **Bundesnachrichtendienst** hat in erster Linie die Aufgabe der nachrichtendienstlichen Auslandsaufklärung, d. h. der Spionage, Gegenspionage und Spionageabwehr (§ 1 BNDG; vgl. *Porzner,* Verwaltung 1993, 235). Die Erfüllung der Aufgaben soll ihn in Stand setzen, dem Bundeskanzler, dessen Kanzleramt er untersteht, und der Bundesregierung Einschätzungen und Entscheidungsgrundlagen auf den Feldern der Außen- und Verteidigungspolitik zu liefern. Zu seinen Befugnissen gehört die sog. strategische, d. h. flächendeckende, verdachtsunabhängige Kontrolle von Post- und Fernmeldebeziehungen (§§ 5–8 G 10). Er darf sie auch einsetzen, um terroristischen Anschlägen, der Verbreitung von Kriegswaffen, der Verbringung von Betäubungsmitteln, der Geldfälschung und der Geldwäsche sowie einer Gefahr für Leib oder Leben einer Person im Ausland zu begegnen. Mit diesem zweiten Aufgabenbereich hat der Bundesnachrichtendienst begonnen, zu einer geheimen Bundeskriminalpolizei zu werden (vgl. BVerfGE 100, 313/368 ff.; *Soiné,* DÖV 2006, 204; krit. *Köhler,* StV 1994, 386).

6. Polizei- und ordnungsrechtliche Gefahrenabwehr

23 Im Gefüge des Rechts der inneren Sicherheit ist nicht nur das Recht der polizei- und ordnungsrechtlichen Gefahrenabwehr vom Recht

2 Art. 3 Abs. 1 S. 1 Nr. 5 bayVerfSchG; § 2 Abs. 2 S. 1 Nr. 4 hessVerfSchG; § 3 Abs. 1 S. 1 Nr. 4 saarlVerfSchG; § 2 Abs. 1 S. 1 Nr. 5 thürVerfSchG.

der äußeren und vom Recht der sozialen Sicherheit, vom Strafverfolgungs- und vom Staats- und Verfassungsschutzrecht zu unterscheiden. Im Recht der polizei- und ordnungsrechtlichen Gefahrenabwehr selbst gilt es zu **unterscheiden:** das Polizei- vom Ordnungsrecht und bei diesem das allgemeine vom besonderen Ordnungsrecht. Dabei variieren die Bezeichnungen der einschlägigen Gesetze und Behörden entsprechend der föderalen Vielfalt.

Das Recht der polizeilichen Gefahrenabwehr ist das Recht der Gefahrenabwehr **vor Ort,** gekennzeichnet durch uniformierten Außendienst, Schnelligkeit, tatsächliches Handeln, Mündlichkeit und Formlosigkeit. In den meisten Ländern, die dem sog. Trennungs- oder Trennsystem folgen, ist es das Recht der auch so bezeichneten Polizei, in den Ländern des sog. Einheitssystems (Baden-Württemberg, Bremen, Saarland und Sachsen) ist es das Recht des Polizeivollzugsdienstes im Unterschied zu dem der Polizeibehörden. 24

Daneben gibt es das Recht der Gefahrenabwehr **vom Schreibtisch aus,** gekennzeichnet durch Innendienst, bürokratische Gründlichkeit, rechtliches Handeln, Schriftlichkeit und Förmlichkeit. In den Ländern des Trennungssystems ist es das Recht der Ordnungsbehörden, in denen des Einheitssystems das der Polizeibehörden. 25

Polizeiliche Gefahrenabwehr ist allgemeine Gefahrenabwehr. Nur die Polizei (Polizeivollzugsdienst, Vollzugspolizei) kann schnell vor Ort handeln. Sie muß daher vor Ort alle Gefahren gleichermaßen abwehren. Sind die Gefahren durch Brand, Überschwemmung und ähnliche Ereignisse verursacht, ist vor Ort neben der Polizei als (Sonder-)Ordnungsbehörde die Feuerwehr verantwortlich, die, weil sie dabei auch besondere polizeiliche Gefahrenabwehr betreibt, auch heute noch zutreffend Feuerpolizei genannt werden mag (*Drews u. a.,* S. 97; a. A. *Götz,* § 20 Rn. 10 ff.). 26

Die **ordnungsbehördliche (polizeibehördliche) Gefahrenabwehr** vom Schreibtisch aus kann den Gefahren allgemein und sie kann besonderen Gefahren gelten. Bei einigen besonderen Gefahren, z. B. für die Wasser- oder Abfallwirtschaft, im Bergbau, am Arbeitsplatz oder beim Jagen und Fischen, erfolgt die Gefahrenabwehr oft durch sog. Sonderordnungsbehörden, die als besondere Ordnungsbehörden eingerichtet sind und nach besonderen Ordnungsgesetzen handeln. Bei anderen besonderen Gefahren, z. B. beim Bauen und Gewerbe, erfolgt sie einfach durch die Ordnungsbehörden, aber nicht nach den allgemeinen, sondern nach besonderen Ordnungsgesetzen. Schließlich bleibt die in besonderen Ordnungsgesetzen nicht besonders gere- 27 gelte Gefahrenabwehr, die durch die Ordnungsbehörden nach den allgemeinen, d. h. der Abwehr von Gefahren allgemein für die Ordnungs- bzw. Polizeibehörden geltenden Gesetzen erfolgt.

28 Das Gefüge der polizei- und ordnungsrechtlichen Gefahrenabwehr stellt sich im **Schaubild** so dar:

	Allgemeine Gefahrenabwehr	Abwehr besonders geregelter Gefahren	
vor Ort	Polizei (Polizeivollzugsdienst, Vollzugspolizei)	Feuerwehr, Rettungsdienst, Katastrophenschutz	
vom Schreibtisch aus	Ordnungsbehörden (Polizeibehörden)	Ordnungsbehörden (Polizeibehörden)	Sonderordnungsbehörden

29 Der **Aufbau der Behörden,** die die Aufgabe der Gefahrenabwehr vor Ort und vom Schreibtisch aus wahrnehmen, ist in den Stadtstaaten zweistufig, in den Flächenstaaten mal drei- und mal vierstufig und reicht von den Ministerien über die Regierungspräsidien bzw. Bezirksregierungen bis zu den Kreisen und kreisfreien Städten, manchmal noch darunter zu den Gemeinden. Auf welcher Stufe, von welcher Instanz gehandelt werden darf, ist eine Frage der instanziellen Zuständigkeit (vgl. § 6 Rn. 14). Meistens wird dem Bürger gegenüber die unterste Instanz tätig.

30 Bei der **Polizei** (Polizeivollzugsdienst, Vollzugspolizei) werden traditionell den verschiedenen Aufgaben verschiedene organisatorische Einheiten zugeordnet, der Gefahrenabwehr die Schutzpolizei, der Strafverfolgung die Kriminalpolizei und der Überwachung des Straßenverkehrs die Verkehrspolizei als Untereinheit der Schutzpolizei. Strikt waren die Unterscheidungen und Zuordnungen nie, und die moderne Organisation der Polizei handhabt sie flexibel. Materiellrechtlich sind sie ohne Belang; gegenüber dem Bürger handelt in jeder organisatorischen Einheit die Polizei. Auch die Wasserschutzpolizei, die die polizeilichen (polizeivollzugsdienstlichen, vollzugspolizeilichen) Aufgaben auf dem schiffbaren Wasser erfüllt, ist die Polizei. Lediglich die Bereitschaftspolizei hat eine Sonderstellung. Soweit sie den polizeilichen Nachwuchs ausbildet, hat sie keine Befugnisse und begegnet sie dem Bürger nicht als Polizei; soweit sie die Polizei (Polizeivollzugsdienst, Vollzugspolizei) unterstützt, hat sie deren Befugnisse und begegnet sie dem Bürger als deren Teil. Um ihre Son-

derstellung zu kennzeichnen, sprechen einige Gesetze von ihnen nicht als Polizeibehörden, sondern als Polizeieinrichtungen[3] oder Polizeiverband;[4] in anderen Ländern werden lediglich ausbildende Stellen als Polizeieinrichtung bezeichnet.[5]

Auch bei den **Ordnungsbehörden** (Polizeibehörden) ist die organisatorische Binnendifferenzierung ohne rechtlichen Belang. Die Behörden der allgemeinen inneren Verwaltung sind die Ordnungsbehörden, und es ist belanglos, ob es organisatorische Einheiten, die als Ordnungsbehörden bezeichnet werden, gibt oder nicht. Belanglos ist auch, ob die allgemeinen und besonderen Ordnungsgesetze von ein- und derselben organisatorischen Einheit vollzogen werden oder von mehreren, einem allgemeinen Ordnungs-, einem Bau-, einem Straßenaufsichts-, einem Ausländeramt usw. Solange die Behörden der allgemeinen inneren Verwaltung handeln, handeln gegenüber dem Bürger die zuständigen Behörden. Sie handeln lediglich dann unzuständig, wenn Gesetze oder Rechtsverordnungen für die Durchführung besonderer Ordnungsgesetze außerhalb der allgemeinen inneren Verwaltung Sonderordnungsbehörden geschaffen oder besondere Zuweisungen getroffen haben. 31

Beispiele: Zu den Sonderordnungsbehörden zählen die Gewerbeaufsichts-, Forst- und Jagdämter. – Wo die Ordnungsaufgaben auf dem Gebiet des Versammlungswesens der Polizei (Vollzugspolizei) übertragen sind (z. B. Nr. 23 Abs. 3 berlZustKatOrd) handelt auch die Polizei wie eine Sonderordnungsbehörde. – Wie eine Sonderordnungsbehörde handelt sie auch im Straßenverkehr. Neben den Aufgaben und Befugnissen nach der Straßenverkehrsordnung (vgl. § 5 Rn. 9 a) übertragen Landesgesetze der Polizei generell die Aufgabe der Überwachung des ruhenden und fließenden Straßenverkehrs (z. B. § 11 S. 1 nwPOG). Unbeschadet dieser polizeilichen Zuständigkeit sind noch örtliche Ordnungsbehörden zuständig für die Überwachung des ruhenden Straßenverkehrs und in einzelnen Hinsichten auch des fließenden Verkehrs (z. B. § 48 Abs. 3 nwOBG). 32

7. Terminologie

Der föderal bedingten terminologischen **Vielfalt** kann ein Lehrbuch nicht gerecht werden und auch nicht gerecht werden wollen. Im letzten Abschnitt war für das Trennungssystem von einerseits der Polizei und andererseits den Ordnungsbehörden und für das Ein- 33

3 § 4 nwPOG; § 76 Abs. 3 rpPOG; § 81 saSOG.
4 Art. 6 Abs. 1 bayPOG.
5 § 72 Abs. 2 bbgPolG; § 70 Abs. 2 bwPolG; § 91 Abs. 3 Nr. 3 hessSOG; § 71 Abs. 2 sächsPolG.

heitssystem von einerseits dem Polizeivollzugsdienst und andererseits den Polizeibehörden die Rede. Das war schon einigermaßen aufwendig und doch weit davon entfernt, alle terminologischen Varianten abzubilden. Statt von der Polizei ist auch von den Polizeibehörden, dem Polizeivollzugsdienst, der Vollzugspolizei und den im Vollzugsdienst tätigen Dienstkräften der Polizei, statt von Ordnungsbehörden auch von Polizeibehörden, Polizeiverwaltungsbehörden, Aufsichtsbehörden, Sicherheitsbehörden, Gefahrenabwehrbehörden oder einfach Verwaltungsbehörden, wobei diese gemeint sind, soweit sie mit Aufgaben der Gefahrenabwehr betraut sind, die Rede.

34 Im folgenden Paragraphen über die Rechtsquellen werden mit den Gesetzen der verschiedenen Länder auch deren verschiedene Bezeichnungen für die Behörden der Gefahrenabwehr vor Ort und die Behörden der Gefahrenabwehr vom Schreibtisch aus vorgestellt. Auf den übrigen Seiten des Lehrbuchs geht der **Sprachgebrauch** dahin, durchgängig von den Behörden der Gefahrenabwehr vor Ort als der Polizei oder den Polizeibehörden, von den Behörden der Gefahrenabwehr vom Schreibtisch aus als den Ordnungsbehörden zu reden. Denn zum einen finden sich diese Bezeichnungen in den Ländern zwar nicht durchweg, aber besonders häufig. Zum anderen passen sie zu dem Begriff, unter dem Recht der Gefahrenabwehr vor Ort und vom Schreibtisch aus traditionell dogmatisch bearbeitet wird, dem Begriff des Polizei- und Ordnungsrechts.

II. Das Recht der Gefahrenabwehr im Gefüge der bundesstaatlichen Kompetenzordnung

35 Gemäß Art. 30, 70 Abs. 1 und 83 GG hat der Bund in Gesetzgebung und Verwaltung nur die Kompetenzen, die ihm das Grundgesetz ausdrücklich zuweist. Sonst liegen die Gesetzgebungs- und Verwaltungskompetenzen bei den Ländern. Da der Bund im Polizei- und Ordnungsrecht nur spezielle Gesetzgebungs- und Verwaltungskompetenzen hat, sind das Polizei- und Ordnungsrecht und sein Vollzug grundsätzlich **Sache der Länder.**

1. Gesetzgebung

36 Zu den polizei- und ordnungsrechtlichen Gesetzgebungsmaterien des Bundes gehören im Bereich der **ausschließlichen Gesetzgebung** (Art. 73 Abs. 1) das Paß-, Melde- und Ausweiswesen (Nr. 3), der Grenzschutz (Nr. 5), der Luft- und Eisenbahnverkehr (Nr. 6 und 6

a), die internationale Verbrechensbekämpfung und die Einrichtung eines Bundeskriminalpolizeiamtes (Nr. 9 a und 10), das Waffen- und Sprengstoffrecht (Nr. 12) und das Kernenergierecht (Nr. 14). Die ausschließliche Gesetzgebungskompetenz für die Zusammenarbeit des Bundes und der Länder in der Kriminalpolizei und beim Verfassungsschutz (Nr. 10) gehört zwar in das Gefüge des Rechts der inneren Sicherheit, aber nicht zum Polizei- und Ordnungsrecht (vgl. Rn. 19ff.).

Im Bereich der **konkurrierenden Gesetzgebung** hat der Bund 37 nach der Rechtsprechung des Bundesverfassungsgerichts mit der Kompetenz zur Regelung eines Sachbereichs auch die Kompetenz zur Regelung des einschlägigen Polizei- und Ordnungsrechts. „Normen, die der Aufrechterhaltung der öffentlichen Sicherheit und Ordnung in einem bestimmten Sachbereich dienen, sind... jeweils dem Sachbereich zuzurechnen, zu dem sie in einem notwendigen Zusammenhang stehen" (BVerfGE 8, 143/150). Das Bundesverfassungsgericht kennzeichnet gelegentlich die polizei- und ordnungsrechtliche Kompetenz als „Annex" der Sachkompetenz; richtig ist diese dahin zu verstehen, daß sie die polizei- und ordnungsrechtliche Kompetenz nicht als Anhängsel hat, sondern als – manchmal sogar dominierenden – Bestandteil enthält.

Beispiel: Das vom Recht der Wirtschaft umfaßte Gewerberecht (Art. 74 38 Abs. 1 Nr. 11 GG) regelt sowohl die Freiheit des Gewerbes wie dessen Beschränkungen. Die Gefahrenabwehr ist der Hauptgrund für Beschränkungen des Gewerbes. Schon das Gewerbesteueredikt von 1810 enthielt im Interesse der öffentlichen Sicherheit und Ordnung Einschränkungen der Gewerbefreiheit, insbesondere für solche Gewerbe, „bei deren ungeschicktem Betriebe gemeine Gefahr obwaltet" (vgl. *Frotscher/Kramer,* Wirtschaftsverfassungs- und Wirtschaftsverwaltungsrecht, 5. Aufl. 2008, Rn. 240; vgl. auch BVerfGE 41, 344/355).

So folgen aus dem **Katalog des Art. 74 Abs. 1 GG** viele polizei- 39 und ordnungsrechtliche Gesetzgebungskompetenzen, vom Vereinsrecht (Nr. 3) über das Ausländerrecht (Nr. 4), das Gewerberecht (Nr. 11), das Gesundheitsrecht (Nr. 19), das Lebensmittelrecht (Nr. 20), das Wasserrecht (Nr. 21 und 32), das Straßenverkehrsrecht (Nr. 22), das Abfall- und das Immissionsrecht (Nr. 24), das Gentechnikrecht (Nr. 26) bis zum Jagdrecht (Nr. 28).

2. Verwaltung

Das entsprechende Bundesrecht, im Bereich der konkurrierenden 40 Gesetzgebung mit dem ergänzenden Landesrecht, wird regelmäßig von Landespolizei- und -ordnungsbehörden ausgeführt. Nur ausnahmsweise hat der **Bund** von Verfassung wegen obligatorisch polizei- und ordnungsrechtliche Verwaltungskompetenzen und -behörden. Die Polizeigewalt im Gebäude des Bundestags ist durch Art. 40 Abs. 2 S. 1 GG ausdrücklich dem Bundestagspräsidenten zugewiesen. In den folgenden Fällen sind polizei- und ordnungsrechtliche Aufgaben und Befugnisse wiederum (vgl. oben Rn. 37f.) Bestandteil der Kompetenzzuweisung: Auswärtiger Dienst (Art. 87 Abs. 1 S. 1 GG), Bundesfinanzverwaltung (Art. 87 Abs. 1 S. 1 i. V. m. Art. 108 Abs. 1 GG), Bundeswasserstraßen- und Schiffahrtverwaltung (Art. 87 Abs. 1 S. 1 i. V. m. Art. 89 Abs. 2 S. 1 und 2 GG), Streitkräfte und Bundeswehrverwaltung (Art. 87 a Abs. 1, 87 b Abs. 1 GG), Luft- und Eisenbahnverkehrsverwaltung (Art. 87 d Abs. 1, 87 e Abs. 1 S. 1 GG) sowie Überwachung und Aufsicht im Bereich des Postwesens und der Telekommunikation (Art. 87f Abs. 2 S. 2 GG). Darüber hinaus gibt es eine Fülle fakultativer Bundesverwaltungskompetenzen und -behörden, deren Existenz allerdings jeweils ein Bundesgesetz voraussetzt (vgl. § 3 Rn. 7f.).

41 Wie bei den Gesetzgebungs- gilt auch bei den Verwaltungskompetenzen, daß die Sachkompetenz polizei- und ordnungsrechtliche **Hilfs- und Nebenkompetenzen** einschließen kann. So gibt es bei den Bundesgerichten die Sitzungspolizei des Vorsitzenden ebenso wie bei den Gerichten der Länder und stehen den Behörden des Bundes wie allen Behörden Hausrecht und Ordnungsgewalt zu (vgl. § 5 Rn. 40f.). Die eingeschlossene Kompetenz zur Gefahrenabwehr kann sogar polizeiliches Tätigwerden nach außen rechtfertigen.

42 **Beispiel:** Gem. § 2 UZwGBw dürfen Örtlichkeiten vom Bundesminister der Verteidigung oder von einer von ihm bestimmten Stelle vorübergehend gesperrt werden, wenn es aus Gründen der militärischen Sicherheit zur Erfüllung dienstlicher Aufgaben der Bundeswehr unerläßlich ist. Die Gesetzgebungskompetenz des Bundes hierfür beruht auf Art. 73 Abs. 1 Nr. 1 GG, weil zum Gegenstand der Verteidigung auch die Aufrechterhaltung der öffentlichen Sicherheit und Ordnung in diesem Lebensbereich gehört. Das gleiche gilt für die Verwaltungskompetenz des Bundes gem. Art. 87 a Abs. 1 S. 1 GG; der Begriff der Streitkräfte ist ebenso zu verstehen wie der der Verteidigung, und zu den Streitkräften gehört auch schon immer die Militärpolizei. In ihrem Ausgriff auf die Gefahrenabwehr schließen Art. 87 a Abs. 1 S. 1 und 73 Abs. 1 Nr. 1 GG auch „die Möglichkeit ein, daß die Bundeswehr im Wege des Selbstschutzes Angriffe, Beeinträchtigungen und Störungen aus dem zivilen Bereich abwehrt, denen sie bei der Erfüllung ihrer Aufgaben ausgesetzt ist" (BVerwGE 84, 247/250; vgl. *Böttger*, NZWehrR 2003, 177).

Die polizei- und ordnungsrechtlichen Gesetzgebungs- und Verwaltungskompetenzen des Bundes haben im Laufe der Jahre zugenommen und werden weiter zunehmen (vgl. § 1 Rn. 33f.). Das Bundesverfassungsgericht hat diesem Prozeß eine Grenze gesetzt: Als entscheidendes Merkmal der Kompetenzverteilung zwischen Bund und Ländern müsse festgehalten werden, daß es **keine allgemeine Bundespolizei** gibt. Die Umbenennung des Bundesgrenzschutzes in Bundespolizei im Jahr 2005 überschreitet diese Grenze noch nicht, weil mit ihr keine Aufgabenerweiterungen verbunden sind. 43

Beispiel: Durch das Aufgabenübertragungsgesetz vom 23. 1. 1992 (BGBl. I S. 178) wurden dem früheren Bundesgrenzschutz u. a. die Aufgaben der Bahnpolizei übertragen. Als Gesetzgebungskompetenzen wurden Art. 73 Abs. 1 Nr. 5 GG (Grenzschutz) und Art. 73 Abs. 1 Nr. 6 a GG (Betreiben von Schienenwegen der Eisenbahnen des Bundes), als Verwaltungskompetenzen Art. 87 Abs. 1 S. 2 GG (Bundesgrenzschutzbehörden) und Art. 87 e Abs. 1 S. 1 und Abs. 2 GG (Eisenbahnverkehrsverwaltung) in Anspruch genommen. Das Bundesverfassungsgericht hat dies gebilligt. Die Bundeskompetenzen für das Eisenbahnwesen umschlössen seit jeher auch die Bahnpolizei. Die grundsätzliche Begrenzung der Polizeigewalt des Bundes auf den Grenzschutz werde nicht verletzt, weil der Bundesgrenzschutz durch die Übertragung der Aufgaben der Bahnpolizei noch nicht sein „Gepräge als Polizei mit begrenzten Aufgaben" verloren habe (BVerfGE 97, 198/218; krit. *Winkeler,* Von der Grenzpolizei zur multifunktionalen Polizei des Bundes?, 2005, S. 119ff.). 44

III. Systematik der polizei- und ordnungsrechtlichen Handlungsgrundlagen

Was alle polizei- und ordnungsrechtlichen Handlungsgrundlagen verbindet, ist die Aufgabe der Abwehr von Gefahren. Die Erörterung der Fragen, was eine Gefahr ist und welche Aufgaben der Abwehr von Gefahren es gibt, eröffnet daher den zweiten Teil des Lehrbuchs. Die Aufgabe der Abwehr von besonderen Gefahren ist in besonderen Ordnungsgesetzen normiert. Die allgemeine Gefahrenabwehraufgabe ist im allgemeinen Polizei- und Ordnungsrecht normiert. Im allgemeinen wie im besonderen Polizei- und Ordnungsrecht sind die **Aufgabennormen** dann hinreichende Handlungsgrundlagen, wenn das Handeln nicht in Grundrechte eingreift (sog. schlicht hoheitliches Handeln). 45

Beispiele: Das Handeln des Polizeibeamten, der dem alten Mann über die befahrene Straße hilft oder den Versammlungsleiter auf das nahende Unwetter hinweist, ist dadurch hinreichend gerechtfertigt, daß es Gefahren von den Betroffenen abwendet, und bedarf weiter keiner Ermächtigungsgrundlage; das- 46 selbe gilt für polizei- und ordnungsbehördliche Bitten oder Appelle (vgl. BGH, DÖV 1998, 429). Informationserhebungen wie auch Warnungen durch die Polizei- und Ordnungsbehörden sind erst dann Grundrechtseingriffe, wenn sie individualbezogen oder -beziehbar sind; so sind weder Streifengang und -fahrt, bei denen nur allgemein nach dem Rechten gesehen wird, noch Warnungen vor gefährlichen Jugendsekten, Freizeitaktivitäten oder Haustieren allgemein Grundrechtseingriffe, wohl aber die gezielte Beobachtung und die Warnung vor einer bestimmten oder bestimmbaren Jugendsekte oder den von einem bestimmten Veranstalter oder Händler angebotenen Aktivitäten bzw. Tieren.

47 Greift das polizei- und ordnungsrechtliche Handeln in Grundrechte ein (sog. obrigkeitliches Handeln), bedarf es zur Rechtfertigung neben einer einschlägigen Aufgaben- einer einschlägigen, d. h. zum eingreifenden Handeln ermächtigenden **Befugnisnorm.** Diese Befugnisnorm muß zum Erlaß einer Rechtsverordnung ermächtigen, wenn das Handeln einer unbestimmten Vielzahl von Fällen, zum Erlaß eines Verwaltungsakts, einer Verfügung oder sonstigen Maßnahme, wenn es einem einzelnen Fall gelten soll (vgl. § 11 Rn. 7).

48 **Beispiel:** Um allen Haltern von sog. Kampfhunden aufzugeben, ihre Tiere nur noch mit Maulkorb und an der Leine auszuführen, bedarf es einer Rechtsverordnung, wenn nicht eines Gesetzes (vgl. BVerwGE 116, 347/354). Um einen einzelnen Hundehalter, dessen Tier den Briefträger gebissen hat, zum Gebrauch von Maulkorb und Leine zu verpflichten, bedarf es eines Verwaltungsakts.

49 Die Ermächtigung zum Grundrechtseingriff im einzelnen Fall kann auf **rechtlich regelndes** oder auf **tatsächliches** Handeln gerichtet sein, d. h. darauf, dem Betroffenen durch Verwaltungsakt oder Verfügung etwas zu gebieten oder verbieten, oder darauf, ihm gegenüber anders als durch Gebot oder Verbot, d. h. durch Maßnahme ohne Regelungsqualität oder Realakt tätig zu werden.

50 **Beispiele:** Mit der Vorladung wird jemandem geboten, bei der Polizei zu erscheinen; mit der Platzverweisung wird ihm geboten, den Platz zu verlassen, oder verboten, ihn zu betreten. Jemandes Sachen oder Wohnung zu durchsuchen, ist dagegen nicht eine Sache von Gebot oder Verbot, sondern des tatsächlichen Handelns, des Öffnens von Taschen und Türen, des Durchblätterns von Papieren und des Ausräumens von Schränken und Schubladen, allenfalls begleitet von einem Duldungsbefehl gegenüber dem anwesenden Eigentümer bzw. Inhaber.

51 Werden Gebote und Verbote nicht befolgt, müssen sie mit **Zwangsmitteln** durchgesetzt, d. h. vollstreckt werden; auch hierfür

brauchen und haben Polizei- und Ordnungsbehörden besondere Ermächtigungsgrundlagen, von denen das Lehrbuch in § 24 handelt.

Die Ermächtigung zum Grundrechtseingriff im einzelnen Fall kann den einzelnen Fall entweder nach Eingriffsvoraussetzungen und -rechtsfolgen speziell oder derart regeln, daß die Polizei- und Ordnungsbehörden allgemein zum gefahrenabwehrenden Eingreifen im einzelnen Fall ermächtigt werden. Im ersten Fall spricht man von **Spezialbefugnissen** oder -ermächtigungen und von den entsprechenden Maßnahmen als Standardmaßnahmen, im zweiten von **Generalklauseln.** Spezialbefugnisse oder -ermächtigungen regeln die Eingriffsvoraussetzungen und -rechtsfolgen speziell, wenn Fälle und Eingriffsnotwendigkeiten in den gleichen typischen Konstellationen immer wieder auftreten oder auch wenn in die Grundrechte so intensiv eingegriffen werden soll, daß unter dem Wesentlichkeits- und Parlamentsvorbehalt eine spezielle gesetzliche Regelung erforderlich ist; sie regeln die Eingriffsvoraussetzungen dabei häufig strenger und enger als die Generalklauseln. Diese ermächtigen zum Handeln im wenig eingriffsintensiven polizei- und ordnungsrechtlichen Alltag und sind daneben gewissermaßen die Reserveermächtigungen für das Handeln in untypischen, unvorhergesehenen, neuartigen Gefahrenlagen. Von den Generalklauseln handelt das Lehrbuch im § 7, von den Spezialbefugnissen im vierten Teil. 52

Beispiele: Observation, Gewahrsam und Wohnungsdurchsuchung sind zum einen intensive Grundrechtseingriffe und laufen zum anderen stets so ähnlich ab, daß sie nach ihren Voraussetzungen und Rechtsfolgen ein für allemal geregelt werden können; zu ihnen finden sich auch in allen einschlägigen Gesetzen Spezialbefugnisse. Das Abschleppen von Kraftfahrzeugen ist demgegenüber wenig eingriffsintensiver polizeirechtlicher Alltag, und die Entnahme einer Blutprobe bei dem Drogenhändler, der bei der Festnahme einen Polizeibeamten gebissen hat und bei dem zu befürchten ist, daß er an Aids erkrankt ist und den Polizeibeamten angesteckt hat, ist zwar eingriffsintensiv, aber so untypisch, daß eine Spezialbefugnis abwegig wäre; hier ist die Generalklausel Ermächtigungsgrundlage. 53

Für die Rechtmäßigkeit der Eingriffe der Polizei- und Ordnungsbehörden müssen nicht nur die Voraussetzungen der Generalklauseln bzw. die ergänzenden oder abweichenden Voraussetzungen der Spezialbefugnisse vorliegen, besonders die jeweiligen Gefahren für die Schutzgüter der öffentlichen Sicherheit und Ordnung, sondern auch bestimmte zusätzliche, nicht in den Generalklauseln und nur selten in den Spezialbefugnissen geregelte **allgemeine Voraussetzungen** erfüllt sein: Die Maßnahmen müssen an den richtigen Adressaten ge- 54 richtet sein, den Grundsatz der Verhältnismäßigkeit und das Gebot der Bestimmtheit wahren und Ermessensfehler vermeiden. Alle diese Voraussetzungen, von denen im dritten Teil des Lehrbuchs in §§ 8, 9 und 10 gehandelt wird, werden in der Fallbearbeitung unter dem Prüfungspunkt der materiellen Rechtmäßigkeit zusammengefaßt. Davon werden Zuständigkeit, Verfahren und Form, von denen im Lehrbuch im zweiten Teil unter § 6 gehandelt wird, als Voraussetzungen der formellen Rechtmäßigkeit unterschieden.

55 Die Systematik der polizei- und ordnungsrechtlichen Handlungsgrundlagen stellt sich im **Schaubild** so dar:

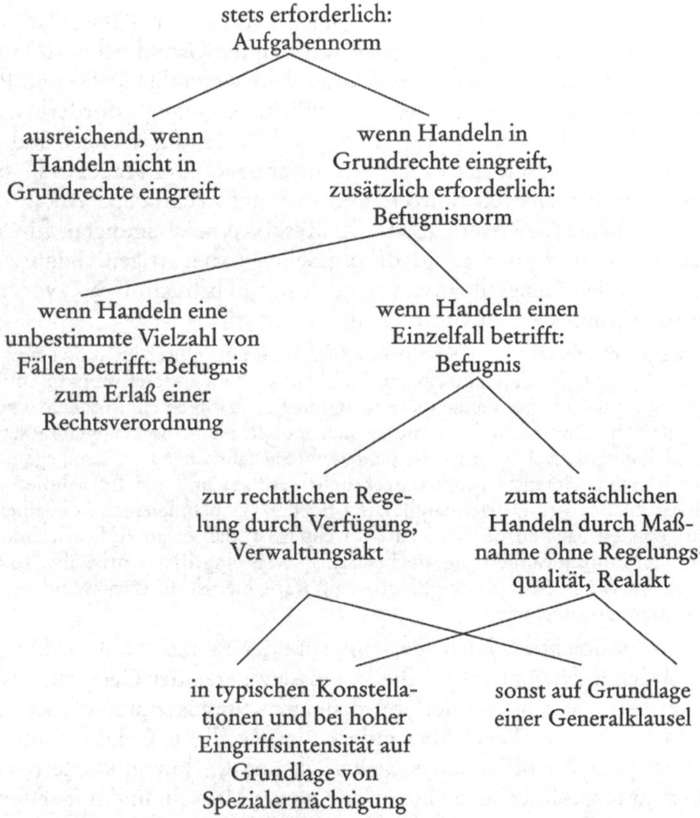

Literatur: *J. Aulehner,* Polizeiliche Gefahren- und Informationsvorsorge, 1998; *C. Calliess,* Sicherheit im freiheitlichen Rechtsstaat, ZRP 2002, 1; *E. Denninger,* Freiheit durch Sicherheit?, Anmerkungen zum Terrorismusbekämpfungsgesetz, StV 2002, 96; *K. F. Gärditz,* Strafprozess und Prävention – Entwurf einer verfassungsrechtlichen Zuständigkeitsordnung, 2003; *V. Götz,* Innere Sicherheit, HdbStR[3] IV, S. 671; *C. Gröpl,* Die Nachrichtendienste im Regelwerk der deutschen Sicherheitsverwaltung, 1993; *C. Gusy,* Gewährleistung von Freiheit und Sicherheit im Lichte unterschiedlicher Staats- und Verfassungsverständnisse, in: VVDStRL 63 (2004), S. 151; *H.-J. Kerner/C. Stierle/J. Tiedtke,* Kriminalitätsbekämpfung durch Behörden des Bundes, Kriminalistik 2006, 292; *J. Kretschmer,* BKA, BND und BfV – was ist das und was dürfen die?, Jura 2006, 336; *M. Möstl,* Die neue dogmatische Gestalt des Polizeirechts, DVBl. 2007, 581; *R. Pitschas,* Innere Sicherheit in „guter Verfassung"? Zur Terrorismusbekämpfung im präventiven Gewährleistungsstaat, in: FS Schnapp, 2008, S. 231; *H. Schulze-Fielitz,* Nach dem 11. September: An den Leistungsgrenzen eines verfassungsstaatlichen Polizeirechts?, in: FS Schmitt Glaeser, 2003, S. 407; *M. Thiel,* Die „Entgrenzung" der Gefahrenabwehr, 2011. **56**

§ 3. Rechtsquellen

I. Bundesrecht

1. Bundespolizeirecht

Ebensowenig wie eine allgemeine Bundespolizei (vgl. § 2 Rn. 43 f.) 1
gibt es ein allgemeines Bundespolizeirecht. **Besonderes** Bundesrecht sind das aus dem Bundesgrenzschutzgesetz hervorgegangene Bundespolizeigesetz und das Bundeskriminalamtgesetz. Sie werden gem. Art. 87 Abs. 1 S. 2 GG auch in bundeseigener Verwaltung wahrgenommen. Das Dienstrecht der Beamten der Bundespolizei und des Bundeskriminalamts ist speziell im Bundespolizeibeamtengesetz geregelt.

Aufgabe der **Bundespolizei** ist entsprechend ihrem Ursprung (vgl. 2
§ 2 Rn. 43 f.) in erster Linie die grenzbezogene Gefahrenabwehr (§ 2 BPolG). Des weiteren hat die Bundespolizei die Aufgabe der Bahnpolizei (§ 3 BPolG), bestimmte Aufgaben der Gefahrenabwehr für die Sicherheit des Luftverkehrs („Sky Marshall") und auf See (§§ 4 f., 6 BPolG), die Aufgaben des Schutzes und der Unterstützung für Bundesorgane, Bundesbehörden und Länderpolizeien in besonderen Gefahrenlagen (§§ 5, 9–11 BPolG) sowie die Aufgabe der Mitwir-

kung an internationalen Maßnahmen im Ausland (§ 8 BPolG; vgl. *Wagner*, Jura 2009, 96/99 f.) Zur Erfüllung dieser Aufgaben sind im Bundespolizeigesetz Befugnisnormen enthalten, die denen der Landespolizeigesetze entsprechen.

3 Aufgabe des **Bundeskriminalamts** ist *erstens* die Koordination der Zusammenarbeit von Bund und Ländern und zwischen internationalen und deutschen Polizeibehörden (§§ 1, 3 BKAG). Die *zweite* Aufgabe ist, Zentralstelle für das polizeiliche Auskunfts- und Nachrichtenwesen und für die Kriminalpolizei zu sein (§ 2 BKAG). Das Bundeskriminalamt hat insoweit die Aufgabe, alle Nachrichten und Unterlagen für die polizeiliche Verbrechensbekämpfung zu sammeln und auszuwerten und die Strafverfolgungsbehörden zu unterrichten; zu diesem Zweck betreibt es gemeinsam mit den Ländern das polizeiliche Informationssystem INPOL (vgl. § 15 Rn. 23 ff.). Die *dritte* Aufgabe gilt der Gefahrenabwehr; sie tritt zu den entsprechenden Aufgaben der Länder hinzu und ist beschränkt auf die Abwehr von Gefahren des internationalen Terrorismus (§ 20a-x BKAG). Insoweit stehen dem Bundeskriminalamt sämtliche Befugnisse zu, über die die Polizei in den Ländern für jegliche Gefahrenabwehr (vgl. § 5 Rn. 1 ff.) verfügt (vgl. *Bäcker*, Terrorismusabwehr durch das Bundeskriminalamt, 2009, S. 50 ff.; *Wolff*, DÖV 2009, 597/599 f.; *Zabel*, JR 2009, 453). *Vierte* Aufgabe des Bundeskriminalamts ist die Strafverfolgung. Insbesondere zur Verfolgung bestimmter international organisierter schwerer Delikte und politischer Straftaten weist § 4 Abs. 1 BKAG originäre Ermittlungszuständigkeiten zu. Da diese Bundesverwaltungskompetenz nicht von Art. 87 Abs. 1 S. 2 GG gedeckt ist, kommt als verfassungsrechtliche Grundlage nur Art. 96 Abs. 5 GG in Betracht; d. h. im Umfang der dort aufgezählten Fälle der Gerichtsbarkeit des Bundes darf das Bundeskriminalamt im Zusammenwirken mit dem Generalbundesanwalt auch selbst ermitteln (vgl. *Pieroth*, JP, Art. 73 Rn. 35, Art. 87 Rn. 6, Art. 96 Rn. 4). *Fünfte* Aufgabe des Bundeskriminalamts ist der Schutz der Mitglieder der Verfassungsorgane des Bundes und der Bundesminister sowie deren Gäste aus anderen Staaten und der Zeugenschutz (§§ 5, 6 BKAG i. V. m. dem Zeugenschutz-Harmonisierungsgesetz). *Sechstens* forscht das Bundeskriminalamt und unterstützt die Länder auf dem Gebiet der Kriminaltechnik. Hinzu kommt eine Reihe untergeordneter spezialgesetzlicher Aufgaben, wie die Erteilung von Unbedenklichkeitsbescheinigungen nach § 33 d GewO und die Zulassung von Ausnahmen vom Verbot, bestimmte Waffen herzustellen, gem. § 37 Abs. 3 WaffG.

Zum besonderen Bundespolizeirecht sind auch folgende, regelmäßig auf die sog. Annexkompetenz (vgl. § 2 Rn. 37 f.) gestützte **Einzelnormen über die Gefahrenabwehr** zu rechnen, die von Landespolizeibehörden oder in bundeseigener Verwaltung von Vollzugsbeamten i. S. d. § 6 UZwG wahrgenommen werden: 4

- Strafverfolgung und Gefahrenabwehr durch den Zollgrenzdienst gem. §§ 71 ff. ZollG, § 46 AWG, §§ 21 ff. BtMG, § 103 a GüKG und den Zollfahndungsdienst gem. dem Zollfahndungsdienstgesetz,
- Abwehr von Gefahren, die dem ordnungsgemäßen Zustand der Bundeswasserstraßen drohen, gem. § 24 WaStrG (sog. Strompolizei),
- Abwehr von Gefahren, die der Sicherheit und Leichtigkeit des Verkehrs auf den Bundeswasserstraßen drohen, sowie Verhütung der von der Schiffahrt ausgehenden Gefahren gem. §§ 1 Nr. 1, 3 Abs. 1 SeeschiffahrtsG und § 1 Abs. 1 Nr. 2 BinnenschiffahrtsG (sog. Schiffahrtspolizei).

2. Bundesordnungsrecht

Wiederum gibt es kein allgemeines Bundesordnungsrecht, wohl aber vielfältiges **besonderes** Bundesordnungsrecht. Von seiner insoweit bestehenden konkurrierenden Gesetzgebungskompetenz hat der Bundesgesetzgeber namentlich in folgenden Bereichen umfangreichen Gebrauch gemacht: 5, 6

- Das Aufenthaltsgesetz enthält vielfältige Eingriffsermächtigungen zur Aufrechterhaltung der öffentlichen Sicherheit gegenüber Ausländern.
- Die Gewerbeordnung und die zu ihr ergangenen Spezialgesetze, wie die Handwerksordnung, das Gaststättengesetz und das Güterkraftverkehrsgesetz, enthalten zur Gefahrenabwehr zum einen Anzeige- und Genehmigungspflichten und zum anderen Eingriffsbefugnisse wie die Gewerbeuntersagung und die Betriebsschließung.
- Das Gesetz zur Verhütung und Bekämpfung von Infektionskrankheiten beim Menschen enthält viele Eingriffsbefugnisse, die zu intensiven Freiheitsbeschränkungen ermächtigen, z. B. zur Quarantäne.
- Das Bundesimmissionsschutzgesetz enthält ein differenziertes und komplexes Eingriffsinstrumentarium hauptsächlich zum Zweck

des Schutzes von Mensch und Natur vor schädlichen Umwelteinwirkungen.
- Das Kreislaufwirtschafts- und Abfallgesetz ermächtigt zu Eingriffen zur Beseitigung von Abfällen.

7 Das Bundesordnungsrecht wird gem. Art. 30, 83 GG regelmäßig durch die Landespolizei- und -ordnungsbehörden **ausgeführt.** Nur ausnahmsweise hat der Bund ordnungsrechtliche Verwaltungskompetenzen und -behörden. Teilweise sind sie obligatorisch (vgl. § 2 Rn. 40), teilweise fakultativ, d. h. ihre Existenz setzt ein Bundesgesetz voraus. Die meisten der Bundesordnungsbehörden sind durch ein auf Art. 87 Abs. 3 S. 1 GG gestütztes Bundesgesetz errichtet worden (vgl. *Dittmann,* Die Bundesverwaltung, 1983, S. 255 ff.). Selbständige Bundesbehörden i. S. dieser Vorschrift sind Bundesbehörden ohne eigenen Verwaltungsunterbau mit Zuständigkeit für das gesamte Bundesgebiet und mit mehr oder weniger großer Weisungsfreiheit gegenüber den Bundesministerien. Bisher sind allerdings keine bundeseigenen Mittel- und Unterbehörden gem. Art. 87 Abs. 3 S. 2 GG errichtet worden (vgl. *Ipsen,* Staatsrecht I, 22. Aufl. 2010, Rn. 656).

8 **Beispiele:** Dem Bundesamt für Güterverkehr, gem. § 10 Abs. 1 S. 1 GüKG eine selbständige Bundesoberbehörde im Geschäftsbereich des Bundesministeriums für Verkehr, sind gem. § 11 Abs. 2 und 3 GüKG bestimmte Überwachungsaufgaben auf dem Gebiet des Verkehrs zugewiesen. Dabei stehen dem Bundesamt für Güterverkehr auch die Befugnisse nach §§ 12, 13 GüKG zu, etwa Kraftfahrzeuge anzuhalten und deren Weiterfahrt zu untersagen, Betriebe zu betreten und Einsicht in Geschäftsunterlagen zu nehmen. – Das durch das Gesetz vom 4. 8. 1951 (BGBl. I S. 488) gegründete Kraftfahrt-Bundesamt hat gem. § 28 StVG die Aufgabe, das Verkehrszentralregister zu führen. Es ist zur umfangreichen Speicherung einschlägiger Daten ermächtigt.

II. Landesrecht

1. Baden-Württemberg

9 Gem. § 59 bwPolG umfaßt die Polizei „1. die Polizeibehörden, 2. den Polizeivollzugsdienst mit seinen Beamten (Polizeibeamte)"; die Polizeibehörden können gem. § 61 bwPolG allgemeine oder besondere Polizeibehörden sein. Das baden-württembergische Polizeigesetz regelt das **allgemeine Gefahrenabwehrrecht,** und zwar für die Gefahrenabwehr vor Ort wie vom Schreibtisch aus. Die allgemeinen Polizeibehörden sind die Behörden der allgemeinen inneren Ver-

waltung. Wenn diese die Aufgabe (Funktion) der Gefahrenabwehr wahrnehmen, spricht man davon, daß sie funktionell als allgemeine Polizeibehörden handeln. Aufgaben und Befugnisse werden gemeinsam für Polizeibehörden und Polizeivollzugsdienst geregelt. Erst durch § 60 bwPolG und einige weitere Sonderregelungen über die Zuständigkeitsabgrenzung wird zwischen Polizeibehörden und Polizeivollzugsdienst unterschieden, so daß trotz des sog. Einheitssystems (vgl. § 2 Rn. 24) eine gewisse Trennung besteht (*Würtenberger/Heckmann*, Rn. 118).

Bei der **Abwehr besonders geregelter Gefahren** ist die Übertragung auf die allgemeinen Verwaltungsbehörden (§ 61 Abs. 1 bwPolG) von der auf die besonderen Polizeibehörden (§ 61 Abs. 2 bwPolG) zu unterscheiden: 10

- Soweit durch Spezialgesetze den allgemeinen Verwaltungsbehörden Gefahrenabwehraufgaben übertragen sind, etwa als Baurechtsbehörde (§ 46 Abs. 1 bwLBO), Wasserbehörde (§ 95 Abs. 2 bwWG) oder Abfallrechtsbehörde (§ 28 Abs. 2 bwLAbfG), handeln sie bei der Abwehr konkreter Gefahren funktionell als **allgemeine Polizeibehörden** (*Würtenberger/Heckmann*, Rn. 134; a. A. *Wolf/Stephan*, § 61 Rn. 8 ff.).
- **Besondere Polizeibehörden** sind organisatorisch verselbständigte Behörden der Gefahrenabwehr, insbesondere Gewerbeaufsichtsämter, Eichbehörden, Forstbehörden, Bergbehörden, Staatliche Veterinärämter und Gesundheitsämter. Von den besonderen Polizeibehörden sind sonstige Behörden der Gefahrenabwehr („andere Stellen" i. S. d. § 2 Abs. 1 bwPolG) zu unterscheiden, wie Feuerwehr und Rettungsdienst. Sie haben nicht die Befugnisse des Polizeigesetzes; wenn sie nicht tätig werden können, hat aber die Polizei die Eilkompetenz (*Würtenberger/Heckmann*, Rn. 194 ff.).

2. Bayern

Polizei sind gem. Art. 1 bayPAG „die im Vollzugsdienst tätigen Dienstkräfte der Polizei", zu denen allerdings gem. Art. 1 Abs. 1 bayPOG auch Verwaltungsbeamte der Polizei hinzutreten. Andererseits regeln Art. 6–11 bayLStVG die Aufgaben und Befugnisse der Sicherheitsbehörden für die Gefahrenabwehr vom Schreibtisch aus. Das **Polizeirecht** ist im bayerischen Polizeiaufgabengesetz und im bayerischen Polizeiorganisationsgesetz geregelt. Das erste enthält die polizeilichen Aufgaben und Befugnisse; das zweite legt die Organisation 11 der Polizei und deren sachliche, örtliche und instanzielle Zuständigkeit fest. Bei den Aufgaben und Befugnissen, die in bundes- oder landesrechtlichen Vorschriften den „Polizeibehörden" übertragen sind, bestimmt erst eine aufgrund des Art. 77 S. 1 bayPAG erlassene besondere Verordnung, ob sie von der Polizei oder von den Behörden der allgemeinen inneren Verwaltung wahrgenommen werden.

12 Das Ordnungsrecht heißt in Bayern **Sicherheitsrecht.** Das allgemeine Sicherheitsrecht ist im bayerischen Landesstraf- und Verordnungsgesetzes geregelt. Das besondere Sicherheitsrecht besteht aus den gefahrenabwehrrechtlichen Fachgesetzen des Bundes und der Länder; hierzu rechnen auch die einzelnen Abschnitte des 3. Teils des bayerischen Landesstraf- und Verordnungsgesetzes über z. B. „Schutz der Gesundheit und Reinlichkeit", „Vergnügungen", „Schutz von Feld und Flur". Es wird mangels einer ausdrücklichen Aufgabenzuweisung an Sonderbehörden, wie z. B. die Bauaufsichtsbehörden, von den in Art. 6 bayLStVG bezeichneten Sicherheitsbehörden (Gemeinden, Landratsämter, Regierungen und Staatsministerium des Innern) ausgeführt.

3. Berlin

13 Das Berliner Allgemeine Sicherheits- und Ordnungsgesetz regelt fast das gesamte **allgemeine Gefahrenabwehrrecht,** d. h. neben den Aufgaben und Befugnissen auch die Organisation und die Zuständigkeiten, und zwar für die Gefahrenabwehr vor Ort wie vom Schreibtisch aus. Lediglich die Zwangsmittelanwendung von Polizei und Ordnungsbehörden ist besonders geregelt. Organisatorisch werden Ordnungsbehörden gem. § 2 berlASOG und Polizei gem. § 5 berlASOG unterschieden. Allgemeine Ordnungsbehörden sind die Senatsverwaltungen und die Bezirksämter; daneben gibt es für besondere Ordnungsaufgaben Sonderbehörden. Die Zuständigkeit der Ordnungsbehörden wird gem. § 2 Abs. 4 S. 1 berlASOG im einzelnen durch einen „Zuständigkeitskatalog Ordnungsaufgaben" getrennt nach Senatsverwaltungen, Bezirksämtern und Sonderbehörden bestimmt. Polizei ist der Polizeipräsident mit seinen Polizeivollzugsbeamten.

14 Die **Abwehr besonders geregelter Gefahren** richtet sich ebenfalls nach dem „Zuständigkeitskatalog Ordnungsaufgaben". Sie wird teils von den allgemeinen Ordnungsbehörden, teils von Sonderbehörden wahrgenommen. Sonderbehörden sind beispielweise die Berliner

Feuerwehr (vgl. § 3 berlASOG), das Landesamt für Gesundheit und Soziales, das Bergamt und das Landesamt für Bürger- und Ordnungsangelegenheiten. Zu den Ordnungsaufgaben des Polizeipräsidenten gehören insbesondere das Versammlungswesen, der Straßenverkehr und das Waffen- und Sprengstoffwesen; er wird insoweit in Berlin als Sonderbehörde bezeichnet.

4. Brandenburg

In Anlehnung an nordrhein-westfälische Regelungen sind für die Polizei und die Ordnungsverwaltung je eigene gesetzliche Grundlagen zur Erfüllung der Gefahrenabwehraufgaben geschaffen worden: das brandenburgische Polizeigesetz einerseits und das brandenburgische Ordnungsbehördengesetz andererseits. Beide Gesetze enthalten das **allgemeine Gefahrenabwehrrecht:** das erste die polizeilichen Aufgaben und Befugnisse sowie die Organisation der Polizeibehörden und -einrichtungen und deren sachliche und örtliche Zuständigkeit, das zweite die Aufgaben, Befugnisse und die Organisation der Ordnungsbehörden. 15

Bei der **Abwehr besonders geregelter Gefahren** sind die allgemeinen Ordnungsbehörden (§ 3 Abs. 1 bbgOBG) und die Sonderordnungsbehörden (§ 11 bbgOBG) zu unterscheiden. Sonderordnungsbehörden sind die Behörden, denen durch Gesetz oder Verordnung auf bestimmten Sachgebieten Aufgaben der Gefahrenabwehr übertragen worden sind. Wie in Nordrhein-Westfalen (vgl. Rn. 27 f.) sind bestimmte besondere Gefahrenabwehraufgaben der Polizei wie einer Sonderordnungsbehörde übertragen. 16

5. Bremen

Gem. § 2 Nr. 1 bremPolG ist die Polizei wie folgt definiert: „die Verwaltungsbehörden, soweit ihnen Aufgaben der Gefahrenabwehr übertragen worden sind (Polizeibehörden), sowie Behörden, Dienststellen und Beamte der Vollzugspolizei (Polizeivollzugsdienst), ferner Hilfspolizeibeamte“; die Polizeibehörden können gem. §§ 65 Abs. 1, 66 Abs. 1 bremPolG allgemeine Polizeibehörden oder Sonderpolizeibehörden sein. Das bremische Polizeigesetz regelt das **allgemeine Gefahrenabwehrrecht,** und zwar für die Gefahrenabwehr vor Ort wie vom Schreibtisch aus. Die allgemeinen Polizeibehörden sind gem. § 65 Abs. 1 bremPolG die Behörden der allgemeinen inneren Verwaltung. Wenn diese die Aufgabe (Funktion) der Gefahrenabwehr wahr- 17 nehmen, spricht man davon, daß sie funktionell als allgemeine Polizeibehörden handeln. Aufgaben und Befugnisse werden gemeinsam für Polizeibehörden und Polizeivollzugsdienst geregelt. Erst durch § 64 Abs. 1 bremPolG werden die Zuständigkeiten abgegrenzt. Diese Trennung wird durch § 64 Abs. 2, 3 bremPolG auch dort aufrechterhalten, wo den Polizeibehörden Dienststellen des Polizeivollzugsdienstes eingegliedert sind und wo diesen einzelne polizeibehördliche Aufgaben delegiert werden, so daß trotz des sog. Einheitssystems (vgl. § 2 Rn. 24) eine gewisse Trennung besteht.

18 Bei der **Abwehr besonders geregelter Gefahren** ist die Übertragung auf die allgemeinen Polizeibehörden (§ 65 Abs. 1 bremPolG) von der auf die Sonderpolizeibehörden (§ 66 Abs. 1 bremPolG) zu unterscheiden, zu denen alle übrigen Behörden des Landes rechnen, soweit ihnen Gefahrenabwehraufgaben übertragen worden sind.

6. Hamburg

19 Das hamburgische Gesetz zum Schutz der öffentlichen Sicherheit und Ordnung regelt den größten Teil des **allgemeinen Gefahrenabwehrrechts,** und zwar für die Gefahrenabwehr vor Ort wie vom Schreibtisch aus. Nur die Befugnisse der Vollzugspolizei (Polizei) zur Datenverarbeitung und ihre erweiterten Befugnisse im Hamburger Hafen sind in eigenen Gesetzen über die Datenverarbeitung der Polizei und zur Verbesserung der Sicherheit im Hamburger Hafen enthalten. Die Organisation und die Zuständigkeiten sind nicht besonders gesetzlich geregelt. Die Organisation der Verwaltungsbehörden richtet sich nach den allgemein für die Verwaltung geltenden Vorschriften des Verwaltungsbehörden- und des Bezirksverwaltungsgesetzes. Die Vollzugspolizei ist gem. einer Verordnung über die zum Polizeivollzugsdienst gehörenden Beamtengruppen zusammengesetzt und aufgrund von Organisationsakten der Behörde für Inneres als eigene Abteilung eingegliedert. Dem Polizeipräsidenten unterstehen u. a. die Landespolizeiverwaltung, die Landesbereitschaftspolizei, die Verkehrsdirektion, die Wasserschutzpolizei und das Landeskriminalamt (*Hoffmann-Riem/Eifert,* S. 165).

20 Für die **Abwehr besonders geregelter Gefahren** verweist § 3 Abs. 1 hambSOG nur auf den jeweiligen Geschäftsbereich der Verwaltungsbehörden, der durch den Senat aufgrund seiner landesverfassungsrechtlichen Organisationsgewalt durch Zuständigkeitsanordnungen bestimmt wird. Danach verteilen sich die ordnungs-

rechtlichen Zuständigkeiten auf die Bezirksverwaltung und die verschiedenen Fachbehörden. Zu den Fachbehörden zählt auch die Behörde für Inneres, der z. B. der Straßenverkehr und das Versammlungs- und Vereinswesen zugewiesen sind (*Hoffmann-Riem/Eifert*, S. 166).

7. Hessen

Das **allgemeine Gefahrenabwehrrecht** ist in einem einzigen Gesetz, dem hessischen Gesetz über die öffentliche Sicherheit und Ordnung, geregelt, das sowohl für die Gefahrenabwehrbehörden als auch für die Polizeibehörden gilt. Für die Polizeibehörden gem. § 91 hessSOG handeln gem. §§ 101 ff. hessSOG Polizeivollzugsbeamte. Die Gefahrenabwehrbehörden werden gem. § 1 Abs. 1 S. 1 und §§ 82 ff. hessSOG nochmals in Verwaltungsbehörden und Ordnungsbehörden unterteilt. Die Subsidiarität, die in allen anderen Ländern der Polizei gegenüber den Ordnungsbehörden zukommt (vgl. § 5 Rn. 18), kommt hier Polizei- und Ordnungsbehörden gegenüber den Verwaltungsbehörden zu. Da die Eilkompetenz den Polizei- und Ordnungsbehörden gleichermaßen zusteht, gilt zwischen ihnen der Grundsatz der Erstbefassung, d. h. diejenige Behörde, die zuerst mit der Gefahrenlage konfrontiert ist, hat die notwendigen Maßnahmen zu ergreifen (*Denninger*, HdbPolR, E Rn. 243). 21

Die **Abwehr besonders geregelter Gefahren** ist zum einen den allgemeinen Ordnungsbehörden (Behörden der allgemeinen inneren Verwaltung als Landes-, Bezirks-, Kreis- und örtliche Ordnungsbehörde) insbesondere durch die auf § 89 Abs. 1 S. 1 hessSOG gestützte Zuweisungsverordnung übertragen worden; hierzu zählen u. a. Paß- und Personalausweiswesen, Ausländerangelegenheiten, Straßenverkehr, Versammlungen, Waffen und Sprengstoff bis hin zur Bekämpfung der verbotenen Prostitution. Zum andern bestehen Sonderordnungsbehörden als „Behörden außerhalb der allgemeinen Verwaltung, denen durch besondere Rechtsvorschriften Aufgaben der Gefahrenabwehr zugewiesen sind" (§ 90 S. 1 hessSOG); hierzu zählt etwa die Eichdirektion. 22

8. Mecklenburg-Vorpommern

Beeinflußt von Schleswig-Holstein regelt das mecklenburg-vorpommersche Sicherheits- und Ordnungsgesetz das gesamte **allgemeine Gefahrenabwehrrecht,** und zwar für die Gefahrenabwehr 23 vor Ort wie vom Schreibtisch aus. Es unterscheidet gem. § 2 Abs. 1 Ordnungsbehörden und Polizei, deren Organisation in einem eigenen Gesetz geregelt ist: Gem. § 1 mvPOG besteht die Polizei aus den Polizeivollzugsbeamten und den Polizeibehörden des Landes.

24 Bei der **Abwehr besonders geregelter Gefahren** werden gem. § 3 Abs. 1 mvSOG Landesordnungsbehörden, Kreisordnungsbehörden, örtliche Ordnungsbehörden und Sonderordnungsbehörden (Landesbehörden, denen Aufgaben der Gefahrenabwehr durch besondere Rechtsvorschriften übertragen sind) unterschieden. Sonderordnungsbehörden sind z. B. die Gewerbeaufsichtsbehörden und die Abfallbehörden (*Heyen,* S. 226).

9. Niedersachsen

25 Das niedersächsische Gesetz über die öffentliche Sicherheit und Ordnung regelt das gesamte **allgemeine Gefahrenabwehrrecht,** und zwar für die Gefahrenabwehr vor Ort wie vom Schreibtisch aus. Organisatorisch werden Verwaltungsbehörden (§ 97 ndsSOG) und Polizeibehörden (§ 87 ndsSOG) unterschieden. Die Zuständigkeitsverteilung zwischen den Verwaltungsbehörden wird in der Weise getroffen, daß eine Zuständigkeitsvermutung zugunsten der Gemeinden gem. § 97 Abs. 1 ndsSOG besteht, die durch § 97 Abs. 3 ndsSOG und die aufgrund dieser Ermächtigung ergangene Verordnung über Zuständigkeiten auf verschiedenen Gebieten der Gefahrenabwehr eingeschränkt wird. Der Begriff „Polizei" umschließt gem. § 2 Nr. 5 ndsSOG die Polizeibehörden und die für sie handelnden Polizeibeamten und Hilfspolizeibeamten.

26 Die **Abwehr besonders geregelter Gefahren** geschieht in erster Linie durch besondere Verwaltungsbehörden, die gem. § 97 ndsSOG definiert sind als „Behörden, die nicht allgemeine Verwaltungsbehörden sind". Dazu zählen z. B. das Oberbergamt, die Bergämter, das Landesverwaltungsamt (Eichwesen), die Gewerbeaufsichtsämter und die Forstämter (*Ipsen,* Rn. 584). Den Polizeidirektionen Hannover und Braunschweig sind gem. § 5 Abs. 1 ndsZustVO Gefahrenabwehraufgaben im Versammlungswesen und Straßenverkehr übertragen worden.

10. Nordrhein-Westfalen

27 Für die Polizei und die Ordnungsverwaltung sind je eigene gesetzliche Grundlagen zur Erfüllung der Gefahrenabwehraufgaben ge-

schaffen worden: das nordrhein-westfälische Polizeigesetz und das nordrhein-westfälische Polizeiorganisationsgesetz für die Gefahrenabwehr vor Ort einerseits und das nordrhein-westfälische Ordnungsbehördengesetz für die Gefahrenabwehr vom Schreibtisch aus andererseits. Alle drei Gesetze enthalten das **allgemeine Gefahrenabwehrrecht:** das erste die polizeilichen Aufgaben und Befugnisse, das zweite die Organisation der Polizeibehörden und deren sachliche und örtliche Zuständigkeit, das dritte die Aufgaben, Befugnisse und Organisation der Ordnungsbehörden.

Die **Abwehr besonders geregelter Gefahren** geschieht wie folgt: 28

- Den **allgemeinen Ordnungsbehörden** gem. § 3 Abs. 1 nwOBG, die organisatorisch den Stellen der allgemeinen inneren Verwaltung eingegliedert sind, sind insbesondere folgende Bereiche des besonderen Ordnungsrechts zugewiesen: Bauordnungs-, Ausländer-, Ausweis-, Paß- und Melderecht. Die allgemeinen Ordnungsbehörden sind entsprechend den verschiedenen Gefahrenabwehraufgaben meist fachspezifisch in bestimmte Ämter, Abteilungen oder Dienststellen aufgegliedert (z. B. Bauaufsicht, Ausländerwesen, Gaststättenüberwachung oder Straßenverkehrsüberwachung).
- Unter **Sonderordnungsbehörden** werden im allgemeinen organisatorisch verselbständigte, außerhalb der Behörden der allgemeinen inneren Verwaltung stehende Landesbehörden verstanden, denen durch Bundes- oder Landesrecht besondere Aufgaben der Gefahrenabwehr zugewiesen sind (vgl. *Götz,* § 20 Rn. 8, 16f.). §§ 12 Abs. 1, 3 Abs. 1 Hs. 2 nwOBG verwenden jedoch nicht diesen allgemeinen organisatorischen Begriff, sondern stellen auf die bloße Bezeichnung als Sonderordnungsbehörden ab; der Gesetzgeber hat für Aufgaben aus speziellen Bereichen nicht eigene Behörden geschaffen, sondern diese Aufgaben den allgemeinen Ordnungsbehörden „als Sonderordnungsbehörden" übertragen (vgl. §§ 8 Abs. 2 nwLandschaftsG, 35 nwAbfG, 138 S. 1 nwWasserG).
- Der **Polizei** sind die Überwachung des Straßenverkehrs und das Versammlungs-, Waffen- und Munitionswesen wie einer Sonderordnungsbehörde übertragen.

11. Rheinland-Pfalz

Das rheinland-pfälzische Polizei- und Ordnungsbehördengesetz 29
regelt das gesamte **allgemeine Gefahrenabwehrrecht,** und zwar für die Gefahrenabwehr vor Ort wie vom Schreibtisch aus. Organisato-

risch werden die allgemeinen Ordnungsbehörden gem. §§ 88 Abs. 1, 89 rpPOG (Landes-, Kreis- und örtliche Ordnungsbehörden) von der Polizei unterschieden. Die Zuständigkeitsverteilung zwischen den allgemeinen Ordnungsbehörden ergibt sich im einzelnen aus der Zuständigkeitsverordnung für die Allgemeinen Ordnungsbehörden. Polizeibehörden sind gem. § 76 Abs. 2 rpPOG die Polizeipräsidien, das Landeskriminalamt und das Wasserschutzpolizeiamt; für sie handeln gem. §§ 85 ff. rpPOG die Polizeibeamten.

30 Bei der **Abwehr besonders geregelter Gefahren** sind allgemeine Ordnungsbehörden und Sonderordnungsbehörden zu unterscheiden. Sonderordnungsbehörden sind gem. § 88 Abs. 2 rpPOG alle übrigen Ordnungsbehörden. Das sind jedenfalls die organisatorisch verselbständigten, außerhalb der Behörden der allgemeinen inneren Verwaltung stehenden Landesbehörden, denen durch Bundes- oder Landesrecht besondere Aufgaben der Gefahrenabwehr zugewiesen sind, wie Eichämter, Bergämter und Gesundheitsämter. Der Wortlaut läßt aber auch zu, die in die allgemeine innere Verwaltung eingegliederten Behörden, wie Straßenverkehrsämter, Bauaufsichtsämter und Fischereiämter, als Sonderordnungsbehörden zu verstehen (*Jochum/Rühle,* C Rn. 12). Durch § 1 Abs. 5 rpPOG ist der Polizei – allerdings mit einer Ermächtigung zu einer Delegation auf die örtlichen Ordnungsbehörden und die Kreisordnungsbehörden – die Abwehr von Gefahren durch den Straßenverkehr übertragen.

12. Saarland

31 Gem. § 1 Abs. 1 saarlPolG sind Polizei „die Polizeiverwaltungsbehörden und die Vollzugspolizei“. Die Polizeiverwaltungsbehörden gliedern sich gem. § 75 Abs. 1 saarlPolG in allgemeine Polizeiverwaltungsbehörden und Sonderpolizeibehörden; die Vollzugspolizei umfaßt gem. § 82 Abs. 1 saarlPolG die Polizeivollzugsbehörden und die Einrichtungen der Vollzugspolizei; für beide handeln gem. §§ 86 ff. saarlPolG die Polizeivollzugsbeamten. Das saarländische Polizeigesetz regelt das **allgemeine Gefahrenabwehrrecht,** und zwar für die Gefahrenabwehr vor Ort wie vom Schreibtisch aus. Die allgemeinen Polizeiverwaltungsbehörden sind gem. § 76 saarlPolG die Behörden der allgemeinen inneren Verwaltung. Wenn diese die Aufgabe (Funktion) der Gefahrenabwehr wahrnehmen, spricht man davon, daß sie funktionell als allgemeine Polizeiverwaltungsbehörden handeln. Aufgaben und Befugnisse werden gemeinsam für Polizeiverwaltungsbe-

hörden und Vollzugspolizei geregelt. Erst durch § 85 Abs. 2 S. 1 saarlPolG werden die Zuständigkeiten abgegrenzt, so daß trotz des sog. Einheitssystems (vgl. § 2 Rn. 24) eine gewisse Trennung besteht. Diese ergibt sich ferner dadurch, daß die Polizeiverwaltungsbehörden die im Rahmen ihrer Aufgaben notwendigen Maßnahmen gem. § 79 Abs. 1 S. 1 saarlPolG mit eigenen Bediensteten durchführen.

Die **Abwehr besonders geregelter Gefahren** geschieht durch die 32
allgemeinen Polizeiverwaltungsbehörden und die Sonderpolizeibehörden. Sonderpolizeibehörden sind gem. § 75 Abs. 3 saarlPolG „außerhalb der allgemeinen Polizeiverwaltungsbehörden stehende Behörden, denen bestimmte polizeiliche Aufgaben zugewiesen sind; sie bleiben in ihrer Organisation und Zuständigkeit unberührt". Sonderpolizeibehörden sind z. B. die Berg-, Eich-, Gesundheits-, Gewerbeaufsichts- und Veterinärämter sowie die Jagd-, Forst-, Fischerei- und Hafenbehörden (*Mandelartz u. a.*, § 75 Rn. 9).

13. Sachsen

Im Anschluß an Baden-Württemberg umfaßt die Polizei gem. § 59 33
sächsPolG „1. die Polizeibehörden, 2. den Polizeivollzugsdienst mit seinen Bediensteten (Polizeibedienstete)"; die Polizeibehörden können gem. § 64 sächsPolG allgemeine oder besondere Polizeibehörden sein. Das sächsische Polizeigesetz regelt das **allgemeine Gefahrenabwehrrecht,** und zwar für die Gefahrenabwehr vor Ort wie vom Schreibtisch aus. Die allgemeinen Polizeibehörden sind die Behörden der allgemeinen inneren Verwaltung. Wenn diese die Aufgaben (Funktion) der Gefahrenabwehr wahrnehmen, spricht man davon, daß sie funktionell als allgemeine Polizeibehörden handeln. Aufgaben und Befugnisse werden gemeinsam für Polizeibehörden und Polizeivollzugsdienst geregelt. Erst durch § 60 sächsPolG und einige weitere Sonderregelungen über die Zuständigkeitsabgrenzung wird zwischen Polizeibehörden und Polizeivollzugsdienst unterschieden, so daß trotz des sog. Einheitssystems (vgl. § 2 Rn. 24) eine gewisse Trennung besteht.

Bei der **Abwehr besonders geregelter Gefahren** gibt es wie in Ba- 34
den-Württemberg (vgl. Rn. 9 f.) sowohl die Übertragung auf die allgemeinen Polizeibehörden (§ 64 Abs. 1 sächsPolG) als auch auf die besonderen Polizeibehörden (§ 64 Abs. 3 sächsPolG).

- Soweit durch Spezialgesetze den allgemeinen Verwaltungsbehörden Gefahrenabwehraufgaben übertragen sind, etwa als Bauaufsichts-, Katastrophenschutz- oder Straßenverkehrsbehörde, handeln sie bei der Abwehr konkreter Gefahren funktionell als **allgemeine Polizeibehörden** (vgl. Rn. 10).

– **Besondere Polizeibehörden** sind organisatorisch verselbständigte Behörden der Gefahrenabwehr, insbesondere Berg-, Forst-, Eich- und Gewerbeaufsichtsämter. Von den besonderen Polizeibehörden sind sonstige Behörden der Gefahrenabwehr („andere Stelle" i. S. d. § 2 Abs. 1 S. 1 sächsPolG) zu unterscheiden, wie Feuerwehr, Jugendämter und Rettungsdienst. Sie haben nicht die Befugnisse des Polizeigesetzes; wenn sie nicht tätig werden können, hat aber die Polizei die Eilkompetenz (vgl. Rn. 10).

14. Sachsen-Anhalt

35 Im Anschluß an Niedersachsen regelt das sachsen-anhaltinische Gesetz über die öffentliche Sicherheit und Ordnung das gesamte **allgemeine Gefahrenabwehrrecht,** und zwar für die Gefahrenabwehr vor Ort wie vom Schreibtisch aus. Organisatorisch werden Sicherheitsbehörden gem. §§ 84 f. saSOG (Verwaltungsgemeinschaften und Gemeinden, Landkreise, Regierungspräsidien als allgemeine Sicherheitsbehörden sowie besondere Sicherheitsbehörden) und Polizeibehörden gem. §§ 76 ff. saSOG unterschieden. Die Zuständigkeitsverteilung zwischen den allgemeinen Sicherheitsbehörden wird in der Weise getroffen, daß eine Zuständigkeitsvermutung zugunsten der Verwaltungsgemeinschaften und Gemeinden besteht, die durch § 89 Abs. 3 saSOG und die aufgrund dieser Ermächtigung ergangene Verordnung über die Zuständigkeit auf verschiedenen Gebieten der Gefahrenabwehr eingeschränkt wird. Der Begriff „Polizei" umschließt gem. § 3 Nr. 9 saSOG die Polizeibehörden und die für sie handelnden Polizeibeamten und Hilfspolizeibeamten.

36 Die **Abwehr besonders geregelter Gefahren** geschieht in erster Linie durch besondere Sicherheitsbehörden, die gem. § 85 saSOG definiert sind als „Behörden, die nicht allgemeine Sicherheitsbehörden sind und denen durch Rechtsvorschrift bestimmte Zuständigkeiten für Aufgaben der Gefahrenabwehr übertragen sind". Dazu zählen z. B. die Gewerbeaufsichtsämter und die Forstämter, nicht aber Bauaufsichtsbehörden, Wasserbehörden, Jagdbehörden, Abfallbehörden, denen zwar auch Aufgaben der Gefahrenabwehr übertragen sind, die aber allgemeine Sicherheitsbehörden sind (*Meixner/Martell,* § 85 Rn. 4). Den Polizeidirektionen Halle und Magdeburg sind gem. § 1 Nr. 1 und § 14 saZustVO Gefahrenabwehraufgaben zum Versammlungswesen und Straßenverkehr übertragen worden.

15. Schleswig-Holstein

Eine gesetzestechnische Einmaligkeit ist die Eingliederung des materiellen **allgemeinen Gefahrenabwehrrechts** in das schleswig-holsteinische Landesverwaltungsgesetz als Abschnitt III „Öffentliche Sicherheit" im Zweiten Teil „Verwaltungshandeln". Die Vollstreckung ist anschließend in Abschnitt IV des Zweiten Teils des schleswig-holsteinischen Landesverwaltungsgesetzes und die Organisation im schleswig-holsteinischen Polizeiorganisationsgesetz geregelt. Für die Gefahrenabwehr vom Schreibtisch aus sind die Ordnungsbehörden gem. § 164 Abs. 1 shLVwG und für die Gefahrenabwehr vor Ort ist die Polizei eingerichtet. Diese ist gem. § 164 Abs. 2 shLVwG definiert als „die nach Landesrecht errichteten Behörden der Polizei", für die gem. §§ 169 ff. shLVwG Polizeivollzugsbeamte handeln. 37

Die **Abwehr besonders geregelter Gefahren** geschieht gem. § 164 Abs. 1 shLVwG durch allgemeine Ordnungsbehörden (Landesordnungsbehörden, Kreisordnungsbehörden, örtliche Ordnungsbehörden) und Sonderordnungsbehörden (Landesbehörden, denen Aufgaben der Gefahrenabwehr durch besondere Rechtsvorschriften übertragen sind). Sonderordnungsbehörden sind die Eich-, Forst- und Gewerbeaufsichtsämter sowie das Fischerei-, Berg-, Oberberg- und Pflanzenschutzamt (*Schipper*, Rn. 55). 38

16. Thüringen

Für die Polizei und die Ordnungsverwaltung sind je eigene gesetzliche Grundlagen zur Erfüllung der Gefahrenabwehraufgaben geschaffen worden: das Thüringer Polizeiaufgabengesetz und das Thüringer Polizeiorganisationsgesetz für die Gefahrenabwehr vor Ort einerseits und das Thüringer Ordnungsbehördengesetz für die Gefahrenabwehr vom Schreibtisch aus andererseits. Alle drei Gesetze enthalten das **allgemeine Gefahrenabwehrrecht:** das erste vor allem die polizeilichen Aufgaben und Befugnisse, das zweite die Organisation und Zuständigkeit der Polizei, das dritte die Aufgaben, Befugnisse und Organisation der Ordnungsbehörden. Polizei wird in § 1 thürPAG definiert als „die im Vollzugsdienst tätigen Dienstkräfte der Polizei". 39

Die **Abwehr besonders geregelter Gefahren** geschieht in erster Linie durch die Ordnungsbehörden. Ordnungsbehörden sind gem. § 1 S. 1 thürOBG die Gemeinden und die Verwaltungsgemeinschaften im übertragenen Wirkungskreis, die Landräte (Landratsämter) 40 als untere staatliche Verwaltungsbehörden für die Anordnungen im Einzelfall und die Landkreise (Kreisbehörden) im übertragenen Wirkungskreis für die ordnungsbehördlichen Verordnungen, das Landesverwaltungsamt und das Innenministerium. Den Ordnungsbehörden sind grundsätzlich alle Bereiche des besonderen Ordnungsrechts zugewiesen. Obwohl im thürOBG nicht geregelt, nehmen besondere Ordnungsbehörden („Sonderordnungsbehörden") aufgrund spezieller Regelungen Aufgaben der Gefahrenabwehr wahr (z. B. Gesundheitsämter, Ämter für Arbeitsschutz, Forstämter, Bergämter; vgl. *Krumrey/Schwan*, § 1 Rn. 8).

41 **Literatur: I. Zum Bundesrecht:** *A. Abbühl*, Der Aufgabenwandel des Bundeskriminalamtes, 2010; *E.-H. Ahlf/I. E. Daub/R. Lersch/H. U. Störzer*, Bundeskriminalamtgesetz BKAG, 2000; *K.-H. Blümel/M. Drewes/K. M. Malmberg/B. Walter*, Bundespolizeigesetz BPolG, Zwangsanwendung nach Bundesrecht VwVG/UZwG, 4. Aufl. 2010; *A. Borsdorff*, Bundespolizeigesetz, 3. Aufl. 2009; *G. D. Gade/M. Kieler*, Polizei und Föderalismus, 2008; *D. Heesen/J. L. Hönle/A. Peilert*, Bundesgrenzschutzgesetz BGSG mit VwVG und UZwG, 4. Aufl. 2002.

II. Zum Landesrecht: 1. Baden-Württemberg: *R. Belz/E. Mußmann*, Polizeigesetz für Baden-Württemberg, 7. Aufl. 2009; *A. Dittmann*, Polizeirecht, in: H. Maurer/R. Hendler (Hrsg.), Baden-Württembergisches Staats- und Verwaltungsrecht, 1990, S. 264; *J. König*, Eingriffsrecht: Maßnahmen der Polizei nach der Strafprozeßordnung und dem Polizeigesetz, 2. Aufl. 2001; *E. Mußmann*, Allgemeines Polizeirecht in Baden-Württemberg, 4. Aufl. 1994; *K.-H. Ruder/S. Schmitt*, Polizeirecht Baden-Württemberg, 7. Aufl. 2010; *H. Wolf/U. Stephan/J. Deger*, Polizeigesetz für Baden-Württemberg, 6. Aufl. 2009; *T. Würtenberger/D. Heckmann*, Polizeirecht in Baden-Württemberg, 6. Aufl. 2005; *S. Zeitler/C. Trurnit*, Polizeirecht für Baden-Württemberg, 2. Aufl. 2011.

2. Bayern: *K. Bengl/G. Berner/E. Emmerig*, Bayerisches Landesstraf- und Verordnungsgesetz (Loseblattsammlung), 1969 ff.; *G. Berner/G.-M. Köhler*, Polizeiaufgabengesetz, 20. Aufl. 2010; *H. U. Gallwas/W. Mössle/H. A. Wolff*, Bayerisches Polizei- und Sicherheitsrecht, 3. Aufl. 2004; *D. Heckmann*, Bayerisches Polizei- und Sicherheitsrecht, in: U. Becker u. a., Öffentliches Recht in Bayern, 5. Aufl. 2011, S. 239; *H. Honnacker/P. Beinhofer*, Polizeiaufgabengesetz, 19. Aufl. 2009; *H. Honnacker*, Polizeiorganisationsgesetz, 7. Aufl. 2008; *R. Schiedermair/H. G. König/B. Körner*, Gesetz über das Landestrafrecht und das Verordnungsrecht auf dem Gebiet der öffentlichen Sicherheit und Ordnung (Loseblattsammlung), 1979 ff.; *W. Schmidbauer/U. Steiner*, Bayerisches Polizeiaufgabengesetz, 3. Aufl. 2011; *G. Scholz/A. J. Decker*, Bayerisches Sicherheits- und Polizeirecht, 7. Aufl. 1994.

3. Berlin: *O. Baller*, Allgemeines Sicherheits- und Ordnungsgesetz Berlin, 2004; *G. Berg/M. Knape/U. Kiworr*, Allgemeines Polizei- und Ordnungsrecht für Berlin, 10 Aufl. 2009; *A. Pewestorf/S. Söllner/O. Tölle*, Polizei- und Ordnungsrecht: Berliner Kommentar, 2009; *H. P. Prümm/H. Sigrist,* Allgemeines Sicherheits- und Ordnungsrecht, 2. Aufl. 2003; *H. Wagner,* Polizeirecht, 2. Aufl. 1985.

4. Brandenburg: *W. Frings,* Das Recht der Gefahrenabwehr im Land Brandenburg, 2. Aufl. 1997; *B. Helmers/H. Waldhausen,* Ordnungsbehördengesetz des Landes Brandenburg, 1994; *F. Niehoerster,* Brandenburgisches Polizeigesetz, 2. Aufl. 2003; *F. Niehoerster/N. Benedens,* Polizei- und Ordnungsrecht im Land Brandenburg, 2. Aufl. 1997; *H. Pohl-Zahn,* Allgemeines Polizei- und Ordnungsrecht in Brandenburg, in: A. v. Brünneck/F.-J. Peine (Hrsg.), Staats- und Verwaltungsrecht in Brandenburg, 2004, S. 261.

5. Bremen: *D. Göddeke,* Neues Polizeigesetz in Bremen, NVwZ 2001, 1232; *R. Schmidt,* Bremisches Polizeigesetz, 2006.

6. Hamburg: *H. W. Alberts/K. Merten,* Gesetz über die Datenverarbeitung der Polizei, 3. Aufl. 2002; *G. Beaucamp,* Hamburger Sicherheits- und Ordnungsrecht, 2. Aufl. 2009; *W. Hoffmann-Riem/M. Eifert,* Polizei- und Ordnungsrecht, in: W. Hoffmann-Riem/H.-J. Koch (Hrsg.), Hamburgisches Staats- und Verwaltungsrecht, 3. Aufl. 2006, S. 161; *K. Merten/H. Merten,* Hamburgisches Polizei- und Ordnungsrecht, 2007; *H. Pünder,* Hamburgs neues Polizeirecht, NordÖR 2005, 292, 349, 497; *H. Schwemer/A. Heinze,* Hamburger SOG, 2005.

7. Hessen: *F. Reimer,* Polizeirecht, in: G. Hermes/T. Groß (Hrsg.), Landesrecht Hessen, 7. Aufl. 2011, S. 165; *G. Hornmann,* Hessisches Gesetz über die öffentliche Sicherheit und Ordnung, 2. Aufl. 2008; *U. Kramer,* Hessisches Polizei- und Ordnungsrecht, 2. Aufl. 2010; *K. Meixner/D. Friedrich,* Hessisches Gesetz über die öffentliche Sicherheit und Ordnung, 11. Aufl. 2010; *L. Mühl/R. Leggereit/W. Hausmann,* Polizei- und Ordnungsrecht für Hessen, 3. Aufl. 2010; *W. Pausch/G. Dölger,* Polizei- und Ordnungsrecht in Hessen, 5. Aufl. 2010; *E. Rasch/H. Schulze,* Hessisches Gesetz über die öffentliche Sicherheit und Ordnung (Loseblattsammlung), 5. Aufl. 1995 ff.

8. Mecklenburg-Vorpommern: *E. V. Heyen,* Allgemeines Polizei- und Ordnungsrecht, in: H.-J. Schütz/C. D. Classen (Hrsg.), Landesrecht Mecklenburg-Vorpommern, 2. Aufl. 2010, S. 122; *J. Krech,* Sicherheits- und Ordnungsrecht des Landes Mecklenburg-Vorpommern, 1998.

9. Niedersachsen: *J. Ipsen,* Niedersächsisches Polizei- und Ordnungsrecht, 4. Aufl. 2010; *A. Saipa,* Niedersächsisches Gefahrenabwehrgesetz (Loseblattsammlung), 1994 ff.; *P. Siefken,* Niedersächsisches Gesetz über die öffentliche Sicherheit und Ordnung, 9. Aufl. 2008; *K. Waechter,* Polizei- und Ordnungsrecht, in: E. Brandt/M.-C. Schinkel (Hrsg.), Staats- und Verwaltungsrecht in Niedersachsen, 2002, S. 173.

10. Nordrhein-Westfalen: *T. Altschaffel,* Allgemeines Polizei- und Ordnungsrecht für Nordrhein-Westfalen, 2. Aufl. 2000; *U. Chemnitz/U. Bosse,* Polizeirecht in Nordrhein-Westfalen, 5. Aufl. 1996; *J. Dietlein,* Polizei- und Ordnungsrecht, in: J. Dietlein/M. Burgi/J. Hellermann, Öffentliches Recht in Nordrhein-Westfalen, 4. Aufl. 2011, S. 281; *W. Frings/L. Spahlholz,* Das Recht der Gefahrenabwehr in Nordrhein-Westfalen, 3. Aufl. 2011; *G. Haurand,* Allgemeines Polizei- und Ordnungsrecht Nordrhein-Westfalen, 5. Aufl. 2010; *W.*

Kay/R. Böcking, Polizeirecht Nordrhein-Westfalen, 1992; *M. Möller/G. Warg*, Allgemeines Polizei- und Ordnungsrecht, 6. Aufl. 2012; *K.-U. Rhein*, Ordnungsbehördengesetz (OBG NRW), 2004; *D. Schroeder*, Polizei- und Ordnungsrecht Nordrhein-Westfalen, 2011; *H. Tegtmeyer/J. Vahle*, Polizeigesetz Nordrhein-Westfalen, 10. Aufl. 2011; *H. Wagner*, Kommentar zum Polizeigesetz in Nordrhein-Westfalen, 1987; *H.-M. Wolffgang/M. Hendricks/M. Merz*, Polizei- und Ordnungsrecht in Nordrhein-Westfalen, 3. Aufl. 2011; *L. J. Tetsch/M. Baldarelli*, Polizeigesetz des Landes Nordrhein-Westfalen, 2011.

11. Rheinland-Pfalz: *H. de Clerck/H. W. Schmidt*, Polizei- und Ordnungsbehördengesetz (Loseblattsammlung), 1993 ff.; *J. Roos/T. Lenz*, Polizei- und Ordnungsbehördengesetz Rheinland-Pfalz, 4. Aufl. 2011; *D. G. Rühle*, Polizei- und Ordnungsrecht für Rheinland-Pfalz, 4. Aufl. 2007; *ders./H. J. Suhr*, Polizei- und Ordnungsbehördengesetz Rheinland-Pfalz, 5. Aufl. 2012; *J. Ruthig*, Polizei- und Ordnungsrecht, in: R. Hendler/F. Hufen/S. Jutzi (Hrsg.), Landesrecht Rheinland-Pfalz, 6. Aufl. 2012, S. 189.

12. Saarland: *A. Guckelberger*, Polizeirecht, in: C. Gröpl/A. Guckelberger/J. Wohlfahrt, Landesrecht Saarland, 2009, S. 252; *K.-L. Haus/J. Wohlfahrt*, Allgemeines Polizei- und Ordnungsrecht, 2. Aufl. 2005; *H. Mandelartz/H. Sauer/B. Strube*, Saarländisches Polizeigesetz, 2002.

13. Sachsen: *R. Belz*, Polizeigesetz des Freistaates Sachsen, 4. Aufl. 2009; *W. Gnant*, Polizeigesetz des Freistaates Sachsen, 3. Aufl. 1999; *K. Müller*, Polizeigesetz des Freistaates Sachsen, 1992; *U. Rommelfanger/P. Rimmele*, Polizeigesetz des Freistaates Sachsen, 2. Aufl. 2012; *E. Wagner/K.-H. Ruder*, Sächsisches Polizeirecht, 1999.

14. Sachsen-Anhalt: *S. Karnop*, Recht der Gefahrenabwehr, 1998; *W. Kluth*, Das Recht der öffentlichen Sicherheit (Polizeirecht), in: ders. (Hrsg.), Landesrecht Sachsen-Anhalt, 2. Aufl. 2010, S. 153; *K. Meixner/J.-M. Martell*, Gesetz über die öffentliche Sicherheit und Ordnung des Landes Sachsen-Anhalt, 3. Aufl. 2003.

15. Schleswig-Holstein: *G. Foerster/G.-H. Friedersen/M. Rohde/P. Albert*, Allgemeines Verwaltungsgesetz für das Land Schleswig-Holstein (Loseblattsammlung), 1968 ff.; *P. Nissen*, in: H.-J. Schmalz/W. Ewer/A. v. Mutius/E. Schmidt-Jortzig (Hrsg.), Staats- und Verwaltungsrecht für Schleswig-Holstein, 2002, S. 145; *D. Schipper* (Hrsg.), Polizei- und Ordnungsrecht in Schleswig-Holstein, 5. Aufl. 2010.

16. Thüringen: *F. Ebert/H. Honnacker*, Thüringer Gesetz über die Aufgaben und Befugnisse der Polizei, 5. Aufl. 2009; *S. Krumrey/H. Schwan*, Thüringer Ordnungsbehördengesetz, 2. Aufl. 2009; *K. Müller*, Ordnungsbehördengesetz für das Land Thüringen, 1997; *N. Rücker*, Ordnungsbehördengesetz Thüringen (Loseblattsammlung), 1995 ff.; *H. Schwan*, Polizei- und Ordnungsrecht, in: P. M. Huber (Hrsg.), Thüringer Staats- und Verwaltungsrecht, 2000, S. 263.

2. Teil. Gefahrenabwehr als polizei- und ordnungsrechtliche Aufgabe

§ 4. Der Begriff der Gefahr

I. Allgemeines

1. Bedeutung und Varianten des Gefahrbegriffs

Der Begriff der Gefahr ist der **zentrale Begriff** des Polizei- und Ordnungsrechts. Nur bei Gefahr dürfen die Polizei- und Ordnungsbehörden handeln. Nur bei Gefahr dürfen sie die Freiheit beschränken. Nur bei Gefahr dürfen sie den einzelnen als Verantwortlichen in die Pflicht des Handelns oder Duldens nehmen. Nur wenn sie ihn als Verantwortlichen in die Pflicht nehmen durften, dürfen sie ihm, wenn er die Pflicht nicht erfüllt hat, Kosten auferlegen, und sie müssen ihn umgekehrt entschädigen, wenn sie ihn als Verantwortlichen in die Pflicht genommen haben, ohne daß eine Gefahr vorgelegen hatte. 1

Als zentraler Begriff hat der Begriff der Gefahr so viele verschiedene Leistungen zu erbringen, daß er **differenziert** wurde. Es gibt eine abstrakte und eine konkrete Gefahr, verschiedene Qualifikationen der konkreten Gefahr und einen klassischen objektiven und einen modernen subjektiven Gefahrbegriff. Es gibt aber auch Merkmale, die allen Gefahrenarten und -begriffen gemeinsam sind und gewissermaßen den Grundbegriff der Gefahr bilden.[1] Danach liegt eine Gefahr vor, wenn eine Sachlage oder ein Verhalten bei ungehindertem Ablauf des zu erwartenden Geschehens mit hinreichender Wahrscheinlichkeit ein polizeilich geschütztes Rechtsgut schädigen wird. Dabei ist zum einen die Schädigung von der bloßen Belästigung zu unterscheiden und zum anderen zu bestimmen, wann hinreichende Wahrscheinlichkeit gegeben ist. 2

---

1 Lediglich in § 2 Nr. 3 a) bremPolG; § 2 Nr. 1 a) ndsSOG; § 3 Nr. 3 a) saSOG; § 54 Nr. 3 a) thürOBG finden sich Legaldefinitionen des Gefahrbegriffs.

2. Schädigung und Belästigung

3 Eine Schädigung oder Störung der polizeilich geschützten Rechtsgüter, d. h. besonders der Unverletzlichkeit der Rechtsordnung, der Rechte und Rechtsgüter des einzelnen und der Einrichtungen und Veranstaltungen des Staats (vgl. § 8 Rn. 10ff.), liegt dann vor, wenn ein Rechtssatz, ein Recht, eine Einrichtung etc. verletzt werden. Die Verletzung ist von der bloßen Belästigung zu unterscheiden, d. h. einer Sachlage oder einem Verhalten, das für ein polizeilich geschütztes Rechtsgut zwar nachteilig, abträglich, unangenehm, unerfreulich, lästig ist, aber auch nicht mehr. Bei dieser Unterscheidung ist zugleich auf Rechtmäßigkeit/Rechtswidrigkeit und auf Intensität abzustellen. Zwar gilt, daß eine rechtmäßige Sachlage oder ein rechtmäßiges Verhalten keine Verletzung eines geschützten Rechtsguts sein kann (vgl. § 9 Rn. 17). Ob ein Verhalten rechtmäßig oder rechtswidrig ist, ist manchmal aber erst das Ergebnis einer Abwägung kollidierender Grundrechte und polizeilich geschützter Rechtsgüter. In dieser Abwägung spielt die **Intensität** eine Rolle, mit der die polizeilich geschützten Rechtsgüter beeinträchtigt werden. Einiges an Beeinträchtigung ist mit Rücksicht auf die Grundrechte hinzunehmen, aber nicht alles, und die Schwelle ist die Grenze zwischen Belästigung und Schädigung.

4 **Beispiele:** Für ein öffentliches Gelöbnis der Bundeswehr sind ohrenbetäubende Pfeif- und Lärmkonzerte eine Störung, kritische Rufe, Pfiffe und Plakate, die den Ablauf weder ver- noch erheblich behindern, eine bloße Belästigung, der die Bundeswehr sich, wenn sie die Kaserne verläßt und in die Öffentlichkeit geht, aussetzt (vgl. BVerwGE 84, 247/255f.). – Auch mit der Ausübung erlaubter Prostitution (vgl. VGH Kassel, NJW 1984, 1368) und der Lebensweise von Stadt- und Landstreichern (vgl. VGH Mannheim, NJW 1984, 507/509) sind normalerweise nur Belästigungen verbunden.

5 **Spezialgesetze** lassen schon eine geringere Beeinträchtigungsintensität als Voraussetzung für staatliches Einschreiten genügen. So versteht das Bundesimmissionsschutzgesetz in § 3 Abs. 1 unter schädlichen Umwelteinwirkungen „Immissionen, die nach Art, Ausmaß oder Dauer geeignet sind, Gefahren, erhebliche Nachteile oder erhebliche Belästigungen für die Allgemeinheit oder die Nachbarschaft herbeizuführen“.[2]

2 Vgl. auch § 33 a Abs. 1 S. 3 GewO, § 5 Abs. 1 Nr. 3 GastG, § 2 Abs. 3 BBodSchG, § 1 Abs. 2 StVO.

3. Schädigungswahrscheinlichkeit, Gefahr und Risiko

Die Wahrscheinlichkeit, mit der eine Sachlage oder ein Verhalten bei ungehindertem Ablauf des zu erwartenden Geschehens ein polizeiliches Rechtsgut schädigen wird, kann **größer oder kleiner** sein. Sie ist nicht erst dann hinreichend, wenn die Schädigung mit Sicherheit zu erwarten ist. Sie ist andererseits noch nicht hinreichend, wenn es sich um eine Vermutung ohne tatsächliche Anhaltspunkte (BVerfGE 69, 315/353f.; BVerfG, NJW 2010, 141/142) oder gar um eine Spekulation ohne Hand und Fuß handelt; eine Prophezeiung einer Katastrophe durch einen Wahrsager ist unbeachtlich. Sie ist auch dann noch nicht hinreichend, wenn eine Schädigung zwar nach dem gegenwärtigen Stand von Wissenschaft und Technik nicht eintreten kann, aber natürlich nicht auszuschließen ist, daß der Stand von Wissenschaft und Technik sich künftig ändert. Hier, wo alles gegen die Wahrscheinlichkeit einer Schädigung spricht, diese aber auch nicht völlig auszuschließen ist, liegt ein bloßes Risiko vor, das zwar in Spezialgesetzen als Voraussetzung für staatliche Vorsorgemaßnahmen genügen kann[3] (vgl. zum Risiko als Rechtsbegriff und -problem *Di Fabio,* Jura 1996, 566/570ff.; *Heun,* Rechtswissenschaft 2011, 376; *Jaeckel,* Gefahrenabwehrrecht und Risikodogmatik, 2010), im allgemeinen Polizei- und Ordnungsrecht aber nicht genügt. 6

Die **hinreichende** Wahrscheinlichkeit liegt zwischen der Sicherheit und der nahezu, aber nicht völlig auszuschließenden Möglichkeit. Dabei gilt, daß je größer die drohende Schädigung ist, desto geringer die Anforderungen an die Wahrscheinlichkeit sind, und daß umgekehrt die Anforderungen an die Wahrscheinlichkeit wachsen, wenn die Bedeutung der drohenden Schädigung gering ist (BVerwGE 88, 348/351; 116, 347/356; *Denninger,* HdbPolR, E Rn. 52; *Gusy,* Rn. 119; *Schenke,* Rn. 77). Gefahrenabwehr steht um so mehr an, je mehr auf dem Spiel steht; sie ergibt sich aus dem Produkt von Schädigung und Wahrscheinlichkeit. 7

Beispiel: Ein Waldbrand mag sich nur bei wenig wahrscheinlichen Windverhältnissen ausbreiten, oder es mag ziemlich wahrscheinlich sein, daß er in einer bestimmten Windrichtung vorangetrieben wird. Wann und wie auf ihn zu reagieren ist, hängt davon ab, was er, wenn er sich ausbreitet, bedroht: sterbenden oder gesunden Wald, Lagerhallen, leicht zu evakuierende einzelne Häuser oder schwer zu evakuierende geschlossene Siedlungen. 8

3 Vgl. z. B. § 5 Abs. 1 Nr. 2 BImSchG; § 7 Abs. 2 Nr. 3 AtomG; § 6 Abs. 2 S. 1 GenTG.

II. Konkrete und abstrakte Gefahr

1. Der Unterschied

9 Handelt es sich bei der Sachlage oder dem Verhalten, die bei ungehindertem Ablauf des zu erwartenden Geschehens mit hinreichender Wahrscheinlichkeit ein polizeilich geschütztes Rechtsgut schädigen werden, um solche eines **einzelnen Falls,** so liegt eine konkrete Gefahr vor.[4] Handelt es sich um eine Sachlage oder ein Verhalten **allgemein,** liegt eine abstrakte Gefahr vor.[5] Dabei ist der einzelne Fall ein räumlich-zeitlich bestimmter Fall. Um eine Sachlage oder ein Verhalten allgemein handelt es sich, wenn eine Vielzahl räumlich-zeitlich bestimmter Fälle, in denen die Sachlage oder das Verhalten begegnet, wissenschaftlich statistisch oder mit polizeilicher Expertenschaft oder auch mit alltäglicher Lebenserfahrung zusammenfassend in den Blick genommen wird (vgl. zum Unterschied BVerwGE 116, 347/351; *Denninger,* HdbPolR, E Rn. 42; *Gusy,* Rn. 126; *Möstl,* Jura 2005, 48/52f.; *Schenke,* Rn. 70.

10 **Beispiele:** Trinkt jemand im öffentlichen Straßenraum so viel Alkohol, daß er zerstörerisch randaliert, Passanten anpöbelt oder sogar angreift, dann stellt er für alle Passanten eine konkrete Gefahr dar. In einer bestimmten Gegend kann in einem bestimmten Jahr der Sommer so heiß und trocken sein, daß nicht erst die weggeworfene Zigarette oder das weggeworfene Streichholz, sondern schon die weggeworfene Glasflasche oder -scherbe die konkrete Gefahr eines Waldbrands bedeutet. Eine konkrete Gefahr liegt auch vor, wenn einem bestimmten Pächter eines bestimmten Restaurants für den Fall, daß er kein Schutzgeld zahlt, von einer bestimmten Bande für die nächste Zeit Prügel oder das Kurz- und Kleinschlagen des Restaurants angedroht werden. – Die statistische Wahrscheinlichkeit, daß alle, die im öffentlichen Straßenraum Alkohol trinken, zerstörerisch randalieren, Passanten anpöbeln oder sogar angreifen werden, ist so gering, daß von einer relevanten abstrakten Gefahr nicht die Rede sein kann (VGH Mannheim, NVwZ-RR 2010, 55/57). Die statistische Wahrscheinlichkeit sommerlicher Waldbrände und die bei Waldbränden drohenden Schädigungen sind hinreichend, um das Wegwerfen von Zigaretten im sommerlichen Wald als abstrakt gefährlich anzusetzen, obwohl es im Sommer neben heißen und trockenen auch verregnete Tage geben kann. Veränderungen im kriminellen Milieu einer Stadt mit neuen Gesichtern und Gerüchten und der Zunahme von Prostitution und Glücksspiel zeigen die abstrakte Gefahr an, daß organisierte Kriminalität sich einnistet und daß künftig Straftaten begangen und Strafverfolgungen erforderlich werden. Der Ort in den

4 § 2 Nr. 1 a) ndsSOG; § 3 Nr. 3 a) saSOG; § 54 Nr. 3 a) thürOBG.
5 § 2 Nr. 2 ndsSOG; § 3 Nr. 3 f) saSOG; § 54 Nr. 3 e) thürOBG.

Bergen, der manchmal tagelang eingeschneit ist, lebt mit der abstrakten Gefahr, daß Hilfe in Krankheitsfällen und bei Geburten zu spät kommt, wenn für die Erreichbarkeit der Hilfe nicht rechtzeitig durch die Vorbereitung von Funkverbindungen, Hubschraubertransporten etc. vorgesorgt wird.

Die konkrete Gefahr ist nicht eine intensivere Gefahr als die ab- 11
strakte, sondern eine **andere.** Ein und dieselbe Sachlage, ein und dasselbe Verhalten kann eine konkrete und eine abstrakte Gefahr, aber auch entweder nur eine konkrete oder nur eine abstrakte Gefahr bergen.

Beispiel: Bei Fahrstühlen ohne Fahrkorbtür ist die Unfall- und Verletzungs- 12
gefahr für die Fahrgäste nicht unerheblich höher als bei Fahrstühlen mit Fahrkorbtür. Diese statistisch erwiesene Gefahr, die allgemein von Fahrstühlen ohne Fahrkorbtür ausgeht, ist eine abstrakte Gefahr. Im Einzelfall, etwa bei Benutzung nur durch die Angestellten einer Behörde oder eines Betriebs, können die Fahrgäste mit dem Fahrstuhl so vertraut sein, daß von der konkreten Gefahr eines Unfalls nicht die Rede sein kann. Umgekehrt kann bei einem Fahrstuhl mit Fahrkorbtür, der vor allem durch Behinderte benutzt wird, die zu ihrer Sicherheit besondere Fahrkorbtüren, -schließmechanismen und -signalanzeigen bedürfen, im Einzelfall durchaus die konkrete Gefahr eines Unfalls gegeben sein. Wird im Einzelfall ein Fahrstuhl ohne Fahrkorbtür normal benutzt, so ist mit der abstrakten Gefahr, die allgemein von Fahrstühlen ohne Fahrkorbtür ausgeht, auch die konkrete Gefahr im Einzelfall gegeben (BVerwG, DVBl. 1973, 857).

2. Bedeutung des Unterschieds

Der Unterschied ist wichtig, weil die konkrete und die abstrakte 13
Gefahr **unterschiedliche Rechtmäßigkeitsvoraussetzungen** für unterschiedliches polizei- und ordnungsbehördliches Tätigwerden sind. Traditionell dürfen polizei- und ordnungsbehördliche Maßnahmen im Einzelfall auch nur bei Gefahren im Einzelfall, d. h. bei konkreten Gefahren ergriffen werden, während abstrakten Gefahren mit polizei- und ordnungsbehördlichen Verordnungen begegnet werden darf. In modernen Gesetzen ist der Polizei auch die Abwehr abstrakter Gefahren durch Maßnahmen im Einzelfall aufgegeben; diese Maßnahmen sind Maßnahmen der Verhütung künftiger Straftaten, die regelmäßig auch der Vorbereitung auf künftige Strafverfolgung und der Vorbereitung künftiger Abwehr konkreter Gefahren dienen (vgl. § 5 Rn. 1 ff.). Man spricht von Maßnahmen der Gefahrenvorbeugung und -vorsorge oder auch von Vorfeldmaßnahmen; die Maßnahmen wehren vorsorglich die abstrakte Gefahr von Straftaten und sonstige abstrakte Gefahren ab, und sie liegen im heutigen Vorfeld morgiger konkreter Straftatenbekämpfung und sonstiger konkreter Gefahrenabwehr. Da-

bei beschränken die modernen Gesetze die Vorsorge- oder Vorfeldmaßnahmen dahin, daß zur Vorbereitung auf künftige Gefahrenabwehr allein informationelle Maßnahmen und nur zur Verhütung von Straftaten auch aktionelle Maßnahmen (vgl. § 12 Rn. 6 ff.) getroffen werden dürfen; aktionelle Maßnahmen dürfen zur Verhütung von Straftaten auch dann getroffen werden, wenn sie zugleich der Vorbereitung auf künftige Strafverfolgung dienen (vgl. § 5 Rn. 6 b).[6]

13a **Beispiele:** Zu den modernen informationellen Vorfeld- oder Vorsorgemaßnahmen gehören Video- und Telekommunikationsüberwachung, Schleierfahndung, planmäßige Beobachtung und der Einsatz technischer Mittel und verdeckter Ermittler, zu den modernen aktionellen das Aufenthaltsverbot, die Wohnungsverweisung und das Kontaktverbot.

14 Die Bedeutung von konkreter und abstrakter Gefahr als Rechtmäßigkeitsvoraussetzungen für polizei- und ordnungsbehördliches Tätigwerden stellt sich im **Schaubild** so dar:

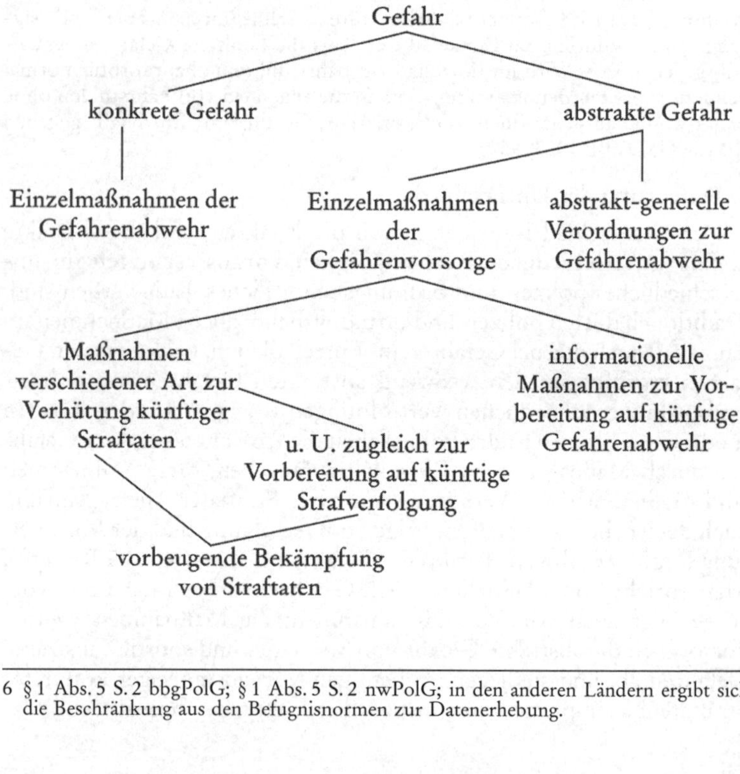

6 § 1 Abs. 5 S. 2 bbgPolG; § 1 Abs. 5 S. 2 nwPolG; in den anderen Ländern ergibt sich die Beschränkung aus den Befugnisnormen zur Datenerhebung.

…nungen, d. h. durch allgemeine Rege-

…onkreten Gefahr

… der der ungehinderte Geschehensablauf mit …cheinlichkeit führt, kann von größerem und ge… …sein und näher oder ferner drohen. Um ein beson… …er drohenden Schädigung zu fordern, sprechen Poli… z… …ungsgesetze von einer Gefahr für Leib und Leben, einer … …en oder einer erheblichen Gefahr. Um eine besondere **Nähe** de… …rohenden Schädigung zu fordern, sprechen sie von einer gegenwärtigen, einer unmittelbar bevorstehenden oder einer Gefahr im Verzug. Wenn sie von einer dringenden Gefahr sprechen, wird dies von der Rechtsprechung auf das Gewicht (vgl. BVerwGE 47, 31/40), von der Lehre z. T. auf die Nähe und z. T. auf das Gewicht und die Nähe der Schädigung bezogen (vgl. *Denninger*, HdbPolR, E Rn. 63).

20 Diese tatbestandlichen Qualifikationen haben auf der Rechtsfolgeseite eine dreifache Bedeutung. Zum einen ermächtigen die Gesetze bei besonderem Gewicht oder besonderer Nähe der Schädigung zu **Grundrechtseingriffen von besonderer Intensität.**

21 **Beispiel:** Das polizeiliche Betreten und Durchsuchen einer Wohnung ohne Einwilligung des Inhabers ist wegen der besonderen Intensität dieses Eingriffs in das für die Entfaltung der Persönlichkeit besonders wichtige Grundrecht nur u. a. „zur Abwehr einer gegenwärtigen Gefahr für Leib, Leben oder Freiheit einer Person oder für Sachen von bedeutendem Wert“ zulässig (vgl. § 18 Rn. 32).

22 Zum anderen ermächtigen die Gesetze bei besonderer Schädigungsnähe und meistens auch besonderem Schädigungsgewicht dazu, einen Bürger für die Gefahrenabwehr in Anspruch zu nehmen, der als sog. **Nichtstörer** für die Gefahr nicht verantwortlich ist und daher eigentlich nicht in Anspruch genommen werden dürfte (vgl. § 9 Rn. 74).

23 **Beispiel:** Die Polizei kann nur dann „Maßnahmen gegen andere Personen als die… Verantwortlichen richten, wenn eine gegenwärtige erhebliche Gefahr abzuwehren ist“.[8]

---

8 Art. 10 Abs. 1 Nr. 1 bayPAG; § 7 Abs. 1 Nr. 1 bbgPolG; § 16 Abs. 1 Nr. 1 berlASOG; § 7 Abs. 1 Nr. 1 bremPolG; § 9 Abs. 1 Nr. 1 hessSOG; § 8 Abs. 1 Nr. 1 ndsSOG; § 6 Abs. 1 Nr. 1 nwPolG; § 7 Abs. 1 Nr. 1 rpPOG; § 6 Abs. 1 Nr. 1 saarlPolG; § 10 Abs. 1

Zum dritten ermächtigen die Gesetze die Polizei wegen des besonderen Gewichts oder der besonderen Nähe der Schädigung zum Tätigwerden, obwohl die Polizei eigentlich nicht zuständig ist, oder zum **Vernachlässigen von Verfahrensvorschriften.** 24

Beispiel: Bei „Gefahr im Verzug"[9] darf die Polizei eine Wohnung durchsuchen, obwohl die Durchsuchung eigentlich durch den Richter angeordnet werden muß (vgl. § 18 Rn. 29). – Bei „Gefahr für Leib oder Leben"[10] darf jemand auch von einer Person anderen Geschlechts, die nicht Arzt ist, durchsucht werden (vgl. § 18 Rn. 5). 25

Der in Rechtsprechung und Schrifttum gelegentlich begegnende Begriff der **latenten Gefahr** bezeichnet eine Sachlage oder ein Verhalten, das zunächst ungefährlich ist und erst später durch die Veränderung von Umwelt und Umständen gefährlich wird. 26

Beispiel: Die Schweinemästerei eines Bauernhofs wird für die Wohnbebauung, die über die Jahre an sie heranrückt und sie eines Tags umgibt, wegen der Geräusche und Gerüche, Ratten und Fliegen zur Gefahr (OVG Münster, OVGE 11, 250ff.). 27

Polizeirechtsdogmatisch ist der Begriff der latenten Gefahr unergiebig und **irreführend** (vgl. *Denninger,* HdbPolR, E Rn. 64; *Gusy,* Rn. 132; *Schoch,* Rn. 156f.). Daß eine Gefahr, ehe sie manifest wurde, latent war, ändert nichts daran, daß sie jetzt eine Gefahr ist, auf die wie auf jede Gefahr nach den polizei- und ordnungsrechtlichen Regeln zu reagieren ist. Allerdings gewährt in Fällen von der Art des Schweinemästerfalls das Immissionsschutzrecht u. U. Bestandsschutz oder Entschädigung (vgl. § 14 BImSchG und § 21 Abs. 4 BImSchG analog; *Denninger,* HdbPolR, E Rn. 64; *Schenke,* Rn. 249f.). 28

5. Umschreibungen konkreter und abstrakter Gefahren

Statt im Tatbestand das Vorliegen einer konkreten oder abstrakten Gefahr ausdrücklich zu verlangen, können Polizei- und Ordnungsgesetze es auch umschreiben. **Gebräuchlich** ist die Wendung, daß die Polizei- oder Ordnungsbehörde handeln kann, wenn es erforderlich 29

Nr. 1 saSOG; § 10 Abs. 1 Nr. 1 thürPAG; § 20 Abs. 1 S. 1 Nr. 1 BGSG. Nur eine „gegenwärtige" oder „unmittelbar bevorstehende Gefahr" oder „Störung" verlangen § 9 Abs. 1 bwPolG; § 10 Abs. 1 hambSOG; § 71 Abs. 1 mvSOG; § 7 Abs. 1 Nr. 1 sächsPolG; § 220 Abs. 1 shLVwG.

9 § 2 Nr. 4 ndsSOG; § 42 Abs. 1 Nr. 1 nwPolG; § 3 Nr. 6 saSOG; § 54 Nr. 5 thürOBG.

10 § 2 Nr. 3 d) bremPolG; § 2 Nr. 1 d) ndsSOG; § 3 Nr. 3 d) saSOG; § 54 Nr. 3 d) thürOBG.

oder unerläßlich ist, um jemanden oder etwas zu schützen oder auch um etwas zu bekämpfen, zu verhindern, zu verhüten oder durchzusetzen. Hier ist abgekürzt nicht erst von einer vorliegenden Gefahr, sondern gleich von der Reaktion auf sie die Rede. Die Gefahr, um die es dabei geht, ist regelmäßig eine konkrete, kann aber auch eine abstrakte sein.

30 **Beispiele:** Beim Gewahrsam und bei der Sicherstellung geht es regelmäßig um die Abwehr konkreter Gefahren (vgl. § 17 Rn. 16–18, § 19 Rn. 7–12), bei der Datenerhebung durch den Einsatz verdeckter Ermittler vorwiegend um vorbeugende Verbrechensbekämpfung und also um die Abwehr einer abstrakten Gefahr (vgl. § 14 Rn. 115 f.).

III. Objektiver und subjektiver Gefahrbegriff

1. Der objektive Gefahrbegriff

31 Nach **klassischer Definition** liegt eine Gefahr vor, „wenn eine Sachlage oder ein Verhalten bei ungehindertem Ablauf des objektiv zu erwartenden Geschehens mit hinreichender Wahrscheinlichkeit ein polizeilich geschütztes Rechtsgut schädigen wird“ (BVerwGE 45, 51/57; OVG Bautzen, SächsVBl. 2008, 89; *Denninger,* HdbPolR, E Rn. 39; *Gusy,* Rn. 108; *Schenke,* Rn. 69). Für den Geschehensablauf, der von der Sachlage oder dem Verhalten mit hinreichender Wahrscheinlichkeit zur Schädigung eines polizeilich geschützten Rechtsguts führt, wird verlangt, daß er objektiv zu erwarten ist, und bei der Sachlage oder dem Verhalten wird vorausgesetzt, daß sie nicht nur vermutet werden, sondern vorliegen, daß es sich m. a. W. um eine wirkliche Sachlage und ein wirkliches Verhalten handelt. Der klassische polizei- und ordnungsrechtliche Gefahrbegriff ist der Begriff einer objektiv gegebenen Gefahr. Er setzt eine Sachlage oder ein Verhalten als wirkliche Gegebenheit, und er setzt weiter bewährte Erfahrungssätze (natur- und sozialwissenschaftliche Gesetze oder Theorien) voraus, anhand deren aus der wirklichen Gegebenheit die Wahrscheinlichkeit einer Schädigung folgt.

32 **Beispiel:** Der Verkauf eines Lebensmittels ist eine objektive Gefahr, wenn feststeht, daß das Lebensmittel von einem Bazillus befallen ist, und wenn weiter der Erfahrungssatz bewährt ist, daß der Bazillus bei Verzehr krank macht. Hier ist objektiv zu erwarten, daß das Verhalten des Verkaufens zum Kaufen, das Kaufen zum Verzehr und der Verzehr zur Schädigung der Gesundheit führt, wenn dieser Ablauf des Geschehens nicht durch ein Verkaufsverbot,

eine Warnung vor dem Kauf oder eine Warnung vor dem Verzehr unterbrochen wird. Die Wahrscheinlichkeit folgt aus der Bewährtheit des Erfahrungssatzes, d. h. aus medizinischen Erfahrungen und Forschungen zur Häufigkeit, zum Verlauf und zur Schwere der Erkrankungen beim Verzehr des bazillenbefallenen Lebensmittels. Entsprechend dem oben erläuterten Zusammenhang zwischen dem Ausmaß der Wahrscheinlichkeit und dem Umfang der drohenden Schädigung (vgl. Rn. 7f.) ist die Wahrscheinlichkeit sowohl hinreichend, wenn die medizinischen Erfahrungen und Forschungen eine hohe Häufigkeit leichten Unwohlseins als auch wenn sie eine geringe Häufigkeit schwerer Erkrankungen ergeben haben; die Wahrscheinlichkeit der Gesundheitsschädigung ist dann noch nicht hinreichend, wenn medizinisch feststeht, daß nach dem Verzehr nur wenigen ein wenig unwohl wird.

Allerdings kann die Wirklichkeit **ungewiß** sein oder **falsch wahrgenommen** werden. Ungewiß kann sein, ob eine Sachlage oder ein Verhalten wirklich gegeben ist, und sowohl Polizei- und Ordnungsbeamte als auch Wissenschaftler können sich irren und etwas als gegeben ansetzen, was nicht wirklich, sondern nur scheinbar gegeben ist. Ebenso kann Ungewißheit über Erfahrungssätze bestehen und können Erfahrungssätze falsch verstanden oder angewandt werden. 33

Beispiele: Es kann ungewiß sein, ob ein Lebensmittel von einem Bazillus befallen ist, ein Polizist kann aufgrund falscher Informationen fälschlich annehmen, es sei befallen, und ein untersuchender Arzt kann aufgrund falscher Analysen zum falschen Ergebnis des Befalls kommen. Ebenso kann ungewiß sein, ob das bazillenbefallende Lebensmittel krank macht, kann ein Polizist fälschlich von einem entsprechenden medizinischen Erfahrungssatz ausgehen und kann auch ein untersuchender Arzt irren und seinem Urteil, das bazillenbefallende Lebensmittel mache krank, einen nicht wirklich bewährten, überholten oder widerlegten medizinischen Erfahrungssatz zugrunde legen. 34

Unter dem objektiven Gefahrbegriff kommt es für die Frage der **Rechtmäßigkeit oder Rechtswidrigkeit** polizei- und ordnungsbehördlichen Handelns allein darauf an, ob wirklich eine Sachlage oder ein Verhalten gegeben ist, aus dem die Wahrscheinlichkeit einer Schädigung nach wirklich bewährten Erfahrungssätzen folgt. Handeln Polizei- und Ordnungsbehörden aufgrund falscher Annahmen über Gegebenheiten oder Erfahrungssätze, so ist das Handeln rechtswidrig, gleichgültig ob den Beamten der Irrtum vorzuwerfen ist oder nicht. Handeln die Behörden in Ungewißheit, hängen die Rechtmäßigkeit und Rechtswidrigkeit davon ab, ob in Wahrheit eine Gefahr vorliegt oder nicht – wieder ungeachtet der Frage, ob die Beamten sich Gewißheit hätten verschaffen können oder nicht und ob sie insoweit ein Vorwurf trifft oder nicht. 35

36 Diese objektive Beurteilung der Rechtmäßigkeit und Rechtswidrigkeit des polizei- und ordnungsbehördlichen Handelns entspricht der objektiven Beurteilung der Rechtmäßigkeit und Rechtswidrigkeit **sonstigen staatlichen Handelns.** Der Verwaltungsakt, dessen Tatbestandsvoraussetzungen objektiv nicht vorliegen, ist rechtswidrig und wird vom Verwaltungsgericht aufgehoben, gleichgültig ob dem Verwaltungsbeamten, der die Tatbestandsmerkmale fälschlich angenommen hat, der Irrtum vorzuwerfen ist oder nicht. Auch das gerichtliche Urteil, das auf falschen Beweisen beruht, wird in der nächsten Instanz als rechtswidrig aufgehoben, selbst wenn der Richter bei der Beweiserhebung und -würdigung noch so sorgfältig und überlegt gehandelt hat.

37 Das liberal-rechtsstaatliche Polizeirecht, wie es vom **Preußischen Oberverwaltungsgericht** entwickelt und entfaltet wurde, sah denn auch das polizeiliche Handeln nur bei Vorliegen einer objektiv gegebenen Gefahr als rechtmäßig an. Wenn die Polizei das Vorliegen einer objektiv nicht gegebenen Gefahr angenommen hatte, war das Handeln rechtswidrig, gleichgültig ob sie das Vorliegen der Gefahr subjektiv mit guten oder mit schlechten Gründen angenommen hatte.

38 **Beispiel:** Ein Polizist, der rauchenden sog. Grudekoks in einer Scheune gelagert fand, nicht wußte, ob rauchender Grudekoks Flammen schlägt oder nicht, auf seine Anfrage bei der Berliner Feuersozietät die falsche Auskunft bekam, rauchender Grudekoks schlage Flammen, und darauf löschen ließ, handelte subjektiv mit guten Gründen. Das Preußische Oberverwaltungsgericht sah das polizeiliche Handeln gleichwohl als rechtswidrig an, weil rauchender Grudekoks tatsächlich keine Flammen schlägt und daher objektiv keine Gefahr gegeben war (vgl. PrOVG, PrVBl. 1916/1917, 360).

2. Vom objektiven zum subjektiven Gefahrbegriff

39 Unter drei Gesichtspunkten wird der objektive Gefahrbegriff kritisiert. Zum einen geht es um das **Wesen der Wahrscheinlichkeit;** da jedes Wahrscheinlichkeitsurteil an einen bestimmten Wissensstand gebunden sei, gebe es keine objektiven, sondern nur subjektive Wahrscheinlichkeitsurteile (vgl. *Denninger,* HdbPolR, E Rn. 46; *Darnstädt,* S. 35ff.; *Schneider,* DVBl. 1980, 406/407f.). Zum anderen geht es um das **Wesen der Gefahr;** da aus jeder anfänglich gefährlichen Situation nachträglich entweder eine Schädigung oder eine ungefährliche Situation werde, da Gefahr also notwendig etwas Vorläufiges und auch Ungewisses sei, dürfe das polizeiliche Urteil über das Vorliegen einer Gefahr nur daran gemessen werden, ob es in der Vorläufigkeit

und Ungewißheit der Situation als Prognose ex ante vertretbar sei, und nicht aus einer Situation ex post kritisiert werden, in der man die richtige Diagnose zwar treffen könne, aber nur weil die Gefahr sich auf die eine oder andere Weise aufgelöst habe (vgl. *Gusy,* Rn. 121; *Schenke,* Rn. 80; *Schoch,* Rn. 91). Zum dritten geht es um das **Wesen polizeilicher Arbeit;** die Polizei stehe unter Zeitknappheit und Handlungszwang und könne schlechterdings nicht anders, als sich nach bestem Wissen des Vorliegens oder Nichtvorliegens einer Gefahr vergewissern und dann handeln oder nicht handeln. Eben dies verlange auch die Gesellschaft von ihrer Polizei: kein Abwarten, bis alles objektiv erhoben ist, das Handeln aber zu spät kommt, sondern ein Handeln dann, wenn nach zwar subjektiver, aber vernünftiger Einschätzung eine Gefahr droht. Was die Gesellschaft derart von ihrer Polizei erwarte, das könne dieser auch nicht verwehrt oder nur unter dem erwartbaren Stigma des rechtswidrigen Handelns auferlegt sein (vgl. *Gusy,* Rn. 115; *Schenke,* Rn. 81; *Würtenberger/Heckmann,* Rn. 425).

Keiner der drei Gesichtspunkte überzeugt (vgl. *Poscher,* S. 83 ff., 40
112 ff.; *Schlink,* Jura 1999, 169/170 f.). Nicht nur jedes Wahrscheinlichkeits-, sondern jedes Urteil über die Wirklichkeit ist an einen bestimmten Wissensstand gebunden. Darum ist es aber **nicht subjektiv;** wir sprechen von einem Urteil als objektiv, wenn es auf den insgesamt verfügbaren Wissensstand aufbaut, und als subjektiv, wenn es auf den Wissensstand einer bestimmten Person oder einer Gruppe oder eines Typs von Personen beschränkt ist.

Beispiele: Ob Grudekoks Flammen schlägt oder nicht (vgl. Rn. 38), ist keine 41
Frage der Wahrscheinlichkeit. Vielmehr ist gewiß, daß er nicht Flammen schlägt, auch wenn diese Gewißheit dem Wissensstand des handelnden Polizisten, vermutlich auch des typischen Polizisten und überdies der Berliner Feuersozietät nicht verfügbar war. Ebenso kann die Wahrscheinlichkeit von Erkrankungen beim Verzehr eines bazillenbefallenen Lebensmittels in der medizinischen Wissenschaft ausgeschlossen sein, auch wenn der handelnde oder der typische Polizist, der einen oder mehrere Personen nach dem Verzehr des Lebensmittels über leichtes Unwohlsein klagen hört, die Wahrscheinlichkeit anders einschätzt und nach seinem Wissensstand auch anders einschätzen muß.

Ebenso verfehlt der zweite Gesichtspunkt das Wesen der Gefahr 42
(vgl. *Schwabe,* JuS 1996, 988/991). Gewiß, wir sind nachher immer klüger als vorher, mag es um gefährliche oder um ungefährliche Situationen gehen. Nachherige rechtliche Diagnose ist immer klüger als

vorherige rechtliche Prognose. Daß der Verwaltungsrichter, der ein polizei- und ordnungsbehördliches Handeln nachher rechtlich überprüft, eine vollständigere tatsächliche und rechtliche Analyse treffen kann als der vorher handelnde Beamte, versteht sich, wie es sich auch bei der verwaltungsgerichtlichen Überprüfung sonstigen staatlichen Handelns versteht. Dabei erfolgt die nachherige rechtliche Überprüfung des Handelns an den Tatbestandsmerkmalen, die **für das vorherige Handeln maßgeblich** waren, die Überprüfung des Handelns der Polizei- und Ordnungsbehörden besonders am Tatbestandsmerkmal der Gefahr. Ob dieses vorlag oder nicht vorlag, ist zwar nachher besser zu beurteilen als vorher, aber nicht, weil die gefährliche Situation sich entweder zu einer Schädigung oder zu einer ungefährlichen Situation entwickelt hat, sondern weil dem überprüfenden Verwaltungsrichter nachher mehr und objektiveres Wissen über die Gefahr verfügbar ist als vorher dem handelnden Beamten. Mit dem Wesen der Gefahr hat es nichts zu tun; wie eine Schädigung eintreten kann, ohne daß sie vorher als Gefahr gedroht hat, kann eine Gefahr vorliegen, auch wenn nachher keine Schädigung eintritt.

43 **Beispiele:** Die objektive Gefahr einer Sturmflut am Dienstag, die Meteorologen und Ozeanologen am Montag ex ante mit hoher Wahrscheinlichkeit prognostizieren, wird nicht am Mittwoch ex post durch die Diagnose widerlegt, daß sich die geringere Wahrscheinlichkeit realisiert hat und die Sturmflut ausgeblieben ist. Die subjektive Gefahr einer Sturmflut, die ein Polizist am Montag aufgrund einer irreführenden Rundfunkmeldung prognostiziert, wird jedoch dadurch widerlegt, daß die Diagnose am Mittwoch ergibt, daß schon am Montag objektiv, d. h. nach der Prognose der Meteorologen und Ozeanologen, von der Gefahr einer Sturmflut nicht die Rede sein konnte.

44 Auch der dritte Gesichtspunkt behauptet eine Besonderheit des polizei- und ordnungsbehördlichen Handelns, die in Wirklichkeit nicht besteht (vgl. *Schwabe,* JuS 1996, 988/992). Nicht nur die Polizei- und Ordnungsbehörden handeln unter Zeitknappheit und Handlungszwang. Auch sonst muß die Verwaltung auf begrenztem Informations- und Kenntnisstand Anträge bewilligen oder ablehnen, Genehmigungen erteilen oder versagen, Verbote aussprechen und Eingriffe setzen, die vom Verwaltungsgericht auf besserem Informations- und Kenntnisstand als rechtswidrig qualifiziert werden. Auch der Richter, der eine Eilentscheidung zu treffen hat, muß gewärtigen, daß die Entscheidung sich nachträglich als falsch erweist, weil die Situation anders als von ihm vorausgesetzt war. Dann ist seine Entscheidung rechtswidrig und wird in der nächsten Instanz aufgehoben,

obwohl sie von ihm nicht anders erwartet werden konnte. Die unter Zeitknappheit und Entscheidungszwang handelnde Polizei- und Ordnungsbehörde ist also prinzipiell **in derselben Situation** wie andere staatliche Organe. Sie ist auch insofern in derselben Situation, als den nach bestem Wissen und Gewissen handelnden, aber rechtswidrig handelnden Polizisten ebensowenig ein dienst- oder strafrechtlicher Vorwurf trifft wie auch sonst den nach bestem Wissen und Gewissen rechtswidrig handelnden Verwaltungsbeamten und Richter.

Es kann nicht einmal argumentiert werden, für die Polizei- und **45** Ordnungsbehörden seien Zeitknappheit und Handlungszwang die Regel, während sie für andere staatliche Organe Ausnahmen seien, so daß Polizei- und Ordnungsbeamte häufiger unter dem Stigma rechtswidrigen Handelns stünden und schwerer darunter litten. Denn die gerichtliche Kontrolle der Polizei- und Ordnungsbehörden ist **nicht dichter** als die anderer Behörden und greift dort wie hier nur auf einen kleinen Bruchteil des Handelns zu. Die unter dem Stigma rechtswidrigen Handelns leidende Polizei- und Ordnungsbehörde, der unter dem Stigma leidende Polizei- und Ordnungsbeamte sind eine Schimäre.

Obwohl durch die Kritik eigentlich nicht erschüttert und allen dis- **46** ziplinar- und strafrechtlichen Problemen der polizeilichen Praxis gewachsen (vgl. *Poscher,* S. 147 ff.), hat der objektive Gefahrbegriff im Lauf der letzten beiden Jahrzehnte in Rechtsprechung und Schrifttum einem subjektiven Platz gemacht. Der **Grund** dafür dürfte sein, daß die im objektiven Begriff der Gefahr zentrierte polizeirechtliche Dogmatik von einem „beträchtlichen liberal-rechtsstaatlichen Rigorismus" ist (*Götz,* 3. Aufl. 1975, S. 61), der einer Rechtsprechung, die kasuistische Flexibilität schätzt, ebenso fremd geworden ist wie einem Schrifttum, das den frei abwägenden Umgang mit Prinzipien, Werten und Interessen zu seiner Methode macht. Der subjektive Gefahrbegriff bietet flexiblen Lösungen und Abwägungen mehr Raum.

3. Der subjektive Gefahrbegriff

Nach herrschendem subjektiven Gefahrbegriff kommt es darauf **47** an, ob der handelnde Beamte **vertretbar** von einer Sachlage oder einem Verhalten und auch vertretbar davon ausgeht, daß diese Sachlage oder dieses Verhalten bei ungehindertem Ablauf des Geschehens mit Wahrscheinlichkeit ein polizeilich geschütztes Rechtsgut schädigen wird (vgl. BVerwGE 45, 51/58; 49, 36/42 ff.; *Denninger,* HdbPolR,

E Rn. 46 ff.; *Gusy,* Rn. 122; *Schenke,* Rn. 80 ff.; *Schoch,* Rn. 91). Da der Beamte vertretbar handelt, wenn er die Sorgfalt, Klugheit und Besonnenheit eines typischen Beamten an den Tag legt, kann die Gefahr auch dadurch bestimmt werden, daß ein typischer Beamter von einer Gefahr ausgeht. Der subjektive Gefahrbegriff führt zur Anerkennung einer Gefahr nicht nur bei Gewißheit über das Vorliegen einer objektiv gegebenen Gefahr, sondern auch in den Situationen der Anscheinsgefahr und des Gefahrverdachts, nicht jedoch in Fällen der Putativ-, Schein- oder scheinbaren Gefahr.

48 **a) Anscheinsgefahr.** Eine Anscheinsgefahr liegt vor, wenn eine Gefahr nach **subjektivem,** nicht aber nach objektivem Gefahrbegriff vorliegt. Unter Geltung des subjektiven Gefahrbegriffs handelt die Polizei- bzw. Ordnungsbehörde rechtmäßig. Denn sie handelt vertretbar; daß keine Gefahr droht, sondern nur der Anschein einer Gefahr vorliegt, kann sie nicht wissen, und wenn die Gefahr, von der sie ausgeht, vorläge, müßte sie einschreiten.

49 **Beispiele:** Aus einer Wohnung dringen Geräusche, die annehmen lassen, jemand werde überfallen und an Leib und Leben bedroht. Der Polizist, der des Wegs kommt, die Geräusche hört, die Tür aufbricht und in die Wohnung eilt, muß feststellen, daß die Bewohner für die Zeit ihrer Abwesenheit eine Zeitschaltuhr installiert haben, die das Fernsehgerät eingeschaltet hat, das einen Kriminalfilm zeigt (vgl. OLG Köln, DÖV 1996, 86; VG Berlin, NJW 1991, 2854). – In einem heißen Sommer steigen aus einer stillgelegten Mülldeponie übelriechende Dämpfe auf, die der Wind in Richtung einer benachbarten Siedlung treibt. Die Ordnungsbehörde weiß, daß auf der Mülldeponie einstmals auch Giftmüll gelagert wurde und daß schon einmal in einem heißen Sommer sich Dämpfe entwickelt und in der benachbarten Siedlung zu Erkrankungen geführt hatten. Sie sieht wieder Erkrankungen drohen und evakuiert sofort die Siedlung. Später stellt sich heraus, daß die Dämpfe zwar übel rochen, aber harmlos waren.

50 **b) Gefahrverdacht. aa) Begriff.** Ein Gefahrverdacht besteht, wenn der handelnde Beamte bei aller Sorgfalt, Klugheit und Besonnenheit über die Gegebenheiten einer Situation oder die einschlägigen Erfahrungssätze **im Ungewissen** ist und zwar nicht von einer Gefahr, aber der Möglichkeit einer Gefahr ausgeht. Die Situation legt m. a. W. zwar nahe, nach subjektivem Gefahrbegriff von einer Gefahr auszugehen, schließt aber Zweifel, ob nach objektivem Gefahrbegriff eine Gefahr vorliegt, nicht aus.

51 **Beispiel:** Ein Transporter mit Chemikalien hat einen Unfall, stürzt um, reißt auf, und die Chemikalien sickern in die Erde. Zwar steht fest, daß die Wasser-

versorgung gefährdet ist, wenn die Chemikalien ins Grundwasser gelangen. Aber es steht auch fest, daß in der Gegend über dem Grundwasser häufig eine Lößschicht liegt, die die Chemikalien neutralisiert. Ob es die Lößschicht gerade an der Unfallstelle gibt, weiß der handelnde Beamte nicht und kann er nicht wissen.

Nur manchmal ist die Gefahrverdachtssituation ausdrücklich geregelt. Zu Durchsuchungen von Personen, Sachen und Wohnungen ermächtigen die Polizei- und Ordnungsgesetze auch dann, wenn nicht gewiß ist, sondern nur der Verdacht besteht (**„Tatsachen die Annahme rechtfertigen"**), daß bei der Durchsuchung eine gefährliche oder gefährdete Person oder Sache gefunden wird, so daß dann die Gefahr abgewehrt werden kann (vgl. § 18 Rn. 9, 18, 33); entsprechendes gilt für das Aufenthaltsverbot (vgl. § 16 Rn. 25). Auch Informations- und Datenerhebungsermächtigungen verlangen oft nur, daß Tatsachen die Annahme der Begehung von Straftaten rechtfertigen oder tatsächliche Anhaltspunkte für diese Annahme bestehen, d. h. sie verlangen keine Gewißheit, sondern nur einen Verdacht, den sie allerdings durch räumliche, zeitliche, personelle oder andere Wahrscheinlichkeitsindikatoren näher spezifizieren müssen (BVerfGE 113, 348/378 f.; 120, 274/327; BVerwGE 137, 275/284). Dabei kann die Gefahr, die durch die Daten- und Informationserhebung erforscht wird, eine konkrete wie eine abstrakte sein. 52

Beispiele: Wird verlangt, daß eine bestimmte Person eine Straftat begehen wird oder will, geht es um eine konkrete Gefahr, wird nur verlangt, daß Personen Straftaten verüben, vorbereiten oder verabreden oder daß Straftaten begangen werden, geht es um eine abstrakte Gefahr. 53

bb) Verursachungsverdacht. Gelegentlich ist neben dem Gefahrverdacht auch noch von einem Verursachungsverdacht die Rede (VGH Mannheim, DÖV 1991, 165/166; *Petri,* DÖV 1996, 443/445 f.; *Weiß,* NVwZ 1997, 737). Es gebe Situationen, in denen bei Gewißheit, daß eine Gefahr vorliege, doch Ungewißheit darüber bestehe, welche Sachlage oder welches Verhalten die Gefahr verursache. Daß diese oder jene Sachlage, dieses oder jenes Verhalten die Ursache sei, davon könne nicht mit Gewißheit ausgegangen, es könne lediglich für möglich gehalten werden. 54

Beispiel: Das Grundwasser ist verunreinigt und die Wasserversorgung gefährdet, aber von welchem der drei Grundstücke, unter denen das Grundwasser fließt und auf denen vor Jahren Chemikalien hergestellt und gelagert wurden, die Verunreinigung ins Grundwasser eindringt, ist ungewiß. 55

56 Wird der Begriff der Gefahr genau genommen, liegt auch hier ein Gefahrverdacht vor; ein besonderer Begriff des Verursachungsverdachts ist hier unnötig und **irreführend.** Denn eine Gefahr ist eine Sachlage oder ein Verhalten, das zu einer Schädigung zu führen droht, und die Ungewißheit, ob diese oder jene Sachlage, dieses oder jenes Verhalten zur Schädigung zu führen droht, ist die Ungewißheit, ob diese oder jene Gefahr vorliegt.

57, 58 **Beispiel:** Daß die Verunreinigung von einem Grundstück eindringt, ist die eine Gefahrenmöglichkeit, der eine Gefahrverdacht, daß sie von einem anderen eindringt, eine andere, und daß sie vom dritten eindringt, eine dritte. Die Umstände der möglichen Gefahren und die Erfordernisse ihrer Abwehr können auch durchaus unterschiedlich sein.

59 **cc) Abgrenzung zur Anscheinsgefahr.** Das Besondere des Gefahrverdachts gegenüber der Anscheinsgefahr liegt weniger auf der Tatbestands- als auf der **Rechtsfolge**seite. Auf der Tatbestandsseite sind beide einander verwandt und gehen oft ineinander über; der erfahrene Polizei- und Ordnungsbeamte geht selten mit Gewißheit davon aus, eine Gefahr liege vor, wenn in Wahrheit keine Gefahr vorliegt, sondern hegt bei entsprechendem Anschein lediglich den entsprechenden Verdacht. Auf der Rechtsfolgeseite ist zu beachten, daß die verhältnismäßige Reaktion auf den Gefahrverdacht nur selten ein endgültiges Einschreiten zur Abwehr der Gefahr ist, über die keine Gewißheit besteht, sondern meistens ein vorläufiges Einschreiten zur Verschaffung von Gewißheit über die Gefährlichkeit der Situation. So hat das Preußische Oberverwaltungsgericht den **Gefahrerforschungseingriff** auch eingeführt; mit ihm „greift die Polizei nur vorläufig und nur insoweit ein, als dies nötig ist, um die pflichtgemäße Aufklärung eines zweifelhaften Tatbestands herbeizuführen" (PrOVG 77, 331; vgl. zum Gefahrverdacht *Darnstädt,* DVBl. 2011, 263; *Denninger,* HdbPolR, E Rn. 48; *Schenke,* Rn. 83ff.).

60 **Beispiel:** Wo der Verdacht besteht, daß Verunreinigungen der Erde in das Grundwasser gelangen und die Wasserversorgung gefährden, schaffen oft Boden- und Wasseruntersuchungen Gewißheit über die Gegebenheiten von Boden und Wasser und darüber, was im Licht der einschlägigen Erfahrungssätze zu passieren droht. Kämen die Untersuchungsergebnisse allerdings zu spät, genügt nicht die Entnahme und Untersuchung von Wasser- und Bodenproben, sondern muß die verunreinigte Erde sofort ausgehoben und entsorgt werden (vgl. OVG Koblenz, NVwZ 1987, 240; VGH München, NVwZ 1986, 942). Auch in ausdrücklich geregelten Gefahrverdachtssituationen wird gelegentlich statt zu einem bloßen Gefahrerforschungseingriff zu einer Gefah-

renabwehrmaßnahme ermächtigt, etwa beim Verdacht der drohenden Begehung einer Straftat zum Aufenthaltsverbot (vgl. § 16 Rn. 25).

So gehört zum Gefahrverdacht der Gefahrerforschungseingriff und in der gelegentlich anzutreffenden fragwürdigen Begrifflichkeit zum Verursachungsverdacht der Störererforschungseingriff. Manchmal bedarf es nicht einmal des erforschenden, sondern nur des **anhaltenden** Eingreifens; hier erforscht sich die Gefahr durch weiteren Ablauf des Geschehens gewissermaßen von selbst. 61

Beispiel: Der Polizeibeamte, der finstere Gesellen in verdächtiger Heimlichkeit eine Wohnung leerräumen sieht, hält das Geschehen an, bis der zurückkehrende Mieter der Wohnung entweder froh ist, daß seine Habe vor drohendem Diebstahl gerettet wurde, oder den Fortgang des in Wirklichkeit stattfindenden Umzugs veranlaßt (vgl. PrOVG 77, 333). 62

c) Putativgefahr. Eine Putativ-, Schein- oder scheinbare Gefahr liegt zunächst vor, wenn der handelnde Beamte von einer Gefahr ausgeht, obwohl eine Gefahr **weder** nach objektivem **noch** nach subjektivem Gefahrbegriff vorliegt. Daß der handelnde Beamte von einer Gefahr ausgeht, widerspricht hier der Sorgfalt, Klugheit und Besonnenheit eines typischen Beamten und ist nicht vertretbar. Das Handeln ist rechtswidrig (vgl. *Denninger,* HdbPolR, E Rn. 49; *Gusy,* Rn. 112; *Schenke,* Rn. 82). 63

Beispiel: Ein nach einem Unfall umstürzender und auslaufender Tankwagen hatte nur Wasser geladen. Der Fahrer versichert es, die Wagenpapiere weisen es aus, und der handelnde Polizeibeamte könnte es selbst prüfen und feststellen. Aber er achtet nur auf das Logo einer Benzinfirma auf dem Tankwagen und veranlaßt den Aushub der Erde, weil er weiß, daß an dieser Stelle Flüssigkeit rasch ins Grundwasser gelangt. 64

Die Putativgefahr ist Gegenstück nicht nur der Anscheinsgefahr, sondern als **Putativverdacht** auch des Gefahrverdachts (vgl. *Denninger,* HdbPolR, E Rn. 49; *Gusy,* Rn. 112). Ein Putativverdacht liegt vor, wenn die Annahme des handelnden Beamten, eine Gefahr sei zwar nicht gewiß, aber möglich, nicht vertretbar ist. Auch hier ist sein Handeln rechtswidrig. 65

Beispiel: Der handelnde Polizeibeamte veranlaßt im letzten Beispiel eine Boden- und Wasseruntersuchung, weil er davon ausgeht, diese Untersuchung könne rechtzeitig klären, ob die eindringende Flüssigkeit das Grundwasser erreichen werde. 66

d) Folgeprobleme des subjektiven Gefahrbegriffs. Primär- und Sekundärebene. Unter dem subjektiven ist anders als unter dem ob- 67 jektiven Gefahrbegriff das polizei- und ordnungsbehördliche Handeln auch dann rechtmäßig, wenn keine Gefahr vorliegt. In Freiheit und Eigentum des Bürgers wird also rechtmäßig eingegriffen, obwohl der Bürger weder eine gefährliche Sachlage noch ein gefährliches Verhalten **zu verantworten** hat. Die Einbußen, die der Bürger dabei zu erleiden hat, können erheblich sein.

68 **Beispiele:** Die Polizei- oder Ordnungsbehörde geht fälschlich, aber vertretbar davon aus, die Erde auf einem Grundstück sei verseucht, und gibt dem Eigentümer auf, sie auszuheben und zu entsorgen. Die Polizei- oder Ordnungsbehörde hält ein Haus fälschlich, aber vertretbar für einsturzgefährdet und verlangt vom Eigentümer, es von den Mietern zu räumen.

69 Während das Auseinanderfallen von Schein und Wirklichkeit, von Anscheins- oder Verdachts- und wirklicher Gefahr unter dem objektiven Gefahrbegriff zu Lasten des Staats geht, geht es unter dem subjektiven zu Lasten des Bürgers. Diese Konsequenz des subjektiven Gefahrbegriffs erscheint seinen Vertretern denn doch **nicht akzeptabel** (vgl. *Rachor,* HdbPolR, L Rn. 45; *Würtenberger/Heckmann,* Rn. 868; *Schoch,* JuS 1995, 504/507; krit. *Schenke,* Rn. 685 ff.; *ders./Ruthig,* VerwArch 1996, 329/337 ff.). Sie behelfen sich, indem sie die Verantwortung des Bürgers bei Anscheinsgefahr und Gefahrverdacht nur dann endgültig zuweisen, wenn er den Anschein oder Verdacht vorwerfbar verursacht hat (vgl. § 9 Rn. 21 ff.). Ist ihm insoweit weder Vorsatz noch Fahrlässigkeit vorzuwerfen, dann soll zwar das vertretbare Einschreiten der Polizei- oder Ordnungsbehörde rechtmäßig bleiben, dem Bürger aber Entschädigung gewährt werden (vgl. § 26 Rn. 15 ff.). Von der Ebene, auf der zunächst die Rechtmäßigkeit des polizei- und ordnungsbehördlichen Handelns beurteilt und bejaht wird, ist dabei als der Primärebene, von der Ebene, auf der später die Entschädigung beurteilt und bejaht wird, ist dabei als der Sekundärebene die Rede.

70 So führt die **eine Subjektivierung zur anderen.** Wenn dem Beamten das Stigma des rechtswidrigen Handelns nicht zugemutet werden kann, weil ihn für die Rechtswidrigkeit kein Vorwurf trifft, kann auch dem Bürger, den kein Vorwurf trifft, das Opfer der Inpflichtnahme nicht ohne Entschädigung zugemutet werden.

71 **Literatur:** *T. Darnstädt,* Gefahrenabwehr und Gefahrenvorsorge, 1983; *H.-U. Erichsen/R. Wernsmann,* Anscheinsgefahr und Anscheinsstörer, Jura 1995, 219; *A. Gromitsaris,* Subjektivierung oder Objektivierung im Recht der Gefahrenabwehr, DÖV 2005, 535; *D. Kugelmann,* Der polizeiliche Gefahrenbegriff in Gefahr?, DÖV 2003, 781; *B. Losch,* Zur Dogmatik der Gefahrerfor-

schungsmaßnahme, DVBl. 1994, 781; *M. Möstl*, Gefahr und Kompetenz, Jura 2005, 48; *E.-L. Nell*, Wahrscheinlichkeitsurteile in juristischen Entscheidungen, 1983; *R. Poscher*, Gefahrenabwehr, 1999; *ders.*, Eingriffsschwellen im Recht der inneren Sicherheit, Verwaltung 2008, 345; *F. Schoch*, Die „Gefahr“ im Polizei- und Ordnungsrecht, Jura 2003, 472; *J. Schwabe*, Fürmöglichhalten und irrige Annahme von Tatbestandsmerkmalen bei Eingriffsgesetzen, in: GS Martens, 1987, S. 419; *H.-H. Trute*, Gefahr und Prävention in der Rechtsprechung zum Polizei- und Ordnungsrecht, Verwaltung 2003, 501; *A. Voßkuhle*, Der Gefahrenbegriff im Polizei- und Ordnungsrecht, JuS 2007, 908; *M. Walker*, Abstrakte und konkrete Gefahr, 1994; *F. Wapler*, Alles geklärt? Überlegungen zum polizeilichen Gefahrerforschungseingriff, DVBl. 2012, 86; *W. Weiß*, Der Gefahrerforschungseingriff bei Altlasten – Versuch einer Neubestimmung, NVwZ 1997, 737.

§ 5. Aufgaben

I. Die einzelnen Aufgaben

Die eigentliche Aufgabe der Polizei- und Ordnungsbehörden ist 1
die Gefahrenabwehr.[1] Bei ihr können die klassische Gefahrenabwehr, die vorbeugende Bekämpfung von Straftaten[2] und die in den meisten Ländern eigens normierte,[3] sonst als der klassischen Gefahrenabwehr zugehörig verstandene (vgl. *Schenke*, Rn. 71; *Schoch*, Rn. 8; *Würtenberger/Heckmann*, Rn. 160) Vorbereitung auf künftige Gefahrenabwehr unterschieden werden; die Aufgabe der vorbeugenden Bekämpfung von Straftaten beinhaltet in den meisten Ländern die Verhütung künftiger Straftaten einschließlich der Vorbereitung auf künftige Strafverfolgung, auch Vorsorge für die Verfolgung künftiger Strafta-

1 Art. 2 Abs. 1 bayPAG; Art. 6 bayLStVG; § 1 Abs. 1 S. 1 bbgPolG; § 1 Abs. 1 bbgOBG; § 1 Abs. 1 S. 1 berlASOG; § 1 Abs. 1 bremPolG; § 1 Abs. 1 S. 1 bwPolG; §§ 1 Abs. 1, 3 Abs. 1 hambSOG; § 1 Abs. 1 S. 1 hessSOG; § 1 Abs. 1 mvSOG; § 1 Abs. 1 S. 1 ndsSOG; § 1 Abs. 1 S. 1 nwPolG; § 1 Abs. 1 nwOBG; § 1 Abs. 1 S. 1 rpPOG; § 1 Abs. 2 saarlPolG; § 1 Abs. 1 S. 1 sächsPolG; § 1 Abs. 1 S. 1 saSOG; §§ 162 Abs. 1, 163 Abs. 1 shLVwG; § 2 Abs. 1 S. 1 thürPAG; § 2 Abs. 1 thürOBG; § 1 Abs. 5 BPolG.

2 § 1 Abs. 1 S. 2 bbgPolG; § 1 Abs. 3 berlASOG; § 1 Abs. 1 S. 2 Nr. 1 hambGDatPol; § 1 Abs. 4 hessSOG; § 7 Abs. 1 Nr. 4 mvSOG; § 1 Abs. 1 S. 3 ndsSOG; § 1 Abs. 1 S. 2 nwPolG; § 1 Abs. 1 S. 3 rpPOG; § 1 Abs. 1 S. 2 Nr. 2 sächsPolG; § 2 Abs. 1 saSOG; § 2 Abs. 1 S. 2 thürPAG; § 1 Abs. 5 BPolG. In Bayern, Baden-Württemberg, Saarland und Schleswig-Holstein ist dies nicht allgemein in der Aufgabennorm ausgesprochen, sondern ergibt sich aus den Spezialbefugnisnormen, die zur vorbeugenden Bekämpfung von Straftaten ermächtigen.

3 § 1 Abs. 1 S. 2 bbgPolG; § 1 Abs. 1 S. 2 berlASOG; § 1 Abs. 1 S. 2 bremPolG; § 1 Abs. 1 S. 2 Nr. 2 hambGDatPol; § 1 Abs. 1 S. 2 hessSOG; § 7 Abs. 1 Nr. 4 mvSOG; § 1 Abs. 1 S. 2 ndsSOG; § 1 Abs. 1 S. 2 nwPolG; § 1 Abs. 1 S. 2 rpPOG; § 1 Abs. 1 S. 2 Nr. 3 sächsPolG; § 1 Abs. 1 S. 2 saSOG; § 2 Abs. 1 S. 2 thürPAG.

ten genannt, in einigen Polizeigesetzen ist sie auf die Verhütung von Straftaten beschränkt.[4] Daneben hat die Polizei die fast überall besonders zugewiesene Aufgabe der Vollzugshilfe[5] und haben Polizei- und Ordnungsbehörden die Aufgaben, die ihnen durch andere Rechtsvorschriften als die der Polizei- und Ordnungsgesetze zugewiesen sind; auch dies ist meist in den Polizei- und Ordnungsgesetzen geregelt.[6]

2 Die Aufgaben der Polizei- und Ordnungsbehörden stellen sich im **Schaubild** so dar:

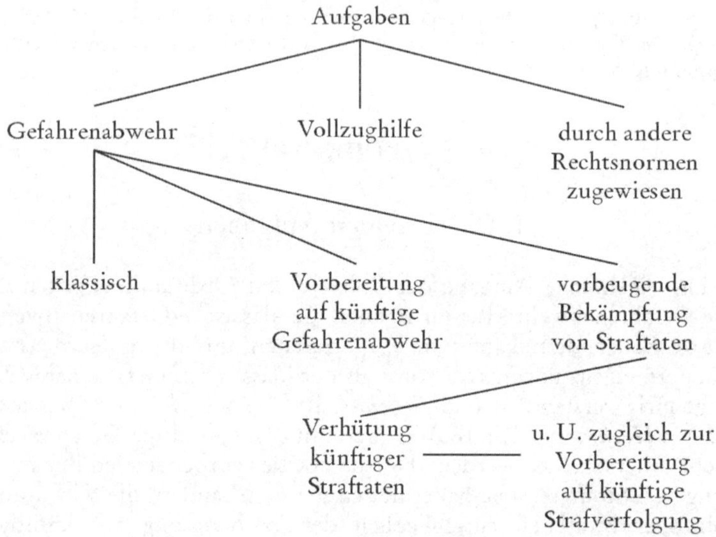

4 § 1 Abs. 1 S. 2 bbgPolG; § 1 Abs. 1 S. 3 bremPolG; § 1 Abs. 1 S. 3 ndsSOG; § 1 Abs. 1 S. 3 rpPOG; § 1 Abs. 5 BPolG.

5 Art. 2 Abs. 3 bayPAG; § 1 Abs. 3 bbgPolG; § 1 Abs. 5 berlASOG; § 1 Abs. 3 bremPolG; § 60 Abs. 4 bwPolG; § 1 Abs. 5 hessSOG; § 7 Abs. 2 mvSOG; § 1 Abs. 4 ndsSOG; § 1 Abs. 3 nwPolG; § 1 Abs. 4 rpPOG; § 1 Abs. 4 saarlPolG; § 61 Abs. 1 sächsPolG; § 2 Abs. 3 saSOG; § 168 Abs. 2 Nr. 1 shLVwG; § 2 Abs. 3 thürPAG. In Hamburg folgt sie aus dem allgemeinen Verwaltungsverfahrensrecht.

6 Art. 2 Abs. 4 bayPAG; Art. 7 Abs. 2 bayLStVG; § 1 Abs. 4 bbgPolG; § 1 Abs. 3 bbgOBG; § 1 Abs. 2 berlASOG; § 1 Abs. 4 bremPolG; § 1 Abs. 2 bwPolG; § 1 Abs. 2 hessSOG; § 2 Abs. 2 S. 1 mvSOG; § 1 Abs. 5 ndsSOG; § 1 Abs. 4 nwPolG; § 1 Abs. 3 nwOBG; § 1 Abs. 2 rpPOG; § 8 Abs. 2 S. 1 saarlPolG; § 1 Abs. 2 sächsPolG; § 1 Abs. 3 saSOG; § 163 Abs. 2 shLVwG; § 2 Abs. 4 thürPAG; § 5 Abs. 2 S. 1 thürOBG; § 1 Abs. 2 BPolG. In Hamburg ergibt es sich aus den anderen Rechtsvorschriften.

1. Klassische Gefahrenabwehr

Als klassisch kann die Abwehr konkreter Gefahren durch die Polizei- und konkreter und abstrakter Gefahren durch die Ordnungsbehörden bezeichnet werden. Sie schließt die Störungsbeseitigung ein, die in manchen Ländern neben die Gefahrenabwehr gestellt ist,[7] aber nur die Beseitigung der Störungen oder Verletzungen meint, denen noch Gefahren innewohnen. Bis zum Volkszählungsurteil des Bundesverfassungsgerichts (vgl. § 1 Rn. 31) war **nur** diese klassische Gefahrenabwehr Gegenstand der Polizei- und Ordnungsgesetze. 3

2. Vorbeugende Bekämpfung von Straftaten

Mit der vorbeugenden Bekämpfung von Straftaten wird die abstrakte Gefahr der Begehung von Straftaten abgewehrt. Wo die Begehung einer Straftat noch nicht konkret droht, lehrt die Erfahrung doch, daß es in kriminellen, kriminogenen, gefährdeten und gefährlichen sozialen Milieus früher oder später mit hinreichender Wahrscheinlichkeit zu Straftaten kommen wird. Diese Milieus durch informierte polizeiliche Präsenz so zu verunsichern, daß keine Straftaten passieren, ist der eine Aspekt der vorbeugenden Bekämpfung von Straftaten: die **Verhütung.** Die Verhütung wird flankiert und gesichert durch die **Vorsorge** für die Verfolgung gleichwohl passierender Straftaten; nur wenn die Verfolgung effizient ist, ist die Verunsicherung nachhaltig und besteht außerdem die Aussicht, daß die Straftäter, zumal wenn sie als Sexualtäter, Täter organisierter Kriminalität, des politischen Extremismus und der Hooligan-Szene Wiederholungstäter sind, keine weiteren Straftaten begehen werden. 4

Im Schrifttum wird teilweise die vorbeugende Bekämpfung von Straftaten insgesamt (vgl. *Rachor,* HdbPolR, F Rn. 165ff.) oder jedenfalls die Vorbereitung auf künftige Strafverfolgung bzw. die Vorsorge für die Verfolgung künftiger Straftaten (*Petri,* HdbPolR, H Rn. 177) gelegentlich weniger als präventive denn als repressive Tätigkeit verstanden und nicht der Kompetenz des Landesgesetzgebers zur Regelung der Gefahrenabwehr, sondern der **Kompetenz des Bundesgesetzgebers** zur Regelung des gerichtlichen Verfahrens (Art. 74 Abs. 1 Nr. 1 GG) zugeschlagen, jedenfalls als Annex (*Götz,* 5

7 Art. 11 Abs. 2 S. 1 Nr. 3 bayPAG; § 1 Abs. 1 S. 1 bwPolG; § 3 Abs. 1 hambSOG; § 1 Abs. 1 S. 1 sächsPolG.

§ 17 Rn. 25; *Kleinknecht/Meyer-Goßner,* StPO, § 81 b Rn. 3; *Schenke,* Rn. 30; *Kugelmann,* Kap. 5 Rn. 181 ff.).

6 Das überzeugt nicht (*Kniesel/Paeffgen,* Polizei 2011, 333; *Schoch,* Rn. 17; *Würtenberger/Heckmann,* Rn. 181 ff.). Der Strafprozeß und sein Recht setzen nach der Tat ein und setzen die Tat voraus. Solange die Straftat noch nicht passiert ist, kann sie noch nicht verfolgt, sondern nur verhütet werden. Zwar können jetzt Daten erhoben werden, die künftigen Strafprozessen als Beweise dienen mögen. Aber ob es Strafprozesse geben wird und ob die Daten als Beweise dienen werden, ist offen; immerhin kann es einen Verhütungsaspekt haben, wenn damit zu rechnen ist, daß künftige Strafprozesse dank schon jetzt erhobener und vorgehaltener Erkenntnisse zur Verurteilung des Schuldigen führen werden. Im übrigen gilt, daß die vorherige Verhinderung von Rechtsverletzungen allemal den Vorrang vor deren nachträglicher Ahndung hat. Besonders augenfällig wird der Primat der Gefahrenabwehr bei der Bekämpfung organisierter Kriminalität, wo die Zerschlagung der gefährlichen Organisation der Überführung und Verurteilung eines einzelnen Täters vorgehen muß. So liegt die **Kompetenz beim Landesgesetzgeber** und haben die Ländergesetze recht, wenn sie die Aufgabe der Vorsorge für die Verfolgung künftiger Straftaten als Aufgabe „im Rahmen" der Gefahrenabwehr kennzeichnen und in diesem Rahmen auch die erforderlichen Regelungen bieten.

6a Der **Bundesgesetzgeber** sieht dies anders und hat Befugnisse zur Vorsorge für die Verfolgung künftiger Straftaten geregelt: die erkennungsdienstliche Maßnahme (§ 81 b 2. Alt. StPO), die DNA-Feststellung (§ 81 g StPO) und die Vorhaltung von personenbezogenen Daten (§ 484 StPO). In § 484 StPO wird für die Speicherung und Verwendung personenbezogener Daten zur Vorsorge für die Verfolgung künftiger Straftaten auf die Polizeigesetze der Länder verwiesen und damit explizit gemacht, was bei diesem auf die Kompetenz des Bundesgesetzgebers setzenden Ansatz schon aus dem Zusammenspiel von Bundes- und Landesregelungen im Rahmen der konkurrierenden Gesetzgebung folgt: Der Landesgesetzgeber darf regelmäßig nur da regeln, wo der Bundesgesetzgeber nicht geregelt hat und auch nicht regeln wollte.

6b Die **Rechtsprechung** hat eine differenzierende Lösung gefunden (BVerfGE 113, 348/368 ff; BVerwG, 25.1.2012 – 6 C 9.11, Rn. 28 ff.; zust. *Gusy,* NdsVBl. 2006, 65). Es stellte zunächst klar, daß die Verhütung künftiger Straftaten zur Gefahrenabwehr in die Kompetenz des Landesgesetzgebers fällt. Es sieht die Kompetenz des Landesgesetzgebers zur vorbeugenden Bekämpfung von Straftaten da enden, wo die Vorsorge für die Verfolgung von Straftaten von der Verhütung von Straftaten getrennt und zum „eigenständigen Tatbestandsmerkmal" gemacht wird und zu Maßnahmen auch dann ermächtigen soll, „wenn die Verhütung einer Straftat nicht oder nicht mehr im Raum steht". Werden „Daten ... nur zur Verwertung in einem künftigen Strafverfahren, also zur Strafverfolgung, erhoben", fällt die Regelung der Erhebung in die Kompetenz des Bundesgesetzgebers aus Art. 74 Abs. 1 Nr. 1 GG. Diese differenzierende Lösung des Bundesverfassungsgerichts läßt, was an landesgesetzlichen Regelungen gewachsen ist, im wesentlichen bestehen (*Stephan*, VBlBW 2005, 410/411). Nur dann, wenn der Landesgesetzgeber die Vorsorge für die Verfolgung von Straftaten nicht als Aspekt der Verhütung von Straftaten versteht, sondern als eigenständige Aufgabe daneben stellt, fehlt ihm die Kompetenz. Für dieses Verständnis besteht aber weder ein rechtsdogmatischer noch ein rechtspraktischer Grund. Praktisch werden Daten so gut wie nie allein zur Verwertung in einem künftigen Strafverfahren erhoben. Dogmatisch gilt, daß die vorbeugende Verbrechensbekämpfung einschließlich der Vorsorge für die Verfolgung von Straftaten der Polizei nur im Rahmen der Gefahrenabwehr zur Aufgabe gemacht ist (vgl. Rn. 6, 11); die Erhebung allein zur Verwertung in einem künftigen Strafverfahren fände außerhalb dieses Rahmens statt.

3. Vorbereitung künftiger Gefahrenabwehr

Auch die Vorbereitung künftiger Gefahrenabwehr ist Abwehr einer **abstrakten Gefahr** (vgl. *Soiné*, DÖV 2000, 173/174). Die Polizei kann mit so vielen Gefahren konfrontiert werden, daß sie Gefahr läuft, ihrer nicht Herr zu werden. Um diese abstrakte Gefahr zu steuern, hat sie, wie es im nordrhein-westfälischen Polizeigesetz besonders ausführlich und anschaulich heißt, „die erforderlichen Vorbereitungen für die Hilfeleistung und das Handeln in Gefahrenfällen zu treffen" (§ 1 Abs. 1 S. 2), wozu besonders das Vorhalten von Daten, das Bereithalten von Gerät und das Planen von Einsätzen gehören. 7

4. Vollzugshilfe

Die Vollzugshilfe stellt die Befugnis der Polizei zur Anwendung unmittelbaren Zwangs in den Dienst anderer Behörden, die die Befugnisse zwar auch haben, aber nicht über die erforderlichen Dienst- 8 kräfte verfügen und ihre Maßnahmen auch nicht auf andere Weise durchsetzen können. Sie bedarf eines Ersuchens und bei einer Freiheitsentziehung einer richterlichen Entscheidung, die von der ersuchenden Behörde zu besorgen ist; im übrigen erfolgt ihre Durchführung nach dem Recht und in der Verantwortung der Polizei. Die Vollzugshilfe ist ein **Spezialfall der Amtshilfe,** deren Grundsätze entsprechend anwendbar sind und in den meisten Ländern auch für entsprechend anwendbar erklärt werden.[8] Die Verpflichtung der Polizei zur Amtshilfe reduziert sich aber nicht auf die Verpflichtung zur Vollzugshilfe, sondern bleibt, wie in den meisten Ländern klargestellt wird,[9] neben dieser bestehen.

8a **Beispiele:** Ein Fall der Vollzugshilfe ist die sog. Ordnungspartnerschaft, bei der ein Polizeibeamter und ein Beamter des Ordnungsamts gemeinsam Streife gehen und gemeinsam einschreiten. Die Gefahrenabwehraufgabe kann der Polizeibeamte hier nicht erfüllen; sie ist zunächst der Ordnungsbehörde übertragen, die zwar meistens nur vom Schreibtisch aus handelt, hier aber durch ihren Beamten vor Ort handeln kann (Subsidiarität; vgl. Rn. 18). Es bleibt die Aufgabe der Vollzugshilfe; der Polizeibeamte geht mit dem Beamten des Ordnungsamts Streife, um dessen allfälliger Bitte um Vollzugshilfe sofort entsprechen zu können. Da diese Bitte wenn nicht regelmäßig, dann doch erwartbar kommt und da jedenfalls der gemeinsame Streifengang regelmäßig stattfindet, da weiter die Vollzugshilfe wie die Amtshilfe allgemein nur ausnahmsweise stattfinden darf, ist die Ordnungspartnerschaft ein Grenzfall zulässiger Vollzugshilfe. – Weitere Fälle der Vollzugshilfe sind die zwangsweise Zuführung säumiger Schüler (vgl. *Denninger,* HdbPolR, E Rn. 253) und die Unterstützung des Gerichtsvollziehers gem. § 758 Abs. 3 ZPO.

5. Aufgaben aufgrund anderer Rechtsvorschriften

9 Unter den Aufgaben der Polizei aufgrund anderer Rechtsvorschriften ist die wichtigste die **Verfolgung von Straftaten und Ordnungswidrigkeiten** (vgl. § 2 Rn. 7 ff.). Bei Verdacht einer begangenen Straftat hat die Polizei die Sache zu erforschen und alle dringenden Anordnungen zu treffen, um die Verdunklung der Sache zu verhüten

8 Art. 50 Abs. 3 bayPAG; § 50 Abs. 2 S. 2 bbgPolG; § 52 Abs. 3 S. 2 berlASOG; § 37 Abs. 2 S. 2 bremPolG; § 44 Abs. 3 S. 2 hessSOG; § 82 a Abs. 2 S. 2 mvSOG; § 51 Abs. 2 S. 2 ndsSOG; § 47 Abs. 2 S. 2 nwPolG; § 96 Abs. 2 S. 2 rpPOG; § 41 Abs. 2 S. 2 saarlPolG; § 61 Abs. 2 S. 2 sächsPolG; § 168 Abs. 2 S. 2 shLVwG; § 48 Abs. 2 S. 2 thürPAG.

9 Art. 50 Abs. 4 bayPAG; § 50 Abs. 3 bbgPolG; § 52 Abs. 4 berlASOG; § 37 Abs. 3 bremPolG; § 82 a Abs. 3 mvSOG; § 51 Abs. 3 ndsSOG; § 47 Abs. 3 nwPolG; § 96 rpPOG; § 41 Abs. 3 saarlPolG; § 61 Abs. 3 sächsPolG; § 50 Abs. 3 saSOG; § 168 Abs. 3 shLVwG; § 48 Abs. 3 thürPAG.

(§ 163 Abs. 1 S. 1 StPO); sie unterliegt dabei den Weisungen und Aufträgen der Staatsanwaltschaft (§ 161 Abs. 1 S. 2 StPO). Auch bei Verdacht einer begangenen Ordnungswidrigkeit hat die Polizei zu ermitteln (§ 53 Abs. 1 S. 1 OWiG). Hier tritt regelmäßig die ebenfalls mit der Verfolgung von Ordnungswidrigkeiten betraute Ordnungsbehörde an die Stelle der Staatsanwaltschaft (§ 46 Abs. 2 OWiG). Während die repressive Verfolgung von Straftaten sich von der präventiven Gefahrenabwehr, die unter dem Opportunitätsprinzip steht, dadurch unterscheidet, daß sie unter dem Legalitätsprinzip steht (vgl. § 2 Rn. 8), gilt für die repressive Verfolgung von Ordnungswidrigkeiten das Opportunitätsprinzip; dies hat darin seinen Grund, daß hier eine konsequente Repression nicht erforderlich erscheint.

Die **Straßenverkehrsordnung** als Sonderordnungsrecht des Bun- 9a
des betraut die Polizei mit den Aufgaben der Verkehrsregelung, der Verkehrskontrolle oder -überwachung und des ersten Zugriffs auf die Aufrechterhaltung der Sicherheit und Ordnung des Straßenverkehrs und gibt ihr dafür die Befugnisse zur Verkehrskontrolle nach § 36 Abs. 5 StVO (vgl. § 14 Rn. 13 a ff.), zur Regelung des Verkehrs durch Weisungen und Zeichen nach § 44 Abs. 2 S. 1 StVO und durch vorläufige Maßnahmen im Eilfall nach § 44 Abs. 2 S. 2 StVO. Es handelt sich um Aufgaben der Abwehr konkreter und abstrakter Gefahren, die aus der Teilnahme am Straßenverkehr entstehen und dessen Sicherheit und Leichtigkeit bedrohen. Auch das **Versammlungsrecht** ist Sonderordnungsrecht und begründet mit der Übertragung wesentlicher Befugnisse an die Polizei deren Gefahrenabwehraufgabe im Versammlungswesen (vgl. §§ 20–23). Im **Vereins-**, im **Waffen- und Sprengstoffwesen** werden der Polizei häufig die in den einschlägigen Bundesgesetzen normierten Aufgaben und Befugnisse durch Landesgesetze zur Erledigung zugewiesen (vgl. § 3 Rn. 9 ff.). Ergänzend sind bei der Erfüllung aller dieser Aufgaben die Befugnisse der allgemeinen Polizeigesetze heranzuziehen.[9a]

II. Bedeutung der Aufgabenzuweisung

Die Aufgabenzuweisung steht regelmäßig am Anfang der Polizei- 10
und Ordnungsgesetze. Die Aufgabenzuweisungs- oder Aufgabennormen umschreiben den **Handlungsraum** der Polizei- und Ord-

9a Art. 11 Abs. 3 S. 2 bayPAG; § 10 Abs. 2 S. 2 bbgPolG; § 3 Abs. 1 S. 3 hessSOG; § 3 Abs. 1 S. 3 ndsSOG; § 8 Abs. 2 S. 2 nwPolG; § 4 Abs. 1 S. 3 saSOG.

nungsbehörden; sie stecken ab, wann die Polizei- und Ordnungsbehörden ohne weitere Ermächtigung schlicht hoheitlich, d. h. grundrechtseingriffsvermeidend oder bei Einschlägigkeit einer Befugnisnorm obrigkeitlich, d. h. grundrechtseingreifend tätig werden dürfen. Die eigentliche Aufgabe der Polizei- und Ordnungsbehörden ist die Gefahrenabwehr; sie steht in den Aufgabennormen der Polizei- und Ordnungsgesetze regelmäßig an erster Stelle.

11 Daß die Gefahrenabwehr die eigentliche Aufgabe der Polizei- und Ordnungsbehörden ist, kommt in zweifacher Weise zur Geltung. Zum einen ist die Aufgabe der Gefahrenabwehr auch dann **maßgeblich,** wenn die einschlägige Befugnisnorm formuliert ist, als komme es auf das Vorliegen einer Gefahr nicht an, sondern gehe es um gefahrunabhängige Maßnahmen der vorbeugenden Bekämpfung von Straftaten. Treffend stellen viele Aufgabenzuweisungsnormen die Aufgabe der vorbeugenden Bekämpfung von Straftaten in den „Rahmen" der Gefahrenabwehraufgabe;[10] wo von einer Gefahr, sei es einer konkreten oder einer abstrakten, schlechterdings nicht die Rede sein kann, kann die Polizei von der entsprechenden Befugnisnorm keinen Gebrauch machen. – Die Erhebung von Daten allein zur Verwertung in einem künftigen Strafverfahren (vgl. Rn. 6 b) kommt polizeirechtlich schon wegen des fehlenden Gefahrbezugs nicht in Betracht.

12 **Beispiele:** Für eine Identitätsfeststellung an einem gefährlichen Ort (vgl. § 14 Rn. 33, 45) reicht es aus, daß Tatsachen die Annahme rechtfertigen, daß sich dort bestimmte Personen befinden. Ist aber bei bestimmten Personen eine Gefahr definitiv nicht vorhanden, etwa bei einer Gruppe von Nonnen, darf deren Identität auch an einem gefährlichen Ort nicht festgestellt werden.

13 Zum anderen gilt, wenn von einer Polizei- oder Ordnungsbehörde zwei Aufgaben zugleich wahrgenommen werden müssen, aber nur eine wahrgenommen werden kann, daß es zwar auf die aktuelle Bedeutung der Aufgaben ankommt, daß aber im Zweifel die Aufgabe der Gefahrenabwehr **Vorrang** vor den anderen Aufgaben hat (vgl. § 2 Rn. 12f.).

14 **Beispiel:** Der Geiselnehmer ist mit der Geisel ziehen zu lassen, wenn nur so die Gefahr für das Leben der Geisel abgewehrt werden kann, auch wenn dadurch die Strafverfolgung des Geiselnehmers erschwert oder gar vereitelt wird. Dagegen darf die Polizei sich sofort an die Verfolgung des Unfallflüchtigen machen, wenn sie erkennt, daß das Unfallopfer nur leicht verletzt ist;

---

10 § 1 Abs. 1 S. 2 bbgPolG; § 1 Abs. 3 berlASOG; § 1 Abs. 1 S. 3 ndsSOG; § 1 Abs. 1 S. 2 nwPolG; § 1 Abs. 1 S. 2 rpPOG; § 2 Abs. 1 saSOG; § 2 Abs. 1 S. 2 thürPAG.

richtig besehen liegt hier keine Kollision zweier Aufgaben vor, wenn bei dem nur leicht verletzten Unfallopfer keine Gefahr abzuwehren ist.

Vereinzelt ist normiert, die Aufgabe der Gefahrenabwehr reiche 15 nur so weit, wie im **öffentlichen Interesse** geboten.[11] Gelegentlich wird dasselbe auch daraus geschlossen, daß die Schutzgüter des Polizei- und Ordnungsrechts die öffentliche Sicherheit und Ordnung sind (*Drews u. a.*, S. 228 ff.; *Gusy*, Rn. 81); es komme darauf an, ob ein einzelner „unabhängig von seiner Individualität, quasi als Repräsentant der Allgemeinheit gefährdet" sei (*Schenke*, Rn. 56) oder ob eine Gefährdung „in die Öffentlichkeit ausstrahl[e]" (*Wolff/Bachof*, Verwaltungsrecht III, 4. Aufl. 1978, § 125 Rn. 17) – nur in diesen Fällen soll ein öffentliches Interesse vorliegen. Aber die Erfüllung der Aufgabe der Gefahrenabwehr liegt per se im öffentlichen Interesse (vgl. *Schoch*, Rn. 73; *Würtenberger/Heckmann*, Rn. 426); eines zusätzlichen öffentlichen Interesses bedarf es nicht, und die vereinzelte Normierung ist deklaratorisch. Seit den Anfängen des Rechtsstaats in Deutschland werden unter die öffentliche Sicherheit denn auch subjektive private Rechte subsumiert, ohne daß ein besonderes öffentliches Interesse gefordert wird.

III. Subsidiarität und Spezialität zwischen Polizei- und Ordnungsbehörden

Sowohl die Polizei- als auch die Ordnungsbehörden haben die 16 Aufgabe der Gefahrenabwehr. Damit die Aufgabe der Gefahrenabwehr von den allgemeinen und besonderen Polizei- und Ordnungsbehörden zugleich umfassend und überschneidungsfrei wahrgenommen wird, gelten **Subsidiarität und Spezialität.** Das spezielle Gesetz soll vor dem allgemeinen angewendet werden, und die gründlichere Gefahrenabwehr vom Schreibtisch aus ist der weniger gründlichen vor Ort vorzuziehen. Zugleich ist besser, wenn weniger gründlich vor Ort als wenn gar nicht gehandelt und wenn das allgemeine Gesetz als wenn gar keines angewendet wird. Damit eher das allgemeine als gar kein Gesetz angewendet wird, kann notfalls auf das allgemeine Gesetz zurückgegriffen werden. Nur ausnahmsweise existieren parallele Zuständigkeiten.

11 § 1 Abs. 1 S. 1 bwPolG; § 1 Abs. 1 S. 1 sächsPolG.

17 **Beispiel:** Einerseits sind nach § 11 Abs. 1 Nr. 3 nwPOG die Kreispolizeibehörden zuständig für die Überwachung des (fließenden und ruhenden) Straßenverkehrs. Andererseits sind nach S. 1 des § 48 Abs. 3 nwOBG die örtlichen Ordnungsbehörden unbeschadet der Zuständigkeit der Polizeibehörden zuständig für die Überwachung des ruhenden Straßenverkehrs und nach S. 2 die Kreisordnungsbehörden und die Großen kreisangehörigen Städte unbeschadet der Zuständigkeit der Polizeibehörden zuständig für die Überwachung der Einhaltung zulässiger Höchstgeschwindigkeiten und der Befolgung von Lichtzeichenanlagen im Straßenverkehr an Gefahrenstellen.

1. Subsidiarität

18 Das Handeln der **Polizei** ist subsidiär gegenüber dem gefahrenabwehrenden Handeln der **Ordnungsbehörden.** Grundsätzlich sind Gefahrenabwehraufgaben den Ordnungsbehörden übertragen und hat die Polizei die Gefahrenabwehraufgabe nur, soweit ein zumindest vorläufiges Handeln unaufschiebbar ist und das Handeln der Ordnungsbehörden nicht oder nicht rechtzeitig möglich erscheint (Eil- oder Eilfallkompetenz der Polizei, Recht des ersten Zugriffs).[12] Handelt die Polizei, so stützt sie ihre vorläufige Maßnahme nicht auf die eigentlich einschlägigen ordnungsbehördlichen, sondern auf ihre eigenen Befugnisse (*Poscher/Rusteberg,* JuS 2011, 888/891).

18a **Beispiel:** Bringt das Ordnungsamt in Erfahrung, daß in einer Gaststätte eine Flatrate-Party bzw. ein sog. Komasaufen stattfindet, ist es zum Einschreiten nach dem Gaststättengesetz befugt. Erfährt die Polizei eines Abends erstmalig davon, kann sie auf die polizeiliche Generalklausel gestützt eingreifen (vgl. BayVGH, NVwZ-RR 2008, 26; *Scheidler,* GewArch 2007, 276).

18b Hat sie gehandelt, hat sie in fast allen Ländern die Ordnungsbehörden stets oder doch dann davon zu **unterrichten**, wenn diese noch Weiteres zu veranlassen haben.[13] Die in Erweiterung der traditionellen Aufgabenzuweisungen zugewiesenen Aufgaben der vorbeugen-

---

12 Art. 3 bayPAG; § 2 S. 1 bbgPolG; § 4 Abs. 1 S. 1 berlASOG; § 64 Abs. 1 S. 2 bremPolG; §§ 2 Abs. 1 S. 1, 60 Abs. 2 bwPolG; § 3 Abs. 2 S. 1 Bst. a hambSOG; § 2 S. 1 hessSOG; § 7 Abs. 1 Nr. 3 mvSOG; § 1 Abs. 2 S. 1 ndsSOG; § 1 Abs. 1 S. 3 nwPolG; § 1 Abs. 6 S. 1 rpPOG; § 85 Abs. 2 S. 1 saarlPolG; §§ 2 Abs. 1 S. 1, 60 Abs. 2 sächsPolG; § 2 Abs. 2 S. 1 saSOG; § 168 Abs. 1 Nr. 3 shLVwG; § 3 S. 1 thürPAG. – Vgl. auch § 41 Abs. 3 LMBG.

13 § 2 S. 2 bbgPolG; § 4 Abs. 1 S. 2 berlASOG; § 64 Abs. 1 S. 3 bremPolG; § 2 Abs. 1 S. 2 bwPolG; § 3 Abs. 2 S. 2 hambSOG; § 1 Abs. 6 S. 2 hessSOG; § 7 Abs. 1 Nr. 2 mvSOG; § 1 Abs. 2 S. 2 ndsSOG; § 1 Abs. 1 S. 4 nwPolG; § 1 Abs. 6 S. 2 rpPOG; § 85 Abs. 2 S. 2 saarlPolG; § 2 Abs. 1 S. 2 sächsPolG; § 1 Abs. 1 S. 4 saSOG; § 168 Abs. 1 Nr. 2 shLVwG; § 3 S. 2 thürPAG.

den Bekämpfung von Straftaten und Vorbereitung auf künftige Gefahrenabwehr sind dagegen ausschließlich Aufgaben der Polizei.[14]

2. Spezialität

Zwar ist das Handeln der **allgemeinen Ordnungsbehörden** mit wenigen Ausnahmen[15] nicht subsidiär gegenüber dem Handeln der **Sonderordnungsbehörden,** wie es das Handeln der Polizei gegenüber dem der Ordnungsbehörden ist. Es gibt grundsätzlich keine Eil- oder Eilfallkompetenz, kein Recht des ersten Zugriffs der allgemeinen Ordnungsbehörden. Aber auch hier sind Abgrenzungen und Zuordnungen zu treffen, da alle, die allgemeinen wie die Sonderordnungsbehörden die Aufgabe der Gefahrenabwehr haben. Die Abgrenzung und Zuordnung erfolgt nicht über den Grundsatz der Subsidiarität, der im Polizei- und Ordnungsrecht das Verhältnis der Behörden, sondern über den der Spezialität, der das Verhältnis von Gesetzen zueinander betrifft. Entsprechend dem Grundsatz, daß das allgemeine Gesetz dem besonderen weicht, verdrängen die besonderen Ordnungsgesetze die allgemeinen; in den meisten Ländern ist dies auch ausdrücklich normiert.[16] 19

Enthalten allerdings die besonderen Ordnungsgesetze keine abschließenden oder abweichenden Regelungen, können die Sonderordnungsbehörden und auch die allgemeinen Ordnungsbehörden, wenn sie besondere Ordnungsgesetze vollziehen, auf die allgemeinen Ordnungsgesetze **zurückgreifen;** auch das ist in den meisten Ländern normiert.[17] Die besonderen Ordnungsgesetze haben, soweit sie einschlägig sind, eine Sperrwirkung; soweit sie nicht einschlägig sind, haben die allgemeinen Ordnungsgesetze eine Auffangwirkung. Quantitativ nimmt die Bedeutung der Auffangwirkung ab, da die be- 20

---

14 § 2 S. 1 bbgPolG; § 4 Abs. 1 S. 1 berlASOG; § 64 Abs. 1 S. 3 bremPolG; § 1 Abs. 1 hambGDatPol; § 7 Abs. 1 Nr. 4 mvSOG; § 1 Abs. 2 S. 1 ndsSOG; § 1 Abs. 1 S. 3 nwPolG; § 2 Abs. 2 S. 1 saSOG; § 3 S. 1 thürPAG. In Hessen, Rheinland-Pfalz, Saarland und Schleswig-Holstein ist dies nicht allgemein ausgesprochen, sondern ergibt sich aus den Spezialbefugnisnormen, die zur vorbeugenden Bekämpfung von Straftaten ermächtigen.

15 § 6 Abs. 1 bbgOBG; § 2 Abs. 1 S. 1 hessSOG; § 4 Abs. 3 S. 1 mvSOG; § 6 Abs. 1 S. 1 nwOBG; § 165 Abs. 3 S. 1 shLVwG; § 4 Abs. 2 thürOBG.

16 § 13 Abs. 2 S. 1 bbgOBG; § 17 Abs. 2 S. 1 berlASOG; § 10 Abs. 2 S. 1 bremPolG; § 12 Abs. 1 mvSOG; § 14 Abs. 2 S. 1 nwOBG; § 9 Abs. 2 S. 1 rpPOG; § 8 Abs. 2 S. 1 saarlPolG; § 173 Abs. 1 shLVwG; § 5 Abs. 2 S. 1 thürOBG; § 14 Abs. 3 S. 1 BPolG.

17 § 13 Abs. 2 S. 2 bbgOBG; § 17 Abs. 2 S. 2 berlASOG; § 10 Abs. 2 S. 2 bremPolG; § 12 Abs. 2 mvSOG; § 14 Abs. 2 S. 2 nwOBG; § 9 Abs. 2 S. 2 rpPOG; § 8 Abs. 2 S. 2 saarlPolG; § 173 Abs. 2 shLVwG; § 5 Abs. 2 S. 2 thürOBG; § 14 Abs. 3 S. 2 BPolG.

sonderen Ordnungsgesetze über die Jahrzehnte zugenommen haben und weiter zunehmen.

21 **Beispiel:** Die Zulassung technischer Anlagen richtete sich zunächst nach der polizeilichen Generalklausel, dann nach der Preußischen Gewerbeordnung, dann nach der Gewerbeordnung des Deutschen Bundes, des Deutschen Reichs und der Bundesrepublik Deutschland und heute nach dem Bundesimmissionsschutzgesetz mit zahlreichen Durchführungsverordnungen. Oft sind besondere Ordnungsgesetze aus Polizeiverordnungen hervorgegangen, so das Aufenthaltsgesetz von 2004 aus dem Ausländergesetz von 1965 und dieses aus der Ausländerpolizeiverordnung von 1938, das Lebensmittel- und Bedarfsgegenständegesetz aus lebensmittelpolizeilichen und die Landesbauordnungen aus baupolizeilichen Vorschriften.

22 **a) Sperrwirkung der besonderen Ordnungsgesetze.** Die Sperrwirkung einer besonderen ordnungsgesetzlichen Bestimmung kann sowohl bei den **tatbestandlichen Voraussetzungen** als auch bei der **Rechtsfolge** zum Tragen kommen (vgl. *Schoch,* Rn. 54; *Würtenberger/Heckmann,* Rn. 256).

23 **Beispiele:** Als tatbestandliche Voraussetzung für Verbot, Auflagen und Auflösung von Versammlungen verlangt § 15 Abs. 1 VersG das Vorliegen einer unmittelbaren Gefahr; als tatbestandliche Voraussetzung für Warnungen vor gefährlichen Produkten und Geräten verlangen § 8 Abs. 4 S. 3 GPSG und § 6 Abs. 1 S. 2 GSG eine besondere Dringlichkeit. Auf der Rechtsfolgenseite sieht das Bundesimmissionsschutzgesetz für den Umgang mit genehmigungsbedürftigen emittierenden Anlagen ein differenziertes Maßnahmesystem vor: Genehmigungsvorbehalt, Erteilung von Auflagen, nachträgliche Anordnung, Widerruf der Genehmigung. Mit der polizei- oder ordnungsrechtlichen Generalklausel darf in den ersten Fällen nicht die erhöhte Gefahrenschwelle und im dritten Fall nicht das Maßnahmensystem unterlaufen werden. Warum das Bundesverfassungsgericht der Bundesregierung erlaubt, mit ihren Warnungen die erhöhte Gefahrenschwelle zu unterlaufen (BVerfGE 105, 252/271), ist nicht einzusehen.

24 Die Sperrwirkung setzt voraus, daß das besondere Ordnungsgesetz die Materie **abschließend** regelt. Ob es das tut, ist besonders durch systematische und teleologische Auslegung zu ermitteln. Obwohl eine Vermutung für die abschließende Regelung streitet (vgl. *Drews u. a.,* S. 154 f.; *v. Mutius,* Jura 1986, 652), ist die Ermittlung der abschließenden Qualität einer Regelung oft schwierig. Aus dem Umstand, daß ein besonderes Ordnungsgesetz eine bestimmte Befugnis nicht enthält oder für einen bestimmten Bereich der Materie keine Regelung vorsieht, kann auch nicht auf eine Lücke des Gesetzes, die durch den Rückgriff auf eine Generalklausel ausgefüllt werden kann,

geschlossen werden. Zwar kann eine Regelung aus gesetzgeberischem Versehen lückenhaft sein. Der Gesetzgeber kann aber auch beredt geschwiegen, d. h. einen bestimmten Bereich bewußt ungeregelt gelassen oder sich entschieden haben, der Verwaltung in einem Bereich bestimmte Befugnisse vorzuenthalten.

Beispiele: In einer Zeitschrift erscheint ein Beitrag, der nach Auffassung der Ordnungsbehörde jugendgefährdend ist. Sie erläßt ein auf die Generalklausel gestütztes Verbreitungsverbot. Zwar sind Verbreitungsverbote in den meisten Landespressegesetzen nicht geregelt. Alle verbieten aber die Freiheit der Presse beeinträchtigende Sondermaßnahmen jeder Art. Damit sind alle präventiven ordnungsbehördlichen und polizeilichen Maßnahmen ausgeschlossen, die sich gegen den Inhalt eines Presseerzeugnisses richten (sog. Polizeifestigkeit der Presse; vgl. OVG Brandenburg, NJW 1997, 1388; *Pieroth,* AfP 2006, 305/307f.). – Eine ordnungsrechtliche Verordnung bestimmt, daß Maschinen und Geräte, die geeignet sind, ruhestörenden Lärm zu erzeugen, in der Zeit von 13–15 Uhr nicht verwendet werden dürfen. Für Anforderungen an die Immissionen von Anlagen stellen aber das Bundesimmissionsschutzgesetz und die auf seiner Grundlage ergangenen Verordnungen eine abschließende Regelung dar. Für einen Rückgriff auf die Generalklausel zum Erlaß einer Verordnung ist kein Raum (vgl. VGH Mannheim, NVwZ 1998, 764). 25

b) Auffangwirkung der allgemeinen Ordnungsgesetze. Umgekehrt ist der Rückgriff zulässig, wenn die besonderen Ordnungsgesetze die Materie nicht abschließend regeln. Hierbei lassen sich **typische Konstellationen** unterscheiden. 26

aa) Zeitliche Divergenz. Manchmal regeln besondere Ordnungsgesetze die Abwehr von Gefahren (Lasten), die von einem bestimmten Zeitpunkt an oder auch bis zu einem bestimmten Zeitpunkt verursacht werden oder sonst zu verantworten sind. Für die vor bzw. nach dem Zeitpunkt verursachten und zu verantwortenden Gefahren (Alt- bzw. Neulasten) kann auf die allgemeinen Ordnungsgesetze zurückgegriffen werden. 27

Beispiele: Die neuen Bodenschutz- und Altlastengesetze regeln die Verantwortlichkeit für Altlasten auf eine von der allgemeinen ordnungsrechtlichen Verantwortlichkeit abweichende Weise; ob diese Gesetze die Rückwirkung, die sie sich teilweise zusprechen, haben, ist streitig (verneint von BVerwGE 125, 325/329f.; bejaht von *Wittreck*, Jura 2008, 534/540f.). – §§ 5 Abs. 3, 17 Abs. 4 a BImSchG begründen eine Nachsorgepflicht für Anlagenbetreiber und ermächtigen die Behörden auf ein Jahr nach Einstellung des Betriebs zu entsprechenden Nachsorgemaßnahmen. Nach Ablauf des Jahres können die Gefahren für Boden oder Wasser mit den Maßnahmen des allgemeinen Ordnungsrechts abgewehrt werden. 28

29 **bb) Sachliche Divergenz.** Manchmal regeln besondere Ordnungsgesetze eine mehrere Bereiche umfassende Materie nur in einem oder in einigen Bereichen. Dann bleibt es für den oder die anderen Bereiche bei den Regelungen der allgemeinen Ordnungsgesetze.

30 **Beispiele:** Die Gewerbeordnung regelt im wesentlichen die Zulassung zu einem Gewerbe, nicht aber dessen Ausübung. Obwohl der Betrieb eines Laserdroms, in dem mit Laserpistolen Spiele veranstaltet werden, unter die Gewerbeordnung fällt, können Spielabläufe, die das Töten von Menschen simulieren, wenn sie denn eine Gefahr darstellen (vgl. § 7 Rn. 13), aufgrund der ordnungsrechtlichen Generalklausel untersagt werden (vgl. BVerwGE 115, 189/193ff.; *Störmer*, NWVBl. 1997, 315). Auch das Heilpraktikergesetz regelt die Zulassung zum Beruf des Heilpraktikers, aber nicht dessen Ausübung, und läßt für auf die ordnungsrechtliche Generalklausel gestützte Verbote bestimmter Behandlungsmethoden Raum (OVG Münster, NJW 1986, 2900). Anders als bei genehmigungsbedürftigen Anlagen und Vorhaben (vgl. Rn. 23) sehen Bundesimmissionsschutzgesetz und Baugesetzbuch bei anzeigebedürftigen kein differenziertes Maßnahmesystem vor; hier werden die notwendigen Maßnahmen der Gefahrenabwehr auf die ordnungsrechtliche Generalklausel gestützt (BVerwGE 55, 118; vgl. *Martens*, DVBl. 1981, 603; *Meixner*, NVwZ 1997, 129). Das Infektionsschutzgesetz verfolgt den Zweck, die Bevölkerung vor übertragbaren Krankheiten zu schützen, und läßt Raum für auf die polizei- oder ordnungsbehördliche Generalklausel gestützte Verordnungen, die das Taubenfüttern verbieten (VGH Mannheim, NVwZ-RR 2006, 398/399).

31–35 Hierher gehört auch das **Versammlungsrecht.** Zwar ist immer wieder von der Polizeifestigkeit des Versammlungsrechts die Rede, doch trägt der Begriff der Polizeifestigkeit nicht weiter, als die Sperrwirkung der besonderen Ordnungsgesetze auch sonst trägt, d. h. nur bei Vorliegen einer abschließenden Regelung (vgl. § 20 Rn. 13f.).

36 **cc) Keine Befugnisnorm.** Schließlich gibt es besondere Ordnungsgesetze, die zwar Regelungen zur Gefahrenabwehr treffen, auch Gebote und Verbote enthalten, Verstöße dagegen vielleicht sogar als Ordnungswidrigkeiten fassen und mit Bußgeld bewehren, aber keine Befugnisnormen für die Konkretisierung des Gebots oder Verbots im Einzelfall enthalten. Auch hier wird auf die Befugnisnormen der allgemeinen Ordnungsgesetze zurückgegriffen; die öffentliche Sicherheit schließt mit der Unverletzlichkeit der Rechtsordnung (vgl. § 8 Rn. 10ff.) auch die Unverletzlichkeit der fraglichen Gebote und Verbote ein.

37 **Beispiele:** Die Sonn- und Feiertagsgesetze verbieten zwar an Sonn- und Feiertagen öffentlich bemerkbare Arbeiten, sanktionieren das Verbot auch

über das Ordnungswidrigkeitengesetz, enthalten aber keine Befugnis zu seiner Durchsetzung. Das Schließen eines am Sonntag geöffneten Waschsalons mit Münzautomaten findet daher seine Grundlage in der ordnungsrechtlichen Generalklausel (BVerwGE 90, 337; vgl. *Schoch,* JuS 1994, 485). – Auch die Forstbehörde stützt ihr Wiederaufforstungsgebot auf die ordnungsrechtliche Generalklausel (VG Minden, NuR 1983, 326/327).

IV. Subsidiarität und Spezialität zwischen Polizei- und Ordnungsbehörden und anderen Behörden

1. Subsidiarität

Auch Behörden, die nicht als Ordnungsbehörden mit der Aufgabe 38 der Gefahrenabwehr betraut sind, sind doch insofern auf das Polizei- und Ordnungsrecht verpflichtet, als **von ihrem Betrieb keine Gefahren** für die öffentliche Sicherheit oder Ordnung ausgehen dürfen (sog. materielle Polizeipflicht von Hoheitsträgern). Für die Wahrung dieser Verpflichtung sind sie selbst und die Polizeibehörden nur subsidiär verantwortlich; dieser allgemein anerkannte Grundsatz (krit. *Borowski,* VerwArch 2010, 58; *Schoch,* Jura 2005, 324) wird unter dem Stichwort der eingeschränkten sog. formellen Polizeipflicht von Hoheitsträgern tradiert.

Beispiele: Die von der städtischen Kaserne zu morgendlichen Übungen aus- 39 fahrenden Panzer verursachen gesundheitsgefährdenden Lärm. Die Ordnungsbehörde kann dies der Bundeswehr nicht verbieten; sie kann sie nur auf die Gefahr hinweisen, und die betroffenen Anwohner können mit Aussicht auf Erfolg nicht gegen die Ordnungsbehörde, sondern nur gegen die Bundeswehr vorgehen (vgl. OVG Lüneburg, OVGE 12, 340). – Bricht dagegen Feuer in der Kaserne aus und droht, auf benachbarte Häuser überzugreifen, ist die Polizei aufgrund ihrer Eilkompetenz zu den erforderlichen Sicherungsmaßnahmen berechtigt und verpflichtet, soweit die Bundeswehr nicht handeln kann. – Eine andere Situation sieht BVerwGE 117, 1 dann gegeben, wenn eine Gemeinde ein Schwimmbad, das sie auch in privatrechtlicher Rechtsform betreiben könnte, in öffentlich-rechtlicher Rechtsform betreibt. Hier soll die Immissionsschutzbehörde durch Verwaltungsakt den einzuhaltenden Immissionsrichtwert anordnen können.

2. Spezialität und Subsidiarität

Die Behörden, die nicht als Ordnungsbehörden mit der Aufgabe 40 der Gefahrenabwehr betraut sind, sorgen nicht nur selbst für die Beachtung der allgemeinen und besonderen Ordnungsgesetze. Sie sorgen mit ihrem Hausrecht und ihrer Ordnungsgewalt auch dafür, daß sie **auf ihrem Gelände und in ihren Gebäuden und Räumen** ihre eigenen Aufgaben ungestört und ungefährdet erfüllen können. Das Hausrecht und die Ordnungsgewalt sind zum einen spezielle Regelungen, die den allgemeinen und besonderen Ordnungsgesetzen vorgehen. Sie sind zum anderen wieder Regelungen, bei denen die Polizeibehörden nur subsidiär verantwortlich sind. Treten Störungen und Gefahren auf, dürfen die Polizeibehörden sie nicht beseitigen oder abwehren, es sei denn, sie werden im Wege der Vollzugshilfe gebeten oder sie werden subsidiär tätig, weil die anderen Behörden so gestört oder gefährdet sind, daß sie nicht mehr um Vollzugshilfe bitten können (vgl. *Denninger,* HdbPolR, E Rn. 95ff.; *Gusy,* Rn. 134ff.; *Schenke,* Rn. 234).

41 **Beispiel:** In einer Universität geht es wegen politischer Auseinandersetzungen stürmisch zu und drohen auch Handgreiflichkeiten und Sachbeschädigungen. Solange es nur um Gefahrenabwehr geht, kann die Polizei erst dann einschreiten, wenn der Rektor oder Präsident sie ruft. Wurden Straftaten begangen, kann die Polizei allerdings repressiv vorgehen; die Universität bietet Straftätern kein Asyl.

V. Subsidiarität der Polizei- und Ordnungsbehörden gegenüber den Gerichten

42 Die Subsidiarität gegenüber den Gerichten ist überall in den sog. **Privatrechtsklauseln** geregelt.[18] Nach ihnen obliegt den Polizei- und Ordnungsbehörden der Schutz privater Rechte nur dann, wenn gerichtlicher Schutz nicht rechtzeitig zu erlangen ist und wenn ohne Hilfe durch die Polizei- oder Ordnungsbehörden die Verwirklichung des Rechts Gefahr liefe, vereitelt oder wesentlich erschwert zu werden. Manchmal ist die Privatrechtsklausel nur für die Polizei und nicht auch für die Ordnungsbehörden statuiert. Da aber die Ordnungsbehörden nicht mehr Veranlassung und Rechtfertigung haben, den Gerichten vorzugreifen als die Polizei, gilt für sie die Privatrechtsklausel da, wo sie nur für die Polizei statuiert ist, entsprechend. Der Streit, ob die Privatrechtsklausel das Handeln der Polizei erwei-

18 Art. 2 Abs. 2 bayPAG; § 1 Abs. 2 bbgPolG; § 1 Abs. 4 berlASOG; § 1 Abs. 2 bremPolG; § 2 Abs. 2 bwPolG; § 3 Abs. 3 hambSOG; § 1 Abs. 3 hessSOG; § 1 Abs. 3 mvSOG; § 1 Abs. 3 ndsSOG; § 1 Abs. 2 nwPolG; § 1 Abs. 3 rpPOG; § 1 Abs. 3 saarlPolG; § 2 Abs. 2 sächsPolG; § 1 Abs. 2 saSOG; § 162 Abs. 2 shLVwG; § 2 Abs. 2 thürPAG; § 2 Abs. 2 thürOBG; § 1 Abs. 4 BPolG.

tert (vgl. *Knemeyer,* Rn. 135) oder einschränkt, ist angesichts des Umstandes, daß der Polizei die Aufgabe der Gefahrenabwehr umfassend zugewiesen ist, unschwer im Sinn der Einschränkung zu beantworten.

Die Privatrechtsklauseln sind nur dann einschlägig, wenn **allein der Schutz privater Rechte** auf dem Spiel steht. Ist, wie es bei den privaten Rechtsgütern Leib, Leben, Freiheit, Ehre und Eigentum weithin der Fall ist, der Angriff auch strafrechtlich oder sonst öffentlich-rechtlich sanktioniert, dann geht es bei der Abwehr des Angriffs nicht nur um den Schutz des privaten Rechts, sondern auch um den der straf- oder öffentlich-rechtlichen Rechtsordnung und ist die Polizei an der Gefahrenabwehr durch die Privatrechtsklausel nicht gehindert (*Gusy,* Rn. 92; *Schenke,* Rn. 55; *Schoch,* Rn. 73). Daß sich alle privaten Rechte Grundrechten zuordnen lassen und daß Grundrechte nach heutigem Verständnis dem Staat auch Schutzpflichten auferlegen und dem Bürger auch Schutzrechte verbürgen, genügt allerdings nicht; die Schutzfunktion der Grundrechte setzt die einfach-rechtliche Rechtsordnung und deren Unterscheidung von Privat- und öffentlichem Recht nicht außer Kraft (vgl. § 8 Rn. 17). Allerdings können so viele Grundrechtsträger gefährdet und kann für sie die Inanspruchnahme effektiven Rechtsschutzes so beschwerlich sein, daß die Anwendung der auf den Schutz des Einzelnen zielenden Privatrechtsklausel angesichts der Vielzahl der Gefahren problematisch erscheint; die Rechtsprechung sieht hier die Grundrechte in ihrer objektiv-rechtlichen Bedeutung gefährdet (VGH Mannheim, NJW 2011, 2532/2534). 43

Beispiele: Nicht allein um den Schutz privater Rechte geht es, wenn bei der Hausbesetzung als Verletzung privaten Eigentums zugleich der Tatbestand des Hausfriedensbruchs (§ 123 StGB) gegeben ist und wenn bei der Wegnahme der Möbel des einen Ehegatten durch den anderen eine Nötigung (§ 240 StGB) oder ein Diebstahl (§ 242 StGB) vorliegt (vgl. PrOVG 77, 333). Nicht allein um den Schutz privater Rechte, sondern um die Grundrechte in ihrer objektiv-rechtlichen Bedeutung geht es, wenn Frauen vor einer Schwangerschaftskonfliktberatungsstelle in aufdringlicher, verletzender Weise auf ihren Schwangerschaftskonflikt angesprochen werden und beeinflußt werden sollen (VGH Mannheim, NJW 2011, 2532). 44

Nicht allein um den Schutz privater Rechte geht es auch bei den sog. **semi-öffentlichen Räumen,** d. h. da, wo Räume zwar in privatem Eigentum und unter privatem Hausrecht stehen, aber öffentlich zugänglich sind und die Funktion öffentlicher Räume erfüllen. 44a

Die Semi-Öffentlichkeit genügt, um die Polizei- und Ordnungsbehörden originär tätig werden zu lassen (vgl. *Gusy*, VerwArch 2001, 344/366).

44b **Beispiele:** Einkaufszentren, -passagen und -höfe, Kulturforen, Bahnhöfe, Bahnhofsplätze, Flughäfen, Messegelände.

45 Die Privatrechtsklauseln sind auch nur dann einschlägig, wenn gegen die Gefahr für das private Recht **überhaupt vor Gericht Schutz** gefunden werden kann. Das ist nur bei Gefahren der Fall, die von anderen Bürgern ausgehen. Bei der Gefahr durch ein Naturereignis, bei dem ein privates Recht oder vielmehr Rechtsgut auf dem Spiel steht, gibt es keinen gerichtlichen Schutz und daher auch keine Subsidiarität.

46 Die privaten Rechte, von denen die Privatrechtsklauseln handeln, sind angesichts des strafrechtlichen Schutzes privater Rechtsgüter im wesentlichen **privatrechtliche Ansprüche.** Es sind nicht nur die Rechte bzw. Ansprüche Privater. Auch Hoheitsträger müssen zur Geltendmachung und Durchsetzung ihrer privaten Rechte vor Gericht gehen, auch zum Schutz ihrer privaten Rechte werden die Polizei und Ordnungsbehörden nur nach Maßgabe der Privatrechtsklausel tätig (*Gusy*, Rn. 91).

47 Die **Voraussetzungen** für polizeiliches Handeln zum Schutz privater Rechte sind:

- Antrag des Rechtsinhabers. Diese Voraussetzung, in einigen Polizeigesetzen ausdrücklich normiert,[19] wird auch in den anderen Ländern als ungeschriebenes Tatbestandsmerkmal gefordert. Da die Durchsetzung privater Rechte auch vor den ordentlichen Gerichten nur auf Initiative des Rechtsinhabers stattfindet, darf auch die Polizei private Rechte nur schützen, wenn der Inhaber selbst es beantragt.
- Unmöglichkeit rechtzeitigen gerichtlichen Schutzes. Dieses Tatbestandsmerkmal ist besonders nachts und an den Wochenenden erfüllt; allerdings ist vielerorts am Samstagvormittag ein richterlicher Eildienst eingerichtet.
- Gefahr der Vereitelung oder wesentlichen Erschwerung der Verwirklichung privaten Rechts ohne polizeiliche Hilfe. Dieses Tatbestandsmerkmal ist typischerweise dadurch erfüllt, daß eine Klage

19 § 2 Abs. 2 bwPolG; § 2 Abs. 2 sächsPolG.

mangels Kenntnis der Person oder der Anschrift des Schuldners nicht erhoben oder zugestellt werden kann.
- Glaubhaftmachung. Dieses ungeschriebene Tatbestandsmerkmal wird wieder in Parallele zur Rechtsdurchsetzung im einstweiligen Rechtsschutz vor den Zivilgerichten verlangt (PrOVG 89, 289/291; OVG Münster, OVGE 24, 72/75).

Auch hinsichtlich der **Art und Weise des polizeilichen Handelns** 48
lassen sich den Privatrechtsklauseln Maßstäbe entnehmen. Leitender Gesichtspunkt ist, daß der Schutz privater Rechte durch die Polizei lediglich die Unmöglichkeit rechtzeitigen gerichtlichen Schutzes kompensieren soll. Daher darf die polizeiliche Maßnahme zum einen dem Rechtsinhaber nicht mehr geben, als er vor Gericht erreichen könnte, und zum anderen ebensowenig wie der einstweilige gerichtliche Rechtsschutz die Entscheidung in der Hauptsache vorwegnehmen. Es geht regelmäßig nur um vorläufige Sicherung der privaten Rechte durch die Polizei.

Beispiel: Wenn eine Frau den Vater ihres Kindes, mit dem sie nicht verhei- 49
ratet ist und den sie nach der Empfängnis des Kindes aus den Augen verloren hat, auf der Straße trifft und einen Polizeibeamten bittet, die Anschrift zum Zweck der Zustellung der Unterhaltsklage festzustellen, will sie ihr privates Recht durchsetzen. Es ist nur dieses private Recht im Spiel, weil sich der Vater nur dann in gem. § 170 StGB strafbarer Weise seiner Unterhaltspflicht entzieht, wenn seine Vaterschaft durch Anerkennung oder durch gerichtliche Entscheidung festgestellt ist (vgl. §§ 1600 a ff. BGB). Zu mehr als der Identitätsfeststellung ist der Polizeibeamte nicht befugt (vgl. OLG Düsseldorf, NJW 1990, 998).

VI. Anspruch auf Aufgabenwahrnehmung

Während im Obrigkeitsstaat die Aufgabe der Gefahrenabwehr al- 50
lein im öffentlichen Interesse wahrgenommen wurde, handeln Polizei und Ordnungsbehörden unter dem Grundgesetz auch im Interesse des einzelnen. Die Normen des Polizei- und Ordnungsrechts verbürgen **subjektive Rechte.** Das gilt sowohl für die Spezialbefugnisse als auch für die Generalklausel.

Beispiele: Die Polizei kann nicht nur objektiv-rechtlich verpflichtet sein, 51
eine Person zu deren Schutz gegen eine Leib- oder Lebensgefahr in Gewahrsam zu nehmen (vgl. § 17 Rn. 20), die Person kann auch einen Anspruch darauf haben. So kann ein Schiedsrichter, der nach einem Fußballspiel um Leib

oder Leben bangen muß, verlangen, zum eigenen Schutz in polizeilichen Gewahrsam genommen zu werden. – Ebenso verpflichtet die Generalklausel die Polizei nicht nur objektiv-rechtlich, den durch Steinschlag verwundeten Bewohner eines Bergdorfs zu Tal und zur erforderlichen Behandlung ins Krankenhaus zu bringen; er hat auch einen Anspruch darauf.

52 Von dieser subjektiv-rechtlichen Dimension der polizei- und ordnungsbehördlichen Normen ist gerne als von ihrer **drittschützenden Qualität** die Rede. Das ist ein bißchen mißverständlich; der Anspruch des gefährdeten Bürgers setzt kein Dreiecksverhältnis voraus und muß nicht dahin gehen, daß die Polizei ihn vor einem anderen schützt oder sogar gegen den anderen einschreitet. Richtig ist aber, daß das subjektive Recht des Bürgers, wenn zur Abwehr der Gefahr erforderlich, den Anspruch auf Einschreiten gegen einen anderen einschließt. Dieses Einschreiten gegen den anderen unterscheidet sich von sonstigem polizeilichen Einschreiten dadurch, daß es speziell zum Schutz des subjektiven Rechts des Bürgers als des Dritten stattfindet.

52a **Beispiele:** Zum Schutz des Schiedsrichters kann es ausreichend sein, daß die Polizei Angriffe einiger Schläger abwehrt; zur Rettung des Verwundeten kann es erforderlich sein, das geländegängige Fahrzeug des Nachbarn zu requirieren.

53 Ein Anspruch auf Aufgabenwahrnehmung allein aus den Aufgabennormen ist selten, weil er nur auf schlicht-hoheitliches Handeln der Polizei gerichtet sein kann. Für das typischerweise erstrebte eingreifende Handeln bedarf es zusätzlich einer Befugnisnorm. Die Befugnisnormen, seien sie Generalklauseln oder Spezialbefugnisse, räumen den Polizei- und Ordnungsbehörden Ermessen ein, und auch schlicht-hoheitlich handeln die Polizei- und Ordnungsbehörden nur nach Ermessen. Einen Anspruch auf ein bestimmtes Handeln oder einen bestimmten Eingriff und nicht nur auf fehlerfreie Ermessensentscheidung darüber, ob gehandelt und ggf. eingegriffen werden soll, kann es nur geben, wenn das **Ermessen auf Null reduziert** ist (vgl. § 10 Rn. 39f.).

VII. Aufgabenteilung zwischen Polizei- und Ordnungsbehörden und privaten Sicherheitsdiensten?

1. Öffentliche Sicherheit und Ordnung als private Aufgabe

Schon immer haben **Bürger** sich zur Aufgabe gemacht, ihre Rechte 54 und Rechtsgüter auch **selbst zu schützen.** Heute setzen mehr und mehr Bürger, Betriebe und Unternehmen zur Erfüllung der Aufgabe private Sicherheitsdienste ein. Da der Schutz der privaten Rechte und Rechtsgüter als Aspekt des Schutzes der öffentlichen Sicherheit (vgl. § 8 Rn. 24ff.) eine Aufgabe der Polizei- und Ordnungsbehörden ist, kommt es zum Neben- oder auch Miteinander der beiden Aufgabenerfüllungen.

Daß die Bürger ihre privaten Rechte und Rechtsgüter schützen, ist 55 ihr Recht. Sie haben sogar das Recht, sich darüber hinaus für die Aufgabe der öffentlichen Sicherheit und Ordnung zu engagieren. Wenn sie dies ehrenamtlich in den in einigen Ländern eingerichteten freiwilligen Polizeidiensten und Sicherheitswachten tun, bestimmen sich ihre Befugnisse nach den entsprechenden Gesetzen (vgl. *Fickenscher,* Polizeilicher Streifendienst mit Hoheitsbefugnissen, 2006). Die rein private Aufgabenerfüllung stößt dagegen rasch an die **Grenze mangelnder Befugnisse.** Dem Bürger und auch dem von ihm eingesetzten privaten Sicherheitsdienst stehen zum Schutz seiner privaten Rechte und Rechtsgüter neben dem Hausrecht (§ 903 BGB) allenfalls die sog. Jedermanns- oder Notrechte der Notwehr (§ 32 StGB, § 227 BGB), des Notstands (§§ 34, 35 StGB, §§ 228, 904 BGB), der Selbsthilfe (§§ 229, 859 BGB) und der vorläufigen Festnahme (§ 127 Abs. 1 StPO) zu. Zum Schutz der öffentlichen Sicherheit und Ordnung bleibt ihm und den privaten Sicherheitsdiensten nur das Recht der vorläufigen Festnahme.

2. Zusammenarbeit zwischen Polizei- und Ordnungsbehörden und privaten Sicherheitsdiensten

Darüber hinaus bieten private Sicherheitsdienste dem Staat **verschiedene Arten** der Zusammenarbeit an, oder sie werden vom Staat 56 zu entsprechender Zusammenarbeit aufgefordert und eingesetzt (vgl. *Möstl,* in: Stober/Olschok, J IX, Rn. 30ff.).

57 Die Zusammenarbeit kann erfolgen, wenn beide, Polizei- oder Ordnungsbehörde und privater Sicherheitsdienst, ihre jeweiligen Aufgaben wahrnehmen. Der private Sicherheitsdienst macht zum Schutz privater Rechte und Rechtsgüter vom Hausrecht und vielleicht den Jedermanns- oder Notrechten Gebrauch, die Polizei- oder Ordnungsbehörde zum Schutz der öffentlichen Sicherheit und Ordnung von ihren hoheitlichen Befugnissen. Der private Sicherheitsdienst geht keine Bindung gegenüber dem Staat ein, und die Polizei- oder Ordnungsbehörde übernimmt keine Verantwortung für den privaten Sicherheitsdienst. Die Zusammenarbeit erfolgt einfach **tatsächlich.**

58 **Beispiele:** Informationsaustausch über beide betreffende Situationen und Ereignisse oder auch Informationsweitergabe von privaten Sicherheitsdiensten an die Polizei zur Ergänzung des Lagebilds bei polizeilichen Fahndungen („Düsseldorfer“ oder „Frankfurter Modell“), gemeinsamer Streifengang von kommunalen Bediensteten und Angestellten privater Sicherheitsdienste (Public Private Partnership) oder auch von Polizei und privatem Sicherheitsdienst (Police Private Partnership) in Einkaufspassagen, U-Bahnhöfen und anderen sog. semi-öffentlichen Räumen (vgl. § 5 Rn. 44 a f.).

59 Die Zusammenarbeit kann auch derart erfolgen, daß der private Sicherheitsdienst nicht zur Erfüllung einer privaten Aufgabe handelt, sondern zur Leistung eines Beitrags zum polizei- oder ordnungsbehördlichen Schutz der öffentlichen Sicherheit und Ordnung herangezogen wird (*Burgi*, in: Stober/Olschok, J II). Wird er als **Verwaltungshelfer** herangezogen, dann wird er zwar durch polizeiliche Weisungen gebunden, aber nicht mit hoheitlichen Befugnissen ausgestattet, sondern verfügt allenfalls über die Jedermannsrechte und ist bei deren Gebrauch überdies an den Grundsatz der Verhältnismäßigkeit gebunden. Wird er als **Beliehener** eingesetzt, wird er Bestandteil der Staatsverwaltung, unterliegt dem öffentlichen Recht und erhält hoheitliche Befugnisse; die Beleihung bedarf einer gesetzlichen Grundlage (vgl. *Maurer*, Allg. VwR, § 23 Rn. 57).

60 **Beispiele:** Als Verwaltungshelfer werden private Sicherheitsdienste häufig bei kommunalen Verkehrsbetrieben, in S- und U-Bahnen und -Bahnhöfen und gelegentlich in Strafvollzugsanstalten eingesetzt, als Beliehene bei der Untersuchung von Fluggästen und -gepäck, beim Betrieb von Werksfeuerwehren und beim Schutz militärischer Einrichtungen. Auch für gemeinsame Streifengänge wird der Einsatz privater Sicherheitsdienste als Verwaltungshelfer oder Beliehener diskutiert, als Beliehener auch für die Überwachung des fließenden und ruhenden Verkehrs.

Über die Zusammenarbeit hinaus geht eine **Aufgabenprivatisierung,** bei der der Staat die Verantwortung für die öffentliche Sicherheit und Ordnung aufgibt und gesellschaftlichen Kräften zur allerdings überwachten sog. regulierten Selbstregulierung überläßt. Aufgabenprivatisierung hat besonders prominent in den Bereichen von Bahn, Post und Telekommunikation stattgefunden; im Bereich der öffentlichen Sicherheit gibt es regulierte Selbstregulierung besonders im Bau-, Umwelt- und Produktsicherheitsrecht. 61

3. Grenzen des Einsatzes privater Sicherheitsdienste

Art. 33 Abs. 4 GG behält hoheitsrechtliche Befugnisse grundsätzlich Beamten vor. Die wichtigste der hoheitsrechtlichen Befugnisse, Grundlage aller Staatlichkeit und erst recht aller Verfassungs- und Rechtsstaatlichkeit, ist die Wahrung des staatlichen Gewaltmonopols. Es schließt aus, daß der Staat die Aufgabe des Schutzes der öffentlichen Sicherheit Privaten einfach überläßt, und verlangt für die Beleihung privater Sicherheitsdienste eine **besondere Rechtfertigung.** Ob Einsparungen als besondere Rechtfertigung ausreichen, ob sie in einer Gesamtnutzen- und -kostenanalyse überhaupt erreicht werden können und welche anderen besonderen Rechtfertigungen in Betracht kommen sollen, ist streitig. Die großen Unternehmen, die Sicherheit als Dienstleistung entdeckt haben und in großem Stil vermarkten, lancieren auch in großem Stil eine juristische Publizistik, die die Anforderungen an die besondere Rechtfertigung herunterschrauben will. 62

Der Streit setzt sich bei der Frage fort, wie frei der Staat ist, **öffentlichen Raum,** z. B. Flughäfen, Bahnhöfe einschließlich ihrer Vorplätze, Einkaufszentren und Ladenpassagen, an die anliegenden Geschäftsleute bzw. an die Deutsche Bahn zu verkaufen und zu entwidmen, damit er frei von den Bindungen des Polizei- und Ordnungsrechts als privates Eigentum kraft Hausrechts mittels privater Dienste sicherheits- und ordnungsverwaltet wird (vgl. *Kröll,* NVwZ 1999, 233; *Gusy,* VerwArch 2001, 344). Es wird argumentiert, eine Entwidmung nur zuzulassen, wenn Gründe des Gemeinswohls für sie geltend gemacht werden können, und sie dort, wo solche Gründe fehlen, scheitern zu lassen (vgl. *Finger/Müller,* NVwZ 2004, 953). Nach richtiger Ansicht kann die Entwidmung zugelassen werden, weil diese Räume, solange sie die Funktion öffentlicher Räume erfüllen, wegen der Sozialbindung des Eigentums (Art. 14 GG) dem 63

Grundrechtsgebrauch offen stehen. Die Polizei- und Ordnungsbehörden haben in diesen Räumen nicht nur das Hausrecht, sondern ebenso die grundrechtliche Versammlungs-, Meinungs- oder Religionsfreiheit zu respektieren (BVerfGE 128, 226/251 ff.); *Kersten/Meinel*, JZ 2007, 1127. Unter diesen Voraussetzungen erfüllen die Polizei- und Ordnungsbehörden ihre Aufgaben in diesen Räumen nicht anders als in den dem Gemeingebrauch gewidmeten öffentlichen Räumen.

64 Der Streit setzt sich schließlich bei der Frage fort, ob private Sicherheitsdienste wirklich von den **Jedermanns- und Notrechten** Gebrauch machen dürfen. Diese Rechte sind als Ausnahmeregelung für dem Bürger aufgezwungene Rechtsbrüche geschaffen worden, nicht als Handlungsgrundlagen für den Normalfall sicherheitsdienstlichen Tätigwerdens (vgl. *Hoffmann-Riem*, ZRP 1977, 281; *Jeand'-Heur*, AöR 1994, 127). Letztlich verlangt die Tätigkeit privater Sicherheitsdienste nach einer über § 34 a GewO hinausgehenden gesetzlichen Regelung und Begrenzung (vgl. *Kadelbach*, KritV 1997, 263; *Müller*, DVBl. 2000, 690; *Stober*, NJW 1997, 889; *Winkler*, NWVBl. 2000, 287). Sieht man, wie bislang üblich, die Tätigkeit der privaten Sicherheitsdienste unter gewerblichem Aspekt, so ist gem. Art. 72, 74 Abs. 1 Nr. 11 GG der Bund zuständig. Sieht man sie richtig unter dem Aspekt der Gefahrenabwehr im öffentlichen Raum, so sind die Länder als Inhaber der Polizeikompetenz regelungsbefugt.

65 **Literatur:** *H. Brenneisen*, Schutz privater Rechte, Polizei 2011, 171; *R. Brinktrine*, Übertragung von Gefahrenabwehraufgaben auf Private, in: R. Stober (Hrsg.), Jahrbuch des Sicherheitsgewerberechts 2007, 2008, S. 151; *H. Butzer*, Flucht in die polizeiliche Generalklausel, VerwArch 2002, 506; *C. Gusy*, Polizei und private Sicherheitsdienste im öffentlichen Raum, VerwArch 2001, 344; *F. Hammer*, Private Sicherheitsdienste, staatliches Gewaltmonopol, Rechtsstaatsprinzip und „schlanker Staat", DÖV 2000, 613; *I. Mohrdieck*, Privatisierung im Bereich öffentlicher Verkehrsräume, 2004; *G. Nitz*, Private und öffentliche Sicherheit, 2000; *J. Obergfell-Fuchs*, Privatisierung von Aufgabenfeldern der Polizei, 2000; *F. Schoch*, Privatisierung polizeilicher Aufgaben?, in: FS Stober, 2008, S. 559; *R. Stober/H. Olschok* (Hrsg.), Handbuch des Sicherheitsgewerberechts, 2004; *J. Vahle*, Polizeiliche Aufgaben und Subsidiaritätsgrundsatz, VR 1991, 200.

§ 6. Zuständigkeit, Verfahren und Form

I. Zuständigkeit

1. Begriff und Rechtsgrundlagen

Zuständigkeit ist neben Verfahren und Form eine Voraussetzung der formellen Rechtmäßigkeit des polizei- und ordnungsbehördlichen Handelns. Es muß die im konkreten Fall zuständige Behörde handeln. Unter Zuständigkeit versteht man die **Zuordnung einer Kompetenz zu einer Behörde,** unter Kompetenz die Zuordnung von Aufgaben und Befugnissen. Die Zuständigkeit bestimmt also, welche Behörde welche Aufgaben zu erfüllen hat und welche Befugnisse sie dafür besitzt. Zuständigkeiten werden entweder zusammen mit Organisationsbestimmungen oder getrennt von ihnen normiert. Im letzteren Fall bezeichnet die Norm lediglich die Behörde als zuständig, deren Organisation in einer anderen Bestimmung näher geregelt ist. 1

Beispiel: § 11 nwPOG normiert besondere sachliche Zuständigkeiten der Kreispolizeibehörden, die gem. § 2 Abs. 1 nwPOG organisiert sind. 2

Die Zuständigkeit der Polizei- und Ordnungsbehörden richtet sich in erster Linie nach dem einschlägigen **speziellen Gesetz,** das entweder die Zuständigkeit offenläßt, indem es einfach auf die zuständige Behörde verweist, oder die Zuständigkeit sei es der Polizei-, sei es der Ordnungsbehörden allgemein normiert oder auch bestimmten Polizei- oder Ordnungsbehörden Zuständigkeiten zuweist. Häufig überläßt ein spezielles Bundesgesetz die Regelung der Zuständigkeiten dem Landesrecht, das in einem Ausführungsgesetz oder in einer Verordnung die Zuständigkeiten regelt. 3

Beispiel: § 15 Abs. 1 VersG ermächtigt die „zuständige Behörde" dazu, die Versammlung oder den Aufzug zu verbieten oder von bestimmten Auflagen abhängig zu machen. Landesgesetze (z. B. das bayerische Gesetz zur Ausführung des Versammlungsgesetzes vom 15. 7. 1957, GVBl. S. 160, zuletzt geändert durch Gesetz v. 28.4.1978, GVBl. S. 172), Anlagen zu Landesgesetzen (z. B. Zuständigkeitskatalog Ordnungsaufgaben Nr. 23 Abs. 3 zum berl-ASOG) oder Landesverordnungen (z. B. die nordrhein-westfälische Verordnung über Zuständigkeiten nach dem Versammlungsgesetz v. 2.2.1987, GVBl. S. 62) regeln, wer die zuständige Landesbehörde ist. 4

5 Im übrigen richtet sich die Zuständigkeit innerhalb der Polizei nach dem **allgemeinen Polizeirecht** und innerhalb der Ordnungsbehörden nach dem allgemeinen Ordnungsrecht (vgl. § 3 Rn. 9 ff.); sie richtet sich danach auch dann, wenn in speziellen Gesetzen nur entweder die Polizei- oder die Ordnungsbehörden für zuständig erklärt werden. Innerhalb des allgemeinen Polizei- und Ordnungsrechts kann es besondere Zuständigkeitsvorschriften für Verordnungen (vgl. § 11 Rn. 9) und für Spezialbefugnisse (vgl. §§ 14–19) geben.

6 Obwohl Zuständigkeiten Behörden zugeordnet werden, handeln natürlich Personen, etwa **Polizeivollzugsbeamtinnen und -beamte.** Ihr Handeln wird ihrer Behörde zugerechnet. Das bereitet allerdings dann Verständnisschwierigkeiten, wenn die Behördenbezeichnung, wie es alter preußischer Tradition entspricht, personal formuliert ist.

7 **Beispiel:** Gem. § 5 Abs. 1 berlASOG ist der Polizeipräsident in Berlin Polizei i. S. d. Gesetzes. Dem Polizeipräsidenten unterstehen die Dienstkräfte der Polizei. Wenn also der Berliner Polizist P eine Gefahrenabwehraufgabe wahrgenommen hat, ergibt sich seine Zuständigkeit aus der Zuständigkeit des Polizeipräsidenten in Berlin.

2. Anforderungen

8 Die Zuordnung einer Kompetenz zu einer Behörde wird durch die Zuständigkeitsnormen mittels **verschiedener Kriterien** vorgenommen. Man unterscheidet sachliche, örtliche, instanzielle und funktionelle Zuständigkeit. Nicht jedem Kriterium entspricht eine eigene Zuständigkeitsregelung; gelegentlich finden sich mehrere Kriterien in einer Zuständigkeitsvorschrift zusammen geregelt. Manche Kriterien werden überhaupt nur in besonderen Situationen relevant und sind auch nur für diese besonderen Situationen in Zuständigkeitsvorschriften geregelt; sie sind auch nur in diesen Situationen zu prüfen. Soweit geregelt, müssen alle Zuständigkeitsvorschriften eingehalten werden, damit das polizei- und ordnungsbehördliche Handeln rechtmäßig ist; stets muß der handelnde Beamte bzw. seine Behörde sachlich und örtlich zuständig sein.

9 **a) Sachliche Zuständigkeit.** Die sachliche Zuständigkeit[1] bezieht sich auf den Inhalt der wahrzunehmenden Aufgaben und Befugnisse.

1 Art. 3 Abs. 1 bayPOG; § 5 bbgOBG; § 2 berlASOG; § 79 bremPolG; § 66 bwPolG; § 3 hambSOG; § 89 hessSOG; §§ 4, 7 mvSOG; § 101 ndsSOG; § 10 nwPOG; § 5 nwOBG; §§ 77, 90 rpPOG; §§ 80, 85 saarlPolG; § 68 sächsPolG; § 89 saSOG; §§ 165, 168 shLVwG; § 4 thürOBG; § 58 BPolG.

Die **allgemeine** sachliche Zuständigkeit umfaßt die Gefahrenabwehr insgesamt. **Besondere** sachliche Zuständigkeiten sind für einzelne Bereiche normiert; sie können kumulativ sein, d. h. zur allgemeinen sachlichen Zuständigkeit hinzutreten, oder exklusiv sein, d. h., daß es neben ihnen die allgemeine sachliche Zuständigkeit nicht gibt.

Beispiel: Die besondere sachliche Zuständigkeit für die Überwachung des Straßenverkehrs gem. § 11 Abs. 1 Nr. 3 nwPOG tritt zur allgemeinen sachlichen Zuständigkeit der Kreispolizeibehörden für die Gefahrenabwehr gem. § 10 S. 2 nwPOG kumulativ hinzu; die besonderen sachlichen Zuständigkeiten des Landeskriminalamts sind dagegen in § 13 nwPOG exklusiv geregelt. 10

Außerordentliche sachliche Zuständigkeiten sind regelmäßig bei Gefahr im Verzug in der Weise geregelt, daß alle oder bestimmte Behörden die Aufgaben anderer, an sich zuständiger Behörden übernehmen oder deren Befugnisse ausüben dürfen.[2] 11

b) Örtliche Zuständigkeit. Die örtliche Zuständigkeit[3] betrifft den räumlichen Bereich, innerhalb dessen eine sachlich zuständige Behörde handeln darf. Regelmäßig sind die Behörden örtlich zuständig, in deren Bezirk die polizei- oder ordnungsbehördliche Aufgabe zu erfüllen ist.[4] Teilweise erstreckt sich die örtliche Zuständigkeit der Polizei- und Ordnungsbehörden auf das ganze Land.[5] Bei Gefahr im Verzug, zur Abwehr einer gegenwärtigen Gefahr oder bei besonderer Dringlichkeit können die Bezirksgrenzen allerdings überschritten werden.[6] Die durch Gesetz oder Rechtsverordnung bestimmten örtlichen Zuständigkeiten können kraft gesetzlicher Delegation unter 12

---

2 § 78 Abs. 3 bbgPolG; § 6 bbgOBG; § 2 Abs. 5 berlASOG; § 80 bremPolG; § 4 Abs. 3 mvSOG; § 102 Abs. 2 ndsSOG; § 14 Abs. 1 nwPOG; § 6 Abs. 1 nwOBG; § 90 Abs. 2 rpPOG; § 80 Abs. 3 saarlPolG; § 69 sächsPolG; § 90 Abs. 2 saSOG; § 165 Abs. 3 shLVwG; § 4 Abs. 2 thürOBG.

3 Art. 3 Abs. 1 bayPOG; § 4 bbgOBG; § 6 berlASOG; § 78 bremPolG; § 68 bwPolG; § 3 Abs. 1 hambSOG; §§ 100, 101 hessSOG; §§ 5, 8 mvSOG; § 100 ndsSOG; § 7 nwPOG; § 4 nwOBG; §§ 78, 91 rpPOG; §§ 81, 86 saarlPolG; §§ 70, 76 sächsPolG; § 88 saSOG; §§ 166; 169 shLVwG; § 4 thürOBG; § 58 BPolG.

4 § 4 Abs. 1 bbgOBG; § 78 Abs. 1 bremPolG; § 68 Abs. 1 bwPolG; §§ 100 Abs. 1, 101 Abs. 1 S. 2 hessSOG; § 5 Abs. 1 mvSOG; § 100 Abs. 1 ndsSOG; § 7 Abs. 1 nwPOG, § 4 Abs. 1 nwOBG; §§ 78 Abs. 1, 91 Abs. 1 rpPOG; § 81 Abs. 1 saarlPolG; § 70 Abs. 1 sächsPolG; § 88 Abs. 1 saSOG; § 166 Abs. 1 shLVwG; § 4 Abs. 3 thürOBG.

5 Art. 3 Abs. 1 bayPOG; § 78 Abs. 1 bbgPolG; § 6 berlASOG; § 101 Abs. 1 S. 1 hessSOG; § 8 Abs. 1 mvSOG; § 86 Abs. 1 saarlPolG; § 76 sächsPolG; § 169 Abs. 1 shLVwG; § 8 Abs. 1 thürPOG.

6 § 78 Abs. 3 bbgPolG; § 6 Abs. 2 bbgOBG; § 78 Abs. 2 u. 4 bremPolG; § 68 Abs. 2 bwPolG; §§ 100 Abs. 2, 101 Abs. 2 hessSOG; § 5 Abs. 3 mvSOG; § 100 Abs. 2 u. 4 ndsSOG; § 7 Abs. 3 nwPOG; § 6 Abs. 2 nwOBG; §§ 78 Abs. 2, 91 Abs. 2 rpPOG; § 81 Abs. 2 saarlPolG; § 70 Abs. 3 sächsPolG; § 88 Abs. 2 u. 4 saSOG; § 166 Abs. 3 shLVwG.

bestimmten Umständen auch von Aufsichtsbehörden verändert werden.[7] Davon zu unterscheiden sind innerdienstliche Regelungen über Dienstbereiche.[8] Unter engen Voraussetzungen können sogar Landes- und Bundesgrenzen überschritten werden (vgl. *Drews u. a.*, S. 111 ff.).

13 **Beispiel:** Der Bezirk der Wasserschutzpolizei, d. h. deren örtliche Zuständigkeit, ist in § 3 Abs. 2 nwPOG bestimmt als die schiffbaren Wasserstraßen „einschließlich der mit ihnen unmittelbar in Verbindung stehenden Nebenarme, Altarme, Wehrarme, Hafenbecken, Seen und Baggerlöcher, außerdem die Inseln innerhalb dieser Gewässer sowie die Anlagen und Einrichtungen, die zu den Wasserstraßen gehören oder der Schiffbarkeit der Wasserstraßen, dem Schiffsverkehr oder dem Umschlag dienen". Hier ist die Wasserschutzpolizei aufgrund der allgemeinen sachlichen Zuständigkeit aller Polizeibehörden für die Gefahrenabwehr gem. § 10 nwPOG zuständig. Davon ist die besondere sachliche Zuständigkeit der Wasserschutzpolizei gem. § 11 Abs. 2 nwPOG für die Überwachung des Verkehrs auf den schiffbaren Wasserstraßen zu unterscheiden.

14 **c) Funktionelle und instanzielle Zuständigkeit. Funktionelle Zuständigkeit** betrifft die Unterscheidung zwischen eigenständiger Aufgabenwahrnehmung und deren Beaufsichtigung durch Fach- und Rechtsaufsichtsbehörden. Grundsätzlich sind alle Behörden auf ihre Funktion beschränkt und bedarf die funktionelle Zuständigkeit keiner Erwähnung. Relevant wird die funktionelle Zuständigkeit nur beim sog. Selbsteintritt der Aufsichtsbehörden, der teilweise in den Polizei- und Ordnungsgesetzen in der Weise vorgesehen ist, daß die Aufsichtsbehörden die Gefahrenabwehraufgaben unter bestimmten Voraussetzungen selbst ausüben oder die Ausübung einer anderen als der eigentlich zuständigen Behörde übertragen.[9]

15 **Instanzielle Zuständigkeit** bedeutet die Aufteilung derselben sachlichen Zuständigkeit auf die unterschiedlichen hierarchischen Ebenen. Sie ist im Polizei- und Ordnungsrecht nur von geringer Bedeutung, weil die allgemeine sachliche Zuständigkeit für die Gefahrenabwehr auf einer Ebene, nämlich bei den Orts- und Kreispolizeibehörden sowie den örtlichen Ordnungsbehörden, konzentriert ist

---

7 § 4 Abs. 2 bbgOBG; § 78 Abs. 3 bremPolG; § 69 bwPolG; § 100 Abs. 3 hessSOG; § 5 Abs. 2 u. 4 mvSOG; § 100 Abs. 3 ndsSOG; § 7 Abs. 5 nwPOG, § 4 Abs. 2 nwOBG; §§ 78 Abs. 3, 91 Abs. 3 rpPOG; § 81 Abs. 3 saarlPolG; § 70 Abs. 4 sächsPolG; § 88 Abs. 3 saSOG; § 166 Abs. 2 u. 4 shLVwG.

8 Art. 3 Abs. 2 bayPOG; § 8 Abs. 2 thürPOG.

9 § 10 Abs. 3 Nr. 3 berlASOG; § 69 Abs. 2 bremPolG; § 65 Abs. 2 bwPolG; § 88 hessSOG; § 10 nwOBG; § 93 Abs. 2 rpPOG; § 78 Abs. 2 saarlPolG; § 67 Abs. 2 sächsPolG; § 90 Abs. 1 saSOG; § 16 Abs. 3 shLVwG.

(vgl. *Drews u. a.,* S. 124). Höhere Instanzen haben nicht die allgemeine, sondern besondere sachliche Zuständigkeiten (vgl. Rn. 9f.). Lediglich die Zuständigkeit für den Erlaß von Verordnungen ist hierarchisch aufgeteilt (vgl. § 11 Rn. 9), so daß hier die instanzielle Zuständigkeit relevant ist.

3. Rechtsfolgen

Rechtsfolge eines Verstoßes gegen Zuständigkeitsnormen ist bei 16
polizei- und ordnungsbehördlichen Verordnungen die Nichtigkeit. Bei Verfügungen ist Rechtsfolge die Rechtswidrigkeit; darüber hinaus kommt Nichtigkeit gem. § 44 VwVfG in Betracht, wobei allerdings Verstöße gegen die örtliche Zuständigkeit regelmäßig nicht zur Nichtigkeit führen (vgl. § 44 Abs. 3 Nr. 1 VwVfG) und unter der Voraussetzung von § 46 VwVfG sogar unbeachtlich sind.

II. Verfahren

1. Begriff und Rechtsgrundlagen

Weitere Voraussetzung der formellen Rechtmäßigkeit des polizei- 17
und ordnungsbehördlichen Handelns ist, daß die einschlägigen Verfahrensvorschriften eingehalten werden. Wenn Polizei- und Ordnungsbehörden eine nach außen wirkende Tätigkeit entfalten, die auf die Prüfung der Voraussetzungen, die Vorbereitung und den Erlaß eines Verwaltungsaktes gerichtet ist (vgl. § 9 VwVfG), führen sie ein **Verwaltungsverfahren** durch und gelten für sie die Verwaltungsverfahrensgesetze des Bundes und der Länder. Für Realakte kommt eine analoge Anwendung in Betracht (*Kopp/Ramsauer,* VwVfG, 12. Aufl. 2011, § 9 Rn. 4 a).

Beispiele: Beim gefahrenabwehrenden Handeln der Polizei fallen die in § 9 18
VwVfG genannten Stadien bis zum Erlaß eines Verwaltungsakts in zeitlicher Hinsicht regelmäßig so zusammen, daß sie auf den Betroffenen wie ein einziger Akt wirken. Allerdings kommen auch bei der Polizei zeitlich gestreckte Verwaltungsverfahren vor, etwa wenn die Polizei nach der Anmeldung einer Demonstration die Voraussetzungen von Auflagen oder eines Verbots prüft.

Die besonderen Verfahrensvorschriften des Polizei- und Ord- 19
nungsrechts für Verordnungen, Spezialbefugnisse und Vollstreckung gehen dem allgemeinen Verfahrensrecht vor. Soweit sie keine abschließende Regelung enthalten, sind die **allgemeinen verwaltungs-**

verfahrensrechtlichen Anforderungen auch von den Polizei- und Ordnungsbehörden einzuhalten. Im folgenden wird auf diejenigen allgemeinen Verfahrensvorschriften hingewiesen, die im Polizei- und Ordnungsrecht relevant werden.

2. Anforderungen

20, 21 **a) Besondere Anforderungen.** Das Polizei- und Ordnungsrecht enthält vor allem bei den Spezialbefugnissen eine Fülle **unterschiedlicher** Verfahrensvorschriften. Sie betreffen erstens die Beteiligung anderer Behörden oder Organe (Behördenvorbehalte, Richtervorbehalte, Beteiligung der Staatsanwaltschaft und der Datenschutzbeauftragten); dabei bedeuten die Behördenvorbehalte die notwendige Anordnung oder Beteiligung unterschiedlicher Instanzen in der Verwaltungshierarchie, vom Vorgesetzten über den Behördenleiter bis zum Innenminister; die Richtervorbehalte bedeuten keinen vorgezogenen Rechtsschutz, sondern die Einbindung einer „unabhängigen und neutralen Instanz" (BVerfGE 103, 142/151) in das Verwaltungsverfahren, an dessen Ende denn auch verwaltungsgerichtlicher Rechtsschutz nicht ausgeschlossen ist (vgl. *Walter,* DÖV 1997, 939; *Lisken,* NVwZ 2002, 513/517). Sie betreffen zweitens die Beteiligung der Betroffenen (Hinweis-, Bekanntgabe-, Belehrungs- und Benachrichtigungspflichten, Pflichten zur Ausstellung einer Bescheinigung, zur Niederschrift oder Protokollierung, Anhörungs- und Anwesenheitsrechte) und drittens Modalitäten des Handelns der Polizei- und Ordnungsbehörden (Durchsuchung nur von Personen gleichen Geschlechts, Grenzen der Erzwingung von Aussagen, Dateierrichtungsvorschriften, Vernichtungs- und Löschungspflichten). Darüber hinaus verlangt das Bundesverfassungsgericht eine „grundrechtsfreundliche Anwendung vorhandener Verfahrensvorschriften" (BVerfGE 69, 315/355).

22 **b) Allgemeine Anforderungen. aa) Anhörung.** Gem. § 28 Abs. 1 VwVfG ist, bevor ein Verwaltungsakt erlassen wird, der in Rechte eines Beteiligten, besonders des Adressaten eingreift, diesem Gelegenheit zu geben, sich zu den für die Maßnahme erheblichen Tatsachen zu äußern. Allerdings kann von der Anhörung aus vielerlei Gründen abgesehen werden, nämlich wenn sie gem. § 28 Abs. 2 VwVfG nach den Umständen des Einzelfalles nicht geboten ist, insbesondere wenn eine sofortige Entscheidung wegen Gefahr im Verzug oder im öffentlichen Interesse notwendig erscheint (Nr. 1) oder wenn Maß-

nahmen in der Verwaltungsvollstreckung getroffen werden sollen (Nr. 5). Ferner unterbleibt die Anhörung gem. § 28 Abs. 3 VwVfG, wenn ihr ein zwingendes öffentliches Interesse entgegensteht. Daher ist die Anhörung im Polizei- und Ordnungsrecht praktisch selten eine zwingende formelle Rechtmäßigkeitsvoraussetzung.

bb) Begründung. Gem. § 39 Abs. 1 VwVfG ist ein schriftlicher oder schriftlich bestätigter Verwaltungsakt schriftlich zu begründen; in der Begründung sind die wesentlichen tatsächlichen und rechtlichen Gründe mitzuteilen, die die Behörde zu ihrer Entscheidung bewogen haben, und die Begründung von Ermessensentscheidungen soll auch die Gesichtspunkte erkennen lassen, von denen die Behörde bei der Ausübung ihres Ermessens ausgegangen ist. Allerdings bedarf es in mehreren Fällen gem. § 39 Abs. 2 VwVfG keiner Begründung, insbesondere wenn demjenigen, für den der Verwaltungsakt bestimmt ist oder der von ihm betroffen wird, die Auffassung der Behörde über die Sach- und Rechtslage auch ohne schriftliche Begründung ohne weiteres erkennbar ist (Nr. 2). Das dürfte im Polizei- und Ordnungsrecht häufig der Fall sein, so daß die Begründungspflicht selten eine zwingende formelle Rechtmäßigkeitsvoraussetzung ist. 23

cc) Bekanntgabe. Gem. § 41 Abs. 1 S. 1 VwVfG ist ein Verwaltungsakt demjenigen Beteiligten bekanntzugeben ist, für den er bestimmt ist oder auch der sonst von ihm betroffen wird. Die Bekanntgabe ist nicht nur Voraussetzung der Rechtmäßigkeit sondern auch der Wirksamkeit des Verwaltungsakts, d. h. der spezifischen Wirkungen der Bestandskraft gem. §§ 43 ff. VwVfG; das ist im Rahmen der Vollstreckung von Bedeutung (vgl. § 24 Rn. 30). Außer der bei der Gefahrenabwehr regelmäßig erfolgenden individuellen Bekanntgabe ist gem. § 41 Abs. 3 VwVfG eine öffentliche Bekanntgabe zulässig. 24

Beispiel: Die Bekanntgabe von Verkehrsschildern als Allgemeinverfügungen gem. § 35 S. 2 VwVfG erfolgt durch eine die Wahrnehmbarkeit ermöglichende Aufstellung gem. § 39 Abs. 1, 1 a, § 45 Abs. 4 StVO. Dies ist eine besondere Form der öffentlichen Bekanntgabe gem. § 41 Abs. 3 VwVfG, wenn nicht sogar die Spezialregelungen der StVO den § 41 Abs. 3 VwVfG insgesamt verdrängen (vgl. BVerwGE 102, 316/318). Die danach aufgestellten Verkehrsschilder sind jedem von der Regelung betroffenen Verkehrsteilnehmer bekanntgegeben, gleichgültig, ob er das Verkehrszeichen tatsächlich wahrnimmt oder nicht. 25

3. Rechtsfolgen

26 Die Rechtsfolgen eines Verstoßes gegen die besonderen polizei- und ordnungsrechtlichen Verfahrensanforderungen sind jeweils bei der formellen Rechtmäßigkeit der Spezialbefugnisse dargestellt. Allgemein gilt, daß Rechtsfolge eines Verstoßes gegen Verfahrensvorschriften bei Verordnungen die Nichtigkeit, bei Verfügungen die Rechtswidrigkeit ist. Unter den Voraussetzungen des § 44 VwVfG kommt auch bei Verfügungen eine Nichtigkeit in Betracht. Verstöße gegen die Pflicht, rechtliches Gehör zu gewähren, z. B. die Anhörungs- und Begründungspflicht gem. § 45 Abs. 1 Nr. 2 und 3, Abs. 2 VwVfG, können bis zum Abschluß eines verwaltungsgerichtlichen Verfahrens geheilt werden (vgl. *Kopp/Ramsauer,* VwVfG, 12. Aufl. 2011, § 45 Rn. 24). Voraussetzung ist, daß das Verfahrensergebnis nicht schon vollzogen ist und sich die Hauptsache noch nicht erledigt hat (vgl. *Hufen,* Fehler im Verwaltungsverfahren, 4. Aufl. 2002, Rn. 600). Gerade Vollzug und Erledigung kommen im Polizei- und Ordnungsrecht aber häufig vor. Im übrigen gelten die allgemeinen verwaltungsverfahrensrechtlichen Regeln über die Unbeachtlichkeit der Verletzung von Vorschriften über das Verfahren und die Form gem. § 46 VwVfG.

III. Form

27 Formanforderungen bestehen für Verordnungen und sonst nur selten im Polizei- und Ordnungsrecht. Ordnungsverfügungen müssen lediglich nach den Ordnungsbehördengesetzen weniger Länder schriftlich erlassen werden,[10] und auch dieser Schriftform bedarf es nicht bei Gefahr im Verzug.[11] Die Verwaltungsverfahrensgesetze stellen keine weitergehenden Formanforderungen auf, da gem. § 37 Abs. 2 S. 1 VwVfG ein Verwaltungsakt schriftlich, mündlich oder in anderer Weise erlassen werden kann. Der Erlaß in anderer Weise geschieht etwa durch das Verkehrszeichen eines Polizisten an der Straßenkreuzung. Allerdings sind auf Grund einiger ordnungsrechtlicher Spezialvorschriften[12] und allgemein gem. § 37 Abs. 2 S. 2 VwVfG mündliche Verfügungen unter bestimmten Voraussetzungen schriftlich zu bestätigen. Die Rechtsfolgen eines Verstoßes gegen die For-

10 § 19 Abs. 1 S. 1 bbgOBG; § 20 Abs. 1 S. 1 nwOBG.
11 § 19 Abs. 1 S. 2 bbgOBG; § 20 Abs. 1 S. 2 nwOBG.
12 § 19 Abs. 1 S. 2 bbgOBG; § 20 Abs. 1 S. 2 nwOBG.

manforderungen sind dieselben wie die eines Verstoßes gegen die Verfahrensanforderungen.

Literatur: *T. E. Aschmann,* Der Richtervorbehalt im deutschen Polizeirecht, 1999; *P. Collin/M. Fügemann,* Zuständigkeit – Eine Einführung zu einem Grundelement des Verwaltungsorganisationsrechts, JuS 2005, 694; *A. Hanewinkel,* Die Relevanz von Verfahrensnormen im Polizeirecht, 2004; *M. Rabe von Kühlewein,* Der Richtervorbehalt im Polizei- und Strafprozeßrecht, 2001. **28**

3. Teil. Allgemeine Befugnisse

§ 7. Generalklauseln

I. Begriff und Rechtsgrundlagen

1 Die erste polizeirechtliche Generalklausel des § 10 II 17 ALR (vgl. § 1 Rn. 5) normierte zugleich die Aufgaben und die Befugnisse der Polizei. Die heutigen Generalklauseln[1] normieren mit einer Ausnahme[2] **nur noch die Befugnis,** die zur Erfüllung der Aufgaben notwendigen Maßnahmen zu treffen; die Zuweisung der Aufgaben selbst (vgl. § 5 Rn. 1) erfolgt in eigenen Bestimmungen. In den meisten Ländern normiert ein- und dieselbe Generalklausel die Befugnis der Polizei- und Ordnungsbehörden; in einigen[3] finden sich in getrennten Gesetzen verschiedene, aber inhaltsgleiche Generalklauseln.

2 Neben den Generalklauseln, die umfassend zu den notwendigen Maßnahmen ermächtigen, finden sich in den heutigen Polizeigesetzen noch Daten- oder Informationserhebungs- und -verarbeitungsgeneralklauseln, die zu den erforderlichen Datenerhebungen und -verarbeitungen ermächtigen (vgl. § 13 Rn. 1 ff.). Auch in besonderen Ordnungsgesetzen gibt es **besondere Generalklauseln,** die dazu ermächtigen, die zur Abwehr der besonderen Gefahren erforderlichen Maßnahmen zu treffen.[4]

3 Seit alters werden die polizeirechtlichen Generalklauseln dahin formuliert, daß die Polizeibehörden die notwendigen Maßnahmen treffen können, um Gefahren für die öffentliche Sicherheit und Ordnung abzuwehren (vgl. § 1 Rn. 18). Dies zu verstehen, als sei die Gefahrenabwehr nur der Zweck, den die Polizeibehörde verfolgen muß, wäre

---

1 Art. 11 Abs. 1 bayPAG; Art. 7 Abs. 2 u. 3 bayLStVG; § 10 Abs. 1 bbgPolG; § 13 Abs. 1 bbgOBG; § 17 Abs. 1 berlASOG; § 10 Abs. 1 bremPolG; § 3 bwPolG; § 3 hambSOG; § 11 hessSOG; § 13 mvSOG; § 11 ndsSOG; § 8 Abs. 1 nwPolG; § 14 Abs. 1 nwOBG; § 9 Abs. 1 rpPOG; § 8 Abs. 1 saarlPolG; § 3 Abs. 1 sächsPolG; § 13 saSOG; § 174 shLVwG; § 12 Abs. 1 thürPAG; § 5 Abs. 1 thürOBG; § 14 Abs. 1 BPolG.

2 § 3 hambSOG.

3 Bayern, Brandenburg, Nordrhein-Westfalen u. Thüringen.

4 Vgl. z. B. §§ 24, 25 BImSchG, § 10 Abs. 1 BBodSchG sowie die in einigen Ländern in den verschiedenen Landesbauordnungen oder Landesabfallgesetzen zu findenden Generalklauseln.

falsch. Die Gefahr für die öffentliche Sicherheit oder Ordnung ist die tatbestandliche **Voraussetzung,** das Ermessen, welche notwendige Maßnahme zu treffen ist, ist die **Rechtsfolge.** So waren die polizeirechtlichen Generalklauseln stets gemeint und wurden sie stets verstanden; die Bindung von Ermächtigungen als Rechtsfolgen an tatbestandliche Voraussetzungen ist die Art und Weise, in der der Rechtsstaat die Bindung von Verwaltung und Rechtsprechung an Gesetz und Recht (Art. 20 Abs. 3 GG) verwirklicht.

In Würdigung der süddeutschen Tradition, die eher auf spezielle 4
Normen als auf Generalklauseln setzte (vgl. § 1 Rn. 14 f.), haben Bayern und Thüringen ihren Generalklauseln eine besondere, vom Musterentwurf eines einheitlichen Polizeigesetzes **abweichende Fassung** gegeben, nach deren Abs. 1 die Polizeibehörden die notwendigen Maßnahmen zur Abwehr von Gefahren für die öffentliche Sicherheit oder Ordnung treffen und nach deren Abs. 2 sie „eine Maßnahme im Sinne des Abs. 1… insbesondere dann treffen", wenn es der Abwehr von Gefahren für besonders wichtige, eigens benannte Teilschutzgüter dient. In Abs. 2 einschränkende Spezial- oder Voraustatbestände zu sehen, die Abs. 1 „eigentlich nicht mehr als Generalklausel zu bezeichnen" erlaubten (*Knemeyer,* Rn. 151), geht fehl. Abs. 2 fügt nicht bestimmte tatbestandliche Voraussetzungen und ermächtigende Rechtsfolgen zu Spezialtatbeständen zusammen, sondern ruft nur in Erinnerung, daß das Schutzgut der öffentlichen Sicherheit die benannten, besonders wichtigen Teilschutzgüter einschließt. In Bayern und Thüringen hat die polizeirechtliche Generalklausel somit keinen anderen Inhalt als in den anderen Ländern (*Lambiris,* S. 40 ff.).

II. Verfassungsmäßigkeit

Die Generalklauseln enthalten sowohl auf der Seite der tatbestand- 5
lichen Voraussetzungen als auch auf der Rechtsfolgenseite mit den Begriffen der Gefahr, der öffentlichen Sicherheit, der öffentlichen Ordnung und der notwendigen Maßnahme zahlreiche unbestimmte Rechtsbegriffe und eröffnen überdies Ermessen sowohl beim Ob als auch beim Wie des polizei- oder ordnungsbehördlichen Vorgehens. Das hat die Frage aufgeworfen und auch vor das Bundesverfassungsgericht gebracht, ob die Generalklauseln **rechtsstaatlich hinreichend bestimmt** sind. Das Bundesverfassungsgericht hat den Generalklau-

seln die hinreichende rechtsstaatliche Bestimmtheit attestiert, weil sie „in jahrzehntelanger Entwicklung durch Rechtsprechung und Lehre nach Inhalt, Zweck und Ausmaß hinreichend präzisiert, in ihrer Bedeutung geklärt und im juristischen Sprachgebrauch verfestigt" sind (BVerfGE 54, 143/144f.). Auch die Bedenken, die unter dem Gesichtspunkt der Wesentlichkeitslehre gegen das Schutzgut der öffentlichen Ordnung sprechen (vgl. § 8 Rn. 48ff.), sprechen nicht gleichermaßen gegen die Generalklauseln, soweit sie auf den Schutz der öffentlichen Sicherheit zielen. Denn die öffentliche Sicherheit ist ein Inbegriff rechtlicher Normen und rechtlich anerkannter und geschützter Güter, Einrichtungen und Veranstaltungen.

III. Rechtswirkungen

1. Ermächtigung zu notwendigen Maßnahmen

6 Die Generalklauseln ermächtigen zu den Maßnahmen, die zur Abwehr einer konkreten Gefahr notwendig sind. Gemeint sind **grundrechtseingreifende Maßnahmen aller Art**, gebietende und verbietende Verwaltungs- und Realakte. Für das polizei- und ordnungsbehördliche Vorgehen, das auf Grundrechtseingriffe verzichtet, bedarf es der Generalklauseln nicht, sondern genügt zur Legitimation die Aufgabenzuweisung (vgl. § 2 Rn. 45ff.).

7 Die notwendigen Maßnahmen, von denen die Generalklauseln sprechen, sind die Maßnahmen, die auch **i. S. des Grundsatzes der Verhältnismäßigkeit** erforderlich sind (*Gusy,* Rn. 315). Wenn § 10 II 17 ALR von den nötigen Anstalten sprach (vgl. § 1 Rn. 5), ging es noch nicht um die Rücksicht auf den Betroffenen und darum, als nötig oder notwendig allein eine den Betroffenen möglichst schonende Maßnahme anzuerkennen, sondern nur um die Hinsicht auf die Gefahr und deren effiziente Abwehr. Aber diese Hinsicht um jene Rücksicht zu ergänzen und daraus den Grundsatz der Verhältnismäßigkeit zu entwickeln, war gerade das Werk der Rechtsprechung des Preußischen Oberverwaltungsgerichts (vgl. § 1 Rn. 12). Die notwendige Maßnahme muß also zunächst eine zur effizienten Gefahrenabwehr geeignete und bei mehreren geeigneten Maßnahmen die den Betroffenen nicht mehr als erforderlich belastende Maßnahme sein.

2. Ermächtigung zu selbständigen Verfügungen?

Traditionell wird bei den auf die Generalklauseln gestützten Verfügungen zwischen **selbständigen** und **unselbständigen** unterschieden; anders als die selbständigen konkretisieren die unselbständigen lediglich durch besonderes Ordnungsrecht normierte Gebote oder Verbote für den Einzelfall. Bei den selbständigen Verfügungen könne der Adressat argumentieren, daß keine Gefahr vorliege, bei den unselbständigen werde er mit diesem Argument nicht gehört, da die Gefahr durch das besondere Ordnungsgesetz oder die polizei- oder ordnungsbehördliche Verordnung „unwiderleglich vermutet" werde (*Drews u. a.,* S. 412; vgl. auch *Würtenberger/Heckmann,* Rn. 735). 8

Die Unterscheidung stammt aus der Zeit, als man unter öffentlicher Sicherheit noch nicht die Unverletzlichkeit der Rechtsordnung, sondern den Bestand und die Einrichtungen des Staates und die Rechtsgüter des einzelnen verstand (vgl. § 8 Rn. 5 f.). Damals konnte man meinen, auf die Generalklauseln gestützte Verfügungen beruhten allein auf der selbständigen Einschätzung einer Lage als gefährlich für den Staat oder den einzelnen, während andere Verfügungen, die auf besondere ordnungsrechtliche Normen zurückgriffen, deren Einschätzung eines Verhaltens als gefährlich gewissermaßen unselbständig übernähmen. Ganz richtig war die Unterscheidung insofern nie, als auch die unselbständige Verfügung in der besonderen ordnungsrechtlichen Norm zwar ein Gebot oder Verbot hatte, die Ermächtigung zur eingreifenden Maßnahme aber nicht in der ordnungsrechtlichen Norm fand, sondern von den Generalklauseln „borgen" mußte. Die Unterscheidung ist heute insofern auch **unergiebig,** als die öffentliche Sicherheit mit der Unverletzlichkeit der Rechtsordnung nahezu deckungsgleich ist, so daß die meisten Verfügungen das Verdikt der Rechtsordnung über eine Lage oder ein Verhalten unselbständig übernehmen. Mit dem Argument, es liege keine Gefahr vor, wird der Betroffene allemal gehört; verbietet ein besonderes Ordnungsgesetz ein Verhalten als gefährlich und handelt die Polizei- oder Ordnungsbehörde zur Durchsetzung des Verbots, bleibt dem Betroffenen zum einen das Argument, so wolle und werde er sich gar nicht verhalten, und zum anderen die Frage, ob das Ordnungsgesetz das Verhalten zu Recht als gefährlich verbiete. 9

3. Subjektives Recht

10 Wie die Aufgabenzuweisung und zahlreiche Spezialbefugnisse hat auch die Generalklausel **drittschützende Qualität** (vgl. § 5 Rn. 15, 52). Der einzelne hat ein subjektives Recht darauf, daß die Polizei- und Ordnungsbehörden ihr Ermessen fehlerfrei betätigen; bei Ermessensreduzierung auf Null ist das subjektive Recht auf eine bestimmte notwendige Maßnahme gerichtet (vgl. § 10 Rn. 45 f.).

4. Auffangwirkung

11 **a) Bedeutung.** Die Generalklausel ist einschlägig, soweit nicht die Spezialermächtigungen der Polizei- und Ordnungsgesetze die Befugnisse der Polizei- und Ordnungsbehörden besonders regeln. Die Spezialermächtigungen haben im Verhältnis zur Generalklausel eine Sperrwirkung, die Generalklausel hat im Verhältnis zu den Spezialermächtigungen eine Auffangwirkung. In jedem Polizei- und Ordnungsgesetz besteht zwischen Spezialermächtigungen und Generalklausel ein ähnliches **Spezialitätsverhältnis** wie im Ordnungsrecht eines jeden Landes zwischen den besonderen Ordnungsgesetzen und dem allgemeinen Ordnungsgesetz, dessen Vollzug die allgemeine Aufgabe der Ordnungsbehörden ist (vgl. § 5 Rn. 19 ff.); in den meisten Polizei- und Ordnungsgesetzen ist dies auch ausdrücklich normiert.[4a]

12 Angesichts der Fülle von Spezialermächtigungen wie auch von besonderen Ordnungsgesetzen liegt die Frage nahe, welche Bedeutung die Auffangwirkung der Generalklausel noch hat. Im polizei- und ordnungsrechtlichen Alltag bleiben die auf die Generalklausel gestützten **Maßnahmen vielgestaltig** und ist die Generalklausel unverzichtbar. Zum einen tauchen Gefahrenlagen erstmals auf, so daß die vorhandenen Spezialermächtigungen bzw. Standardmaßnahmen nicht helfen, oder sie kehren immer wieder, sind aber nicht so eingriffsintensiv, daß der Gesetzgeber sie einer Spezialermächtigung für Wert befände.

13 **Beispiele:** Abschalten von Kernkraftwerken bei drohendem terroristischen Angriff (*Ossenbühl*, NVwZ 2002, 290, 1209; a. A. *Sendler*, NVwZ 2002, 681, 1210) und Einschreiten bei nicht im AtomG geregelten radiologischen Gefah-

---

4a Art. 11 Abs. 1 Hs. 2 bayPAG; § 10 Abs. 1 Hs. 2 bbgPolG; § 17 Abs. 1 Hs. 2 berlASOG; § 10 Abs. 1 S. 1 Hs. 2 bremPolG; § 11 Hs. 2 hessSOG; § 11 Hs. 2 ndsSOG; § 8 Abs. 1 Hs. 2 nwPolG; § 9 Abs. 1 Hs. 2 rpPOG; § 8 Abs. 1 Hs. 2 saarlPolG; § 13 Hs. 2 saSOG; § 174 i. V. m. § 176 Abs. 1 shLVwG; § 12 Abs. 1 Hs. 2 thürPAG.

renlagen (*Hollenbach,* NVwZ 2008, 1065/1069); Schließung eines illegalen Wettbüros (VGH Mannheim, KommJur 2005, 71); Abschleppen von behindernden Kraftwagen (vgl. § 19 Rn. 4); Herbeiführung eines künstlichen Staus auf der Autobahn (*Müller-Rath,* Der künstliche Stau, 2009, S. 128 ff.); Vorgehen gegen aggressives Betteln, Drogen- und Alkoholmißbrauch (vgl. § 11 Rn. 16) und provozierende Nacktheit im öffentlichen Raum (vgl. § 8 Rn. 52); Meldeauflagen für gewalttätige Fußballfans und Teilnehmer an Versammlungen (vgl. § 16 Rn. 11; § 21 Rn. 46); Verbot des Verkaufs von Eintrittskarten für ein Fußballbundesligaspiel an die Fans der Gastmannschaft (OVG Hamburg, NJW 2012, 1975); Gefährderansprache und -anschreiben, soweit man darin nicht schon durch die Aufgabenzuweisung gedecktes schlicht-hoheitliches Handeln sieht (a. A. *Schucht,* NVwZ 2011, 709); Verbot kommerzieller Sterbehilfe (VG Hamburg, MedR 2009, 550); Beseitigung von Bodenkontaminationen aus früherer Zeit (vgl. § 5 Rn. 27 f.)

b) Grenzen. aa) Sperrwirkung der Spezialermächtigungen in ihrem Anwendungsbereich. Im Anwendungsbereich einer Spezialermächtigung ist das Einschreiten der Polizei, das die formellen und materiellen Rechtmäßigkeitsvoraussetzungen der Spezialermächtigung nicht wahrt, **rechtswidrig.** Die Rechtmäßigkeit des Einschreitens kann nicht damit begründet werden, die geringeren Voraussetzungen der Generalklausel seien erfüllt. Wäre ein solcher Rückgriff auf die Generalklausel zulässig, würde das System der Spezialermächtigung unterlaufen (vgl. *v. Mutius,* Jura 1986, 652; *Schoch,* JuS 1994, 483). Ob ein Einschreiten im Anwendungsbereich einer Spezialermächtigung stattfindet, entscheidet sich danach, ob die Maßnahme das in der Spezialermächtigung genannte Mittel darstellt. 14

Beispiel: Die Sicherstellung von Wohnraum zur Einweisung Obdachloser setzt wie jede Sicherstellung eine gegenwärtige oder unmittelbar bevorstehende Gefahr voraus (vgl. § 19 Rn. 5, 7); eine konkrete Gefahr, wie sie das Einschreiten aufgrund der Generalklausel voraussetzt, genügt nicht. Wenn gewiß ist, daß steigendes Hochwasser in drei Tagen die Evakuierung eines Stadtteils und Einweisung seiner Bewohner in sichergestellten Wohnraum erforderlich machen wird, dann besteht zwar schon jetzt die konkrete, aber noch nicht die gegenwärtige Gefahr der Obdachlosigkeit. Die jetzige Sicherstellung wäre weder durch die Spezialermächtigung noch durch die Generalklausel gedeckt. 15

bb) Sperrwirkung der Spezialermächtigung außerhalb ihres Anwendungsbereichs. Es fragt sich, ob stets auf die Generalklausel zurückgegriffen werden darf, wenn eine Maßnahme nicht vom Anwendungsbereich einer Spezialermächtigung erfaßt wird. Manche Stimmen in der Literatur leiten aus der Wesentlichkeitslehre und dem Grundsatz der Rechtsstaatlichkeit eine Systematik von General- 16 klausel und Spezialermächtigungen und aus dieser Systematik ein Rückgriffsverbot her, das verbiete, eine Maßnahme von gleicher oder höherer **Eingriffsintensität** wie eine Standardmaßnahme auch außerhalb des Anwendungsbereichs auf die Generalklausel zu stützen (vgl. *Rachor,* HdbPolR, F Rn. 784; *Gusy,* Rn. 313; *Brenneisen,* Kriminalistik 1999, 483 ff.). Die Spezialermächtigungen bzw. Standardmaßnahmen markierten eine Intensitätsschwelle für Grundrechtseingriffe, die von der Generalklausel bzw. den auf sie gestützten Maßnahmen nicht überschritten werden dürfe.

17 **Beispiel:** Einem drogenabhängigen Drogenhändler, der bei der Festnahme einen Polizeibeamten gebissen hat, soll Blut abgenommen werden, damit der Polizeibeamte bei Gefahr einer Aids-Infektion sofort behandelt werden kann. Die Blutabnahme kann nicht auf die Spezialermächtigung zur Durchsuchung von Personen gestützt werden, die Untersuchung ist keine Variante der Durchsuchung. In den allermeisten Ländern (vgl. § 18 Rn. 3 f.) bleibt nur die Generalklausel – wenn auf sie zurückgegriffen werden darf.

18 Nach anderer Auffassung soll die Eingriffsintensität für das Verhältnis zwischen Generalklausel und Spezialermächtigungen unerheblich sein. Maßgeblich sei die **Typik** oder Atypik des Eingriffs. Der Gesetzgeber habe mit den Spezialermächtigungen für typische Situationen typisierte Befugnisse geschaffen und daneben die Generalklausel als Eingriffsgrundlage für alle atypischen Situationen bzw. Maßnahmen beibehalten (vgl. *Schmidbauer u. a.,* Art. 11 Rn. 3, 177 und 195; *Schoch,* Rn. 54; *Butzer,* VerwArch 2002, 524 ff.). Nur so könne die Aufgabe der Gefahrenabwehr effizient erfüllt werden. Atypische Situationen, die atypische Maßnahmen verlangten, kämen selten und irgendwann überhaupt das erste Mal vor. Sie überraschten die Polizei ebenso wie den Gesetzgeber, der die Situationen nicht voraussehen und zu den Maßnahmen nicht vorab speziell ermächtigen könne – auch nicht, wenn sie intensiv in die Grundrechte eingreifen.

19 **Beispiele:** Die Fälle, daß einem möglicherweise Aids-Kranken Blut abgenommen werden muß, weil er den festnehmenden Polizeibeamten gebissen hat, daß die drohende rituelle Beschneidung eines Mädchens einen polizeilichen Eingriff in die Religionsfreiheit einer afrikanischen Familie verlangt oder daß ein Polizeibeamter den Kaiserschnitt verfügt, der zur Vermeidung eines irreparablen Gehirnschadens des Kindes erforderlich ist, den die Frau aber als naturwidrigen Eingriff ablehnt, sind seltene, untypische, neuartige, den modernen Phänomenen des Aids-Virus, der globalen Migrationen und der pränatalen Diagnostik geschuldete Fälle.

In der Tat kann der Gesetzgeber auch das Wesentliche, d. h. hinreichend Eingriffsintensive, erst regeln, wenn er es, weil typisch bzw. typisierbar, als regelungsfähig und -bedürftig erkennt (vgl. zum Aufenthaltsverbot OVG Bremen, NVwZ 1999, 314/315; zur zwangsweisen Blutentnahme bei Infektionsgefahr für Polizeibeamte *Helmrich,* NVwZ 2008, 162). Dann allerdings muß er es auch regeln. Der Rückgriff auf die Generalklausel, der um der effizienten Gefahrenabwehr willen in atypischen Situationen auch intensive Grundrechtseingriffe rechtfertigt, wird unzulässig, wenn die Situation von einer atypischen zu einer typischen geworden ist und sich für die Maßnahme Standards entwickelt haben und womöglich in einzelnen Ländern auch schon Regelungen finden. Der Rückgriff ist dann allenfalls noch für eine **Übergangszeit** gerechtfertigt (vgl. BVerwGE 115, 189/194ff.; *Schoch,* Rn. 56; a. A. *Schenke,* Rn. 49). 20

Beispiel: Zur Vermeidung konkret drohender Randale und Gewalt bei Fußballspielen oder rechtsradikalen Veranstaltungen verfügt die Polizei- oder Ordnungsbehörde eine Meldeauflage gegen Hooligans oder Rechtsextremisten; diese müssen sich zur Zeit der Veranstaltung auf der Polizeistation des Heimatorts melden. Hier muß der Gesetzgeber tätig werden und wird auch tätig,[5] denn die Situationen sind inzwischen typisch, die Maßnahme ist typisierbar, und der Grundrechtseingriff ist von erheblicher Intensität (a. A. BVerwGE 129, 142/149ff.; OVG Bremen, NordÖR 2009, 42/46). 21

Literatur: *P. Büscher,* Grundfälle zur Bestimmung der Ermächtigungsgrundlage im Polizei- und Ordnungsrecht (I), (II), JA 2010, 719, 791; *A. v. Mutius,* Die Generalklausel im Polizei- und Ordnungsrecht, Jura 1986, 649; *A. Lambiris,* Klassische Standardbefugnisse im Polizeirecht, 2002; *G. Schucht,* Generalklausel und Standardmaßnahme, 2010. 22

§ 8. Schutzgüter

I. Allgemeines

Alle Polizei- und Ordnungsgesetze stimmen darin überein, daß diejenigen Gefahren abzuwehren sind, die „für die öffentliche Sicherheit" bestehen oder „der öffentlichen Sicherheit drohen" oder durch 1

5 § 12a rpPOG.

die „die öffentliche Sicherheit bedroht“ wird.[1] Weil auf diese Weise das Polizei- und Ordnungsrecht die öffentliche Sicherheit schützt, ist klassischerweise vom **Schutzgut** oder auch vom Schutzbereich (*Knemeyer*, Rn. 479) oder Schutzgegenstand (*Denninger*, HdbPolR, E Rn. 16) der öffentlichen Sicherheit die Rede. Überwiegend wird im Polizei- und Ordnungsrecht daneben das Schutzgut der öffentlichen Ordnung normiert,[2] während einige Länder auf dieses Schutzgut verzichten.[3]

2 Die Schutzgüter werden regelmäßig sowohl in der Aufgabenzuweisungsnorm als auch in der Befugnisgeneralklausel normiert. Teilweise ist in dieser nur von Gefahrenabwehr die Rede und werden die Schutzgüter in gesetzlichen Begriffsbestimmungen (Legaldefinitionen) benannt.[4] Teilweise finden sich die Schutzgüter auch noch in den Regelungen über die Adressaten erwähnt.[5] Es ist anerkannt, daß die Schutzgüter bundesweit **identisch zu interpretieren** sind.

II. Öffentliche Sicherheit

1. Die drei Teilschutzgüter

3 Rechtsprechung und Literatur sowie die Legaldefinitionen in einigen neueren Polizei- und Ordnungsgesetzen[6] **unterteilen** das Schutzgut der öffentlichen Sicherheit in drei Teilschutzgüter:
- Unverletzlichkeit der Rechtsordnung,

1 Art. 2 Abs. 1, 11 Abs. 1 bayPAG; Art. 6 bayLStVG; §§ 1 Abs. 1 S. 1, 10 Abs. 1 bbgPolG; §§ 1 Abs. 1, 13 Abs. 1 bbgOBG; §§ 1 Abs. 1 S. 1, 17 Abs. 1 berlASOG; §§ 1 Abs. 1 S. 1, 10 Abs. 1 S. 1 bremPolG; § 1 Abs. 1 S. 1 bwPolG; § 3 Abs. 1 hambSOG; §§ 1 Abs. 1 S. 1, 11 hessSOG; §§ 1 Abs. 1, 13 mvSOG; §§ 1 Abs. 1, 11 jeweils i. V. m. § 2 Nr. 1 a) ndsSOG; §§ 1 Abs. 1 S. 1, 8 Abs. 1 nwPolG; §§ 1 Abs. 1, 14 Abs. 1 nwOBG; §§ 1 Abs. 1 S. 1, 9 Abs. 1 S. 1 rpPOG; §§ 1 Abs. 2, 8 Abs. 1 saarlPolG; §§ 1 Abs. 1 S. 1, 3 Abs. 1 sächsPolG; §§ 1 Abs. 1 S. 1, 13 jeweils i. V. m. § 3 Nr. 3 a) saSOG; §§ 162 Abs. 1, 174 shLVwG; §§ 2 Abs. 1 S. 1, 12 Abs. 1 thürPAG; §§ 2 Abs. 1, 5 Abs. 1 thürOBG; § 3 Abs. 1 BPolG.

2 Art. 2 Abs. 1, 11 Abs. 1 bayPAG; Art. 6 bayLStVG; §§ 1 Abs. 1 S. 1, 10 Abs. 1 bbgPolG; §§ 1 Abs. 1, 13 Abs. 1 bbgOBG; §§ 1 Abs. 1 S. 1, 17 Abs. 1 berlASOG; § 1 Abs. 1 S. 1 bwPolG; § 3 Abs. 1 hambSOG; §§ 1 Abs. 1 S. 1, 11 hessSOG; §§ 1 Abs. 1, 13 mvSOG; §§ 1 Abs. 1, 11 jeweils i. V. m. § 2 Nr. 1 a) ndsSOG; §§ 1 Abs. 1, 14 Abs. 1 nwOBG; §§ 1 Abs. 1 S. 1, 8 Abs. 1 nwPolG; §§ 1 Abs. 1 S. 1, 9 Abs. 1 S. 1 rpPOG; §§ 1 Abs. 2, 8 Abs. 1 saarlPolG; §§ 1 Abs. 1 S. 1, 3 Abs. 1 sächsPolG; §§ 1 Abs. 1 S. 1, 13 jeweils i. V. m. § 3 Nr. 3 a) saSOG; §§ 2 Abs. 1 S. 1, 12 Abs. 1 thürPAG; §§ 2 Abs. 1, 5 Abs. 1 thürOBG; § 3 Abs. 1 BPolG.

3 Bremen und Schleswig-Holstein.

4 § 2 Nr. 1 ndsSOG; § 3 Nr. 1, 2 saSOG; § 14 Abs. 2 S. 1 BPolG.

5 §§ 6 Abs. 1, 7, 9 Abs. 1 bwPolG; §§ 8 Abs. 1, 9 Abs. 1 S. 1, 10 Abs. 1 hambSOG.

6 § 2 Nr. 2 bremPolG (ohne „Bestand des Staates“); § 3 Nr. 1 saSOG; § 54 Nr. 1 thürOBG.

- Unverletzlichkeit der subjektiven Rechte und Rechtsgüter des einzelnen und
- Bestand des Staates und der Einrichtungen und Veranstaltungen des Staates und sonstiger Träger der Hoheitsgewalt.

Die drei Teilschutzgüter, die regelmäßig nebeneinander gestellt werden, **überschneiden** sich. Die subjektiven Rechte des einzelnen sind ebenso Teil der gesamten Rechtsordnung, wie bei Art. 2 Abs. 1 GG die Rechte anderer in der verfassungsmäßigen Ordnung aufgehen (vgl. *Pieroth/Schlink,* Rn. 410). Zudem enthält die Rechtsordnung nicht nur viele Normen über den Schutz des Bestandes des Staates und der Einrichtungen und Veranstaltungen des Staates und sonstiger Träger der Hoheitsgewalt; der Rechtsstaat zeichnet sich dadurch aus, daß die Rechtsordnung den Staat konstituiert. 4

Diese Überschneidungen erklären sich historisch. Die heutigen Generalklauseln gehen auf **§ 14 PVG** zurück (vgl. § 1 Rn. 18). Öffentliche Sicherheit wurde 1931 so verstanden, wie die jahrzehntelange Rechtsprechung des Preußischen Oberverwaltungsgerichts den Begriff konkretisiert hatte. In der Amtlichen Begründung findet sich folgende Zusammenfassung dieser Rechtsprechung: „Als Aufrechterhaltung der öffentlichen Sicherheit im Sinne des § 14 gilt der Schutz vor Schäden, die entweder den Bestand des Staates oder seiner Einrichtungen oder das Leben, die Gesundheit, Freiheit, Ehre oder das Vermögen der einzelnen bedrohen, sei es, daß die Gefährdung ausgeht 5

a) von Ereignissen oder Zuständen in der belebten oder unbelebten Natur,
b) von Handlungen oder Unterlassungen von Menschen, insbesondere von dem Bruch einer Norm der öffentlichen oder privaten Rechtsordnung ..." (zit. nach *Drews u. a.,* S. 232).

Danach gab es zwei Teilschutzgüter oder genauer Teilschutzgüterkomplexe, zum einen Leben, Gesundheit, Freiheit, Ehre und Vermögen des einzelnen, zum anderen den Bestand des Staates und seiner Einrichtungen, sowie zwei Modalitäten, in denen auf die Teilschutzgüter gefährdend eingewirkt werden konnte, zum einen Naturereignisse, zum anderen menschliches Verhalten, das zwar häufig, nicht aber notwendig in einer Rechtsverletzung bestand. Die **Fortentwicklung** zur heutigen Dreiteilung geschah dadurch, daß die Rechtsverletzung bzw. Unverletzlichkeit der Rechtsordnung vom Unterfall der zweiten Modalität zum vorrangig zu prüfenden ersten Teil- 6 schutzgut avancierte. „Wird eine Rechtsnorm verletzt oder steht ihre Verletzung bevor, erübrigt sich eine besondere Prüfung der durch die Norm geschützten Individual- oder Kollektivgüter" (*Drews u. a.*, S. 236).

7 Je umfassender, dichter und differenzierter der Gesetzgeber die Rechtsordnung ausgestaltet und menschliches Verhalten geregelt hat, desto mehr ist die Rechtsverletzung **vom Unterfall** der zweiten Modalität **zum Inbegriff** der öffentlichen Sicherheit geworden und sind die anderen Teilschutzgüter zurückgetreten. Mit der Prüfung einer Gefahr für die Unverletzlichkeit der Rechtsordnung fängt die Prüfung einer Gefahr für die öffentliche Sicherheit denn auch fast stets an. Die anderen beiden Teilschutzgüter haben eine Reservefunktion besonders für die erste Modalität des gefährdenden Einwirkens auf die individuellen und öffentlichen Teilschutzgüter, d. h. für den Fall, daß die Gefahr nicht von menschlichem Verhalten, sondern von Naturereignissen ausgeht; da die Rechtsordnung nur menschliches Verhalten regeln kann, kann sie durch Naturereignisse nicht verletzt werden.

8 Die gelegentlich anzutreffende Erweiterung der genannten Teilschutzgüter um die öffentliche Wasserversorgung, die natürliche Landschaft usw. als sog. **Kollektivrechtsgüter** (BVerwG, DVBl. 1974, 297; VGH Mannheim, VBlBW 1992, 211/213) ist abzulehnen (*Götz*, § 4 Rn. 33; *Schoch*, Rn. 78; *Waechter*, NVwZ 1997, 729/735). Sie paßt zum Begriff der öffentlichen Sicherheit weder, wie er in der Rechtsprechung des Preußischen Oberverwaltungsgerichts entwickelt, noch, wie er in den neueren Polizei- und Ordnungsgesetzen definiert wurde. Wenn in der Tradition des Preußischen Oberverwaltungsgerichts von Kollektivgütern gesprochen wurde (vgl. Rn. 5 f.), war der Bestand des Staates und seiner Einrichtungen gemeint, und wenn die neueren Gesetze die erörterten Teilschutzgüter erweitern, dann um die freiheitliche demokratische Grundordnung (vgl. Rn. 19), aber weder um bestimmte Kollektivrechtsgüter noch um Kollektivrechtsgüter allgemein. Schon der Begriff des Kollektivrechtsguts ist juristisch ein Unding; das Kollektiv der Gesellschaft schützt, was ihr als ein Gut lieb und teuer ist, durch die Rechtsordnung und nach deren Maßgabe, und neben dem Rekurs auf die Unverletzlichkeit der Rechtsordnung ist der auf das Gut selbst entweder entbehrlich oder irreführend.

9 **Beispiel:** Erkennt man die Volksgesundheit als Kollektivrechtsgut an, ist das polizeiliche Einschreiten gegen jeden Drogenkonsum, einschließlich des Rauchens und Trinkens, eröffnet. Gegen Drogenkonsum kann aber nur vor-

gegangen werden, wenn eine Verletzung von Vorschriften des Betäubungsmittelgesetzes droht oder eine Gefahr für die Gesundheit einzelner besteht (vorbehaltlich der zulässigen Selbstgefährdung; vgl. unten Rn. 27 ff.); eine Gefahr allein für die Volksgesundheit kann kein polizei- und ordnungsbehördliches Vorgehen gegen Raucher und Trinker rechtfertigen.

Von der öffentlichen Sicherheit ist das **Sicherheitsgefühl** der Bür- 9a
ger und Bürgerinnen zu unterscheiden. Zwar stärken die Polizei- und Ordnungsbehörden, indem sie die Sicherheit gewährleisten, auch das Sicherheitsgefühl. Manchmal mag sogar die Stärkung des Sicherheitsgefühls der Gewährleistung der Sicherheit dienen; wo Bürger und Bürgerinnen sich sicher fühlen und sicher auftreten, reduziert sich die Gefahr von Überfällen. Aber vorstellbar sind auch polizeiliche Aktivitäten, Ankündigungen und Verlautbarungen oder eine eigentlich nicht gebotene sichtbare polizeiliche Präsenz, die das Sicherheitsgefühl erhöhen sollen, ohne die Sicherheitslage zu verbessern. Sie wären durch die polizeiliche Aufgabe nicht gedeckt, weil sie zwar der Abwehr von Gefahren für das Sicherheitsgefühl dienen mögen, nicht aber der für die öffentliche Sicherheit (vgl. *Gusy,* VerwArch 2001, 344/359 ff.).

Beispiel: Das VG Stuttgart hat eine auf die Generalklausel gestützte Woh- 9b
nungsverweisung (vgl. § 16 Rn. 28 ff.) für grundsätzlich zulässig gehalten, soweit sie für den Schutz vor häuslicher Gefahr erforderlich ist, nicht aber soweit sie dem Opfer unabhängig von der Gefahr weiterer häuslicher Gewalt „den Raum eröffnen [will], sich in Ruhe seiner Situation und rechtlichen Möglichkeiten zu vergegenwärtigen" (VBlBW 2002, 43/44).

2. Unverletzlichkeit der Rechtsordnung

In diesem Teilschutzgut zeigt sich die Abhängigkeit des Polizei- 10
und Ordnungsrechts von der übrigen Rechtsordnung (vgl. *Kirchhof,* DÖV 1976, 451). Diese bringt Rechte hervor, auf die das Polizei- und Ordnungsrecht als ihm vorausliegend verweist (vgl. *Gusy,* Rn. 80; *Waechter,* NVwZ 1997, 729/730 f.). Öffentliche Sicherheit ist insofern selbst kein Recht oder Rechtsgut, sondern kennzeichnet den **Soll-Zustand allen geltenden Rechts:** Es soll gewahrt und nicht verletzt werden.

Die Rechtsordnung **reicht von** der Verfassung **bis** zur letzten 11
Rechtsverordnung und Satzung und schließt das Allgemeine und das Besondere Verwaltungsrecht, das Straf- und Ordnungswidrigkeitenrecht, das Privatrecht und das Europarecht (vgl. *Lindner,* JuS 2005,

302) ein. Damit greift das Teilschutzgut aber nicht so weit aus, wie es zunächst scheinen mag. Denn sein Gegenstand ist nicht einfach die Rechtsordnung, sondern deren Unverletzlichkeit. Es ist der Zustand, bei dem die Rechtsordnung nicht verletzt wird, wobei die Rechtsordnung selbst die Voraussetzungen bestimmt, unter denen eine Verletzung vorliegt.

12 Besonders das **Straf- und Ordnungswidrigkeitenrecht** bezeichnet mit seinen Tatbeständen Voraussetzungen, unter denen regelmäßig eine relevante Verletzung der Rechtsordnung vorliegt. Nur ausnahmsweise wird die Rechtsordnungsverletzung oder Rechtswidrigkeit nicht durch die Tatbestandsmäßigkeit indiziert oder durch Rechtfertigungsgründe ausgeschlossen. Auf die früher der Schuld und heute dem subjektiven Tatbestand zugeordneten Merkmale des Vorsatzes und der Fahrlässigkeit kommt es dabei nicht an, da ihr Fehlen zwar die Strafbarkeit des drohenden Verhaltens, nicht aber die Rechtswidrigkeit seines Erfolgs ausschließt, und ebenso ist die Eigenschaft einer Straftat als Antragsdelikt für die Rechtswidrigkeit und damit auch für die zum Schutz der Unverletzlichkeit der Rechtsordnung berufene Polizei unerheblich (vgl. BVerwGE 64, 55/61; *Denninger,* HdbPolR, E Rn. 18).

12a Nach deutschem Strafrecht werden auch Taten bestraft, die im **Ausland** begangen werden (§§ 5ff. StGB). Steht die Begehung einer solchen Tat im Ausland bevor und kann dies in Deutschland verhindert werden, dann ist dies die Aufgabe der Polizei. Diese hat die entsprechende Gefahr nicht etwa deshalb nicht abzuwehren, weil sie im Ausland droht, in dem die deutsche Polizei keine Aufgabe und keine Befugnisse hat. Im Ausland droht eine Verletzung der deutschen Strafrechtsordnung, die abzuwehren die ureigene Aufgabe und Befugnis der deutschen Polizei ist (*Breucker,* Transnationale polizeiliche Gewaltprävention, 2003, S. 207ff.).

13 Das **Verwaltungsrecht** bezeichnet anders als das Straf- und Ordnungswidrigkeitenrecht weniger die Voraussetzungen, unter denen die Rechtsordnung verletzt, als vielmehr die, unter denen sie gewahrt wird. Dabei ist nicht jede Abweichung eines tatsächlichen Zustandes von dem vorausgesetzten Zustand schon eine relevante Verletzung der Rechtsordnung. Wenn die Rechtsordnung festlegt, wie die Abweichung festgestellt werden muß, damit sie sanktioniert werden kann, oder wie sie, wenn sie festgestellt worden ist, allein sanktioniert werden kann, wird sie auch nur unter den entsprechenden Voraussetzungen verletzt.

Beispiel: Solange ein rechtswidriger Zustand seine Grundlage in einem unanfechtbaren rechtswidrigen Verwaltungsakt hat, stellt er keine Verletzung der Rechtsordnung dar, gegen die polizei- oder ordnungsrechtlich vorgegangen werden könnte; der Verwaltungsakt muß erst gem. § 48 VwVfG zurückgenommen werden. 14

Derart läßt das **Verwaltungsverfahrens- und -vollstreckungsrecht** das Besondere Verwaltungsrecht für das Teilschutzgut der Unverletzlichkeit der Rechtsordnung eine kleinere als zunächst vielleicht erwartbare Rolle spielen. Abweichungen vom Verwaltungsverfahrens- und -vollstreckungsrecht selbst sind ohnehin keine relevanten Verletzungen der Rechtsordnung. Dieser Teil der Rechtsordnung regelt das Verhalten der Verwaltung und ihrer Organe und kann durch menschliches Verhalten, d. h. das Verhalten der Bürger, schlechterdings nicht verletzt werden; wenn er gelegentlich das Verhalten der Bürger anspricht, dann indem er ihnen Obliegenheiten auferlegt, die sie um den Preis der Nichtbearbeitung ihrer Anträge und Nichtbeförderung ihrer Anliegen vernachlässigen können. 15

Die Unverletzlichkeit der **Privatrechtsordnung** zielt auf die Unverletzlichkeit der durch die Privatrechtsordnung geschützten privaten Rechtsgüter und Rechte. Zwar kennt die Privatrechtsordnung auch Sätze objektiven Rechts, Form- und Verfahrensvorschriften und zwingende Normen, die die private Macht rechtlicher Gestaltung begrenzen. Aber ihre Verletzung ist nur dafür rechtserheblich, daß private Rechte nicht entstehen, nicht ausgeübt werden können oder untergehen. Die Bedeutung dieses Teilschutzguts für die Tätigkeit der Polizei- und Ordnungsbehörden ist durch die Privatrechtsklausel beschränkt (vgl. § 5 Rn. 42 ff.). 16

Daß die **Verfassung** nicht nur einen Teil, sondern die Spitze der staatlichen Rechtsordnung darstellt, gibt ihr als polizei- und ordnungsrechtlichem Teilschutzgut keine besondere Prominenz. Ihre Regelungen zum Staatsorganisationsrecht können durch das Verhalten der Bürger nicht verletzt werden. Bei den Grundrechten und grundrechtsgleichen Rechten gibt es zwar Konflikte und Kollisionen zwischen Bürgern. Aber wann dabei nicht nur ein Eingriff, sondern eine Verletzung vorliegt, richtet sich nach dem einfachen Recht. Die Grundrechte ermächtigen den Gesetzgeber, durch das einfache Recht konflikt- und kollisionsregelnd in die Grundrechte einzugreifen, und der Eingriff unter Wahrung des einfachen Rechts ist keine Verletzung. Das gilt auch für die gesetzgeberische Beachtung der grundrechtlichen Schutzpflichten bzw. -rechte (vgl. *Aubel,* Verwaltung 2004, 229/240 f.; 17

a. A. *Schenke*, Rn. 59 a). Daß das einfache Recht verfassungsmäßig sein und grundrechtskonform ausgelegt werden muß, versteht sich. Darüber hinaus ist für den Rückgriff auf die Verfassung kein Raum; die Nennung der Grundrechte und staatsbürgerlichen Rechte als eigener Teilschutzgüter in einigen Polizeigesetzen[7] geht ins Leere.

18 **Beispiele:** Zwar läßt sich sagen, die Polizei schütze, wenn friedliche Demonstranten von gewalttätigen Gegendemonstranten bedroht werden, die Versammlungsfreiheit. Aber genau besehen schützt sie die friedlichen Demonstranten vor drohenden Straftaten; wenn die Reaktionen der Gegendemonstranten nicht von strafrechtlicher Qualität sind, sind sie ihrerseits grundrechtlich geschützt und kann die Polizei nicht gegen sie einschreiten. – Der VGH Kassel hielt die Auflösung einer Demonstration wegen Verstoßes gegen das fälschlich nicht der öffentlichen Sicherheit, sondern der öffentlichen Ordnung zugeordnete Grundrecht der Menschenwürde für gerechtfertigt, weil die Demonstrationsparole „Ausländer raus" die Menschenwürde der bei uns lebenden Ausländer verletzte (NVwZ-RR 1994, 87). Aber Parolen, die nicht als Naziparolen, Volksverhetzung oder Beleidigung strafrechtlich sanktioniert sind, sind als Meinungsäußerung durch Art. 5 Abs. 1 GG geschützt. Was an Meinungsäußerungen hinzunehmen ist und was nicht, ist nicht ad hoc unter Rückgriff auf Grundrechte, sondern nach Maßgabe der Schranken von Art. 5 Abs. 2 GG zu bestimmen.

19 Einige Polizeigesetze nennen als eigenes Teilschutzgut die verfassungsmäßige Ordnung oder die **freiheitliche demokratische Grundordnung.**[8] Dabei ist der Begriff der verfassungsmäßigen Ordnung, der im Grundgesetz in Art. 2 Abs. 1 die gesamte formell und materiell mit der Verfassung vereinbare Rechtsordnung (BVerfGE 6, 32/38 ff.; 86, 137/153), in Art. 20 Abs. 3 den gesamten Normbestand des Grundgesetzes (*Jarass,* JP, Art. 20 Rn. 32) und in Art. 9 Abs. 2 die auch in Art. 18 S. 1 und 21 Abs. 2 S. 1 mit dem gleichen Ziel in bezug genommene freiheitliche demokratische Grundordnung meint, in diesem letzten Sinn zu verstehen (vgl. *Maurer,* StaatsR, § 23 Rn. 8). Es geht um grundlegende Verfassungsgehalte wie Volkssouveränität, Gesetzmäßigkeit der Verwaltung, Unabhängigkeit der Gerichte, Grundrechte (vgl. BVerfGE 2, 1/12 f.).

20 Auch diese Ergänzung der Teilschutzgüter geht ins Leere. Wieder gilt, daß die von der freiheitlichen demokratischen Grundordnung umfaßten staatsorganisationsrechtlichen Verfassungsgehalte durch den Bürger nicht verletzt werden können (vgl. Rn. 17). Was ihre Ge-

7 § 1 Abs. 1 S. 2 bwPolG; § 1 Abs. 1 S. 2 Nr. 1 sächsPolG.
8 § 1 Abs. 1 S. 2 bwPolG; § 1 Abs. 1 S. 2 Nr. 1 sächsPolG.

fährdung angeht, enthält zum einen das Strafrecht den Maßstab, wann polizeilich eingeschritten werden kann (vgl. §§ 81 ff. StGB). Zum anderen verlangt das Grundgesetz gemäß Art. 9 Abs. 2, 18 und 21 Abs. 2 wegen der Gefahr des politischen Mißbrauchs in einem die Grundlagen der Demokratie berührenden Bereich ein **besonderes Verfahren,** das durch das Entscheidungsmonopol von Bundesverfassungsgericht und Innenministern gekennzeichnet ist. Nur diese dürfen die aus Grundrechtsmißbrauch, Partei- und Vereinstätigkeit resultierenden Gefahren für die freiheitliche demokratische Ordnung mit der Grundrechtsverwirkung, dem Parteiverbot (durch das Bundesverfassungsgericht) und dem Vereinsverbot (durch Bundes- oder Landesinnenminister) bekämpfen.

Solange nicht das Bundesverfassungsgericht die Grundrechtsver- 21
wirkung oder das Parteiverbot ausgesprochen bzw. ein Innenminister das Vereinsverbot verhängt hat, gilt ein **Parteien- und Vereinsprivileg** und besteht ein Anknüpfungsverbot, d. h., an die angebliche Gefährlichkeit für die freiheitliche demokratische Grundordnung und daraus folgend Verfassungswidrigkeit dürfen keine Rechtsfolgen geknüpft werden. Andere staatliche Entscheidungsträger dürfen einzelne Aktivisten, Funktionäre und Parteien und Vereine mit ihren Anhängern nicht als verfassungswidrig behandeln (vgl. *Morlok,* in: Dreier, GG, Bd. 2, 2. Aufl. 2006, Art. 21 Rn. 154; *Maurer,* StaatsR, § 23 Rn. 22). Deren Verhalten ist grundrechtsgeschützt, innerhalb der jeweiligen Grundrechtsschranken rechtmäßig; sie unterliegen allein dem allgemeinen, verfassungswidrigkeits- oder gar -feindlichkeitsunspezifischen Recht. Polizei- oder ordnungsbehördliche Verbote für politische Aktivitäten dürfen also nicht an eine Gefahr für die freiheitliche demokratische Grundordnung anknüpfen.

Beispiele: Die Demonstration einer nicht verbotenen Partei oder Vereini- 22
gung darf nicht allein deswegen verboten werden, weil sie gegen die freiheitliche demokratische Grundordnung gerichtet sei, und auch die Demonstration einer verbotenen Partei oder Vereinigung wird nicht, weil gegen die freiheitliche demokratische Grundordnung gerichtet, sondern weil gegen §§ 84 ff. StGB verstoßend verboten (vgl. *Dörr,* VerwArch 2002, 485; a. A. *Brüning,* Staat 2002, 213). Andererseits schützt das Parteien- und Vereinsprivileg nicht gegen ein polizei- und ordnungsrechtliches Vorgehen, das verfassungswidrigkeits- oder -feindlichkeitsunspezifische Gefahren für die öffentliche Sicherheit betrifft; es gilt im übrigen nicht für politische Vereinigungen von Ausländern (vgl. § 2 Abs. 3 PartG, § 14 VereinsG). – Art. 11 Abs. 2 S. 1 Nr. 1 bayPAG und Art. 7 Abs. 2 Nr. 1 bayLStVG ermächtigen die Polizei- und Ordnungsbehörden, gegen „verfassungsfeindliche Handlungen“ einzuschreiten. Diese Befug-

nis ist nach der ausdrücklichen Regelung der Art. 11 Abs. 2 S. 4 bayPAG und Art. 7 Abs. 5 bayLStVG gerade für den Fall eingeräumt, daß die fragliche Handlung, die verhütet oder unterbunden werden soll, keine Straftat oder Ordnungswidrigkeit darstellt (vgl. auch *Schmidbauer u. a.*, Art. 11 Rn. 88). Damit ist genau der Bereich betroffen, in dem die Betroffenen legal von ihren Grundrechten Gebrauch machen. Soweit sie partei- oder vereinsspezifisch tätig sind, folgt das daraus, daß die Partei oder der Verein nicht verboten worden sind, soweit sie partei- und vereinsunspezifisch tätig sind, daraus, daß das allgemeine Recht nicht verletzt ist. Die genannten bayerischen Regelungen sind verfassungswidrig (krit. auch *Gusy*, Rn. 83).

23 Soweit die freiheitliche demokratische Grundordnung nicht gefährdet ist, sondern die Gesellschaft auf allfällige künftige Gefährdungen der freiheitlichen demokratischen Grundordnung hin **beobachtet** wird, geht es noch nicht um deren Unverletzlichkeit. Hier sind nicht die Polizei- und Ordnungsbehörden, sondern die Behörden des geheimdienstlichen Staats- und Verfassungsschutzes gefordert (vgl. § 2 Rn. 16 ff.).

3. Unverletzlichkeit der subjektiven Rechte und Rechtsgüter des einzelnen

24 Droht eine Verletzung subjektiver Rechte und Rechtsgüter des einzelnen, ist vorrangig eine Verletzung der Rechtsordnung einschlägig und zu prüfen (vgl. Rn. 6). Es gibt allerdings **typische Fälle,** in denen die subjektiven Rechte und Rechtsgüter des einzelnen gefährdet sind, ohne daß eine Verletzung der Rechtsordnung droht.

25 Der eine Fall ist die schon in der Rechtsprechung des Preußischen Oberverwaltungsgerichts anerkannte Gefahr durch **Naturereignisse.** Diese können die Rechtsgüter Leben, Gesundheit, Freiheit und Eigentum gefährden, ferner die Ausübung subjektiver Rechte des Privat- und des öffentlichen Rechts. Zur Ausübung subjektiver Rechte des öffentlichen Rechts gehört auch und gerade die Ausübung der Grundrechte und grundrechtsgleichen Rechte; anders als bei Gefährdung durch menschliches Verhalten kommen diese bei Gefährdungen durch Naturereignisse unmittelbar ins Spiel.

26 **Beispiel:** Eine Lawine hat die einzige Verbindungsstraße eines Gebirgsdorfs zum Hauptort des Tals verschüttet. Die Polizei darf ein greifbares privates Schneeräumfahrzeug nicht nur sicherstellen und damit die Lawine beseitigen, wenn Gefahren für Leib oder Leben der Dorfbewohner drohen, sondern auch, wenn nur so am Wahltag die Stimmabgabe im Wahllokal ermöglicht werden kann.

Der andere Fall ist die Gefahr, der der einzelne **sich selbst** aussetzt. 27
Die Rechtsordnung schützt den einzelnen nicht vor sich selbst. Die eigene Gesundheit und das eigene Leben zu gefährden, ist sogar grundrechtlich geschützt, nach überwiegender Auffassung durch Art. 2 Abs. 1 GG, nach zutreffender abweichender Auffassung durch den spezielleren Art. 2 Abs. 2 S. 1 GG, der mit dem Recht auf Leben und körperliche Unversehrtheit auch das negative Freiheitsrecht, nicht zu leben und nicht gesund zu bleiben, enthält (vgl. *Pieroth/Schlink,* Rn. 419). In grundrechtlich geschützter Selbstbestimmung kann der einzelne grundsätzlich selbst bestimmen, wann ihm an der Unverletzlichkeit seiner Rechtsgüter Leben und Gesundheit gelegen ist und wann nicht.

Beispiele: Schon immer wurde eine Gefahr für die öffentliche Sicherheit 28
verneint, wenn Sportler, Bergsteiger, Rennfahrer und Artisten Gefahren für Leib oder Leben in Kauf nehmen (vgl. *Wolff/Bachof,* Verwaltungsrecht III, 4. Aufl. 1978, § 125 Rn. 17). Heute wird man das Rauchen und den Alkohol- und Drogenkonsum gleicherweise einordnen (vgl. *Kniesel,* ZRP 1994, 354). Auch das Recht darauf, daß nicht entgegen dem eigenen Willen eine lebensverlängernde Behandlung aufgenommen oder fortgesetzt wird, kann nicht unter dem Gesichtspunkt einer Gefahr für die öffentliche Sicherheit beschränkt werden.

Allerdings ist die grundrechtlich geschützte Selbstbestimmung nur 29
eine solche, wenn sie von **freiem Willen** getragen ist, und ist der Wille nur frei, wenn er die Gefahren kennt. Kennt er sie nicht, ist sein gefährliches Verhalten nicht als Ausdruck grundrechtlich geschützter Selbstbestimmung zu achten, sondern ist er vor der Gefahr zu schützen. Außerdem kann die Selbstgefährdung nur dann grundrechtlichen Schutz beanspruchen, wenn sie ausschließlich ist, d. h. nicht gleichzeitig Dritte gefährdet (vgl. *Gampp/Hebeler,* BayVBl. 2004, 257/262 f.).

Beispiele: Gefährliche Sportarten wie Freeclimbing, Paragliding und Ca- 30
nyoning werden regelmäßig freiwillig ausgeübt und sind daher grundrechtlich geschützt. Wenn aber Abenteuertouristen auch dann eine Wildwasserschlucht hinabsteigen wollen, wenn ein Gewitter vorhergesagt ist, können sie daran polizeilich gehindert werden, weil sie aufgrund ihrer Laienhaftigkeit zur Gefahrerkenntnis in Selbstbestimmung nicht in der Lage sind. Zugleich gefährden sie nicht nur sich selbst, sondern auch die Rettungsmannschaften, die zu gefährlichen Bergungsaktionen veranlaßt werden.

Die gleichen Grundsätze gelten für die **Selbsttötung** (Selbstmord, 31
Suizid). Sie ist nur grundrechtlich geschützt, wenn sie in freier Selbst-

bestimmung (Bilanzselbstmord) und ohne Gefährdung Dritter begangen wird. Daß gleichwohl der Selbstmordversuch als klassisches Beispiel für rechtmäßiges polizeiliches Einschreiten gilt, versteht sich daraus, daß zum einen häufig gleichzeitig Dritte gefährdet werden, wenn etwa der Gashahn aufgedreht wird, und zum anderen regelmäßig der Verdacht besteht, daß der Selbstmörder sich in einem die freie Willensbetätigung ausschließenden Zustand befindet. Dies gilt gerade dann, wenn der Selbstmordversuch in einer Weise begangen wird, die auf die Entdeckung und damit auch das Einschreiten durch andere angelegt ist; hier spricht alles dafür, daß das Handeln nicht vom freien Willen, sondern vom Bedürfnis nach Hilfe gelenkt ist (sog. Appellselbstmord).

32 In den Fällen, wo nicht zugleich Dritte gefährdet werden, ist die Verhinderung des Selbstmordversuchs dogmatisch als **Gefahrerforschungseingriff** einzuordnen, wenn der handelnde Polizeibeamte von der Möglichkeit ausgeht, daß die Selbsttötung in einem die freie Willensbetätigung ausschließenden Zustand verübt werden soll, und als **Anscheinsgefahr,** wenn er fälschlich einen die freie Willensbetätigung ausschließender Zustand annimmt (vgl. § 4 Rn. 48 ff.). Der Gefahrerforschungseingriff ist ohne weiteres rechtmäßig. Die Frage, ob das Einschreiten bei Anscheinsgefahr rechtmäßig oder rechtswidrig ist, wird hier regelmäßig nicht praktisch, weil der verhinderte Selbstmörder es meistens selbst richtig findet, daß die Polizei seine Tat nicht als Betätigung seines freien Willens gesehen und respektiert hat (vgl. auch *Denninger,* HdbPolR, E Rn. 32; *Walter,* Polizei 2009, 257/260 f.). Wer nicht nur aus situativer Verzweiflung handelt, sondern ernsthaft gewillt ist, Selbstmord zu begehen, findet Mittel und Wege, dies so zu tun, daß die Polizei zum Einschreiten keine Gelegenheit findet. Sogar wenn sie Gelegenheit zum Einschreiten findet, kann ausnahmsweise so klar sein, daß jemand aus ernsthaften Überlegungen und freien Stücken Selbstmord begehen will, daß sie nicht eingreifen darf.

33 **Beispiel:** Ein unheilbar Kranker hat bei völlig klarem Bewußtsein den Entschluß gefaßt, im Kreis seiner Familie und in Begleitung eines Arztes seinem Leben ein Ende zu setzen. In dieser Situation darf polizeilich nicht eingeschritten werden (vgl. *Möller,* KritV 2005, 230/241 f.).

4. Bestand des Staates und der Einrichtungen und Veranstaltungen des Staates und sonstiger Träger der Hoheitsgewalt

Der **Bestand** des Staates ist die territoriale Unversehrtheit und politische Unabhängigkeit der Bundesrepublik Deutschland (vgl. *Drews u. a.*, S. 233); **Einrichtungen** des Staates und anderer, auch internationaler und ausländischer Hoheitsträger sind deren Organe, Behörden, Körperschaften, Stiftungen, Anstalten und ähnliche Sachkomplexe; **Veranstaltungen** des Staates und anderer Hoheitsträger sind deren ad hoc gebildete Handlungskomplexe. 34

Beispiele: Zu den Einrichtungen zählen Hochschulen, berufsständische und andere Kammern, Rundfunkanstalten, Verkehrs- und Versorgungsbetriebe, Theater, Museen, Bibliotheken, Schwimmbäder, Kasernen, Justizvollzugsanstalten, Wohnheime für Asylbewerber und Obdachlose, Dienstgebäude, Stadthallen und Rathäuser; zu den Veranstaltungen zählen Staatsempfänge, -besuche und -begräbnisse, Tage der offenen Tür, Ausstellungen, Manöver und Gelöbnisse. Nicht unter dieses Schutzgut fallen Interessen des Staates; ein Verbot der Ausreise von Hooligans ins Ausland kann nicht darauf gestützt werden, daß ihr Auftreten dort das Ansehen Deutschlands beschädigt. 35

Wieder ist **vorrangig eine Verletzung der Rechtsordnung** einschlägig und zu prüfen. Die Rechtsordnung konstituiert den Staat, und sie schützt den Bestand des Staates und seiner und anderer Hoheitsträger Einrichtungen und Veranstaltungen umfangreich gegen Verletzungen und Gefährdungen von seiten des Bürgers. Mit dem Bestand schützt sie implizit oder explizit auch das Funktionieren. 36

Beispiele: Die Nötigung von Verfassungsorganen ist gem. §§ 105 ff. StGB, der Widerstand gegen Vollstreckungsbeamte gem. § 113 StGB und die Störung öffentlicher Betriebe gem. § 316 b StGB strafbar. Das widerrechtliche Eindringen und Verweilen in Verwaltungsbehörden kann Nötigung (§ 240 StGB) oder Hausfriedensbruch (§ 123 StGB) sein. 37

Auch hier kann allerdings das Teilschutzgut gefährdet sein, ohne daß eine Verletzung der Rechtsordnung droht. **Naturereignisse** können zwar nicht den Bestand des Staates, aber den Bestand und mit ihm das Funktionieren seiner und anderer Hoheitsträger Einrichtungen und Veranstaltungen bedrohen. 38

Beispiele: Eine Lawine bedroht die Kaserne der Gebirgsjäger, ein Hochwasser das am Fluß gelegene Rathaus, ein Gewitter die Sicherheit auf der Landebahn, auf der das Flugzeug des Staatsgastes landen soll. 39

Die Fähigkeit des **Bürgers,** als einzelner den Bestand des Staates zu 40
gefährden, ist beschränkt. Handelt er in und mit einer Partei, gelten

für die Gefährdung des Bestandes wie für die der freiheitlichen demokratischen Grundordnung (vgl. Rn. 20ff.) das Parteienprivileg mit dem Entscheidungsmonopol des Bundesverfassungsgerichts. Wieder gilt auch, daß die Beobachtung der Gesellschaft auf allfällige künftige Gefährdungen Sache des geheimdienstlichen Staats- und Verfassungsschutzes ist (vgl. § 2 Rn. 16ff.).

41 Beeinträchtigungen des Funktionierens von staatlichen und gleichgestellten Einrichtungen und Veranstaltungen durch die Bürger sind erst dann polizei- und ordnungsbehördlich abzuwehren, wenn sie die Rechtsordnung verletzen; rechtmäßiger Gebrauch grundrechtlicher Freiheit ist, auch wenn er für das Funktionieren der Einrichtungen und Veranstaltungen lästig ist, hinzunehmen (vgl. § 4 Rn. 3ff.). Diese Grenze polizei- und ordnungsbehördlichen Einschreitens darf nicht dadurch eingeebnet werden, daß eine unbestimmte und unbestimmbare **Funktionsfähigkeit** zu einem Aspekt des Schutzguts der öffentlichen Sicherheit erhoben und die Belästigung des Funktionierens zur Verletzung der Funktionsfähigkeit stilisiert wird.

42 **Beispiele:** Die scharfe öffentliche Kritik an der Tätigkeit einer staatlichen Einrichtung mag deren Funktionieren durchaus belästigen und die Funktionsfähigkeit sogar intensiv beeinträchtigen, ist aber solange grundrechtlich geschützt, als sie die strafrechtlichen Grenzen der Beleidigung oder Verleumdung nicht überschreitet (vgl. *Schenke,* Rn. 61). Das gleiche gilt grundsätzlich für das Fotografieren polizeilicher Einsätze (vgl. § 19 Rn. 8). Wer vor polizeilichen Geschwindigkeitskontrollen warnt, läßt den Einsatz der Polizei zwar einerseits ins Leere laufen, verhilft ihm aber andererseits zum Erfolg, indem er die gleiche Funktion erfüllt wie die Geschwindigkeitskontrolle, nämlich Straftaten und Ordnungswidrigkeiten an dieser Stelle und durch erzieherische und abschreckende Wirkung auch in Zukunft zu verhüten; ein Verstoß gegen die öffentliche Sicherheit liegt daher nicht vor (ebenso *Gusy,* Rn. 83; *Hartmann,* JuS 2008, 986; *Schenke,* Rn. 60; a. A. OVG Münster, NJW 1997, 1596; *Drews u. a.,* S. 234; vgl. auch *Denninger,* HdbPolR, E Rn. 26). Dagegen sind Radarwarngeräte in Kraftfahrzeugen gem. § 23 Abs. 1 b StVO verboten. – Nicht zu diesen Beispielen gehören die Normen, nach denen in den meisten Polizeigesetzen die Polizei eine Person, die in eine Anstalt gehört, in Gewahrsam nehmen und in die Anstalt bringen kann (vgl. § 17 Rn. 21); zwar geht es dabei um die Funktionsfähigkeit der Freiheitsentziehung, aber in der bestimmten, positivierten Gestalt einer Norm der Rechtsordnung.

43 Manchmal ist die Frage, wo der Schutz einer staatlichen Veranstaltung durch die Rechtsordnung **beginnt** und wo er **endet,** alles andere als einfach zu beantworten. Dies gilt besonders dann, wenn die Veranstaltung zum Zweck der staatlichen Selbstdarstellung im öffentlichen Raum stattfinden soll.

Beispiele: Bei einem Großen Zapfenstreich im öffentlichen Raum bestimmt nicht einfach die Vorstellung der Bundeswehr von einem geordneten, würdigen Ablauf das Ausmaß des Schutzes; kritische Meinungsäußerungen der Zuschauer sind jedenfalls solange hinzunehmen, als sie den Ablauf nicht ver- oder erheblich behindern (vgl. § 4 Rn. 4). Auch bei Staatsbesuchen dürfen, solange nicht § 103 StGB einschlägig ist, Mißfallenskundgebungen, weil durch Art. 5 Abs. 1 GG grundrechtlich geschützt, nicht polizeilich unterbunden werden. Platzverweisungen dürfen allerdings nicht erst bei Gefahr für Leib oder Leben des Besuchers, sondern schon bei Gefahr für die programmgemäße Durchführung des Staatsbesuchs verfügt werden, d. h., um den Besucher zügig von hier nach da zu bringen. Dabei stehen die Platzverweisungen aber unter dem Grundsatz der Verhältnismäßigkeit und muß der Besucher auf dem Schloß in Brandenburg empfangen werden, wenn der Empfang in Berlin den Verkehr auf Stunden blockiert (vgl. *Arzt,* Polizei 2003, 242). 44

Der polizeiliche Schutz staatlicher Einrichtungen und Veranstaltungen ist gegenüber der Gefahrenabwehr **subsidiär,** zu der die Einrichtungen und Veranstalter selbst befugt sind (vgl. § 5 Rn. 40 f.). Neben dem zivilrechtlichen Hausrecht kommen insoweit ein speziell öffentlich-rechtlich normiertes Hausrecht, eine speziell normierte Sitzungs-, Ordnungs- und Polizeigewalt und die gewohnheitsrechtlich anerkannte allgemeine Ordnungsgewalt als die Befugnis, die zur ordnungsgemäßen Aufgabenerfüllung der Einrichtung erforderlichen Maßnahmen mit räumlichem Bezug zu treffen, in Betracht (vgl. *Maurer,* Allg. VwR, § 3 Rn. 34; *Ramm,* DVBl. 2011, 1506). 45

III. Öffentliche Ordnung

1. Das traditionelle Verständnis

Der Begriff der öffentlichen Ordnung ist schon durch die **Rechtsprechung des Preußischen Oberverwaltungsgerichts** konkretisiert worden. Die heutige Rechtsprechung und Literatur sowie einige neuere Polizeigesetze knüpfen daran an und verstehen unter öffentlicher Ordnung „die Gesamtheit der im Rahmen der verfassungsmäßigen Ordnung liegenden ungeschriebenen Regeln für das Verhalten des einzelnen in der Öffentlichkeit, deren Beachtung nach den jeweils herrschenden Anschauungen unerläßliche Voraussetzung eines geordneten staatsbürgerlichen Zusammenlebens“ ist.[9] Die öffentliche Ordnung umfaßt danach alle 46

9 § 3 Nr. 2 saSOG; § 54 Nr. 2 thürOBG.

- mit der Verfassung kompatiblen Sozialnormen, von denen
- in einem bestimmten Gebiet die herrschende, d. h. in der Demokratie die Mehrheitsanschauung der Auffassung ist, daß
- sie für ein geordnetes Zusammenleben unentbehrlich sind.

47 **Beispiele:** Verletzung des religiösen Empfindens durch die Gesänge einer an der evangelischen Kirche während des Gottesdienstes vorbeiziehenden katholischen Prozession (PrOVG 23, 409); Verletzung des Traueremfindens der Bevölkerung beim Tod eines Staatsmanns durch Veranstalten einer Tanzlustbarkeit (BVerwG, DVBl. 1970, 504); Verletzung von Anstand und Sitte durch die Veranstaltung von „Damen-Schlamm-Catch oben ohne" (VGH München, NVwZ 1984, 254), nicht aber durch die Aufstellung eines Kondomautomaten an der Straßenfront eines Wirtshauses (OVG Münster, NJW 1988, 787).

2. Kritik

48 Nähme man diese Konkretisierung des Begriffs der öffentlichen Ordnung ernst, dürfte seine Anwendung nicht darin bestehen, daß die Polizei- und Ordnungsbehörden und die sie kontrollierenden Verwaltungsgerichte ihre eigenen Anschauungen zum Maßstab nehmen, sondern daß sie die Sozialnormen und die Mehrheitsanschauungen der Bevölkerung in einem bestimmten Gebiet mit den Mitteln der empirischen Sozialforschung, d. h. durch demoskopische Erhebungen feststellen (vgl. *Kahl,* VerwArch 2008, 451). Derartiges findet aber nie statt. Vielmehr geben die rechtsanwendenden Organe ihre eigenen Anschauungen als Sozialnormen und Mehrheitsanschauungen in einem bestimmten Gebiet aus. Ebenso stellen sie auch die Unentbehrlichkeit für ein geordnetes Zusammenleben durch eigenes Werten fest (vgl. OVG Münster, NJW 2001, 2111; 2113; 2114; vgl. *Kniesel/Poscher,* HdbPolR, J Rn. 160; *Kugelmann,* Kap. 5 Rn. 83 ff.). Dieses rechtsnormgelöste Werten führt zu einer hohen **ideologischen Anfälligkeit** des Begriffs der öffentlichen Ordnung.

49 **Beispiel:** Während das Preußische Oberverwaltungsgericht noch im Herbst 1932 Damenboxkämpfe unter bestimmten Voraussetzungen als mit den Mehrheitsanschauungen der Bevölkerung vereinbar erklärt hatte, wertete es nur ein Jahr später Damenboxkämpfe mit folgender Begründung als Verstoß gegen die öffentliche Ordnung: „Inzwischen hat mit dem Durchbruch der nationalen Revolution ein gewaltiger innerer Umschwung stattgefunden, der sich u. a. gerade auf die Begriffe von öffentlicher Ordnung, von öffentlichem Anstand und öffentlicher Sittlichkeit erstreckt, und in den Anschauungen über Bestimmung und Betätigung der Frau einen Wandel bewirkt, wie er in der Entwicklung des deutschen Wesens selten erlebt worden ist. Nach diesen veränderten Anschauungen ist es mit den Wesenseigentümlichkeiten der Frau, ihrer Stel-

lung und ihrer Würde innerhalb der Volksgemeinschaft unvereinbar, wenn zur Befriedigung der Schaulust in öffentlichen Lokalen weibliche Personen auftreten, die im Kampfe aufeinander losschlagen und sich gegenseitig Verletzungen beizubringen versuchen. Bei Vorkämpfen zwischen Männern liegt die Sache anders; denn mit der Natur des Mannes ist die wechselseitige Erprobung von Mut und Körperkraft im Faustkampf selbst dann noch vereinbar, wenn sie in der Form einer Varietédarbietung erfolgt und deshalb, sportlich betrachtet, ohne Wert ist.“ (PrOVG 91, 139/140 f.).

Zum freiheitlichen demokratischen Rechtsstaat des Grundgesetzes 50 paßt diese Berufung auf Sozial-, d. h. **außerrechtliche Normen** nicht. Die Freiheit der Bürger soll nach dem grundrechtlichen Vorbehalt des Gesetzes nur durch parlamentarisch legitimiertes Recht eingeschränkt werden. Angesichts der Intensität, mit der ein auf die öffentliche Ordnung gestütztes polizei- und ordnungsrechtliches Vorgehen in die Grundrechte eingreifen kann, geht es sogar um den Parlaments- als Wesentlichkeitsvorbehalt. Zwar hat das Bundesverfassungsgericht vor mehr als zwei Jahrzehnten die polizeiliche Generalklausel, was die rechtsstaatliche Bestimmtheit betrifft, für unbedenklich erklärt (BVerfGE 54, 143/144 f.). Aber nach dieser Entscheidung hat das Bundesverfassungsgericht die Wesentlichkeitslehre entfaltet, wonach der Gesetzgeber die wesentlichen Entscheidungen im Bereich der Grundrechte selbst treffen muß, wobei sich die Wesentlichkeit der Entscheidung nach der Intensität bemißt, mit der die Grundrechte betroffen sind (vgl. *Pieroth/Schlink,* Rn. 276 f.). Außerdem dienen Grundrechte dem Minderheitenschutz, und in einer kulturell, religiös und ethnisch pluralistischen demokratischen Gesellschaft darf eine Mehrheit nicht Minderheiten ihre Sozialnormen aufzwingen und haben die Polizei- und Ordnungsbehörden nicht den Moralapostel und Sittenwächter zu spielen.

Auch die **rechtspraktische Erforderlichkeit** der öffentlichen Ord- 51 nung muß bezweifelt werden. Die Funktion der Ergänzung einer noch lückenhaften Rechtsetzung, die die öffentliche Ordnung früher hatte, ist mit der modernen großflächigen und engmaschigen Durchnormierung aller Lebensbereiche abhanden gekommen (vgl. *Würtenberger/Heckmann,* Rn. 409; *Waechter,* NVwZ 1997, 734). Besonders bedeutsam ist hier § 118 Abs. 1 OWiG, wonach ordnungswidrig handelt, „wer eine grob ungehörige Handlung vornimmt, die geeignet ist, die Allgemeinheit zu belästigen oder zu gefährden und die öffentliche Ordnung zu beeinträchtigen“. Zwar ist auch hier von öffentlicher Ordnung die Rede, doch wird dieses Tatbestandsmerkmal durch mehrere andere eingegrenzt und präzisiert. § 118 Abs. 1 OWiG ist von der öffentlichen Sicherheit erfaßt (vgl. Rn. 12).

52 **Beispiele:** Das Verrichten der Notdurft in der Öffentlichkeit (vgl. *Knemeyer,* Rn. 102), das nackte Auftreten in der Öffentlichkeit (vgl. OVG Münster, NJW 1997, 1180) und der in der Öffentlichkeit vollzogene Geschlechtsakt fallen nur dann unter § 118 Abs. 1 OWiG, wenn eine Belästigung oder Gefährdung der Allgemeinheit droht, während man früher hierin stets Anwendungsfälle der öffentlichen Ordnung gesehen hat.

3. Die aktuelle Rechtslage

53 Obwohl gute Gründe für eine Verfassungswidrigkeit der öffentlichen Ordnung als polizeilicher Eingriffsermächtigung sprechen (vgl. auch *Denninger,* HdbPolR, E Rn. 36), hält die **Literatur** überwiegend an ihr fest (vgl. *Schenke,* Rn. 65 ff.; *Schoch,* Rn. 79 ff.). Sie weist darauf hin, daß das Grundgesetz in Art. 13 Abs. 7 und Art. 35 Abs. 2, das einfache Recht in § 15 Abs. 1 VersG, § 71 a GewO, § 19 GastG, § 55 Abs. 1 AufenthaltsG und § 118 OWiG und das internationale Recht in Art. 36, 45 Abs. 3, 52 Abs. 1, 72 AEUV und Art. 8 Abs. 2, 9 Abs. 2, 10 Abs. 2 und 11 Abs. 2 EMRK von der Reservefunktion der öffentlichen Ordnung ausgingen und daß diese auch unverzichtbar sei, um neuartigen Gefährdungen entgegentreten zu können, ohne erst den Gesetzgeber zu bemühen.

54 Gleichzeitig wird allerdings vielfach für eine **restriktive Praxis** des Rückgriffs auf die öffentliche Ordnung plädiert (vgl. *Götz,* in: FS Stober, 2008, 195/200 ff.; *Schoch,* Rn. 83). Die Berufung auf eine Sozialnorm soll besonders dann ausscheiden, wenn der Gesetzgeber sie als Rechtsnorm etwa aus dem Strafgesetzbuch gestrichen hat; nach dem Vorrang des Gesetzes darf eine derartige Entscheidung nicht mit Hilfe der öffentlichen Ordnung unterlaufen werden (vgl. *Knemeyer,* Rn. 104).

55 Auch in der **Rechtsprechung** wird die öffentliche Ordnung als geltendes Recht akzeptiert. Doch wird neuerdings für die herrschenden Anschauungen von den unerläßlichen Voraussetzungen für ein geordnetes staatsbürgerliches Zusammenleben nicht auf Sozialnormen, sondern auf die Wertmaßstäbe des Grundgesetzes verwiesen (vgl. BVerfGE 111, 147/156); besonders der Schutz der Menschenwürde gem. Art. 1 Abs. 1 GG soll Versammlungen und Veranstaltungen als Verstöße gegen die öffentliche Ordnung qualifizieren. Aber das Schutzgut der öffentlichen Ordnung kann durch Verweis auf die

Menschenwürde nichts gewinnen, weil bei einem Verstoß gegen die Menschenwürde bereits das Schutzgut der öffentlichen Sicherheit einschlägig ist. Im übrigen neigt die neuere Rechtsprechung zur öffentlichen Ordnung dazu, die Grundrechte in zweifelhafter Weise zu unterlaufen.

Beispiele: Peepshows sollen wegen Verstoßes gegen die öffentliche Ordnung verboten werden können (vgl. BVerwGE 64, 274; BVerwG, NVwZ 1987, 411; 1990, 668). Aber die Darstellerinnen sind durch Art. 12 Abs. 1 GG geschützt und müssen sich nicht Art. 1 Abs. 1 GG entgegenhalten lassen; denn zur Würde gehört auch, nicht zur Leistung von Würde gezwungen zu werden (*Podlech,* AK-GG, 3. Aufl. 2001, Art. 1 Abs. 1 Rn. 46; vgl. auch *Discher,* JuS 1991, 642). – Entsprechendes gilt zur Qualifizierung von Lasertötungsspielen als menschenunwürdigen Verletzungen der öffentlichen Ordnung (VGH München, NVwZ-RR 1995, 32; *Aubel,* Jura 2004, 255; *Gröpl/Brandt,* VerwArch 2004, 223/236; a. A. BVerwGE 115, 189/198 ff.). 56

Literatur: *G. Erbel,* Öffentliche Sicherheit und Ordnung, DVBl. 2001, 1714; *F. Fechner,* „Öffentliche Ordnung" – Renaissance eines Begriffs?, JuS 2003, 734; *T. Finger,* Sicherheit, Sauberkeit und Ordnung im urbanen Raum, Verwaltung 2007, 105; *V. Götz,* Die öffentliche Ordnung im Rahmen der verfassungsmäßigen Ordnung, in: FS Stober, 2008, S. 195; *C. S. Schewe,* Das Sicherheitsgefühl und die Polizei, 2009; *B. Schloer,* Die Begriffe der öffentlichen Sicherheit und Ordnung im bayerischen Polizei- und Sicherheitsrecht, BayVBl. 1991, 257; *R. Störmer,* Renaissance der öffentlichen Ordnung?, Verwaltung 1997, 233; *K. Waechter,* Die Schutzgüter des Polizeirechts, NVwZ 1997, 729. 57

§ 9. Pflichtigkeit

I. Allgemeines

Zur Erfüllung ihrer Aufgaben können Polizei- und Ordnungsbehörden auf verschiedene Weise **tätig werden.** Sie können zum einen selbst handeln, ohne in Freiheit und Eigentum einzugreifen. Sie können zum anderen Eingriffe setzen, und zwar sowohl Eingriffe, die der Betroffene passiv dulden muß, wobei ihm die Duldung ausdrücklich oder stillschweigend aufgegeben ist, als auch Eingriffe, die dem Betroffenen durch Gebot oder Verbot ein aktives Verhalten abverlangen. Die Frage ist, an wen die Polizei- und Ordnungsbehörden Eingriffe adressieren, wen sie polizei- oder ordnungsrechtlich in An- 1 spruch nehmen dürfen. Es ist die Frage der Polizei- oder Ordnungspflichtigkeit.

2 Die Polizei- und Ordnungsgesetze geben darauf eine **gestufte Antwort.** Grundsätzlich muß der für die Gefahr Verantwortliche, der traditionell sog. Störer in Anspruch genommen werden.[1] Er ist **Verhaltensstörer,** wenn sein Handeln oder Unterlassen die Gefahrenquelle darstellt (Verhaltensverantwortlichkeit), **Zustandsstörer,** wenn er für Sachen verantwortlich ist, deren Zustand die Gefahrenquelle darstellt (Zustandsverantwortlichkeit). Ist die Inanspruchnahme eines Störers nicht möglich oder verspricht sie keinen Erfolg, dann können die Polizei- oder Ordnungsbehörden selbst handeln.[2] Ist auch dies nicht möglich oder erfolgversprechend, kommt die Inanspruchnahme eines sog. **Nichtstörers** in Betracht, der zur Gefahrenabwehr beitragen kann, aber weder durch sein Verhalten noch durch den Zustand seiner Sachen mit der Gefahrenquelle zu tun hat. Spezialbefugnisse geben abweichende Antworten; dies wird in den meisten Ländern auch ausdrücklich normiert.[3] Besonders bei den Datenerhebungen zur vorbeugenden Bekämpfung von Straftaten und zur Vorbereitung auf künftige Gefahrenabwehr geht der Kreis der Pflichtigen über die Verhaltens-, Zustands- und Nichtstörer weit hinaus (vgl. §§ 13, 14).

3 Die gesetzlichen Adressatenbestimmungen **vervollständigen** die Generalklausel. Sie erweitern sie nicht; es ist nicht so, daß die Generalklausel nur eigenes Handeln der Polizei- und Ordnungsbehörden

---

1 Art. 7, 8 bayPAG; Art. 9 Abs. 1 u. 2 bayLStVG; §§ 5, 6 bbgPolG; §§ 16, 17 bbgOBG; §§ 13, 14 berlASOG; §§ 5, 6 bremPolG; §§ 6, 7 bwPolG; §§ 8, 9 hambSOG; §§ 6, 7 hessSOG; §§ 68–70 mvSOG; §§ 6, 7 ndsSOG; §§ 4, 5 nwPolG; §§ 17, 18 nwOBG; §§ 4, 5 rpPOG; §§ 4, 5 saarlPolG; §§ 4, 5 sächsPolG; §§ 7, 8 saSOG; §§ 217–219 shLVwG; §§ 7, 8 thürPAG; §§ 10, 11 thürOBG; §§ 17, 18 BPolG.

2 Art. 9 Abs. 1 S. 1, 10 Abs. 1 Nr. 2 u. 3 bayPAG; Art. 7 Abs. 3, 9 Abs. 3 S. 1 bayLStVG; § 7 Abs. 1 Nr. 2 u. 3 bbgPolG; § 18 Abs. 1 Nr. 2 u. 3 bbgOBG; §§ 15 Abs. 1 S. 1, 16 Abs. 1 Nr. 2 u. 3 berlASOG; § 7 Abs. 1 Nr. 2 u. 3 bremPolG; §§ 8 Abs. 1 S. 1, 9 Abs. 1 bwPolG; §§ 7 Abs. 1, 10 Abs. 1 hambSOG; §§ 8 Abs. 1, 9 Abs. 1 Nr. 2 u. 3 hessSOG; § 71 Abs. 1 Nr. 1 u. 2 mvSOG; § 8 Abs. 1 Nr. 2 u. 3 ndsSOG; § 6 Abs. 1 Nr. 2 u. 3 nwPolG; § 19 Abs. 1 Nr. 2 u. 3 nwOBG; §§ 6 Abs. 1, 7 Abs. 1 Nr. 2 u. 3 rpPOG; § 6 Abs. 1 Nr. 2 u. 3 saarlPolG; §§ 6 Abs. 1, 7 Abs. 1 Nr. 1 sächsPolG; §§ 9 Abs. 1, 10 Abs. 1 Nr. 2 u. 3 saSOG; § 220 Abs. 1 Nr. 1 u. 2 shLVwG; §§ 9 Abs. 1, 10 Abs. 1 Nr. 2 u. 3 thürPAG; § 13 Abs. 1 Nr. 2 u. 3 thürOBG; §§ 19 Abs. 1 S. 1, 20 Abs. 1 S. 1 Nr. 2 u. 3 BPolG.

3 Art. 7 Abs. 4, 8 Abs. 4, 10 Abs. 3 bayPAG; Art. 9 Abs. 2 S. 3 bayLStVG; §§ 5 Abs. 4, 6 Abs. 4, 7 Abs. 3 bbgPolG; §§ 16 Abs. 4, 17 Abs. 4, 18 Abs. 3 bbgOBG; §§ 13 Abs. 4, 14 Abs. 5, 16 Abs. 4 berlASOG; § 8 bremPolG; § 70 Abs. 4 mvSOG; §§ 4 Abs. 4, 5 Abs. 4, 6 Abs. 3 nwPolG; §§ 17 Abs. 4, 18 Abs. 4, 19 Abs. 3 nwOBG; § 219 Abs. 4 shLVwG; §§ 7 Abs. 4, 8 Abs. 4, 10 Abs. 3 thürPAG; §§ 10 Abs. 4, 11 Abs. 4, 13 Abs. 3 thürOBG; § 20 Abs. 2 BPolG.

zuließe und erst die Adressatenbestimmungen zu Eingriffen ermächtigten. Sie beschränken die Generalklausel aber auch nicht; es ist auch nicht so, daß die Polizei- und Ordnungsbehörden durch die Generalklausel zu beliebigen Eingriffen nach Ermessen ermächtigt wären und daß das Ermessen erst durch die Adressatenbestimmungen beschränkt würde (so aber *Schoch,* JuS 1994, 667 und 849/850f.; *v. Mutius,* Jura 1983, 298/299). Die Generalklauseln und die Adressatenbestimmungen sind vielmehr eine Einheit, und sie bilden gemeinsam die Ermächtigungsgrundlage für Eingriffe (*Kniesel,* DÖV 1997, 905/906; *Schenke,* Rn. 230).

Ihnen gemeinsam wird gelegentlich eine sog. materielle **Polizeipflicht** entnommen, die als Nichtstörungspflicht verlangen soll, das eigene Verhalten und den Zustand der eigenen Sachen so einzurichten, daß daraus keine Gefahren erwachsen (BVerwGE 125, 325/332f.; *Schenke,* Rn. 228; *Schoch,* Rn. 121; *Martensen,* DVBl. 1996, 286/287; *Pietzcker,* DVBl. 1984, 457/459f.). Aber das Polizei- und Ordnungsrecht statuiert eine solche abstrakte Pflicht gerade nicht; es kennt nur konkrete Pflichtigkeiten, die einen erst dann verpflichten, wenn die Polizei- und Ordnungsbehören einen in Anspruch nehmen (*Selmer,* in: FS Götz, 2005, S. 391). Das Abstellen auf die abstrakte Pflicht hat neben den konkreten Inanspruchnahmen keine rechtliche Grundlage. Es hat insofern auch keinen rechtlichen Ertrag, als das Schutzgut der öffentlichen Sicherheit mit dem geltenden Recht auch die konkreten Pflichten enthält, die im geltenden Recht das eigene Verhalten und die eigenen Sachen betreffen. Diese polizei- und ordnungsrechtlich konkretisierbaren Pflichten bedürfen keiner Verdoppelung durch eine Polizeipflicht. Überdies würde aus der Zustandsverantwortlichkeit, könnte ihr eine Polizeipflicht zur Gewährleistung eines ungefährlichen Zustands der eigenen Sache unterlegt werden, auf befremdliche Weise zusätzlich eine Verhaltensverantwortlichkeit gemacht werden; wer den ungefährlichen Zustand der eigenen Sache nicht gewährleistet, wäre nicht nur Zustands-, sondern, da er die entsprechende materielle Polizeipflicht zu erfüllen unterläßt, auch Verhaltensstörer (vgl. VGH Mannheim, NVwZ 1996, 1036/1037; dazu *Erbguth,* JuS 1998, 314). 4

II. Verhaltensverantwortlichkeit

1. Die Personen und ihr Verhalten

5 Verhaltensverantwortlich werden Personen, wenn sie durch ihr **Verhalten** die Gefahr für die öffentliche Sicherheit oder Ordnung verursachen – ohne Rücksicht auf Verschulden, auf Alter, auf Einsichts- und Verschuldensfähigkeit, auf Abhängigkeit der Stellung und Tätigkeit. In den letztgenannten Fällen gibt es aber eine sog. Zusatzverantwortlichkeit: Für Kinder unter 14 oder gelegentlich auch 16 Jahren ist auch der Aufsichtspflichtige, für unter Betreuung gestellte Personen auch der Betreuer, für Verrichtungsgehilfen auch der Geschäftsherr verantwortlich.[4]

6 Das Verhalten kann sowohl ein Handeln als auch ein **Unterlassen** sein. Wie im Zivil- und im Strafrecht genügt auch im Polizei- und Ordnungsrecht nicht irgendein Nichthandeln; das Nichthandeln muß eine rechtliche Pflicht zum Handeln verletzen. Die rechtliche Pflicht kann im Öffentlichen Recht einschließlich des Strafrechts wurzeln. Entgegen gelegentlich vertretener Auffassung (vgl. OVG Münster, DVBl. 1979, 735; *Kugelmann*, Kap. 8 Rn. 37) kann sie ihre Grundlage auch im Zivilrecht haben; auch das Zivilrecht ist geltendes Recht und gehört damit zum Schutzgut der öffentlichen Sicherheit. Unter der Geltung der Privatrechtsklausel (vgl. § 5 Rn. 42 ff.) kann die Polizei den, der eine ausschließlich zivilrechtliche Handlungspflicht zu erfüllen unterläßt, aber nur dann in Anspruch nehmen, wenn gerichtlicher Schutz nicht rechtzeitig erlangt und die Erfüllung der Pflicht anders nicht oder nur unter wesentlichen Erschwerungen durchgesetzt werden kann. Allerdings greift das Polizei- und Ordnungsrecht mit der Begründung der Zusatzverantwortlichkeit für Aufsichtspflichtige, Betreuer und Geschäftsherren aus dem Kreis der zivilrechtlichen Handlungspflichten einige heraus und verwurzelt und verstärkt sie eigens im Öffentlichen Recht.

---

4 Art. 7 Abs. 2 u. 3 bayPAG; Art. 9 Abs. 1 S. 2, 3 u. 4 bayLStVG; § 5 Abs. 2 u. 3 bbgPolG; § 16 Abs. 2 u. 3 bbgOBG; § 13 Abs. 2 u. 3 berlASOG; § 5 Abs. 2 u. 3 bremPolG; § 6 Abs. 2 u. 3 bwPolG; § 8 Abs. 2 u. 3 hambSOG; § 6 Abs. 2 u. 3 hessSOG; § 69 Abs. 2 u. 3 mvSOG; § 6 Abs. 2 u. 3 ndsSOG; § 4 Abs. 2 u. 3 nwPolG; § 17 Abs. 2 u. 3 nwOBG; § 4 Abs. 2 u. 3 rpPOG; § 4 Abs. 2 u. 3 saarlPolG; § 4 Abs. 2 u. 3 sächsPolG; § 7 Abs. 2 u. 3 saSOG; § 218 Abs. 2 u. 3 shLVwG; § 7 Abs. 2 u. 3 thürPAG; § 10 Abs. 2 u. 3 thürOBG; § 17 Abs. 2 u. 3 BPolG.

Beispiele: Eine öffentlich-rechtliche Pflicht zum Handeln ist die Pflicht der Eltern, ihre Kinder zur Schule zu schicken; unterlassen sie es, können sie ordnungsrechtlich dazu angehalten werden. – Die strafrechtliche Garantenpflicht des Vaters, sich für sein gefährdetes Kind über die Hilfeleistungspflicht des § 323 c StGB und die Einsatzpflicht des Nichtstörers hinaus aufzuopfern, kann bei Unterlassen polizei- und ordnungsrechtlich gegen ihn durchgesetzt werden. – Zivilrechtlich trifft den, der ein Geschäft betreibt, die Pflicht zur Sicherung der Kunden; drohen die Kunden, auf dem Gelände des Geschäfts zu Schaden zu kommen, weil der Betreiber das Räumen und Streuen bei Schnee und Eis unterläßt, kann die Polizei es ihm aufgeben, da die Gefahr anders nicht abgewehrt werden kann. – Unterläßt ein Geschäftsherr, seinen Verrichtungsgehilfen daran zu hindern, eine Gefahr zu verursachen, kann er als Zusatzverantwortlicher in Anspruch genommen werden – über § 831 BGB hinaus auch dann, wenn er seine Sorgfaltspflicht bei der Auswahl, Ausstattung und Anleitung des Verrichtungsgehilfen erfüllt hat. 7

Verhaltensverantwortlich können nicht nur natürliche, sondern auch **juristische Personen,** Personenhandelsgesellschaften und Gesellschaften bürgerlichen Rechts werden. Beide können auch nebeneinander verhaltensverantwortlich sein; während zivilrechtlich das Handeln einer natürlichen Person, die Organ einer juristischen Person ist, nur als deren Handeln und nicht als Handeln der natürlichen Person selbst in den Blick kommt, kennt das Polizei- und Ordnungsrecht eine solche Einschränkung nicht, so daß neben einer juristischen Person auch deren Vorstand oder Geschäftsführer verhaltensverantwortlich sein kann (OVG Münster, NVwZ-RR 1994, 386; 2009, 264; *Drews u. a.,* S. 294). In der Insolvenz bleibt die juristische Person verantwortlich; für sie darf der Insolvenzverwalter in Anspruch genommen werden (*Schmidt,* NJW 2010, 1489; a. A. BVerwGE 122, 75/79 f.). 8

Bei juristischen Personen **des öffentlichen Rechts** gilt, daß jeder Hoheitsträger in seinem Aufgabenbereich für die öffentliche Sicherheit und Ordnung zu sorgen und dabei die Normen des Polizei- und Ordnungsrechts zu wahren hat. Weil es Teil seiner Aufgabe ist, hat er es auch selbst zu tun und wäre ein Tätigwerden der Polizei- und Ordnungsbehörden gegen ihn als Übergriff in seine Aufgabe eine Verletzung der Kompetenzordnung. Die Polizei- und Ordnungsbehörden können einem anderen Hoheitsträger zwar in Not- und Eillagen zu Hilfe kommen, sie können aber, solange und soweit er in seinem Aufgabenbereich handelt, keine Maßnahmen gegen ihn treffen. Als Adressaten einer Maßnahme scheiden Hoheitsträger aus (vgl. § 5 Rn. 38 ff.). 8a

2. Verursachung

9 Die Gesetze stellen für die Verhaltensverantwortlichkeit nur darauf ab, daß eine Person eine Gefahr verursacht. Sie lassen **offen, wie** der Verursachungszusammenhang des näheren beschaffen sein muß.

10 Die Äquivalenztheorie, der jede Bedingung (conditio sine qua non) als gleichwertig gilt, greift nach allgemeiner Auffassung zu weit. Wie das Strafrecht die Zurechnung nicht nur zunächst an der Conditio-sine-qua-non-Formel, sondern dann am Kriterium der Schuld orientiert, wird daher auch im Polizei- und Ordnungsrecht gelegentlich vertreten, die Verantwortlichkeit, die nach der Conditio-sine-qua-non-Formel zunächst zu weit ausfalle, könne dann über die Kriterien der **Effektivität und Verhältnismäßigkeit** korrigiert werden (vgl. *Muckel,* DÖV 1998, 18/21 ff.). Aber diese Korrektur ist unzureichend. Die Korrektur durch das Kriterium der Effektivität schränkt fast nichts und die durch das Kriterium der Verhältnismäßigkeit unter den Gesichtspunkten der Geeignetheit und der Erforderlichkeit so wenig ein, daß alles auf die Einschränkung unter dem Gesichtspunkt der Zumutbarkeit ankommt. Die Frage der Zumutbarkeit ist von der Frage des Verschuldens nicht hinreichend zu unterscheiden (vgl. *Muckel,* DÖV 1998, 18/24 f.). Um Verschulden geht es im Polizei- und Ordnungsrecht aber gerade nicht (BVerwG, NVwZ 1983, 474/476; *Denninger,* HdbPolR, E Rn. 73; *Gusy,* Rn. 329; *Schenke,* Rn. 241).

11 Allgemein wird nicht zunächst von der äquivalenten Verursachung ausgegangen und dann deren weite Zurechnung korrigiert, sondern von vornherein ein modifizierter Verursachungsbegriff zugrunde gelegt. Herrschend ist der Begriff der **unmittelbaren Verursachung.** Nur der unmittelbare Verursacher ist Störer, der mittelbare ist lediglich sog. Veranlasser und nicht verantwortlich (OVG Koblenz, NVwZ 1992, 499/500; OVG Münster, NVwZ 1997, 507/508; *Denninger,* HdbPolR, E Rn. 77; *Götz,* Rn. 196; *Schenke,* Rn. 243).

12 **Beispiel:** Auf der Autobahn bringt ein Autofahrer seinen Pkw vor einem wechselnden Reh gerade noch zum Halten. Hinter ihm bremst der nächste Fahrer; auf diesen fährt der nachfolgende auf, und es bildet sich eine Schlange aufeinander aufgefahrener, demolierter Fahrzeuge, aus denen Öl und Benzin ausläuft (vgl. VGH Kassel, NJW 1986, 1829). Der erste Fahrer hat für die Gefahr, die das Öl und Benzin für Boden und Wasser bedeuten, zwar eine Ursache gesetzt; sein Verhalten ist in der Ursachenkette sogar das erste, entscheidende Glied. Gleichwohl ist er nicht Störer, da er die Gefahr nur mittelbar, nicht aber durch Setzen des letzten Glieds unmittelbar verursacht hat.

Die Grenze zwischen Mittelbarkeit und Unmittelbarkeit der Verursachung ist aber **nicht** immer durch die größere oder geringere Nähe zur Gefahr, durch die Stellung als spätes oder frühes Glied der Ursachenkette **faktisch vorgegeben.** 13

Beispiel: Die Banane, auf deren Schale jemand auf der U-Bahn-Treppe auszurutschen droht, wurde von A angepflanzt, von B geerntet, von C importiert, von D verkauft und von E gegessen; E hat die Schale fallengelassen, weil F ihn versehentlich angerempelt hat; als der aufmerksame und fürsorgliche G sich nach der Schale bücken und sie aufheben wollte, haben H und I, die ihrerseits im feierabendlichen Getriebe weitergedrängt werden, auch ihn unfreiwillig weitergedrängt; und J hat die Schale unabsichtlich mit dem Fuß vom Rand der Treppe in deren Mitte gekickt. Daß A, B, C und D nur mittelbare Verursacher sind, liegt auf der Hand. Aber wie steht es bei E bis J? – Ein modernes, freilich noch schwieriges und streitiges Beispiel bietet das Internet. In der Ursachenkette, an deren Ende ein Benutzer mit Kinderpornographie oder der Auschwitz-Lüge konfrontiert wird, folgen auf den Content-Provider der Service-Provider und der Access-Provider. Der Access-Provider steht dem Schaden also am nächsten. Aber der Schaden resultiert aus Inhalten des Content-Providers. 14

Die Rede ist von einer **Gefahrengrenze oder -schwelle,** die zwischen mittelbar und unmittelbar ursächlichen Gliedern der Ursachenkette unterscheidet (VGH Kassel, NJW 1986, 1829; OVG Münster, NVwZ 1997, 507/508; *Denninger,* HdbPolR, E Rn. 78f.; *Götz,* § 9 Rn. 13; *Schenke,* Rn. 242). Wer die Gefahrengrenze überschreitet, setzt eine unmittelbare Verursachung und ist Störer – gleichgültig, ob die Ursache in der Ursachenkette früher oder später liegt. Entscheidend ist, daß die Ursache in einem Wirkungs- i. S. eines Verantwortungszusammenhangs mit der Gefahr steht. Zur Frage, auf welche Gesichtspunkte für eine genaue Bestimmung des Verantwortungszusammenhangs wertend abzustellen ist (vgl. *Lege,* VerwArch 1998, 71/78ff.), sind Rechtsprechung und Literatur wenig präzise. Sagen läßt sich immerhin, daß die Zumessung der Verhaltensverantwortlichkeit mit den Vorstellungen von Verantwortung, die sonst in der Rechtsordnung zur Geltung kommen, nicht in Konflikt geraten darf – ausgenommen das Verschulden, das im Polizei- und Ordnungsrecht keine Rolle spielt. 15

Beispiel: Im Fall der gefährlichen Bananenschale (vgl. Rn. 14) haben G, H und I die Gefahrengrenze nicht überschritten; sie haben nicht gehandelt, sondern nur unterlassen, ohne daß sie rechtlich zum Handeln verpflichtet gewesen wären. E, F und J haben gehandelt; sie haben einer um den anderen bewirkt, daß die Bananenschale in die gefährliche Lage auf der Mitte der 16

Treppe geriet. Wenn ihnen dafür auch kein Schuldvorwurf gemacht werden mag, kann ihnen doch die Verantwortung für die Beseitigung der Gefahr auferlegt werden, weil niemand anderes näher an der Gefahr und verantwortlicher für deren Beseitigung ist und weil ihnen mit der Beseitigung auch nicht mehr aufgebürdet wird, als die Rechtsordnung als Sorgfalt in eigenen Angelegenheiten (diligentia quam in suis) auch sonst kennt. Überdies ist E auch zustandsverantwortlich (vgl. Rn. 33 ff.) – Im Internet-Beispiel ist jedenfalls der Content-Provider Verhaltensstörer; der Service-Provider ist wohl allenfalls Zustands- und der Access-Provider Nichtstörer (vgl. *Zimmermann*, NJW 1999, 3145/3148 f.).

17 Das Erfordernis der Unmittelbarkeit der Verursachung bzw. des Überschreitens der Gefahrengrenze bedeutet besonders, daß der, der von seinen Rechten und Freiheiten einen **legalen Gebrauch** macht, nicht Störer sein kann (*Denninger*, HdbPolR, E Rn. 79; *Schenke*, Rn. 243; a. A. *Götz*, § 9 Rn. 29 ff.). Er kann dies auch dann nicht, wenn andere auf seinen Rechts- und Freiheitsgebrauch störend reagieren und er insofern die Störung verursacht hat.

18 **Beispiele:** Wer eine politische Demonstration angemeldet hat und veranstaltet, die gewalttätige Gegendemonstrationen auslöst, ist für die Gewalttätigkeit nicht verantwortlich; Störer sind die Gegendemonstranten. Die Polizei hat zum Schutz derer, die von den Gewalttätigkeiten bedroht sind, gegen die Gegendemonstranten einzuschreiten; die Demonstranten können allenfalls als Nichtstörer in die Pflicht genommen werden (vgl. BVerfGE 69, 315/361; BVerfG, NVwZ 1998, 834/836; *Heine*, in: Symposion Grimm, 2000, S. 217). – Wer in einer sog. offenen Drogenszene nur anwesend, aber weder Drogenhändler noch Drogenkonsument ist, ist kein Störer (a. A. OVG Münster, NVwZ 2001, 459/460).

19 An dieser Bedeutung der Unmittelbarkeit bzw. der Gefahrengrenze zeigt sich besonders deutlich, daß es nicht um einen faktischen, sondern um einen normativen Gesichtspunkt geht. Wer von seinen Rechten und Freiheiten legalen Gebrauch macht, ist nicht etwa tatsächlich an der Gefahr nicht nahe genug dran, er ist es rechtlich nicht. So ist verständlich, daß die auf die Unmittelbarkeit der Verursachung abstellende sog. Unmittelbarkeitslehre Konkurrenz in anderen Lehren gefunden hat, die offener auf das Normative abstellen. Die **Rechtswidrigkeitslehre** stellt auf die Rechts- oder Pflichtwidrigkeit der Verursachung ab und identifiziert als Störer, wer eine rechtliche Handlungs- oder Unterlassungspflicht verletzt (*Pietzcker*, DVBl. 1984, 457/458; *Schmelz*, BayVBl. 2001, 550; *Schnur*, DVBl. 1962, 1/3); die **Sozialadäquanzlehre** stellt auf die soziale Adäquanz der Verursachung ab, wonach neben dem, der eine rechtliche Handlungs- oder

Unterlassungspflicht verletzt, auch der Störer sein soll, der das allgemeine Lebensrisiko in sozialinadäquater Weise steigert (*Gusy,* Rn. 339; *Hurst,* AöR 1958, 43/75 ff.). Beide Lehren unterscheiden sich von der Unmittelbarkeitslehre in den Ergebnissen nur selten; die Gesichtspunkte, auf die die Unmittelbarkeitslehre zur Bestimmung des Verantwortungszusammenhangs abstellt, sind ebenfalls oft Rechtswidrigkeits-, Pflichtwidrigkeits- und Adäquanzgesichtspunkte.

3. Anscheins- und Verdachtsstörer

Die verschiedenen Lehren kommen auch da zu **keinen verschiedenen Ergebnissen,** wo es um die Anscheinsgefahr und den Gefahrverdacht (vgl. § 4 Rn. 47 ff.) geht. Geht der handelnde Beamte vertretbar davon aus, jemand habe durch sein Handeln oder Unterlassen eine Gefahr verursacht, dann ist der Verursacher ein Anscheinsstörer; geht der Beamte vertretbar von der entsprechenden Möglichkeit einer Gefahrenverursachung aus, dann ist der Verursacher ein Verdachtsstörer – wie immer die Verursachung näher bestimmt wird. 20

a) **Anscheinsstörer.** Unter dem herrschenden subjektiven Gefahrbegriff gehen die Polizei- und Ordnungsbehörden gegen den Anscheinsstörer **wie gegen jeden anderen Störer** vor. Dem Fehlen einer objektiven Gefahr wird nicht auf der sog. Primärebene des polizei- oder ordnungsbehördlichen Vorgehens Rechnung getragen, wohl aber auf der sog. Sekundärebene, indem dem Anscheinsstörer, der den Anschein einer Gefahr nicht vorwerfbar verursacht hat, Entschädigung gewährt wird (vgl. § 26 Rn. 15 ff.). Wenn statt seiner jemand anderes den Anschein der Gefahr vorwerfbar verursacht hat, könnte man daran denken, in diesem anderen den eigentlichen Anscheinsstörer zu sehen. Aber das würde den Begriff des Anscheinsstörers verkennen; Anscheinsstörer ist nicht, wie gelegentlich unbedacht formuliert wird (vgl. *Drews u. a.,* S. 668; *Schoch,* JuS 1994, 934), wer den Anschein einer Gefahr verursacht hat, sondern wer eine Gefahr dem Anschein nach verursacht hat. 21

Beispiel: Eine Theatergruppe übt eines Sonntags morgens im Stadtpark eine Sheakespeare-Szene, in der geschrien, gekämpft und gemordet wird. Gelegentlich bezieht sie spielerisch den einen oder anderen Passanten mit ein. Zwei ältere Damen mit schlechten Augen und hysterischer Phantasie melden der Polizei Bandenkämpfe im Stadtpark, bei denen Passanten an Leib und Leben bedroht werden. Hier haben die Mitglieder der Theatergruppe dem Anschein nach eine Gefahr verursacht. Den Anschein, im Stadtpark würden Pas- 22 santen an Leib und Leben bedroht, haben bei der Polizei aber nicht die Mitglieder der Theatergruppe, sondern die beiden älteren Damen vorwerfbar verursacht. Das macht sie aber nicht zu Anscheinsstörern; Anscheinsstörer bleiben die Mitglieder der Theatergruppe, die aber kein Vorwurf trifft und denen daher bei Einschreiten der Polizei unter Umständen Entschädigung zusteht.

23 Wer den Anschein einer Gefahr und dadurch einen Einsatz der Polizei verursacht hat, wird aber, auch ohne Anscheinsstörer zu sein, in einigen Ländern nach speziellen Bestimmungen für die **Kosten** des Einsatzes verantwortlich gemacht (vgl. § 25 Rn. 19ff.).

24 **b) Verdachtsstörer.** Wie die Polizei- und Ordnungsbehörden gegen den Verdachtsstörer vorzugehen haben, ist streitig. Gibt der Gefahrverdacht nur zu einem **Gefahrerforschungseingriff** Anlaß, wird zum einen vertreten, daß die Polizei- oder Ordnungsbehörde dem Verdachtsstörer die Erforschung der Gefahr aufgeben darf (vgl. VGH Mannheim, VBlBW 1993, 298/300f.; NVwZ 1991, 491; vorsichtig auch VGH München, NVwZ 1986, 942/944), zum anderen, daß sie die Gefahr selbst erforschen muß und vom Verdachtsstörer nur verlangen darf, die Erforschung zu dulden (vgl. VGH Kassel, NVwZ 1991, 498; OVG Koblenz, ZfW 1992, 314; OVG Münster, NWVBl. 1990, 159). Als Argument dafür, dem Verdachtsstörer lediglich eine Duldungspflicht aufzubürden, wird auf den Amtsermittlungsgrundsatz verwiesen, nach dem Behörden die relevanten Sachverhalte von Amts wegen zu ermitteln haben (§ 24 Abs. 1 VwVfG; vgl. *Schink,* DVBl. 1989, 1182). Der Amtsermittlungsgrundsatz verlangt aber nur, daß die Behörden und nicht die Beteiligten dafür zu sorgen haben, daß die relevanten Sachverhalte ermittelt werden; er verlangt nicht, daß die Behörden die Ermittlungen selbst durchführen, und verbietet nicht, daß sie sie jemandem aufgeben, wenn sie sie ihm von Rechts wegen aufgeben dürfen (vgl. *Schoch,* JuS 1994, 667/669). Amtsermittlungsgrundsatz und Inpflichtnahme als Störer haben nichts miteinander zu tun. Dann aber muß bei Zugrundelegen des subjektiven Gefahrbegriffs und Gleichsetzung von Gefahrverdacht mit Gefahr auch der Verdachtsstörer mit dem Störer gleichgesetzt und nicht nur in die Pflicht der Duldung, sondern in die der Gefahrerforschung genommen werden.

25 Ist der Gefahrverdacht derart, daß ihm nicht mit einem bloßen Gefahrerforschungseingriff, sondern nur mit einer vollen **Gefahrenabwehrmaßnahme** begegnet werden kann, gilt entsprechend, daß der Verdachtsstörer in die Pflicht der Gefahrenabwehr genommen wer-

den kann (für den Fall einer Gefährdung besonders hochwertiger Rechtsgüter auch *Schink,* DVBl. 1989, 1182/1186).

Beispiel: Ist bei einer alten Bombe ungewiß, ob sie noch explodieren kann, dann ist die gleiche Gefahrenabwehr angezeigt wie bei einer Bombe, bei der Gewißheit besteht, daß sie noch explodieren kann. 26

4. Zweckveranlasser

Sowohl die Rechtswidrigkeitslehre als auch die Sozialadäquanzlehre schließen Verhaltensverantwortlichkeit bei **vorsätzlichem Dazwischentreten Dritter** aus (vgl. *Gusy,* Rn. 339; *Schnur,* DVBl. 1962, 1/8). Damit schließen sie auch die Figur des sog. Zweckveranlassers aus. Von ihm spricht die Unmittelbarkeitslehre dann, wenn ein Veranlasser das Verhalten dessen, der die Gefahr oder Störung unmittelbar verursacht, subjektiv oder objektiv bezweckt (BVerwG, DVBl. 1989, 59/60; *Götz,* § 9 Rn. 18 ff.; *Schenke,* Rn. 244 ff.; *Schoch,* Rn. 138 ff.); statt davon, daß der Veranlasser das Verhalten des unmittelbaren Verursachers objektiv bezwecke, ist auch davon die Rede, daß das Verhalten des unmittelbaren Verursachers sich als Folge des Verhaltens des Veranlassers „zwangsläufig einstelle" (VGH Mannheim, DÖV 1996, 83). 27

Beispiele: Führt eine spektakuläre Schaufensterwerbung zu den erhofften Menschenansammlungen nicht nur auf dem Bürgersteig, sondern auch auf der Fahrbahn, so soll dies eine Unterlassungsverfügung gegen den Geschäftsinhaber rechtfertigen, weil dieser die Verkehrsgefahren für die Passanten wenn nicht subjektiv, dann doch objektiv bezweckt habe (vgl. PrOVG 40, 216; 85, 270). – Ist die Ausübung der Prostitution eine Gefahr für die öffentliche Sicherheit oder Ordnung und überläßt jemand zu besonders hoher Miete Zimmer an Prostituierte, dann soll er für die Gefahr als Zweckveranlasser verantwortlich sein (VGH Kassel, NVwZ 1992, 1111; VGH Mannheim, DÖV 1996, 83; vgl. *Finger,* VBlBW 2007, 139). – Nach verbreiteter Auffassung ist auch der Veranstalter eines Rockkonzerts oder eines Bundesligaspiels, bei dem es erwartbar zu Ausschreitungen der Fans kommt, Zweckveranlasser (vgl. *Lege,* VerwArch 1998, 71/81). 28

Die Frage, ob der Zweckveranlasser als Störer anzusehen ist, hängt allerdings letztlich nicht an der Entscheidung für die Unmittelbarkeits- und gegen die Rechtswidrigkeits- und die Sozialadäquanzlehre. Denn wie sie in diese beiden letzten Lehren nicht hineinpaßt, so paßt sie auch in die Unmittelbarkeitslehre eigentlich nicht hinein. Der Zweckveranlasser ist eben nur Veranlasser und nicht unmittelbarer Verursacher – weder durch die ursächliche Nähe seines Verhaltens 29 zur Gefahr noch durch einen Verantwortungszusammenhang (krit. auch *Denninger*, HdbPolR, E Rn. 80; *Gusy*, Rn. 336; *Kugelmann*, Kap. 8 Rn. 43 ff.; *Ullrich*, DVBl. 2012, 666/667 f.). Davon, daß sich das Verhalten vorsätzlich dazwischentretender Dritter zwangsläufig einstelle, kann nicht die Rede sein. Aber auch das Reden von der objektiven Bezweckung ist ein Unding; Personen setzen sich (subjektiv) einen Zweck, den sie verfolgen wollen, oder es wird ihnen (objektiv) ein Zweck gesetzt, den sie verfolgen müssen, aber so oder so muß bei den Personen die Zwecksetzung der Zweckverfolgung vorausgehen und kann ihr nicht nachfolgen, wenn sie denn etwas anderes als eine Unterstellung sein soll. Wo die Rechtsprechung den Veranlasser trotz seines legalen Verhaltens verantwortlich macht, geht es denn auch um **Unterstellungen – aus praktischen Gründen.** In den Fällen, in denen die Figur des Zweckveranlassers entwickelt wurde und benutzt wird, drängte sich oft der Eindruck auf, jemand habe sich zwar legal verhalten, habe es aber darauf angelegt, andere zu Gefährdungen und Störungen zu provozieren, ohne daß ihm dies nachgewiesen werden konnte. Es konnte ihm nur plausibel unterstellt werden.

30 **Beispiele:** Ein Kameradschaftsverband der Waffen-SS veranstaltete sein Jahrestreffen ausgerechnet in Bad Harzburg, der Stadt der sog. Harzburger Front, was erwartbar zu Gegendemonstrationen und Ausschreitungen führte (vgl. OVG Lüneburg, NVwZ 1988, 638). – Eine Kurkapelle intonierte regelmäßig eine Melodie, zu der die Kurgäste deren antisemitischen Text sangen. Dieser sog. Borkum-Lied-Fall, der heute als Schulfall der Zweckveranlassung tradiert wird, wurde vom Preußischen Oberverwaltungsgericht noch mit der Unterstellung, die Kurkapelle wisse nicht, was sie tue, anders entschieden (PrOVG 80, 176); allerdings spricht die Einheit von Melodie und Text beim Lied dafür, hier sogar unmittelbare Verursachung anzunehmen.

31 Zwar gibt es Fälle, in denen die Polizei- und Ordnungsbehörden gegen einen legalen Provokateur vorgehen können müssen, weil sie eine Gefahr anders nicht abwehren können. Sie können dies, ohne den mittelbaren Verursacher als Zweckveranlasser zum Störer zu machen, wenn sie ihn als **Nichtstörer** in Anspruch nehmen können. Dies können und müssen sie ebenso, wenn sie eine Gefahr anders nicht abwehren können und der Veranlasser nicht legal provoziert hat. Es kommt nicht auf die Provokation bzw. deren berechtigte oder unberechtigte Unterstellung an, sondern auf die Gefahr und deren Abwehr. Die Unterstellung ist, obwohl sie unter der Flagge der objektiven Zwecksetzung segelt, übrigens eine besonders gefährliche Subjektivierung (vgl. § 1 Rn. 29 f.) – besonders gefährlich, weil die

Polizei- und Ordnungsbehörden ihre subjektive Vorstellung von störender Provokation einem wirklich und auch dem Anschein nach legalen Verhalten unterlegen.

Beispiel: Ein überaus populärer Rocksänger, den die Polizei zu Unrecht auf den Besitz von Rauschgift körperlich untersucht hat, kündigt den 100 000 Besuchern seines ausverkauften Konzerts an, er werde am nächsten Tag, einem verkaufsfreien Samstag, einen Bummel durch die Innenstadt machen. Die Polizei weiß, daß dies wieder 100 000 auf die Beine bringen und die Innenstadt in ein gefährliches Chaos stürzen wird. Ob der Rocksänger sich mit dem Bummel an der Polizei für die körperliche Durchsuchung rächen oder einfach das Bad in der Menge genießen oder auch nur harmlos spazieren und einkaufen gehen will und ob, was er will, überhaupt feststellbar ist oder nicht – in jedem Fall nimmt er sein grundrechtlich geschütztes Recht auf Gemeingebrauch an öffentlichen Straßen wahr. In jedem Fall kann die Polizei die Gefahr u. U. nicht anders abwehren, als daß sie ihn am Bummel hindert und seinen Fans das Ausfallen des Bummels bekannt macht. Mit seiner Inanspruchnahme als Nichtstörer ist sie dazu auch in der Lage (vgl. *Erbel,* JuS 1985, 257/261 ff.). 32

III. Zustandsverantwortlichkeit

1. Die Personen und ihre Sachen

Zustandsverantwortlich werden Personen, wenn von Sachen oder Tieren, über die sie die **tatsächliche Gewalt** oder an denen sie das **Eigentum** haben, Gefahren ausgehen. Wieder kommt es auf ihr Alter, ihre Einsichts- und Verschuldensfähigkeit und die Abhängigkeit ihrer Stellung und Tätigkeit nicht an. Auf die Normierung von Zusatzverantwortlichkeiten können die gesetzlichen Regelungen der Zustandsverantwortlichkeit verzichten; mit den Inhabern der tatsächlichen Gewalt (Gewalthabern), den Eigentümern und den häufig zusätzlich erwähnten **anderen Berechtigten** erfassen sie alle, die auf die gefährliche Sache so einwirken können, daß ihre Inpflichtnahme für die Gefahrenabwehr sinnvoll ist.[5] 33

5 Art. 8 Abs. 1 u. 2 S. 1 bayPAG; Art. 9 Abs. 2 S. 1 u. 2 bayLStVG; § 6 Abs. 1 S. 1, Abs. 2 S. 1 bbgPolG; § 17 Abs. 1 S. 1, Abs. 2 S. 1 bbgOBG; § 14 Abs. 1 u. 3 S. 1 berlASOG; § 6 Abs. 1 u. 2 S. 1 bremPolG; § 7 bwPolG; § 9 Abs. 1 S. 1 u. 3 hambSOG; § 7 Abs. 1 S. 1, Abs. 2 S. 1 hessSOG; § 70 Abs. 1 u. 2 S. 1 mvSOG; § 7 Abs. 1 S. 1, Abs. 2 S. 1 ndsSOG; § 5 Abs. 1 S. 1, Abs. 2 S. 1 nwPolG; § 18 Abs. 1 S. 1, Abs. 2 S. 1 nwOBG; § 5 Abs. 1 S. 1, Abs. 2 S. 1 rpPOG; § 5 Abs. 1 S. 1, Abs. 2 S. 1 saarlPolG; § 5 Abs. 1 sächsPolG; § 8 Abs. 1 S. 1, Abs. 2 S. 1 saSOG; § 219 Abs. 1 u. 2 S. 1 shLVwG; § 8 Abs. 1 u. 2 S. 1 thürPAG; § 11 Abs. 1 u. 2 S. 1 thürOBG; § 18 Abs. 1 S. 1, Abs. 2 S. 1 BPolG.

34 **Beispiele:** Zu den Gewalthabern gehören der zivilrechtlich berechtigte unmittelbare Besitzer, der zivilrechtlich berechtigte Besitzdiener, aber auch der zivilrechtlich nichtberechtigte unmittelbare Besitzer, der die Sache gestohlen oder unterschlagen hat. Der zivilrechtlich berechtigte mittelbare Besitzer ist zwar nicht Gewalthaber, aber anderer Berechtigter. Erbbauberechtigte (OVG Münster, NVwZ-RR 2009, 364/365), Nießbraucher, Mieter, Pächter, Entleiher, Verwahrer und Insolvenzverwalter (BVerwG, DVBl. 2004, 1564) können Gewalthaber sein oder nicht sein; sie sind jedenfalls andere Berechtigte (vgl. zum Erbbauberechtigten in einem Land, dessen Polizeigesetz den anderen Berechtigten neben dem Eigentümer nicht zusätzlich eigens erwähnt, VGH Mannheim, NJW 1998, 624 f.). Der andere Berechtigte kann nur so weit in die Pflicht der Gefahrenabwehr genommen werden, als er berechtigt ist, auf die Sache einzuwirken.

35 Der Eigentümer, der seine Sache **derelinquiert,** verliert seine Stellung als Eigentümer. Gleichwohl statuiert das Polizei- und Ordnungsrecht in den meisten Ländern auch die Verantwortlichkeit dieses ehemaligen Eigentümers.[6] Systematisch handelt es sich eher um eine Verhaltens- als um eine Zustandsverantwortlichkeit; die Dereliktion muß so erfolgen, daß von ihr keine Gefahr ausgehen kann.

36 Zu erwägen ist, ob nicht der Eigentümer, der sich statt durch die Dereliktion durch die **Veräußerung an eine vermögenslose juristische Person** seiner Zustandsverantwortlichkeit zu entledigen sucht, ebenfalls an ihr festgehalten werden kann. In der Rechtsprechung wurde es zunächst verneint (VGH Mannheim, NVwZ 1996, 1036/1037 f.), dann unter dem Gesichtspunkt bejaht, daß die Veräußerung sittenwidrig und nichtig sei, wenn sie allein darauf ziele, die Lasten und Kosten der Zustandsverantwortlichkeit auf die öffentliche Hand abzuwälzen (VGH Mannheim, VBlBW 1998, 312). Soweit es um schädliche Bodenveränderungen und Altlasten geht, hält nun § 4 Abs. 3 S. 4 und Abs. 6 BBodSchG den wissenden oder wissen müssenden Alteigentümer und seine Organe an seiner Zustandsverantwortlichkeit fest (vgl. *Kohls,* Nachwirkende Zustandsverantwortlichkeit, 2002; *Spieth/Wolfers,* NVwZ 1999, 355).

37 Der Eigentümer oder andere Berechtigte, der seinen Willen gegenüber dem Gewalthaber nicht zur Geltung bringen kann, ist von der

---

6 Art. 8 Abs. 3 bayPAG (anders aber Art. 9 Abs. 2 S. 2 bayLStVG); § 6 Abs. 3 bbgPolG; § 17 Abs. 3 bbgOBG; § 14 Abs. 4 berlASOG; § 6 Abs. 3 bremPolG; § 9 Abs. 1 S. 2 hambSOG; § 7 Abs. 3 hessSOG; § 70 Abs. 3 mvSOG; § 7 Abs. 3 ndsSOG; § 5 Abs. 3 nwPolG; § 18 Abs. 3 nwOBG; § 5 Abs. 3 rpPOG; § 5 Abs. 3 saarlPolG; § 8 Abs. 3 saSOG; § 219 Abs. 3 shLVwG; § 8 Abs. 3 thürPAG; § 11 Abs. 3 thürOBG; § 18 Abs. 3 BPolG; anders die Rechtslage in Baden-Württemberg, vgl. hierzu VGH Mannheim, UPR 1998, 77, und in Sachsen.

Verantwortlichkeit befreit; verantwortlich ist hier allein der **ohne den Willen des Berechtigten** handelnde Gewalthaber.[7]

Beispiel: Neben dem Dieb oder Unterschlager ist der Eigentümer oder andere Berechtigte nicht verantwortlich. Auch der Vater, mit dessen Auto und gegen dessen Willen der Sohn eine Spritztour unternimmt, ist u. U. zwar als Aufsichtspflichtiger und Verhaltensstörer, nicht aber als Zustandsstörer verantwortlich. 38

Der **Grund** für diese Befreiung von der Verantwortlichkeit liegt nicht darin, daß der Eigentümer oder andere Berechtigte an dem, was der Gewalthaber mit der Sache macht, nicht schuld sein kann – vielleicht ist er sogar schuld, indem er seine Sache schlecht verwahrt und dadurch zum gefährlichen Umgang mit ihr geradezu eingeladen hat. Der Grund für die Befreiung liegt vielmehr darin, daß der Eigentümer oder andere Berechtigte auf die Sache nicht mehr gefahrenabwehrend einwirken kann. 39

Damit ein Gewalthaber, Eigentümer oder anderer Berechtigter zustandsverantwortlich wird, bedarf es **keines Verhaltens** von ihm. Die Zustandsverantwortlichkeit steht völlig selbständig neben der Verhaltensverantwortlichkeit. Naturereignisse und Verhalten Dritter sind ebenso wie das Verhalten des Gewalthabers oder Berechtigten selbst geeignet, Zustandsverantwortlichkeit zu begründen. Daß die Sache gefährlich ist, ist entscheidend, nicht wie sie gefährlich geworden ist. 40

Beispiele: Für die Sicherung einer Straße gegen Felsschlag ist der Eigentümer des Felsengrundstücks verantwortlich, gleichgültig, ob der Felsschlag wegen seiner Abgrabungen oder wegen langen Regens droht (vgl. BVerwG, NJW 1999, 231; OVG Koblenz, NJW 1998, 625). – Der Eigentümer des ölverseuchten Grundstücks, von dem eine Gefahr für das Grund- und Trinkwasser ausgeht, ist für den Aushub des Erdreichs verantwortlich, auch wenn das Öl aus einem unachtsam gefahrenen, umgekippten und ausgelaufenen Tankwagen stammt, dessen Fahrer und Geschäftsherr daneben verhaltensverantwortlich sind (vgl. OVG Münster, OVGE 19, 101/104). – Nicht zustandsverantwortlich ist dagegen der Bauer, dem heimlich und gegen seinen Willen ein rostiges Autowrack auf die Wiese gestellt wird, an dem sich spielende Kinder verletzen. Anders als das eingesickerte Öl wird das abgestellte Autowrack 41

7 Art. 8 Abs. 2 S. 2 bayPAG; Art. 9 Abs. 2 S. 2 bayLStVG; § 6 Abs. 2 S. 2 bbgPolG; § 17 Abs. 2 S. 2 bbgOBG; § 14 Abs. 3 S. 2 berlASOG; § 6 Abs. 2 S. 2 bremPolG; § 9 Abs. 2 hambSOG; § 7 Abs. 2 S. 2 hessSOG; § 70 Abs. 2 S. 2 mvSOG; § 7 Abs. 2 S. 2 ndsSOG; § 5 Abs. 2 S. 2 nwPolG; § 18 Abs. 2 S. 2 nwOBG; § 5 Abs. 2 S. 2 rpPOG; § 5 Abs. 2 S. 2 saarlPolG; § 8 Abs. 2 S. 2 saSOG; § 219 Abs. 2 S. 2 Nr. 1 shLVwG; § 8 Abs. 2 S. 2 thürPAG; § 11 Abs. 2 S. 2 thürOBG; § 18 Abs. 2 S. 2 BPolG; ebenso ohne ausdrückliche Normierung die Rechtslage in Baden-Württemberg, vgl. *Würtenberger/Heckmann*, Rn. 435, und Sachsen.

nicht Eigentum des Bauern, der ohne den Willen zur tatsächlichen Sachherrschaft auch nicht Inhaber der tatsächlichen Gewalt über das Autowrack wird (vgl. *Denninger,* HdbPolR, E Rn. 114; zu abfallrechtlichen Besonderheiten vgl. BVerwG, DVBl. 1998, 336).

2. Verursachung

42 Die Voraussetzung der Zustandsverantwortlichkeit formulieren die Polizei- und Ordnungsgesetze entweder nach dem Vorbild des Musterentwurfs dahin, daß von einer Sache oder einem Tier eine Gefahr „ausgeht",[8] oder dahin, daß eine Gefahr „durch den Zustand einer Sache" droht.[9] Ob nach diesen Formulierungen und auch der Sache nach dieselbe **unmittelbare Verursachung** zwischen der Sache und der Gefahr zu fordern ist wie bei der Verhaltensverantwortlichkeit oder ob diese Forderung bei der Zustandsverantwortlichkeit fehl geht, ist streitig.

43 Zum einen wird argumentiert, der Zustand der Sache, d. h. ihre Beschaffenheit oder ihre Lage im Raum, verursache die Gefahren nicht, sondern **bilde** sie unmittelbar (*Drews u. a.,* S. 318), zwischen Sachzustand und Gefahr bestehe „kein Kausalitäts-, sondern ein Immanenzverhältnis" (*Kränz,* S. 92).

44 **Beispiel:** Ob es um vergiftetes Grundwasser oder den Felsbrocken auf der Straße geht – diese Sachen sind durch ihre Beschaffenheit bzw. ihre Lage im Raum gefährlich und nicht erst die Ursache für außerhalb ihrer liegende Gefahren. Sie selbst und nicht etwas von ihnen erst noch zu Bewirkendes bilden die Sachlagen, die bei ungehindertem Ablauf des objektiv zu erwartenden Geschehens mit hinreichender Wahrscheinlichkeit die Gesundheit bzw. den Straßenverkehr als polizeilich geschützte Rechtsgüter schädigen.

45 Zum anderen und überwiegend wird auch bei der Zustandsverantwortlichkeit **unmittelbare Verursachung** gefordert (*Denninger,* HdbPolR, E Rn. 75; *Kugelmann,* Kap. 8 Rn. 51; *Schoch,* Rn. 146; *Würtenberger/Heckmann,* Rn. 442, 444; a. A. *Lepsius,* JZ 2001, 22). In der Tat gibt es nicht nur Konstellationen, in denen eine Sache so unmittelbar gefährlich ist, daß es treffend erscheint, davon zu reden, sie verursache die Gefahr nicht, sondern bilde sie. Auch Sachen kön-

8 Art. 8 Abs. 1 bayPAG; § 6 Abs. 1 S. 1 bbgPolG; § 17 Abs. 1 S. 1 bbgOBG; § 14 Abs. 1 berlASOG; § 6 Abs. 1 bremPolG; § 7 Abs. 1 S. 1 hessSOG; § 7 Abs. 1 S. 1 ndsSOG; § 5 Abs. 1 S. 1 nwPolG; § 18 Abs. 1 S. 1 nwOBG; § 5 Abs. 1 S. 1 rpPOG; § 5 Abs. 1 S. 1 saarlPolG; § 8 Abs. 1 S. 1 saSOG; § 8 Abs. 1 thürPAG; § 11 Abs. 1 thürOBG; § 18 Abs. 1 S. 1 BPolG.

9 § 7 bwPolG; § 9 Abs. 1 S. 1 hambSOG; § 70 Abs. 1 mvSOG; § 5 Abs. 1 sächsPolG; § 219 Abs. 1 shLVwG; ähnlich Art. 9 Abs. 2 S. 1 bayLStVG.

nen mit ihren Gefahrenpotentialen Teile größerer Verursachungszusammenhänge und an der eigentlichen Gefahr näher oder ferner dran sein. Sie sind dann darauf zu untersuchen, ob sie die Gefahr unmittelbar verursachen oder nur mittelbar veranlassen. Die Kriterien können dabei keine anderen sein als bei der Verursachung im Zusammenhang der Verhaltensverantwortlichkeit.

Beispiele: Bei Abschwemmungen von unterschiedlich belasteten Grundstücken, die zu einer gefährlichen Belastung des Wassers führen, kommt es ebenso auf die Unmittelbarkeit der Verursachung an wie bei Einleitungen unterschiedlich belasteter Stoffe. Bei kleinem Geröll auf der Straße, das zwar beim Fahren unter Einhaltung der zulässigen Geschwindigkeit keine Schäden verursacht, aber bei Fahren mit überhöhter Geschwindigkeit zu schweren Unfällen führt, stellt sich die Verursachungsfrage unabhängig davon, ob es vom Felsengrundstück eines eventuellen Zustandsstörers gebröckelt ist oder ob ein Lastkraftwagenfahrer als eventueller Verhaltensstörer es verloren hat. Daß wilde Tauben auf seinem Grundstück nisten, macht den Eigentümer nur zum mittelbaren Verursacher der von den Tauben ausgehenden Gesundheitsgefahren (OVG Münster, NWVBl. 2005, 177/178). 46

Besondere Bedeutung gewinnt die Verursachung bei der Beurteilung der Frage, ob sog. **Eigensicherungspflichten** beim Betrieb gefährlicher Einrichtungen aus der Zustandsverantwortlichkeit der Betreiber folgen. Die obergerichtliche Rechtsprechung hatte dies für die Pflicht von Flughafenbetreibern, Maßnahmen zum Schutz vor terroristischen Anschlägen zu treffen, zunächst bejaht (vgl. VGH Mannheim, JZ 1983, 102). Das Bundesverwaltungsgericht hat es verneint; „im Verhältnis zu der die Gefahr oder den Schaden unmittelbar auslösenden [terroristischen] Mißbrauchshandlung eines Dritten ist der Zustand der Sache, auch wenn er gewisse Anreize für einen Mißbrauch geben sollte, nur eine entfernte (mittelbare) Ursache" (JZ 1986, 896/897). In der Literatur wird noch radikaler argumentiert, es gehe gar nicht um die Sicherheit der eigenen Anlage, sondern um die Sicherheit der Allgemeinheit vor den im Fall eines Anschlags von der Anlage ausgehenden Gefahren, es könne also auch nicht von Eigensicherungspflichten, sondern müsse von besonderen privaten Sicherheitspflichten die Rede sein (*Möstl*, Die staatliche Garantie für Sicherheit und Ordnung, 2002, S. 335 ff.). So oder so können die Pflichten nur durch Gesetz auferlegt werden. 47

Beispiele: § 8 Abs. 1 S. 1 LuftSiG verlangt von Flughafenbetreibern, ihre Anlagen baulich und technisch zu sichern, Fracht sicher zu transportieren und zu lagern, nicht allgemein zugängliche Bereiche vor Unbefugten abzuschirmen 48 und konkret bedrohte Flugzeuge auf Sicherheitspositionen zu verbringen und zu entladen (vgl. *Czaja,* Eigensicherungspflichten von Verkehrsflughäfen, 1995); § 7 Abs. 2 Nr. 5 AtG verlangt von Betreibern kerntechnischer Anlagen, für Schutz gegen Störmaßnahmen oder sonstige Einwirkungen Dritter zu sorgen, und die Rechtsprechung hat darunter auch die Aufstellung eines mit Faustfeuerwaffen ausgerüsteten Werkschutzes verstanden (BVerwGE 81, 185).

IV. Verantwortlichkeit bei Rechtsnachfolge

1. Der Ausgangspunkt: keine Rechtsnachfolge in die Verantwortlichkeit

49 Die polizei- und ordnungsrechtliche Verantwortlichkeit des Bürgers, sei es die Verhaltens- oder die Zustandsverantwortlichkeit, ist nicht im zivilrechtlichen Sinn seine Verbindlichkeit. Sie ist im eigentlichen Sinn überhaupt **nicht sein;** die Polizei- und Ordnungsgesetze sprechen an keiner Stelle von seiner Verantwortlichkeit, sondern nur davon, daß dann, wenn er durch sein Verhalten eine Gefahr verursacht oder wenn von seiner Sache eine Gefahr ausgeht, Maßnahmen gegen ihn gerichtet werden können. Erst mit der Maßnahme entsteht eine konkrete Handlungs-, Unterlassungs- oder Duldungspflicht; davor ist offen, ob die Polizei- und Ordnungsbehörde die Gefahr registriert, ob sie auf die Gefahr reagiert, d. h. welchen Gebrauch sie von ihrem Entschließungsermessen macht, und gegen wen sie vorgeht, d. h. welchen Gebrauch sie von ihrem Auswahlermessen macht (vgl. § 10 Rn. 33). Der polizei- und ordnungsrechtliche Befund ist ein objektiv-rechtlicher; es geht um die Befugnis der Polizei- und Ordnungsbehörden, Maßnahmen gegen den Bürger zu treffen. Die Begriffe der Pflichtigkeit und Verantwortlichkeit sind dogmatische Begriffe, die den objektiv-rechtlichen Befund von der Seite und aus der Sicht des Bürgers als Adressaten lediglich spiegeln.

50 Angesichts dessen ist die **Ablehnung der Möglichkeit einer Rechtsnachfolge** in die polizei- und ordnungsrechtliche Verantwortlichkeit (*Schenke,* Rn. 292 ff.) konsequent. Befugnisse können nicht in ihren Adressaten übertragen und vererbt werden. Der Rechtsnachfolger des Zustandsstörers übernimmt nicht mit den Verbindlichkeiten auch die Zustandsverantwortlichkeit; diese entsteht in seiner Person vielmehr dadurch neu, daß er Eigentümer der Sache wird, von der die Gefahr ausgeht, und daß die Polizei- und Ordnungsbehörde daher Maßnahmen gegen ihn richten kann. Auch bei der Nachfolge in

die Rechtsstellung eines Verhaltensstörers kann die Verhaltensverantwortlichkeit allenfalls in der Person des Rechtsnachfolgers neu entstehen; er kann das gleiche Verhalten wie der Rechtsvorgänger üben und dadurch die gleiche Gefahr verursachen.

Beispiel: Wie der verstorbene Vater benutzt auch der Sohn und Erbe die Hausorgel und gefährdet dadurch zur Nacht- und Ruhezeit die Gesundheit der Patienten des benachbarten Krankenhauses. 51

Dies war **früher** die **herrschende Auffassung.** Die Verantwortlichkeit des Bürgers wurde dabei als höchstpersönliche Pflicht bezeichnet – Ausdruck dessen, daß sie in der Person entsteht, mit ihr vergeht und in der Person des Rechtsnachfolgers nur neu entstehen kann. Abweichendes wurde nur dort anerkannt, wo es gesetzlich geregelt ist; so sahen und sehen die Landesbauordnungen Rechtsnachfolge in die Baugenehmigung, in die mit der Baugenehmigung verbundenen Auflagen und gelegentlich auch in Beseitigungsanordnungen und Nutzungsuntersagungen vor.[10] 52

2. Die Verantwortlichkeit nach ihrer Konkretisierung

Die früher herrschende Auffassung wurde nicht durch dogmatische Überlegungen, sondern durch ein **praktisches Bedürfnis** in Frage gestellt. Ist die Verantwortlichkeit nach u. U. langem Verwaltungsverfahren durch einen Verwaltungsakt konkretisiert, ist der Verwaltungsakt nach u. U. langem gerichtlichem Verfahren bestands- oder rechtskräftig, dann erscheint es schwer erträglich, wenn die bald oder schon vollstreckungsfähige Maßnahme dadurch hinfällig wird, daß Gesamt- oder Einzelrechtsnachfolge eintritt, d. h. ein Todes- und Erbfall, eine Betriebs- oder Geschäftsübernahme oder sonst eine Veräußerung der Sache, von der die Gefahr ausgeht. Wenn schon nicht zu vermeiden ist, daß der Adressat sich der Maßnahme entziehen kann, soll immerhin die Polizei- oder Ordnungsbehörde beim Rechtsnachfolger nicht wieder von vorne beginnen müssen. 53

Rechtsprechung und herrschende Lehre tragen dem praktischen Bedürfnis inzwischen Rechnung und **lassen grundsätzlich zu,** daß ein polizei- und ordnungsrechtliches Vorgehen gegen den Rechtsnachfolger nicht neu eingeleitet, sondern fortgeführt und daß ein bestandskräftiger Verwaltungsakt gegen den Rechtsnachfolger vollstreckt wird (vgl. BVerwG, NJW 1971, 1624; OVG Bautzen, LKV 54

10 Vgl. Art. 54 Abs. 2 S. 3 bayBO; § 89 Abs. 2 S. 3 ndsBO.

1998, 62/64; OVG Münster, NVwZ-RR 1998, 159/160; *Denninger,* HdbPolR, E Rn. 121 ff.; *Würtenberger/Heckmann,* Rn. 453 ff.). Allerdings muß ihm das Verfahren bzw. der Verwaltungsakt bekannt gemacht und Gelegenheit gegeben werden, gerade aus seiner Person und Situation folgende Einwände im Rechtsmittel- bzw. Vollstreckungsverfahren geltend zu machen (vgl. OVG Münster, NVwZ 1987, 427). Gibt der Verwaltungsakt dem Verantwortlichen eine höchstpersönliche Leistung auf, dann wird Rechtsnachfolge überhaupt abgelehnt. Dabei ist nicht die Höchstpersönlichkeit gemeint, von der oben als Eigenschaft der Verantwortlichkeit schlechthin die Rede war (vgl. Rn. 5), sondern Höchstpersönlichkeit im Gegensatz zur Vertretbarkeit. Die Rechtsnachfolge in die konkretisierte Verantwortlichkeit findet also da und erst da ihre Grenze, wo die aufgegebene Leistung nicht vertretbar ist.

55 **Beispiele:** Der bestandskräftige Verwaltungsakt, der dem Eigentümer des Felsengrundstücks die Sicherung der Straße gegen Felsschlag aufgibt, ist auch gegen die GmbH zu vollstrecken, in die er das Felsengrundstück einbringt. – Die polizei- oder ordnungsrechtliche Verfügung, die dem Vater die Benutzung der Hausorgel zu bestimmten Zeiten untersagt, wirkt auch gegen dessen Sohn und Erben. – Hat die Polizei- oder Ordnungsbehörde jemanden vorgeladen, weil sie sachdienliche Angaben von ihm erwartet, dann ist bei dessem Tod der Erbe nicht zum Erscheinen verpflichtet.

56 In der Literatur wird der dargelegte Grundsatz gelegentlich dahin modifiziert, er gelte nur bei Zustands-, nicht aber bei Verhaltensverantwortlichkeit (*Gusy,* Rn. 364), nur für Gesamt-, nicht aber für Einzelrechtsnachfolge (*Würtenberger/Heckmann,* Rn. 455) oder für Einzelrechtsnachfolge nur bei grundstücksbezogenen Verwaltungsakten (*Götz,* § 9 Rn. 85). Diese **Modifikationen** stützen sich besonders auf einen vermeintlich dinglichen Charakter der Zustandsverantwortlichkeit (BVerwG, NJW 1971, 1624; OVG Koblenz, NVwZ 1985, 431; krit. *Schoch,* Rn. 165) oder darauf, daß das Zivilrecht nur bei Gesamtrechtsnachfolge den Übergang der Verbindlichkeiten auf den Rechtsnachfolger vorsieht (*Gusy,* Rn. 363; *Würtenberger/Heckmann,* Rn. 455; krit. *Schoch,* Rn. 166). Aber als im Adressaten lediglich gespiegelte Befugnis der Polizei- und Ordnungsbehörden zum Setzen von Maßnahmen ist die Verantwortlichkeit weder dinglich noch eine Verbindlichkeit. Richtig ist lediglich, daß die Rechtsnachfolge in die Verantwortlichkeit nur dann praktisch geboten erscheint, wenn die Gefahr sachbezogen ist und wenn auch ihre Abwehr nicht ein höchstpersönliches, sondern ein vertretbares Einwirken auf Sachen

verlangt. Dogmatisch geht die Rechtsnachfolge in die Verantwortlichkeit auch mit den erörterten Modifikationen nicht auf; sie ist Richterrecht auf dem Weg zum Gewohnheitsrecht, einem praktischen Bedürfnis geschuldet und soweit vertretbar, als das praktische Bedürfnis reicht.

Beispiele: Die Verfügung, die dem Vater die Benutzung der Hausorgel untersagt, wirkt gegen dessen Sohn nicht nur im Todes- und Erbfall, sondern auch dann, wenn der Vater dem Sohn die Eigentumswohnung mit der eingebauten Hausorgel schenkt. – Wird gegen einen Bauherren, der nicht entsprechend den genehmigten Bauvorlagen gebaut hat, die Stillegung des Vorhabens und der Abriß der vorhandenen Gebäudereste verfügt, so gilt die Verfügung gegen den Einzel- wie gegen den Gesamtrechtsnachfolger, der das Bauvorhaben fortsetzt (OVG Münster, NVwZ-RR 1998, 159). 57

3. Die Verantwortlichkeit vor ihrer Konkretisierung

Da die Zustandsverantwortlichkeit beim Rechtsnachfolger ohnehin originär wieder entsteht, besteht für die Anerkennung einer Rechtsnachfolge in die Zustandsverantwortlichkeit vor deren Konkretisierung kein praktisches Bedürfnis. Sie wird in Rechtsprechung und Literatur auch nicht gefordert. Gefordert wird dagegen die Anerkennung einer Rechtsnachfolge in die Verhaltensverantwortlichkeit auch vor ihrer Konkretisierung jedenfalls für Fälle **gesellschaftsrechtlicher Gesamtrechtsnachfolge** (OVG Münster, UPR 1984, 279; VGH München, ZfW 1989/1990, 147; *Ossenbühl,* S. 46ff.). Unternehmen sollen sich nicht durch Verschmelzungen oder Umgründungen ihrer Verantwortlichkeit entziehen können. 58

Auch hier ist die Anerkennung der Rechtsfolge einem praktischen Bedürfnis geschuldet, freilich einem anderen als dem oben erörterten (vgl. Rn. 53). Bei der Rechtsnachfolge in eine konkretisierte Verantwortlichkeit geht es um die Effizienz von Verwaltungsverfahren und -vollstreckung; die Polizei- und Ordnungsbehörden sollen beim Rechtsnachfolger mit der Inpflichtnahme nicht wieder von vorne beginnen müssen, sondern die beim Rechtsvorgänger durchgeführten Verfahrensschritte überspringen dürfen. Bei der Rechtsnachfolge in eine noch nicht konkretisierte Verhaltensverantwortlichkeit geht es darum, daß die Polizei- und Ordnungsbehörden nicht ohne **potenten Verantwortlichen** dastehen sollen. 59

Beispiel: Eine GmbH hat an einem ihr gehörenden See eine chemische Fabrik betrieben. Nach deren Stillegung hat sie den kontaminierten See an jeman- 60 den verkauft, der vermögenslos ist, und ist selbst durch Verschmelzung unter- und in einer neuen GmbH aufgegangen. Wenn nun das Wasser des kontaminierten Sees das Grund- und Trinkwasser gefährdet, fällt die Beseitigung der Allgemeinheit zur Last, es sei denn, die neue GmbH ist als Rechtsnachfolgerin verantwortlich und kann entsprechend in die Pflicht der Beseitigung der Kontamination genommen werden.

61 Aber um eines praktischen Bedürfnisses willen können zwar Verfahren modifiziert und abgekürzt, nicht aber Eingriffsbefugnisse erfunden werden. Mit dem **Vorbehalt des Gesetzes** ist die Inpflichtnahme des Rechtsnachfolgers, der die in den Polizei- und Ordnungsgesetzen statuierten Voraussetzungen der Verursachung einer Gefahr nicht erfüllt, nicht vereinbar (vgl. *Papier,* DVBl. 1996, 125/127 f.). Bei der Verantwortlichkeit für Bodenveränderungen und -altlasten hat § 4 Abs. 3 S. 1 BBodSchG die Gesamtrechtsnachfolge denn auch eigens geregelt (vgl. BVerwGE 125, 325; krit. *Wittreck*, Jura 2008, 534).

V. Grenzen der Verantwortlichkeit

62 Indem sie von jedem Verschulden absieht, begegnet die polizei- und ordnungsrechtliche Verantwortlichkeit dem Bürger mit einer Härte, die immer wieder schwer erträglich erscheint. Besonders schwer erträglich erscheint sie bei der Zustandsverantwortlichkeit, wenn der Eigentümer sich nicht verhalten hat, sondern in seiner Sache durch Naturereignisse oder Verhalten Dritter betroffen wurde, sei es das Verhalten einzelner Dritter oder das Verhalten vieler, von dem auch viele betroffen wurden, wie Kriege oder technische Katastrophen. Gesucht wird deshalb nach einer **Opfergrenze,** an der die Verantwortlichkeit des Zustandsstörers endet.

1. Legalisierungswirkung von Genehmigungen

63 Ob und wo die Verantwortlichkeit für Altlasten ihre Grenze deshalb findet, weil die kontaminierende Anlage seinerzeit mit behördlicher Genehmigung betrieben wurde, hängt vom **Inhalt der Genehmigung** ab. Die Kontamination, die bei Regelung der Genehmigung vom Gesetzgeber für genehmigungsbedürftig und -fähig gehalten und bei Erteilung der Genehmigung von der Behörde entsprechend gewürdigt und akzeptiert wurde, ist mit der Genehmigung legalisiert. Für sie können der Betreiber, der Eigentümer und dessen Rechts-

nachfolger heute nicht polizei- und ordnungsrechtlich in Anspruch genommen werden.

Streitig ist, ob die Legalisierungswirkung nur die Gefahren umfaßt, die bei Erteilung der Genehmigung **objektiv erkennbar** waren (*Denninger,* HdbPolR, E Rn. 74; *Gusy,* Rn. 374; *Kloepfer,* NuR 1987, 7/14; *Würtenberger/Heckmann,* Rn. 467), oder ob sie auch die damals objektiv nicht erkennbaren, erst nach heutigem Stand von Wissenschaft und Technik identifizierbaren Gefahren umfaßt (*Kniesel,* BB 1997, 2009/2011 f.; *Papier,* NVwZ 1986, 257). Herrschend ist zu Recht die Auffassung, die die Legalisierungswirkung an die seinerzeitige Erkennbarkeit koppelt. Nur was objektiv erkennbar ist, kann rechtlich erfaßt und Gegenstand belastender wie begünstigender, illegalisierender wie legalisierender Regelungen werden. Gewiß, der Betreiber hat sich seinerzeit so legal verhalten, wie er nur konnte. Aber auch der Bauer, der seinerzeit auf seinem Acker ein allgemein geschätztes und empfohlenes Düngemittel ausgebracht und später, nachdem das Düngemittel als schädlich erkannt wurde, die Ernte verloren hat, und der Eigentümer des nach allen Regeln der Bau- und Gartenkunst gesicherten Hausgrundstücks, von dem sich bei starkem Regen gleichwohl ein Erdrutsch löst, haben sich so legal verhalten, wie sie nur konnten. Daß der Gebrauch des Eigentums legal ist, schützt vor polizei- und ordnungsrechtlicher Verantwortlichkeit grundsätzlich nur so lange, als vom Eigentum keine Gefahren ausgehen. Die Legalisierungswirkung der Genehmigung bildet zu diesem Grundsatz eine Ausnahme, die nicht weiter reichen kann, als ihre Wirkung erkennbar war. 64

2. Verjährung, Verwirkung, Verzicht

Gelegentlich wird versucht, die Verantwortlichkeit unter den Gesichtspunkten der Verjährung, der Verwirkung oder des Verzichts zu begrenzen (VG Köln, NVwZ 1994, 927/930; VGH München, UPR 1997, 193 f.; *Kniesel,* BB 1997, 2009/2013; *Ossenbühl,* S. 71 ff.; a. A. *Schenke,* Rn. 282 f.; *Schoch,* Rn. 150). Aber wie die Verantwortlichkeit des Bürgers nicht im zivilrechtlichen Sinn seine Verbindlichkeit ist (vgl. Rn. 5 f.), ist auch die Befugnis der Polizei- und Ordnungsbehörden, Maßnahmen gegen den Bürger zu treffen, **kein Anspruch im zivilrechtlichen Sinn.** Sie ist nicht ein subjektives Recht, über das die Behörde in Freiheit verfügen, das sie ausüben, aber auch preisgeben könnte, sondern eine Kompetenz, zu deren 65

Wahrnehmung die Behörde ebenso verpflichtet wie berechtigt ist. Der Grundgedanke von Verjährung, Verwirkung und Verzicht, wonach man seinen Anspruch preisgibt, wenn man sich nicht zur rechten Zeit und in der rechten Weise um ihn kümmert, paßt nicht, weil die Behörde über ihre Befugnis gar nicht verfügen kann; sie kann sie nur ausüben, nicht preisgeben.

66 Auch die Verjährung, die das **Strafrecht** kennt, ist nicht ins Polizei- und Ordnungsrecht zu übertragen. Mit ihr verzichtet der Gesetzgeber auf den staatlichen Strafanspruch, wenn er dafür hält, daß zu viel Zeit verstrichen, die Beweislage zu schwierig geworden und der Rechtsfriede auch ohne Strafverfahren wieder hergestellt ist. Er verzichtet nach seinem Ermessen, in genau geregeltem Umfang (§§ 78 ff. StGB), und bei manchen Straftaten verzichtet er nicht (§ 78 Abs. 2 StGB). Im Polizei- und Ordnungsrecht ist die Situation eine andere. Sind Sicherheit und Ordnung auch ohne behördliches Einschreiten wieder hergestellt, bedarf es keiner Verjährung, sondern ist mit der Gefahr die Voraussetzung des Einschreitens gefallen; die Beweislage ist wegen der Zurechnung allein über die unmittelbare Verursachung vergleichsweise einfach; und der Zeitablauf interessiert insofern nicht, als die Gefahr, anders als die Tat im Strafrecht, immer eine bestehende sein muß.

67 Die **Entscheidung des Gesetzgebers,** die Kompetenzen des Polizei- und Ordnungsrechts nicht unter Verjährungs- oder auch Verwirkungsregelungen zu stellen, hat gute Gründe (gegen Verjährung, sofern es sich nicht um vermögensrechtliche Ansprüche handelt, BVerwGE 28, 336/338; OVG Münster, NVwZ 1997, 507/511; *Lange*, Die verwaltungsrechtliche Verjährung, 1984, S. 21 f.; gegen Verwirkung VGH Mannheim, NVwZ-RR 2008, 696). Daß die polizei- und ordnungsrechtlichen Kostenerstattungsansprüche verjähren können, steht auf einem anderen Blatt; es sind eben Ansprüche wie alle anderen vermögensrechtlichen Ansprüche des Staates auch.

3. Unzumutbarkeit

68 Daß dem, der **mehr Opfer als Täter** einer Gefahr ist, die Verantwortlichkeit nicht oder nur in begrenztem Ausmaß zugemutet werden dürfe, wurde erstmals anhand von Trümmergrundstücken erwogen. Soll, wer schon sein Haus durch Bomben verloren hat und wem nur noch Trümmer geblieben sind, auch noch für deren u. U. aufwendige und seine wirtschaftliche Leistungsfähigkeit überschreitende Si-

cherung verantwortlich sein? Die entsprechende Frage läßt sich bei Bombenfunden, in den Fällen der umgestürzten Tankwagen, deren Öl, Benzin oder Chemikalien im Boden versickern, bei technischen Katastrophen, die andere Grundstücke in Mitleidenschaft ziehen und zur Gefahrenquelle machen, und bei Altlasten stellen. Zunehmend versuchen Literatur und gelegentlich auch Rechtsprechung, unter dem Gesichtspunkt des Übermaßes, der Unverhältnismäßigkeit und der Unzumutbarkeit zu helfen (vgl. *Denninger,* HdbPolR, E Rn. 119; *Gusy,* Rn. 372; *Schenke,* Rn. 272; *Schoch,* Rn. 148 f.; *Würtenberger/Heckmann,* Rn. 440).

Beispiele: Das OVG Koblenz hat schon früh die Inpflichtnahme für die Be- 69
seitigung kriegsverursachter polizeiwidriger Zustände an der wirtschaftlichen Leistungsfähigkeit des Zustandsstörers und Unzumutbarkeit für ihn scheitern lassen (DÖV 1954, 216); das BVerwG hat zur Beseitigung von Altlasten eines Galvanikbetriebs immerhin erwogen, letztlich aber nicht durchschlagen lassen, daß „sich der Eigentümer selbst in einer Art 'Opferposition' befinde" (NVwZ 1991, 475).

Auch hier bringt sich die Tendenz zur Versubjektivierung und Ver- 70
subjektivrechtlichung des Polizeirechts (vgl. § 1 Rn. 29 f.) zur Geltung. Mit der starken Stellung, die die Grundrechte dem freien, selbstbestimmten und -verantwortlichen Subjekt einräumen, scheint schwer verträglich, es auch da in die Verantwortung zu nehmen, wo es auf ein Ereignis weder einwirken noch dagegen Vorsorge treffen kann und wo es auch keinen Versicherungsschutz findet, weil Versicherungen bei Fehlen aller Einwirkungs- und Vorsorgemöglichkeiten keinen Schutz gewähren. Aber den Grundrechten eine Grenze zwischen den Lasten, die allen aufgebürdet sind, sich aber nicht bei allen, sondern nur bei einzelnen aktualisieren, und den Lasten der Allgemeinheit zu entnehmen, ist, auch wenn die Grenze aus Art. 3 Abs. 1 GG zu entwickeln versucht wird (*Bonhage,* Grund und Grenze, 2008, S. 361 ff.), **fragwürdig.** Der Krieg trifft den Eigentümer, auf dessen Grundstück die Bombe einschlägt, unter Verschonung anderer Eigentümer allemal weniger hart als den Soldaten, der fällt, unter Verschonung anderer Soldaten. Zwar trifft die Allgemeinheit für die Hinterbliebenen des gefallenen Soldaten oder auch für einen versehrten Soldaten die Verantwortung, das Existenzminimum zu gewährleisten. Das Existenzminimum bleibt aber auch dem Eigentümer eines Trümmergrundstücks allemal erhalten. Darüber hinaus fordert es die Entscheidung des Gesetzgebers und ist es eine Sache weniger

des Rechts als vielmehr der Politik, inwieweit die Lasten des Kriegs von den einzelnen und inwieweit sie von der Allgemeinheit getragen werden. Bei den Altlasten der Industrialisierung gilt nichts anderes. Das Bundes-Bodenschutzgesetz macht von dieser gesetzgeberischen Freiheit auch vollen Gebrauch; zwar entlastet es den einzelnen Zustandsverantwortlichen, aber es bürdet die Altlasten nicht der Allgemeinheit auf, sondern verteilt sie auf mehrere einzelne, neben dem Zustandsverantwortlichen auch auf dessen Voreigentümer und dessen Rechtsnachfolger (vgl. Rn. 36, 61).

4. Artikel 14 GG

71 Auch daß nach Art. 14 GG das Eigentum nicht nur berechtigt, sondern auch verpflichtet, daß sein Gebrauch auch dem Wohl der Allgemeinheit dienen soll und daß sein Inhalt und seine Schranken durch Gesetz bestimmt werden, gibt für die Frage, ob die Härte der Verantwortlichkeit zu akzeptieren oder zu korrigieren ist, eigentlich wenig her. Zwar läßt sich einerseits argumentieren, die Verpflichtung des Eigentümers dürfe nicht weitergehen als seine Berechtigung, polizei- und ordnungsrechtliche Inhalts- und Schrankenbestimmungen dürften das Eigentum nicht weiter verkürzen, als es reiche, und daher müsse die Zustandsverantwortlichkeit jedenfalls da enden, wo der Eigentümer zur Abwehr der von seiner Sache ausgehenden Gefahr mehr aufwenden müßte, als die Sache wert sei (*Friauf,* in: FS Wacke, 1972, S. 293/300 ff.). Aber andererseits ist der Rechtsordnung alles andere als fremd, daß die Verantwortung, die mit dem Eigentum an einer Sache einhergeht, **über deren Wert hinaus** verpflichtet; die Gefährdungshaftung nur schon für Kraftfahrzeuge wäre anders um ihren Sinn gebracht.

72 Gleichwohl haben das **Bundesverfassungsgericht** und die ihm folgende Rechtsprechung die Zustandsverantwortlichkeit des Eigentümers aus Art. 14 GG und dem Grundsatz der Verhältnismäßigkeit begrenzt (E 102, 1/18 ff.; OVG Lüneburg, NdsVBl. 2006, 170; OVG Münster, NJW 2010, 1988; vgl. *Huber/Unger,* VerwArch 2005, 139). Rühre die vom Grundstück ausgehende Gefahr von Naturereignissen oder von Ursachen her, die der Allgemeinheit oder Dritten zuzurechnen seien, dürfe die Abwehr dem Eigentümer nicht unbegrenzt aufgebürdet werden. Bilde das Grundstück den wesentlichen Teil seines Vermögens und die Grundlage seiner und seiner Familie Lebensführung, könne schon eine Belastung mit Gefahrenabwehrkosten unter-

halb des Werts des Grundstücks unzumutbar sein. Sei eine Belastung oberhalb des Wertes zumutbar, dürfe sie doch das Vermögen nicht beeinträchtigen, das in keinem rechtlichen oder wirtschaftlichen Zusammenhang zum Grundstück stehe. Bedeutsam für die Frage der Zumutbarkeit sei stets, ob der Eigentümer das Risiko der Gefahr bewußt in Kauf genommen oder auch nur fahrlässig die Augen davor verschlossen habe.

Auf dem Weg der Versubjektivierung des Polizei- und Ordnungs- 73
rechts (vgl. § 1 Rn. 29f.) ist damit ein weiterer entschlossener Schritt getan. Würde mit ihm Halt gemacht, wäre die derart gezogene Grenze der Verantwortlichkeit wenig stimmig. Wie für den Zustandsverantwortlichen für Grund- kann es auch für Fahrniseigentum (*Kugelmann,* Kap. 8 Rn. 59) und sogar **für den Verhaltensverantwortlichen** Situationen geben, in denen ihm die Gefahrenabwehr eine Last aufbürdet, die mit guten Gründen als unzumutbar bezeichnet werden kann. Einmal eingeschlagen wird der Weg weiter beschritten werden bis dahin, daß Verantwortlichkeit zwar auf einer Primärebene zum Einschreiten berechtigt, auf einer Sekundärebene aber umfassend auf ihre Unzumutbarkeit befragt und gegebenenfalls durch Ersatzleistungen kompensiert wird.

VI. Inanspruchnahme nichtverantwortlicher Dritter

Ausnahmsweise können auch **andere Personen als die Verant-** 74
wortlichen polizei- und ordnungsrechtlich in Anspruch genommen werden. Die Ausnahme ist der sog. polizeiliche Notstand.[11] Für ihn ist Voraussetzung, daß

- eine gegenwärtige und meistens auch erhebliche Gefahr abzuwehren ist (vgl. § 4 Rn. 19–23),
- die Gefahrenabwehr nicht durch Inanspruchnahme eines Verhaltens- oder Zustandsstörers möglich ist, weil es ihn nicht gibt (Naturkatastrophe) oder er nicht rechtzeitig oder ausreichend in Anspruch genommen werden kann,
- die Gefahrenabwehr auch nicht durch die Behörde selbst oder durch Beauftragte der Behörde möglich ist,

11 Art. 10 bayPAG; Art. 9 Abs. 3 bayLStVG; § 7 bbgPolG; § 18 bbgOBG; § 16 berlASOG; § 7 bremPolG; § 9 bwPolG; § 10 Abs. 1 hambSOG; § 9 hessSOG; § 71 Abs. 1 mvSOG; § 8 ndsSOG; § 6 nwPolG; § 19 nwOBG; § 7 rpPOG; § 6 saarlPolG; § 7 sächsPolG; § 10 saSOG; § 220 Abs. 1 shLVwG; § 10 thürPAG; § 13 thürOBG; § 20 Abs. 1 BPolG.

- die Inanspruchnahme für den Nichtstörer nicht eine erhebliche eigene Gefährdung oder Verletzung höherwertiger Pflichten mit sich bringt (sog. Zumutbarkeitsgrenze) und
- die Inanspruchnahme sich auf das unumgänglich Notwendige beschränkt.

75 Der polizeiliche Notstand ist ein **altes Rechtsinstitut.** Einen Teil seiner Bedeutung hat er schon 1935 durch § 330 a StGB, heute § 323 c StGB verloren. Die Schutzbereiche dieser Strafrechtsnorm und des polizeilichen Notstands decken sich weithin; ein Unterschied liegt lediglich darin, daß § 323 c StGB auf Unglücksfälle, gemeine Not und gemeine Gefahr zielt, während die Notstandsbestimmungen alle bedeutsamen polizei- und ordnungsrechtlichen Schutzgüter erfassen. Wo sich die Schutzbereiche decken, ist eine Inanspruchnahme durch die Polizei die Inpflichtnahme eines für die Erfüllung der Hilfeleistungspflicht des § 323 c StGB Verantwortlichen und hat vor der Inpflichtnahme als Nichtverantwortlicher Vorrang (*Götz,* § 10 Rn. 3).

76 Grundsätzliche Probleme birgt besonders die vierte der aufgeführten Voraussetzungen. Was ist einem Menschen zur Rettung eines anderen Menschen oder zur Rettung vieler anderer Menschen **zumutbar?** In der Diskussion um den Abschuß von Flugzeugen, bei denen der Verdacht besteht, daß sie in die Gewalt von Terroristen geraten sind und zur Zerstörung von Hochhäusern, Kernkraftwerken usw. eingesetzt werden sollen, wird gelegentlich vertreten, den Passagieren sei zuzumuten, zur Rettung der vielen Menschen, die bei der Zerstörung umzukommen drohen, ihr Leben zu opfern. § 14 Abs. 3 LuftSiG traf eine entsprechende Regelung, die, wenn sie verfassungsgemäß gewesen wäre, auch für die Interpretation der sog. Zumutbarkeitsgrenze Bedeutung erlangt hätte. Das Bundesverfassungsgericht hat sie für verfassungswidrig erklärt (E 115, 118/151 ff.); der Abschuß der Passagiere würde diese zum Objekt machen, ihre Würde verletzen und wäre mit Art. 1 Abs. 1 GG nicht vereinbar.

77 Praktische Probleme wirft besonders die dritte der aufgeführten Voraussetzungen auf. Ob die Inanspruchnahme eines Verantwortlichen nicht rechtzeitig oder nicht ausreichend möglich ist, wie die zweite Voraussetzung verlangt, hängt auch von dem **Aufwand** ab, den die Polizei für seine Inanspruchnahme treibt, und die Polizei kann versucht sein, die einfach zu bewerkstelligende Inanspruchnahme eines Nichtstörers der aufwendigen, schwierigen Inanspruchnahme des Störers vorzuziehen.

Beispiel: Eine rechtsradikale, aber nicht für verfassungswidrig erklärte Partei meldet eine Demonstration in der Innenstadt an. Politische Gegner kündigen an, sie würden die Demonstration verhindern, notfalls mit Gewalt. Die Polizei fürchtet zum einen, daß sie mit ihren Kräften gewaltsame Auseinandersetzungen zwischen Demonstranten und Gegnern nicht verhindern kann, und zum anderen, daß unbeteiligte Passanten in Mitleidenschaft gezogen werden. Wieviel Aufwand muß sie treiben, um die friedlichen Demonstranten und unbeteiligten Passanten gegen die gewalttätigen Gegner zu schützen? Wieviel Kräfte muß sie einsetzen, wieviel für andere Gefahren vorhalten, wieviel von auswärts anfordern? Wann darf sie davon ausgehen, daß die Inanspruchnahme der gewalttätigen Gegner nicht ausreicht, und zur Abwehr drohender Gewalt die Demonstration auflösen? 77a

Grundsätzlich sind sich Rechtsprechung und Literatur einig, daß die Polizei **alle** ihr tatsächlich zur Verfügung stehenden eigenen und alle ihrer Verfügung zu unterstellenden fremden **Kräfte einsetzen** muß, ehe sie sich für die Auflösung der Versammlung, d. h. für das Einschreiten gegen den Nichtstörer entscheiden darf (BVerfG, NVwZ 2006, 1049f.; *Denninger,* HdbPolR, E Rn. 143ff.). Aber in der Einschätzung dessen, was der Polizei jeweils zur Verfügung steht bzw. worüber sie sich die Verfügung jeweils verschaffen kann und muß, gibt es in der Rechtsprechung durchaus Unterschiede (vgl. BVerwG, NVwZ 1999, 991/992f.; OVG Weimar, NJ 1997, 102/104 mit den jeweils berichteten Vorentscheidungen). Damit der Grundsatz zur Geltung kommt, ist zu fordern, daß die Alternativlosigkeit des Einschreitens gegen den Nichtstörer außer Zweifel steht; im Zweifel ist das Einschreiten gegen den Nichtstörer unzulässig. 78

Beispiele: Wenn die eigenen Kräfte der Polizei außer der Demonstration auch einen Staatsbesuch und ein Fußballspiel in der Bundesliga zu sichern haben, wenn auswärtige Kräfte zwar angefordert, aber nicht geschickt wurden und wenn die Innenstadt wegen zahlreicher Baustellen den Passanten keine Gelegenheit bietet, sich allfälligen gewalttätigen Auseinandersetzungen zu entziehen, mag die Inpflichtnahme der Demonstranten zulässig sein. Unzulässig ist sie dagegen, wenn möglich gewesen wäre, aber versäumt wurde, die gewalttätigen Gegner schon auf der Anreise abzufangen, wenn die Anforderung auswärtiger Kräfte unterlassen wurde und wenn eigene Kräfte nicht zum Einsatz kamen, ohne daß sie um bestimmter weiterer Gefahren willen in Reserve bleiben mußten. Zweifel, ob es nicht auch bei Vermeidung dieser Versäumnisse und Unterlassungen zu Gewalttätigkeiten zwischen Demonstranten und Gegnern gekommen wäre, gehen zu Lasten der Polizei. 79

In der Literatur wird dem polizeilichen Notstand als sog. **unechter polizeilicher Notstand** die Situation gleichgestellt, in der die Inan- 80 spruchnahme des Verantwortlichen zwar rechtzeitig und ausreichend möglich wäre, für die Allgemeinheit oder den Störer selbst aber unerträgliche, unverhältnismäßige, unzumutbare Nachteile mit sich brächte, die die Nachteile der Inanspruchnahme des Nichtstörers offenkundig überwiegen (*Dietel u. a.,* § 1 Rn. 257; *Schmidt-Jortzig,* JuS 1970, 507/509f.). Das Ergebnis leuchtet ein; allerdings mag man fragen, ob die Situation eines eigenen Begriffs bedarf, denn davon, in ihr sei die Inanspruchnahme des Verantwortlichen wirklich möglich, kann schwerlich die Rede sein.

81 Ähnliche Probleme wie bei der dritten gibt es bei der vierten Voraussetzung, nach der die Gefahrenabwehr auch **nicht durch die Behörde selbst** möglich sein darf. Treibt die Behörde den Aufwand hoch genug, dann wird es fast immer eine von ihr selbst durchzuführende Alternative zur Inanspruchnahme des Nichtstörers geben. Auch hier gilt, daß die Behörde den Aufwand zwar nicht beliebig hochtreiben muß, daß sie sich vor ihm aber auch nicht drücken und es sich durch die Inanspruchnahme des Nichtstörers nicht bequem machen darf. Auch hier muß die Alternativlosigkeit des Einschreitens gegen den Nichtstörer außer Zweifel stehen und ist es im Zweifel unzulässig.

82 **Beispiele:** Die Polizei, die im Streifenwagen keinen Schneidbrenner mit sich führt, darf diesen beim Schlosser sicherstellen, um den eingeklemmten Fahrer aus dem Unfallwagen zu befreien. Dagegen gehören Handbesen und -schaufel zur Ausstattung von Streifenwagen, und wenn es gefährliche Glassplitter von Fahrbahn und Bürgersteig zu beseitigen gilt, hat sich die Polizei ihrer Ausstattung zu bedienen, auch wenn die Sicherstellung und Benutzung der Kehrmaschine des Kaufhauses schneller, effizienter und bequemer wäre.

83 Insgesamt schwankt die Bedeutung des polizeilichen Notstands; für die Polizei werden die Möglichkeiten, auf eine Gefahrenlage mit eigenen Mitteln zu reagieren, nur dann in einer einen polizeilichen Notstand begründenden Weise eng, wenn insgesamt eine **gesellschaftliche Notlage** den gesellschaftlichen und staatlichen Spielraum in finanzieller, sächlicher und personeller Hinsicht einschränkt.

84 Besondere Bedeutung zeigte der polizeiliche Notstand bei der **Obdachlosenunterbringung** in den Kriegs- und Nachkriegsjahren, verlor diese Bedeutung in den 60er bis 80er Wohlstandsjahren, um sie dann wieder verstärkt zu gewinnen (vgl. *Günther/Traumann,* NVwZ 1993, 130). Wo die Sozialbehörden keine Wohnungen zur Verfügung stellen können und hinreichende Obdachlosenunterkünfte

(Obdachlosenasyle) fehlen, bleibt der Polizei wenig anderes übrig, als unfreiwillig Obdachlose in Wohnungen Dritter einzuweisen und diese im Weg des polizeilichen Notstands in Anspruch zu nehmen (vgl. *Schenke,* Rn. 322f.; *Schoch,* Rn. 179; *Ruder,* NVwZ 2001, 1223). Denn die unfreiwillige ist anders als die freiwillige Obdachlosigkeit (vgl. OVG Lüneburg, NVwZ 1992, 502/503) eine Gefahr für die öffentliche Sicherheit (vgl. OVG Greifswald, NJW 2010, 1096/1097; *Reitzig,* Die polizeirechtliche Beschlagnahme von Wohnraum zur Unterbringung Obdachloser, 2003, S. 39ff.); Maßnahmen gegen den Obdachlosen als den Störer versprechen keinen Erfolg, und wenig Erfolg verspricht auch die Anmietung von Wohnungen für Obdachlose durch die Polizei, da Vermieter regelmäßig keine Obdachlosen in ihren Wohnungen wollen. Die Vermieter, deren Wohnungen über eine Sicherstellung oder Beschlagnahme (vgl. § 19 Rn. 1, 5) im Weg des polizeilichen Notstands in Anspruch genommen werden, sind stets Nichtstörer, auch wenn sie die Obdachlosigkeit dadurch verursacht, aber eben nur mittelbar verursacht haben, daß sie ihre früheren Mieter durch Kündigung obdachlos gemacht haben (OVG Münster, NVwZ 1991, 692; OVG Lüneburg, NJW 2010, 1094/1095). Sie können Entschädigung beanspruchen und haben Folgenbeseitigungsansprüche, wenn die Obdachlosen nach Ablauf der Sicherstellungs- oder Beschlagnahmefrist in der Wohnung bleiben und wenn es den ursprünglichen Wohnungszustand wieder herzustellen gilt (vgl. § 27 Rn. 26f.).

Werden, wie dies gelegentlich geschieht, obdachlos gewordene **85**
Mieter in ihre alte Wohnungen zwangseingewiesen, die ihnen gekündigt wurden und die sie nach zivilgerichtlichen Entscheidungen rechtskräftig zu räumen verpflichtet sind, **konterkariert** die Polizei in gewisser Weise die Entscheidungen der ordentlichen Gerichte; das ist nicht unproblematisch, da die für das Handeln der Polizei maßgeblichen Gesichtspunkte mit denen identisch sind, die auch die ordentlichen Gerichte jenseits des bloßen Mietrechts zu beachten haben (*Schlink,* NJW 1988, 1689).

VII. Auswahl unter mehreren Adressaten

1. Effektivität

86 Daß die Polizei- und Ordnungsbehörden einen Nichtstörer in letzter Linie in Anspruch nehmen dürfen und in erster Linie die Störer zur Gefahrbeseitigung heranziehen müssen, legen die Polizei- und Ordnungsgesetze ausdrücklich fest. Zur Frage, wer von mehreren Störern heranzuziehen ist, schweigen sie dagegen; sie stellen sie in das polizei- und ordnungsbehördliche **Auswahlermessen** (vgl. § 10 Rn. 32 ff.).

87 Zu **Mehrheiten von Störern** kann es auf verschiedene Weise kommen. Mehrere Personen können, z. B. als Hausbesetzer, miteinander handeln, sie können, z. B. als Beteiligte an einem Verkehrsunfall mit Brandgefahr, gegeneinander handeln, und sie können, z. B. beim umstürzenden und auslaufenden Öltransporter, nebeneinander stehen, wobei der eine als Verhaltensstörer die Sache des anderen so beeinträchtigt, daß dieser Zustandsstörer wird. Es gibt auch eine Mehrheit von Störerrollen in Situationen, in denen jemand, z. B. als Fahrer und Halter eines verkehrsgefährdend abgestellten Fahrzeugs, zugleich Verhaltens- und Zustandsverantwortlicher (Doppelstörer) ist.

88 Das **oberste Gebot** für die Auswahl unter mehreren Störern ist das Gebot der Effektivität. Die Polizei- und Ordnungsbehörden haben von mehreren Störern den heranzuziehen, durch den die Gefahrenbeseitigung am wirksamsten, d. h. schnellsten, verläßlichsten und gründlichsten erfolgt. Ist die Gefahrenbeseitigung bereits erfolgt und geht es nur noch um die Kosten der Gefahrenbeseitigung, dann verlangt die Effektivität die Heranziehung des Störers, bei dem die Behörden am schnellsten, verläßlichsten und einfachsten zu ihrem Geld kommen. Wird einer von mehreren Störern ausgewählt und herangezogen, stellt sich die Frage eines Kostenausgleichs unter den Störern (vgl. § 25 Rn. 18).

2. Verhältnismäßigkeit

89 Gelegentlich wird zwischen dem Gebot der Effektivität und dem Grundsatz der Verhältnismäßigkeit ein **Spannungsverhältnis** gesehen (*Denninger,* HdbPolR, E Rn. 131). Aber der Verhältnismäßigkeitsgrundsatz und das Effektivitätsgebot sind einander spannungs-

frei zugeordnet. Zunächst liegt der Verhältnismäßigkeitsgrundsatz jedem Auswahlermessen und damit auch jeder Störerauswahl insofern voraus, als für die Polizei- und Ordnungsbehörden nur verhältnismäßige Eingriffe in Betracht kommen (vgl. § 10 Rn. 15 ff.) und es auch eine Mehrheit von Störern, unter denen auszuwählen ist, nur dann gibt, wenn die Heranziehung jedes einzelnen verhältnismäßig wäre. Nur unter mehreren verhältnismäßigen Heranziehungen von Störern steuert das Effektivitätsgebot die Wahl der effektivsten Heranziehung. Gibt es mehrere Störer, die gleich effektiv herangezogen werden könnten, kommt der Verhältnismäßigkeitsgrundsatz unter dem Aspekt der **Zumutbarkeit** noch mal ins Spiel und verlangt, den Störer heranzuziehen, dem die Heranziehung am ehesten zuzumuten ist. In der Literatur ist statt von der Zumutbarkeit auch vom Gebot der gerechten Lastenverteilung die Rede (vgl. *Garbe,* DÖV 1998, 632; *Giesberts,* S. 45 ff.), und in der Tat verlangt Art. 3 Abs. 1 GG, daß die Last dem aufgebürdet wird, dem sie am ehesten zuzumuten ist.

Beispiel: Wenn ein Öltransporter auf einem Grundstück umstürzt und ausläuft und die das Grundwasser gefährdende Erde bereits ausgehoben ist, geht es nur noch um die Kosten. Wenn diese gleich schnell, verläßlich und einfach beim Fahrer des Ölstransporters wie beim Eigentümer des Grundstücks erhoben werden können, kommt auswahlleitend zum Zug, daß der Fahrer aktiv, der Eigentümer passiv war und daß daher die Kostentragung dem Fahrer eher zuzumuten ist als dem als das Opfer erscheinenden Eigentümer. 90

Die Verantwortlichkeit, die anders als u. U. an Art. 14 GG (vgl. Rn. 71 ff.) an der Opferposition keine absolute **Grenze** findet (vgl. Rn. 68 ff.), findet an ihr also doch eine relative. In bestimmten Situationen kann die Inanspruchnahme des Verhaltensstörers vor der des Zustandsstörers vorrangig sein, und „dieser Vorrang kann so weit gehen, daß eine auch nachrangige Haftung des Zustandsstörers ausscheidet" (VGH München, NVwZ 1986, 942/945). 91

3. Faustformeln

Gleichwohl kann davon, daß durchweg der Verhaltens- vor dem Zustandsstörer oder auch der Doppel- vor dem Einfachstörer, der der Gefahr zeitlich und örtlich nähere vor dem eher ferneren Störer oder der schuldigere vor dem weniger schuldigen Störer in Anspruch zu nehmen sei, nicht die Rede sein. Diese gelegentlich anzutreffenden Faustformeln (vgl. *Schenke,* Rn. 285 ff.; *Schoch,* Rn. 173; *Garbe,* DÖV 1998, 632/633) **treffen** zwar **manchmal genau** die Störeraus- 92 wahl, die auch unter dem Effektivitätsgebot, dem Verhältnismäßigkeitsgrundsatz und besonders dessen Zumutbarkeitsaspekt zu fordern ist.

93 **Beispiele:** Beim Unfall des Öltransporters entspricht die Inanspruchnahme des Fahrers vor dem Grundstückseigentümer einer Faustformel und zugleich dem Zumutbarkeitsaspekt des Verhältnismäßigkeitsgrundsatzes. – Die Inanspruchnahme des für beleidigende Schmierereien an einer Hauswand verantwortlichen Verhaltensstörers vor dem für das Haus verantwortlichen Zustandsstörer, die die Störung nicht in ihrem Symptom, sondern an der Ursache bekämpft, entspricht einer Faustformel und zugleich dem Effektivitätsgebot.

94 Aber ebenso können die Faustformeln **fehlgehen;** es gibt Zumutbarkeitsaspekte, z. B. Krankheit, Alter, affektives Interesse, Vermögenssituation oder zivilrechtliche Letztverantwortlichkeit (vgl. VGH Mannheim, UPR 2002, 398/400; VGH München, NJW 2004, 2768/2770), die in den Faustformeln keinen Platz haben. Die Faustformeln gehen zumal dann fehl, wenn sie über das oberste Gebot der Effektivität gestellt werden. In der Rechtsprechung wurde denn auch immer wieder betont, daß es „ein gesetzliches Rangverhältnis zwischen der Inanspruchnahme des Verhaltensstörers und der des Zustandsstörers nicht gibt“ und daß sich „die Behörde bei der Auswahl unter mehreren Störern in erster Linie von dem Gesichtspunkt der effektiven Gefahrenabwehr leiten lassen muß“ (VGH Mannheim, ZfW 1996, 388/389; vgl. aber auch in andere Richtung weisend OVG Koblenz, NJW 1986, 1369/1370).

4. Duldungsverfügung

95 Manchmal genügt bei mehreren verantwortlichen Eigentümern oder anderen Berechtigten nicht die Auswahl und Inanspruchnahme eines dieser mehreren. Wenn ihm die Gefahrenabwehr oder Störungsbeseitigung nicht möglich ist, ohne daß die Rechte der übrigen Eigentümer oder anderen Berechtigten beeinträchtigt werden, wenn besonders das Verfügungsrecht betroffen ist, müssen alle Eigentümer oder anderen Berechtigten in Anspruch genommen werden, neben dem einen **die übrigen** zumindest mit einer Duldungsverfügung. Ist dies nicht geschehen, dann ist die Verfügung gegen den einen zwar nicht rechtswidrig, aber nicht vollziehbar (BVerwGE 40, 101/103).

96 **Literatur:** *M. Binder,* Die polizeiliche Zustandshaftung als Gefährdungshaftungstatbestand, 1991; *Th. Brandner,* Gefahrenerkennbarkeit und polizei-

rechtliche Verhaltensverantwortlichkeit, 1990; *H.-U. Erichsen,* Anscheinsgefahr und Anscheinsstörer, Jura 1995, 219; *D. Felix/A. Nitschke,* Störermehrheit im Polizei- und Ordnungsrecht, NordÖR 2004, 469; *G. Franz,* Die Sanierungsverantwortlichen nach dem Bundes-Bodenschutzgesetz, 2007; *L. Giesberts,* Die gerechte Lastenverteilung unter mehreren Störern, 1990; *M. Hollands,* Gefahrenzurechnung im Polizeirecht, 2005; *F. Kirchhof,* Opferlage als Grenze der Altlastenhaftung?, in: FS Oppermann, 2001, S. 639; *J. Kränz,* Zustandsverantwortlichkeit im Recht der Gefahrenabwehr, 2000; *J. F. Lindner,* Die verfassungsrechtliche Dimension der allgemeinen polizeirechtlichen Adressatenpflichten, 1997; *J. Martensen,* Materielle Polizeipflicht und polizeiliche Verpflichtbarkeit des Bürgers in Anscheins- und Verdachtslagen, DVBl. 1996, 286; *S. Muckel,* Abschied vom Zweckveranlasser, DÖV 1998, 18; *F. Ossenbühl,* Zur Haftung des Gesamtrechtsnachfolgers für Altlasten, 1995; *M. Peine,* Die Zustandsverantwortlichkeit im Gefahrenabwehrrecht, 2012; *J. Pietzcker,* Polizeirechtliche Störerbestimmung nach Pflichtwidrigkeit und Risikosphäre, DVBl. 1984, 457; *R. Poscher,* Die gefahrenabwehrrechtliche Verantwortlichkeit, Jura 2007, 801; *M. Rau,* Die Rechtsnachfolge in Polizei- und Ordnungspflichten, Jura 2000, 37; *F. Schoch,* Die Notstandspflicht im Polizei- und Ordnungsrecht, Jura 2007, 676; *P. Selmer,* Der Begriff der Verursachung im allgemeinen Polizei- und Ordnungsrecht, JuS 1992, 97.

§ 10. Grundrechte, Verhältnismäßigkeit, Ermessen und Bestimmtheit

I. Allgemeines

Das polizei- und ordnungsbehördliche Handeln ist wie alles Handeln der vollziehenden Gewalt gem. Art. 1 Abs. 3, 20 Abs. 3 GG an die Grundrechte und an sonstiges Verfassungsrecht gebunden. Zugleich wird in den „allgemeinen Vorschriften“ aller Polizei- und Ordnungsgesetze der Grundsatz der Verhältnismäßigkeit geregelt;[1] in den meisten wird auch das Ermessen eigens thematisiert.[2] Verfassungsrechtliche Grundrechtsbindung und einfach-gesetzliche Verhältnismäßigkeits- und Ermessensregelung **hängen zusammen.** 1

1 Art. 4 bayPAG; Art. 8 bayLStVG; § 3 bbgPolG; § 14 bbgOBG; § 11 berlASOG; § 3 bremPolG; § 5 bwPolG; § 4 hambSOG; § 4 hessSOG; § 15 mvSOG; § 4 ndsSOG; § 2 nwPolG; § 15 nwOBG; § 2 rpPOG; § 2 saarlPolG; § 3 Abs. 2–4 sächsPOG; § 5 saSOG; § 73 Abs. 2 u. 3 shLVwG; § 4 thürPAG; § 6 thürOBG; § 15 BPolG.

2 Art. 5 Abs. 1 bayPAG; § 4 Abs. 1 bbgPolG; § 15 bbgOBG; § 12 Abs. 1 berlASOG; § 4 Abs. 1 bremPolG; § 3 bwPolG; § 3 Abs. 1 hambSOG; § 5 Abs. 1 hessSOG; § 14 Abs. 1 mvSOG; § 5 Abs. 1 ndsSOG; § 3 Abs. 1 nwPolG; § 16 nwOBG; § 3 Abs. 1 rpPOG; § 3 Abs. 1 saarlPolG; § 6 Abs. 1 saSOG; §§ 73 Abs. 1 i. V. m. 174 shLVwG; § 5 Abs. 1 thürPAG; § 7 Abs. 1 thürOBG; § 16 Abs. 1 BPolG.

2 Rechtsstaatlicher Grundrechtsschutz erfordert vor allem eine Prüfung der **Verhältnismäßigkeit.** Daher wird der Grundsatz der Verhältnismäßigkeit normativ auf das Rechtsstaatsprinzip und die Grundrechte gestützt (vgl. *Pieroth/Schlink,* Rn. 284). Die entsprechenden polizei- und ordnungsbehördlichen Normen sind bloße Konkretisierungen des Verfassungsrechts, für die allerdings der Anwendungsvorrang der rangniederen Norm (vgl. *Maurer,* Allg. VwR, § 4 Rn. 50) gilt. Da gem. Art. 2 Abs. 1 GG in seinem allgemein anerkannten Verständnis der allgemeinen Handlungsfreiheit jegliches menschliche Verhalten grundrechtlich geschützt ist, ist jedes in menschliches Verhalten eingreifende polizei- und ordnungsbehördliche Handeln zugleich ein Grundrechtseingriff, der wiederum nur gerechtfertigt ist, wenn der Grundsatz der Verhältnismäßigkeit gewahrt ist. Es wäre also durchaus konsequent, Grundrechte und Verhältnismäßigkeit stets gemeinsam, d. h. Verhältnismäßigkeit als Frage der Rechtfertigung des durch das polizei- und ordnungsbehördliche Handeln vorgenommenen Grundrechtseingriffs zu prüfen. Im Hinblick auf die ausdrückliche polizei- und ordnungsrechtliche Normierung werden aber die Grundrechte als Prüfungsgesichtspunkt neben die Verhältnismäßigkeit gestellt.

3 Eine weitere verfassungsrechtliche Vorgabe für staatliches Handeln ist das Erfordernis rechtsstaatlicher **Klarheit und Bestimmtheit.** Obwohl sich beides unterscheiden läßt, weil etwas Klares unbestimmt und etwas Unklares bestimmt sein kann, hat bisher nur der Bestimmtheitsgrundsatz nähere Konturen in der Rechtsprechung des Bundesverfassungsgerichts erhalten. Er gilt über die Strafgesetze gem. Art. 103 Abs. 2 GG hinaus als Konkretisierung des Rechtsstaatsprinzips für alle Rechtsnormen (vgl. *Jarass,* JP, Art. 20 Rn. 60 ff.) und gebietet, daß eine gesetzliche Ermächtigung der Exekutive zur Vornahme von Verwaltungsakten nach Inhalt, Zweck und Ausmaß hinreichend bestimmt ist, so daß das Handeln der Verwaltung überprüfbar und für den Staatsbürger voraussehbar und berechenbar ist (vgl. BVerfGE 56, 1/12). Außerdem verlangt dieser Grundsatz die Bestimmtheit der Verwaltungsakte.

4 Als Maßstab für jegliches Handeln der vollziehenden Gewalt binden die Grundrechte und die Verhältnismäßigkeit auch das **Ermessenshandeln** der Polizei- und Ordnungsbehörden. Es besteht immer noch eine verbreitete Vorstellung, daß die Polizei- und Ordnungsbehörden ein zunächst unbeschränktes Ermessen hätten, das lediglich im nachhinein durch die Grundrechte und die Verhältnismäßigkeit

eingeschränkt würde; daher werden beide vielfach auch als Prüfungsgesichtspunkte innerhalb des Ermessens behandelt. Tatsächlich ist es so, daß die gesamte geltende Rechtsordnung den Rahmen bildet, innerhalb dessen Ermessen ausgeübt werden darf. Ermessen ist nur die Auswahl von grundrechtskonformen, verhältnismäßigen, klaren und bestimmten Handlungsalternativen, nicht aber machen diese grundrechtlichen und rechtsstaatlichen Vorgaben bestimmte zunächst gegebene Handlungsalternativen unzulässig.

II. Grundrechte

1. Grundrechte als Abwehrrechte

Historisch waren die Grundrechte die wichtigste Antwort auf den Polizeistaat. Auch im geltenden Recht steht der **Abwehrcharakter** der Grundrechte im Vordergrund; polizei- und ordnungsbehördliche Maßnahmen sind eine große Bedrohung für die Freiheit der einzelnen. Sie sind nach den allgemeinen Grundrechtslehren rechts-, weil verfassungswidrig, wenn sie einen Eingriff in ein Grundrecht darstellen, der verfassungsrechtlich nicht gerechtfertigt werden kann (*Pieroth/Schlink,* Rn. 9). Insoweit ist zwischen Grundrechten mit und ohne Gesetzesvorbehalt zu unterscheiden. 5

Bei **Grundrechten mit Gesetzesvorbehalt** stellt sich als erstes die Frage nach der Verfassungsmäßigkeit der in Betracht kommenden Vorschrift des Polizei- und Ordnungsrechts. Für die Generalklausel und die klassischen Spezialbefugnisse ist in aller Regel längst geklärt, daß sie den Anforderungen des Gesetzes- und Parlamentsvorbehalts, des Verhältnismäßigkeitsgrundsatzes, der Wesensgehaltsgarantie, des Einzelfallverbots, des Zitiergebots und des Bestimmtheitsgrundsatzes genügen. Demgegenüber ist das bei den neuen Eingriffsgrundlagen (vgl. §§ 13, 14) nicht durchweg der Fall; hier kann schon die Verfassungsmäßigkeit des Gesetzes zweifelhaft sein. 6

Beispiele: Alle Polizeigesetze zitieren Art. 2 Abs. 2 GG;[3] alle bis auf ein Gesetz[4] zitieren auch Art. 11 GG als eingeschränkt. Die Platzverweisung als Ein- 7

---

3 Art. 74 bayPAG; Art. 58 S. 1 bayLStVG; § 8 Nr. 1 bbgPolG; § 43 bbgOBG; § 66 berlASOG; § 9 bremPolG; § 4 Nr. 1 bwPolG; § 31 hambSOG; § 10 hessSOG; § 98 mvSOG; § 10 ndsSOG; § 7 nwPolG; § 44 nwOBG; § 8 rpPOG; § 7 saarlPolG; § 79 sächsPolG; § 11 saSOG; § 321 shLVwG; § 11 thürPAG; § 14 thürOBG; § 70 BPolG; § 38 BKAG.

4 § 98 mvSOG.

griff in die Freiheit der Person gem. Art. 2 Abs. 2 S. 2 GG ist also insoweit unproblematisch. Das Polizeigesetz, das Art. 11 nicht zitiert, aber das Aufenthaltsverbot als Einschränkung der Freizügigkeit normiert (vgl. § 16 Rn. 4), ist dagegen verfassungswidrig. Daran ändert auch die Rechtsprechung des BVerfG nichts, daß gegen das Zitiergebot des Art. 19 Abs. 1 S. 2 GG dann nicht verstoßen wird, wenn vorkonstitutionelle Grundrechtsbeschränkungen unverändert oder mit geringen Abweichungen fortgeschrieben werden (BVerfGE 35, 185/189; 61, 82/113), weil das Aufenthaltsverbot eine ganz neue Grundrechtsbeschränkung darstellt. – Die in vielen Ländern erfolgte (vgl. § 24 Rn. 18 ff.) gesetzliche Normierung des gezielten Todesschusses durch die Polizei verletzt nicht den Wesensgehalt des Rechts auf Leben gem. Art. 2 Abs. 2 S. 1 GG, weil der Wesensgehalt im Hinblick auf den Gesetzesvorbehalt des Art. 2 Abs. 2 S. 3 GG, der den Entzug des Lebens erlaubt, nicht dahin geht, daß keinem einzelnen das Leben genommen werden darf, sondern auf eine Gewährleistung für die Allgemeinheit gerichtet ist (*Pieroth/Schlink*, Rn. 318).

8 Problematisch ist aber häufiger, ob das auf der gesetzlichen Grundlage erfolgende **polizei- und ordnungsbehördliche Handeln** den von den Grundrechten verlangten Qualifikationen und Schranken-Schranken genügt. Neben dem sogleich noch näher zu betrachtenden, bei allen Grundrechten einschlägigen Verhältnismäßigkeitsgrundsatz stehen hier spezielle Qualifikationen und Schranken-Schranken einzelner Grundrechte zur Debatte.

9 **Beispiele:** Die Polizei darf Meinungsäußerungen, Presse-, Rundfunk- und Filmerzeugnisse nicht gem. Art. 5 Abs. 1 S. 3 GG zensieren, d. h. ein präventives Verfahren anwenden, vor dessen Abschluß ein Werk nicht veröffentlicht werden darf (BVerfGE 87, 209/230). Daher ist eine Auflage gegenüber dem Veranstalter einer Versammlung unzulässig, das Manuskript der für die Veranstaltung geplanten Rede vorher der Versammlungsbehörde vorzulegen. – Ein auf die polizeiliche Generalklausel gestütztes Aufenthaltsverbot ist nur rechtmäßig, wenn eine der Voraussetzungen von Art. 11 Abs. 2 GG vorliegt (vgl. § 16 Rn. 23).

10 Bei **Grundrechten ohne Gesetzesvorbehalt** sieht das Grundgesetz Eingriffe nicht vor. Nach herrschender Meinung können Eingriffe gleichwohl gerechtfertigt werden, wenn sie zum Schutz anderer Grundrechte oder Verfassungsgüter erforderlich sind (BVerfGE 30, 173/193; 67, 213/228; 83, 130/138 f.). Dabei muß aber zweierlei beachtet werden: Auch hier gilt der Gesetzesvorbehalt, und die verhältnismäßige Zuordnung der kollidierenden Verfassungsnormen muß die Ausnahme bleiben (*Pieroth/Schlink*, Rn. 344 f.).

Beispiele: Die Polizei darf auch die aus religiösen Gründen gem. Art. 4 Abs. 1 und 2 GG vorgenommene Verstümmelung des weiblichen Genitals verhindern, weil es sich um eine die Menschenwürde verletzende massive Verletzung der körperlichen und seelischen Integrität handelt (vgl. *Pieroth/Schlink*, Rn. 378). – Dagegen darf die durch Art. 5 Abs. 3 S. 1 GG geschützte Theateraufführung nicht mit der Begründung verboten werden, es werde der der Religionsfreiheit dienende Straftatbestand über die Beschimpfung von Bekenntnissen, Religionsgesellschaften und Weltanschauungsvereinigungen gem. § 166 StGB verwirklicht (a. A. OVG Koblenz, NJW 1997, 1174). 11

2. Grundrechte als Schutzrechte

Zum Bedürfnis der Menschen nach Freiheit tritt ihr Bedürfnis nach **Sicherheit.** Neben dem Abwehrrecht gegen polizei- und ordnungsbehördliche Maßnahmen steht der Anspruch auf Aufgabenwahrnehmung und gegebenenfalls Einschreiten der Polizei- und Ordnungsbehörden (vgl. § 5 Rn. 50 ff.; § 10 Rn. 44 ff.). Fraglich ist, inwieweit sich auch dieser Anspruch aus den Grundrechten ergibt. 12

Die Rechtsprechung des Bundesverfassungsgerichts hat neue, **zusätzliche Wirkungen** der Grundrechte herausgearbeitet, die über ihre Funktion als Abwehrrechte hinausgehen (vgl. *Pieroth/Schlink*, Rn. 76 ff.). Insbesondere verpflichten die Grundrechte den Staat auf den Schutz der Grundrechte und auf grundrechtliche Maßstäbe für die Gestaltung der Teilhabe an staatlichen Einrichtungen, Leistungen und Verfahren. Die objektiv-rechtliche Verpflichtung ist in der Folge auch subjektiv-rechtlich gewendet worden, so daß Grundrechte auch Schutz- und Teilhaberechte sind. Für das Polizei- und Ordnungsrecht ist besonders an die Schutzfunktion der Grundrechte zu denken. Allerdings ist zu beachten, daß der normative Gehalt recht vage ist und dem Staat bei der Frage, wie die Schutzpflichten zu erfüllen sind, eine beträchtliche Entscheidungsfreiheit eingeräumt wird. Das Schutzrecht ist nämlich nur verletzt, „wenn die öffentliche Gewalt Schutzvorkehrungen entweder überhaupt nicht getroffen hat oder die getroffenen Regelungen und Maßnahmen gänzlich ungeeignet oder völlig unzulänglich sind, das gebotene Schutzziel zu erreichen, oder erheblich dahinter zurückbleiben“ (BVerfGE 92, 26/46). Aus der Schutzfunktion der Grundrechte können daher kaum je weitergehende Folgerungen für den Anspruch auf polizeiliches Einschreiten gezogen werden, als sich aus dem einfachen Recht ohnehin ergeben. Da die Grundfreiheiten des Europäischen Unionsrechts die Mitgliedstaaten auch verpflichten, Beeinträchtigungen durch Private abzu- 13 wehren (EuGHE 1997 I-6959), verstärken sie den einfach-rechtlichen Anspruch auf polizeiliches Einschreiten.

3. Grundrechtliche Gleichheit

14 Der allgemeine Gleichheitssatz des Art. 3 Abs. 1 GG bindet wie die anderen Grundrechte Gesetzgeber und Anwender des Polizei- und Ordnungsrechts. Als **Selbstbindung der Verwaltung** wird er v. a. beim Ermessen bedeutsam: Von Verwaltungsvorschriften, mit denen die Verwaltung selbst die Ausübung ihres Ermessens steuern will, und von ständiger Verwaltungspraxis, die sie selbst bei Ausübung ihres Ermessens eingeübt hat, darf sie nicht ohne rechtfertigenden Grund abweichen (vgl. *Jarass,* JP, Art. 3 Rn. 35; *Schenke,* Rn. 97).

III. Grundsatz der Verhältnismäßigkeit

15 Alle Polizei- und Ordnungsgesetze verlangen, daß die Polizei- und Ordnungsbehörden verhältnismäßig handeln. Dies ergibt sich schon aus den Formulierungen der Generalklauseln, die die Polizei- und Ordnungsbehörden zu den „notwendigen" Maßnahmen ermächtigen (vgl. § 7 Rn. 7). Darüber hinaus werden die Anforderungen des Verhältnismäßigkeitsgrundsatzes in eigenen Vorschriften entfaltet (vgl. Rn. 1). Diese Normen stehen regelmäßig in dem Abschnitt über „allgemeine Vorschriften" und sind auf **jedes eingreifende Handeln** der Polizei- und Ordnungsbehörden innerhalb ihres jeweiligen Aufgabenkreises anwendbar, Verfügungen wie Verordnungen, rechtliches wie faktisches Handeln, Einschreiten aufgrund der Generalklauseln wie der Spezialbefugnisse.

16 Die einfach-rechtlichen Normen konkretisieren den verfassungsrechtlichen Grundsatz der Verhältnismäßigkeit, der ja auch zuerst im Polizeirecht herausgebildet worden ist (vgl. § 1 Rn. 12). Während der verfassungsrechtliche Grundsatz der Verhältnismäßigkeit auch den Gesetzgeber bindet, ist der einfach-rechtliche Grundsatz der Verhältnismäßigkeit Maßstab nur für Exekutive und Judikative; insoweit kann er aber von den verfassungsrechtlichen Inhalten nicht abweichen. Er betrifft die Mittel-Zweck-Relation und verlangt, daß der vom Staat verfolgte **Zweck** als solcher verfolgt werden darf, daß das vom Staat eingesetzte Mittel als solches eingesetzt werden darf und daß der Einsatz des Mittels zur Erreichung des Zwecks geeignet, er-

forderlich und (so die ständige Rspr. des BVerfG; krit., soweit es um die Kontrolle des Gesetzgebers geht, *Pieroth/Schlink*, Rn. 303 ff.) angemessen ist. Weil der Grundsatz der Verhältnismäßigkeit eine Schranken-Schranke für Grundrechtseingriffe darstellt, müssen die Auswirkungen der polizei- und ordnungsbehördlichen Maßnahmen für das jeweils betroffene Grundrecht untersucht werden. Die Legitimität des Zwecks ist hierbei kein Problem: Entweder handelt die Behörde in Erfüllung ihrer Aufgaben, dann handelt sie auch legitim; oder sie handelt außerhalb ihrer Aufgaben, dann fehlt es schon an der Ermächtigungsgrundlage und nicht erst an der Verhältnismäßigkeit.

1. Geeignetheit

Geeignetheit **bedeutet,** daß das Mittel den Zweck fördern muß. 17
Dazu muß das Mittel überhaupt einsetzbar sein, d. h. nur mögliche Maßnahmen sind zur Abwehr der Gefahr geeignet (*Drews u. a.*, S. 418). Dieser Aspekt wird in denjenigen Polizei- und Ordnungsgesetzen besonders hervorgehoben, die verlangen, daß die Polizei nur „mögliche und geeignete Maßnahmen" treffen darf.[5] Wo Möglichkeit und Geeignetheit nicht ausdrücklich genannt sind, ergeben sie sich – als logische Voraussetzung – aus der Erforderlichkeit bzw. Notwendigkeit (*Schenke*, Rn. 333).

Möglich heißt zunächst **tatsächlich möglich.** Daß polizei- und 18
ordnungsbehördliche Maßnahmen nichts verlangen dürfen, was „aus tatsächlichen Gründen niemand ausführen kann", ergibt sich schon aus § 44 Abs. 2 Nr. 4 VwVfG. Neben der objektiven führt aber auch die subjektive, d. h. nur für den Adressaten der Maßnahme geltende tatsächliche Unmöglichkeit, ausgenommen wirtschaftliches Unvermögen (vgl. OVG Koblenz, NVwZ 1987, 240; 1992, 499/500), zur Rechtswidrigkeit.

Beispiele: Auf einem Grundstück wird die Errichtung einer Anlage aufge- 19
geben, die nach der Beschaffenheit des Geländes nicht ausführbar ist (PrOVG 52, 419). Gegenüber einem Rollstuhlfahrer wird eine Platzverweisung ausgesprochen, der dieser mangels Rampe nicht nachkommen kann. Den Teilnehmern an einer Demonstration wird zur Auflage gemacht, „jede Beeinträchti-

---

5 Art. 4 Abs. 1 bayPAG; Art. 8 Abs. 1 bayLStVG; § 3 Abs. 1 bbgPolG; § 14 Abs. 1 bbgOBG; § 11 Abs. 1 berlASOG; § 3 Abs. 1 bremPolG; § 4 Abs. 1 hessSOG; § 15 Abs. 1 mvSOG; § 4 Abs. 1 ndsSOG; § 2 Abs. 1 nwPolG; § 15 Abs. 1 nwOBG; § 2 Abs. 1 rpPOG; § 2 Abs. 1 saarlPolG; § 3 Abs. 2 sächsPOG; § 5 Abs. 1 saSOG; § 4 Abs. 1 thürPAG; § 6 Abs. 1 thürOBG; § 15 Abs. 1 BPolG.

gung des Fußgänger- und Fahrzeugverkehrs zu vermeiden" (VGH München, NJW 1984, 2116f.); ohne jegliche Beeinträchtigung irgendeines Verkehrsteilnehmers läßt sich aber der mit der Demonstration verfolgte Zweck, die Aufmerksamkeit der Öffentlichkeit zu erregen, gar nicht erreichen.

20 Möglich bedeutet sodann **rechtlich möglich,** d.h. daß die Maßnahme mit der Rechtsordnung im übrigen in Übereinstimmung stehen muß. Daher kann „möglich" auch als „gesetzlich zugelassen" interpretiert werden. Wiederum ist sowohl die objektive als auch die subjektive wieder rechtliche Unmöglichkeit erfaßt. Subjektive rechtliche Unmöglichkeit bedeutet wieder rechtliche Unzulässigkeit nicht für jedermann, sondern nur für den Adressaten der Maßnahme.

21 **Beispiele:** Von dem Inhaber eines Tierheims, dessen im Freien gehaltene Hunde die Anwohner durch ihr Gebell stören, darf keine Maßnahme verlangt werden, die gegen das Tierschutzrecht verstößt (OVG Lüneburg, OVGE 27, 321/325). Von dem Mieter eines Hauses kann nicht dessen Beseitigung verlangt werden, weil nicht er, sondern nur der Eigentümer Verfügungsgewalt über den Bestand des Bauwerks hat (vgl. *Götz*, § 11 Rn. 22). Wenn dagegen die Verfügungsgewalt, wie bei einem Miteigentümer, von der Zustimmung des anderen Miteigentümers abhängt, liegt keine subjektive rechtliche Unmöglichkeit vor, weil die fehlende Zustimmung des anderen Miteigentümers durch eine gegen ihn gerichtete Duldungsverfügung ersetzt werden kann; bis dahin fehlt es an der Vollstreckbarkeit (vgl. BVerwGE 40, 101/104; VGH Mannheim, NVwZ 1993, 1014/1016; OVG Koblenz, NVwZ 1992, 499/500; OVG Berlin, DÖV 1991, 557).

22 Maßnahmen zur Gefahrenabwehr verhindern den Eintritt des Schadens nur, wenn sie schnell und wirksam sind. Die Geeignetheit impliziert daher den Grundsatz der **Effektivität** des polizeilichen Handelns.

23 **Beispiele:** Ungeeignet sind das Verbot gar nicht geplanter Handlungen (vgl. VGH München, VerwRspr 16, 76/79) und das an den falschen Adressaten gerichtete Verbot (vgl. BVerwGE 42, 161/165). Maßnahmen, die bestimmte Formen von Kriminalität, z.B. die Drogenszene, von einem Ort verdrängen, sind nur geeignet, wenn diese Kriminalität an den anderen Orten geringer ist, weil etwa die äußeren Bedingungen zur Straftatbegehung ungünstiger sind (vgl. *Rachor*, HdbPolR, F Rn. 213).

24 Das Gebot der Geeignetheit hat eine **Auswirkung in der Zeit,** die vom Polizei- und Ordnungsrecht häufig ausdrücklich normiert wird: Eine Maßnahme ist nur solange zulässig, bis ihr Zweck erreicht ist oder sich zeigt, daß er nicht erreicht werden kann.[6] Wenn das Mittel

---

6 Art. 4 Abs. 3 bayPAG; Art. 8 Abs. 3 bayLStVG; § 3 Abs. 3 bbgPolG; § 14 Abs. 3 bbgOBG; § 11 Abs. 3 berlASOG; § 3 Abs. 3 bremPolG; § 4 Abs. 3 hessSOG; § 15

den Zweck nicht mehr fördert, wird es rechtswidrig. Der Bürger hat gegen die Fortsetzung der Maßnahme wie gegen jedes rechtswidrige Verhalten der öffentlichen Gewalt einen Abwehranspruch.

2. Erforderlichkeit

Die Polizei- und Ordnungsbehörden haben diejenige Maßnahme 25
zu treffen, die den einzelnen und die Allgemeinheit voraussichtlich **am wenigsten beeinträchtigt** oder belastet (Erforderlichkeit oder Notwendigkeit);[7] der Zweck darf nicht durch ein gleich wirksames, aber weniger belastendes Mittel erreichbar sein. Auch insoweit stimmt das Polizei- und Ordnungsrecht mit den verfassungsrechtlichen Anforderungen überein. Das wird allerdings teilweise bestritten: Das polizeirechtliche sei mit dem verfassungsrechtlichen Gebot des mildesten Mittels nicht stets kongruent; das verfassungsrechtliche Gebot verlange nur das mildere Mittel gegenüber dem Betroffenen, und was den einzelnen am wenigsten belaste, müsse nicht gleichzeitig auch für die Allgemeinheit mit den geringsten Einbußen verbunden sein (*Gusy,* Rn. 398). Dabei wird übersehen, daß auch das verfassungsrechtliche Gebot nur ein milderes Mittel verlangt, das gleich wirksam ist. Ein Mittel, das zwar den Betroffenen weniger, die Allgemeinheit aber mehr belastet, ist mit anderen Worten kein gleich wirksames Mittel.

Beispiele: Eine Individualverfügung kann milder als eine Allgemeinverfü- 26
gung sein (vgl. VGH Mannheim, NVwZ 2003, 116); ein Benutzungsverbot ist milder als ein Beseitigungsgebot (vgl. OVG Münster, NJW 1980, 2210/2211); bei einem Verwaltungsakt mit Dauerwirkung kann eine Befristung das mildere Mittel sein (vgl. OVG Münster, OVGE 24, 155/156); die Kooperation mit den Veranstaltern einer Großdemonstration ist das mildere Mittel gegenüber dem Verbot oder der Auflösung der Versammlung (BVerfGE 69, 315/356); wenn in der Nähe eines verkehrswidrig abgestellten Kraftfahrzeugs ausreichende Abstellmöglichkeiten bestehen, darf es nicht auf einen weit entfernt liegenden Verwahrplatz abgeschleppt werden (*Tegtmeyer/Vahle,* § 2 Rn. 4); ein milderes Mittel gegenüber einer Abschleppmaßnahme kann das Herbeiru-

---

Abs. 3 mvSOG; § 4 Abs. 3 ndsSOG; § 2 Abs. 3 nwPolG; § 15 Abs. 3 nwOBG; § 2 Abs. 3 rpPOG; § 2 Abs. 3 saarlPolG; § 3 Abs. 4 sächsPOG; § 5 Abs. 3 saSOG; § 4 Abs. 3 thürPAG; § 6 Abs. 3 thürOBG; § 15 Abs. 3 BPolG.

7 Art. 4 Abs. 1 bayPAG; Art. 8 Abs. 1 bayLStVG; § 3 Abs. 1 bbgPolG; § 14 Abs. 1 bbgOBG; § 11 Abs. 1 berlASOG; § 3 Abs. 1 bremPolG; § 5 Abs. 1 bwPolG; § 4 Abs. 2 S. 1 hambSOG; § 4 Abs. 1 hessSOG; § 15 Abs. 1 mvSOG; § 4 Abs. 1 ndsSOG; § 2 Abs. 1 nwPolG; § 15 Abs. 1 nwOBG; § 2 Abs. 1 rpPOG; § 2 Abs. 1 saarlPolG; § 3 Abs. 2 sächsPOG; § 5 Abs. 1 saSOG; § 73 Abs. 3 shLVwG; § 4 Abs. 1 thürPAG; § 6 Abs. 1 thürOBG; § 15 Abs. 1 BPolG.

fen des Halters sein, wenn dies problemlos und erfolgversprechend möglich ist (OVG Hamburg, NJW 2005, 2247; vgl. *Ostermeier,* NJW 2006, 3173).

27 Außer von der Erforderlichkeit und Notwendigkeit sprechen einige der Polizei- und Ordnungsgesetze auch von der **Unerläßlichkeit,**[8] **Unvermeidbarkeit**[9] oder **zwingenden** Erforderlichkeit[10] einer Maßnahme. Im Bereich der Datenerhebung und -verarbeitung wird teilweise verlangt, daß die Datenerhebung ohne Gefährdung der Aufgabenerfüllung auf andere Weise nicht[11] oder nur mit unverhältnismäßig hohem Aufwand[12] möglich ist, die vorbeugende Bekämpfung der Straftat auf andere Weise aussichtslos erscheint[13] oder daß die Erfüllung der Aufgaben auf andere Weise gefährdet oder erheblich erschwert würde.[14] Diese Voraussetzungen werden verschiedentlich als eine Steigerung der Anforderungen der Erforderlichkeit bzw. Notwendigkeit verstanden (BVerfGE 83, 24/35; *Albers,* Die Determination polizeilicher Tätigkeit in den Bereichen der Straftatenverhütung und der Verfolgungsvorsorge, 2001, S. 305 ff.). Aber entweder gibt es ein gleich wirksames, aber weniger belastendes Mittel zur Erfüllung des konkreten Zwecks, oder es gibt es nicht. Mit einer geringeren Wirksamkeit darf sich die Polizei bei der Gefahrenabwehr nie zufrieden geben (vgl. § 9 Rn. 88). Ebensowenig wie „einzig" bedarf „erforderlich" einer Steigerung oder ist einer solchen zugänglich. Die genannten Voraussetzungen lassen sich also nicht von der Erforderlichkeit unterscheiden.

28 Eine Ausprägung des Gebots der Erforderlichkeit ist auch die Regelung der meisten Länder über das sog. **Austauschmittel.**[15] Danach

---

8 § 17 Abs. 1 Nr. 2 u. 3 bayPAG; § 17 Abs. 1 Nr. 2, 3 u. 4 bbgPolG; § 30 Abs. 1 berlASOG; § 15 Abs. 1 S. 1 bremPolG; § 13 Abs. 1 Nr. 2–5 hambSOG; § 32 Abs. 1 Nr. 2 hessSOG; § 55 Abs. 1 Nr. 2 mvSOG; § 18 Abs. 1 Nr. 2 ndsSOG; § 35 Abs. 1 Nr. 2 nwPolG; § 14 Abs. 1 Nr. 2 rpPOG; § 13 Abs. 1 Nr. 2 saarlPolG; § 22 Abs. 1 Nr. 4 sächsPolG; § 37 Abs. 1 Nr. 2 saSOG; § 204 Abs. 1 Nr. 2 shLVwG; § 19 Abs. 1 Nr. 2 thürPAG; § 39 Abs. 1 Nr. 2 u. 3 BPolG.

9 § 24 Abs. 1 S. 2 berlASOG; § 33 Abs. 3 mvSOG.

10 § 37 Abs. 5 sächsPolG.

11 Art. 30 Abs. 2 S. 2 bayPAG; § 29 Abs. 2 S. 2 bbgPolG; § 27 Abs. 1 S. 2 Nr. 5 bremPolG; § 2 Abs. 2 Nr. 1 hambGDatPol; § 34 Abs. 1 S. 1 Nr. 1 u. 2 ndsSOG; § 21 Abs. 3 S. 2 BPolG.

12 Art. 30 Abs. 2 S. 2 bayPAG; § 29 Abs. 2 S. 2 bbgPolG; § 27 Abs. 1 S. 2 Nr. 5 bremPolG; § 2 Abs. 2 Nr. 2 hambGDatPol; § 39 Abs. 1 S. 2 Nr. 3 mvSOG.

13 § 2 Abs. 2 Nr. 2 hambGDatPol; § 20 Abs. 2 hessSOG; § 21 Abs. 2 Nr. 2 BPolG.

14 Art. 30 Abs. 3 S. 2 bayPAG; § 29 Abs. 4 bbgPolG; § 18 Abs. 2 S. 2 u. Abs. 5 S. 2 berlASOG; § 27 Abs. 1 S. 2 Nr. 6 bremPolG; § 22 Abs. 2 u. 3 bwPolG; § 13 Abs. 6 hessOG; § 26 Abs. 1 mvSOG; § 25 Abs. 2 saarlPolG; § 15 Abs. 5 saSOG; § 178 Abs. 1 shLVwG; § 31 Abs. 3 thürPAG; § 21 Abs. 3 S. 3 BPolG.

15 Art. 5 Abs. 2 S. 2 bayPAG; § 4 Abs. 2 S. 2 bbgPolG; § 12 Abs. 2 S. 2 berlASOG; § 4 Abs. 2 S. 2 bremPolG; § 4 Abs. 4 hambSOG; § 5 Abs. 2 S. 2 hessSOG; § 14 Abs. 2

müssen die Polizei- und Ordnungsbehörden bei mehreren gleich geeigneten Mitteln zur Gefahrenabwehr nur eines bestimmen und dem Betroffenen auf Antrag gestatten, ein anderes, gleich wirksames Mittel anzuwenden. Sofern es objektiv das mildere Mittel ist, sind die Polizei- und Ordnungsbehörden ohnehin hierzu verpflichtet und ist der Antrag des Betroffenen nur ein Hinweis auf die Rechtslage. Selbständige Bedeutung hat die Regelung über das Austauschmittel aber dann, wenn es nicht objektiv, sondern nur aus der Sicht des Betroffenen das mildere Mittel ist. Auch hier ist die zeitliche Dimension zu beachten: Eine Verschiebung der Gefahrenabwehr dürfte regelmäßig kein gleich wirksames Mittel sein. Soweit keine gesetzliche oder behördliche Befristung vorliegt, kann das Austauschmittel noch bis zur zwangsweisen Durchsetzung der polizeilichen Maßnahme angeboten werden (OVG Bremen, DÖV 1986, 704/705; *Schenke*, Rn. 337; a. A. *Gusy*, Rn. 400: nur bis zur Bestandskraft des Verwaltungsakts).

Beispiele: Es liegen die Voraussetzungen für eine Personendurchsuchung (vgl. § 18 Rn. 2ff.) vor. Der Betroffene bietet der Polizei an, diejenigen Kleidungsstücke, in denen sich die gesuchten Gegenstände befinden können, auszuziehen und der Polizei zu übergeben, so daß nur noch eine Durchsuchung von Sachen (vgl. § 18 Rn. 12ff.) vorgenommen wird. – Der Betroffene, von dem die Instandsetzung eines Bauwerks verlangt wird, bietet den Abbruch des Bauwerks an. – Demgegenüber wird die Anordnung der Ordnungsbehörde, einen bissigen Hund anzuleinen, nicht dadurch unzulässig, daß der Eigentümer des Hundes anbietet, diesen in einem halben Jahr einschläfern zu lassen. 29

3. Angemessenheit

Eine Maßnahme darf nicht zu einem Nachteil oder Schaden führen, der zu dem erstrebten Erfolg erkennbar außer Verhältnis steht.[16] Damit wird der von der Rechtsprechung des Bundesverfassungsgerichts und der h. M. anerkannte Grundsatz der Verhältnismäßigkeit im engeren Sinne positiviert. Es ist also eine **Güterabwägung** vorzu- 30

mvSOG; § 5 Abs. 2 S. 2 ndsSOG; § 3 Abs. 2 S. 2 nwPolG; § 3 Abs. 2 S. 2 rpPOG; § 3 Abs. 2 S. 2 saarlPolG; § 6 Abs. 2 S. 2 saSOG; § 5 Abs. 2 S. 2 thürPAG; § 7 Abs. 2 thürOBG; § 16 Abs. 2 S. 2 BPolG.

16 Art. 4 Abs. 2 bayPAG; Art. 8 Abs. 2 bayLStVG; § 3 Abs. 2 bbgPolG; § 14 Abs. 2 bbgOBG; § 11 Abs. 2 berlASOG; § 3 Abs. 2 bremPolG; § 5 Abs. 2 bwPolG; § 4 Abs. 3 hambSOG; § 4 Abs. 2 hessSOG; § 15 Abs. 2 mvSOG; § 4 Abs. 2 ndsSOG; § 2 Abs. 2 nwPolG; § 15 Abs. 2 nwOBG; § 2 Abs. 2 rpPOG; § 2 Abs. 2 saarlPolG; § 3 Abs. 3 sächsPOG; § 5 Abs. 2 saSOG; § 73 Abs. 2 shLVwG; § 4 Abs. 2 thürPAG; § 6 Abs. 2 thürOBG; § 15 Abs. 2 BPolG.

nehmen zwischen den Belangen des einzelnen Pflichtigen und denjenigen der Allgemeinheit. Salopp gesprochen handelt es sich darum, daß nicht mit Kanonen auf Spatzen geschossen wird. Wie im Verfassungsrecht (vgl. *Pieroth/Schlink,* Rn. 303 ff.) sollte aber die Bedeutung dieses Teilgebots des Verhältnismäßigkeitsgrundsatzes nicht überschätzt werden: Die problematischen Fälle dürften häufig schon an den anderen Teilgeboten, insbesondere der Erforderlichkeit, scheitern, so daß nur wenige Fälle übrig bleiben, in denen die Unverhältnismäßigkeit mit der notwendigen Eindeutigkeit festgestellt werden kann (*Gusy,* Rn. 399).

30a **Beispiele:** Die Untersagung „jeglicher politischer Tätigkeit" gegenüber einem Ausländer (vgl. OVG Münster, OVGE 21, 300) wird als Beispiel für fehlende Angemessenheit genannt (*Gusy,* Rn. 399); aber inhaltlich, örtlich oder zeitlich abgestufte Verbote sind hier schlicht das mildere Mittel. Die Angemessenheit fehlt aber, wenn ein Fahrzeug abgeschleppt wird, das zwar unter Verstoß gegen straßenverkehrsrechtliche Vorschriften abgestellt worden ist, aber niemanden behindert (vgl. BVerwG, DVBl. 2002, 1560 f.; *Rachor,* HdbPolR, F Rn. 223); wird gegen das Wegfahrgebot nach Ablauf der Parkuhr oder der auf einer Parkscheibe angegebenen Zeit verstoßen, fehlt die Behinderung der einen Parkplatz suchenden Fahrzeuge, wenn ausreichender Parkraum in der Umgebung vorhanden ist (OVG Hamburg, NVwZ-RR 2009, 995).

IV. Bestimmtheit

31 Das rechtsstaatliche Bestimmtheitsgebot ist im Polizei- und Ordnungsrecht nur für Polizei- und ordnungsbehördliche Verordnungen ausdrücklich geregelt (vgl. § 11 Rn. 22 f.). Polizei- und ordnungsbehördliche **Verfügungen** müssen aber gem. § 37 Abs. 1 VwVfG inhaltlich hinreichend bestimmt sein. Der Betroffene als Adressat der Verfügung muß ihr zweifelsfrei entnehmen können, welches Verhalten von ihm verlangt wird (BVerwG, NVwZ 1990, 855 f.; VGH Mannheim, NVwZ 1989, 163 f.). Das ist insbesondere auch deshalb geboten, weil die Verfügung als sog. Grundverfügung Basis späterer zwangsweiser Durchsetzung (Vollstreckungstitel) werden kann (vgl. § 24 Rn. 2). Als Kontrollüberlegung für die hinreichende Bestimmtheit bietet sich daher die Frage an, ob die Verfügung so klar und bestimmt ist, daß sie ohne weitere Konkretisierung einer Verwaltungsvollstreckung zugrundegelegt werden kann.

31a **Beispiel:** Die Verfügung der Ordnungsbehörde an den Eigentümer eines bissigen Hundes, diesen „innerhalb der geschlossenen Ortslage" anzuleinen, ist vom OVG Münster, NVwZ 1988, 659 für zu unbestimmt gehalten worden, weil sie den Eigentümer nicht sicher und klar erkennen läßt, ob er seinen Hund anleinen muß oder frei laufen lassen kann: „Gerade an der Peripherie der Städte ist es im Einzelfall höchst zweifelhaft, ob man sich noch innerhalb oder bereits außerhalb der geschlossenen Ortslage befindet. Je spärlicher die Bebauung wird, desto schwieriger wird die Feststellung der Grenze der geschlossenen Ortslage."

V. Ermessen

1. Ermessenseinräumung

Den Polizei- und Ordnungsbehörden ist in weitem Umfang Ermessen eingeräumt (vgl. Rn. 1). Die Generalklauseln und regelmäßig auch die Spezialbefugnisse sind als „kann"-Bestimmungen formuliert. Zwar „haben" Polizei- und Ordnungsbehörden die Aufgabe, Gefahren für die öffentliche Sicherheit und Ordnung abzuwehren, und einige weitere Aufgaben zu erfüllen (vgl. § 5 Rn. 1 ff.). Aber damit ist nur die allgemeine Pflicht zur Aufgabenwahrnehmung statuiert. Ob und wie Polizei- und Ordnungsbehörden angesichts einer Gefahr reagieren müssen, ist damit nicht vorgeschrieben. Aus den Aufgabennormen resultiert m. a. W. ebenso wie aus den Befugnisnormen eine **Verpflichtung zu überprüfen, ob eingeschritten werden soll,** nicht aber ohne weiteres eine Verpflichtung zum Einschreiten (*Schenke,* Rn. 99; a. A. – sog. intendiertes Ermessen – *Rachor,* HdbPolR, F, Rn. 119). Dafür spricht auch, daß die Polizei- und Ordnungsbehörden wegen ihrer begrenzten sachlichen und personellen Mittel nicht alle Gefahren und noch weniger alle Gefahren zugleich bekämpfen können. Man spricht daher vom Opportunitätsprinzip im Polizei- und Ordnungsrecht im Unterschied zum Legalitätsprinzip, das die Polizei im Rahmen der Strafverfolgung zum Einschreiten verpflichtet (vgl. § 2 Rn. 8). 32

Das polizei- und ordnungsbehördliche Ermessen umfaßt 33

- das **Entschließungsermessen,** das sich darauf bezieht, ob die Polizei- und Ordnungsbehörden überhaupt tätig werden oder vielmehr untätig bleiben sollen, und
- das **Auswahlermessen,** das sich nicht auf das „Ob", sondern auf das „Wie" des Handelns bezieht und bei dem die Polizei- und Ordnungsbehörden zwischen mehreren rechtmäßigen Maßnahmen wählen können; ein Unterfall des Auswahlermessens besteht bei der Auswahl unter mehreren Adressaten (vgl. § 9 Rn. 86 ff.).

34 **Beispiel:** Wenn ein Auto straßenverkehrsordnungswidrig abgestellt ist, muß die Polizei nicht ohne weiteres einschreiten. Wenn sie einschreitet, stehen ihr je nach den konkreten Umständen mehrere Möglichkeiten offen: Sie kann verkehrsregelnde Maßnahmen treffen oder das Auto selbst oder durch Beauftragung eines Abschleppunternehmers von seiner Stelle entfernen (lassen); dabei kann das Auto bloß versetzt oder in Verwahrung genommen werden (vgl. § 19 Rn. 4).

35 Das „pflichtgemäße Ermessen", von dem die Polizei- und Ordnungsgesetze häufig handeln, verweist auf die **allgemeine Ermessensregelung** des § 40 VwVfG. Danach „hat" die Behörde „ihr Ermessen entsprechend dem Zweck der Ermächtigung auszuüben und die gesetzlichen Grenzen des Ermessens einzuhalten". Wenn sich die Behörde nicht an diese rechtlichen Bindungen hält, handelt sie ermessensfehlerhaft und damit rechtswidrig. Die Verwaltungsgerichte können die Einhaltung dieser Bindung gem. § 114 S. 1 VwGO überprüfen.

36 Üblicherweise werden drei Formen von **Ermessensfehlern** unterschieden (vgl. *Maurer,* Allg. VwR, § 7 Rn. 19ff.):
- Ermessensüberschreitung, d. h. das Treffen einer von der gesetzlichen Rechtsfolge nicht gedeckten Maßnahme;
- Ermessensnichtgebrauch, d. h. die fälschliche Annahme einer rechtlichen Verpflichtung oder eines Verbots zu handeln;
- Ermessensfehlgebrauch, d. h. die Verfolgung eines Zwecks unter vom Gesetz nicht gedeckter Intention, Rücksicht und ähnlichen Gesichtspunkten; für die Auffassung, die von einem zunächst unbeschränkten Ermessen ausgeht (vgl. Rn. 4), rechnet auch die unverhältnismäßige Zweckverfolgung hierher.

37 Weil die Maßnahmen, die aufgrund der Generalklauseln von den Polizei- und Ordnungsbehörden erlassen werden können, gesetzlich nicht näher bestimmt sind, wird eine Ermessensüberschreitung im **Polizei- und Ordnungsrecht** kaum einmal praktisch werden. Dagegen sind Fälle des Ermessensnichtgebrauchs und des Ermessensfehlgebrauchs ohne weiteres vorstellbar.

38 **Beispiele:** Wenn die Polizei meint, sie stünde unter dem Legalitäts- statt dem Opportunitätsprinzip, handelt sie wegen Ermessensnichtgebrauchs rechtswidrig. Dagegen ist die fälschliche Nichtannahme einer Ermessensreduktion auf Null kein Ermessensproblem, sondern ein Verstoß gegen die Gesetzesbindung. – Wenn der Polizist unter mehreren Störern einen auswählt, weil er sich an ihm rächen will, handelt er ermessensfehlerhaft. Dagegen handelt er rechtmäßig, wenn er unter mehreren mit überhöhter Geschwindigkeit fahrenden Autos ein beliebiges anhält, weil er die anderen nicht gleichzeitig stoppen kann.

2. Ermessensreduktion auf Null

Die aus der Einräumung des Ermessens folgenden Wahlmöglichkeiten der Polizei- und Ordnungsbehörden können jedoch aus tatsächlichen und/oder rechtlichen Gründen wegfallen, so daß nur noch eine Handlungsmöglichkeit besteht. Im Hinblick darauf könnte man von einer Ermessensreduktion auf Eins sprechen. Eingebürgert hat sich aber wegen des Wegfalls der Wahlmöglichkeiten der Ausdruck der Ermessensreduktion auf Null. Normalerweise betrifft diese Ermessensreduktion auf Null nur das Entschließungsermessen. Dann haben die Polizei- und Ordnungsbehörden die Pflicht zum Einschreiten und wäre die Untätigkeit rechtswidrig. Die Rechtsprechung bejaht eine Pflicht zum Einschreiten bei **erheblichen Gefahren für wesentliche Rechtsgüter** (BVerwGE 11, 95/97; *Drews u. a.*, S. 369 ff.; *Schenke,* Rn. 104). 39

Beispiele: Die Polizei muß vor einer 5 km langen Ölspur auf der Fahrbahn warnen (BGH, VRS 7, 87), bei Minenfunden tätig werden (BGH, VerwRspr 5, 319), die Verkehrsteilnehmer vor dem Ende einer öffentlichen Straße warnen (BGH, VerwRspr 11, 462) und einem gegen seinen Willen Obdachlosen eine Unterkunft zur Verfügung stellen (OVG Lüneburg, NVwZ 1992, 502). Die Polizei darf auch nicht zulassen, daß Straftaten begangen werden; deshalb muß sie einen Betrunkenen schon am Fahren mit seinem PKW hindern. 40

Nach richtiger Ansicht kann die Pflicht zum Einschreiten nicht von der Wertigkeit der zu schützenden Rechtsgüter abhängen (*Götz,* § 11 Rn. 6; *Rachor,* HdbPolR, F Rn. 135 f.; *Ulrich,* VerwArch 2011, 383/398 ff. unter Hinweis auf die grundrechtlichen Schutzpflichten). Die Pflicht zur Aufgabenwahrnehmung betrifft **alle Gefahren für alle polizei- und ordnungsbehördlichen Schutzgüter.** Allerdings kann die Pflicht zum Einschreiten in dem einen konkreten Fall mit der gleichen Pflicht in einem anderen konkreten Fall kollidieren. Hier dürfen die Polizei- und Ordnungsbehörden nach der Dringlichkeit entscheiden, d. h. im einen Fall einschreiten, im anderen Fall (zunächst) nicht. Zur Entscheidung nach Dringlichkeit gehört auch noch die Befugnis, eine gewisse Einsatzreserve für die Abwehr jederzeit drohender größerer Gefahren bereitzuhalten. Wenn aber anderweitige vordringliche Aufgaben nicht zu erfüllen sind, besteht für die Polizei- und Ordnungsbehörden eine Pflicht zum Einschreiten. In einem wegen des Unterlassens des Einschreitens anhängig gemachten Amtshaftungsprozeß obläge es demgemäß der Polizei- und Ordnungsbehörde nachzuweisen, daß von ihr vordringliche anderweitige 41

Aufgaben zu erfüllen waren und sie deshalb ermessensfehlerfrei nicht eingeschritten ist.

42 Auch wenn eine Pflicht zum Einschreiten besteht, bedeutet dies regelmäßig noch nicht die Festlegung auf eine bestimmte Maßnahme, weil verschiedene Mittel für die Gefahrenabwehr in Betracht kommen. Die Ermessensreduktion auf Null kann sich aber auch über das Entschließungsermessen hinaus auf das Auswahlermessen erstrecken. Dann besteht nicht nur eine Pflicht der Polizei zum Einschreiten, sondern eine Pflicht **zu bestimmtem Einschreiten;** die Polizei- und Ordnungsbehörden müssen also eine bestimmte Maßnahme ergreifen.

43 **Beispiel:** Die Polizei muß ein von Unbefugten besetztes Haus räumen, wenn der Eigentümer es beantragt und die Alternative zivil- und zwangsvollstreckungsrechtlicher Durchsetzung chancenlos ist. Auch dann ist es aber immer noch der Polizei überlassen, unter Berücksichtigung anderer Gefahrenabwehraufgaben und den mit der Räumung verbundenen tatsächlichen Schwierigkeiten den richtigen Zeitpunkt festzulegen (vgl. *Schlink,* NVwZ 1982, 529).

3. Anspruch auf Einschreiten

44 Bisher wurden Feststellungen zur **objektiven Rechtslage** gemacht: Ermessensfehlerhaftes Handeln ist rechtswidrig und verletzt gegebenenfalls Rechte der Bürger. In gleicher Weise ist die Nichterfüllung einer Pflicht zum Einschreiten rechtswidrig und eine Rechtsverletzung, möglicherweise auch eine zum Schadenersatz verpflichtende Amtspflichtverletzung.

45 Da aber die polizei- und ordnungsbehördlichen Aufgaben- und Befugnisnormen drittschützenden Charakter haben (vgl. § 5 Rn. 50ff.), ergeben sich **subjektiv-rechtliche Folgen:** Der Pflicht zum ermessensfehlerfreien Handeln entspricht zugleich ein Anspruch auf ermessensfehlerfreie Entscheidung über das Einschreiten, der Pflicht zum Einschreiten entspricht zugleich ein Anspruch auf Einschreiten, und der Pflicht zu bestimmtem Einschreiten entspricht zugleich ein Anspruch auf bestimmtes Einschreiten. Diesen Anspruch kann sogar derjenige haben, von dem die Gefahr ausgeht. Ein Anspruch des Bürgers auf polizei- oder ordnungsbehördliches Einschreiten oder sogar auf ein bestimmtes Einschreiten besteht danach unter folgenden Voraussetzungen:

- Die Gefahr besteht – zumindest auch – für subjektive Rechte des Anspruchstellers,

– alle Rechtmäßigkeitsvoraussetzungen für die beanspruchte Maßnahme liegen vor, und
– Entschließungs- bzw. Auswahlermessen sind auf Null reduziert.

Beispiele: Die Rechtsprechung läßt bei der erforderlichen Abwägung über die erheblichen Gefahren für wesentliche Rechtsgüter eine Tendenz zur Überbewertung privater Interessen erkennen; sie hat einen Anspruch auf Einschreiten gegen eine vom Grundstücksnachbarn betriebene Taubenhaltung (OVG Berlin, NJW 1983, 777) und eine überhöhte Grenzgarage (OVG Münster, NJW 1984, 883) sowie einen Anspruch auf verkehrsbehördliche Maßnahmen zur ungehinderten Benutzung einer Garagenausfahrt (BVerwGE 37, 112) gegeben, allerdings der Behörde jeweils noch ein Auswahlermessen eingeräumt. In diesen Fällen wäre eine Verweisung auf den Zivilrechtsweg angebracht gewesen. 46

Literatur: *J. Dietlein,* Der Anspruch auf polizei- oder ordnungsrechtliches Einschreiten, DVBl. 1991, 685; *V. Erb,* Legalität und Opportunität, 1999; *U. Di Fabio,* Die Ermessensreduzierung, VerwArch 1995, 214; *K. Grupp,* Das Angebot des anderen Mittels, VerwArch 1978, 125; *M. Kniesel,* Die Prinzipien der Legalität, Opportunität und Verhältnismäßigkeit als polizeiliche Handlungsmaximen, Polizei 1989, 179; *J. Pietzcker,* Der Anspruch auf ermessensfehlerfreie Entscheidung, JuS 1982, 106; *B. Schlink,* Der Grundsatz der Verhältnismäßigkeit, in: FS 50 Jahre BVerfG, 2001, 2. Bd., S. 445; *F. E. Schnapp,* Die Verhältnismäßigkeit des Grundrechtseingriffs, JuS 1983, 850; *K. Waechter,* Polizeiliches Ermessen zwischen Planungsermessen und Auswahlermessen, VerwArch 1997, 298; *D. Wilke,* Der Anspruch auf behördliches Einschreiten im Polizei-, Ordnungs- und Baurecht, in: FS Scupin, 1983, S. 831. 47

§ 11. Verordnungen

I. Begriff und Rechtsgrundlagen

Das Polizei- und Ordnungsrecht aller Länder enthält Regelungen für abstrakt-generelle Ge- oder Verbote zur Gefahrenabwehr, die für eine unbestimmte Anzahl von Fällen an eine unbestimmte Anzahl von Personen gerichtet sind.[1] In den Ländern, die die Entpolizeilichung (vgl. § 1 Rn. 22 ff.) terminologisch konsequent im Trennsystem verwirklicht haben (vgl. § 2 Rn. 24), werden sie als Verordnungen,[2] 1

1 § 24 S. 1 bbgOBG; § 48 bremPolG; § 10 Abs. 1 bwPolG; § 71 hessSOG; § 17 mvSOG; § 25 S. 1 nwOBG; § 43 Abs. 1 rpPOG; § 59 Abs. 2 saarlPolG; § 9 Abs. 1 sächsPolG; § 27 Abs. 1 thürOBG.
2 Art. 12 ff. bayLStVG; §§ 54 ff. ndsSOG.

Verordnungen zur Gefahrenabwehr,[3] Verordnungen über die öffentliche Sicherheit,[4] Verordnungen über die öffentliche Sicherheit oder Ordnung,[5] Gefahrenabwehrverordnungen[6] oder ordnungsbehördliche Verordnungen,[7] in den Ländern des Einheitssystems als Polizeiverordnungen[8] bezeichnet. Alle diese Verordnungen sind Rechtsverordnungen. Rechtsverordnungen sind **Rechtsnormen,** die **von Organen der Exekutive** (Regierung, Minister, Verwaltungsbehörden) erlassen werden. Ihnen ist mit den Parlamentsgesetzen gemeinsam, daß sie abstrakt-generelle Regelungen sind und Außenwirkung besitzen, d. h. Verbindlichkeit im Außenrechtsverhältnis; daher werden sie – wie auch die Satzungen – mit den Parlamentsgesetzen als materielle Gesetze bezeichnet. Gemeinsam ist ihnen auch, daß sie als Ergebnis eines politischen Prozesses verstanden werden, bei dem es keine Begründungspflicht und keine Ermessensfehler wie bei Verwaltungsakten gibt (vgl. *Knemeyer,* Rn. 461; *Kopp/Ramsauer,* VwVfG, 12. Aufl. 2011, § 40 Rn. 5). Sie unterscheiden sich von den Parlaments- oder formellen Gesetzen dadurch, daß der Normgeber ein Organ der Exekutive ist. Sie unterscheiden sich andererseits von Verwaltungsvorschriften, die abstrakt-generelle Regelungen ohne Außenwirkung, d. h. mit Verbindlichkeit nur zwischen Behörden und staatlichen Organen, sind.

2 Rechtsverordnungen als Rechtsetzung der Exekutive werden aus Gründen des Demokratie- und des Rechtsstaatsprinzips verfassungsrechtlich in besonders strenger Weise **den Parlamentsgesetzen untergeordnet.** Für bundesrechtliche Rechtsverordnungen geschieht das durch Art. 80 GG, für landesrechtliche Rechtsverordnungen, wenn zu ihnen ein Bundesgesetz ermächtigt, ebenfalls durch Art. 80 GG oder, wenn zu ihnen ein Landesgesetz ermächtigt, durch entsprechende landesverfassungsrechtliche Regelungen; soweit in einem Land eine derartige Regelung fehlt, gilt der wesentliche Inhalt des Art. 80 GG gem. Art. 28 Abs. 1 S. 1 GG auch für landesrechtliche Rechtsverordnungen (BVerfGE 55, 207/226; 58, 257/277; 73, 388/400). Die Einordnung als bundes- oder landesrechtliche Rechtsverordnung richtet sich danach, ob die Rechtsverordnung von einem

3 §§ 55 ff. berlASOG; § 1 Abs. 2 hambSOG.
4 § 175 shLVwG.
5 §§ 17 ff. mvSOG.
6 §§ 71 ff. hessSOG; §§ 43 ff. rpPOG; §§ 93 ff. saSOG.
7 §§ 24 ff. bbgOBG; §§ 25 ff. nwOBG; §§ 27 ff. thürOBG.
8 §§ 48 ff. bremPolG; §§ 10 ff. bwPolG; §§ 59 ff. saarlPolG; §§ 9 ff. sächsPolG.

Bundes- oder Landesorgan erlassen wird (BVerfGE 18, 407/414 ff.). Die wesentlichen verfassungsrechtlichen Anforderungen sind, daß die Rechtsverordnung einer Ermächtigung durch Gesetz bedarf (vgl. Art. 80 Abs. 1 S. 1 GG) und daß dieses Gesetz Inhalt, Zweck und Ausmaß der erteilten Ermächtigung bestimmen muß (vgl. Art. 80 Abs. 1 S. 2 GG).

Diesen Voraussetzungen ist auch durch die in den Gesetzen aller Länder außer Bayern enthaltenen **Generalklauseln** zum Erlaß von Verordnungen[9] genügt. Die Generalklauseln sind ausreichend, weil sie in jahrzehntelanger Entwicklung durch Rechtsprechung und Lehre nach Inhalt, Zweck und Ausmaß hinreichend präzisiert und in ihrer Bedeutung geklärt sind (BVerfGE 54, 143/144). Erst recht ist das der Fall in Bayern, das für Verordnungen keine Generalklausel, sondern nur Spezialermächtigungen kennt,[10] und bei den vielen spezialgesetzlichen Ermächtigungen, die die Ausdifferenzierung des Gefahrenabwehrrechts mit sich gebracht hat.[11] Diese Spezialermächtigungen verdrängen die Generalklausel; teilweise ist aber geregelt, daß die allgemeinen Regelungen über Verordnungen insoweit ganz[12] oder teilweise[13] Anwendung finden, als die Spezialgesetze nichts anderes vorsehen. 3

Beispiele: Art. 297 EGStGB ermächtigt die Landesregierungen zu Rechtsverordnungen, die zum Schutze der Jugend oder des öffentlichen Anstandes für bestimmte Gemeinden oder Gemeindegebiete verbieten, der Prostitution nachzugehen (sog. Sperrbezirksverordnungen; BVerfG, NVwZ 2009, 905; krit. *Gurlit/Oster,* GewArch 2006, 361). Auf die Generalklausel sind dagegen die Verordnungen gestützt, die darüber hinaus das Verbot normieren, innerhalb des Sperrbezirks zu Prostituierten, die gegen die Sperrbezirksverordnung verstoßen, Kontakte aufzunehmen, um sexuelle Handlungen gegen Entgelt zu vereinbaren (vgl. VGH Mannheim, NVwZ 2001, 1299). 4

Das Vermögen der Verordnungen, die Polizei- und Ordnungsgesetze zu ergänzen, ist beschränkt. Sie können zwar durch neue Ge- und Verbote die Rechtsordnung, deren Unverletzlichkeit Teilschutzgut der öffentlichen Sicherheit ist, erweitern. Sie können auch in 5

---

9 §§ 25 Abs. 1, 26 Abs. 1 bbgOBG; § 55 berlASOG; § 49 bremPolG; § 10 Abs. 1 bwPolG; § 1 Abs. 1 hambSOG; §§ 72, 73, 74 hessSOG; § 17 mvSOG; § 55 ndsSOG; §§ 26 Abs. 1, 27 Abs. 1 nwOBG; § 43 rpPOG; § 59 Abs. 1 saarlPolG; § 9 Abs. 1 sächsPolG; § 94 saSOG; § 175 Abs. 1 shLVwG; § 27 Abs. 1 thürOBG.

10 Art. 12–41 bayLStVG.

11 Vgl. z. B. § 6 StVG; § 32 LuftVG; § 9 SeeschiffahrtG.

12 § 24 S. 2 bbgOBG; § 10 Abs. 2 bwPolG; § 25 S. 2 nwOBG; § 59 Abs. 3 saarlPolG; § 9 Abs. 2 sächsPolG.

13 § 49 rpPOG.

Konkretisierung des Gesetzes Befugnisse normieren, den Polizei- und Ordnungsbehörden aber **keine neuen Befugnisse** zur Gefahrenabwehr verschaffen.

6 **Beispiel:** Gem. Art. 16 Abs. 1 S. 2 Nr. 2 bayLStVG kann in Verordnungen von Gemeinden über die Bekämpfung verwilderter Tauben u. a. bestimmt werden, daß die Eigentümer Maßnahmen zur Beseitigung der Nistplätze und zur Vergrämung verwilderter Tauben zu dulden haben. Das ermächtigt zwar dazu, das Füttern verwilderter Tauben in einer Verordnung zu verbieten. Die Verordnung kann aber nicht dazu ermächtigen, auf der Suche nach Taubenfutter- oder -nistplätzen das befriedete Besitztum der Eigentümer zu betreten und zu durchsuchen. Insoweit bleibt es bei den Betretungs- und Durchsuchungsermächtigungen der Polizei- und Ordnungsgesetze (vgl. *Stöckel,* in: Bengl u. a., BayLStVG, Art. 16 Anm. 3 b).

7 Verordnungen sind abzugrenzen von den **Allgemeinverfügungen.** Gem. § 35 S. 2 VwVfG ist die Allgemeinverfügung „ein Verwaltungsakt, der sich an einen nach allgemeinen Merkmalen bestimmten oder bestimmbaren Personenkreis richtet oder die öffentlich-rechtliche Eigenschaft einer Sache oder ihre Benutzung durch die Allgemeinheit betrifft". Der Verwaltungsakt ergeht gem. § 35 S. 1 VwVfG „zur Regelung eines Einzelfalles". Da beide Handlungsformen, Rechtsverordnung und Verwaltungsakt, jeweils durch zwei entgegengesetzte Merkmale gekennzeichnet sind (abstrakt-generell contra konkret-individuell), fragt sich, wie abstrakt-individuelle und konkret-generelle Maßnahmen einzuordnen sind. Da die Ermächtigungen zu Verordnungen das Vorliegen beider Merkmale verlangen und der Verwaltungsakt sowohl an bestimmte als auch an nur bestimmbare Personen gerichtet sein oder sogar adressatenlos ergehen kann, ist die Einordnung zu Gunsten des Verwaltungsakts zu entscheiden.

8 **Beispiele:** In der Stadt S treten Typhus-Erkrankungen auf. Untersuchungen ergeben, daß die Krankheitserreger durch den Genuß von Endiviensalat übertragen worden sind. Die zuständige Behörde richtet über Rundfunk und Presse an alle Gemüsehändler das Verbot, in S Endiviensalat zu verkaufen. BVerwGE 12, 87 hat hier einen Verwaltungsakt angenommen; die Konkretheit der Maßnahme läßt sich damit begründen, daß das Verbot den Verkauf von bestimmten Waren durch bestimmte Personen an bestimmten Stellen betrifft. – Auch das an alle potentiellen Veranstalter gerichtete Verbot, an einem bestimmten Tag entlang der von einem Castor-Transport benützten Bahnstrecke zu demonstrieren, ist ein Verwaltungsakt. – Das gleiche gilt für Straßenverkehrszeichen wegen ihrer Funktionsgleichheit mit den Anordnungen eines Polizeibeamten und ihres konkreten örtlichen Bezugs (vgl. BVerfG, NJW 1965, 2395; BVerwGE 27, 181/183; 59, 221/224; 92, 32/34).

II. Formelle Rechtmäßigkeit

1. Zuständigkeit

Die Zuständigkeit für den Erlaß von Verordnungen ist **durchweg speziell geregelt.** Zuständig für den Erlaß von Verordnungen sind in den Flächenländern die Ministerien oder Landesordnungsbehörden und die Ordnungsbehörden, d. h. die Gemeinden, die Kreise und kreisfreien Städte, sowie in den Ländern mit einer entsprechenden Mittelinstanz auch die Bezirksregierungen bzw. Regierungspräsidien.[14] Teilweise ist ausdrücklich normiert, daß die jeweils höhere Behörde nur zuständig ist, wenn eine einheitliche Regelung über den (örtlichen) Zuständigkeitsbereich der unteren Behörde hinaus geboten ist, ohne daß sich die Regelung auf den gesamten Zuständigkeitsbereich der höheren Behörde erstrecken muß;[15] in Bayern ist dies nur eine Soll-Vorschrift.[16] Auch darf keine Gefahrenabwehrbehörde eine Verordnung über ihren örtlichen Zuständigkeitsbereich hinaus erlassen. Im Hinblick auf die ausdifferenzierte Verfassung der Selbstverwaltungskörperschaften ist in einigen Ländern bestimmt, daß für den Erlaß von Verordnungen der Gemeinden und Kreise jeweils die Vertretung zuständig ist;[17] hiervon werden bisweilen zugunsten des Bürgermeisters und des Landrats Ausnahmen für dringliche oder Eilverordnungen[18] und für nicht länger als einen Monat geltende Verordnungen[19] gemacht. In den Stadtstaaten sind allgemein nur die Senate, in Bremen auch die Stadtgemeinden für den Erlaß zuständig.[20] 9

2. Verfahren

Das Verfahren für den Erlaß von Rechtsverordnungen ist **teilweise speziell geregelt.** Verordnungen der Ministerien sind unverzüglich 10

---

14 Art. 12–41 bayLStVG; §§ 3 Abs. 1, 25, 26 bbgOBG; §§ 10 Abs. 1, 62 bwPolG; §§ 72–74 hessSOG; §§ 3 Abs. 1, 17 mvSOG; § 55 Abs. 1 ndsSOG; §§ 3 Abs. 1, 26, 27 nwOBG; § 43 rpPOG; §§ 60, 75 Abs. 2 saarlPolG; §§ 12, 64 Abs. 1 sächsPolG; § 94 Abs. 1 saSOG; §§ 164 Abs. 1, 175 Abs. 1 shLVwG; § 27 Abs. 1 thürOBG.
15 §§ 25 Abs. 2, 26 Abs. 2 bbgOBG; § 17 Abs. 4 mvSOG; §§ 26 Abs. 2, 27 Abs. 2 u. 3 nwOBG; § 165 Abs. 5 shLVwG; § 28 Abs. 1 thürOBG.
16 Art. 44 Abs. 1 LStVG.
17 Art. 42 Abs. 1 S. 1 bayLStVG; § 26 Abs. 3 bbgOBG; §§ 73 S. 2, 74 S. 2 hessSOG; § 55 Abs. 2 S. 1 u. 2 ndsSOG; § 27 Abs. 4 S. 1 nwOBG; § 14 sächsPolG; § 94 Abs. 2 saSOG.
18 Art. 42 Abs. 2 S. 1 bayLStVG; § 55 Abs. 2 S. 2 ndsSOG; § 43 Abs. 3 S. 4 rpPOG.
19 § 14 Abs. 1 S. 1, Abs. 2 S. 1 sächsPolG.
20 § 55 berlASOG; §§ 49, 67 bremPolG; § 1 Abs. 1 hambSOG.

dem Landesparlament vorzulegen[21] und manchmal zusätzlich auch auf Verlangen des Landesparlaments aufzuheben.[22] Soweit Verordnungen auf Gemeinde- und Kreisebene nicht schon von den Vertretungen erlassen werden, bedürfen sie der Zustimmung der Vertretungen[23] oder sind diesen vorzulegen.[24] Des weiteren sind die Verordnungen den zuständigen Aufsichtsbehörden zur Genehmigung bzw. Kenntnisnahme, vereinzelt bereits vor dem Erlaß, vorzulegen.[25] Schließlich ist die Verkündung der Verordnungen besonders geregelt.[26]

3. Form

11 Für die Form von Verordnungen enthalten die **meisten** Polizei- und Ordnungsgesetze besondere Regelungen.[27] Darin werden auch die verfassungsrechtlichen Anforderungen konkretisiert, die Art. 80 GG und die entsprechenden Vorschriften der Landesverfassungen allgemein an die Form von Rechtsverordnungen stellen, wie das Zitiergebot.

III. Materielle Rechtmäßigkeit

1. Vereinbarkeit mit höherrangigem Recht

12 Obwohl nach den allgemeinen Grundsätzen der Normenhierarchie keine Rangabstufung innerhalb der Kategorie der Rechtsverordnungen besteht, ist in vielen Polizei- und Ordnungsgesetzen der **Vorrang der Verordnungen einer höheren Behörde,** begleitet von der Anordnung eines regelmäßigen Kompetenzausschlusses der niederen Behörde, speziell geregelt.[28] Im übrigen gilt, daß Verordnungen nicht gegen Parlamentsgesetze und Verfassungsrecht verstoßen dürfen.

---

21 Art. 64 Abs. 3 S. 1 berlVerf; § 50 Abs. 1 S. 1 bremPolG; § 26 Abs. 3 S. 1 nwOBG.
22 § 50 Abs. 1 S. 2 bremPolG; § 26 Abs. 3 S. 2 nwOBG; § 54 Abs. 3 shLVwG.
23 § 50 Abs. 2 bremPolG; § 15 bwPolG; § 43 Abs. 3 S. 1 u. 2 rpPOG.
24 § 55 Abs. 3 shLVwG.
25 § 16 Abs. 1 bwPolG; § 20 Abs. 3 mvSOG; § 62 Abs. 1 ndsSOG; § 44 rpPOG; § 64 saarlPolG; § 15 Abs. 1 sächsPolG; § 101 Abs. 1 saSOG; § 33 thürOBG.
26 Art. 51–53 bayLStVG; § 32 bbgOBG; § 23 mvSOG; § 60 ndsSOG; § 33 nwOBG; § 65 saarlPolG; § 14 sächsPolG; § 99 Abs. 2 saSOG; § 60 shLVwG; § 35 thürOBG.
27 Art. 45 Abs. 2 bayLStVG; § 29 bbgOBG; § 53 bremPolG; § 12 bwPolG; § 78 hessSOG; § 21 mvSOG; § 58 ndsSOG; § 30 nwOBG; § 46 Abs. 1 rpPOG; § 62 saarlPolG; § 11 sächsPolG; § 97 saSOG; § 56 shLVwG; § 32 thürOBG.
28 Art. 45 Abs. 1 bayLStVG; § 27 bbgOBG; § 11 bwPolG; § 75 hessSOG; § 20 Abs. 1 u. 2 mvSOG; § 28 nwOBG; § 43 Abs. 4 rpPOG; § 95 saSOG; § 57 shLVwG; § 30 thürOBG.

Beispiele: Kampfhundeverordnungen, die u. a. Erlaubnispflichten, Leinen- und Maulkorbzwang für das Halten von Kampfhunden normieren, verstoßen nicht gegen Art. 3 Abs. 1 GG, selbst wenn sie nur einige, nicht aber alle Hunderassen mit dem gleichen Gefährdungspotential für die körperliche Unversehrtheit von Menschen erfassen (so noch VGH Kassel, NVwZ-RR 2002, 650/652 f.; OVG Schleswig, NVwZ 2001, 1300/1302), weil Erziehung, Ausbildung und Haltung der Hunde typischerweise das besondere Gefährdungspotential begründen (vgl. BVerfGE 110, 141/160). – Die verfassungsrechtlichen Grenzen der Rückwirkung von Gesetzen (vgl. *Jarass*, JP, Art. 20 Rn. 67 ff.) gelten auch für Verordnungen: Eine Verhaltensnorm für vergangenes Verhalten verlangt Unmögliches, und eine Sanktionsnorm für vergangenes Verhalten verstößt gegen Art. 103 Abs. 2 GG (vgl. *Drews u. a.,* S. 515). 13

2. Gefahr und Schutzgüter

Verordnungen dürfen nur zur Abwehr von Gefahren für die öffentliche Sicherheit oder auch für die öffentliche Ordnung (vgl. § 8 Rn. 3 ff., 46 ff.) erlassen werden. Dies ist die verfassungsrechtlich geforderte Zweckbestimmung (vgl. Rn. 2). Während nach den Generalklauseln zum Erlaß einer konkreten Maßnahme eine im einzelnen Falle bestehende Gefahr für eines der polizeilichen Schutzgüter vorausgesetzt wird (vgl. § 7 Rn. 1 ff.), stellen die Ermächtigungen zum Erlaß einer Verordnung klar, daß die Ermächtigung gerade nicht für die konkrete, sondern für die **abstrakte Gefahr** eingeräumt ist (vgl. § 4 Rn. 9 ff.). Fehlt es an einer abstrakten Gefahr, kann nur ein Parlamentsgesetz zum Einschreiten ermächtigen (BVerwGE 116, 347/349 ff.; vgl. auch § 4 Rn. 6). Verfügungen, die das Gebot oder Verbot der Verordnung im Einzelfall konkretisieren, sind insoweit rechtmäßig, als die Verletzung der Verordnung die öffentliche Sicherheit beeinträchtigt (vgl. § 7 Rn. 8 f.). 14

Die Begriffe der **öffentlichen Sicherheit** und der **öffentlichen Ordnung** sind identisch mit denen der polizei- und ordnungsrechtlichen Generalklauseln. Die heute noch relevanten Anwendungsbereiche für Verordnungen betreffen häufig den Schutz der öffentlichen Ordnung, da der Schutz der Sicherheit durch abstrakt-generelle Regelungen weitgehend spezialgesetzlich geleistet wird (vgl. § 8 Rn. 51). 15

Beispiele: Der Alkoholkonsum und das Betteln auf öffentlichen Straßen stellen erst dann eine Gefahr für die öffentliche Sicherheit dar, wenn sie die Rechtsordnung oder subjektive Rechte und Rechtsgüter von einzelnen beeinträchtigen, etwa weil Betrunkene oder aggressive im Gegensatz zu stillen Bettlern gegen Strafgesetze oder § 118 Abs. 1 OWiG verstoßen (vgl. *Höfling*, Ver- 16 waltung 2000, 207; zum Betteln VGH Mannheim, DÖV 1998, 1015; zum Alkoholkonsum VGH Mannheim, NVwZ-RR 2010, 55; *Hebeler/Schäfer*, DVBl. 2009, 1424; *Hecker*, NVwZ 2010, 359; *K. Stein*, NdsVBl. 2010, 193). Eine Gefahr für die öffentliche Ordnung setzt voraus, daß Alkoholkonsum und Betteln auf öffentlichen Straßen gegen die herrschenden Anschauungen von den unerläßlichen Voraussetzungen für ein geordnetes staatsbürgerliches Zusammenleben verstoßen. Obwohl Städte zunehmend entsprechende Verordnungen erlassen, kann davon bei stillem Betteln und ruhigem Alkoholkonsum nicht die Rede sein; solche Verordnungen sind allenfalls auf der Grundlage einer speziellen gesetzlichen Ermächtigung zulässig (*Albrecht*, Polizei 2011, 117; *Köppert*, Alkoholverbotsverordnungen in der Rechtspraxis, 2011).[28a]

3. Pflichtigkeit

17 Auch wenn es nicht ausdrücklich geregelt ist, müssen die Verordnungen gegen die allgemein polizei- und ordnungsrechtlich Pflichtigen (vgl. § 9 Rn. 1 ff.) gerichtet sein, da diese Begrenzung des Personenkreises aus der Aufgabenbestimmung für die Gefahrenabwehr folgt (vgl. *Götz*, § 22 Rn. 6; *Gusy*, Rn. 407; *Schenke*, Rn. 627). Da hier aber eine abstrakte Gefahr ausreicht, kann richtiger Adressat auch jemand sein, der oder dessen Sache keine konkrete, sondern nur eine abstrakte Gefahr verursacht hat: Die Hygieneverordnung im Frisörgewerbe richtet sich an alle Frisöre, auch an diejenigen, die keinerlei Anlaß zu hygienischen Beanstandungen gegeben haben. Es kann auch einen **abstrakten Notstand** geben, bei dem für Nichtstörer in Verordnungen Pflichten begründet werden dürfen (vgl. *Schenke*, Rn. 627; a. A. *Götz*, Rn. 627).

18 **Beispiel:** Eine Verordnung verpflichtet für den Fall einer Flutkatastrophe alle Eigenheimbesitzer oberhalb einer bestimmten Quadratmeterzahl pro Hausbewohner zur Aufnahme Evakuierter.

4. Verhältnismäßigkeit

19 Wie jedes polizei- und ordnungsbehördliche Handeln steht auch der Erlaß von Verordnungen unter den Anforderungen des Verhältnismäßigkeitsgrundsatzes (vgl. § 10 Rn. 15 ff.). Eine besondere Ausprägung dieses Grundsatzes ist die Vorschrift in vielen Landesgesetzen, wonach die polizei- und ordnungsbehördlichen Vorschriften nicht lediglich den Zweck haben dürfen, die den Gefahrenabwehrbe-

28a Vgl. § 9a sächsPolG.

hörden obliegende **Aufsicht zu erleichtern,** wobei der Begriff hier nicht die verwaltungsorganisatorische Überordnung, sondern die Gefahrenabwehraufgabe meint (vgl. § 2 Rn. 33); dieser Zweck wird damit zu einem illegitimen Zweck erklärt.[29]

Beispiel: Nachdem es auf öffentlichen Parkplätzen, auf denen man „auf Wunsch" sein Kraftfahrzeug bewachen lassen konnte, zu Mißständen gekommen war, weil auf die Kraftfahrzeugfahrer Druck ausgeübt worden war, ihre Autos bewachen zu lassen, beschränkte eine Polizeiverordnung die Ausübung des Kraftfahrzeugbewachungsgewerbes auf zugewiesene Standplätze. Damit wollte die Polizei das fallweise Vorgehen gegen das unkorrekte Verhalten des Bewachungspersonals vermeiden (vgl. BVerwG, DVBl. 1963, 149/150). 20

Ebenfalls eine Konkretisierung des Verhältnismäßigkeitsgrundsatzes sind die speziellen Vorschriften über das **Außerkrafttreten** von Verordnungen. Grundsätzlich sollen die Verordnungen eine Beschränkung ihrer Geltungsdauer enthalten, treten jedoch spätestens nach Ablauf von zehn,[30] zwanzig[31] oder dreißig[32] Jahren nach ihrem Inkrafttreten außer Kraft. 21

5. Bestimmtheit

Verordnungen müssen nach den Polizei- bzw. Ordnungsgesetzen der meisten Länder in ihrem Inhalt bestimmt sein.[33] Das ist eine Konkretisierung des allgemeinen **rechtsstaatlichen Bestimmtheitsgrundsatzes** bzw., soweit die Ge- oder Verbote der Verordnung ordnungswidrigkeitenrechtlich sanktioniert sind, des strafrechtlichen Bestimmtheitsgrundsatzes gem. Art. 103 Abs. 2 GG (vgl. *Pieroth,* JP, Art. 103 Rn. 51 f.), so daß es auch in den Ländern gilt, in denen es nicht einfach-gesetzlich normiert ist. 22

Beispiel: Unbestimmt war das Verbot in einer Verordnung, „sich nach Art eines Land- oder Stadtstreichers herumzutreiben". Zwar lassen sich möglicherweise die Begriffe des Landstreichers und des Stadtstreichers noch hinreichend bestimmen; aber die Formulierung des „Herumtreibens nach Art" die- 23

29 § 28 Abs. 1 S. 2 bbgOBG; § 56 Abs. 1 S. 1 berlASOG; § 52 Abs. 1 bremPolG; § 29 Abs. 1 S. 2 nwOBG; § 45 Abs. 1 rpPOG; § 60 S. 2 saarlPolG; § 58 Abs. 4 shLVwG.
30 § 58 berlASOG; § 16 sächsPolG; § 100 saSOG.
31 Art. 50 Abs. 2 bayLStVG; § 31 Abs. 1 bbgOBG; § 55 bremPolG; § 17 Abs. 1 bwPolG; § 2 hambSOG; § 22 mvSOG; § 61 ndsSOG; § 32 Abs. 2 nwOBG; § 46 Abs. 3 rpPOG; § 66 saarlPolG; § 62 shLVwG; § 34 Abs. 2 thürOBG.
32 § 79 hessSOG.
33 § 28 Abs. 1 S. 1 bbgOBG; § 56 Abs. 2 S. 1 berlASOG; § 52 Abs. 2 bremPolG; § 76 Abs. 1 S. 1 hessSOG; § 18 Abs. 1 mvSOG; § 57 Abs. 1 ndsSOG; § 29 Abs. 1 S. 1 nwOBG; § 45 Abs. 2 rpPOG; § 61 Abs. 1 saarlPolG; § 96 Abs. 1 saSOG; § 58 Abs. 1 shLVwG; § 31 Abs. 1 S. 1 thürOBG.

ser Personen ist nicht mehr hinreichend bestimmt: „Darf ein Nichtseßhafter etwa das Stadtgebiet der Antragsgegnerin durchziehen und dabei auf einer Parkbank ausruhen? Dürfen sich arbeitslose Jugendliche in der Fußgängerzone treffen, um gemeinsam 'die Zeit totzuschlagen'? In welchen Grenzen dürfen Arbeitskollegen nach Feierabend an Kiosken Alkohol zu sich nehmen? Wie müssen sich Bürger der Antragsgegnerin, die als seßhafte Obdachlose bezeichnet werden, in der Öffentlichkeit verhalten, um dem Verbot Rechnung zu tragen?“ (VGH Mannheim, NJW 1984, 507).

IV. Durchsetzung

24 Da eine Verordnung ein Teil der Rechtsordnung und ihre Verletzung eine Störung der öffentlichen Sicherheit und Ordnung ist, wird sie durch **Polizei- oder Ordnungsverfügung** zur Gefahrenabwehr vollzogen. Diese Verfügungen werden notfalls mit den Mitteln des polizeilichen Zwangs und der Verwaltungsvollstreckung durchgesetzt.

25 Zum Vollzug der Verordnung kann auch noch gerechnet werden, daß fast alle Polizei- und Ordnungsgesetze dazu ermächtigen, Verstöße gegen Verordnungen zu **Ordnungswidrigkeiten** zu machen.[34] Verordnungen können zudem für die Spezifizierung normativer Merkmale strafrechtlicher Tatbestände relevant sein. Wegen der Gesetzlichkeit der Strafbarkeit gem. Art. 103 Abs. 2 GG müssen aber die Voraussetzungen der Strafbarkeit und die Art der Strafe für den Bürger schon aufgrund des Gesetzes, nicht erst aufgrund der Rechtsverordnung vorhersehbar sein (vgl. BVerfGE 78, 374/382).

26 **Beispiele:** Eine ordnungsbehördliche Verordnung, die ein Taubenfütterungsverbot auf öffentlichen Straßen enthält, kann, außer daß sie durch Verfügung und Vollstreckung durchgesetzt wird (vgl. VGH Mannheim, NVwZ-RR 2006, 398; 2008, 782), zugleich den Verstoß hiergegen zu einer mit einer Geldbuße zu ahndenden Ordnungswidrigkeit erklären (vgl. BVerfGE 54, 143/148). – § 327 Abs. 2 Nr. 1 StGB stellt das Betreiben einer genehmigungsbedürftigen Anlage i. S. d. BImSchG ohne die erforderliche Genehmigung unter Strafe. § 34 Abs. 1 BImSchG legt fest, unter welchen Voraussetzungen eine Anlage genehmigungsbedürftig ist und ermächtigt zu einer Rechtsverordnung, in der die genehmigungsbedürftigen Anlagen bestimmt werden. Die 4. Durchführungsverordnung beschreibt diese auf Dutzenden von Seiten detailliert (vgl. BVerfGE 75, 329/340 ff.).

---

34 Art. 12–41 bayLStVG; § 30 Abs. 1 bbgOBG; § 57 berlASOG; § 54 bremPolG; § 18 bwPolG; § 1 Abs. 2 hambSOG; § 77 hessSOG; § 19 mvSOG; § 59 ndsSOG; § 48 rpPOG; § 63 saarlPolG; § 17 sächsPolG; § 98 saSOG; § 50 thürOBG.

Voraussetzung für die Rechtmäßigkeit einer auf den Verstoß gegen die Verordnung gestützten Verfügung ist allerdings die Gültigkeit der Verordnung. Insoweit ist zum einen bedeutsam, daß für die Rechtsverordnung als Rechtsnorm die Doktrin der **ipso-iure-Nichtigkeit** gilt. Ein Verstoß gegen die dargestellten formellen und materiellen Rechtmäßigkeitsvoraussetzungen führt unmittelbar zur Nichtigkeit und nicht wie bei Verwaltungsakten regelmäßig zur Anfechtbarkeit und nur ausnahmsweise bei Vorliegen der Voraussetzungen des § 44 VwVfG zur Nichtigkeit. Zum anderen unterscheidet sich die Rechtsverordnung von Gesetzen dadurch, daß jedes Gericht eine Rechtsverordnung für nichtig erklären kann, während förmliche nachkonstitutionelle Gesetze gem. Art. 100 Abs. 1 GG nur vom Bundesverfassungsgericht für nichtig erklärt werden können. 27

Literatur: *J. Caspar,* Die neuen Regelungen des Bundes und der Länder zum Schutz vor gefährlichen Hunden, DVBl. 2000, 1580; *A. Gängel/T. Gansel,* Die rechtlichen Regelungen zum Schutz vor gefährlichen Hunden, NVwZ 2001, 1208; *W. Hamann,* Die Gefahrenabwehrverordnung – ein Gebrauchsklassiker des Ordnungsrechts?, NVwZ 1994, 669; *W. Hecker,* Die Regelung des Aufenthalts von Personen im öffentlichen Raum, 1997; *F. Schoch,* Verordnungen zur Gefahrenabwehr, Jura 2005, 600. 28

4. Teil. Spezialbefugnisse

§ 12. Systematik der Spezialbefugnisse

I. Begriff der Spezialbefugnis

1 Während die Generalklauseln die Polizei- und Ordnungsbehörden ermächtigen, alle notwendigen Maßnahmen zur Abwehr aller konkreten Gefahren zu treffen (vgl. § 7 Rn. 6 f.), ermächtigen die Spezialbefugnisse zu bestimmten Maßnahmen zur Abwehr bestimmter Gefahren. Die Generalklauseln oder allgemeinen Befugnisse können auch als Generalermächtigungen, die Spezial- oder besonderen Befugnisse als Spezialermächtigungen bezeichnet werden. Oft ist von den durch die Spezialbefugnisse ermächtigten Maßnahmen auch als **Standardmaßnahmen** die Rede.

2 Die Spezialität der Spezialbefugnisse kann **alle Tatbestandsvoraussetzungen** polizei- und ordnungsbehördlichen Handelns variieren. Sie kann der formellen Rechtmäßigkeit gelten und besondere Zuständigkeiten, Formen und Verfahren verlangen; sie kann bei der materiellen Rechtmäßigkeit die Schutzgüter näher und enger bestimmen, die abzuwehrende Gefahr als abstrakte oder konkrete qualifizieren, den Kreis der Pflichtigen über die Störer und Nichtstörer hinaus erweitern und die Anforderungen der Verhältnismäßigkeit spezifizieren.

3 **Beispiele:** Für die Anordnung einer Wohnungsdurchsuchung ist der Richter und für die Einrichtung einer Kontrollstelle, an der Identitätsfeststellungen durchgeführt werden, oft der Innenminister zuständig, die Vorladung erfolgt in schriftlicher oder mündlicher Form, und das Verfahren des Umgangs mit festgehaltenen Personen ist von der Bekanntgabe des Grunds des Festhaltens und der Belehrung über die Rechtsbehelfe bis zur gesonderten und getrennten Unterbringung geregelt. Die Datenerhebung bei öffentlichen Veranstaltungen und Ansammlungen zielt meistens allein auf das Schutzgut der Unverletzlichkeit der Strafrechtsordnung, die Sicherstellung dient besonders der Abwehr einer gegenwärtigen Gefahr, bei der Prüfung von Berechtigungsscheinen ist jeder aushändigungspflichtig, der bei der entsprechenden Tätigkeit angetroffen wird und damit die abstrakte Gefahr, die berechtigungspflichtige Tätigkeit werde ohne Berechtigung ausgeführt, verursacht hat, und dem Grundsatz der

Verhältnismäßigkeit trägt die Spezialbefugnis des Aufenthaltsverbots dadurch Rechnung, daß sie den Zugang zur Wohnung nicht zu beeinträchtigen verlangt.

Auf der **Rechtsfolgenseite** muß unterschieden werden: Zwar haben die Polizei- und Ordnungsbehörden nach den Spezialbefugnissen ebenso ein Entschließungsermessen wie nach den Generalklauseln; das Auswahlermessen reduziert sich aber auf die bestimmten Maßnahmen, zu denen die Spezialbefugnisse ermächtigen. Die Maßnahmen, zu denen die Spezialbefugnisse ermächtigen, können Realakte oder Verwaltungsakte oder beides zugleich sein (vgl. Rn. 10f.). Soweit sie ihrerseits in den Anwendungsbereich einer anderen Spezialbefugnis fallen, unterliegen sie deren Rechtmäßigkeitsvoraussetzungen (vgl. Rn. 15 a ff.). 4

Beispiele: Die Spezialbefugnis der erkennungsdienstlichen Maßnahmen ermächtigt u. a. zur Abnahme von Finger- und Handflächenabdrücken, Aufnahme von Lichtbildern und Feststellung äußerlicher körperlicher Merkmale, die Spezialermächtigungen des Gewahrsams und der Sicherstellung ermächtigen nur zu eben diesen Maßnahmen, und die Spezialermächtigung zur Datenerhebung, mit der unter wechselnden Überschriften die Datenerhebungsbestimmungen der Polizeigesetze regelmäßig beginnen, ermächtigen zu Befragungen, Ermittlungen und anderen Erhebungen von Informationen und Daten so umfassend, daß sie als Datenerhebungsgeneralklauseln bezeichnet werden. – Die Identitätsfeststellung ermächtigt u. a. zum Festhalten, das alle Rechtmäßigkeitsvoraussetzungen einer Freiheitsentziehung erfüllen muß, die sich aus Polizei- und Verfassungsrecht ergeben (vgl. § 14 Rn. 53; § 17 Rn. 3). Wenn eine Person einer Vorladung nicht nachkommt, kann sie unter speziell geregelten Voraussetzungen vorgeführt werden (vgl. § 14 Rn. 80; § 17 Rn. 3). 5

II. Arten

1. Aktionelle und informationelle Spezialbefugnisse

Die Maßnahmen, zu denen die Spezialbefugnisse die Polizei- und Ordnungsbehörden ermächtigen, haben einerseits Aktionen zum Inhalt, die die Behörden **unmittelbar** zur Abwehr einer konkreten Gefahr vornehmen oder verlangen, und andererseits die Erhebung und Verarbeitung von Informationen oder Daten. Gewiß, auch die Erhebung und Verarbeitung einer Information ist eine Aktion. Aber die Informations- oder Datenerhebung und -verarbeitung dient der Abwehr einer konkreten Gefahr nur **mittelbar;** unmittelbar dient sie der 6

Abwehr einer abstrakten Gefahr und der Vorbereitung der Abwehr einer konkreten Gefahr.

7 Früher haben die Polizei- und Ordnungsgesetze zwar einige aktionelle, aber nur wenige informationelle Spezialbefugnisse enthalten. Die Fülle der heute üblichen informationellen Spezialbefugnisse ist in Reaktion auf die Entscheidung des Bundesverfassungsgerichts zum Volkszählungsgesetz (BVerfGE 65, 1) entstanden, die aus dem allgemeinen Persönlichkeitsrecht das **informationelle Selbstbestimmungsrecht** entwickelte und für die Erhebung und Verarbeitung aller persönlichen Informationen oder Daten gesetzliche Ermächtigungen verlangte (vgl. § 1 Rn. 31). Die informationellen machen heute regelmäßig den Großteil der Spezialbefugnisse aus.

8 **Beispiele:** Neben den traditionellen informationellen Spezialbefugnissen der Vorladung, Identitätsfeststellung und erkennungsdienstlichen Maßnahmen stehen heute die modernen, von einer umfassend zu Befragungen, Ermittlung und anderen Informations- und Datenerhebungen minderer Eingriffsintensität ermächtigenden sog. Datenerhebungsgeneralklausel über Datenerhebungsspezialbefugnisse des Einsatzes technischer Mittel, verdeckter Ermittler und planmäßiger Beobachtung bis zu Datenspeicherungs- und -übermittlungsspezialbefugnissen. Dabei ist die Datenerhebungsgeneralklausel zwar Generalklausel im Verhältnis zu den Datenerhebungsspezialbefugnissen, mit diesen aber Spezialbefugnis im Verhältnis zur allgemeinen polizei- und ordnungsrechtlichen Generalklausel.

9 Die Bedeutung der modernen informationellen Spezialbefugnisse ist in der gerichtlichen Praxis wie im akademischen Unterricht geringer als der üppige Raum, den sie in den Gesetzen einnehmen. Viele der speziell ermächtigten Datenerhebungen und -verarbeitungen spielen sich ab, ohne daß der Bürger sie bemerken und sich vor Gericht gegen sie wehren würde. Andere, wie die Identitätsfeststellung oder die Prüfung von Berechtigungsscheinen, werden zwar bemerkt, aber als kleine Lästigkeiten des täglichen Lebens hingenommen und auch nicht vor Gericht angegriffen. So gibt es **wenig Rechtsprechung,** die der akademische Unterricht aufgreifen könnte. Außerdem sieht er sich durch die ohne erkennbares Bemühen um Konzentration, Klarheit und Knappheit verfaßten einschlägigen Normen zu Klausur- und Hausarbeitsfallgestaltungen auch nicht eben eingeladen.

2. Anordnungs- und Handlungsbefugnisse

10 Die Spezialbefugnisse lassen sich textlich weiter danach unterscheiden, ob sie die Befugnis zu Anordnungen (Befehlen) oder (Ausfüh-

rungs-)Handlungen geben; gelegentlich ermächtigen sie auch zu beidem. Darf nach ihrem **Wortlaut** einfach gehandelt werden, geben sie die Befugnis zu einem Realakt, allerdings regelmäßig begleitet von einem anordnenden Verwaltungsakt, der dem Betroffenen, sofern er anwesend ist, die Mitwirkung an der Ausführung, mindestens aber deren Duldung aufgibt. Denn der Grundsatz der Verhältnismäßigkeit verlangt, daß dem Betroffenen zunächst befohlen wird, sich so zu verhalten, daß die Maßnahme schonend durchgeführt werden kann oder überhaupt entbehrlich wird. Bei Abwesenheit des Betroffenen kann ein begleitender anordnender Verwaltungsakt schlechterdings nicht ergehen, und auch beim anwesenden Betroffenen kann er sich erübrigen; wenn die Zeit drängt oder offensichtlich jede Fähigkeit oder Bereitschaft zur Mitwirkung oder Duldung fehlt, verlangt der Grundsatz der Verhältnismäßigkeit keinen begleitenden anordnenden Verwaltungsakt. Ermächtigen die Spezialbefugnisse nach ihrem Wortlaut nur zu Anordnungen, so wird vertreten, daß darin doch eine Ermächtigung zur Handlung eingeschlossen sei (*Schmitt-Kammler*, NWVBl. 1995, 166). Aber dieser offene Widerspruch zum Wortlaut findet weder in systematischen noch in teleologischen Überlegungen noch auch in praktischen Notwendigkeiten eine Rechtfertigung.

Beispiele: Mit der Befragung, der Vorladung, dem Verlangen, Angaben zur Identität zu machen und Papiere auszuhändigen, der Platzverweisung oder dem Aufenthaltsverbot werden Anordnungen erteilt; bei der Fülle der modernen Datenerhebungen, aber auch bei dem Festhalten einer Person, der Durchsuchung einer Person, einer Sache oder einer Wohnung, der Sicherstellung oder der Verwahrung darf gehandelt werden. Bevor die Polizei eine Hosentasche selbst durchsucht, ist sie allerdings regelmäßig durch den Grundsatz der Verhältnismäßigkeit gehalten, dem Betroffenen aufzugeben, seinerseits die Tasche zu leeren und ihren Inhalt zu präsentieren oder immerhin beim polizeilichen Griff in die Hosentasche still zu halten. 11

Relevant wird der Unterschied sowohl in der Vollstreckung als auch im Prozeß; er steuert die Rolle, die das Zwangsverfahren bei der Durchsetzung der Spezialbefugnis spielt (vgl. Rn. 12ff.), und die Art der Klage, mit der sich der Bürger gegen die Polizei- oder Ordnungsbehörde wehren muß (vgl. § 27 Rn. 39ff.). 11 a

III. Reichweite

1. Handlung und Vollstreckung

12 Bei den Spezialbefugnissen ist fraglich, **wieweit sie reichen** bzw. wo sie enden und das eigens geregelte Zwangsverfahren anschließt. Die Meinungen gehen auseinander. Teils wird vertreten, alle Spezialbefugnisse, sogar die Anordnungsbefugnisse, ermächtigten auch zu Vollstreckungsmaßnahmen und machten ein anschließendes Zwangsverfahren entbehrlich (*Schmitt-Kammler,* NWVBl. 1995, 166). Teils wird bei allen Spezialbefugnissen, sogar den Handlungsbefugnissen, vertreten, soweit die Handlung der Zwangsvollstreckung subsumiert werden könne, müsse sie auch nach den Regeln des Zwangsverfahrens stattfinden, d. h., da das gestreckte Zwangsverfahren regelmäßig zu lange dauern würde, nach den Regeln des Sofortvollzugs (vgl. *Schenke,* Rn. 564). Teils wird zwischen Standardmaßnahmen im engeren und Standardmaßnahmen im weiteren Sinn unterschieden und ein anschließendes Zwangsverfahren bei jenen, nicht aber bei diesen für entbehrlich gehalten (*Rachor,* HdbPolR, F Rn. 54 f.); dabei werden weitgehend den Standardmaßnahmen im engeren Sinn die Handlungsbefugnisse und den Standardmaßnahmen im weiteren Sinn die Anordnungsbefugnisse zugeordnet.

13 **Keine** der drei Meinungen kann völlig überzeugen. Daß sogar die Anordnungsbefugnisse zur Zwangsvollstreckung ermächtigten, ist ebenso abzulehnen wie die Ausweitung der Anordnungs- zu Handlungsbefugnissen (vgl. Rn. 10 f.). Daß auch bei den Handlungsbefugnissen die Handlung nur als Zwangsvollstreckung im Zwangsverfahren stattfinden könne, reduziert die Handlungsbefugnisse im Ergebnis auf Anordnungsbefugnisse und ist mit dem textlichen Unterschied beider Ermächtigungsarten nicht vereinbar. Es ebnet auch die Besonderheiten der Spezialbefugnisse insofern ein, als der Sofortvollzug regelmäßig eine drohende Gefahr voraussetzt, diese Voraussetzung bei den Spezialbefugnissen aber durchaus differenziert eingesetzt wird. Im Ansatz ist richtig, nur bei den Handlungsbefugnissen Vollstreckungsmaßnahmen eingeschlossen zu sehen. Nicht richtig ist aber, den Einschluß auf das ganze Zwangsverfahren und alle Vollstreckungsmaßnahmen zu erstrecken. Denn das Zwangsverfahren bietet mit seinen Regeln einen Schutz des Betroffenen, auf den bei intensiv eingreifenden Vollstreckungsmaßnahmen zu verzichten rechtsstaat-

lich nicht gerechtfertigt ist. Die Handlung, zu der die Handlungsbefugnisse befugen, muß eingriffsschwach bleiben.

Die Handlungsbefugnisse geben danach die Befugnis zu unmittelbarem Zwang, d. h. zum körperlichen Einwirken auf Personen oder Sachen nur insoweit, als bei Personen kein **Widerstand** gebrochen und bei Sachen nicht die **Funktionsfähigkeit** zerstört wird. Verlangt die Maßnahme die Überschreitung dieser Grenze, muß sie nach den Regeln des Zwangsverfahrens erfolgen. 14

Beispiel: Die Ermächtigung zur Festnahme schließt ein, daß der Polizist dem zögernden Betroffenen den Arm um die Schulter legt, ihn zum Dienstfahrzeug leitet und in den Gewahrsam fährt, nicht aber daß er den Widerstrebenden in den Polizeigriff nimmt oder ins Dienstfahrzeug zerrt. Die Ermächtigung zur Durchsuchung der Wohnung ermächtigt zum Öffnen der Tür mit Hilfe eines Dietrichs, nicht aber zum Aufbrechen der Tür. 15

2. Durchsetzung mittels anderer polizei- und ordnungsrechtlicher Befugnisse

Manchmal dient eine Spezialbefugnis der Durchsetzung einer anderen Spezialbefugnis. Regelungstheoretisch könnte der entsprechende Verweis sowohl bei der durchzusetzenden als auch bei der der Durchsetzung dienenden Spezialbefugnis stehen; **regelungspraktisch** verweist meistens die der Durchsetzung dienende Spezialbefugnis auf die durchzusetzende. 15a

Beispiele: Erkennungsdienstliche Maßnahmen dienen u. a. der Durchsetzung einer Identitätsfeststellung (vgl. § 14 Rn. 62), die Identitätsfeststellung verweist u. a. auf den Gewahrsam und oft auch die Durchsuchung als Mittel der Durchsetzung (vgl. § 14 Rn. 53), die Vorladung dient u. a. der Durchsetzung erkennungsdienstlicher Maßnahmen (vgl. § 14 Rn. 75), der Gewahrsam dient u. a. der Platzverweisung (vgl. § 16 Rn. 31). 15b

Eine Spezialbefugnis darf durch eine andere nur durchgesetzt werden, wenn von ihr **rechtmäßig Gebrauch gemacht** wurde. Manchmal formuliert die der Durchsetzung dienende Bestimmung dies ausdrücklich. Oft wird es vorausgesetzt, indem von der Erforderlichkeit des Einsatzes der Spezialbefugnis zur Durchsetzung die Rede ist; nur bei rechtmäßig gebrauchter Spezialbefugnis ist die Durchsetzung erforderlich. Die kurze Abfolge, in der von einer Spezialbefugnis Gebrauch gemacht und sie anschließend mittels einer anderen Spezialbefugnis durchgesetzt wird, ähnelt der Situation beim gekürzten 15c

Zwangsverfahren, bei dem ebenfalls eine rechtmäßig ergangene oder fiktive Grundverfügung vorausgesetzt wird (vgl. § 24 Rn. 38).

15d **Beispiele:** Ausdrücklich heißt es oft, daß erkennungsdienstliche Maßnahmen u. a. der Durchsetzung einer zulässigen Identitätsfeststellung dienen (vgl. § 14 Rn. 62); in den Bestimmungen, die den Gewahrsam in den Dienst der Platzverweisung stellen, ist von der Erforderlichkeit des Gewahrsams die Rede (vgl. § 16 Rn. 31).

3. Weitere Folgenregelungen

16 Haben die auf die Generalklausel gestützten Maßnahmen die Gefahr abgewehrt, ist der Generalklausel über das, was weiter geschehen muß oder geschehen kann, nichts mehr zu entnehmen. Es richtet sich nach den **allgemeinen Grundsätzen** des Verwaltungshandelns oder nach dem allfällig einschlägigen besonderen Verwaltungsrecht.

17 **Beispiele:** Die Versorgung der in eine Wohnung eingewiesenen Obdachlosen bestimmt sich nach dem Sozialrecht, die Rückforderung der Wohnung nach Ablauf der Frist der Einweisung nach den Voraussetzungen des Folgenbeseitigungsanspruchs.

18 Auch insoweit unterscheiden sich die Spezialermächtigungen von der Generalklausel. Immer wieder regeln sie mit einer Maßnahme auch deren Folgen und Folgenbeseitigung. Zu den typischen Maßnahmen, zu denen die Spezialbefugnisse ermächtigen, gehören eben immer wieder auch **typische Folgen,** die bzw. deren Beseitigung sich zu regeln anbietet.

19 **Beispiele:** Auf die Sicherstellung folgen u. U. Verwertung oder Vernichtung, auf die Datenerhebung folgt die Datenverarbeitung. Ein wichtiger Spezialfall des Folgenbeseitigungsanspruchs ist der Anspruch auf Berichtigung, Sperrung und Löschung von Daten, deren Speicherung schlechthin oder mit bestimmtem Inhalt unzulässig geworden ist.

IV. Rechtsgrundlagen

1. Polizei- und Ordnungsgesetze

20 Die Polizeibehörden verfügen im Rahmen der Subsidiarität (vgl. § 7 Rn. 18) über **alle** Spezialermächtigungen, über die auch die Ordnungsbehörden nach den allgemeinen Ordnungs- oder auch Polizei- und Ordnungsgesetzen verfügen. Umgekehrt verfügen die Ordnungsbehörden nur über **einige** der Spezialermächtigungen, über die

die Polizeibehörden nach den Polizei- oder wieder Polizei- und Ordnungsgesetzen verfügen. Zu den der Polizei vorbehaltenen Spezialermächtigungen gehören besonders die modernen informationellen Spezialbefugnisse und teilweise die Befugnisse, jemanden in Gewahrsam zu nehmen und zu durchsuchen, sowie Platzverweisung, Aufenthaltsverbot, Wohnungsverweisung und Kontaktverbot.[1] Außerhalb der allgemeinen Polizei- und Ordnungsgesetze gibt es eine Fülle von Spezialbefugnissen mal für die Polizei-, öfter aber für die Ordnungsbehörden.

Beispiele: Versammlungsauflösung ist eine Spezialbefugnis der Polizei, die vielen Spezialermächtigungen des besonderen Verwaltungsrechts sind Befugnisse der Ordnungsbehörden. 21

2. Strafrechtliche Rechtfertigungsgründe als Spezialbefugnisse?

Wo typischerweise eingriffsintensive polizeiliche Maßnahmen erforderlich erscheinen, aber einschlägige Spezialermächtigungen fehlen und die Generalklausel wegen der Eingriffsintensität und Typik der Maßnahmen nicht angewandt werden kann (vgl. § 7 Rn. 16 ff.), greifen Rechtsprechung (BGHSt 27, 260/263 ff.; OLG Hamburg, NJW 1972, 1290; OLG München, NJW 1972, 2275) und einige Stimmen der Literatur (*Gössel*, JuS 1979, 165; *J. Schwabe*, Die Notrechtsvorbehalte des Polizeirechts, 1979) auf die strafrechtlichen Rechtfertigungsgründe der **Notwehr** und des **Notstands** (§§ 32, 34 StGB) als Ermächtigungen zurück. Die Diskussion kreiste besonders in den 70er Jahren um den polizeilichen Todesschuß, der, obwohl erwartbar erforderlich, nicht in allen Ländern spezialgesetzlich geregelt war und ist. Heute wird der Einsatz der strafrechtlichen Rechtfertigungsgründe als Spezialbefugnisse gelegentlich im Kampf gegen den Terrorismus gefordert (krit. *Bausbach*, NVwZ 2005, 418). 22

Für den Rückgriff wird die **Einheit der Rechtsordnung** berufen. 23
Die rechtfertigende Wirkung von Notwehr und Notstand könne nicht auf das Strafrecht beschränkt bleiben, sondern müsse universell gelten. Wenn der Beamte gerechtfertigt handele, könne auch der Staat, für den der Beamte handelt, nur gerechtfertigt handeln.

---

1 § 23 bbgOBG; § 18 Abs. 1 S. 3, § 21 Abs. 2, §§ 23–27, 29 Abs. 2, 29a, 30 berlASOG; §§ 20 Abs. 3, 21 Abs. 1 u. 2, 22–25, 36, 38–40, 45–47 bwPolG; §§ 1–27 hambGDatPol; §§ 14–17, 19, 32 hessSOG; §§ 27–45, 52 Abs. 2, 55 Abs. 4, 59 Abs. 6 mvSOG; §§ 14, 17 Abs. 2, 18 Abs. 3, 30–45 a ndsSOG; § 24 nwOBG; §§ 11–12, 13 Abs. 4, 14, 18 Abs. 4, 19 Abs. 3, 20 Abs. 5, 26–41, rpPOG; §§ 9 a, 10, 13, 17, 18, 27–29, 36, 37 saarlPolG; §§ 16–19, 21, 23, 23 a, 30 Abs. 1, 31, 37 saSOG; §§ 180–195 a, 201 a, 204 Abs. 4, 208 Abs. 6 shLVwG; §§ 15–26 thürOBG.

24 Aber den Notrechtsvorbehalten fehlt die Qualität verwaltungsrechtlicher Befugnisnormen (vgl. *Löwer,* in: v. Münch/Kunig, GG, Bd. 1, 6. Aufl. 2012, Art. 10 Rn. 33); das Strafrecht mit seinen Rechtfertigungsgründen und das Verwaltungs- und Polizeirecht mit seinen Ermächtigungsgrundlagen sind **auseinanderzuhalten** (vgl. *Engländer,* Grund und Grenzen der Nothilfe, 2008, S. 216 ff.; *Götz,* § 13 Rn. 51; *Gusy,* Rn. 177 f.). Das eine Mal geht es um individuelles Handeln, um persönliche Verantwortung, das andere Mal um hoheitliches Handeln und die Aufgaben und Befugnisse des Staats. Ein Verwaltungsakt wird wie auch ein richterliches Urteil nicht dadurch rechtmäßig, daß dem Beamten bzw. Richter persönlich kein rechtswidriges Verhalten vorgeworfen werden kann. Die Einheit der Rechtsordnung wird durch diese Verschiedenheit der Maßstäbe nicht gefährdet, sondern weil die Verschiedenheit verschiedene Probleme aufeinander abstimmt und einander zuordnet, gerade gewahrt.

25 Mit dem Wesentlichkeits- als Parlamentsvorbehalt wäre bei typischen und eingriffsintensiven Maßnahmen der Rückgriff auf Notwehr und Notstand auch ebenso unvereinbar wie der Rückgriff auf die Generalklausel. Für Maßnahmen, die eingriffsintensiv sind und typischerweise erforderlich werden, bedarf es nun einmal der Spezialermächtigung. Auch mit seinen rechtlichen wie praktischen **Folgen** fügt sich der Rückgriff auf Notwehr und Notstand nicht ins Polizeirecht; Notwehr und Notstand, die dem Bürger helfen sollen, stehen unter schwächeren Verhältnismäßigkeitsanforderungen als die polizeilichen Befugnisse, und die Konzeption und Leitung eines polizeilichen Einsatzes, z. B. bei einer Geiselnahme, wäre gefährdet, wenn der Polizeischütze nach seiner persönlichen Notwehr- und Notstandseinschätzung rechtmäßig auf die Geiselnehmer schießen könnte. Dies wird dadurch, daß manche Polizeigesetze ausdrücklich[2] oder durch den Verweis auf andere gesetzliche Vorschriften[3] statuieren, daß die Vorschriften über Notwehr und Notstand unberührt bleiben, nicht in Frage gestellt, sondern bestätigt; gemeint ist hier, daß ein Polizeibeamter, der sich im Rahmen von Notwehr und Notstand verhält, strafrechtlich nicht belangt werden kann, auch wenn er seine polizeirechtlichen Befugnisse überschreitet.

2 Art. 60 Abs. 2 bayPAG; § 60 Abs. 2 bbgPolG; § 40 Abs. 4 bremPolG; § 54 Abs. 2 hessSOG; § 101 Abs. 2 mvSOG; § 71 Abs. 2 ndsSOG; § 57 Abs. 2 nwPolG; § 57 Abs. 4 rpPOG; § 60 Abs. 2 saSOG; § 250 Abs. 2 shLVwG; § 58 Abs. 2 thürPAG.

3 §§ 1 Abs. 3, 8 Abs. 3 berlUZwG; § 54 Abs. 4 bwPolG; § 17 Abs. 3 hambSOG; § 34 Abs. 6 sächsPolG.

Literatur: *K. Amelung,* Die Rechtfertigung von Polizeivollzugsbeamten, JuS 1986, 329; *T. Finger,* Polizeiliche Standardmaßnahmen und ihre zwangsweise Durchsetzung, JuS 2005, 116; *M. Heintzen,* Was standardisieren Standardmaßnahmen?, DÖV 2005, 1038; *C. Krane,* Das Verhältnis der polizeirechtlichen Standardbefugnisse zueinander und zur Generalklausel, NordÖR 2004, 425; *A. Schmitt-Kammler,* Zur Handhabung polizeilicher Standardermächtigungen, NWVBl. 1995, 166; *M. Seebode,* Polizeiliche Notwehr und Einheit der Rechtsordnung, in: FS Klug, 1993, Bd. 2, S. 359. – Siehe auch § 7 Rn. 22. **26**

§ 13. Generalklausel zur Datenerhebung

I. Begriff und Rechtsgrundlagen

1 Datenerhebung ist das **Beschaffen von Daten** über einen Betroffenen. Diese Begriffsbestimmung, die sich in den Datenschutzgesetzen[1] findet, wird in den Polizei- und Ordnungsgesetzen vorausgesetzt. Allerdings reden die Polizei- und Ordnungsgesetze selten vom Betroffenen; sie benennen die Betroffenen, über die Daten beschafft werden dürfen, d. h. die als Pflichtige einer Datenerhebung oder auch -verarbeitung in Betracht kommen, spezifisch als Teilnehmer einer Veranstaltung, Personen, bei denen Tatsachen die Annahme rechtfertigen, daß sie Straftaten begehen wollen, Kontakt- und Begleitpersonen usw. Die Datenerhebung erfaßt alle Arten des Beschaffens; ob und wie die Daten festgehalten werden, z. B. schriftlich oder elektronisch, spielt für die Datenerhebung keine Rolle. Es gibt offenes und verdecktes, unmittelbares und mittelbares Beschaffen. Dabei beziehen sich Offenheit und Verdecktheit des Beschaffens auf das Verhältnis sowohl zum Betroffenen als auch zum Dritten, d. h. sowohl zu dem, über den die Daten erhoben werden und dem gegenüber die Polizei- oder Ordnungsbehörde aufgrund der erhobenen Daten tätig wird oder zu werden erwägt, als auch zu dem, bei dem sie erhoben werden. Verdeckt ist die Datenerhebung, die sowohl für den Betroffenen als auch für den Dritten nicht als polizeiliche Maßnahme erkennbar ist, sei es, daß sie unter einem Vorwand erfolgt, der Betroffene oder Dritte also getäuscht wird, sei es, daß sie ohne Täuschung so geschieht, daß sie dem Betroffenen und Dritten verborgen bleibt (*Koch,* S. 74; a. A. *Tegtmeyer/Vahle,* § 9 Rn. 26). Unmittelbar-

1 Z. B. § 3 Abs. 3 BDSG.

keit und Mittelbarkeit beziehen sich allein auf das Verhältnis zum Betroffenen.

2 **Beispiele:** Befragung des Betroffenen oder eines Dritten, Beobachtung durch Personen oder mit technischen Mitteln, Einsicht in und Kopieren von Unterlagen, Inbesitznahme von Akten und Dateien, Auswertung allgemein zugänglicher Quellen, von der Zeitung bis zum Internet. – Die durch Befragung des Betroffenen erhobenen Daten sind offen und unmittelbar, die durch sein Abhören erhobenen Daten verdeckt und unmittelbar erhoben. Die durch Befragung eines Dritten erhobenen Daten sind mittelbar und offen, die durch sein Abhören erhobenen Daten mittelbar und verdeckt erhoben. Die durch Befragung eines Dritten erhobenen Daten sind auch dann offen erhoben, wenn die Datenerhebung dem Betroffenen verborgen bleibt (*Tegtmeyer/Vahle,* § 9 Rn. 27; a. A. *Gusy,* NVwZ 1991, 616 Fn. 12). – Beobachtet ein uniformierter Polizeibeamter den Betroffenen so, daß dieser es erkennen kann, ist die Datenerhebung offen, beobachtet ihn ein Polizeibeamter in zivil, ist sie verdeckt. – Ist eine Videokamera für die Betroffenen sichtbar, handelt es sich um eine offene Datenerhebung, ist sie nicht sichtbar, etwa in einer Wohnung oder hinter der getönten Scheibe eines Polizeifahrzeugs, handelt es sich um eine verdeckte Datenerhebung.

3 Dem Beschaffen der Daten ist der **Zweck ihrer Verarbeitung** immanent (*Petri,* HdbPolR, H Rn. 150; *Schwabe,* DVBl. 2000, 1817). Deshalb liegt, wenn der Polizei unaufgefordert Daten zugehen (sog. aufgedrängte Daten), ein Beschaffen nur unter der Voraussetzung vor, daß die Polizei zur Kenntnisnahme verpflichtet ist, weil die Daten ein polizeiliches Tätigwerden erforderlich machen oder machen könnten (vgl. *Koch,* S. 41).

4 **Beispiele:** Der Polizeibeamte auf Streifengang, bei dem der eine Nachbar den anderen wegen verschwenderischen Lebenswandels anschwärzt, erhebt diese aufgedrängten Daten nicht. Er erhebt auch nicht die Identität, sondern nur das Verhalten der Schulkinder, die er die Straße so achtlos überqueren sieht, daß er sich mit der Schule wegen der Verkehrserziehung der Kinder in Verbindung setzt. Kommt ihm dagegen der Fahrer eines Pkw verdächtig vor und merkt er sich das Kennzeichen, um es auf der Wache zu überprüfen, erhebt er dieses Datum. Eine Erhebung liegt auch in der Entgegennahme von Alarmen und Notrufen.

5 Datenerhebung ist Erhebung **personenbezogener Daten.** Auch dies folgt aus der Begrifflichkeit der Datenschutzgesetze, die unter Daten über einen Betroffenen Angaben über persönliche oder sachliche Verhältnisse einer bestimmten oder bestimmbaren Person verstehen.[2]

---

2 Z. B. § 3 Abs. 1 i. V. m. § 4 BDSG.

Beispiele: Name, Vorname, Geburtsort, Geburtsdatum, Anschrift, Telefonnummer, Beruf, Familienstand, körperliche Merkmale, gesundheitliche und finanzielle Verhältnisse, Hobbys, Neigung zu Gewalttätigkeit, Drogenkonsum, Zugehörigkeit zu einer extremistischen Gruppe, Vorstrafen. – In der Angabe, ein Störer sei an jedem Samstag an einem bestimmten Gewässer angelnd anzutreffen, ist die Person nicht bestimmt, aber bestimmbar bezeichnet. 6

Angaben zu **Sachen** können jeden Personenbezugs entbehren, können aber auch erlauben, eine Person zu bestimmen, und sind dann personenbezogene Daten. 7

Beispiel: Anders als Kriminalstatistiken, Wetterkarten oder Angaben über die Leistung eines Kraftfahrzeugs ist das Kraftfahrzeugkennzeichen ein personenbezogenes Datum, weil es den Halter des Kraftfahrzeugs zu identifizieren erlaubt. 8

Alle Polizei- und Ordnungsgesetze enthalten Generalklauseln mit der Ermächtigung, die zur Erfüllung der Aufgaben erforderlichen personenbezogenen Daten zu erheben. Bis auf Nordrhein-Westfalen ist diese Ermächtigung deutlich ausgesprochen.[3] In Nordrhein-Westfalen ist sie nur der Zusammenschau mehrerer Bestimmungen zu entnehmen; so enthält § 9 Abs. 1 S. 1 nwPolG zunächst nur eine Generalklausel zur Befragung, die aber zusammen mit der Ermächtigung von § 9 Abs. 3 S. 2 nwPolG, die Daten bei Schwierigkeiten der Befragung auch ohne Kenntnis des Betroffenen zu erheben, die Generalklausel zur Datenerhebung ergibt und zugleich den in anderen Gesetzen oft getrennt geregelten Vorrang der unmittelbaren vor der mittelbaren Datenerhebung (vgl. Rn. 18) enthält. 9

Die Befugnis, die zur Erfüllung der Aufgaben erforderlichen Daten zu erheben, ist eine **Handlungsbefugnis.** Zwar mag es den Anschein haben, als wohne jeder Befragung ein anordnendes Moment inne. Aber die tatsächlich jeder Befragung innewohnende Aufforderung, eine Antwort zu geben, langt nicht. Von einer Anordnung kann nur dann die Rede sein, wenn die Befolgung verlangt werden kann. Eine Antwort kann nur verlangt werden, wenn auch eine Pflicht zur Antwort oder Auskunft besteht. Bei der Befragung unter der Generalklausel zur Datenerhebung gibt es anders als bei der unter Spezialbefugnissen gerade keine Auskunftspflicht. 9a

---

3 Art. 31 Abs. 1 u. 2 bayPAG; § 30 Abs. 1 u. 2 bbgPolG; § 18 Abs. 1 S. 2 u. 3 berlASOG; § 28 Abs. 1–4 bremPolG; § 20 Abs. 2–5 bwPolG; § 6 hambGDatPol; § 13 Abs. 1 u. 2 hessSOG; § 27 Abs. 1–4 mvSOG; § 31 Abs. 1–3 ndsSOG; § 26 Abs. 1–4 rpPOG; § 26 Abs. 1–3 saarlPolG; § 36 Abs. 1 sächsPolG; § 15 Abs. 1 u. 2 saSOG; § 179 Abs. 1 u. 2 shLVwG; § 32 Abs. 1 u. 2 thürPAG; § 21 Abs. 1 u. 2 BPolG.

II. Formelle Rechtmäßigkeit

10 Die meisten Polizei- und Ordnungsgesetze statuieren Anforderungen an die formelle Rechtmäßigkeit der auf die Datenerhebungsgeneralklausel gestützten Datenerhebung, die zugleich für die Datenerhebung allgemein gelten. Sie verlangen bei der offenen Datenerhebung, daß der Befragte, sei er Betroffener oder Dritter, auf die Rechtsgrundlage der Datenerhebung, die Freiwilligkeit der Auskunft oder eine allfällige Auskunftspflicht, u. U. beschränkt durch ein Auskunftsverweigerungsrecht,[4] **hingewiesen** wird.[5] Manche Gesetze gehen darüber hinaus und verlangen, den Betroffenen auch auf die beabsichtigte Verwendung der erhobenen Daten hinzuweisen,[6] die meisten erlauben den Verzicht auf den Hinweis, wenn durch diesen die Aufgabenerfüllung erheblich erschwert oder gefährdet würde oder er sonst offensichtlich unangemessen wäre.[7]

11, 12 Ein Verstoß gegen die Hinweispflicht macht die Datenerhebung rechtswidrig. Die Rechtswidrigkeit führt regelmäßig nicht zum **Verbot der Verwertung** (vgl. Rn. 23a).

III. Materielle Rechtmäßigkeit

1. Schutzgüter

13 Die Schutzgüter der Datenerhebungsgeneralklausel sind grundsätzlich die Schutzgüter der allgemeinen polizei- und ordnungsrechtlichen Generalklauseln: die **öffentliche Sicherheit** und je nach Landesrecht (vgl. § 8 Rn. 1) die **öffentliche Ordnung.** Durchweg findet sich die Einschränkung, daß Datenerhebungen zur vorbeugenden Bekämpfung von Straftaten nur dann zulässig sind, wenn die Straftaten

---

4 § 18 Abs. 6 berlASOG; § 25 Abs. 5 S. 2 i. V. m. § 11 Abs. 1 S. 4 u. 5 saarlPolG.

5 Art. 30 Abs. 4 S. 1 bayPAG; § 29 Abs. 4 S. 1 bbgPolG; § 18 Abs. 5 S. 1 berlASOG; § 27 Abs. 1 S. 3 bremPolG; § 19 Abs. 3 S. 1 bwPolG; § 2 Abs. 4 S. 1 hambGDatPol; § 13 Abs. 8 S. 1 hessSOG; § 26 Abs. 3 mvSOG; § 30 Abs. 1 S. 3 ndsSOG; § 9 Abs. 6 nwPolG; § 27 Abs. 7 rpPOG; § 25 Abs. 5 S. 1 saarlPolG; § 36 Abs. 2 S. 3 sächsPolG; § 15 Abs. 7 S. 1 saSOG; § 178 Abs. 3 shLVwG; § 31 Abs. 4 S. 1 thürPAG; § 21 Abs. 4 S. 1 BPolG.

6 § 2 Abs. 4 S. 1 Nr. 3 hambGDatPol; § 13 Abs. 8 S. 2 hessSOG; § 15 Abs. 7 S. 2 saSOG.

7 Art. 30 Abs. 4 S. 2 bayPAG; § 29 Abs. 4 S. 2 bbgPolG; § 18 Abs. 5 S. 2 berlASOG; § 2 Abs. 4 S. 2 hambGDatPol; § 13 Abs. 8 S. 3 hessSOG; § 9 Abs. 6 nwPolG; § 27 Abs. 7 rpPOG; § 36 Abs. 2 S. 2 sächsPolG; § 15 Abs. 7 S. 5 saSOG; § 31 Abs. 4 S. 2 thürPAG; § 21 Abs. 4 S. 2 BPolG.

„(besonders) schwerwiegend" oder „von (mit) erheblicher Bedeutung" sind. Diese Begriffe werden überwiegend legal definiert[8] und müssen von Verfassungs wegen durch das Benennen konkreter Straftatbestände definiert werden (BVerfGE 113, 348/379). Die gelegentliche Gleichstellung bestimmter Ordnungswidrigkeiten mit diesen Straftaten[9] ist sehr fragwürdig, da das Bundesverfassungsgericht die Straftat von erheblicher Bedeutung „mindestens dem Bereich mittlerer Kriminalität" zurechnet (BVerfGE 103, 21/34). Manchmal wird als Zweck der Datenerhebung eigens die Vollzugshilfe erwähnt;[10] aber mit der Erfüllung der polizeilichen Aufgaben, die daneben pauschal als Zweck der Datenerhebung benannt werden, sind ohnehin alle Gegenstände polizeilicher Aufgaben, auch der zu unterstützende Vollzug und auch die Gegenstände der Aufgaben, die der Polizei durch andere Rechtsvorschriften übertragen sind, zu Schutzgütern der Datenerhebungsgeneralklausel gemacht.

2. Gefahr

Da die Datenerhebungsgeneralklausel zur Erfüllung aller polizeilichen Aufgaben dient, setzt die durch die Generalklausel ermächtigte Datenerhebung je nach Aufgabe und Schutzgut eine **konkrete oder abstrakte Gefahr** voraus. Die abstrakte Gefahr reicht bei der vorbeugenden Verbrechensbekämpfung und auch bei der Vorbereitung auf das Handeln in Gefahrenfällen, wozu auch die manchmal eigens aufgeführte Vorbereitung von Einsätzen gehört, bei denen erfahrungsgemäß besondere Gefährdungslagen bestehen. Wenn es um die Aufgabe der Vollzugshilfe und die durch andere Rechtsvorschriften übertragenen Aufgaben geht, bedarf es überhaupt keiner Gefahr. Werden Daten aus dem Kernbereich privater Lebensgestaltung (vgl. § 14 Rn. 125a, b) erhoben und erfolgt die Datenerhebung nicht in Betriebs- und Geschäftsräumen, ist sie gelegentlich nur zur Abwehr einer dringenden Gefahr zulässig.[11] 14

8 Art. 30 Abs. 5 bayPAG; § 10 Abs. 3 bbgPolG; § 17 Abs. 3 berlASOG; § 2 Nr. 5 bremPolG; § 22 Abs. 5 bwPolG; § 1 Abs. 4 hambGDatPol; § 13 Abs. 3 hessSOG; § 49 mvSOG; § 2 Nr. 10 u. 11 ndsSOG; § 8 Abs. 3 nwPolG; § 28 Abs. 3 rpPOG; § 35 Abs. 2 sächsPolG; § 3 Nr. 4 saSOG; § 31 Abs. 5 thürPAG. Zu einer anderen Regelungstechnik vgl. § 28 Abs. 1 saarlPolG; § 179 Abs. 2 shLVwG.

9 § 31 Abs. 6 thürPAG.

10 Art. 31 Abs. 1 Nr. 3 bayPAG; § 30 Abs. 1 Nr. 3 bbgPolG; § 18 Abs. 1 S. 3 berlASOG; § 28 Abs. 1 i. V. m. § 1 Abs. 3 bremPolG; § 20 Abs. 5 bwPolG; § 6 Nr. 1 hambGDatPol; § 13 Abs. 2 Nr. 4 hessSOG; § 31 Abs. 1 S. 1 i. V. m. § 1 Abs. 4 ndsSOG; § 26 Abs. 2 S. 2 rpPOG; § 15 Abs. 2 Nr. 4 saSOG; § 32 Abs. 1 Nr. 3 thürPAG.

11 § 29 Abs. 6 bbgPolG.

3. Pflichtigkeit

15 Üblich sind Bestimmungen, wonach die Polizei personenbezogene Daten über den Verhaltensverantwortlichen, den Zustandsverantwortlichen, den Nichtstörer und „über andere Personen" erheben kann. Da die Datenerhebungen nicht nur der Abwehr konkreter, sondern auch und gerade der Abwehr abstrakter Gefahren dienen, muß sich der Kreis der Pflichtigen **weiten:** von den Verantwortlichen für konkrete zu denen für abstrakte Gefahren, d. h. besonders zu den Akteuren in den abstrakt gefährlichen Milieus, die zur vorbeugenden Bekämpfung von Straftaten beobachtet werden, und von den Nichtstörern zu allen, die bei der Beobachtung notwendig mit in den Blick kommen oder deren Kenntnisse für die Abwehr der abstrakten Gefahren erforderlich sind. Diese Weitung des Kreises der Pflichtigen droht stets, zu weit, zu unklar und zu unbestimmt zu geraten; das Bundesverfassungsgericht hat gefordert, dies sorgfältig zu vermeiden, ohne allerdings sagen zu können, wie in dem nun einmal diffusen Vorfeld der Gefahrenabwehr und Verbrechensbekämpfung der Kreis der Pflichtigen verläßlich eingegrenzt werden soll (BVerfGE 113, 348/380f.). Verläßlich läßt sich immerhin die Auskunftspflicht von Berufsgeheimnisträgern dahin eingrenzen, daß Inhalte, bei denen ein Zeugnisverweigerungsrecht besteht, grundsätzlich nicht offenbart werden müssen; die Gesetzgeber haben begonnen, dies aufzunehmen[12].

16 Pflichtig sind nur die Verantwortlichen, Nichtstörer und anderen Personen, **über die** Daten erhoben werden. Zwar können Daten über sie auch, freilich nachrangig (vgl. Rn. 18ff.), bei Dritten erhoben werden. Aber die Dritten schulden darum doch keine Auskünfte; eine Auskunftspflicht Dritter folgt nicht aus der Datenerhebungsgeneralklausel, sondern nur aus Spezialbefugnissen der Datenerhebung (vgl. § 14 Rn. 1ff.).

17 Erst recht keine Pflichtigkeit wird begründet, wenn die Beschaffung von Daten bei Dritten nicht einzelne Dritte, sondern die **Öffentlichkeit** anspricht, z. B. durch Fahndungsplakate. In Niedersachsen ist eine entsprechende öffentliche Aufforderung, zur Ermittlung von Identität oder Aufenthalt einer gefährdeten oder gefährlichen Person beizutragen, eigens geregelt;[13] in den anderen Ländern ist sie auf die Datenerhebungsgeneralklausel zu stützen.

---

12 § 9a bwPolG; § 5 Abs. 3–5 thürPAG.
13 § 44 Abs. 2 ndsSOG.

4. Verhältnismäßigkeit

a) Unmittelbare vor mittelbarer, offene vor verdeckter Datenerhebung. Zwei **Vorrangregeln** beherrschen die Datenerhebung unter der Generalklausel, aber auch allgemein: der Vorrang der unmittelbaren vor der mittelbaren[14] und der Vorrang der offenen vor der verdeckten Datenerhebung.[15] Beide Vorrangregeln sorgen dafür, daß der Betroffene nach Möglichkeit mitbekommt, was die Polizei- oder Ordnungsbehörde wann und oft auch warum über ihn erhebt, und daß er dadurch seine informationelle Selbstbestimmung wahren und u. U. gerichtlich verteidigen kann. Neben der Verhältnismäßigkeit der Datenerhebung im Interesse der Bürger verfolgen die Vorrangregeln auch die Verläßlichkeit der Datenerhebung im Interesse des Staats; der Betroffene ist oft die bessere Auskunftsperson als Nachbarn, Kollegen oder andere Dritte. 18

b) Ausnahmen. Die **mittelbare Datenerhebung** ist zulässig, wenn 19
- sie aus allgemein zugänglichen Quellen[16] oder
- sie im Interesse des Betroffenen und mit seiner mutmaßlichen Einwilligung erfolgt,[17]
- sie beim Betroffenen nicht oder nur mit unverhältnismäßigem Aufwand möglich wäre und keine Anhaltspunkte bestehen, daß überwiegend schutzwürdige Interessen des Betroffenen beeinträchtigt werden,[18]
- sie beim Betroffenen nicht rechtzeitig möglich ist,[19]

---

14 Art. 30 Abs. 2 S. 1 bayPAG; § 29 Abs. 2 S. 1 bbgPolG; § 18 Abs. 4 berlASOG; § 27 Abs. 1 S. 1 bremPolG; § 19 Abs. 1 S. 1 bwPolG; § 2 Abs. 2 S. 1 hambGDatPol; § 13 Abs. 6 S. 1 hessSOG; § 26 Abs. 1 S. 1 mvSOG; § 30 Abs. 1 S. 1 ndsSOG; § 9 Abs. 3 S. 1 nwPolG; § 26 Abs. 5 S. 1 rpPOG; § 25 Abs. 2 S. 1 saarlPolG; § 36 Abs. 2 S. 1 sächsPolG; § 15 Abs. 5 S. 1 saSOG; § 178 Abs. 1 S. 1 shLVwG; § 31 Abs. 2 S. 1 thürPAG; § 21 Abs. 3 S. 1 BPolG.

15 Art. 30 Abs. 3 S. 1 bayPAG; § 29 Abs. 3 S. 1 bbgPolG; § 18 Abs. 2 S. 1 berlASOG; § 27 Abs. 2 S. 1 bremPolG; § 19 Abs. 2 S. 1 bwPolG; § 2 Abs. 3 S. 1 hambGDatPol; § 13 Abs. 7 S. 1 hessSOG; § 26 Abs. 2 S. 1 mvSOG; § 30 Abs. 2 S. 1 ndsSOG; § 9 Abs. 4 nwPolG; § 26 Abs. 5 S. 1 rpPOG; § 25 Abs. 3 S. 1 saarlPolG; § 36 Abs. 5 S. 1 sächsPolG; § 15 Abs. 6 S. 1 saSOG; § 178 Abs. 2 S. 1 shLVwG; § 31 Abs. 3 S. 1 thürPAG; § 21 Abs. 3 S. 1 BPolG.

16 § 29 Abs. 2 S. 1 bbgPolG; § 27 Abs. 1 S. 2 Nr. 4 bremPolG; § 19 Abs. 1 S. 1 bwPolG; § 6 Nr. 2 hambGDatPol; § 13 Abs. 1 Nr. 2 hessSOG; § 30 Abs. 1 S. 2 Nr. 4 ndsSOG; § 36 Abs. 2 S. 1 sächsPolG; § 15 Abs. 1 Nr. 2 saSOG.

17 § 27 Abs. 1 S. 2 Nr. 3 bremPolG; § 30 Abs. 1 S. 2 Nr. 3 ndsSOG; § 36 Abs. 3 Nr. 3 sächsPolG.

18 § 29 Abs. 2 S. 2 bbgPolG; § 18 Abs. 4 Nr. 2 berlASOG; § 27 Abs. 1 S. 2 Nr. 5 bremPolG; § 19 Abs. 1 S. 2 bwPolG; § 2 Abs. 2 Nr. 2 hambGDatPol; § 30 Abs. 1 S. 2 Nr. 5 ndsSOG; § 36 Abs. 3 Nr. 7 sächsPolG.

19 § 18 Abs. 4 Nr. 1 berlASOG; § 2 Abs. 2 S. 2 Nr. 1 hambGDatPol; § 26 Abs. 1 S. 2 mvSOG; § 178 Abs. 1 S. 2 shLVwG.

- der Betroffene seiner Auskunftspflicht nicht nachgekommen und über die beabsichtigte mittelbare Erhebung unterrichtet worden ist,[20]
- die Überprüfung von Angaben des Betroffenen erforderlich ist,[21]
- sie zur Abwehr einer schwerwiegenden Beeinträchtigung der Rechte einer anderen Person erforderlich ist.[22]

20 Manche Polizeigesetze lassen die mittelbare Erhebung **pauschal** zu, wenn die Erfüllung polizeilicher Aufgaben anders erheblich erschwert oder gefährdet würde;[23] darin sind die letzten drei der angeführten Voraussetzungen enthalten, während die ersten zwei, weil Ausdruck des Grundsatzes der Verhältnismäßigkeit, sich auch ohne ausdrückliche gesetzliche Regelung verstehen.

21 Die **verdeckte Datenerhebung** ist zulässig, wenn
- sie den überwiegenden Interessen des Betroffenen entspricht oder
- die offene Erhebung die Erfüllung polizeilicher Aufgaben erheblich erschweren oder gefährden würde, wozu auch gehört, daß sie einen unverhältnismäßig hohen Aufwand bedeuten oder aussichtslos sein würde.[24]

22 Die unter dem zweiten Spiegelstrich angeführten Voraussetzungen stoßen im Schrifttum auf **Kritik.** Verdeckte Datenerhebung stehe dem Grundrecht auf informationelle Selbstbestimmung so diametral entgegen, daß sie nicht durch derart weite, unbestimmte und unklare Formulierungen, sondern nur in gesetzlich näher vorgesehenen und ausgestalteten Fällen oder immerhin nach ergänzender, dem Grundrecht auf informationelle Selbstbestimmung Rechnung tragender Abwägung legitim sei (vgl. *Rachor,* HdbPolR, F Rn. 353 f.). In der Tat ist nicht einzusehen, warum die verdeckte Datenerhebung leichter mög-

---

20 § 36 Abs. 3 Nr. 4 sächsPolG.

21 § 27 Abs. 1 S. 2 Nr. 2 bremPolG; § 30 Abs. 1 S. 2 Nr. 2 ndsSOG; § 36 Abs. 3 Nr. 5 sächsPolG.

22 § 30 Abs. 1 S. 2 Nr. 7 ndsSOG.

23 Art. 30 Abs. 2 S. 2 bayPAG; § 29 Abs. 2 S. 2 bbgPolG; § 18 Abs. 4 Nr. 3 berlASOG; § 27 Abs. 1 S. 2 Nr. 6 bremPolG; § 19 Abs. 1 S. 2 bwPolG; § 2 Abs. 2 S. 2 Nr. 3 hambGDatPol; § 13 Abs. 6 S. 2 hessSOG; § 26 Abs. 1 S. 2 mvSOG; § 30 Abs. 1 S. 2 Nr. 6 ndsSOG; § 9 Abs. 3 S. 2 nwPolG; § 26 Abs. 5 S. 2 rpPOG; § 25 Abs. 2 S. 2 saarlPolG; § 36 Abs. 3 Nr. 8 sächsPolG; § 15 Abs. 5 S. 2 saSOG; § 178 Abs. 1 S. 2 shLVwG; § 31 Abs. 2 S. 2 thürPAG; § 21 Abs. 3 S. 2 BPolG.

24 Art. 30 Abs. 3 S. 2 bayPAG; § 18 Abs. 2 S. 2 berlASOG; § 27 Abs. 2 S. 2 Nr. 5 u. 6 bremPolG; § 19 Abs. 2 S. 2 bwPolG; § 2 Abs. 3 S. 2 hambGDatPol (mit zusätzlicher Erschwerung bei gezielt verdeckter Datenerhebung in S. 3); § 13 Abs. 7 S. 2 hessSOG; § 26 Abs. 2 S. 2 mvSOG; § 30 Abs. 2 S. 2 Nr. 4 u. 5 ndsSOG; § 26 Abs. 5 S. 2 rpPOG; § 25 Abs. 3 S. 2 saarlPolG; § 36 Abs. 5 S. 2 sächsPolG; § 15 Abs. 6 S. 2 saSOG; § 178 Abs. 2 S. 2 shLVwG; § 31 Abs. 3 S. 2 thürPAG; § 21 Abs. 3 S. 3 BPolG.

lich sein soll als die mittelbare; jedenfalls die Spezifizierung der Ausnahmen, die bei der mittelbaren Datenerhebung gilt, muß auch bei der verdeckten gelten. Nach manchen Polizeigesetzen bedarf die verdeckte Datenerhebung der besonderen gesetzlichen Zulassung.[25]

Ebenfalls zugleich der Verhältnismäßigkeit und der Verläßlichkeit der Datenerhebung dient das wieder für die Datenerhebung unter der Generalklausel, aber auch allgemein geltende Verbot der Erhebung personenbezogener Daten zu **unbestimmten oder nicht bestimmbaren Zwecken,**[26] der Erhebung auf Vorrat oder „ins Blaue hinein" (BVerfGE 115, 320/360f.; 120, 378/429); manchmal findet es dadurch Ausdruck, daß die Datenerhebungsgeneralklausel zu Erhebungen in bestimmten Angelegenheiten ermächtigt.[27] Es dient der Verhältnismäßigkeit, weil da, wo kein Zweck identifiziert werden kann, die Disziplinierung des Eingriffs über das Erfordernis seiner Geeignetheit und Notwendigkeit nicht funktioniert. Es dient der Verläßlichkeit, weil die Polizei, die der Versuchung erläge, alles und jedes zu erheben, sich darin bald nicht mehr zurechtfände. 23

Schließlich dient auch die Unzulässigkeit von Datenerhebungen, die in den **Kernbereich privater Lebensgestaltung** eingreifen, der Verhältnismäßigkeit. Vom Bundesverfassungsgericht bei der verdeckten Datenerhebung in oder aus Wohnungen entwickelt (vgl. § 14 Rn. 125a, b), wird sie spezialgesetzlich auch bei besonderen Mitteln der Datenerhebung, der Telekommunikationsüberwachung und der Online-Durchsuchung angeordnet (vgl. § 14 Rn. 119, 136, 139). 23a

5. Verwertung

Ob rechtswidrig erlangte Daten verwertet werden können, ist fraglich. **Verwertungsverbote** kommen dann in Betracht, wenn sich Verfahren gegen Personen richten und das Opfer der rechtswidrigen Erhebung nicht auch noch das Opfer der rechtswidrigen Verwertung werden soll. Das Polizei- und Ordnungsrecht richtet sich jedoch nicht gegen Personen, sondern gegen Gefahren und setzt zu dieser ein, was es zu ihrer Abwehr braucht, nicht nur den Störer, sondern auch den Nichtstörer, nicht nur die Daten, die von einer zur Information verpflichteten, sondern auch die von einer nicht zur Information verpflichteten Person erhoben wurden (vgl. *Schenke,* Rn. 215). 23b

---

25 § 29 Abs. 3 bbgPolG; § 9 Abs. 4 nwPolG.
26 § 29 Abs. 5 S. 1 bbgPolG; § 13 Abs. 5 S. 1 hessSOG; § 9 Abs. 5 S. 1 nwPolG; § 15 Abs. 4 S. 1 saSOG.
27 § 18 Abs. 1 S. 1 berlASOG.

IV. Auffangwirkung

24 Das systematische Zusammenspiel von Datenerhebungsgeneralklausel und Datenerhebungsspezialbefugnissen ist das gleiche wie zwischen der allgemeinen polizeilichen Generalklausel und den allgemeinen polizeilichen Spezialbefugnissen (vgl. § 7 Rn. 11 ff.). Der Rückgriff auf die Generalklausel ist dann verschlossen, wenn die Spezialbefugnisse bestimmte Datenerhebungen, etwa bei öffentlichen Versammlungen, von Verkehrsteilnehmern oder von Ausländern **abschließend regeln.** Im übrigen ermächtigt die Datenerhebungsgeneralklausel zu Datenerhebungen minderer **Eingriffsintensität;** zu Datenerhebungen von gleicher oder höherer Intensität, als sie den durch die Spezialbefugnisse ermächtigten Erhebungen eigen ist, ermächtigt die Datenerhebungsgeneralklausel nur dann, wenn die Datenerhebungen unerwartet und ausnahmsweise anstehen.

25 In den Ländern, in denen die im folgenden Paragraphen behandelten **Spezialbefugnisse fehlen,** werden die entsprechenden Maßnahmen auf die Datenerhebungsgeneralklausel gestützt. Da sie inzwischen nicht mehr unerwartet und ausnahmsweise anstehen (vgl. § 7 Rn. 20), bedürfen sie jedenfalls längerfristig der Regelung als Spezialbefugnisse.

26 **Literatur:** *F. Becker/J. Ambrock,* Datenschutz in den Polizeigesetzen, JA 2011, 561; *C. Gusy,* Gefahraufklärung zum Schutz der öffentlichen Sicherheit und Ordnung, JA 2011, 641; *M. Koch,* Datenerhebung und -verarbeitung in den Polizeigesetzen der Länder, 1999; *J. Schwabe,* Wirrwarr im Recht der polizeilichen Datenverarbeitung, DVBl. 2000, 1815; *B. Tischer,* Das System der informationellen Befugnisse der Polizei, 2004.

§ 14. Spezialbefugnisse der Datenerhebung

I. Befragung

1. Begriff und Rechtsgrundlagen

1 Die Befragung ist das Mittel der polizei- und ordnungsbehördlichen Datenerhebung schlechthin. Für die einfache Befragung ohne korrespondierende Auskunftspflicht ist eine Spezialbefugnis neben der Generalklausel entbehrlich, und die meisten Polizei- und Ord-

nungsgesetze verzichten denn auch auf sie. Über die Generalklausel zur Datenerhebung geht die Spezialbefugnis zur Befragung als Anordnungsbefugnis dann hinaus (vgl. § 13 Rn. 9 a), wenn sie der Befragung, die dann gelegentlich auch Vernehmung genannt wird,[1] eine unbeschränkte oder eine beschränkte Auskunftspflicht des Befragten korrespondieren läßt. Dabei ist von der **Auskunftspflicht** als einer unbeschränkten die Rede, wenn sie allen sachdienlichen Angaben gilt, die die Polizei zur Erfüllung der anstehenden Aufgabe vom Befragten braucht, als einer beschränkten, wenn der Befragte nur seine Personalien angeben muß. Die meisten Polizeigesetze kennen die beschränkte Auskunftspflicht und außerdem eine unbeschränkte Auskunftspflicht als Folge einer gesetzlichen Handlungspflicht oder zur Gefahrenabwehr.[2]

Schon die Befragung mit beschränkter korrespondierender Auskunftspflicht führt oft dazu, daß die Polizei mit den Personalien des Befragten auch dessen Identität feststellt. Soll die Befugnis zur Identitätsfeststellung mit ihren eigenen, engen Voraussetzungen neben der Befugnis zur Befragung nicht funktionslos werden, darf diese nicht zu weit verstanden werden. Ihr Zentrum sind die **sachdienlichen Angaben,** die für die Erfüllung einer bestimmten polizeilichen Aufgabe erforderlich sind; nur wenn es eigentlich um andere Angaben als um die Personalien geht und diese nur zusätzlich sachdienlich sind, besteht eine Auskunftspflicht, nicht aber wenn Ziel allein die Feststellung der Identität ist. Ist dies der Fall, dann ist die Befragung nur unter der Voraussetzung der Identitätsfeststellung zulässig. 2

Beispiele: Trifft die Polizei eine Person weder an einem gefährlichen noch an einem gefährdeten Ort noch an einer Kontrollstelle an, kann sie die Personalien nicht verlangen und die Identität nicht feststellen, nur um herauszufinden, ob die Person mit jemandem identisch ist, der einer polizeibekannten und -beobachteten kriminellen Szene zugehört. Die bloße Identitätsfeststellung ist nur an den fraglichen Orten oder an einer Kontrollstelle zulässig. Dagegen kann die Polizei jemanden an beliebigem Ort befragen, ob er sachdienliche Angaben zur Suche nach einer vermißten Person machen kann, und ihn dabei, weil sie sich später noch mal an ihn wenden will, auch nach seinen Personalien 3

---

1 § 35 bwPolG; § 18 sächsPolG.

2 Art. 12 bayPAG; § 11 Abs. 1 u. 2 bbgPolG; § 18 Abs. 1 S. 1 u. Abs. 3 S. 1, 3 u. 4 berlASOG; § 13 Abs. 1 u. 2 bremPolG; §§ 20 Abs. 1, 27 Abs. 4 S. 1, 35 bwPolG; § 3 Abs. 1 S. 1 u. Abs. 2 hambGDatPol; § 12 Abs. 1 S. 1 u. Abs. 2 S. 1 hessSOG; § 28 Abs. 1 S. 1 u. Abs. 2 S. 4 u. 5 mvSOG; § 12 Abs. 1–3 ndsSOG; § 9 Abs. 1 S. 1 u. Abs. 2 nwPolG; § 9 a Abs. 1 u. 2 rpPOG; § 11 Abs. 1 S. 1 u. 2 saarlPolG; § 14 Abs. 1 S. 1 u. Abs. 2 S. 1 saSOG; § 18 Abs. 1 S. 1, Abs. 3 u. Abs. 6 S. 1 sächsPolG; § 180 Abs. 1 S. 1 u. Abs. 2 S. 1 shLVwG; § 13 Abs. 1 S. 1 u. Abs. 2 thürPAG; § 22 Abs. 1 S. 1 u. Abs. 2 BPolG.

fragen. Anders als das Verlangen der Personalien im ersten Beispiel ist das im zweiten durch die Befugnis zur Befragung mit beschränkter korrespondierender Auskunftspflicht gedeckt.

2. Formelle Rechtmäßigkeit

4 Für die Befragung gelten die formellen Rechtmäßigkeitserfordernisse, die für die Datenerhebung unter der **Datenerhebungsgeneralklausel** gelten (vgl. § 13 Rn. 10ff.). In manchen Ländern ist die Hinweispflicht auf die Auskunftspflicht[3] und auf ein Auskunftsverweigerungsrecht[4] ausdrücklich geregelt; in den anderen Ländern ergibt sie sich aus rechtsstaatlichen Gründen.

3. Materielle Rechtmäßigkeit

5 **a) Schutzgüter und Gefahr.** Auch hier gilt dasselbe **wie** bei der durch die **Datenerhebungsgeneralklausel** ermächtigten Datenerhebung. Schutzgüter sind alle Gegenstände polizeilicher Aufgaben (§ 13 Rn. 13); bei der vorbeugenden Bekämpfung von Straftaten geht es manchmal nur um Straftaten von erheblicher Bedeutung.[5] Die Gefahr ist je nach Aufgabe und Schutzgut abstrakt oder konkret, und manchmal bedarf es ihrer gar nicht.

6 **b) Pflichtigkeit.** Die Polizei- und Ordnungsgesetze verpflichten jede Person, sich auf sachdienliche Angaben befragen zu lassen und als Teil der sachdienlichen Angaben **zumindest die Personalien** anzugeben.

7 Zu **weiteren Auskünften** sind Personen nach den meisten Polizei- und Ordnungsgesetzen ausdrücklich dann verpflichtet, wenn gesetzliche Handlungspflichten bestehen.[6] Damit ist nicht gemeint, daß die gesetzliche Handlungspflicht gerade auf die Erteilung einer Auskunft gerichtet sein muß. Gemeint ist vielmehr, daß das Unterlassen einer gebotenen Handlung durch die zu befragende Person eine Gefahr verursacht, zu deren Abwehr die Polizei- oder Ordnungsbehörde eine Auskunft benötigt. Neben den Handlungspflichten, die die Ge-

---

3 § 11 Abs. 2 S. 3 bbgPolG; § 12 Abs. 5 S. 1 ndsSOG.
4 § 20 Abs. 1 S. 7 bwPolG; § 12 Abs. 2 S. 5 hessSOG; § 9 a Abs. 3 S. 2 u. 3 rpPOG; § 11 Abs. 1 S. 6 saarlPolG; § 18 Abs. 6 S. 6 sächsPolG; § 14 Abs. 2 S. 3 saSOG; § 22 Abs. 3 S. 3 BPolG.
5 § 11 Abs. 3 S. 2 bbgPolG; § 12 Abs. 6 ndsSOG; § 14 Abs. 3 S. 2 saSOG.
6 Art. 12 S. 2 bayPAG; § 11 Abs. 2 S. 2 bbgPolG; § 18 Abs. 3 S. 4 berlASOG; § 13 Abs. 2 S. 2 bremPolG; § 3 Abs. 2 S. 2 hambGDatPol; § 9 Abs. 2 S. 2 nwPolG; § 13 Abs. 2 S. 2 thürPAG; § 22 Abs. 2 S. 2 BPolG.

setze und Rechtsverordnungen des besonderen Verwaltungsrechts in großer Zahl auferlegen, gehören hierher auch die aus unechten und echten Unterlassungsdelikten (§§ 13, 138, 323 c StGB) herrührenden Handlungspflichten.

Beispiel: Eine Aufsichtsperson hat ihre Aufsichtspflicht vernachlässigt, und die Kinder sind alleine in ein gefährliches Gelände aufgebrochen. Hier ist die Aufsichtsperson verpflichtet, der Polizei alle Auskünfte zu geben, die für die Rettung der Kinder erforderlich sind. 8

Da die Personen, die durch das Unterlassen einer gebotenen Handlung eine Gefahr verursachen, im polizei- und ordnungsrechtlichen Sinn Verantwortliche sind, sind sie auch in den Ländern aufgrund der allgemeinen Generalklausel auskunftspflichtig, wo ein Befragungsrecht mit korrespondierender unbeschränkter Auskunftspflicht **nicht ausdrücklich** normiert ist. Denn die Handlungspflichten des Verhaltensverantwortlichen, des Zustandsverantwortlichen und des Nichtstörers können zu Auskunftspflichten führen (vgl. *Drews u. a.*, S. 193; *Götz*, § 8 Rn. 19; a. A. *Rachor*, HdbPolR, F Rn. 254). Das setzt nicht eine Polizeipflicht als abstrakte Nichtstörungspflicht voraus (vgl. § 9 Rn. 4). Es heißt nur, daß die Polizei- und Ordnungsbehörden, die die Verantwortlichen und den Nichtstörer aufgrund Gesetzes in die Pflicht des Handelns nehmen dürfen, ihn, wenn er das Handeln unterläßt, in die Pflicht der Erteilung einer Auskunft nehmen dürfen. 9

Beispiel: Der Eigentümer des Grundstücks, auf dem der Tankwagen umgekippt und ausgelaufen ist, mag zum Aushub des verseuchten Erdreichs außerstande sein, muß aber die Auskünfte geben, die die Polizei für die Veranlassung des Aushubs braucht. 10

Manche Polizei- und Ordnungsgesetze gehen darüber hinaus und machen, wenn die Angaben zur Abwehr konkreter Gefahren oder sonst zum Schutz wichtiger Rechtsgüter erforderlich sind, **jedermann** auskunftspflichtig (vgl. OVG Koblenz, NVwZ 2002, 1529 f.).[7] Allerdings sind in manchen Ländern beschränkte Auskunftsverweigerungsrechte geregelt;[8] in den anderen Ländern ergibt sich das Recht, sich nicht selbst einer Straftat zu bezichtigen, aus dem allge- 11

7 § 20 Abs. 1 S. 3 bwPolG; § 3 Abs. 2 S. 2 hambGDatPol; § 9 a Abs. 2 S. 2 rpPOG; § 11 Abs. 1 S. 2 saarlPolG.

8 § 18 Abs. 6 berlASOG; § 20 Abs. 1 S. 5 u. 6 bwPolG; § 3 Abs. 3 hambGDatPol; § 12 Abs. 2 S. 2–4 hessSOG; § 28 Abs. 2 S. 3–5 mvSOG; § 12 Abs. 5 S. 2 u. 3 ndsSOG; § 9 a Abs. 3 rpPOG; § 11 Abs. 1 S. 4 u. 5 saarlPolG; § 18 Abs. 6 S. 2–4 sächsPolG; § 14 Abs. 2 S. 2 saSOG; § 180 Abs. 2 S. 4–6 shLVwG; § 22 Abs. 3 S. 1 u. 2 BPolG.

meinen Verwaltungsverfahrensrecht (vgl. *Haurand/Vahle*, NVwZ 2003, 513/517) oder jedenfalls aus dem Verfassungsrecht (vgl. BVerfGE 38, 105/114 f.; 95, 220/241).

12 c) **Verhältnismäßigkeit.** Wieder gilt der **Vorrang** der unmittelbaren vor der mittelbaren Datenerhebung. Eines Vorrangs der offenen vor der verdeckten Befragung bedarf es dagegen nicht; die Befragung mit korrespondierender Auskunftspflicht setzt voraus, daß der Betroffene von der Polizei über seine Auskunftspflicht belehrt und also offen befragt wird. Eine Befragung „ins Blaue hinein" ist wieder ausgeschlossen, in den meisten Polizei- und Ordnungsgesetzen schon dadurch, daß die Erforderlichkeit der sachdienlichen Angaben für die Erfüllung einer bestimmten polizeilichen Aufgabe verlangt wird.[9]

4. Durchsetzung

13 Zur Befragung aufgrund der Spezialbefugnis, d. h. zur Befragung, der eine beschränkte oder unbeschränkte Auskunftspflicht korrespondiert, kann die Person nach allen Polizei- und Ordnungsgesetzen **angehalten**[10] und/oder **vorgeladen**[11] werden (vgl. Rn. 71 ff.). Dadurch kann erreicht werden, daß die Person erscheint, den Fragen zuhört und von der Erforderlichkeit und Wünschbarkeit einer Auskunft überzeugt wird. Die meisten Polizeigesetze verweisen auf das Verbot menschenwürdegefährdender Vernehmungsmethoden in § 136 a StPO.[12] Gelegentlich wird auch die Anwendung (unmittelbaren) Zwangs zur Herbeiführung einer Aussage ausgeschlossen;[13] eine

---

9 Art. 12 S. 1 bayPAG; § 11 Abs. 1 S. 1 bbgPolG; § 18 Abs. 3 S. 1 berlASOG; § 20 Abs. 1 S. 1 bwPolG; § 3 Abs. 1 S. 1 hambGDatPol; § 12 Abs. 1 S. 1 hessSOG; § 28 Abs. 1 S. 1 mvSOG; § 12 Abs. 1 ndsSOG; § 9 Abs. 1 S. 1 nwPolG; § 9 a Abs. 1 S. 1 rpPOG; § 11 Abs. 1 S. 1 saarlPolG; § 18 Abs. 1 S. 1 sächsPolG; § 14 Abs. 1 S. 1 saSOG; § 180 Abs. 1 S. 1 shLVwG; § 13 Abs. 1 S. 1 thürPAG; § 22 Abs. 1 S. 1 BPolG.

10 Art. 12 S. 3 bayPAG; § 11 Abs. 1 S. 2 bbgPolG; § 18 Abs. 3 S. 2 berlASOG; § 13 Abs. 3 bremPolG; § 20 Abs. 1 S. 3 bwPolG; § 3 Abs. 1 S. 2 hambGDatPol; § 12 Abs. 1 S. 2 hessSOG; § 28 Abs. 1 S. 2 mvSOG; § 12 Abs. 4 S. 1 ndsSOG; § 9 Abs. 1 S. 2 nwPolG; § 9 a Abs. 1 S. 2 rpPOG; § 18 Abs. 1 S. 2 sächsPolG; § 14 Abs. 1 S. 2 saSOG; § 180 Abs. 1 S. 2 shLVwG; § 13 Abs. 1 S. 2 thürPAG; § 22 Abs. 1 S. 2 BPolG.

11 Art. 15 Abs. 1 Nr. 1 bayPAG; § 15 Abs. 1 Nr. 1 bbgPolG; § 20 Abs. 1 Nr. 1 berlASOG; § 12 Abs. 1 Nr. 1 bremPolG; § 27 Abs. 1 Nr. 1 bwPolG; § 11 Abs. 1 hambSOG; § 30 Abs. 1 S. 1 hessSOG; § 50 Abs. 1 Nr. 1 mvSOG; § 16 Abs. 1 ndsSOG; § 10 Abs. 1 Nr. 1 nwPolG; § 12 Abs. 1 Nr. 1 rpPOG; § 11 Abs. 2 Nr. 1 i. V. m. Abs. 1 S. 2 saarlPolG; § 18 Abs. 2 Nr. 1 sächsPolG; § 35 Abs. 1 S. 1 saSOG; § 199 Abs. 1 Nr. 1 shLVwG; § 17 Abs. 1 Nr. 1 thürPAG; § 25 Abs. 1 Nr. 1 BPolG.

12 § 18 Abs. 6 berlASOG; § 13 Abs. 4 S. 2 bremPolG; § 3 Abs. 3 hambGDatPol; § 12 Abs. 4 hessSOG; § 28 Abs. 2 S. 2 mvSOG; § 12 Abs. 4 S. 2 ndsSOG; § 9 a Abs. 5 rpPOG; § 11 Abs. 1 S. 3 saarlPolG; § 18 Abs. 9 sächsPolG; § 14 Abs. 5 saSOG; § 180 Abs. 2 S. 2 shLVwG; § 22 Abs. 4 S. 1 BPolG.

13 § 13 Abs. 4 S. 1 bremPolG; § 35 Abs. 1 bwPolG; § 18 Abs. 8 sächsPolG.

„teleologische Reduktion" dieser Normen zur Ermöglichung von Folter (so *Brugger*, JZ 2000, 165/169) kommt nicht in Betracht (vgl. *Pieroth/Schlink*, Rn. 382).

II. Verkehrskontrolle, Prüfung von Berechtigungsscheinen, elektronische Erhebung von Kraftfahrzeugkennzeichen

1. Begriffe und Rechtsgrundlagen

Die **Verkehrskontrolle** ist eine anlaß- und verdachtslose, stichprobenhafte Überprüfung von Verkehrsteilnehmern auf Besitz einer gültigen Fahrerlaubnis, Fahrtüchtigkeit und ordnungsgemäßen Zustand des Fahrzeugs und seiner Ladung. Die Polizei kann zu diesem Zweck die Verkehrsteilnehmer anhalten und verlangen (Anordnungsbefugnis), daß Führerschein (§ 4 Abs. 2 S. 2 FEV) und Fahrzeugschein (§ 11 Abs. 5 FZV) ausgehändigt werden (a. A. *Schmidbauer u. a.*, Art. 13 Rn. 42). **13a**

Die Verkehrskontrolle ist ein Spezialfall der allgemeinen Anordnungsbefugnis zur **Prüfung von Berechtigungsscheinen,** bei der der Betroffene, wenn er durch Gesetz oder aufgrund Gesetzes verpflichtet ist, den Schein mitzuführen, ihn aushändigt. Der Betroffene muß die Tätigkeit, für die er der Berechtigung bedarf, gerade ausüben. **14**

Beispiele: Die Genehmigung zur Personenbeförderung für Kraftfahrzeuge im Gelegenheitsverkehr muß nur bei sich haben, wer gerade Taxi fährt (§ 17 Abs. 4 S. 1 PBefG); der Waffenschein (§ 35 WaffG) kann nur vom Träger einer Waffe und der Jagdschein (§§ 15 f. BJagdG) nur von dem verlangt werden, der beim Jagen oder auch mit dem Jagdgewehr über der Schulter beim Weg vom und zum Jagen angetroffen wird. **15**

Die **elektronische,** automatisierte **Erhebung von Kraftfahrzeugkennzeichen** erfolgt durch fest installierte oder aus besonderem Kontrollanlaß aufgestellte Videokameras, die die Kennzeichen der passierenden Kraftfahrzeuge erfassen. Im Unterschied zu der nach der Datenerhebungsgeneralklausel zulässigen Erhebung eines einzelnen Kraftfahrzeugkennzeichens durch die Polizeistreife können hier Daten massenhaft und praktisch unbegrenzt erhoben werden. Durch den zugelassenen Abgleich mit dem Fahndungsbestand (vgl. § 15 Rn. 45 ff.) kann die Polizei feststellen, welcher Verkehrsteilnehmer **15a** sich mit welchem Kraftfahrzeug zu welchem Zeitpunkt an welchem Ort aufgehalten hat.

16 Als **Rechtsgrundlage** der Verkehrskontrolle gilt § 36 Abs. 5 S. 1 StVO auf der gesetzlichen Ermächtigungsgrundlage des § 6 Abs. 1 Nr. 3 StVG. Das ist fragwürdig, weil das Anhalten, das mit der Verkehrskontrolle verbunden ist, als Freiheitsbeschränkung (vgl. § 17 Rn. 7) gem. Art. 104 Abs. 1 S. 1 GG im Gesetz selbst geregelt werden müsste (*Barczak,* NZV 2010, 598/600). Die Prüfung von Berechtigungsscheinen ist in manchen Polizei- und Ordnungsgesetzen als eigene Vorschrift,[14] in anderen als eigener Absatz der Vorschrift zur Identitätsfeststellung geregelt.[15] Die elektronische Erhebung von Kraftfahrzeugkennzeichen ist in vielen Ländern im Zusammenhang mit der (Personen-)Kontrolle im öffentlichen Verkehrsraum, Identitätsfeststellung oder Videoüberwachung[16] geregelt. In den übrigen Ländern kann sie nicht auf die Datenerhebungsgeneralklausel gestützt werden, da bei ihr keine atypische Situation vorliegt, sondern nur eine neue Technik eingesetzt wird, die zu einer erheblichen Intensivierung der Grundrechtseingriffe führt (vgl. § 13 Rn. 14 f.). Die Befugnis des § 36 Abs. 5 StVO, bei Verkehrskontrollen die Aushändigung von Führer- und Fahrzeugschein zu verlangen, geht als speziellere Regelung vor.

2. Formelle Rechtmäßigkeit

17 Für die Verkehrskontrolle und die Prüfung von Berechtigungsscheinen gilt wieder die Hinweispflicht, die bei der Datenerhebung gilt (vgl. § 13 Rn. 10). Der besondere Charakter der elektronischen Erhebung von Kraftfahrzeugkennzeichen vornehmlich läßt die Hinweispflicht dagegen entfallen.

---

14 § 14 S. 1 bbgPolG; § 22 berlASOG; §§ 3 Abs. 1 S. 1 Nr. 4, 4 Abs. 1 Nr. 2 hambHafenSG; § 30 mvSOG; § 13 nwPolG; § 182 shLVwG; § 15 thürPAG.

15 Art. 13 Abs. 3 bayPAG; § 11 Abs. 5 bremPolG; § 26 Abs. 3 bwPolG; § 4 Abs. 5 S. 1 hambGDatPol; § 2 Abs. 2 S. 1 hambHafenSG; § 18 Abs. 7 hessSOG; § 13 Abs. 3 ndsSOG; § 10 Abs. 3 rpPOG; § 9 Abs. 3 saarlPolG; § 19 Abs. 3 sächsPolG; § 20 Abs. 7 saSOG; § 23 Abs. 4 BPolG.

16 Art. 33 Abs. 2 S. 2–5 bayPAG; § 36 a bbgPolG; § 22 a bwPolG; § 8 Abs. 6 S. 1 hambGDatPol; § 14 a hessSOG; § 43 a mvSOG; § 32 Abs. 5 ndsSOG; § 27 Abs. 5 S. 1 rpPOG; § 27 Abs. 3 saarlPolG; § 19 a sächsPolG; § 33 Abs. 7 thürPAG.

3. Materielle Rechtmäßigkeit

a) Schutzgüter. Bei der Verkehrskontrolle sind Schutzgüter die Sicherheit und Ordnung des Straßenverkehrs, die nicht identisch sind mit der öffentlichen Sicherheit oder Ordnung in den Generalklauseln der Polizei- und Ordnungsgesetze (*Hentschel/König/Dauer*, Straßenverkehrsrecht, 41. Aufl. 2011, § 45 StVO Rn. 28; a. A. *Drews u. a.*, S. 166 f.). Bei der Sicherheit geht es lediglich um den Schutz von Leib, Leben, Gesundheit und Vermögenswerten der Verkehrsteilnehmer, beim Schutzgut Ordnung um einen gut funktionierenden, d. h. leichten und flüssigen Verkehrsablauf. Im übrigen ist Schutzgut die Unverletzlichkeit der Rechtsordnung, weil die Tätigkeit ohne erforderliche Berechtigung einen Straf- oder Ordnungswidrigkeitentatbestand erfüllt und die elektronische Erhebung von Kraftfahrzeugkennzeichen vornehmlich der vorbeugenden Bekämpfung von Straftaten dient. **18**

b) Gefahr. In allen Fällen geht es um die Abwehr einer abstrakten Gefahr, entweder daß Verkehrsstraftaten und -ordnungswidrigkeiten (Verkehrskontolle) oder daß berechtigungspflichtige Tätigkeiten ohne die erforderlichen Berechtigungen ausgeübt werden (Prüfung von Berechtigungsscheinen) oder daß überhaupt Straftaten begangen werden (elektronische Erhebung von Kraftfahrzeugkennzeichen). Bei der elektronischen Erhebung von Kraftfahrzeugkennzeichen kann es auch um die Abwehr einer konkreten Gefahr gehen (vgl. BVerfGE 120, 378/432 f.). **18a**

c) Pflichtigkeit. Für die abstrakte Gefahr verantwortlich sind bei der Verkehrskontrolle und der elektronischen Erhebung von Kraftfahrzeugkennzeichen alle Verkehrsteilnehmer, d. h. heute praktisch jedermann. Bei der Prüfung von Berechtigungsscheinen ist aushändigungspflichtig, wer für die abstrakte Gefahr verantwortlich ist, weil er bei der entsprechenden Tätigkeit angetroffen wird. **18b**

d) Verhältnismäßigkeit. Es versteht sich, daß die Verkehrskontrolle und die Prüfung von Berechtigungsscheinen **offen** erfolgen müssen. Die elektronische Erhebung von Kraftfahrzeugkennzeichen soll teilweise auch verdeckt zulässig sein, wenn die offene Erhebung den Zweck der Maßnahme (erheblich) gefährden würde.[17] Da polizei- **18c**

17 Art. 33 Abs. 2 S. 2 bayPAG; § 43 a Abs. 1 i. V. m. § 26 Abs. 2 S. 2 mvSOG; § 32 Abs. 5 S. 6 ndsSOG; § 27 Abs. 5 S. 2 rpPOG; § 19 a Abs. 1 S. 4 sächsPolG.

liche Kontrollstellen aber nicht der Fahndung nach Straftätern, d. h. der Verfolgung begangener Straftaten, dienen dürfen (vgl. § 2 Rn. 7 ff.), kommt eine verdeckte Erhebung nicht in Betracht: Prävention durch Abschreckung und Verunsicherung kann nur offen effektiv sein (vgl. *Arzt*, DÖV 2005, 56/59).

18d Bei der Verkehrskontrolle und der elektronischen Erhebung von Kraftfahrzeugkennzeichen verlangt der Verhältnismäßigkeitsgrundsatz wie bei der Schleierfahndung (vgl. § 14 Rn. 42, 51), daß ein **begründeter Anlaß** für die Maßnahme besteht und mit dem Verwendungszweck normiert ist (BVerfGE 120, 378/409 ff.; vgl. *Glaser*, Jura 2009, 742; *Guckelberger*, NVwZ 2009, 352). Daher ist eine landesweite Verkehrskontrolle nur stichprobenhaft oder aus besonderem verkehrsbedingtem Anlaß zulässig. Der elektronischen Erhebung von Kraftfahrzeugkennzeichen müssen Erkenntnisse aus aktuellen Lagebildern zu Grunde liegen. Sie darf nicht flächendeckend, etwa in den Erfassungssystemen der Autobahnmaut, oder dauerhaft eingesetzt[18] und nicht zur Herstellung eines Bewegungsbildes genutzt werden.[19] Gelegentlich wird auch verlangt, daß technisch ausgeschlossen ist, daß Insassen zu sehen sind oder sichtbar gemacht werden können.[20]

4. Durchsetzung

19 Zur Verkehrskontrolle und zur Prüfung von Berechtigungsscheinen sowie im Trefferfall bei der elektronischen Erhebung von Kraftfahrzeugkennzeichen[21] dürfen die Betroffenen angehalten werden. Händigt ein Betroffener den Berechtigungsschein nicht aus, begründet dies die konkrete Gefahr einer Ordnungswidrigkeit oder Straftat und kann die Polizei- oder Ordnungsbehörde die Tätigkeit **vorläufig verbieten** und die Identität des Betroffenen feststellen.

---

18 Art. 33 Abs. 2 S. 5 bayPAG; § 22 a Abs. 1 S 3 Nr. 1 u. 2 bwPolG; § 14 a Abs. 1 S. 3 hessSOG; § 43 a Abs. 1 S. 5 mvSOG; § 19 a Abs. 1 S. 2 sächsPolG; § 33 Abs. 7 S. 2 thürPAG.

19 Art. 33 Abs. 3 S. 3 bayPAG; § 14 a Abs. 2 S. 5 hessSOG; § 32 Abs. 5 S. 5 ndsSOG; § 19 a Abs. 2 S. 4 sächsPolG.

20 § 32 Abs. 5 S. 2 ndsSOG.

21 § 22 a Abs. 4 S. 2 bwPolG; § 14 a Abs. 4 S. 2 hessSOG.

III. Datenerhebung zur Vorbereitung auf künftige Gefahrenabwehr

1. Begriff und Rechtsgrundlagen

Datenerhebung zur Vorbereitung auf künftige Gefahrenabwehr ist 20
Erhebung personenbezogener Daten für das Handeln, besonders für das Leisten von Hilfe in Gefahrenfällen. Durch Erhebung von Daten über Verantwortliche für gefährliche und gefährdete Anlagen und Einrichtungen, über Verantwortliche für öffentliche Veranstaltungen und pauschal über Personen, deren Kenntnisse oder Fähigkeiten zur Gefahrenabwehr benötigt werden, setzen sich die Polizei- und Ordnungsbehörden in Stand, bei künftiger Abwehr konkreter Gefahren die Personen **rasch erreichen** zu können, die über die benötigten Fach-, Sach- und Ortskenntnisse, u. U. Handlungs- und Entscheidungsmacht und Gerätschaft verfügen.

Beispiele: Sicherheitsbeauftragte bei Kernkraftwerken, Tanklager, Botschaf- 21
ten und Synagogen, Veranstalter von Fußballspielen und Volksfesten, Abschleppunternehmer, Ärzte, Dolmetscher.

Da auch die Verantwortlichen für Anlagen, Einrichtungen und 22
Veranstaltungen zunächst mit ihren Kenntnissen Ansprechpartner der Polizei in Gefahrenfällen sind, und da Fähigkeiten in Kenntnissen wurzeln, kann die Spezialbefugnis der Datenerhebung zur Gefahrenvorsorge dahin **zusammengefaßt** werden, daß Daten über Personen erhoben werden dürfen, deren Kenntnisse zur Gefahrenabwehr benötigt werden. Das ist schon aufgrund der Datenerhebungsgeneralklausel und erst recht, soweit entsprechende Auskunftspflichten bestehen, der Befragungsspezialbefugnis möglich. Die meisten Länder erwähnen die Datenerhebung zur Gefahrenvorsorge, sowohl Anordnungs- als auch Handlungsbefugnis, denn auch gar nicht oder angelegentlich der Datenerhebungsgeneralklausel. Wird sie angelegentlich der Datenerhebungsgeneralklausel[22] oder in einer eigenen Vorschrift[23] normiert, dann sind diese Normen, obwohl eigentlich überflüssig, einschlägig und anzuwenden.

---

22 Art. 31 Abs. 2 bayPAG; § 30 Abs. 2 S. 1 bbgPolG; § 28 Abs. 3 bremPolG; § 20 Abs. 4 S. 1 bwPolG; § 27 Abs. 2 S. 1 mvSOG; § 31 Abs. 3 S. 1 ndsSOG; § 26 Abs. 4 rpPOG; § 26 Abs. 3 S. 1 saarlPolG; § 179 Abs. 4 S. 1 shLVwG; § 32 Abs. 2 thürPAG.

23 § 19 S. 1 berlASOG; § 5 Abs. 1 S. 1 hambGDatPol; § 11 nwPolG.

2. Rechtmäßigkeit

23 Die formellen und materiellen Rechtmäßigkeitsvoraussetzungen decken sich grundsätzlich mit denen der **Datenerhebungsgeneralklausel** und auch der Befragungsspezialbefugnis. Manchmal sind sie enger gefaßt; so sehen einige Polizeigesetze eine besondere Mitteilungspflicht vor, wenn Daten nicht beim Betroffenen erhoben wurden,[24] einige verbieten ausdrücklich die verdeckte Erhebung,[25] zu der es allerdings ohnehin keinen Anlaß gibt.

IV. Identitätsfeststellung

1. Begriff und Rechtsgrundlagen

24 Mit der Identitätsfeststellung klären die Polizei- und Ordnungsbehörden, **mit wem sie es zu tun haben.** Manchmal reicht dafür die Erhebung der Personalien. Soll die Identität einer Person z. B. als Hooligan, politisch motivierter Gewalttäter oder Anhänger einer rechtsextremistischen Vereinigung erhoben werden, werden die Personalien nicht nur erhoben, sondern mit den entsprechenden Dateien des polizeilichen Informationssystems abgeglichen.

25 Auch unter dem nicht gesetzlichen, aber alltagssprachlichen Begriff der **Razzia** finden Identitätsfeststellungen statt; die Polizei sperrt überraschend einen Ort ab und stellt die Identität aller anwesenden Personen fest. Ihre Rechtsgrundlage hat die Razzia in der Rechtsgrundlage der einzelnen Identitätsfeststellungen; soweit sie zugleich Platzverweisung und Wohnungsdurchsuchung ist, muß sie auch deren Ermächtigungsvoraussetzungen erfüllen.

26 Alle Polizei- und Ordnungsgesetze enthalten Befugnisse zu den zur Identitätsfeststellung erforderlichen Anordnungen und Handlungen,[26] die sich **weithin decken,** in einzelnen Punkten aber divergieren. Auch die Befragungsspezialbefugnis und auch § 36 Abs. 5 StVO kön-

---

24 § 30 Abs. 2 S. 2 bbgPolG; § 19 S. 3 berlASOG.

25 § 19 S. 2 berlASOG; § 20 Abs. 4 S. 3 bwPolG; § 5 Abs. 1 S. 2 hambGDatPol; § 27 Abs. 2 S. 2 mvSOG; § 31 Abs. 3 S. 2 ndsSOG; § 26 Abs. 3 S. 2 saarlPolG; § 179 Abs. 4 S. 2 shLVwG.

26 Art. 13 Abs. 1 u. 2 bayPAG; § 12 Abs. 1 u. 2 bbgPolG; § 21 Abs. 1–3 berlASOG; § 11 Abs. 1–4 bremPolG; § 26 Abs. 1 u. 2 bwPolG; § 4 Abs. 1–4 hambGDatPol; § 12 Abs. 1–3 hambSOG; § 18 Abs. 1–4 hessSOG; § 29 Abs. 1–3 mvSOG; § 13 Abs. 1–3 ndsSOG; § 12 Abs. 1 u. 2 nwPolG; § 10 Abs. 1 u. 2 rpPOG; § 9 Abs. 1 u. 2 saarlPolG; § 19 Abs. 1 sächsPolG; § 20 Abs. 1–3 saSOG; § 181 Abs. 1–3 shLVwG; § 14 Abs. 1 u. 2 thürPAG; § 23 Abs. 1–3 BPolG.

nen zur Erhebung der Personalien führen, aber beidemal zielt die Maßnahme nicht auf die Identitätsfeststellung, sondern das eine Mal auf sonstige sachdienliche Angaben (vgl. Rn. 2) und das andere Mal auf das Mitführen von Führer- und Fahrzeugschein, die Verkehrstüchtigkeit des Fahrers und den einwandfreien Zustand von Fahrzeug und Beladung.

2. Formelle Rechtmäßigkeit

Einige Polizei- und Ordnungsgesetze verlangen für die Identitäts- 27
feststellung ausdrücklich, daß der Betroffene auf deren **Grund** hingewiesen wird,[27] in anderen Ländern folgt es aus den allgemein geltenden Regeln für die Datenerhebung unter der Generalklausel (vgl. § 13 Rn. 10).

Die Einrichtung von Kontrollstellen oder -bereichen, an denen 28
Identitätsfeststellungen vorgenommen werden, bedarf der **Anordnung oder Zustimmung** des Behördenleiters oder des Innenministers.[28]

3. Materielle Rechtmäßigkeit

a) Schutzgüter. Die Schutzgüter der Identitätsfeststellung sind die 29
öffentliche Sicherheit und je nach Landesrecht (vgl. § 8 Rn. 1) die öffentliche Ordnung. Soweit die Identitätsfeststellung der vorbeugenden Verbrechensbekämpfung dient, ist es der strafrechtliche Ausschnitt der öffentlichen Sicherheit. Gelegentlich wird der Schutz privater Rechte überflüssigerweise eigens genannt.[29]

b) Gefahr. aa) Konkrete Gefahr. Die Identitätsfeststellung ist zu- 30
nächst Maßnahme zur Abwehr konkreter Gefahren, worunter auch die manchmal eigens aufgeführte Identitätsfeststellung zum Schutz privater Rechte fällt. Soweit nur von Gefahr die Rede ist, ergibt sich das Erfordernis der konkreten Gefahr daraus, daß die Fälle abstrakter Gefahr daneben eigens aufgeführt sind (vgl. Rn. 32 ff.). Selten bewirkt die Identitätsfeststellung die Abwehr der Gefahr; oft **ermöglicht** sie die Abwehr der Gefahr nur und bereitet sie vor.

---

27 § 2 Abs. 4 S. 1 Nr. 1 hambGDatPol; § 13 b Abs. 1 hambSOG; § 18 Abs. 6 hessSOG; § 20 Abs. 1 S. 1 ndsSOG.

28 § 12 Abs. 1 Nr. 4 S. 2 bbgPolG; § 21 Abs. 2 Nr. 4 S. 2 berlASOG; § 11 a Abs. 2 bremPolG; § 26 Abs. 1 Nr. 5 S. 2 bwPolG; § 18 Abs. 2 Nr. 5 S. 2 hessSOG; § 14 Abs. 2 S. 1 ndsSOG; § 12 Abs. 1 S. 2 nwPolG; § 19 Abs. 1 S. 2 sächsPolG.

29 § 10 Abs. 1 S. 1 rpPOG.

31 **Beispiele:** Die Feststellung der Identität eines gefährlich agierenden Vermummten kann erreichen, daß er mit offenem Visier den Schaden nicht mehr anzurichten wagt, den er im Schutz der Vermummung anrichten wollte. Wird dagegen die Identität eines Störers festgestellt, damit ihm die Beseitigung eines Schadens aufgegeben oder damit er einer geschädigten Privatperson für deren Verfolgung zivilrechtlicher Ansprüche genannt werden kann, erreicht die Identitätsfeststellung die Gefahrenabwehr noch nicht, sondern macht nur den ersten Schritt.

32 **bb) Abstrakte Gefahr.** Die Identitätsfeststellung an gefährlichen und gefährdeten Orten, an Kontrollstellen oder in Kontrollbereichen und in Grenznähe dient der Abwehr oder Erforschung abstrakter Gefahren. Die abstrakte Gefahr der Begehung von Straftaten in kriminellen Milieus und aus ihnen heraus wird hier dadurch abgewehrt, daß bestimmte **neuralgische Örtlichkeiten** durch die Ermächtigung zur Identitätsfeststellung einer besonders intensiven Kontrolle unterworfen und dadurch die kriminellen Milieus verunsichert oder immerhin erforscht werden:

33 – **Gefährliche Orte** sind Orte, an denen erfahrungsgemäß Straftaten verabredet, vorbereitet oder verübt werden, Personen sich treffen, die gegen aufenthaltsrechtliche (Straf-)Vorschriften verstoßen, Straftäter sich verbergen oder Personen der Prostitution nachgehen.[30] In manchen Ländern muß es sich um Straftaten von erheblicher Bedeutung handeln,[31] in manchen wird auf die Prostitution als Kennzeichen gefährlicher Orte verzichtet.[32]

34 **Beispiele:** Parks, Bahnhöfe, Parkplätze, Lokale im Rotlichtmilieu, Bordelle.

35 – **Gefährdete Orte** sind besonders anschlaggefährdete und schutzbedürftige Orte; die Polizei- und Ordnungsgesetze nennen exemplarisch Verkehrs- und Versorgungsanlagen und -einrichtungen, öf-

---

30 Art. 13 Abs. 1 Nr. 2 bayPAG; § 12 Abs. 1 Nr. 2 bbgPolG; § 21 Abs. 2 Nr. 1 berlASOG; § 11 Abs. 1 Nr. 2 bremPolG; § 26 Abs. 1 Nr. 2 bwPolG; § 4 Abs. 1 Nr. 2 hambGDatPol; § 18 Abs. 2 Nr. 1 hessSOG; § 29 Abs. 1 Nr. 1 mvSOG; § 13 Abs. 1 Nr. 2 ndsSOG; § 12 Abs. 1 Nr. 2 nwPolG; § 10 Abs. 1 Nr. 1 rpPOG; § 9 Abs. 1 Nr. 2 saarlPolG; § 19 Abs. 1 Nr. 2 sächsPolG; § 20 Abs. 2 Nr. 1 saSOG; § 181 Abs. 1 S. 2 Nr. 1 shLVwG; § 14 Abs. 1 Nr. 2 thürPAG; § 23 Abs. 2 Nr. 1 BPolG.

31 § 12 Abs. 1 Nr. 2 a) bbgPolG; § 21 Abs. 2 Nr. 1 a) aa) berlASOG; § 4 Abs. 1 Nr. 2 a) hambGDatPol; § 13 Abs. 1 Nr. 2 a) ndsSOG; § 12 Abs. 1 Nr. 2 a) nwPolG; § 9 Abs. 1 Nr. 2 a) saarlPolG.

32 § 12 Abs. 1 Nr. 2 bbgPolG; § 11 Abs. 1 Nr. 2 bremPolG; § 4 Abs. 1 Nr. 2 hambGDatPol; § 13 Abs. 1 Nr. 2 mvSOG; § 12 Abs. 1 Nr. 2 nwPolG; § 9 Abs. 1 Nr. 2 saarlPolG; § 20 Abs. 2 Nr. 1 saSOG; § 181 Abs. 1 S. 2 Nr. 1 shLVwG; § 23 Abs. 2 Nr. 1 BPolG.

fentliche Verkehrsmittel und Amtsgebäude, ergänzen um andere gefährdete Objekte und schließen die unmittelbare Umgebung ein.[33]

Beispiele: Flughäfen, Bahnhöfe, Elektrizitäts-, Wasser- und Gaswerke, Raffinerien und Pipelines, Flugzeuge, Eisenbahnen, S- und U-Bahnen, Parlaments-, Gerichts- und Behördengebäude, militärische Anlagen, Rundfunksender, Zeitungsverlage, Parteizentralen, türkische Reisebüros, jüdische Gemeindehäuser, Privatwohnungen von Politikern. 36

Die Gesetze verlangen weiter die **durch Tatsachen gerechtfertigte Annahme,** daß in oder an den Objekten Straftaten begangen werden sollen. Manchmal setzen die Gesetze neben die unmittelbare Umgebung gefährdeter Objekte noch das räumliche Umfeld besonders gefährdeter Personen,[34] fordern bei den anderen gefährdeten Objekten zusätzlich, daß für sie besondere Schutzmaßnahmen angeordnet worden sind,[35] oder verlangen, daß die drohenden Straftaten Personen in oder an den Objekten oder die Objekte selbst gefährden.[36] 37

- **Kontrollstellen** sind Sperren auf Straßen, Plätzen und anderen öffentlich zugänglichen Orten, an denen Personen kontrolliert werden.[37] Kontrollstellen können zu verschiedenen Zwecken eingerichtet werden. Werden sie eingerichtet, um die polizeigesetzlich jeweils unterschiedlich bezeichneten, aber stets §§ 129 a, 250 Abs. 1 (in Teilen), 255 StGB und § 27 VersG einschließenden Straftaten zu verhüten, dürfen an ihnen Identitätsfeststellungen vorgenommen werden; gelegentlich dürfen darüber hinaus mitgeführte Sachen in Augenschein genommen werden.[38] Manche Polizeige- 38

---

33 Art. 13 Abs. 1 Nr. 3 bayPAG; § 12 Abs. 1 Nr. 3 bbgPolG; § 21 Abs. 2 Nr. 3 berlASOG; § 11 Abs. 1 Nr. 4 bremPolG; § 26 Abs. 1 Nr. 3 bwPolG; § 4 Abs. 1 Nr. 3 hambGDatPol; § 18 Abs. 2 Nr. 3 hessSOG; § 29 Abs. 1 Nr. 2 mvSOG; § 13 Abs. 1 Nr. 3 ndsSOG; § 12 Abs. 1 Nr. 3 nwPolG; § 10 Abs. 1 Nr. 2 rpPOG; § 9 Abs. 1 Nr. 3 saarlPolG; § 19 Abs. 1 Nr. 3 sächsPolG; § 20 Abs. 2 Nr. 3 saSOG; § 181 Abs. 1 S. 2 Nr. 2 shLVwG; § 14 Abs. 1 Nr. 3 thürPAG; § 23 Abs. 1 Nr. 4 u. Abs. 2 Nr. 2 BPolG.

34 § 18 Abs. 2 Nr. 4 hessSOG; § 20 Abs. 2 Nr. 4 saSOG.

35 § 29 Abs. 1 Nr. 3 mvSOG; § 181 Abs. 1 S. 2 Nr. 3 shLVwG.

36 Art. 13 Abs. 1 Nr. 3 bayPAG; § 12 Abs. 1 Nr. 3 bbgPolG; § 21 Abs. 2 Nr. 3 berlASOG; § 11 Abs. 1 Nr. 4 bremPolG; § 4 Abs. 1 Nr. 3 hambGDatPol; § 18 Abs. 2 Nr. 3 hessSOG; § 29 Abs. 1 Nr. 2 mvSOG; § 13 Abs. 1 Nr. 3 ndsSOG; § 12 Abs. 1 Nr. 3 nwPolG; § 10 Abs. 1 Nr. 2 rpPOG; § 9 Abs. 1 Nr. 3 saarlPolG; § 20 Abs. 2 Nr. 3 saSOG; § 181 Abs. 1 S. 2 Nr. 2 shLVwG; § 14 Abs. 1 Nr. 3 thürPAG; § 23 Abs. 2 Nr. 2 BPolG.

37 Art. 13 Abs. 1 Nr. 4 bayPAG; § 12 Abs. 1 Nr. 4 S. 1 bbgPolG; § 21 Abs. 2 Nr. 4 berlASOG; § 11 Abs. 1 Nr. 3 i. V. m. § 11 a bremPolG; § 26 Abs. 1 Nr. 4 bwPolG; § 4 Abs. 1 Nr. 4 hambGDatPol; § 18 Abs. 2 Nr. 5 hessSOG; § 29 Abs. 1 Nr. 4 mvSOG; § 13 Abs. 1 Nr. 4 i. V. m. § 14 Abs. 1 ndsSOG; § 12 Abs. 1 Nr. 4 nwPolG; § 10 Abs. 1 Nr. 3 rpPOG; § 19 Abs. 1 Nr. 4 sächsPolG; § 20 Abs. 2 Nr. 5 S. 1 saSOG; § 181 Abs. 1 S. 2 Nr. 4 shLVwG; § 14 Abs. 1 Nr. 4 thürPAG; § 23 Abs. 2 Nr. 3 BPolG.

38 § 21 Abs. 2 Nr. 4 S. 3 berlASOG.

setze stellen neben die Kontrollstellen noch Kontrollbereiche, d. h. abgesperrte Bereiche, in denen die Polizei kontrolliert.[39]

39 **Beispiele:** Kontrollstellen werden vor allem im Vorfeld von Demonstrationen eingerichtet, bei denen gewalttätige Ausschreitungen befürchtet werden. Kontrollstellen waren, wie die bezeichneten Straftaten erkennen lassen, auch als Waffe gegen politischen Terrorismus und organisierte Kriminalität gedacht, haben dafür aber keine Bedeutung gewonnen.

40 Der **Fahndung nach Straftätern,** d. h. der Verfolgung begangener Straftaten, dürfen polizeigesetzlich ermächtigte Kontrollstellen und Identitätsfeststellungen nicht dienen (vgl. § 2 Rn. 7 ff.); § 111 StPO ist insoweit abschließend, und neben ihm ist die baden-württembergische Fahndungskontrollstellen- und -bereichsregelung[40] verfassungswidrig.

41 – **Grenzverkehrsrelevante Örtlichkeiten.** In manchen Ländern wird die Identitätsfeststellung in Einrichtungen des internationalen Verkehrs, auf Straßen, deren erhebliche Bedeutung für die grenzüberschreitende Kriminalität vorausgesetzt oder ausdrücklich gefordert wird, im Grenzgebiet bis zur Tiefe von dreißig Kilometern, in Hafengewässern und im Küstenmeer[41] zugelassen. Es ist von Schleierfahndung die Rede; die Gefahren von Menschenschmuggel, Drogen- und Waffenhandel, Autoschieberei und sonstiger grenzüberschreitender Kriminalität, denen seit dem Schengen-Durchführungsübereinkommen (SDÜ) von 1990 nicht mehr durch Grenzkontrollen begegnet werden kann, sollen abgewehrt werden, indem über die grenzverkehrsrelevanten Örtlichkeiten ein Schleier engmaschiger Kontrollen geworfen wird.

42 Im Schrifttum wird der Schleier gelegentlich als zu engmaschig und daher verfassungswidrig **kritisiert;** er erfasse nicht bestimmte, sondern in seiner umfassenden Unbestimmtheit alle Straßen (*Möllers,* NVwZ 2000, 382/384 f.), gehe sowohl in seiner räumlichen Erstreckung als auch in seiner Erfassung von Nichtstörern wie Störern, Unverdächtigen wie Verdächtigen zu weit und greife mit der Ermächtigung zu allen Stufen der Durchsetzung einer Identitätsfeststellung (vgl. Rn. 53 f.) zu intensiv ein (*Lisken,* NVwZ 1998, 22/23 f.; *Stephan,* DVBl. 1998, 81/82 ff.; vgl. auch in europarechtli-

---

39 § 26 Abs. 1 Nr. 5 S. 1 bwPolG; § 19 Abs. 1 Nr. 6 sächsPolG.
40 § 26 Abs. 1 Nr. 4 u. 5 bwPolG.
41 Art. 13 Abs. 1 Nr. 5 bayPAG; § 12 Abs. 1 Nr. 6 bbgPolG; § 26 Abs. 1 Nr. 6 bwPolG; § 3 Abs. 1 Nr. 1 hambHafenSG; § 18 Abs. 2 Nr. 6 hessSOG; § 19 Abs. 1 Nr. 5 sächsPolG; § 181 Abs. 1 S. 2 Nr. 5 shLVwG; § 14 Abs. 1 Nr. 5 thürPAG.

cher Hinsicht *Kugelmann,* Kap. 7 Rn. 90 f.). Das Landesverfassungsgericht Mecklenburg-Vorpommerns ist dieser Kritik gefolgt und hat die entsprechende Vorschrift im wesentlichen für nichtig erklärt (DÖV 2000, 71; krit. *Schoch,* Rn. 201; vgl. auch *Notzon,* S. 170 ff.). Aber die Kritik überzeugt nicht. Sie verkennt die Qualität der abstrakten Gefahr und die Bedingungen ihrer Abwehr; die Abwehr einer abstrakten Gefahr kann manchmal und auch hier nur so allgemein normiert werden, daß auch die besonderen Maßgaben der Verhältnismäßigkeit nicht schon in der Norm vorgegeben, sondern nur zur Norm entwickelt werden können. So kann und muß die sog. Schleierfahndung durch den Grundsatz der Verhältnismäßigkeit diszipliniert werden (BayVerfGH, DVBl. 2003, 863 ff.; JZ 2006, 617 ff.; *Heckmann,* in: FS Steinberger, 2002, S. 467/483 ff.; *Horn,* BayVBl. 2003, 545).

Viele Länder **erweitern** zur Ermöglichung der Schleierfahndung **das allgemeine Befragungsrecht** um die Befugnis, mitgeführte Ausweispapiere zur Prüfung herauszuverlangen und mitgeführte Sachen in Augenschein zu nehmen, wenn es um die vorbeugende Bekämpfung von Straftaten von erheblicher Bedeutung, grenzüberschreitender oder organisierter Kriminalität geht oder unerlaubter Aufenthalt unterbunden werden soll und wenn die Person im unter Umständen besonders gefährdeten öffentlichen Verkehrsraum angetroffen wird.[42] Die Bundespolizei hat neben ihren Befugnissen zur Identitätsfeststellung, die denen der Länderpolizeien entsprechen, in Zügen, auf Eisenbahnanlagen oder auf internationalen Flughäfen die gleiche erweiterte Befragungsbefugnis zur Verhinderung und Unterbindung unerlaubter Einreise.[43] – Auf § 35 StVO kann die Schleierfahndung nicht gestützt werden, weil diese Vorschrift nur der Verhütung von Verkehrsstraftaten und -ordnungswidrigkeiten dient. 43

c) **Pflichtigkeit.** Die Identitätsfeststellung zur Abwehr einer konkreten Gefahr kann nur beim Störer und unter den entsprechenden besonderen Voraussetzungen beim Nichtstörer vorgenommen werden. Bei der Abwehr abstrakter Gefahren ist zu **unterscheiden:** 44

42 § 11 Abs. 3 bbgPolG; § 13 Abs. 4 bremPolG; § 4 Abs. 2 hambGDatPol; §§ 2–4 hambHafenSG; § 27 a mvSOG; § 12 Abs. 6 ndsSOG; § 9 a Abs. 4 rpPOG; § 9 a Abs. 1 saarlPolG; § 14 Abs. 3 saSOG; § 180 Abs. 3 shLVwG.

43 § 22 Abs. 1 a BPolG.

45 **aa) Gefährliche Orte.** Hier scheint der Kreis von Personen, deren Identität festgestellt werden kann, auf den ersten Blick ganz weit gezogen zu sein und schlechterdings jeden zu erfassen, der sich an den entsprechenden Orten aufhält oder dort angetroffen wird. In der Literatur wird aus dem Kreis ausgeschlossen, bei wem „offensichtlich auch der Verdacht, Störer zu sein, ausscheidet" (*Schenke*, Rn. 228) oder die „Frage, ob der Angetroffene als Störer in Betracht kommt", keiner Aufklärung bedarf (*Gusy*, Rn. 229). In der Tat ist der Kreis beschränkt, zwar nicht explizit durch die Befugnisnorm, aber implizit durch die Aufgabennorm; die Identitätsfeststellung der Person muß einen Ertrag für die vorbeugende Bekämpfung von Straftaten, besonders für die Ausforschung oder Verunsicherung des kriminogenen Milieus versprechen, die Person muß insofern für eine abstrakte Gefahr verantwortlich sein (vgl. § 5 Rn. 11f.). Gelegentlich wird dem Begriff des Aufenthalts entnommen, daß die Identität nur bei Personen festgestellt werden darf, die an dem gefährdeten Ort verweilen, nicht bei Personen, die ihn lediglich passieren (vgl. OVG Hamburg, NVwZ-RR 2003, 276f.).

46 **bb) Gefährdete Orte und Kontrollstellen.** Hier darf die Identität einer Person nur festgestellt werden, wenn es für die Verhütung der befürchteten Straftat erforderlich ist; bei den gefährdeten Orten fordern immerhin manche Polizei- und Ordnungsgesetze es ausdrücklich,[44] und bei den Kontrollstellen ist es dem Wortlaut nicht immer deutlich abzulesen, aus Genese, Sinn und Zweck aber eindeutig abzuleiten. Die Pflichtigen sind auch hier für die abstrakte Gefahr verantwortlich, oder es sind Dritte, die, vergleichbar dem Nichtstörer, mit ihren Kenntnissen oder Fähigkeiten für die Abwehr der abstrakten Gefahr wichtig werden können.

47 **Beispiel:** Bei Insassen eines Fahrzeugs, das zu einer Großdemonstration unterwegs ist, darf die Polizei Identitätsfeststellungen vornehmen, wenn der Halter des Fahrzeugs der als gewalttätig bekannten autonomen Szene zugehört, in der Flugblätter mit dem Aufruf zur Mobilisierung aller Kräfte gegen die Großdemonstration kursierten. Sie darf auch die Identität der Insassen eines Fahrzeugs feststellen, das hinter einem Fahrzeug herfuhr, das gerade an der Kontrollstelle nicht gehalten hat, sondern in hohem Tempo weitergefahren ist; die Insassen können etwas Wichtiges beobachtet haben. Die Feststellung

44 § 12 Abs. 1 Nr. 3 bbgPolG; § 21 Abs. 2 Nr. 3 berlASOG; § 11 Abs. 1 Nr. 4 bremPolG; § 18 Abs. 2 Nr. 3 hessSOG; § 13 Abs. 1 Nr. 3 ndsSOG; § 12 Abs. 1 Nr. 3 nwPolG; § 20 Abs. 2 Nr. 3 saSOG; § 23 Abs. 1 Nr. 4 u. Abs. 2 Nr. 3 BPolG.

der Identität einer Gruppe von Nonnen (vgl. § 5 Rn. 12) ist auch an einem gefährdeten Ort und an einer Kontrollstelle unzulässig.

cc) Grenzverkehrsrelevante Örtlichkeiten. Hier ist der Kreis der Personen, deren Identität festgestellt werden kann, am weitesten. Gelegentlich ist von einer verdachtsunabhängigen Kontrolle die Rede. Aber auch hier ist die Befugnis durch die Aufgabe bedingt und beschränkt, und es bedarf des Verdachts grenzüberschreitender Kriminalität, eines zwar weit streuenden, aber nicht allumfassenden Verdachts. Mit der Weite der abstrakten Gefahr ist auch der Kreis der für die abstrakte Gefahr Verantwortlichen weit. Aber er ist nicht beliebig. 48

Beispiele: Unzulässig wären Identitätsfeststellungen in Grenzgebieten, wenn bei deren überwiegend dörflichen Strukturen die Personen, Fahrzeuge und Fahrten der Polizei ohnehin bekannt sind. Unzulässig wären auch auf den Durchgangsstraßen Identitätsfeststellungen, wenn der erste Blick ins Fahrzeug und die erste Äußerung aus dem Fahrzeug zeigen, daß die Insassen zu keinerlei Verdacht Anlaß geben. 49

d) Verhältnismäßigkeit. Der Verhältnismäßigkeitsgrundsatz verlangt, wenn es bei einer abstrakten Gefahr mehr abstrakte Störer gibt, als die Polizei- oder Ordnungsbehörde überprüfen kann, eine **geeignete Auswahl.** Wenn Verdachtsmomente, die die Auswahl steuern könnten, fehlen, ist rationales Auswahlprinzip das Zufallsprinzip. 50

Beispiele: Auf der Durchgangsstraße wird einen Vormittag lang jedes rote oder jedes aus einem bestimmten Ort stammende oder jedes zehnte Fahrzeug („Zehnerpatsche“) angehalten. – Bei der Schleierfahndung kann die Verhältnismäßigkeit auch verlangen, daß die Polizei ihren Kontrollen Erkenntnisse aus aktuellen Lagebildern zugrundelegt (BayVerfGH, DVBl. 2003, 861/865; *Trute,* Verwaltung 2003, 501/519). 51

Im übrigen wird dem Verhältnismäßigkeitsgrundsatz besonders dadurch Rechnung getragen, daß die **Stufen,** die die Polizei- und Ordnungsgesetze zur Durchsetzung der Identitätsfeststellung eröffnen, eine nach der anderen betreten werden. 52

4. Durchsetzung

Die Polizei- und Ordnungsgesetze ermächtigen dazu, die zur Feststellung der Identität **erforderlichen Maßnahmen** zu treffen,[45] und erwähnen besonders 53

45 Art. 13 Abs. 2 bayPAG; § 12 Abs. 2 bbgPolG; § 21 Abs. 3 berlASOG; § 11 Abs. 2 bremPolG; § 26 Abs. 2 bwPolG; § 4 Abs. 4 hambGDatPol; § 18 Abs. 3–5 hessSOG; § 29 Abs. 2 u. 3 mvSOG; § 13 Abs. 2 ndsSOG; § 12 Abs. 2 nwPolG; §§ 10 Abs. 2,

- das Anhalten,
- das Befragen nach den Personalien,
- das Verlangen, Angaben zur Feststellung der Identität zu machen und Ausweispapiere zur Prüfung auszuhändigen,
- das Festhalten, das an Ort und Stelle, z. B. im Polizeifahrzeug, aber auch durch sog. Sistierung in der Polizeiwache geschehen kann,
- das Durchsuchen des Betroffenen und der mitgeführten Sachen und
- die Vornahme erkennungsdienstlicher Maßnahmen und Untersuchungen.

54 Die Polizei- oder Ordnungsbehörde darf zu den durch die letzten drei Spiegelstriche bezeichneten, eigens geregelten Maßnahmen **nur** greifen, wenn ihre Rechtmäßigkeitsvoraussetzungen gegeben sind (vgl. § 12 Rn. 4) und die Identitätsfeststellung anders nicht oder nur unter erheblichen Schwierigkeiten möglich ist oder tatsächliche Anhaltspunkte dafür bestehen, daß Angaben unrichtig sind.

V. Erkennungsdienstliche Maßnahmen

1. Begriff und Rechtsgrundlagen

55 Erkennungsdienstliche Maßnahmen sind Erhebungen personenbezogener Daten. Dies gilt nicht nur, wenn sie innerhalb der Vorschriften zur Datenerhebung geregelt sind, sondern auch dann, wenn sie, weil traditionelle Informationserhebungsmaßnahmen, zusammen mit den anderen traditionellen Informationserhebungsmaßnahmen außerhalb der modernen Vorschriften zur Datenerhebung belassen wurden[46] (a. A. VGH München, NVwZ-RR 1998, 497; VGH Kassel, NVwZ-RR 1994, 652). Die personenbezogenen Daten dienen der Feststellung der Identität, aber auch der Feststellung von Eigenschaften, die die Person **nicht nur identifizieren, sondern charakterisieren.** Sie müssen nicht nur durch Wahrnehmung des Körpers und von körperlichem Verhalten, sondern können auch durch Eingriffe in die körperliche Integrität erhoben werden, allerdings nur durch geringfügige Eingriffe.

---

11 a rpPOG; § 9 Abs. 2 saarlPolG; § 19 Abs. 2 sächsPolG; § 20 Abs. 3–5 saSOG; § 181 Abs. 2 u. 3 shLVwG; § 14 Abs. 2 thürPAG; § 23 Abs. 3 BPolG.

46 Art. 14 bayPAG; § 13 bbgPolG; § 11 b bremPolG; § 36 bwPolG; § 15 ndsSOG; § 11 rpPOG; § 10 saarlPolG; § 20 sächsPolG; § 16 thürPAG.

Beispiele: Die gesetzlich genannten Beispiele sind die Abnahme von Finger- und Handflächenabdrücken, die Aufnahme von Lichtbildern, die Feststellung äußerer körperlicher Merkmale und Messungen. Das schließt die Feststellung von Narben und Tätowierungen, Augen- und Haarfarbe, Messungen von Körpergewicht und -größe, Puls- und Atemfrequenz (a. A. *Schmidbauer u. a.*, Art. 14 Rn. 3) ein und bei der Aufnahme von Lichtbildern auch das Verändern von Haar- und/oder Barttracht so, daß das gewonnene Bildmaterial mit schon vorhandenem vergleichbar wird (BVerfGE 47, 239/246ff.; a. A. *Grünwald*, JZ 1981, 423/426f.). Weitere Beispiele sind Stimm-, Schrift- und Geruchsproben. 56

Fraglich ist, ob die Befugnis zur Vornahme erkennungsdienstlicher Maßnahmen auch die Befugnis zur Abnahme des sog. **genetischen Fingerabdrucks,** d. h. zur DNA-Feststellung oder Genomanalyse (auch molekulargenetische Untersuchung genannt) einschließt. Das gesetzlich genannte Regelbeispiel der Feststellung äußerer körperlicher Merkmale wird gelegentlich dahin verstanden, daß mit erkennungsdienstlichen Maßnahmen keine Daten über äußerlich nicht erkennbare Merkmale erhoben werden dürfen (VGH München, NVwZ-RR 1998, 496; vgl. auch *Schenke,* Rn. 125). Aber die Feststellung äußerer körperlicher Merkmale ist nur eines von mehreren Regelbeispielen und nicht deren Oberbegriff – zu Recht, weil erkennungsdienstliche Maßnahmen keineswegs nur über das in Kenntnis setzen wollen, was äußerlich erkennbar ist, sondern auch und gerade über Inneres: wozu die Person sich mit ihren Tätowierungen bekennt, welche Augen sie hinter der verspiegelten Sonnenbrille und welche echte Haarfarbe sie unter der gefärbten verbirgt, wie sie spricht und schreibt, wenn sie sich nicht verstellt. Die erkennungsdienstliche Maßnahme soll erheben, was die Person auf Befragen lieber für sich behält. Entscheidend kann daher nicht sein, ob es um Äußeres oder Inneres geht, sondern nur i. S. d. Wesentlichkeitslehre (vgl. § 8 Rn. 50) die Intensität des Eingriffs in die körperliche Integrität. Die Blutabnahme ist ein zu intensiver Eingriff und deshalb auch in der StPO neben den erkennungsdienstlichen Maßnahmen eigens geregelt.[47] Die Entnahme eines Haars zur Feststellung der echten Haarfarbe wie auch der DNA ist ein minimaler Eingriff; das gilt ebenso für die Speichelprobe. Sind allerdings Eingriffe in die körperliche Integrität bei erkennungsdienstlichen Maßnahmen ausdrücklich verwehrt,[48] gibt es keine Befugnis zur Abnahme des sog. genetischen 57

47 §§ 81 a Abs. 1 S. 2, 81 c Abs. 2 S. 1 StPO.
48 § 23 Abs. 4 berlASOG.

Fingerabdrucks, es sei denn, sie kann an dem verlorenen Haar oder an der abgelegten Zigarettenkippe (sog. Spurenmaterial; vgl. *Lorenz*, JZ 2005, 1121/1127f.) vorgenommen werden. Die Befugnis zur Vornahme erkennungsdienstlicher Maßnahmen ermächtigt auch dort nicht zur Abnahme des genetischen Fingerabdrucks, wo dieser im Versuch der Abstimmung auf die bundesgesetzliche Regelung des § 81 g StPO (vgl. § 5 Rn. 6 a)[48a] oder zur Feststellung der Identität hilfloser Personen.[49] eigens geregelt ist.

58 In allen Polizeigesetzen sind die erkennungsdienstlichen Maßnahmen speziell geregelt.[50] Da auch **§ 81 b 2. Alt. StPO** zu erkennungsdienstlichen Maßnahmen ermächtigt, stellt sich die Frage, ob die landes- und bundesrechtlichen Bestimmungen nebeneinander Bestand haben bzw. welchen Raum sie einander lassen. Wird die Vorsorge für die Verfolgung künftiger Straftaten nicht der Strafverfolgung, sondern der Gefahrenabwehr zugeordnet (vgl. § 5 Rn. 6), ist § 81 b 2. Alt. StPO verfassungswidrig. Um gleichwohl die Verfassungsmäßigkeit von § 81 b 2. Alt. StPO zu retten, wird zwar vertreten, sowohl die landes- als auch die bundesrechtlichen Bestimmungen hätten beschränkte, einander ergänzende Regelungsbereiche; § 81 b 2. Alt. StPO regele erkennungsdienstliche Maßnahmen zur Vorsorge für die Verfolgung künftiger Straftaten nur im Zusammenhang eines Strafverfahrens, d. h. gegenüber Beschuldigten, nicht aber gegenüber Strafunmündigen und bereits rechtskräftig Verurteilten; gegenüber Strafunmündigen und bereits rechtskräftig Verurteilten seien die erkennungsdienstlichen Maßnahmen zur Vorsorge für die Verfolgung künftiger Straftaten in den landesrechtlichen Bestimmungen geregelt (OVG Münster, NJW 1999, 2690; OVG Koblenz, NVwZ-RR 2001, 238; VGH Mannheim, NVwZ-RR 2004, 572; *Kleinknecht/Meyer-Gossner*, StPO, § 81 b Rn. 4 und 7). Aber diese Überlegung kann nicht überzeugen, weil § 81 b 2. Alt. StPO erkennbar nicht als teilweise, auf landesrechtliche Ergänzung angewiesene und angelegte, sondern als abschließende Regelung gewollt und gefaßt ist. Wird die Vorsorge für die Verfolgung künftiger Straftaten dagegen mit der neuen Rechtsprechung des Bundesverfassungsgerichts jedenfalls in erster Linie

48a § 19 Abs. 3 hessSOG.

49 § 21 a berlASOG; § 7 Abs. 5 hambGDatPol; § 31 a mvSOG; § 15 a ndsSOG; § 14 a nwPolG; § 11 a Abs. 2 rpPOG; § 10 a Abs. 2 saarlPolG; § 183 a Abs. 2 u. 3 shLVwG

50 Art. 14 bayPAG; § 13 bbgPolG; § 23 berlASOG; § 11 b bremPolG; § 36 bwPolG; § 7 hambGDatPol; § 19 hessSOG; § 31 mvSOG; § 15 ndsSOG; § 14 nwPolG; § 11 rpPOG; § 10 saarlPolG; § 20 sächsPolG; § 21 saSOG; § 183 shLVwG; § 16 thürPAG; § 24 BPolG.

nicht der Gefahrenabwehr, sondern der Strafverfolgung zugeordnet, ist § 81 b 2. Alt. StPO verfassungsgemäß und haben die polizeigesetzlichen Spezialregelungen daneben wegen Art. 31 GG Bestand nur, soweit sie zu erkennungsdienstlichen Maßnahmen zur Abwehr konkreter Gefahren und zur Vorsorge für die Verfolgung künftiger Straftaten lediglich als Aspekt der Verhütung ermächtigen, und sind verfassungswidrig, soweit sie die Ermächtigung zu erkennungsdienstlichen Maßnahmen zur Vorsorge für die Verfolgung künftiger Straftaten als eigenständige Aufgabe enthalten (vgl. § 5 Rn. 6 b).

Ob es sich bei den Foto-, Film- und Tonaufnahmen, die bei öffentlichen Veranstaltungen und Ansammlungen angefertigt werden (vgl. Rn. 81 ff.), der Sache nach um erkennungsdienstliche Unterlagen handelt, kann dahinstehen, weil die Anfertigung jedenfalls nicht den Regeln über erkennungsdienstliche Maßnahmen folgt, sondern **spezielle Rechtsgrundlagen** hat. Neben der Ermächtigung zu erkennungsdienstlichen Maßnahmen in den Polizeigesetzen gibt es nicht nur die Ermächtigung zu erkennungsdienstlichen Maßnahmen im Straf- und Strafvollzugsverfahren,[51] sondern auch Spezialermächtigungen im besonderen Ordnungsrecht, so bei Paß- und Personalausweisanträgen und bei Zweifeln über die Identität von Ausländern und Asylbewerbern.[52] 59

Die Befugnis zur Vornahme erkennungsdienstlicher Maßnahmen ist eine **Handlungsbefugnis.** Allerdings gelingen viele erkennungsdienstliche Maßnahmen bei Kooperation des Pflichtigen besser, so daß nicht erst der Grundsatz der Verhältnismäßigkeit, sondern schon die Effektivität entsprechende begleitende anordnende Verwaltungsakte verlangt. 59a

2. Formelle Rechtmäßigkeit

Da die erkennungsdienstliche Maßnahme Datenerhebung ist, gilt für sie die Hinweispflicht, die bei der Datenerhebung unter der Generalklausel und auch allgemein gilt (vgl. § 13 Rn. 10). Zusätzlich statuieren einige Polizeigesetze eine **Unterrichtungspflicht;**[53] dabei ist der Betroffene bei Vornahme der erkennungsdienstlichen Maßnahme darüber zu unterrichten, daß er dann, wenn die angefallenen Unter- 60

51 §§ 81 b 1. Alt., 163 b, 163 c StPO; § 86 StVollzG.
52 § 6 Abs. 3 PaßG; §§ 49, 89 AufenthG; § 16 AsylVfG.
53 § 13 Abs. 4 S. 1 bbgPolG; § 19 Abs. 4 S. 1 hessSOG; § 14 Abs. 3 nwPolG; § 11 Abs. 2 S. 2 rpPOG; § 21 Abs. 4 S. 1 saSOG.

lagen vernichtet werden müssen,[54] ihre Vernichtung verlangen kann. Die Vernichtung verlangen zu können, wenn sie ohnehin erfolgen muß, bedürfte keiner Regelung; sinnvoll ist die Bestimmung dahin zu verstehen, daß der Betroffene die Prüfung verlangen kann, ob die Unterlagen noch aufbewahrt werden dürfen, weil noch Zweifel an der Identität oder weil noch Tatverdacht und Wiederholungsgefahr bestehen, oder ob sie vernichtet werden müssen. Entsprechend ist der Betroffene auch zu unterrichten. Einige Polizeigesetze statuieren weiter, daß dem z. B. ohnmächtigen Betroffenen, ohne dessen Wissen die erkennungsdienstlichen Unterlagen angefertigt wurden, mitgeteilt wird, welche Unterlagen aufbewahrt werden.[55]

61 Der Verstoß gegen die Hinweispflicht führt zur Rechtswidrigkeit der Datenerhebung (vgl. § 13 Rn. 10f.). Die Unterrichtungs- und Mitteilungspflichten betreffen hier nicht die Datenerhebung, sondern die Aufbewahrung der Unterlagen, können **nachgeholt** werden und machen die Datenerhebung nicht rechtswidrig (vgl. aber § 15 Rn. 72 ff.). Für das die erkennungsdienstliche Maßnahme begleitende Festhalten gelten die formellen Rechtmäßigkeitsvoraussetzungen der Freiheitsentziehung (vgl. § 17 Rn. 8 ff.).

3. Materielle Rechtmäßigkeit

62 **a) Schutzgüter.** Erkennungsdienstliche Maßnahmen zur Identitätsfeststellung[56] dienen denselben Schutzgütern wie diese (vgl. Rn. 29). Die daneben geregelte erkennungsdienstliche Maßnahme zur vorbeugenden Bekämpfung von Straftaten[57] **erweitert nicht** die Schutzgüter, sondern stellt auf eine bestimmte Gefahrensituation ab.

---

54 Art. 14 Abs. 2 bayPAG; § 13 Abs. 3 bbgPolG; § 23 Abs. 2 berlASOG; § 11 b Abs. 2 S. 1 bremPolG; § 36 Abs. 3 bwPolG; § 7 Abs. 2 hambGDatPol; § 19 Abs. 4 S. 1 hessSOG; § 31 Abs. 3 S. 1 mvSOG; § 15 Abs. 2 S. 1 ndsSOG; § 14 Abs. 2 nwPolG; § 11 Abs. 2 S. 1 rpPOG; § 10 Abs. 2 saarlPolG; § 20 Abs. 3 sächsPolG; § 21 Abs. 3 S. 1 saSOG; § 183 Abs. 3 shLVwG; § 16 Abs. 2 thürPAG; § 24 Abs. 2 S. 1 BPolG.

55 § 13 Abs. 4 S. 2 bbgPolG; § 19 Abs. 4 S. 2 hessSOG; § 21 Abs. 4 S. 2 saSOG.

56 Art. 14 Abs. 1 Nr. 1 bayPAG; § 13 Abs. 2 Nr. 1 bbgPolG; § 23 Abs. 1 Nr. 1 berlASOG; § 11 b Abs. 1 Nr. 1 bremPolG; § 36 Abs. 1 Nr. 1 bwPolG; § 7 Abs. 1 Nr. 1 hambGDatPol; § 19 Abs. 2 Nr. 1 hessSOG; § 31 Abs. 1 S. 1 mvSOG; § 15 Abs. 1 S. 1 Nr. 1 ndsSOG; § 14 Abs. 1 Nr. 1 nwPolG; § 11 Abs. 1 Nr. 1 rpPOG; § 10 Abs. 1 Nr. 1 saarlPolG; § 20 Abs. 1 Nr. 1 sächsPolG; § 21 Abs. 2 Nr. 1 saSOG; § 183 Abs. 1 S. 1 u. 2 shLVwG; § 16 Abs. 1 Nr. 1 thürPAG; § 24 Abs. 1 Nr. 1 BPolG.

57 Art. 14 Abs. 1 Nr. 2 bayPAG; § 13 Abs. 2 Nr. 2 bbgPolG; § 23 Abs. 1 Nr. 2 berlASOG; § 11 b Abs. 1 Nr. 2 bremPolG; § 36 Abs. 1 Nr. 2 bwPolG; § 7 Abs. 1 Nr. 2 hambGDatPol; § 19 Abs. 2 Nr. 2 hessSOG; § 31 Abs. 1 S. 2 mvSOG; § 15 Abs. 1 S. 1 Nr. 2 ndsSOG; § 14 Abs. 1 Nr. 2 nwPolG; § 11 Abs. 1 Nr. 2 rpPOG; § 10 Abs. 1 Nr. 2 saarlPolG; § 20 Abs. 1 Nr. 2 sächsPolG; § 21 Abs. 2 Nr. 2 saPolG; § 183 Abs. 1 S. 3 shLVwG; § 16 Abs. 1 Nr. 2 thürPAG; § 24 Abs. 1 Nr. 2 BPolG.

b) Gefahr. Erkennungsdienstliche Maßnahmen zur Identitätsfeststellung sind auf die Gefahr **bezogen,** die durch die Identitätsfeststellung abgewehrt werden soll. Würden sie nicht vorgenommen, wären die Identitätsfeststellung und damit die Gefahrenabwehr nicht oder nur unter erheblichen Schwierigkeiten möglich. 63

Die daneben geregelte erkennungsdienstliche Maßnahme zur vorbeugenden Bekämpfung von Straftaten zielt auf die Gefahr, daß eine Straftat, und zwar nicht irgendeine, sondern eine **Wiederholungstat** (vgl. § 5 Rn. 4) begangen wird. Die erkennungsdienstliche Maßnahme dient der Abwehr dieser noch abstrakten Gefahr regelmäßig primär unter dem Aspekt der Verhütung künftiger Straftaten, dann aber auch unter dem Aspekt der Vorsorge für die Verfolgung künftiger Straftaten. 64

Beispiel: Die Fotos einer Hooligan-Datei werden erkennungsdienstlich aufgenommen zum einen, um die anreisenden Besucher von Fußballspielen zu überprüfen und gewalttätige Hooligans zu erkennen und in Gewahrsam zu nehmen, zum anderen, um nach den Fußballspielen das Videomaterial durchzusehen und bei aufgezeichneten Gewalttaten die Täter zu identifizieren. 65

c) Pflichtigkeit. Pflichtig ist zum einen **jeder,** bei dem die Maßnahme der Identitätsfeststellung durchgeführt werden darf, und zum anderen, wer wegen einer Straftat verurteilt oder **verdächtig** ist, eine Straftat begangen zu haben. 66

d) Verhältnismäßigkeit. Auch bei den erkennungsdienstlichen Maßnahmen gilt der allgemeine Vorrang der offenen vor der verdeckten Datenerhebung (vgl. § 13 Rn. 18); der Vorrang der unmittelbaren vor der mittelbaren Datenerhebung spielt dagegen naturgemäß keine Rolle. Falls die allgemeine Vorrangregel nicht polizeigesetzlich dahin verschärft ist, daß die **verdeckte Datenerhebung** einer besonderen gesetzlichen Zulassung bedarf (vgl. Rn. 22), die es bei erkennungsdienstlichen Maßnahmen nicht gibt, können erkennungsdienstliche Unterlagen, wenn ihre offene Erhebung nicht möglich oder nicht angemessen wäre, verdeckt erhoben werden. Die verdeckte erkennungsdienstliche Maßnahme zu verwehren (vgl. *Deutsch,* S. 197f.; *Schenke,* Rn. 125), besonders mit dem Argument, die Unterrichtungspflicht setze offenes Verhalten gegenüber dem Betroffenen voraus, leuchtet nicht ein; die allgemeinen Regeln über die Datenerhebung enthalten eine Hinweispflicht und zugleich die Befugnis zur nachrangigen verdeckten Erhebung. Erforderlich oder angemessen sind verdeckte erkennungsdienstliche Maßnahmen vor allem dann, 67 wenn der Betroffene sich gegen offene erkennungsdienstliche Maßnahmen sperrt.

68 **Beispiel:** Statt durch gewaltsame Öffnung der geballten Faust lassen sich die Fingerabdrücke unbemerkt von Gegenständen abnehmen, die der Betroffene angefaßt hat; statt nach gewaltsamem Zerren der Hände vom Gesicht können die Fotos durch eine einseitig blinde Glasscheibe aufgenommen werden.

4. Durchsetzung

69 Die die erkennungsdienstliche Maßnahme vorbereitende Vorladung und das sie begleitende Festhalten sind die ersten Durchsetzungsmittel; sie sind bei den erkennungsdienstlichen Maßnahmen eigens geregelt. Durch die Befugnis zur erkennungsdienstlichen Maßnahme gedeckt sind geringfügige **körperliche Einwirkungen,** mit denen Polizeibeamte erreichen, daß der nicht widerstrebende Betroffene so kooperiert, daß die erkennungsdienstliche Maßnahme gelingt. Jede darüber hinausgehende Zwangseinwirkung darf nur unter den Voraussetzungen des unmittelbaren Zwangs stattfinden.

70 **Beispiele:** Das Berühren und Führen der Hand des kooperationsbereiten Betroffenen zur gehörigen Abnahme der Fingerabdrücke ist durch die Bestimmung über die erkennungsdienstlichen Maßnahmen gedeckt, die zwangsweise Berührung und Führung beim nicht kooperationsbereiten Betroffenen nicht.

VI. Vorladung

1. Begriff und Rechtsgrundlagen

71 Vorladung ist das Gebot, zu oder auch bis zu einem bestimmten Zeitpunkt an einem bestimmten Ort, in der Regel auf einer Polizeidienststelle **zu erscheinen und zu bleiben,** bis die Befragung oder die erkennungsdienstlichen Maßnahmen, deren Durchführung die Vorladung dient (vgl. Rn. 13, 69) abgeschlossen sind. Es handelt sich um eine Anordnungsbefugnis; der Befugnis zur Vorladung korrespondiert die Pflicht zum Erscheinen und Bleiben; inwieweit die Pflicht zur Auskunft besteht, bestimmt sich danach, inwieweit sie der Befugnis zur Befragung korrespondiert (vgl. Rn. 1 ff.).

72 Die Vorladung ist in allen Polizei- und Ordnungsgesetzen **speziell geregelt,** meistens in eigener Bestimmung,[58] mitunter in derselben

58 Art. 15 bayPAG; § 15 bbgPolG; § 20 berlASOG; § 12 bremPolG; § 27 bwPolG; § 11 hambSOG; § 30 hessSOG; § 50 mvSOG; § 16 ndsSOG; § 10 nwPolG; § 12 rpPOG; § 35 saSOG; § 199 shLVwG; § 17 thürPAG; § 25 BPolG.

Bestimmung mit der Befragung.[59] Spezialfälle der Vorladung finden sich u. a. beim Verkehrsunterricht, in Gesundheits- und Paßangelegenheiten und in der Wehrüberwachung.[60]

2. Formelle Rechtmäßigkeit

Die Vorladung kann schriftlich und mündlich, manchmal auch elektronisch[61] erfolgen. Dabei soll oder muß ihr **Grund angegeben** werden;[62] soll er angegeben werden, dann muß er es, wenn nicht ausnahmsweise wichtige Gründe entgegenstehen. Die Angabe muß so präzise sein, daß der Vorgeladene weiß, was von ihm verlangt werden wird, und sich klar werden kann, wie er sich zum Verlangen verhalten soll. Floskeln wie „zur Aufklärung eines Sachverhalts" reichen nicht aus (*Gusy*, Rn. 225). Soll eine erkennungsdienstliche Behandlung erfolgen, sind die konkret beabsichtigten Maßnahmen in der Vorladung zu bezeichnen (vgl. OVG Lüneburg, NVwZ-RR 2004, 346). 73

Rechtsfolge des Unterlassens der Angabe ist, daß der Vorgeladene hinreichenden Grund hat, der Vorladung keine Folge zu leisten, so daß die Vorladung gegen ihn nicht zwangsweise durchgesetzt werden darf.[63] 74

3. Materielle Rechtmäßigkeit

a) Schutzgüter, Gefahr, Pflichtigkeit. Die Vorladung dient der Befragung und der Durchführung erkennungsdienstlicher Maßnahmen[64] und damit deren Schutzgütern (vgl. Rn. 5, 62). Auf die abstrak- 75

59 § 11 Abs. 2 saarlPolG; § 18 Abs. 2 sächsPolG.
60 § 48 StVO; §§ 26 Abs. 2 S. 1, 29 Abs. 2 S. 1 u. 2 IfSG; § 6 Abs. 3 PaßG; § 24 Abs. 6 Nr. 3 WPflG.
61 § 15 Abs. 1 bbgPolG.
62 Art. 15 Abs. 2 S. 1 bayPAG; § 15 Abs. 2 S. 1 bbgPolG; § 20 Abs. 2 S. 1 berlASOG; § 12 Abs. 2 S. 1 bremPolG; § 27 Abs. 2 S. 1 bwPolG; § 30 Abs. 2 S. 1 hessSOG; § 50 Abs. 2 S. 1 mvSOG; § 16 Abs. 2 S. 1 ndsSOG; § 10 Abs. 2 S. 1 nwPolG; § 12 Abs. 2 S. 1 rpPOG; § 11 Abs. 3 S. 1 saarlPolG; § 18 Abs. 4 S. 1 sächsPolG; § 35 Abs. 2 S. 1 saSOG; § 199 Abs. 2 S. 1 shLVwG; § 17 Abs. 2 S. 1 thürPAG; § 25 Abs. 2 S. 1 BPolG. In Hamburg folgt das aus § 39 hambVwVfG.
63 Art. 15 Abs. 3 Hs. 1 bayPAG; § 15 Abs. 3 S. 1 Hs. 1 bbgPolG; § 20 Abs. 3 Hs. 1 berlASOG; § 27 Abs. 3 Hs. 1 bwPolG; § 30 Abs. 3 Hs. 1 hessSOG; § 50 Abs. 3 Hs. 1 mvSOG; § 16 Abs. 3 Hs. 1 ndsSOG; § 10 Abs. 3 S. 1 Hs. 1 nwPolG; § 12 Abs. 3 Hs. 1 rpPOG; § 11 Abs. 4 Hs. 1 saarlPolG; § 18 Abs. 5 Hs. 1 sächsPolG; § 35 Abs. 3 Hs. 1 saSOG; § 199 Abs. 3 Hs. 1 shLVwG; § 25 Abs. 3 Hs. 1 BPolG.
64 Art. 15 Abs. 1 Nr. 2 bayPAG; § 15 Abs. 1 Nr. 2 bbgPolG; § 20 Abs. 1 Nr. 2 berlASOG; § 12 Abs. 1 Nr. 2 bremPolG; § 27 Abs. 1 Nr. 2 bwPolG; § 30 Abs. 1 S. 2 hessSOG; § 50 Abs. 1 Nr. 2 mvSOG; § 16 Abs. 1 ndsSOG; § 10 Abs. 1 Nr. 2 nwPolG; § 12 Abs. 1 Nr. 2 rpPOG; § 11 Abs. 2 Nr. 2 saarlPolG; § 18 Abs. 2 Nr. 2 sächsPolG; § 35

te oder konkrete **Gefahr,** die von der Befragung und Durchführung erkennungsdienstlicher Maßnahmen vorausgesetzt wird, ist durch das Merkmal der Erforderlichkeit auch die Vorladung bezogen. Nicht vorausgesetzt ist, daß die Polizei- oder Ordnungsbehörde ohne Vorladung Gefahr läuft, die Befragung nicht durchführen zu können.

76 **Beispiel:** Die Polizei kann eine Person nicht erst dann vorladen, wenn sie sie vergebens zu Hause zu erreichen und befragen versucht hat und befürchten muß, sie nie zu Hause anzutreffen, sondern einfach, um sich das Anfahren und Aufsuchen zu ersparen.

77 Auch die **Pflichtigkeit** ist bei der Vorladung keine andere als bei der Befragung und der Durchführung erkennungsdienstlicher Maßnahmen.

78 **b) Verhältnismäßigkeit.** Bei den Umständen der Vorladung soll auf die Lebensverhältnisse des Betroffenen **Rücksicht** genommen werden. Bei der Festsetzung des Zeitpunkts sagen es die Gesetze aller Länder ausdrücklich,[65] bei den anderen Umständen wie der Festsetzung des Orts folgt es unmittelbar aus dem Grundsatz der Verhältnismäßigkeit. Da die Vorladung gegenüber Befragung und Durchführung erkennungsdienstlicher Maßnahmen dienende Funktion hat, darf sie nicht weitergehen, als diese Maßnahmen gehen können.

79 **Beispiele:** Die Vorladung zu einer Befragung, wenn die Personalien des Vorgeladenen bereits bekannt sind und außerdem bekannt ist, daß die Person sachdienliche Angaben weder machen muß noch machen will, ist unverhältnismäßig, weil ungeeignet (vgl. *Rachor,* HdbPolR, F Rn. 248). Besteht dagegen eine Auskunftspflicht, kann die Person auch dann vorgeladen und noch mal befragt und zur Beantwortung aufgefordert werden, wenn bekannt ist, daß sie die Auskunft eigentlich verweigern will; hier ist die Vorladung das mildere Mittel gegenüber der zwangsweisen Durchsetzung. – Zur Durchführung erkennungsdienstlicher Maßnahmen kann nur eine Person vorgeladen werden, bei der die erkennungsdienstlichen Maßnahmen durchgeführt werden dürfen.

Abs. 1 S. 2 saSOG; § 199 Abs. 1 Nr. 2 shLVwG; § 17 Abs. 1 Nr. 2 thürPAG; § 25 Abs. 1 Nr. 2 BPolG.

65 Art. 15 Abs. 2 S. 2 bayPAG; § 15 Abs. 2 S. 2 bbgPolG; § 20 Abs. 2 S. 2 berlASOG; § 12 Abs. 2 S. 2 bremPolG; § 27 Abs. 2 S. 2 bwPolG; § 11 Abs. 3 hambSOG; § 30 Abs. 2 S. 2 hessSOG; § 50 Abs. 2 S. 2 mvSOG; § 16 Abs. 2 S. 2 ndsSOG; § 10 Abs. 2 S. 2 nwPolG; § 12 Abs. 2 S. 2 rpPOG; § 11 Abs. 3 S. 2 saarlPolG; § 18 Abs. 4 S. 2 sächsPolG; § 35 Abs. 2 S. 2 saSOG; § 199 Abs. 2 S. 2 shLVwG; § 17 Abs. 2 S. 2 thürPAG; § 25 Abs. 2 S. 2 BPolG.

4. Durchsetzung

Neben den gängigen Zwangsmitteln kennen die Polizei- und Ordnungsgesetze als spezielles Mittel der zwangsweisen Durchsetzung die **Vorführung.**[66] Materielle Voraussetzung für alle Zwangsmittel ist, daß die Vorladung der Durchführung erkennungsdienstlicher Maßnahmen oder, bei der Befragung, der Abwehr einer Gefahr für Leib, Leben oder Freiheit dient. Zusätzliche formelle Voraussetzung für die zwangsweise Vorführung ist, wenn nicht Gefahr im Verzug vorliegt, eine richterliche Anordnung. Dies folgt, wo es nicht ausdrücklich geregelt ist, unmittelbar aus Art. 104 Abs. 2 GG; die zwangsweise Vorführung, die durch Verbringen mit dem Polizeifahrzeug und damit durch Festhalten an eng umgrenztem Ort erfolgt, ist eine Freiheitsentziehung (vgl. § 17 Rn. 3). 80

VII. Datenerhebung bei öffentlichen Veranstaltungen und Ansammlungen

1. Begriff und Rechtsgrundlagen

Öffentliche Veranstaltungen und Ansammlungen sind jedermann zugängliche, organisierte oder zufällige Zusammenkünfte, deren Teilnehmer zwar den gleichen Zweck verfolgen mögen, aber anders als die Teilnehmer einer Versammlung **nicht** durch einen **gemeinsamen Zweck** innerlich verbunden sind. 81

Beispiele: Besucher von Fußballspielen und Konzerten, Gruppen von Neugierigen bei Unfällen. Ansammlungen können zu Versammlungen werden und umgekehrt; aus dem Pulk neugieriger Passanten bei einem Staatsbesuch kann eine Spontandemonstration gegen den Staatsgast werden, und aus einer Versammlung, deren Teilnehmer nach der Auflösung plaudernd beieinander stehenbleiben, eine Ansammlung. 82

Datenerhebungen bei öffentlichen Veranstaltungen und Ansammlungen oder im Zusammenhang mit ihnen, d. h. auf dem **Hin- oder** 83

---

66 Art. 15 Abs. 3, 18 Abs. 1 bayPAG; §§ 15 Abs. 3, 18 Abs. 1 bbgPolG; §§ 20 Abs. 3, 31 Abs. 1 berlASOG; §§ 12 Abs. 3, 16 Abs. 1 bremPolG; § 27 Abs. 3 bwPolG; § 11 Abs. 2 hambSOG; § 30 Abs. 3 u. 4 hessSOG; §§ 50 Abs. 3 u. 5, 51 mvSOG; §§ 16 Abs. 3, 19 Abs. 1 ndsSOG; §§ 10 Abs. 3, 36 Abs. 1 nwPolG; §§ 12 Abs. 3, 15 Abs. 1 rpPOG; §§ 11 Abs. 4, 14 Abs. 1 saarlPolG; § 18 Abs. 5 sächsPolG; § 35 Abs. 3 u. 4 saSOG; §§ 199 Abs. 3 u. 5, 200 shLVwG; §§ 17 Abs. 3, 20 Abs. 1 thürPAG; §§ 25 Abs. 3, 40 Abs. 1 BPolG.

Rückweg geschehen teils ohne, teils mit technischen Mitteln zur Anfertigung von Bild- und Tonaufnahmen und -aufzeichnungen.

84 **Beispiele:**
Ohne technische Mittel erfolgen das Befragen von Teilnehmern und das Notieren von Kraftfahrzeugkennzeichen, mit technischen Mitteln das Fotografieren, Videografieren und Aufnehmen von Stimmen und anderen Geräuschen mit Mikrofon. Häufig werden Bild und Ton vor Ort aufgenommen, in die Einsatzzentrale überspielt, dort über Monitore und Lautsprecher sicht- bzw. hörbar gemacht und u. U. auf Magnetbändern aufgezeichnet, d. h. nicht nur erhoben, sondern auch gespeichert.

85 Alle Polizeigesetze enthalten spezielle, in einzelnen Voraussetzungen **unterschiedliche** Befugnisse zur Datenerhebung bei öffentlichen Veranstaltungen und Ansammlungen. Während die Polizeigesetze meistens die Datenerhebung ohne und die mit Einsatz technischer Mittel unter denselben Voraussetzungen zulassen,[67] differenzieren sie manchmal und lassen den Einsatz technischer Mittel nur unter einengenden Voraussetzungen zu.[68] In Hessen ist wegen des eindeutigen Wortlauts der Regelung nur die Datenerhebung ohne Einsatz technischer Mittel zulässig.[69] Stets handelt es sich um Handlungsbefugnisse.

86 Hessen läßt die Datenerhebung auch bei **öffentlichen Versammlungen** zu.[70] Aber der Bundesgesetzgeber hat aufgrund von Art. 74 Abs. 1 Nr. 3 a. F. GG für die Datenerhebung zur Abwehr versammlungstypischer Gefahren in den gem. Art. 125 a Abs. 1 GG fortgeltenden §§ 12 a, 19 a VersG eine Regelung getroffen, die zwar nur von Bild- und Tonaufzeichnungen handelt, aber erkennbar abschließend gemeint ist und dem Landesrecht nicht einmal für die Regelung der Datenerhebung ohne technische Mittel, z. B. durch das Notieren von Kraftfahrzeugkennzeichen, Raum läßt; die hessische Regelung ist verfassungswidrig (*Götz,* NVwZ 1990, 729).

67 Art. 32 Abs. 1 S. 1 bayPAG; § 31 Abs. 1 S. 1 bbgPolG; § 24 Abs. 1 S. 1 berlASOG; § 29 Abs. 1 S. 1 bremPolG; § 21 Abs. 1 bwPolG; § 8 Abs. 1 S. 1 hambGDatPol; § 32 Abs. 1 S. 1 ndsSOG; § 15 Abs. 1 S. 1 nwPolG; § 27 Abs. 2 rpPOG; § 27 Abs. 1 S. 1 saarlPolG; § 37 Abs. 1 S. 1 sächsPolG; § 16 Abs. 1 S. 1 saSOG; § 33 Abs. 1 S. 1 thürPAG; § 26 Abs. 1 S. 1 BPolG.

68 § 32 Abs. 1 mvSOG; § 184 Abs. 1 shLVwG. – § 24 Abs. 4 berlASOG enthält eine spezielle Regelung für den Zugriff auf Bildaufnahmen Privater.

69 § 14 Abs. 1 S. 1 hessSOG.

70 § 14 Abs. 2 S. 1 hessSOG.

2. Rechtmäßigkeit

a) Schutzgüter. Manche Polizeigesetze eröffnen die Befugnis zur Datenerhebung bei öffentlichen Veranstaltungen und Ansammlungen zum Schutz der öffentlichen Sicherheit und der öffentlichen Ordnung[71] oder nur zum Schutz der öffentlichen Sicherheit;[72] die meisten **verengen** weiter auf den Schutz vor Straftaten und Ordnungswidrigkeiten allgemein[73] oder vor Straftaten und Ordnungswidrigkeiten von erheblicher oder nicht geringfügiger Bedeutung[74] oder nur vor Straftaten.[75] 87

b) Gefahr und Pflichtigkeit. Sowohl wenn es um den Schutz der öffentlichen Sicherheit und der öffentlichen Ordnung als auch wenn es um den Schutz vor Straftaten oder Ordnungswidrigkeiten geht, bedarf es einer **konkreten Gefahr,** die teilweise erheblich sein muß.[76] Dies gilt unabhängig davon, ob explizit eine Gefahr oder Tatsachen gefordert werden, die die Annahme rechtfertigen, daß bei der Veranstaltung oder Ansammlung Straftaten oder Ordnungswidrigkeiten begangen werden. Die Konkretheit der Gefahr folgt nämlich zum einen aus der Konkretheit von Zeit und Ort; es geht um eine bestimmte Veranstaltung oder Ansammlung. Die Konkretheit folgt zum anderen aus der Bestimmtheit der Personen, von denen die Gefahr oder das Begehen der Straftat oder Ordnungswidrigkeit drohen. Selbst wenn die einschlägigen Bestimmungen nur davon sprechen, die Daten dürften über Teilnehmer erhoben werden,[77] sind damit doch Teilnehmer gemeint, die für die konkrete Gefahr verantwortlich sind[78] oder von denen die Begehung der Straftaten oder Ordnungswidrigkeiten droht. Das geht daraus hervor, daß in den Bestimmungen erlaubt wird, soweit erforderlich auch die Daten anderer Personen oder Dritter zu erheben, also anderer als der für die konkrete Gefahr Verantwortlichen. 88

71 § 33 Abs. 1 S. 1 thürPAG.
72 § 21 Abs. 1 bwPolG; § 27 Abs. 2 S. 1 rpPOG; § 37 Abs. 1 S. 1 sächsPolG; § 26 Abs. 1 S. 1 BPolG.
73 § 31 Abs. 1 S. 1 bbgPolG; § 15 Abs. 1 S. 1 nwPolG; § 184 Abs. 1 S. 1 shLVwG.
74 Art. 32 Abs. 1 S. 1 bayPAG; § 29 Abs. 1 S. 1 bremPolG; § 14 Abs. 1 S. 1 hessSOG; § 32 Abs. 1 S. 1 ndsSOG; § 27 Abs. 1 S. 1 saarlPolG.
75 § 24 Abs. 1 S. 1 berlASOG; § 8 Abs. 1 S. 1 hambGDatPol; § 32 Abs. 1 mvSOG; § 16 Abs. 1 S. 1 saSOG.
76 § 21 Abs. 1 bwPolG; § 37 Abs. 1 S. 1 sächsPolG; § 26 Abs. 1 S. 1 BPolG.
77 § 31 Abs. 1 S. 1 bbgPolG; § 24 Abs. 1 S. 1 berlASOG; § 15 Abs. 1 S. 1 nwPolG; § 27 Abs. 2 S. 1 rpPOG; § 16 Abs. 1 S. 1 saSOG; § 26 Abs. 1 S. 1 BPolG.
78 Art. 32 Abs. 1 S. 1 bayPAG; § 8 Abs. 1 S. 1 hambGDatPol; § 32 Abs. 1 S. 3 mvSOG; § 184 Abs. 1 S. 2 shLVwG.

89 Mit der Gefahr ist gerade hier auch der **Gefahrverdacht** gemeint. Wo bei einer Veranstaltung oder Ansammlung der Verdacht einer Gefahr besteht, soll sie früh erforscht, erkannt und abgewehrt werden.

90 **Beispiel:** Auf die Nordkurve des Fußballstadions, in der traditionell gewaltbereite Hooligans stehen, sind Videokameras gerichtet. Sie erfassen, wenn Hooligans leere Coladosen mit Sand füllen und zu Wurfgeschossen machen. Die Polizei sieht das auf den Monitoren in der Einsatzzentrale und kann rechtzeitig einschreiten.

91 c) **Verhältnismäßigkeit.** Zur Offenheit und Verdecktheit der Datenerhebung bei öffentlichen Veranstaltungen und Ansammlungen regeln die meisten Polizeigesetze nichts. Dann bleibt es bei dem zur Generalklausel präsentierten allgemeinen **Vorrang der offenen Datenerhebung** (vgl. § 13 Rn. 18). In wenigen Ländern ist die verdeckte Datenerhebung ganz ausgeschlossen[79] oder der Situation vorbehalten, in der eine offene Datenerhebung dazu führen würde, daß die Straftaten oder Ordnungswidrigkeiten an anderem Ort, zu anderer Zeit oder in anderer Weise begangen werden.[80] Für verdeckte Datenerhebung besteht darum kaum ein Bedürfnis, weil die offene Datenerhebung der Abschreckung potentieller Täter dient.

VIII. Datenerhebung durch Videoüberwachung im öffentlichen Raum, im amtlichen Gewahrsam und von Personen- und Fahrzeugkontrollen

1. Begriffe und Rechtsgrundlagen

92 Die Videoüberwachung im öffentlichen Raum ist ein **technisches Äquivalent für den Polizisten** vor Ort; wie dieser erhebt sie Daten so, daß, wenn nötig, gehandelt werden kann, und schreckt sie zugleich Straftäter ab, gewinnt mögliche Beweise und stärkt bei der Bevölkerung das Gefühl der Sicherheit. Die Videokameras, schwenk- und leitbar und mit Zoomobjektiven ausgestattet, sind dauerhaft installiert und übermitteln die Bilder zur Beobachtung in eine Zentrale. Der laufenden Videokamera ist die Kameraattrappe gleichzustellen; auch bei ihr wird in das Grundrecht auf informationelle Selbstbestim-

79 § 24 Abs. 1 S. 3 berlASOG; § 29 Abs. 1 S. 1 bremPolG; § 21 Abs. 5 S. 1 bwPolG; § 184 Abs. 1 u. 6 shLVwG.
80 § 32 Abs. 2 ndsSOG; § 27 Abs. 2 S. 2 rpPOG.

mung eingegriffen. Denn bezüglich ihrer informationellen Selbstbestimmung, ihrer Entscheidungsfreiheit über die Offenbarung persönlicher Lebenssachverhalte befinden sich die Bürger in beiden Fällen in der gleichen Situation, weil sie „nicht mehr wissen können, wer was wann und bei welcher Gelegenheit über sie weiß“ (BVerfGE 65, 1/43; a. A. *Schenke,* Rn. 186). Bei der Videoüberwachung im amtlichen Gewahrsam sowie von Personen- und Fahrzeugkontrollen, auch Anhalte- und Kontrollsituationen genannt, wird das Geschehen am betreffenden Ort bzw. vor und in dem Streifenwagen durch eine dort installierte oder tragbare Kamera erfaßt; dies soll die kontrollierten Personen von Angriffen auf die Polizeibeamten abschrecken.

Ihre **Rechtsgrundlage** findet die Videoüberwachung im öffentli- 93
chen Raum in allen Ländern,[81] die Videoüberwachung im amtlichen Gewahrsam in wenigen Ländern[82] sowie bei Personen- und Fahrzeugkontrollen[83] oder auch weiteren polizeilichen Maßnahmen[84] in vielen Ländern in Spezialermächtigungen (Handlungsbefugnissen). Die Videoüberwachung umfaßt oft neben der Erhebung (Videobeobachtung) auch die Speicherung (Videoaufzeichnung). Manchmal ist die Aufzeichnung nur zulässig, wenn tatsächliche Anhaltspunkte die Annahme rechtfertigen, daß Straftaten, Straftaten von erheblicher Bedeutung oder schwerwiegende Schäden drohen.[85] Findet im öffentlichen Raum eine Demonstration statt, dann gehen §§ 12 a, 19 a VersG vor und ist die Videoüberwachung nur unter deren engen Voraussetzungen zulässig.

Gelegentlich wird die **Verfassungsmäßigkeit** der Videoüberwa- 93a
chung im öffentlichen Raum mit der Überlegung bezweifelt, sie sei zur vorbeugenden Bekämpfung von Straftaten nicht geeignet, weil sie die Straftaten nicht verhüte, sondern die Straftäter nur in andere Bereiche verdränge (vgl. *Koch,* S. 124). Aber nicht alle Straftaten las-

---

81 Art. 32 Abs. 2 u. 3 bayPAG; Art. 21 a bayDSG; § 31 Abs. 2 bbgPolG; § 24 a u. b berlASOG; § 29 Abs. 3 S. 1 bremPolG; § 21 Abs. 2 u. 3 bwPolG; § 8 Abs. 3 hambGDatPol; § 14 Abs. 3 u. 4 S. 1 hessSOG; § 32 Abs. 3 mvSOG; § 32 Abs. 3 ndsSOG; § 15 a Abs. 1 S. 1 nwPolG; § 27 Abs. 1 u. 3 rpPOG; § 27 Abs. 2 S. 1 saarlPolG; § 37 Abs. 2 S. 1 sächsPolG; § 16 Abs. 2 u. 3 saSOG; § 184 Abs. 2 shLVwG; § 33 Abs. 2 thürPAG; § 27 Abs. 1 S. 1 BPolG.

82 § 21 Abs. 4 bwPolG; § 8 Abs. 4 hambGDatPol; § 34 Abs. 3 S. 3 hessSOG; §§ 16 b, 27 Abs. 4 i. V. m. § 18 Abs. 2 Nr. 3–6 rpPOG; § 204 Abs. 4 S. 2 shLVwG.

83 § 31 a bbgPolG; § 19 a berlASOG; § 29 Abs. 5 bremPolG; § 8 Abs. 5 hambGDatPol; § 14 Abs. 6 hessSOG; § 32 Abs. 5 mvSOG; § 32 Abs. 4 ndsSOG; § 15 b nwPolG; § 27 Abs. 4 i. V. m. § 18 Abs. 2 Nr. 1, 2 u. 7 rpPOG; § 33 Abs. 6 thürPAG.

84 § 184 Abs. 3 shLVwG.

85 § 32 Abs. 3 S. 2 u. 3 mvSOG; § 32 Abs. 3 S. 2 ndsSOG; § 15 a Abs. 1 S. 1 nwPolG; § 16 Abs. 2 S. 1 saSOG; § 184 Abs. 2 S. 2 shLVwG.

sen sich an allen Orten begehen, so daß der Verdrängungs- den Verhütungsaspekt nicht ausschließt. Die bisherigen Erfahrungen bestätigen jedenfalls die Teileignung der Videoüberwachung im öffentlichen Raum (VGH Mannheim, NVwZ 2004, 498/502; *Bücking*, S. 134ff.; *Collin*, JuS 2006, 495; *Götz*, § 17 Rn. 36; a. A. *Schnabel*, NVwZ 2010, 1457/1459).

2. Formelle Rechtmäßigkeit

94 Nur in einigen Ländern bestehen Anforderungen an die formelle Rechtmäßigkeit der Datenerhebung durch Videoüberwachung. Sie verlangen die Anordnung durch den Behördenleiter oder den Innenminister.[86]

3. Materielle Rechtmäßigkeit

95 **a) Schutzgüter.** Schutzgut der Videoüberwachung im öffentlichen Raum ist in den meisten Ländern die **öffentliche Sicherheit,** wie sie gegen die Begehung aller Straftaten oder von Straftaten von erheblicher Bedeutung geschützt ist. In manchen Ländern ist es zur Gesamtheit der Gegenstände polizeilicher Aufgabenerfüllung geweitet.[87] Bei der Videoüberwachung im amtlichen Gewahrsam sowie von Personen- und Fahrzeugkontrollen geht es um den Schutz von Leib und Leben der Polizeibeamten oder Dritten.

96 **b) Gefahr.** Die abzuwehrende Gefahr ist die abstrakte Gefahr der Begehung von Straftaten oder auch die konkrete Gefahr; sie ist bei der Videoüberwachung im amtlichen Gewahrsam sowie von Personen- und Fahrzeugkontrollen auf den Ort des Geschehens und auch bei der Videoüberwachung im öffentlichen Raum **auf bestimmte Orte bezogen.** Die Orte sind manchmal einfach öffentlich zugängliche Orte[88] oder gefährdete Einrichtungen,[89] manchmal müssen an ihnen auf der Grundlage von Lageerkenntnissen oder Tatsachen Straftaten oder Ordnungswidrigkeiten von erheblicher Bedeutung

86 § 31 Abs. 2 S. 4 bbgPolG; § 29 Abs. 3 S. 2 bremPolG; § 15 a Abs. 3 nwPolG; § 33 Abs. 3 S. 3 thürPAG.

87 § 29 Abs. 3 S. 1 bremPolG; § 32 Abs. 3 S. 1 mvSOG; § 32 Abs. 3 S. 1 ndsSOG; § 184 Abs. 2 S. 1 shLVwG; vgl. auch Art. 21 a Abs. 1 bayDSG.

88 § 8 Abs. 3 hambGDatPol; § 14 Abs. 3 hessSOG; § 32 Abs. 3 S. 1 mvSOG; § 32 Abs. 3 S. 1 ndsSOG; § 27 Abs. 1 S. 1 u. Abs. 4 rpPOG; § 184 Abs. 2 S. 1 shLVwG; § 33 Abs. 6 S. 1 thürPAG.

89 §§ 24 a Abs. 1, 24 b Abs. 1 berlASOG; § 14 Abs. 4 S. 1 Nr. 2 hessSOG; § 27 Abs. 1 S. 2 Nr. 2 rpPOG.

drohen,[90] manchmal müssen an ihnen wiederholt Straftaten begangen worden sein,[91] und manchmal sind sie die gefährlichen und gefährdeten Orte der Bestimmungen über die Identitätsfeststellung.[92] Bei den gefährdeten Orten müssen die drohenden Straftaten sich häufig gegen den Ort und die dort befindlichen Personen richten.

Beispiele: Asylbewerberunterkünfte sind gefährdete Orte und werden mit Videotechnik zum Schutz vor Anschlägen überwacht. Parks, Plätze, Fußgängerunterführungen, Tiefgaragen und Einkaufspassagen werden überwacht, weil hier erfahrungsgemäß sog. Straßenkriminalität (Taschendiebstahl, Handtaschenraub, Kfz-Aufbruch und Handel mit Betäubungsmitteln) stattfindet. 97

c) Pflichtigkeit. Die Videoüberwachung im öffentlichen Raum streut **weit** und läßt sich ebensowenig wie der Blick des Polizisten, dessen technisches Äquivalent sie ist, auf bestimmte Personen beschränken. Die Störereigenschaft kann daher nicht Tatbestandsvoraussetzung sein (*Schoch*, Jura 2007, 676/677); Beschränkungen können erst bei der Aufzeichnung greifen. Dagegen kann die Videoüberwachung im amtlichen Gewahrsam sowie von Personen- und Fahrzeugkontrollen auf bestimmte Personen beschränkt werden und wird gelegentlich auch auf sie beschränkt.[93] 98

d) Verhältnismäßigkeit. Wie die Videoüberwachung von Veranstaltungen und Versammlungen ist auch die im öffentlichen Raum, im amtlichen Gewahrsam sowie von Personen- und Fahrzeugkontrollen regelmäßig **nur offen** bzw. erkennbar zulässig.[94] Eine verdeckte Überwachung würde zumal den Abschreckungszweck verfehlen (VG Hannover, NVwZ-RR 2011, 943/945 f.). Manchmal wird eine Befristung der Maßnahme verlangt.[95] Eine flächendeckende, 99

---

90 Art. 32 Abs. 2 Nr. 2 bayPAG; § 31 Abs. 2 S. 1 bbgPolG; §§ 24 a Abs. 1, 24 b Abs. 1 berlASOG; § 29 Abs. 3 S. 1 bremPolG; § 8 Abs. 3 hambGDatPol; § 14 Abs. 3 S. 1 hessSOG; § 27 Abs. 2 S. 1 Nr. 1 saarlPolG; § 33 Abs. 2 S. 1 Nr. 1 thürPAG.

91 § 29 Abs. 3 S. 1 bremPolG; § 21 Abs. 3 bwPolG; § 8 Abs. 3 hambGDatPol; § 14 Abs. 4 S. 1 Nr. 1 hessSOG; § 32 Abs. 3 S. 2 mvSOG; § 15 a Abs. 1 S. 1 nwPolG.

92 Art. 32 Abs. 2 Nr. 2, Abs. 3 bayPAG; § 31 Abs. 2 S. 1 bbgPolG; § 21 Abs. 2 bwPolG; § 8 Abs. 2 S. 1 hambGDatPol; § 32 Abs. 3 S. 3 mvSOG; § 27 Abs. 3 rpPOG; § 27 Abs. 2 S. 1 Nr. 2 saarlPolG; § 37 Abs. 2 S. 1 sächsPolG; § 16 Abs. 2 S. 1 u. 2 saSOG; § 33 Abs. 2 S. 1 Nr. 2 thürPAG; § 27 Abs. 1 S. 1 Nr. 2 BPolG.

93 § 15 b nwPolG.

94 Art. 21 a Abs. 2 bayDSG; § 31 a Abs. 1 S. 3 bbgPolG; §§ 19 a Abs. 2, 24 a Abs. 2, 24 b Abs. 2 berlASOG; § 29 Abs. 3 S. 1, Abs. 5 S. 1 bremPolG; § 21 Abs. 5 S. 1 bwPolG; § 8 Abs. 3–5 hambGDatPol; § 14 Abs. 3 u. 4 S. 1 hessSOG; § 32 Abs. 3 u. 5 S. 2 mvSOG; § 32 Abs. 3 S. 1 u. Abs. 4 ndsSOG; §§ 15 a Abs. 1 S. 2, 15 b S. 2 nwPolG; § 27 Abs. 1, 3 u. 4 rpPOG; § 27 Abs. 2 S. 2 saarlPolG; § 16 Abs. 3 saSOG; § 184 Abs. 2 S. 2 u. Abs. 6 shLVwG; § 33 Abs. 6 S. 2 thürPAG; § 27 Abs. 1 S. 2 BPolG.

95 §§ 29 Abs. 3 S. 2, 30 S. 2 bremPolG; § 14 Abs. 3 S. 3 u. Abs. 4 S. 3 hessSOG; § 15 a Abs. 4 S. 2–4 nwPolG; § 184 Abs. 2 S. 3 u. 4 shLVwG.

d. h. den gesamten öffentlichen Raum eines Landes erfassende staatliche Videoüberwachung wäre verfassungswidrig (vgl. VGH Mannheim, NVwZ 2004, 498/503; *Gusy,* NWVBl. 2004, 1/5; *Fischer,* VBlBW 2002, 89/93 f.).

IX. Kurzfristige Observation

1. Begriff und Rechtsgrundlagen

100 Observation ist die **planmäßige Beobachtung** einer Person mit dem Ziel, deren Verhalten, Vorhaben oder Kontakte zu erheben. Sie geschieht grundsätzlich verdeckt, zur Abschreckung oder Verunsicherung aber auch gelegentlich offen. Die Planmäßigkeit unterscheidet die Observation von der spontanen Beobachtung, die auf die Datenerhebungsgeneralklausel gestützt wird. Durch ihre Dauer unterscheidet sich die kurzfristige von der über mehr als 24 Stunden oder sonst über einen größeren Zeitraum gehenden längerfristigen Observation (vgl. Rn. 103 ff.).

101 In einigen Ländern ist die Befugnis zur kurzfristigen Observation (Handlungsbefugnis) im Zusammenhang mit der längerfristigen als Spezialbefugnis **geregelt,**[96] in den anderen kann sie ebenso wie die spontane Beobachtung übergangsweise auf die Generalklausel gestützt werden (vgl. § 13 Rn. 24 f.).

2. Rechtmäßigkeit

102 Wo sie eigens geregelt ist, wird die kurzfristige Observation **allgemein zur Gefahrenabwehr,** d. h. zur Abwehr von Gefahren für die Schutzgüter der öffentlichen Sicherheit und je nach Landesrecht (vgl. § 8 Rn. 1) öffentlichen Ordnung zugelassen. Daraus, daß sie gegen Verursacher und andere Personen zugelassen wird, folgt, daß sowohl die Abwehr konkreter als auch die Abwehr abstrakter Gefahren, d. h. die vorbeugende Bekämpfung von Straftaten und die Vorbereitung auf Gefahrenfälle gemeint sind; nur bei diesen abstrakten Gefahren geht es statt um Verursacher auch um mögliche Straftäter und deren Begleit- und Kontaktpersonen. Die Ermächtigung durch die Datenerhebungsgeneralklausel reicht ebenso weit wie die durch die Spezialbefugnis.

---

96 § 32 Abs. 4 S. 1 bbgPolG; § 32 Abs. 3 bremPolG; § 9 Abs. 4 hambGDatPol; § 16 Abs. 4 nwPolG; § 17 Abs. 6 a saSOG.

X. Längerfristige Observation, verdeckter Einsatz technischer Mittel, Einsatz von Vertrauenspersonen und verdeckten Ermittlern

Zwar wird folgend von verschiedenen Spezialbefugnissen (Handlungsbefugnissen) gehandelt. Aber sie dienen alle der vorbeugenden Bekämpfung von Straftaten, ermöglichen heimliche Datenerhebungen außerhalb der Wohnung, sind von ähnlicher Eingriffsintensität und stehen unter ähnlichen Eingriffsvoraussetzungen. In vielen Ländern sind sie als **„besondere Mittel der Datenerhebung"** zusammengefaßt und ausgewiesen.[97] 103

1. Begriffe und Rechtsgrundlagen

a) Längerfristige Observation. Die längerfristige Observation, wie die kurzfristige planmäßig und grundsätzlich verdeckt, wird gelegentlich gar nicht näher,[98] in einigen Ländern durch eine **Dauer** von mehr als einer Woche[99] oder auch mehr als einem Monat[100] und in anderen dadurch gekennzeichnet, daß sie durchgehend länger als 24 Stunden dauert oder über mehr als zwei Tage oder eine Woche geht.[101] 104

Beispiel: Eine Gruppe, die sich politisch zu radikalisieren beginnt und von der terroristische Anschläge befürchtet werden, wird verdeckt in ihrem politischen Umfeld, in ihrer Wohn- und Arbeitszeit und in ihren Freizeitaktivitäten oberserviert, um Informationen über ihre Pläne und drohende Anschläge zu gewinnen. – Ob die öffentliche Überwachung entlassener Straftäter, besonders Sexualstraftäter, die nach der Rechtsprechung des Europäischen Gerichtshofs für Menschenrechte nicht mehr nachträglich in Sicherungsverwahrung genommen werden dürfen, auf die Ermächtigung der längerfristigen Observation gestützt werden kann, ist problematisch; denn sie dient weniger der Datenerhebung als der Abschreckung. Wenn sie nicht gleichwohl auf die Ermächtigungsgrundlage der längerfristigen Observation gestützt wird (vgl. *Gu-* 104a

---

97 Art. 33 Abs. 1 bayPAG; § 22 Abs. 1 bwPolG; § 33 Abs. 1 mvSOG; Überschrift zu §§ 16–21 nwPolG; § 28 Abs. 2 saarlPolG; § 185 Abs. 1 shLVwG; § 34 Abs. 1 thürPAG; § 28 BPolG.

98 § 28 Abs. 2 Nr. 1 saarlPolG.

99 § 22 Abs. 1 bwPolG; § 15 Abs. 1 Nr. 1 hessSOG; § 33 Abs. 1 Nr. 1 mvSOG; § 34 Abs. 1 S. 1 ndsSOG; § 17 Abs. 1 Nr. 1 saSOG; § 185 Abs. 1 Nr. 1 shLVwG.

100 § 38 Abs. 1 Nr. 1 sächsPolG.

101 Art. 33 Abs. 1 Nr. 1 bayPAG; § 32 Abs. 1 S. 1 bbgPolG; § 25 Abs. 1 Nr. 1 berlASOG; § 9 Abs. 1 S. 1 hambGDatPol; § 16 a Abs. 1 S. 1 nwPolG; § 28 Abs. 2 Nr. 1 rpPOG; § 34 Abs. 1 Nr. 1 thürPAG; § 28 Abs. 2 Nr. 1 BPolG.

ckelberger, VBlBW 2011, 209; krit. *Greve/Lucius,* DÖV 2012, 97/100f.), bleibt für diese untypische Maßnahme für eine Übergangszeit nur der Rückgriff auf die polizeiliche Generalklausel (vgl. § 7 Rn. 20f.).

105 **b) Verdeckter Einsatz technischer Mittel.** Bei der Datenerhebung durch verdeckten Einsatz technischer Mittel werden die Mittel meistens als technische Mittel zur **Anfertigung von Bild- und Tonaufnahmen und -aufzeichnungen**[102] sowie zum **Abhören und Aufzeichnen des gesprochenen Worts**[103] oder des nichtöffentlich gesprochenen Worts[104] bezeichnet und dabei gelegentlich um technische Mittel zur Bestimmung des Aufenthaltsorts oder der Bewegungen einer Person oder eines Fahrzeugs oder einer beweglichen Sache ergänzt[105] oder durch Beifügung des Worts „insbesondere" geweitet,[106] wobei neue technische Mittel der Zulassung durch Verwaltungsvorschrift des Innenministers bedürfen können.[107]

106 **Beispiele:** Neben Video- und Fotoapparaten, Mikrofonen und Richtmikrofonen zählen zu den technischen Mitteln Peilsender, Bewegungsmelder, Restlichtaufheller und Nachtsichtgeräte.

107 Die Spezialbefugnis kann wieder **nicht** durch die **Datenerhebungsgeneralklausel** ersetzt werden; wenn die Spezialbefugnis auf das nichtöffentlich gesprochene Wort beschränkt ist, kann aber das öffentlich gesprochene Wort aufgrund der Datenerhebungsgeneralklausel erhoben werden.

108 **c) Einsatz von Vertrauenspersonen.** Die Datenerhebung durch den Einsatz von Vertrauenspersonen unterscheidet sich von anderen mittelbaren Datenerhebungen dadurch, daß die Zusammenarbeit der

---

102 Art. 33 Abs. 1 Nr. 2 bayPAG; § 33 Abs. 1 S. 1 bbgPolG; § 25 Abs. 1 Nr. 2 berlASOG; § 33 Abs. 1 S. 1 bremPolG; § 22 Abs. 1 Nr. 2 bwPolG; § 10 Abs. 1 S. 1 hambGDatPol; § 15 Abs. 1 Nr. 2 hessSOG; § 33 Abs. 1 Nr. 2 mvSOG; § 35 Abs. 1 S. 1 ndsSOG; § 17 Abs. 1 nwPolG; § 28 Abs. 2 Nr. 2 rpPOG; § 28 Abs. 2 Nr. 2 saarlPolG; § 38 Abs. 1 Nr. 2 sächsPolG; § 17 Abs. 1 Nr. 2 saSOG; § 185 Abs. 1 Nr. 2 a shLVwG; § 34 Abs. 1 Nr. 2 thürPAG; § 28 Abs. 2 Nr. 2 a BPolG.

103 § 33 Abs. 1 S. 1 bbgPolG; § 10 Abs. 1 S. 1 hambGDatPol; § 15 Abs. 1 Nr. 2 hessSOG; § 33 Abs. 1 Nr. 2 mvSOG; § 17 Abs. 1 nwPolG; § 28 Abs. 2 Nr. 2 saarlPolG; § 38 Abs. 1 Nr. 2 sächsPolG; § 17 Abs. 1 Nr. 2 saSOG; § 185 Abs. 1 Nr. 2 b) shLVwG.

104 Art. 33 Abs. 1 Nr. 2 bayPAG; § 25 Abs. 1 Nr. 2 berlASOG; § 33 Abs. 1 S. 1 bremPolG; § 22 Abs. 1 Nr. 2 bwPolG; § 35 Abs. 1 S. 1 ndsSOG; § 28 Abs. 2 Nr. 2 rpPOG; § 34 Abs. 1 Nr. 2 thürPAG; § 28 Abs. 2 Nr. 2 a) BPolG.

105 Art. 33 Abs. 1 Nr. 2 b bayPAG; § 33 Abs. 1 S. 1 bremPolG; § 22 Abs. 1 Nr. 3 bwPolG; § 9 Abs. 5 hambGDatPol; § 35 Abs. 1 S. 1 ndsSOG; § 28 Abs. 2 Nr. 5 rpPOG.

106 § 25 Abs. 1 Nr. 2 berlASOG; § 15 Abs. 1 Nr. 2 hessSOG; § 33 Abs. 1 Nr. 2 mvSOG; § 28 Abs. 2 Nr. 2 saarlPolG; § 17 Abs. 1 Nr. 2 saSOG.

107 § 35 Abs. 1 S. 4 ndsSOG.

Person mit der Polizei Dritten und d. h. auch und gerade dem Betroffenen nicht bekannt ist; die meisten Gesetze erwähnen dies in den einschlägigen Spezialbefugnissen ausdrücklich.[108] Von verdeckter Erhebung kann eigentlich weder gegenüber der Vertrauensperson, bei der die Polizei die Daten offen erhebt, die Rede sein noch gegenüber dem Dritten, bei dem die Polizei die Daten zwar mittelbar, aber weder offen noch verdeckt erhebt. Die Formulierung bringt aber treffend zum Ausdruck, daß die Vertrauenspersonen **verlängerte Arme der Polizei** und mit ihren Erhebungen dieser zuzurechnen sind; zwar sind sie, weil sie nicht im Außenverhältnis erkennbar für die Polizei handeln, keine Verwaltungshelfer (vgl. *Maurer*, Allg. VwR, § 23 Rn. 59), aber sie stehen anders als die Gelegenheitsinformanten aus dem Milieu in dauernder Zusammenarbeit mit der Polizei und können, was gelegentlich auch ausdrücklich geregelt ist,[109] keine Methoden verwenden, die der Polizei verwehrt sind. Deshalb ist auch problematisch, daß manche Länder auf eine entsprechende Spezialbefugnis verzichten;[110] daß die Vertrauensperson als Privatperson handele und also nicht in Grundrechte eingreife und daß sie zur Befragung durch die Datenerhebungsgeneralklausel ermächtigt sei (vgl. *Honnacker/Bartel*, BayVBl. 1991, 12), ist konstruktiv vertretbar, verfehlt aber den Kern des Geschehens (vgl. *Koch*, S. 133).

d) Einsatz verdeckter Ermittler. Datenerhebung durch den Einsatz verdeckter Ermittler ist verdeckte Erhebung. Polizeibeamte verdecken ihre Identität und agieren und erheben unter einer Legende. Sie tun dies aufgrund eines bestimmten Auftrags und für eine bestimmte Zeit und unterscheiden sich dadurch vom undercover agent, der gänzlich in die Szene abtaucht. Für die Datenerhebung durch den Einsatz verdeckter Ermittler gibt es mit einer Ausnahme Spezialbefugnisse.[111] Fehlt eine Spezialbefugnis, rechtfertigt die Datenerhe- 109

108 § 34 Abs. 1 S. 1 bbgPolG; § 26 Abs. 1 Nr. 1 berlASOG; § 34 Abs. 1 S. 1 bremPolG; § 11 Abs. 1 S. 1 hambGDatPol; § 16 Abs. 1 S. 1 hessSOG; §§ 33 Abs. 1 Nr. 3 u. Abs. 2 S. 1 u. 2 mvSOG; § 36 Abs. 1 S. 1 ndsSOG; § 19 Abs. 1 S. 1 nwPolG; § 28 Abs. 2 Nr. 4 rpPOG; § 28 Abs. 1 S. 1 u. Abs. 2 Nr. 3 saarlPolG; § 18 Abs. 1 S. 1 saSOG; § 34 Abs. 1 Nr. 4 u. Abs. 5 thürPAG; § 28 Abs. 1 S. 1 u. Abs. 2 Nr. 3 BPolG.

109 § 36 Abs. 3 Nr. 3 ndsSOG.

110 Bayern, Baden-Württemberg und Sachsen.

111 Art. 33 Abs. 1 Nr. 3 bayPAG; § 35 Abs. 1 bbgPolG; § 26 Abs. 1 Nr. 2 berlASOG; § 35 Abs. 1 S. 1 bremPolG; § 22 Abs. 1 Nr. 4 u. Abs. 3 bwPolG; § 12 Abs. 1 S. 1 hambGDatPol; § 16 Abs. 2 hessSOG; § 33 Abs. 1 Nr. 4 u. Abs. 2 S. 1 u. 2 mvSOG; § 36 a Abs. 1 S. 1 ndsSOG; § 20 Abs. 1 nwPolG; § 28 Abs. 1 S. 1 u. Abs. 2 Nr. 3 rpPOG; § 28 Abs. 1 S. 1 u. Abs. 2 Nr. 4 saarlPolG; §§ 38 Abs. 1 Nr. 3, 39 sächsPolG; § 18 Abs. 2 saSOG; § 34 Abs. 1 Nr. 3 u. Abs. 3 thürPAG.

bungsgeneralklausel diese Datenerhebung um so weniger, als das Recht des Polizeibeamten zur Verdeckung seiner Identität mit **Täuschungs- und Fälschungshandlungen** einhergeht, die sonst durch das Strafrecht verwehrt sind.

110 **Beispiele:** Für den verdeckten Ermittler bzw. von ihm werden die für seine Legende erforderlichen Urkunden hergestellt, verändert oder gebraucht; er nimmt unter seiner Legende am Rechtsverkehr teil und betritt Wohnungen, die ihn der Inhaber nicht betreten ließe, wenn er seine Identität kennte. Dabei ist ihm allerdings untersagt, sich den Zutritt zu einer Wohnung durch Vortäuschen eines über die Nutzung der Legende hinausgehenden Zutrittsrechts zu verschaffen, sich etwa als Gerichtsvollzieher oder Staatsanwalt auszugeben.

2. Formelle Rechtmäßigkeit

111 a) **Anordnung.** Die besonderen Mittel der Datenerhebung bedürfen **besonderer Anordnung.** Die Stellung des Anordnungsbefugten ist unterschiedlich hoch. Sie reicht von unterschiedlichen vorgesetzten Instanzen[112] bis zum Amtsrichter,[113] der den Einsatz aller oder einiger besonderer Mittel anordnen muß. Dabei gibt es häufig Ausnahmen für einen Einsatz bei Gefahr im Verzug,[114] der allerdings selten vorkommt, da die besonderen Mittel der mit zeitlichem Vorlauf planmäßig vorzubereitenden vorbeugenden Bekämpfung von Straftaten dienen. Auch beim Einsatz ausschließlich zum Schutz der zur Erfüllung der polizeilichen Aufgabe handelnden Personen gibt es häufig Ausnahmen oder ist die Anordnung sogar entbehrlich.[115]

---

112 Art. 33 Abs. 5 S. 1–3 bayPAG; §§ 32 Abs. 2 S. 1, 33 Abs. 2 S. 1, 34 Abs. 2 S. 1, 35 Abs. 4 S. 1 bbgPolG; §§ 25 Abs. 3 S. 1, 26 Abs. 4 berlASOG; § 30 S. 1 bremPolG; § 22 Abs. 6 bwPolG; §§ 9 Abs. 2 S. 1, 10 Abs. 2 u. 4, 11 Abs. 2 S. 1, 12 Abs. 4 S. 1 hambGDatPol; § 15 Abs. 3 hessSOG; § 34 Abs. 1 S. 1 mvSOG; §§ 34 Abs. 2 S. 1, 36 Abs. 2 S. 1 u. 2 ndsSOG; §§ 16a Abs. 2, 17 Abs. 2 S. 1, 19 Abs. 2, 20 Abs. 4 nwPolG; § 28 Abs. 4 S. 1–3 rpPOG; § 28 Abs. 3 S. 6 saarlPolG; § 38 Abs. 4 S. 1 sächsPolG; §§ 17 Abs. 2 S. 3 u. 4, 18 Abs. 5 S. 1 saSOG; § 186 Abs. 1 S. 6 shLVwG; § 34 Abs. 6 S. 1 thürPAG; § 28 Abs. 3 S. 1 BPolG.

113 §§ 32 Abs. 2 S. 3, 33 Abs. 2 S. 3 bbgPolG; § 25 Abs. 5 S. 1 berlASOG; §§ 32 Abs. 2 S. 1, 33 Abs. 3 S. 1, 35 Abs. 3 S. 1 bremPolG; § 16a Abs. 5 S. 1 hessSOG; § 34 Abs. 3 S. 1 mvSOG; §§ 34 Abs. 3, 35 Abs. 3 S. 1, 36 a Abs. 3 S. 1 ndsSOG; § 17 Abs. 2 S. 3 nwPolG; § 28 Abs. 4 S. 4 rpPOG; § 28 Abs. 3 S. 1 saarlPolG; § 38 Abs. 4 S. 2 sächsPolG; § 17 Abs. 5 S. 1 saSOG; § 186 Abs. 1 S. 1 shLVwG; § 28 Abs. 3 S. 4 BPolG.

114 § 25 Abs. 5 S. 1 berlASOG; § 33 Abs. 3 S. 7 bremPolG; §§ 15 Abs. 3 S. 1, 16 Abs. 5 S. 1 u. 2 hessSOG; § 34 Abs. 1 S. 1 u. Abs. 3 S. 2 mvSOG; § 35 Abs. 4 ndsSOG; § 17 Abs. 2 S. 5 nwPolG; § 28 Abs. 4 S. 3 rpPOG; § 28 Abs. 3 S. 2 u. 6 saarlPolG; § 38 Abs. 4 S. 3 sächsPolG; § 17 Abs. 5 S. 1 saSOG; § 186 Abs. 1 S. 2–4 shLVwG; § 28 Abs. 3 S. 1 BPolG.

115 § 25 Abs. 6 S. 1 berlASOG; § 15 Abs. 6 S. 1 hessSOG; § 34 Abs. 4 S. 1 mvSOG; § 35 Abs. 5 S. 1 Nr. 2 ndsSOG; § 17 Abs. 4 S. 1 nwPolG; § 38 Abs. 5 S. 1 sächsPolG; § 17 Abs. 6 S. 1 u. 2 saSOG; § 186 Abs. 1 S. 7 shLVwG.

Dauern Observationen oder Einsätze von Vertrauenspersonen oder verdeckten Vermittlern länger als drei Monate, muß manchmal die **Zustimmung** des Innenministers oder einer von ihm benannten Stelle eingeholt werden.[116] Manchmal ist beim Einsatz von verdeckten Ermittlern die Zustimmung,[117] manchmal beim Einsatz von Vertrauenspersonen und verdeckten Ermittlern die Unterrichtung der Staatsanwaltschaft erforderlich.[118] Jedoch ist ein Zustimmungsvorbehalt für die Staatsanwaltschaft bei präventiven Maßnahmen systemwidrig. Einem Koordinationsbedarf trägt eine Unterrichtungsverpflichtung hinreichend Rechnung. **112**

b) Inhalt, Form und Frist. Die Anordnung muß oft **schriftlich**[119] erfolgen oder aktenkundig gemacht werden.[120] In einigen Ländern werden noch konkretere Anforderungen für die Begründung der Anordnung und die Dokumentation normiert.[121] **113**

Meistens sind die Maßnahmen nur **befristet** zulässig oder es wird verlangt, daß für ein besonderes Mittel eine spezielle Frist gesetzt wird.[122] Dann sind erneute Anordnung bzw. Verlängerung möglich, soweit die Voraussetzungen für die Maßnahme weiter gegeben sind.[123] Gelegentlich gibt es eine Obergrenze und ist nach dreimaliger Verlängerung um jeweils drei Monate keine weitere Verlängerung zulässig.[124] **114**

---

116 § 15 Abs. 3 S. 2 hessSOG; §§ 17 Abs. 2 S. 4, 18 Abs. 5 S. 4 saSOG.
117 § 12 Abs. 1 S. 2 hambGDatPol; § 18 Abs. 5 S. 2 saSOG.
118 § 16 Abs. 5 S. 11 hessSOG.
119 Art. 33 Abs. 5 S. 4 bayPAG; §§ 32 Abs. 2 S. 3, 33 Abs. 2 S. 2, 34 Abs. 2 S. 2, 35 Abs. 4 S. 2 bbgPolG; § 25 Abs. 5 S. 5 berlASOG; §§ 15 Abs. 5 S. 3, 16 Abs. 5 S. 5 hessSOG; § 34 Abs. 1 S. 2 mvSOG; §§ 34 Abs. 3 S. 3, 35 Abs. 4 S. 2 u. Abs. 5 S. 1, 36 Abs. 2 S. 3, 36 a Abs. 3 S. 3 ndsSOG; § 17 Abs. 2 S. 2 nwPolG; § 38 Abs. 6 S. 1 sächsPolG; § 17 Abs. 5 S. 3 saSOG; § 34 Abs. 6 S. 2 thürPAG.
120 §§ 32 Abs. 2 S. 3, 33 Abs. 2 S. 2, 34 Abs. 2 S. 2, 35 Abs. 4 S. 2 bbgPolG; § 25 Abs. 3 S. 2 berlASOG; § 30 S. 3 bremPolG; §§ 9 Abs. 2 S. 2, 10 Abs. 1 S. 4, 11 Abs. 2 S. 1, 12 Abs. 4 S. 1 hambGDatPol; § 28 Abs. 3 S. 2 BPolG.
121 §§ 25 Abs. 3 S. 2, Abs. 5 S. 6 berlASOG; § 30 S. 4 bremPolG; §§ 9 Abs. 2 S. 3, 10 Abs. 1 S. 4, 11 Abs. 2 S. 1, 12 Abs. 4 S. 1 hambGDatPol; § 17 Abs. 5 S. 4 saSOG.
122 Art. 33 Abs. 5 S. 4 bayPAG; §§ 32 Abs. 2 S. 2, 33 Abs. 2 S. 3 bbgPolG; § 25 Abs. 5 S. 7 berlASOG; § 30 S. 5 bremPolG; §§ 15 Abs. 5 S. 6, 16 Abs. 5 S. 7 hessSOG; § 34 Abs. 1 S. 2 mvSOG; §§ 34 Abs. 3, 35 Abs. 3 S. 2, 36 a Abs. 3 S. 2 ndsSOG; § 17 Abs. 2 S. 2 nwPolG; § 28 Abs. 4 S. 3 rpPOG; § 38 Abs. 6 S. 1 sächsPolG; § 17 Abs. 5 S. 6 saSOG; § 34 Abs. 6 S. 2 thürPAG; § 28 Abs. 3 S. 2 BPolG.
123 Art. 33 Abs. 5 S. 5 bayPAG; § 25 Abs. 5 S. 8 berlASOG; §§ 9 Abs. 2 S. 3 Nr. 1, 10 Abs. 2 S. 1, 11 Abs. 2 S. 1, 12 Abs. 4 S. 1 hambGDatPol; §§ 15 Abs. 5 S. 7, 16 Abs. 4 S. 8 hessSOG; §§ 34 Abs. 1 S. 3 mvSOG; §§ 35 Abs. 3 S. 2, 36 a Abs. 3 S. 2 ndsSOG; § 28 Abs. 4 S. 3 rpPOG; § 38 Abs. 6 S. 2 sächsPolG; § 17 Abs. 5 S. 7 saSOG; § 34 Abs. 6 S. 3 thürPAG; § 28 Abs. 3 S. 3 BPolG.
124 § 17 Abs. 5 S. 7 saSOG.

3. Materielle Rechtmäßigkeit

115 **a) Schutzgüter und Gefahr.** Der Einsatz der besonderen Mittel dient einerseits der Abwehr **konkreter Gefahren** für besonders bedeutsame Teilschutzgüter des Schutzguts der öffentlichen Sicherheit. Manchmal werden nur Leib und Leben[125] oder Leib, Leben und Freiheit[126] in bezug genommen, manchmal auch Sachen von erheblichem Wert,[127] Sachen, deren Erhaltung im öffentlichen Interesse geboten erscheint,[128] bedeutende Sach- und Vermögenswerte[129] und Tiere[130] und gelegentlich die Sicherheit des Bundes oder eines Landes[131] und sogar die Umwelt.[132] Mitunter werden gar keine Schutzgüter benannt und die längerfristige Observation und der verdeckte Einsatz technischer Mittel zur Anfertigung von Bildaufnahmen oder -aufzeichnungen bereits zugelassen, wenn die Erfüllung einer polizeilichen Aufgabe auf andere Weise gefährdet oder erheblich erschwert würde.[133] Je nach Schutzgut und/oder Mittel reicht die gewissermaßen normale Gefahr oder wird eine gegenwärtige Gefahr verlangt.[134]

116 Der Einsatz der besonderen Mittel dient andererseits der vorbeugenden Bekämpfung von Straftaten. Dabei weisen die Polizeigesetze erhebliche Unterschiede auf. Einige wenige Polizeigesetze lassen für bestimmte technische Mittel die **abstrakte Gefahr** von Straftaten

---

125 § 28 Abs. 1 S. 1 Nr. 1 rpPOG.
126 Art. 33 Abs. 3 Nr. 1 bayPAG; §§ 32 Abs. 1 S. 1 Nr. 1, 33 Abs. 1 S. 1 Nr. 1, 34 Abs. 1 S. 1 Nr. 1, 35 Abs. 1 S. 1 Nr. 1 bbgPolG; § 25 Abs. 2 S. 1 Nr. 3 berlASOG; §§ 32 Abs. 1 S. 1 Nr. 1, 33 Abs. 1 S. 1, 34 Abs. 1 S. 1, 35 Abs. 1 S. 1 Nr. 1 bremPolG; § 22 Abs. 3 bwPolG; §§ 9 Abs. 1 S. 1 Nr. 1, 10 Abs. 1 S. 1, 11 Abs. 1 S. 1, 12 Abs. 1 S. 1 Nr. 1 hambGDatPol; §§ 15 Abs. 2 S. 1 Nr. 1, 16 Abs. 1 S. 2 u. Abs. 2 hessSOG; §§ 34 Abs. 1 S. 1 Nr. 1, 35 Abs. 1 S. 1, 36 Abs. 1, S. 1, 36 a Abs. 1 S. 1 ndsSOG; §§ 16a Abs. 1 S. 1 Nr. 1, 17 Abs. 1 S. 1 Nr. 1, 19 Abs. 1 S. 1 Nr. 1, 20 Abs. 1 S. 1 Nr. 1 nwPolG; § 38 Abs. 2 Nr. 1 sächsPolG; § 17 Abs. 3 S. 1 Nr. 3 saSOG; § 34 Abs. 3 Nr. 1 thürPAG; § 28 Abs. 1 S. 1 Nr. 1 BPolG.
127 § 185 Abs. 2 S. 1 shLVwG; § 28 Abs. 1 S. 1 Nr. 1 BPolG.
128 Art. 33 Abs. 3 Nr. 1 bayPAG; § 34 Abs. 3 Nr. 1 thürPAG.
129 § 22 Abs. 3 bwPolG; § 38 Abs. 2 Nr. 1 sächsPolG.
130 § 34 Abs. 3 Nr. 1 thürPAG.
131 Art. 33 Abs. 3 Nr. 1 bayPAG, § 22 Abs. 3 bwPolG; § 38 Abs. 2 Nr. 1 sächsPolG; § 34 Abs. 3 Nr. 1 thürPAG; § 28 Abs. 1 S. 1 Nr. 1 BPolG.
132 § 185 Abs. 2 S. 1 shLVwG.
133 Art. 33 Abs. 2 S. 1 bayPAG.
134 Art. 33 Abs. 2 u. 3 bayPAG; §§ 32 Abs. 1 S. 1 Nr. 1, 33 Abs. 1 S. 1 Nr. 1, 34 Abs. 1 S. 1 Nr. 1, 35 Abs. 1 S. 1 Nr. 1 bbgPolG; § 25 Abs. 2 S. 1 Nr. 3 berlASOG; §§ 32 Abs. 1 S. 1 Nr. 1, 33 Abs. 1 S. 1, 34 Abs. 1 S. 1, 35 Abs. 1 Nr. 1 bremPolG; § 22 Abs. 3 bwPolG; §§ 9 Abs. 1 S. 1 Nr. 1, 10 Abs. 1 S. 1, 11 Abs. 1 S. 1, 12 Abs. 1 S. 1 Nr. 1 hambGDatPol; §§ 15 Abs. 2 S. 1 Nr. 1, 16 Abs. 1 S. 2 hessSOG; §§ 34 Abs. 1 S. 1 Nr. 1, 35 Abs. 1 S. 1, 36 Abs. 1 S. 1, 36 a Abs. 1 S. 1 ndsSOG; §§ 16a Abs. 1 S. 1 Nr. 1, 17 Abs. 1 S. 1 Nr. 1, 19 Abs. 1 S. 1 Nr. 1, 20 Abs. 1 S. 1 Nr. 1 nwPolG; § 17 Abs. 3 S. 1 Nr. 3 saSOG; § 38 Abs. 2 Nr. 1 sächsPolG; § 185 Abs. 2 S. 1 shLVwG; § 34 Abs. 3 Nr. 1 thürPAG; § 28 Abs. 1 S. 1 Nr. 1 BPolG.

schlechthin ausreichen.[135] Die meisten Polizei- und Ordnungsgesetze verlangen aber Tatsachen bzw. hinreichend sichere Anhaltspunkte, die die manchmal dringende[136] Annahme rechtfertigen, daß Straftaten von erheblicher Bedeutung,[137] bestimmte in Katalogen benannte Straftaten,[138] gewerbs-, gewohnheits-, bandenmäßig bzw. organisiert oder durch kriminelle Vereinigungen bzw. in Form organisierter Kriminalität begangen werden.[139] Gelegentlich ist die Schadensverhütung Zweckbestimmung.[140]

b) Pflichtigkeit. Zur Gefahrenabwehr richtet sich der Einsatz aller oder jedenfalls der technischen besonderen Mittel gegen Störer, Notstandspflichtige **und andere Personen,**[141] worunter besonders die eigens erwähnten unvermeidbar betroffenen Dritten gemeint sind.[142] Zur vorbeugenden Bekämpfung von Straftaten ist nach den meisten Polizeigesetzen der Einsatz besonderer Mittel gegen potentielle Straftäter,[143] 117

---

135 Art. 33 Abs. 2 S. 1 bayPAG; § 22 Abs. 2 bwPolG.
136 § 10 Abs. 1 S. 2 hambGDatPol.
137 Art. 33 Abs. 3 Nr. 2 S. 1 bayPAG; §§ 32 Abs. 1 S. 1 Nr. 2, 33 Abs. 1 S. 1 Nr. 2, 34 Abs. 1 S. 1 Nr. 2, 35 Abs. 1 Nr. 1 bbgPolG; §§ 25 Abs. 1 S. 1, 26 Abs. 1 berlASOG; §§ 32 Abs. 1 S. 1 Nr. 2, 33 Abs. 1 S. 1, 34 Abs. 1 S. 1 bremPolG; §§ 9 Abs. 1 S. 1 Nr. 2, 10 Abs. 1 S. 2, 11 Abs. 1 S. 1 hambGDatPol; §§ 15 Abs. 2 S. 1 Nr. 2, 16 Abs. 2 hessSOG; § 33 Abs. 2 S. 1 u. 2 mvSOG; §§ 34 Abs. 1 S. 1 Nr. 2, 35 Abs. 1 S. 1, 36 Abs. 1 S. 1, 36 a Abs. 1 S. 1 ndsSOG; §§ 16a Abs. 1 S. 1 Nr. 2, 17 Abs. 1 S. 1 Nr. 2, 19 Abs. 1 S. 1 Nr. 2, § 20 Abs. 1 Nr. 2 nwPolG; § 28 Abs. 1 S. 1 Nr. 2 rpPOG; § 38 Abs. 2 Nr. 2 sächsPolG; §§ 17 Abs. 2 S. 1 u. 2, 18 Abs. 1 S. 1 saSOG.
138 § 35 Abs. 1 S. 1 Nr. 2 bremPolG; § 34 Abs. 3 S. 1 Nr. 2 thürPAG.
139 § 28 Abs. 1 S. 1 Nr. 2 BPolG.
140 § 185 Abs. 2 shLVwG.
141 § 35 Abs. 1 S. 1 bbgPolG; § 25 Abs. 2 S. 1 Nr. 3 berlASOG; § 22 Abs. 2 u. 3 bwPolG; §§ 15 Abs. 2 S. 1 Nr. 1 u. 4, 16 Abs. 1 S. 2 hessSOG; §§ 28 Abs. 1 S. 1, 26 Abs. 1 Nr. 2–4 saarlPolG; § 17 Abs. 3 S. 1 Nr. 3 saSOG.
142 Art. 33 Abs. 4 bayPAG; §§ 32 Abs. 1 S. 2, 33 Abs. 1 S. 2, 34 Abs. 1 S. 2 bbgPolG; § 25 Abs. 2 S. 2 berlASOG; §§ 32 Abs. 1 S. 2, 33 Abs. 1 S. 2, 34 Abs. 1 S. 2, 35 Abs. 1 S. 2 bremPolG; § 22 Abs. 4 bwPolG; §§ 9 Abs. 1 S. 2, 10 Abs. 1 S. 3, 11 Abs. 1 S. 2 hambGDatPol; §§ 15 Abs. 2 S. 3, 16 Abs. 3 S. 2 hessSOG; § 33 Abs. 3 mvSOG; §§ 34 Abs. 1 S. 2, 35 Abs. 1 S. 2, 36 Abs. 1 S. 2, 36 a Abs. 1 S. 2 ndsSOG; §§ 16a Abs. 1 S. 2, 17 Abs. 1 S. 2 19 Abs. 1 S. 2 nwPolG; § 28 Abs. 1 S. 2 rpPOG; § 38 Abs. 2 S. 2 sächsPolG; §§ 17 Abs. 3 S. 2, 18 Abs. 1 S. 2 saSOG; § 185 Abs. 4 shLVwG; § 34 Abs. 4 thürPAG; § 28 Abs. 1 S. 2 BPolG.
143 Art. 33 Abs. 3 Nr. 2 bayPAG; §§ 32 Abs. 1 S. 1 Nr. 2, 33 Abs. 1 S. 1 Nr. 2, 34 Abs. 1 S. 1 Nr. 2, 35 Abs. 1 Nr. 2 bbgPolG; § 25 Abs. 2 S. 1 Nr. 1 berlASOG; §§ 32 Abs. 1 S. 1 Nr. 2, 33 Abs. 1 S. 1, 34 Abs. 1 S. 1, 35 Abs. 1 S. 1 Nr. 2–4 bremPolG; §§ 9 Abs. 1 S. 1 Nr. 2, 10 Abs. 1 S. 2, 12 Abs. 1 S. 1 Nr. 2 hambGDatPol; §§ 15 Abs. 2 S. 1 Nr. 2, 16 Abs. 1 S. 2 hessSOG; § 33 Abs. 2 S. 2 mvSOG; §§ 34 Abs. 1 S. 1 Nr. 2, 35 Abs. 2 S. 1 Nr. 2, 36 Abs. 1 S. 1, 36 a Abs. 1 S. 1 ndsSOG; §§ 16a Abs. 1 S. 1 Nr. 2, 17 Abs. 1 S. 1 Nr. 2, 19 Abs. 1 S. 1 Nr. 2, 20 Abs. 1 Nr. 2 nwPolG; § 28 Abs. 1 S. 1 Nr. 2 rpPOG; §§ 28 Abs. 1 S. 1, 26 Abs. 2 Nr. 1 saarlPolG; § 38 Abs. 2 Nr. 2 sächsPolG; §§ 17 Abs. 3 S. 1 Nr. 1, 18 Abs. 1 S. 1 saSOG; § 34 Abs. 3 Nr. 2 thürPAG; § 28 Abs. 1 S. 1 Nr. 2 BPolG.

deren Kontakt- und Begleitpersonen[144] und wieder gegen unvermeidbar betroffene Dritte zulässig. Dabei ist der Begriff der Kontakt- und Begleitperson eng zu verstehen und schließt z. B. den Pfarrer, Arzt oder Rechtsanwalt des Vertrauens aus, solange es keine Anhaltspunkte dafür gibt, daß sie in krimineller Weise in die Handlungen der Straftäter verstrickt sind (vgl. BVerfG, NVwZ 2001, 1261). In einigen Ländern ist ein entsprechendes Verbot der Datenerhebung ausdrücklich normiert[145] oder ergibt es sich aus einer engen Definition der anderen Personen.[146]

118 c) **Verhältnismäßigkeit.** Ob es um die Abwehr konkreter Gefahren oder die vorbeugende Bekämpfung von Straftaten geht, durchweg **betonen** die Polizeigesetze in wechselnden Formulierungen, daß der Einsatz besonderer Mittel dazu erforderlich sein muß,[147] daß andere Maßnahmen keinen oder weniger Erfolg versprechen[148] und daß bei Kontakt-, Begleit- und sonst betroffenen Personen die Erforderlichkeit besonders sorgfältig zu prüfen ist.[149]

119 In manchen Ländern wird die Erhebung bei dem **nichtöffentlich** gesprochenen Wort unter strengere Voraussetzung gestellt als bei **öffentlich** gesprochenem Wort, unter ähnlich strenge wie sonst die Er-

144 Art. 33 Abs. 3 Nr. 2 bayPAG; §§ 32 Abs. 1 S. 1 Nr. 3, 33 Abs. 1 S. 1 Nr. 3, 34 Abs. 1 S. 1 Nr. 3 bbgPolG; § 25 Abs. 2 S. 1 Nr. 2 berlASOG; §§ 32 Abs. 1 S. 1 Nr. 3, 33 Abs. 1 S. 1, 34 Abs. 1 S. 1, 35 Abs. 1 S. 1 Nr. 5 bremPolG; § 22 Abs. 2 u. 3 bwPolG; § 9 Abs. 1 S. 1 Nr. 2 hambGDatPol; §§ 15 Abs. 2 S. 1 Nr. 3, 16 Abs. 1 S. 2 hessSOG; § 33 Abs. 2 S. 2 mvSOG; §§ 34 Abs. 1 S. 1 Nr. 3, 36 a Abs. 1 S. 1 ndsSOG; §§ 16a Abs. 1 S. 1 Nr. 2, S. 3 u. 4, 17 Abs. 1 S. 1 Nr. 2, S. 3, 19 Abs. 1 S. 1 Nr. 2, S. 3, 20 Abs. 1 Nr. 2 nwPolG; § 28 Abs. 1 S. 1 Nr. 3 rpPOG; §§ 28 Abs. 1 S. 1, 26 Abs. 2 Nr. 2 saarlPolG; § 38 Abs. 2 Nr. 3 sächsPolG; §§ 17 Abs. 3 S. 1 Nr. 2, 18 Abs. 1 S. 1 saSOG; § 34 Abs. 3 Nr. 3 thürPAG; § 28 Abs. 1 S. 1 Nr. 2 BPolG.

145 §§ 32 Abs. 1 S. 5 u. 6, 33 Abs. 1 S. 5 u. Abs. 4, 34 Abs. 1 S. 5 u. 6 bbgPolG; § 27 Abs. 3, bremPolG; § 30 Abs. 6 ndsSOG; §§ 16 a Abs. 1 S. 5, 17 Abs. 1 S. 3, 19 Abs. 1 S. 3 nwPolG.

146 § 25 Abs. 2 S. 1 Nr. 2 berlASOG.

147 Art. 33 Abs. 3 Nr. 1 u. 2 bayPAG; §§ 32 Abs. 1 S. 1 Nr. 1–3, 33 Abs. 1 S. 1 Nr. 1–3, 34 Abs. 1 S. 1 Nr. 1–3, 35 Abs. 1 Nr. 1 u. 2 bbgPolG; §§ 25 Abs. 2 S. 1 Nr. 3, 26 Abs. 1 berlASOG; § 35 Abs. 1 S. 1 Nr. 5 bremPolG; §§ 9 Abs. 1 S. 1 Nr. 1, 12 Abs. 1 S. 1 Nr. 1 u. 2 hambGDatPol; §§ 15 Abs. 2 S. 1 Nr. 1 u. 3, 16 Abs. 1 S. 2 hessSOG; §§ 34 Abs. 1 S. 1 Nr. 1 u. 3, 36 a Abs. 1 S. 1 ndsSOG; §§ 16a Abs. 1 S. 1 Nr. 1 u. 2, 17 Abs. 1 S. 1 Nr. 1 u. 2, 19 Abs. 1 S. 1 Nr. 1 u. 2, 20 Abs. 1 Nr. 1 u. 2 nwPolG; § 28 Abs. 1 S. 1 rpPOG; § 28 Abs. 1 S. 1 saarlPolG; § 38 Abs. 2 Nr. 1 u. 3 sächsPolG (Nr. 3 zwingend erforderlich); §§ 17 Abs. 3 S. 1 Nr. 3, 18 Abs. 1 S. 1 saSOG; § 34 Abs. 2 S. 1 thürPAG.

148 § 25 Abs. 1 S. 2 berlASOG; § 35 Abs. 1 S. 1 Nr. 2 u. 4 bremPolG; § 12 Abs. 1 S. 1 Nr. 2 hambGDatPol; §§ 15 Abs. 2 S. 2, 16 Abs. 3 S. 1 hessSOG; § 33 Abs. 2 S. 1 mvSOG; §§ 34 Abs. 1 S. 1 Nr. 2, 35 Abs. 2, 36 a Abs. 1 S. 1 ndsSOG; § 28 Abs. 1 S. 2 saarlPolG; § 17 Abs. 2 S. 2 saSOG; § 34 Abs. 2 S. 1 thürPAG.

149 § 9 Abs. 1 S. 1 Nr. 2 hambGDatPol; §§ 28 Abs. 1 S. 1 Nr. 2, 21 Abs. 2 Nr. 2 BPolG.

hebung der in der Wohnung erhobenen Information.[150] Auch wo das nichtöffentlich gesprochene Wort nicht eigens genannt und besonders geschützt oder wo es als einziges Erhebungsobjekt genannt ist, ist seine Erhebung ein besonders intensiver Eingriff und verdient es unter dem Grundsatz der Verhältnismäßigkeit und dem Grundrecht der Menschenwürde (vgl. Rn. 125 a, b) besonderen Schutz, der an dem Schutz des in der Wohnung gesprochenen Worts zu orientieren ist. Folgerichtig erstrecken einige Länder den Schutz des Kernbereichs privater Lebensgestaltung auf die besonderen Mittel der Datenerhebung (vgl. *Sachs/Krings*, NWVBl. 2010, 165).[151]

Beispiel: Haben Personen erkennbar die einsame Parkbank oder Waldlich- 120
tung aufgesucht, um ungestört zu bleiben, dann ist das Abhören aus dem Hinterhalt kaum weniger ein Eingriff in die Privat- oder Intimsphäre als das aus der Wohnung.

XI. Verdeckte Datenerhebung in oder aus Wohnungen

1. Begriff und Rechtsgrundlagen

a) Begriff. Bei der verdeckten Datenerhebung in oder aus Woh- 121
nungen ist der Wohnungsbegriff derselbe wie bei der Durchsuchung (vgl. § 18 Rn. 19ff.). In Wohnungen werden Daten verdeckt erhoben, indem Gespräche oder Bilder des Betroffenen durch davor in der Wohnung installierte **technische Mittel** (Kamera, Mikrofon) aufgenommen werden. Aus Wohnungen werden Bild- und Tonaufnahmen durch außerhalb postierte technische Mittel (Infrarotkamera, Richtmikrofon) gemacht. Auch Vertrauenspersonen und verdeckte Ermittler können Mittel der verdeckten Datenerhebung in Wohnungen sein.

Oft ist bei der verdeckten Datenerhebung in oder aus Wohnungen 122
vom großen und kleinen **Lauschangriff** die Rede. Der sog. große Lauschangriff dient der Gewinnung von Informationen über den Betroffenen, der sog. kleine bezweckt den Schutz des eingesetzten Polizisten, etwa des verdeckten Ermittlers, der das Mikrofon am Körper trägt, damit im Fall seiner Enttarnung sofort Hilfe geleistet werden kann.

---

150 § 25 Abs. 5 S. 1 berlASOG; § 35 Abs. 5 S. 1 Nr. 1 ndsSOG.

151 Art. 33 Abs. 6 i. V. m. 34 c Abs. 4 S. 3–5 u. Abs. 6 bayPAG; § 33 Abs. 4 bremPolG; §§ 35 Abs. 2, 36 Abs. 4, 36 a Abs. 5 ndsSOG; § 16 nwPolG; §§ 39 a Abs. 1 S. 1, 39 b Abs. 1 S. 1 rpPOG; § 38 Abs. 3 sächsPolG; § 186 a Abs. 1 S. 3 shLVwG; § 34 Abs. 2 S. 2 thürPAG.

123 **b) Rechtsgrundlagen.** Die meisten Polizeigesetze enthalten für die verdeckte Datenerhebung in oder aus Wohnungen eine **Spezialbefugnis** (Handlungsbefugnis).[152] Soweit die Datenerhebung nicht auf den Einsatz technischer Mittel beschränkt ist, ist auch der Einsatz von Vertrauenspersonen und verdeckten Ermittlern gemeint. Im Hinblick auf die Vertrauensperson geschieht dies manchmal ausdrücklich.[153] Im übrigen bleibt es für die Datenerhebung durch Vertrauenspersonen oder verdeckte Ermittler in Wohnungen bei der für die Vertrauenspersonen und verdeckten Ermittler geltenden Spezialbefugnis. Das Recht zum Betreten der Wohnung zur Installierung der technischen Mittel wird teils ausdrücklich mit der Spezialbefugnis geregelt,[154] teils ihr inzident entnommen oder auf die Befugnis zur Durchsuchung gestützt. Fehlen Spezialbefugnisse, ist die verdeckte Datenerhebung in oder aus Wohnungen unzulässig.

124 **c) Verfassungsmäßigkeit.** Die Datenerhebung in oder aus Wohnungen greift in **Art. 13 Abs. 1 GG** ein, der mit der räumlichen Privatsphäre auch die Vertraulichkeit der dort erfolgenden Kommunikationen schützt (vgl. *Pieroth/Schlink,* Rn. 945, 954). Wenn die Wanze nicht einfach im Raum, sondern in der Muschel des Telefonhörers versteckt wird und die fernmeldetechnische Übermittlung der Gesprächsinhalte abschöpft, liegt auch ein Eingriff in **Art. 10 GG** vor (vgl. Rn. 130ff.). Erfolgt die Datenerhebung durch einen verdeckten Ermittler, wird der Eingriff in Art. 13 GG nicht durch die Einwilligung des Wohnungsinhabers ausgeschlossen, weil davon auszugehen ist, daß dieser dem verdeckten Ermittler bei Kenntnis der wahren Umstände den Zutritt nicht gewährt hätte.

125 Einige Polizeigesetze erlauben den verdeckten Einsatz technischer Mittel in oder aus Wohnungen zur vorbeugenden Bekämpfung von Straftaten.[155] Das ist mit **Art. 13 Abs. 4 GG,** der den großen Lauschangriff nur zur Abwehr, nicht zur Verhütung dringender Gefahren für die öffentliche Sicherheit zuläßt, nicht vereinbar. Art. 13 Abs. 7 GG, der dem alten Art. 13 Abs. 2 GG entsprach, der als Rechts-

152 Art. 34 Abs. 1 bayPAG; § 33 a bbgPolG; § 25 Abs. 4 S. 1 berlASOG; § 33 Abs. 2 bremPolG; § 23 Abs. 1 S. 1 bwPolG; § 10 Abs. 2 hambGDatPol; § 15 Abs. 4 S. 1 hessSOG; § 34 b mvSOG; § 35 a ndsSOG; § 18 Abs. 1 S. 1 nwPolG; § 29 rpPOG; § 28 a saarlPolG; § 41 Abs. 1 S. 1 sächsPolG; § 17 Abs. 4 saSOG; § 185 Abs. 3 shLVwG; § 35 Abs. 1 thürPAG.

153 § 185 Abs. 3 i. V. m. Abs. 1 Nr. 3 shLVwG.

154 § 15 Abs. 7 hessSOG; § 41 Abs. 2 sächsPolG; § 35 Abs. 3 S. 2 thürPAG.

155 § 33 a Abs. 1 Nr. 2 bbgPolG; § 35 a Abs. 1 S. 1 Nr. 2 ndsSOG; § 29 Abs. 1 rpPOG; § 35 Abs. 1 S. 1 Nr. 2 thürPAG.

grundlage für den präventiven großen Lauschangriff herangezogen wurde, kann heute dafür nicht mehr herangezogen werden, da Art. 13 Abs. 4 GG als spezielle Regelung eingefügt wurde und den alten Art. 13 Abs. 2 GG bzw. neuen Art. 13 Abs. 7 GG insoweit verdrängen sollte und verdrängt (vgl. *Hermes,* in: Dreier, GG, Bd. I, 2. Aufl. 2004, Art. 13 Rn. 75 f.). Einige Landesverfassungsgerichte haben den Verstoß gegen Art. 13 Abs. 4 GG bereits festgestellt (mvVerfG, LKV 2000, 345; sächsVerfGH 1996, 957; vgl. *Koch,* S. 142 f.; *Albers,* S. 143 f.; *Braun,* NVwZ 2000, 375); das brandenburgische Verfassungsgericht (LKV 1999, 450) kommt nur deshalb zum gegenteiligen Ergebnis, weil es die vorbeugende Bekämpfung von Straftaten fälschlich als Abwehr einer konkreten Gefahr versteht.

Den Schutz des in der Wohnung gesprochenen Worts will das **125a** Bundesverfassungsgericht mit einer Argumentation aus Art. 1 Abs. 1 GG stärken. Die Datenerhebung in oder aus Wohnungen soll nicht in den absolut geschützten **Kernbereich privater Lebensgestaltung** eingreifen und etwa „Äußerungen innerster Gefühle oder von Ausdrucksformen der Sexualität" beobachten dürfen (BVerfGE 109, 279/315). Bestehen hierfür Anhaltspunkte, dürfen die Daten erst gar nicht erhoben werden; führt die Maßnahme unerwartet zur Erhebung von absolut geschützten Daten, muß sie abgebrochen und müssen die Aufzeichnungen gelöscht werden (BVerfGE 109, 279/318 f.; 7.12.2011, Rn. 97 ff.) Diese Entscheidungen sind zwar zum Lauschangriff zum Zweck der Strafverfolgung gem. Art. 13 Abs. 3 GG ergangen, doch gilt die Verpflichtung zum Schutz der Menschenwürde für alle Rechtsgebiete gleich absolut, so daß die in dieser Entscheidung entwickelten Maßstäbe auch bei anderen Formen des Lauschangriffs und der optischen Überwachung gelten müssen (*Gusy,* JuS 2004, 457/461; *Huber,* ThürVBl. 2005, 1/3; *Lepsius,* Jura 2006, 586/591 f.) und nach und nach auch wortreichen Eingang in die Polizeigesetze finden (vgl. *Baldus,* JZ 2008, 218; *Poscher,* JZ 2009, 269/272).

Fraglich ist jedoch, ob in den vom Bundesverfassungsgericht ge- **125b** nannten Fällen, besonders bei der Beobachtung des Sexualbereichs, stets der Kernbereich privater Lebensgestaltung betroffen ist. Art. 1 Abs. 1 GG schützt vor massiven Verletzungen der körperlichen und seelischen Identität und Integrität **des Einzelnen** (*Pieroth/Schlink,* Rn. 378). Wenn der Einzelne andere Menschen schädigt oder eine Schädigung anderer Menschen plant oder vorbereitet, kommt ihm der Menschenwürdeschutz nicht als Privatheitsschutz zugute. Der Lauschangriff muß also nicht abgebrochen werden, wenn sexuelle

Mißhandlungen geschehen oder im Zwiegespräch mit Ehepartnern, Ärzten oder Rechtsanwälten Verbrechen verabredet werden (vgl. *Schenke,* Rn. 194). Zu Recht ordnen einige Länder an, daß Gespräche über konkrete Gefahren oder Straftaten nicht zum Kernbereich privater Lebensgestaltung gehören.[156] Akzeptabel sind auch die Regelungen, die in derartigen Fällen eine Verwertung der Daten zulassen, wenn dies zur Abwehr einer gegenwärtigen (unmittelbar bevorstehenden) Gefahr für Leib, Leben oder Freiheit einer Person erforderlich ist.[157]

2. Formelle Rechtmäßigkeit

126 Die Datenerhebung in oder aus Wohnungen steht unter **Richtervorbehalt;**[158] gelegentlich wird statt eines Richters sogar die Anordnung des Landgerichts oder des Oberverwaltungsgerichts verlangt.[159] Dies gilt nicht, wenn es sich um die Datenerhebung in Wohnungen durch Vertrauenspersonen und verdeckte Ermittler handelt, die unter den entsprechenden Spezialbefugnissen anders mitgeregelt ist. Art. 13 Abs. 2 GG verlangt den gesetzlichen Richtervorbehalt nicht, da es sich bei den Datenerhebungen nicht um Durchsuchungen handelt; die Gesetze tragen mit dem Richtervorbehalt einfach der besonderen, durchsuchungsähnlichen Eingriffsintensität der Datenerhebung Rechnung. Bei Gefahr im Verzug kann die Datenerhebung in oder aus Wohnungen oft durch die Polizei angeordnet werden;[160] in den meisten Ländern besteht dafür ein Behördenleitervorbehalt.[161] Eine richterliche Entscheidung ist dann unverzüglich herbeizuführen.[162] In einigen Ländern tritt die Anordnung dann außer Kraft, wenn sie

---

156 § 29 Abs. 6 S. 3 bbgPolG; § 25 Abs. 4 a S. 3 berlASOG; § 33 Abs. 4 S. 4 bremPolG; § 34 b Abs. 2 S. 4 mvSOG; § 41 Abs. 6 S. 3 sächsPolG; § 5 Abs. 7 thürPAG.

157 Art. 34 Abs. 5 S. 3 bayPAG; §§ 10 Abs. 5 S. 2, 10 c Abs. 3 S. 3 hambGDatPol; § 28 a Abs. 2 S. 4 saarlPolG.

158 Art. 34 Abs. 4 S. 1 bayPAG; § 33 a Abs. 4 bbgPolG; § 25 Abs. 5 S. 1 berlASOG; § 33 Abs. 3 S. 1 bremPolG; § 10 Abs. 3 S. 1 hambGDatPol; § 15 Abs. 5 S. 1 hessSOG; § 34 b Abs. 5 S. 1 mvSOG; § 35 a Abs. 4 ndsSOG; § 18 Abs. 2 nwPolG; § 29 Abs. 3 S. 1 rpPOG; § 28 a Abs. 3 S. 1 saarlPolG; § 41 Abs. 3 S. 1 sächsPolG; § 17 Abs. 5 S. 1 saSOG; § 186 Abs. 1 S. 1 shLVwG; § 35 Abs. 4 S. 1 thürPAG.

159 § 23 Abs. 3 S. 1 bwPolG; § 18 Abs. 2 S. 1 nwPolG; § 29 Abs. 6 rpPOG.

160 § 25 Abs. 5 S. 1 berlASOG; § 33 Abs. 3 S. 7 bremPolG; § 15 Abs. 5 S. 1 u. 8 hessSOG; § 17 Abs. 5 S. 1 u. 8 saSOG.

161 Art. 34 Abs. 4 S. 1 Hs. 1 bayPAG; § 33 a Abs. 4 S. 1 bbgPolG; § 23 Abs. 3 S. 8 bwPolG; § 34 b Abs. 5 S. 2 Hs. 1 mvSOG; § 35 a Abs. 5 S. 3 ndsSOG; § 18 Abs. 2 S. 3 nwPolG; § 29 Abs. 6 S. 3 Hs. 1 rpPOG; § 28 a Abs. 3 S. 5 saarlPolG; § 41 Abs. 3 S. 2 sächsPolG; § 186 Abs. 1 S. 2–4 shLVwG; § 35 Abs. 4 S. 2 thürPAG.

162 Art. 34 Abs. 4 S. 1 Hs. 2 bayPAG; § 33 a Abs. 4 S. 1 bbgPolG; § 25 Abs. 5 S. 3 berlASOG; § 23 Abs. 3 S. 9 bwPolG; § 34 b Abs. 5 S. 2 Hs. 2 mvSOG; § 35 a Abs. 5 S. 5 ndsSOG; § 18 Abs. 2 S. 6 nwPolG; § 29 Abs. 6 S. 3 Hs. 2 rpPOG; § 28 a Abs. 3 S. 5 Hs. 2 saarlPolG; § 186 Abs. 1 S. 5 shLVwG; § 35 Abs. 4 S. 3 thürPAG.

nicht bis zum Ablauf des folgenden Tages oder binnen drei Tagen vom Richter bestätigt wird.[163] Mehrfach werden noch konkretere Anforderungen für die Begründung der Anordnung normiert.[164] Kommen technische Hilfsmittel ausschließlich zur Abwehr einer Gefahr für Leib oder Leben der bei einem Einsatz in der Wohnung tätigen Person zur Anwendung, besteht kein Richtervorbehalt; über den Einsatz entscheidet die Polizei mit unterschiedlichen hierarchischen Abstufungen.[165]

3. Materielle Rechtmäßigkeit

Es geht immer um den Schutz von **Leib und Leben,**[166] meistens 127
auch von Freiheit,[167] manchmal auch von bedeutenden Sach- und Vermögenswerten[168] oder Bestand und Sicherheit des Bundes oder eines Landes.[169] Die Gefahr muß dringend, gegenwärtig oder unmittelbar bevorstehend[170] sein. Pflichtige sind regelmäßig Störer und unter den Voraussetzungen des polizeilichen Notstands Nichtstörer; teil-

163 § 33 Abs. 3 S. 9 bremPolG; § 25 Abs. 5 S. 4 berlASOG; § 15 Abs. 5 S. 9 hessSOG; § 18 Abs. 2 S. 7 nwPolG; § 41 Abs. 3 S. 3 sächsPolG; § 17 Abs. 5 S. 9 saSOG; § 35 Abs. 4 S. 4 thürPAG.

164 Art. 34 Abs. 4 S. 3 bayPAG; § 33 a Abs. 4 S. 4 bbgPolG; § 25 Abs. 5 S. 6 berlASOG; § 23 Abs. 3 S. 3 bwPolG; § 10 Abs. 3 u. 4 hambGDatPol; § 15 Abs. 5 S. 4 u. 5 hessSOG; § 34 b Abs. 5 S. 4 mvSOG; § 35 a Abs. 4 S. 3 ndsSOG; § 18 Abs. 2 S. 2 nwPolG; § 29 Abs. 3 S. 2 rpPOG; § 41 Abs. 5 S. 1 u. 2 sächsPolG; § 17 Abs. 5 S. 4 u. 5 saSOG; § 186 a Abs. 5 S. 1 shLVwG.

165 Art. 34 Abs. 8 S. 1 bayPAG; § 33 a Abs. 8 S. 1 bbgPolG; § 25 Abs. 6 S. 2 berlASOG; § 33 Abs. 8 bremPolG; § 23 Abs. 4 bwPolG; § 10 Abs. 4 S. 2 hambGDatPol; § 15 Abs. 6 S. 2 hessSOG; § 35 a Abs. 6 ndsSOG; § 18 Abs. 5 S. 1 nwPolG; § 29 Abs. 7 S. 1 rpPOG; § 28 a Abs. 4 saarlPolG; § 17 Abs. 6 S. 2 saSOG; § 41 Abs. 4 S. 1 sächsPolG; § 186 Abs. 1 S. 7 shLVwG; § 35 Abs. 8 S. 1 thürPAG.

166 Art. 34 Abs. 1 S. 1 bayPAG; § 33 a Abs. 1 Nr. 1 bbgPolG; § 25 Abs. 4 S. 1 berlASOG; § 33 Abs. 2 bremPolG; § 23 Abs. 1 bwPolG; §§ 10 Abs. 2, 9 Abs. 1 S. 1 Nr. 1 hambGDatPol; § 15 Abs. 4 S. 1 hessSOG; § 34 b Abs. 1 S. 1 mvSOG; § 35 a Abs. 1 S. 1 Nr. 1 ndsSOG; § 18 Abs. 1 S. 1 nwPolG; § 29 Abs. 1 S. 1 rpPOG; § 28 a Abs. 1 saarlPolG; § 41 Abs. 1 S. 1 sächsPolG; § 17 Abs. 4 saSOG; § 185 Abs. 3 shLVwG; § 35 Abs. 1 S. 1 Nr. 1 thürPAG.

167 Art. 34 Abs. 1 S. 1 bayPAG; § 33 a Abs. 1 Nr. 1 bbgPolG; § 25 Abs. 4 S. 1 berlASOG; § 33 Abs. 2 bremPolG; § 23 Abs. 1 bwPolG; §§ 10 Abs. 2, 9 Abs. 1 S. 1 Nr. 1 hambGDatPol; § 15 Abs. 4 S. 1 hessSOG; § 34 b Abs. 1 S. 1 mvSOG; § 35 a Abs. 1 S. 1 Nr. 1 ndsSOG; § 18 Abs. 1 S. 1 nwPolG; § 41 Abs. 1 S. 1 sächsPolG; § 17 Abs. 4 saSOG; § 35 Abs. 1 S. 1 Nr. 1 thürPAG.

168 § 41 Abs. 1 S. 1 sächsPolG; § 35 Abs. 1 S. 1 Nr. 1 thürPAG.

169 Art. 34 Abs. 1 S. 1 bayPAG; § 23 Abs. 1 bwPolG; § 41 Abs. 1 S. 1 sächsPolG; § 35 Abs. 1 S. 1 Nr. 1 thürPAG.

170 Art. 34 Abs. 1 S. 1 bayPAG; § 33 a Abs. 1 Nr. 1 bbgPolG; § 25 Abs. 4 S. 1 berlASOG; § 33 Abs. 2 bremPolG; § 23 Abs. 1 bwPolG; §§ 10 Abs. 2, 9 Abs. 1 S. 1 Nr. 1 hambGDatPol; § 15 Abs. 4 S. 1 hessSOG; § 34 b Abs. 1 S. 1 mvSOG; § 35 a Abs. 1 S. 1 Nr. 1 ndsSOG; § 18 Abs. 1 S. 1 nwPolG; § 29 Abs. 1 S. 1 rpPOG; § 28 a Abs. 1 saarlPolG; § 41 Abs. 1 S. 1 sächsPolG; § 17 Abs. 4 saSOG; § 185 Abs. 3 shLVwG; § 35 Abs. 1 S. 1 Nr. 1 thürPAG.

weise kann sich die Datenerhebung auch gegen Kontakt- und Begleitpersonen[171] oder unvermeidbar betroffene Dritte[172] richten. Häufig ist ein Verbot der Datenerhebung in ein persönliches oder durch ein Amts- oder Berufsgeheimnis geschütztes Vertrauensverhältnis oder bei Zeugnisverweigerungsberechtigten ausdrücklich normiert.[173] Die Datenerhebung muß zur Gefahrenabwehr erforderlich und darf nicht durch andere Mittel ersetzbar sein.[174] Dem Verhältnismäßigkeitsgrundsatz dienen auch Regelungen über die Befristung der Maßnahme.[175]

XII. Datenerhebung aus der Telekommunikation

1. Begriff und Rechtsgrundlagen

128 **a) Begriff.** Die Datenerhebung aus der Telekommunikation erfolgt durch **Telekommunikationsüberwachung** und **Fangschaltungen.** Bei der Telekommunikationsüberwachung werden zum einen Telefongespräche und Internetkommunikation, besonders der E-Mail-Verkehr, entweder von der Polizei selbst unmittelbar mitgehört und regelmäßig auch aufgezeichnet oder von Betreiberfirmen die Aufzeichnung und Auskunft über Inhalt und/oder Umstände (Gesprächsteilnehmer, -zeiten und -orte; sog. Verkehrsdaten) der Telekommunikation verlangt. Zum anderen werden Aktivmeldungen abgefragt, d. h. die Signale, mit denen ein eingeschaltetes Handy in

171 § 33 a Abs. 2 bbgPolG; § 35 a Abs. 1 S. 2 Nr. 2 ndsSOG; § 18 Abs. 1 S. 3 nwPolG; § 29 Abs. 1 S. 1 Nr. 2 rpPOG.

172 § 23 Abs. 1 S. 2 bwPolG; § 18 Abs. 1 S. 2 nwPolG; § 29 Abs. 1 S. 3 rpPOG; § 41 Abs. 1 S. 3 sächsPolG; § 185 Abs. 4 shLVwG; § 35 Abs. 1 S. 2 thürPAG.

173 Art. 34 Abs. 1 S. 2 Nr. 2 u. 3, Abs. 2 u. 3 S. 2 bayPAG; § 33 a Abs. 2 S. 5 u. 6, Abs. 3 u. 5 bbgPolG; § 25 Abs. 4 a berlASOG; § 23 Abs. 2 u. 5 bwPolG; § 10 Abs. 2 a hambGDatPol; § 15 Abs. 4 S. 4 u. 5 hessSOG; § 34 b Abs. 2–4 mvSOG; §§ 30 Abs. 7, 35 a Abs. 1–3 ndsSOG; § 18 Abs. 3 u. 4 nwPolG; § 29 Abs. 1 S. 2 i. V. m. §§ 39 a Abs. 2, 39 b rpPOG; § 28 a Abs. 2 saarlPolG; § 41 Abs. 6 u. 7 sächsPolG; § 186 a Abs. 2–4 shLVwG; § 35 Abs. 2, 6 u. 7 thürPAG.

174 Art. 34 Abs. 1 S. 2 Nr. 1 bayPAG; § 33 a Abs. 1 Nr. 1 bbgPolG; § 25 Abs. 4 S. 1 berlASOG; § 33 Abs. 2 bremPolG; §§ 10 Abs. 2, 9 Abs. 1 S. 1 Nr. 1 hambGDatPol; § 15 Abs. 4 S. 1 hessSOG; § 33 Abs. 4 S. 2 mvSOG; § 35 a Abs. 1 S. 1 ndsSOG; § 18 Abs. 1 S. 1 nwPolG; § 29 Abs. 1 S. 1 rpPOG; § 28 a Abs. S. 1 saarlPolG; § 41 Abs. 1 S. 1 sächsPolG; § 17 Abs. 4 saSOG; § 185 Abs. 2 shLVwG; § 35 Abs. 1 S. 1 Nr. 1 thürPAG.

175 Art. 34 Abs. 4 S. 4 u. 5 bayPAG; § 33 a Abs. 4 S. 5 bbgPolG; § 33 Abs. 3 S. 4–6 bremPolG; § 23 Abs. 3 S. 4 bwPolG; § 15 Abs. 5 S. 6 u. 7 hessSOG; § 34 b Abs. 5 S. 5 u. 6 mvSOG; § 35 a Abs. 4 S. 2 ndsSOG; § 18 Abs. 2 S. 2 nwPolG; § 29 Abs. 3 S. 3 u. 4 rpPOG; § 28 a Abs. 3 S. 2 saarlPolG; § 41 Abs. 5 S. 2 sächsPolG; § 17 Abs. 5 S. 6 u. 7 saSOG; § 186 a Abs. 5 S. 3 shLVwG; § 35 Abs. 5 S. 3 thürPAG.

regelmäßigen Abständen seine Kennung an die nächste Funkvermittlungsstation sendet. Durch die Abfrage kann der Standort des Mobilfunkteilnehmers ermittelt und über einen längeren Zeitraum sein Bewegungsbild erstellt werden. Zum dritten werden mit sog. IMSI-Catchern überdies die Geräte- und Kartennummern eingeschalteter Handys, d. h. deren Nutzer ermittelt. Mit Fangschaltungen wird festgestellt, wann zwischen wem Fernmeldeverkehr stattgefunden hat, und teilweise auch auf den Gesprächsinhalt zugegriffen.

Keine Datenerhebung aus der Telekommunikation ist die Unter- 128a
brechung und Verhinderung von Kommunikationsverbindungen; sie knüpfen aber regelmäßig an vorausgegangene Datenerhebungen aus der Telekommunikation an und sind in diesem Zusammenhang häufig als Spezialbefugnis (Handlungs- und Anordnungsbefugnis) geregelt.[176] Auch die Beschlagnahme eines Mobiltelefons und die Erhebung der darauf gespeicherten Verkehrsdaten ist, weil die Kommunikationsvorgänge bereits abgeschlossen sind, keine Datenerhebung aus der Telekommunikation und auch kein Eingriff in Art. 10 Abs. 1 GG, wohl aber ein Eingriff in das Recht auf informationelle Selbstbestimmung und u. U. Art. 13 Abs. 1 GG (BVerfGE 115, 166/183 ff.).

b) Rechtsgrundlagen. In den meisten Ländern ist die Datenerhe- 129
bung durch Telekommunikationsüberwachung polizeigesetzlich ausdrücklich **in einer Spezialbefugnis geregelt:** In Berlin kann die Polizei nicht selbst unmittelbar mithören und aufzeichnen, sondern nur Auskunft über den Standort eines Telekommunikationsendgerätes[177] verlangen; in den anderen Ländern kann sie beides.[178] Die Befugnis umfaßt in allen Ländern die Abfrage von Aktivmeldungen im Mobilfunkverkehr, in den meisten auch die Ermittlung der Nutzer.

In den übrigen Ländern gibt es für die Telekommunikationsüber- 130
wachung **keine speziellen Befugnisse.** Es läßt sich daran denken, die Maßnahmen auf die Bestimmungen über den Einsatz technischer Mittel bzw. über die Datenerhebung in oder aus Wohnungen zu stützen, denn mit den entsprechenden Überwachungs- und Aufzeichnungsvorrichtungen kommen technische Mittel verdeckt zum Einsatz (vgl.

---

176 Art. 34 a Abs. 4 bayPAG; § 33 b Abs. 3 Nr. 3 bbgPolG; § 23 a Abs. 7 bwPolG; §§ 10 a Abs. 2 u. 3, 10 c hambGDatPol; § 15 a Abs. 4 hessSOG; § 34 a Abs. 3 S. 2 u. 3 mvSOG; § 33 b Abs. 2 ndsSOG; § 31 d rpPOG; § 34 a Abs. 4 thürPAG. In einem anderen Zusammenhang aber § 29 b berlASOG.

177 § 25 a berlASOG.

178 Art. 34 a–c bayPAG; § 33 b bbgPolG; § 23 a bwPolG; §§ 10 a–10 d hambGDatPol; § 15 a, b hessSOG; § 34 a mvSOG; §§ 33 a–c ndsSOG; §§ 31–31 e rpPOG; § 28 b saarlPolG; § 185 a shLVwG; §§ 34 a, b thürPAG.

Würtenberger/Heckmann, Rn. 620). Es geht auch hier wie dort um die Notwendigkeit präventiver Einsätze; der in der polizeilichen Praxis gelegentlich eingeschlagene Weg, den Auftrag zur Datenerhebung zur Gefahrenabwehr bzw. zur präventiven Datenerhebung aus der Telekommunikation auf dem Trittbrett der Strafverfolgung und deren repressiver Datenerhebungen nebenher zu erfüllen, überzeugt weder dogmatisch noch praktisch.

131 **Beispiel:** Nach einer Entführung werden auf der Grundlage von § 100 a StPO zur Strafverfolgung Telefone überwacht. Als die Entführer sich zwecks Lösegeldübergabe melden, gelingt ihre Lokalisierung und Festnahme. Wichtiger ist aber, daß das Entführungsopfer befreit werden kann.

132 Gegen die Anwendung der Bestimmungen über den verdeckten Einsatz technischer Mittel sprechen jedoch gewichtige Gründe. Wegen des Eingriffs in Art. 10 Abs. 1 GG bedarf es einer **bereichsspezifischen Regelung,** wie sie für den Eingriff in Art. 13 Abs. 1 GG in der Regelung zur Datenerhebung in oder aus der Wohnung besteht. Es kann gefolgert werden, daß die zuständigen Landesgesetzgeber in den anderen Ländern keine entsprechenden Befugnisse für die Polizei wollten und deshalb auch auf die Zitierung von Art. 10 Abs. 1 GG in den Polizeigesetzen verzichtet haben (vgl. *Koch,* S. 135; *Würtenberger/Heckmann,* Rn. 620; *Schenke,* AöR 2000, 3). Auch die strafrechtlichen Notrechtsvorbehalte kommen als Rechtsgrundlage nicht in Betracht (vgl. § 12 Rn. 24 f.).

132a Das Telekommunikationsgesetz hat die sog. **Vorratsdatenspeicherung** geregelt, zu der die privaten Diensteanbieter bei Verkehrsdaten für sechs Monate verpflichtet sind, damit u. a. zu Zwecken der Gefahrenabwehr aufgrund entsprechender normenklarer und verhältnismäßiger (BVerfG, NJW 2012, 1419/1472 ff.) bundes- oder landesrechtlicher Ermächtigungen auf sie zugegriffen werden kann.[179]

133 Nur in Niedersachsen ist das Installieren einer **Fangschaltung** mit Einwilligung des Anschlußinhabers zur Feststellung, zu welcher Zeit zwischen welchen Anschlüssen Fernmeldeverkehr stattgefunden hat, oder zur Aufzeichnung der Anrufe polizeigesetzlich ausdrücklich in einer Spezialbefugnis (Handlungsbefugnis) geregelt.[180] Im übrigen haben die Anschlußinhaber einen Anspruch gegen die Telekommunika-

179 §§ 113 – 113 b TKG.
180 § 33 Abs. 1 ndsSOG.

tionsunternehmen auf Auskunft über andere Anschlußinhaber, die sie bedrohend oder belästigend angerufen haben.[181]

2. Formelle Rechtmäßigkeit

Die Überwachung der Telekommunikation muß grundsätzlich durch den Richter angeordnet werden; bei Gefahr im Verzug kann die Polizei mit unterschiedlichen hierarchischen Abstufungen die Anordnung treffen.[182] Die Anordnung muß die betroffene Person bezeichnen sowie Art und Umfang der Maßnahme festlegen. Die Installation einer Fangschaltung bedarf der schriftlich begründeten Anordnung durch den Behördenleiter; die Anordnungsbefugnis kann weiter übertragen werden.[183] 134

3. Materielle Rechtmäßigkeit

a) Schutzgüter, Gefahr, Pflichtigkeit. Die Datenerhebung aus der Telekommunikation dient einerseits der Abwehr konkreter Gefahren für besonders bedeutsame Teilschutzgüter des Schutzguts der öffentlichen Sicherheit, namentlich von Leib, Leben und Freiheit (vgl. zur Vorratsdatenspeicherung BVerfGE 125, 260/330, wo das Erfordernis der konkreten Gefahr allerdings verunklart wird; dazu krit. *Mötl*, DVBl. 2010, 808/809. Andererseits dient sie teilweise der vorbeugenden Bekämpfung von Straftaten und damit der Abwehr abstrakter Gefahren. Dafür wird verlangt, daß konkrete Vorbereitungshandlungen die begründete Annahme rechtfertigen, daß Personen eine schwerwiegende, teilweise einzeln aufgezählte Straftat begehen werden (vgl. BVerfGE 113, 348/375 ff.). Die Pflichtigkeit erstreckt sich über Störer und Notstandspflichtige hinaus auf Kontakt-, Begleit- oder solche Personen, von denen aufgrund bestimmter Tatsachen angenommen werden kann, daß sie Kommunikationspartner oder Nutzer der Kommunikationseinrichtungen derjenigen Personen sind, von denen die konkrete oder abstrakte Gefahr ausgeht. 135

181 § 101 Abs. 1 TKG.
182 Art. 34 c Abs. 1 i. V. m. Art. 34 Abs. 4 S. 1 u. 2 bayPAG; § 33 b Abs. 5 S. 1 bbgPolG; § 25 a Abs. 4 berlASOG; § 23 a Abs. 3 bwPolG; § 10 c Abs. 1 hambGDatPol; § 15 a Abs. 5 S. 1 hessSOG; § 34 a Abs. 4 mvSOG; §§ 33 a Abs. 4 u. 5, 33 b Abs. 3, 33 c S. 2 ndsSOG; §§ 31 Abs. 4 u. 5, 31 a Abs. 3, 31 d Abs. 3, 31 e Abs. 2 rpPOG; § 28 b Abs. 5 S. 1 saarlPolG; § 186 Abs. 1 S. 1–4 shLVwG; § 34 a Abs. 5 thürPAG.
183 § 33 Abs. 1 S. 3 u. 4 ndsSOG.

136 **b) Verhältnismäßigkeit.** Wie bei den besonderen Mitteln der Datenerhebung und der verdeckten Datenerhebung in oder aus Wohnungen wird in den Polizeigesetzen die Voraussetzung der Erforderlichkeit der Datenerhebung aus der Telekommunikation besonders betont. Meistens ist wie bei der Datenerhebung in oder aus Wohnungen (vgl. Rn. 125 a, b) zum Schutz des Kernbereichs privater Lebensgestaltung (vgl. BVerfGE 113, 348/375 ff.; 12.10.2011, Rn. 209 ff.) ein Verbot der Datenerhebung in ein persönliches oder durch ein Amts- oder Berufsgeheimnis geschütztes Vertrauensverhältnis oder bei Zeugnisverweigerungsberechtigten ausdrücklich normiert.[184] Auch Regelungen über Befristungen und räumliche Beschränkungen tragen dem Verhältnismäßigkeitsgrundsatz Rechnung.

XIII. Online-Durchsuchung

1. Begriffe und Rechtsgrundlagen

137 Der **Begriff** der Online-Durchsuchung steht für die heimliche Infiltration eines informationstechnischen Systems zur Überwachung seiner Nutzung und zur Ausforschung seiner Speichermedien. Dabei muß es nicht um Kommunikationsdaten gehen; wenn es um Kommunikationsdaten geht, muß es sich um Daten aus abgeschlossenen Kommunikationsvorgängen handeln. Der Eingriff in ein informationstechnisches System allein zur Überwachung und Aufzeichnung der laufenden Telekommunikation, zu dem teilweise ermächtigt wird,[185] ist daher keine Online-Durchsuchung im hier gekennzeichneten Sinn, sondern eine Datenerhebung aus der Telekommunikation. Die Online-Durchsuchung ist kein Eingriff in Art. 10 Abs. 1 GG, wohl aber ein Eingriff in Art. 2 Abs. 1 i. V. m. Art. 1 Abs. 1 GG; „das allgemeine Persönlichkeitsrecht umfaßt das Gundrecht auf Gewährleistung der Vertraulichkeit und Integrität informationstechnischer Systeme" (BVerfGE 120, 274/302 ff.; vgl. *Glaser*, Jura 2009, 742/747 f.).

138 Wo zur Online-Durchsuchung zur Gefahrenabwehr ermächtigt wird, ist der Eingriff polizeigesetzlich ausdrücklich in einer Spezial-

184 Art. 34 a Abs. 1 S. 3 u. 4 bayPAG; §§ 33 b Abs. 2 S. 3 bbgPolG; § 10 a Abs. 1 S. 3 hambGDatPol; § 15 a Abs. 1 S. 2 hessSOG; §§ 30 Abs. 7, 33 a Abs. 3 ndsSOG; §§31 Abs. 1 S. 2, Abs. 3 S. 2, 31 b Abs. 1 S. 2 i. V. m. §§ 39 a Abs. 3, 39 b rpPOG; § 28 b Abs. 1 S. 5 u. 6 saarlPolG; § 186 a shLVwG; § 34 b Abs. 1 thürPAG.

185 § 15 b hessSOG; § 33 a Abs. 2 S. 2 thürPAG.

befugnis **geregelt.**[186] In den anderen Ländern kann er nicht auf die Datenerhebungs- oder allgemeine Generalklausel gestützt werden; das Bundesverfassungsgericht verlangt eine bereichsspezifische Regelung (BVerfGE 120, 274/316).

2. Rechtmäßigkeit

Die Online-Durchsuchung steht unter Richtervorbehalt, setzt eine Gefahr für Leib, Leben, Freiheit oder ein Gut der Allgemeinheit voraus, dessen Bedrohung die Grundlagen oder den Bestand des Staates oder der menschlichen Existenz berühren, und ist nur verhältnismäßig, wenn sie, soweit möglich, den Kernbereich privater Lebensgestaltung und die ihm zugehörigen Kommunikationen schont. Ob die Gefahr konkret sein muss, lässt das Bundesverfassungsgericht hier ebenso im Unklaren wie bei der Datenerhebung aus der Telekommunikation (BVerfGE 120, 274/315 ff.; vgl. Rn. 135). Die übrigen Vorgaben des Bundesverfassungsgerichts zur Rechtmäßigkeit der Online-Durchsuchung (BVerfGE 120, 274/315 ff.) wurden bisher vom Gesetzgeber detailgenau befolgt (vgl. *Käß*, BayVBl. 2010, 1). 139

Literatur: *M. Albers,* Die Determination polizeilicher Tätigkeit in den Bereichen der Straftatenverhütung und der Verfolgungsvorsorge, 2001; *F. Braun,* Der sogenannte „Lauschangriff" im präventivpolizeilichen Bereich, NVwZ 2000, 375; *H.-J. Bücking* (Hrsg.), Polizeiliche Videoüberwachung öffentlicher Räume, 2007; *M. Deutsch,* Die heimliche Erhebung von Informationen und deren Aufbewahrung durch die Polizei, 1992; *H. Dreier,* Erkennungsdienstliche Maßnahmen im Spannungsfeld von Gefahrenabwehr und Strafverfolgung, JZ 1987, 1009; *A. Glaser,* Die „neue Generation" polizeirechtlicher Standardmaßnahmen, Jura 2009, 742; *S. Graf,* Verdachts- und ereignisunabhängige Personenkontrollen, 2006; *A. Guckelberger,* Zukunftsfähigkeit landesrechtlicher Kennzeichenabgleichsnormen, NVwZ 2009, 352; *S.-C. Hsieh,* E-Mail-Überwachung zur Gefahrenabwehr, 2011; *C. Krane,* „Schleierfahndung". Rechtliche Anforderungen an die Gefahrenabwehr durch ereignisunabhängige Personenkontrollen, 2003; *D. Maximini,* Polizeiliche Videoüberwachung öffentlicher Straßen und Plätze zur Kriminalitätsprävention, 2010; *C. Möllers,* Polizeikontrollen ohne Gefahrverdacht, NVwZ 2000, 382; *M. Möstl,* Das Bundesverfassungsgericht und das Polizeirecht, DVBl. 2010, 808; *R. Müller,* Polizeiliche Datenerhebung durch Befragung, 1997; *D. Neumann,* Vorsorge und Verhältnismäßigkeit, 1994; *H. Notzon,* Zum Rückgriff auf polizeirechtliche Befugnisse zur Gefahrenabwehr im Rahmen der vorbeugenden Verbrechensbekämpfung, 2002; *R. P. Schenke,* Präventive Überwachung der Telekommunikation, AöR 2000, 1; *F. Shirvani,* Die Kontakt- und Begleitpersonen 140

186 Art. 34 d bayPAG; § 31 c rpPOG.

und die „Besonderen Mittel der Datenerhebung" im Polizeirecht, VerwArch 2010, 86; *M. Soiné,* Vorbereitung für die Hilfeleistung und das Handeln in Gefahrenfällen, DÖV 2000, 173; *J. Vahle,* Die erkennungsdienstliche Behandlung nach Strafverfahrens- und Polizeirecht, DuD 1996, 397; *T. Vollmar,* Telefonüberwachung im Polizeirecht, 2008; *C. Ziems,* Videoüberwachung bei Anhalte- und Kontrollvorgängen zur Eigensicherung der Polizeibeamten, 2006.

§ 15. Datenverarbeitungsbefugnisse

I. Von der Datenerhebung zur Datenverarbeitung

1 An die Datenerhebung **schließt** die Datenverarbeitung **an.** Datenverarbeitung setzt aber nicht eine Datenerhebung durch die verarbeitende Stelle voraus. Diese kann die Daten auch von Dritten unaufgefordert erlangen (vgl. § 13 Rn. 3) oder von einer anderen Stelle übermittelt bekommen haben. Ob die Daten mit modernen oder mit traditionellen Befugnissen erhoben wurden, ist für die Einschlägigkeit der Spezialbefugnisse zur Datenverarbeitung gleichgültig.

2 Die Begrifflichkeit zur Datenverarbeitung ist nicht einheitlich. Die **Datenschutzgesetze** unterscheiden zwischen Datenerhebung und Datenverarbeitung und definieren diese als Speichern, Verändern, Übermitteln, Sperren und Löschen.[1] Die **Polizeigesetze** definieren nicht, systematisieren aber durch ihre Gliederungen und Überschriften. Einige Polizeigesetze überschreiben alle Phasen des Umgangs mit personenbezogenen Daten mit Datenverarbeitung, verstehen also auch die Datenerhebung als Datenverarbeitung.[2] Andere Polizeigesetze trennen die Datenerhebung von der Datenverarbeitung[3] und sprechen von der auf die Datenerhebung folgenden weiteren Datenverarbeitung.[4] Wieder andere Polizeigesetze verzichten auf die datenschutzrechtliche Begrifflichkeit und ordnen die Datenerhebung, -speicherung, -veränderung, -nutzung und -übermittlung den Befugnisnormen zu.[5] Die entsprechenden Befugnisse sind durchweg Handlungsbefugnisse.

1 Z. B. § 3 Abs. 4 S. 1 BDSG.
2 BbgPolG; bremPolG; ndsSOG; nwPolG; saarlPolG; sächsPolG.
3 BayPAG; berlASOG; bwPolG; hambGDatPol; mvSOG; shLVwG; thürPAG; BPolG.
4 BerlASOG; bwPolG; hambGDatPol.
5 HessSOG; saSOG; rpPOG.

II. Generalklausel zur Speicherung, Veränderung und Nutzung von Daten

1. Begriff und Rechtsgrundlagen

a) **Begriff. Datenspeicherung** ist das Erfassen, Aufnehmen oder Aufbewahren von Daten auf einem Datenträger zum Zweck weiterer Verwendung.[6] Datenträger sind die Datei und die Akte. Die insoweit anwendbaren Datenschutzgesetze definieren die Datei als Sammlung personenbezogener Daten, die durch automatisierte Verfahren nach bestimmten Merkmalen ausgewertet werden kann (automatisierte Datei), oder als jede sonstige Sammlung personenbezogener Daten, die gleichartig aufgebaut ist und nach bestimmten Merkmalen geordnet, umgeordnet und ausgewertet werden kann (nicht-automatisierte Datei).[7] Eine Akte ist nach den Datenschutzgesetzen jede sonstige amtlichen oder dienstlichen Zwecken dienende Unterlage, wozu auch Bild- und Tonträger zählen.[8] Sie setzt die Entstehung in einem geordneten Vorgang mit Lochung und Numerierung voraus und schließt aus, daß es daneben noch weitere Unterlagen gibt. Ohne diese Restriktionen ließe sich der Anspruch auf Auskunftserteilung aus Akten nicht realisieren. 3

Ob zur Aufgabenerfüllung eine **Datei oder** eine **Akte** angelegt wird, bleibt der datenverarbeitenden Stelle überlassen. Entschließt sie sich zur Errichtung einer Datei, so muß eine Errichtungsanordnung vorliegen (vgl. Rn. 11). Oft sind Datei und Akte aufeinander bezogen. 4

Beispiel: Erhebt die Polizei Tatsachen und erstellt sie Bildaufzeichnungen von Hooligans, die bei einem Fußballspiel randalieren, kann die Speicherung der Tatsachen in einer Datei oder Akte erfolgen. Das Videoband mit den Bildaufzeichnungen kann zur Akte „Hooligans" genommen werden oder als Ergänzung der Datei „Hooligans" selbst Aktensammlung sein; mehrere Aktensammlungen können über die Datei erschlossen werden. 5

Datenveränderung ist die inhaltliche Umgestaltung gespeicherter Daten.[9] Es muß sich der Informationsgehalt wandeln. Das ist der Fall, wenn ein Datensatz ganz oder teilweise durch einen anderen er- 6

---

6 § 3 Abs. 4 S. 2 Nr. 1 BDSG.
7 § 46 Abs. 1 S. 1 Nr. 1 u. 2 BDSG.
8 § 46 Abs. 2 S. 1 BDSG; § 3 Abs. 6 nwDSG.
9 § 3 Abs. 4 S. 2 Nr. 2 BDSG.

setzt oder um zusätzliche Daten erweitert wird. Es ist auch der Fall, wenn unverändert gebliebene Daten in einen anderen Kontext überführt werden, sei es, daß sie in eine neue Datei übernommen werden, sei es, daß die alte Datei eine neue Zweckbestimmung erhält.

7 **Beispiel:** Nachdem ein Hooligan erneut bei einem Fußballspiel randaliert hat, wird dies zu dem schon vorhandenen Datensatz hinzu gespeichert. – Weil Verbindungen zwischen der Hooliganszene und der Szene rechter Gewalttäter offenbar werden, werden die beiden Dateien zusammengeführt.

8 **Datennutzung** ist jede Verwendung personenbezogener Daten, die nicht Erhebung, Speicherung, Veränderung, Übermittlung, Sperrung oder Löschung ist.[10] Es handelt sich um einen Auffangbegriff, der einschlägig ist, wenn die Datenverwendung keiner der anderen Verwendungen zugeordnet werden kann.

9 **Beispiel:** Anläßlich eines Fußballspiels, bei dem mit Randale von Hooligans gerechnet wird, werden Beamte mit Fotos aus einer Hooligan-Datei ausgestattet, damit Hooligans an den Einlaßtoren der Zutritt verweigert werden kann.

10 **b) Rechtsgrundlagen.** Alle Polizeigesetze enthalten eine **Generalklausel** zur Datenverarbeitung, die die Polizei befugt, personenbezogene Daten in Akten und Dateien zu speichern, zu verändern und zu nutzen, soweit dies zur Erfüllung ihrer Aufgaben erforderlich ist.[11] Die Verarbeitung ist auch zulässig zur zeitlich befristeten Dokumentation, zur Vorgangsverwaltung, zu statistischen Zwecken, zur Aus- und Fortbildung, zur Datenschutzkontrolle, für die wissenschaftliche Forschung oder als Aufzeichnung von Notrufen oder Anrufen.[12]

---

10 § 3 Abs. 5 BDSG.

11 Art. 31 Abs. 1 bayPAG; § 39 Abs. 1 bbgPolG; § 42 Abs. 1 S. 1 berlASOG; § 36 a Abs. 1 S. 1 bremPolG; § 37 Abs. 1 S. 1 bwPolG; § 16 Abs. 1 hambGDatPol; § 20 Abs. 1 S. 1 hessSOG; § 36 Abs. 1 S. 1 mvSOG; § 38 Abs. 1 S. 1 ndsSOG; § 24 Abs. 1 nwPolG; § 33 Abs. 1 rpPOG; § 30 Abs. 1 S. 1 saarlPolG; § 43 Abs. 1 S. 1 sächsPolG; § 22 Abs. 1 S. 1 saSOG; §§ 188 Abs. 1 S. 1, 189 Abs. 1 S. 1 shLVwG; § 40 Abs. 1 thürPAG; § 29 Abs. 1 S. 1 BPolG.

12 Art. 38 Abs. 1 u. 5 S. 1 bayPAG; § 39 Abs. 1, 5–7 bbgPolG; §§ 42 Abs. 1 S. 1 u. Abs. 4, 46 a berlASOG; §§ 36 a Abs. 4 S. 1 u. Abs. 5 bremPolG; § 17 hambGDatPol; § 20 Abs. 7 S. 1 u. Abs. 8 S. 1 hessSOG; §§ 27 Abs. 5, 36 Abs. 4, 38 S. 1 mvSOG; §§ 38 Abs. 3 S. 1 u. Abs. 4 S. 1, 39 Abs. 2 S. 1 Nr. 1 u. 2 u. Abs. 7 ndsSOG; § 24 Abs. 1, 5, 6 u. 7 S. 1 nwPolG; §§ 30 Abs. 1, 33 Abs. 7 rpPOG; §§ 30 Abs. 6, 31 saarlPolG; § 43 Abs. 1 S. 1 u. Abs. 6 S. 1 sächsPolG; §§ 22 Abs. 5, 23 a S. 1 u. 2, 25 S. 1 saSOG; §§ 188 Abs. 4 S. 1, 190 S. 1 shLVwG; §§ 40 Abs. 1, 3 S. 1 u. Abs. 4 S. 1 thürPAG; § 29 Abs. 5 S. 1 u. Abs. 6 S. 1 BPolG; § 29 Abs. 1 BKAG.

2. Formelle Rechtmäßigkeit

Zur Errichtung einer Datei bedarf es einer **Errichtungsanordnung** oder eines nach Maßgabe des jeweiligen Datenschutzgesetzes zu erstellenden Verfahrensverzeichnisses oder einer Dateibeschreibung.[13] Teilweise wird die Zustimmung des Innenministers verlangt[14] und zusätzlich oder stattdessen die Beteiligung oder Anhörung[15] oder die Unterrichtung des Datenschutzbeauftragten.[16] In der Errichtungsanordnung bzw. in dem Verfahrensverzeichnis sind insbesondere zu regeln 11

- die Bezeichnung der Datei,
- die Rechtsgrundlage der Speicherung,
- der Zweck der Datei, die Personen, über die Daten gespeichert werden sollen und die Art der Daten,
- die Übermittlungsvoraussetzungen,
- die Dauer der Speicherung und Prüffristen für die Löschung,
- Zugangs- und Zugriffsberechtigungen und Protokollierungspflichten und
- technische und organisatorische Maßnahmen für den Datenschutz.

Für das polizeiliche Informationssystem INPOL (vgl. Rn. 23) ist darüber hinaus eine Rechtsverordnung erforderlich (BVerwGE 137, 113/116f.).

3. Materielle Rechtmäßigkeit

a) Schutzgüter. aa) Zweckbindung. Die Schutzgüter der Datenverarbeitungsgeneralklausel sind die der jeweils einschlägigen Datenerhebungsbefugnisse. Denn die Zwecke der Datenverarbeitung sind an die **Zwecke der Datenerhebung** gebunden. Die Polizei darf Daten 12

13 Art. 47 Abs. 1 S. 1 bayPAG; § 48 Abs. 2 u. 3 bbgPolG; § 49 Abs. 1 S. 1 berlASOG; § 36 j S. 1 bremPolG; § 47 bwPolG; § 26 Abs. 1 hambGDatPol; § 28 Abs. 1 S. 1 u. 2 hessSOG; § 47 Abs. 1 S. 1 mvSOG; § 33 Abs. 2 u. 3 nwPolG; § 41 rpPOG; § 39 Abs. 1 u. 2 saarlPolG; § 50 Abs. 1 sächsPolG; § 197 Abs. 2 shLVwG; § 46 Abs. 1 thürPAG; § 36 Abs. 1 BPolG; § 34 Abs. 1 S. 1 BKAG.

14 Art. 47 Abs. 1 S. 1 bayPAG; § 41 Abs. 3 rpPOG; § 50 Abs. 2 S. 1 sächsPolG; § 46 Abs. 2 S. 1 thürPAG; § 36 Abs. 1 BPolG; § 34 Abs. 1 S. 1 BKAG.

15 § 26 Abs. 2 S. 2 hambGDatPol; § 41 Abs. 3 rpPOG; § 36 Abs. 2 S. 1 BPolG; § 34 Abs. 1 S. 2 BKAG.

16 Art. 47 Abs. 1 S. 2 bayPAG; § 49 Abs. 2 S. 2 berlASOG; § 39 Abs. 3 S. 2 saarlPolG; § 50 Abs. 2 S. 2 sächsPolG; § 46 Abs. 2 S. 2 thürPAG.

nur zu dem Zweck speichern, verändern und nutzen, zu dem sie die Daten – regelmäßig rechtmäßig (vgl. § 13 Rn. 23a) – erlangt hat.[17]

13 **bb) Zweckänderung.** Der Grundsatz der Zweckbindung kann indes durchbrochen werden. Die Datenverarbeitung ist zu einem anderen Zweck zulässig, wenn die Polizei die Daten auch zu diesem anderen Zweck **erheben dürfte.**[18]

14 Die Zweckänderung von **Strafverfolgungs- zu präventiven Daten** wird in den Polizeigesetzen ausdrücklich zugelassen.[19] Zwar liegt die Datenherrschaft bei der Staatsanwaltschaft und wäre als Regelungsstandort für diese Zweckänderung die Strafprozeßordnung zu erwarten. Aber § 484 Abs. 4 StPO regelt, daß sich die Verwendung personenbezogener Daten aus Ermittlungsverfahren für Zwecke künftiger Strafverfahren nach den Polizeigesetzen richtet; der Bund hat also auf seine konkurrierende Gesetzgebungszuständigkeit zugunsten der Länder verzichtet. Der umgekehrte Fall der Verwendung von präventiven Daten zum Zwecke der Strafverfolgung wird nur manchmal ausdrücklich geregelt.[20] In den übrigen Ländern läßt § 161 Abs. 1 S. 1 StPO die Verwendung von präventiven Daten im Strafverfahren zu (vgl. *Götz,* § 17 Rn. 67; *Würtenberger/Heckmann,* Rn. 641).

15 Für diese Zweckänderungen verlangen einige Länder, daß die Daten für den anderen Zweck mit einer **gleichen oder vergleichbaren Erhebungsbefugnis** gewonnen werden dürften.[21] Manchmal wird

---

17 Art. 37 Abs. 2 S. 1 bayPAG; § 38 Abs. 1 S. 1 bbgPolG; § 42 Abs. 2 S. 1 berlASOG; § 36 a Abs. 1 S. 2 Hs. 1 bremPolG; § 37 Abs. 2 S. 1 bwPolG; § 14 Abs. 1 S. 1 hambGDatPol; § 20 Abs. 3 S. 1 hessSOG; § 36 Abs. 1 S. 2 mvSOG; § 38 Abs. 1 S. 1 ndsSOG; § 23 Abs. 1 S. 1 nwPolG; § 33 Abs. 2 S. 1 rpPOG; § 30 Abs. 1 S. 2 saarlPolG; § 43 Abs. 1 S. 2 sächsPolG; § 22 Abs. 2 S. 1 saSOG; § 188 Abs. 1 S. 2 shLVwG; § 39 S. 1 thürPAG; § 29 Abs. 1 S. 3 BPolG.

18 Art. 37 Abs. 2 S. 2 bayPAG; § 38 Abs. 1 S. 2 bbgPolG; § 42 Abs. 2 S. 2 berlASOG; § 36 b Abs. 1 Nr. 1 bremPolG; § 37 Abs. 2 S. 2 bwPolG; § 14 Abs. 1 S. 2 hambGDatPol; § 20 Abs. 3 S. 2 hessSOG; § 36 Abs. 1 S. 3 mvSOG; § 39 Abs. 1 S. 1 Nr. 1 ndsSOG; § 23 Abs. 1 S. 2 nwPolG; § 33 Abs. 2 S. 2 rpPOG; § 30 Abs. 1 S. 3 saarlPolG; § 43 Abs. 1 S. 3 sächsPolG; § 188 Abs. 1 S. 3 shLVwG; § 39 S. 2 thürPAG; § 29 Abs. 1 S. 4 BPolG.

19 Art. 38 Abs. 2 S. 1 bayPAG; § 39 Abs. 2 S. 1 bbgPolG; § 42 Abs. 3 berlASOG; § 36 b Abs. 5 S. 1 bremPolG; § 38 Abs. 1 S. 1 bwPolG; § 16 Abs. 2 S. 1 hambGDatPol; § 20 Abs. 4 S. 1 hessSOG; § 37 Abs. 1 mvSOG; § 39 Abs. 3 S. 1 ndsSOG; § 24 Abs. 2 S. 1 nwPolG; § 33 Abs. 4 S. 1 u. Abs. 5 S. 1 rpPOG; § 30 Abs. 3 S. 1 saarlPolG; § 43 Abs. 2 S. 1 sächsPolG; § 23 saSOG; § 189 Abs. 1 S. 4 shLVwG; § 40 Abs. 2 S. 1 thürPAG; § 29 Abs. 2 S. 1 BPolG.

20 § 25 Abs. 5 a S. 3 Nr. 1 berlASOG; § 36 b Abs. 9 S. 1 bremPolG; § 14 Abs. 2 S. 2 hambGDatPol; § 39 Abs. 6 ndsSOG; § 33 Abs. 2 S. 3 rpPOG.

21 § 36 b Abs. 9 S. 2 bremPolG; § 14 Abs. 2 S. 1 hambGDatPol; § 36 Abs. 1 S. 3 mvSOG; § 39 Abs. 1 S. 1 Nr. 1 ndsSOG; § 43 Abs. 1 S. 3 sächsPolG; § 188 Abs. 1 S. 3 shLVwG.

eine Zweckänderung bei mit besonderen Mitteln und Methoden erhobenen Daten unter Richtervorbehalt gestellt[22] oder nur zur Abwehr einer gegenwärtigen oder erheblichen Gefahr für wichtige Rechtsgüter, zur Verhütung von Straftaten von erheblicher Bedeutung oder zum Schutz eingesetzter Polizeibeamter zugelassen.[23] In den meisten Polizeigesetzen fehlt diese Präzisierung der Zweckbindung. Daraus wird in einer nur am Wortlaut orientierten Auslegung gefolgert, daß es bei der Zweckänderung lediglich auf die Zulässigkeit des anderen Zwecks, nicht aber auf das eingesetzte Mittel zur Datenerhebung und die bei ihm zu beachtenden Verfahrensbestimmungen wie den Richtervorbehalt ankomme (vgl. *Götz,* § 17 Rn. 66; *Würtenberger/Heckmann,* Rn. 640). Eine systematische und teleologische Auslegung kommt jedoch zum gegenteiligen Ergebnis. Die bei den Datenerhebungsbefugnissen durchgängige Unterscheidung der Zwecke „konkrete Gefahrenabwehr" und „vorbeugende Bekämpfung von Straftaten" und die Zuordnung besonderer Erhebungsmethoden verlören ihren Sinn, wenn es ausschließlich auf die Zulässigkeit des anderen Zwecks ankäme. Die Zweckbindung wäre preisgegeben und die Möglichkeit der Zweckänderung übermäßig geweitet, wenn die Polizei jede Information, die ihr einmal zur Verfügung steht, im Rahmen ihrer Aufgaben beliebig verwenden könnte (*Albers,* S. 325; *Petri,* HdbPolR, H Rn. 357ff.). In verfassungskonformer Auslegung sind deshalb die Erhebungsmethode und allfällige Verfahrensregelungen zu berücksichtigen, auch bei der ausdrücklich zugelassenen Verwendung von Strafverfolgungsdaten für die Gefahrenabwehr (*Schenke,* JZ 2001, 997).

Beispiel: Wird beim Einsatz eines verdeckten Ermittlers (vgl. § 14 Rn. 109) 16
das Schutzgut der öffentlichen Sicherheit verengt auf Leib, Leben und Freiheit und die Aufgabe der vorbeugenden Bekämpfung von Straftaten auf Straftaten von erheblicher Bedeutung, so sind diese verengten Schutzgüter auch für die Zulässigkeit der Speicherung, Veränderung und Nutzung maßgeblich. – Wurden Daten aus strafprozessual gerechtfertigten Eingriffen in Art. 10 GG gewonnen, so können sie nur soweit zu präventiven Zwecken verwendet werden, wie das jeweilige Polizeirecht gleiche oder vergleichbare Erhebungsbefugnisse kennt.

Speichert, verändert und nutzt die Polizei Daten, die sie im Rah- 17
men strafrechtlicher Ermittlungsverfahren oder von Personen ge-

---

22 §§ 186 Abs. 6, 186 a Abs. 7 S. 3 shLVwG.

23 § 25 Abs. 5 a S. 3 Nr. 2 berlASOG; § 36 b Abs. 6 S. 1 bremPolG; § 38 Abs. 1 S. 2 u. 3 bwPolG; § 39 Abs. 4 S. 1 ndsSOG; § 29 Abs. 1 S. 5 Hs. 1 BPolG.

wonnen hat, die verdächtig sind, eine Straftat begangen zu haben, zur Gefahrenabwehr, insbesondere zur vorbeugenden Bekämpfung von Straftaten, muß zum einen der Tatverdacht fortbestehen. Diese Voraussetzung kann ohne Verstoß gegen die Unschuldsvermutung auch nach einem freisprechenden Strafurteil gegeben sein, weil die Feststellung des Tatverdachts etwas anderes ist als eine Schuldfeststellung durch das Strafgericht (BVerfG, NJW 2002, 3231). Zum anderen muß nach einigen Polizeigesetzen **Wiederholungsgefahr** bestehen.[24] Diese liegt vor, wenn begründete Anhaltspunkte dafür gegeben sind, daß der Betroffene künftig strafrechtlich in Erscheinung treten wird; es ist nach kriminalistischer Erfahrung angesichts aller Umstände des Einzelfalles (Art, Schwere, Begehungsweise der zur Last gelegten Straftaten, Persönlichkeit des Betroffenen und Zeitraum, während dessen er strafrechtlich nicht mehr in Erscheinung getreten ist) prognostisch zu beurteilen. Auch für die Länder, die eine Wiederholungsgefahr nicht ausdrücklich normieren,[25] wird die Besorgnis der Begehung weiterer Straftaten gefordert (*Koch,* S. 165); dies mag rechtspolitisch sinnvoll sein, ist dem geltenden Recht aber nicht zu entnehmen.

18 **cc) Doppelte Zweckverfolgung.** Hat die Polizei Daten zur Gefahrenabwehr, zugleich aber auch zur Strafverfolgung erhoben (sog. doppelfunktionale Maßnahmen, vgl. § 2 Rn. 11), ist die Zweckbindung gewahrt, solange der Datenverarbeitung noch **ein** Erhebungszweck zugrunde liegt. Voraussetzung ist auch hier, daß in beiden Rechtsgebieten die gleichen oder in ihren tatbestandlichen Anforderungen immerhin vergleichbare Erhebungsbefugnisse vorhanden sind.

19 **b) Gefahr.** Mit dem Verweis auf die Erforderlichkeit zur Aufgabenerfüllung in der Generalklausel zur Datenverarbeitung wird auch das Erfordernis des Vorliegens einer Gefahr für die auf die Datenerhebung folgenden Maßnahmen der Datenverarbeitung übernommen. Für jede Speicherung, Veränderung und Nutzung von Daten ist Relevanz wenn nicht für eine konkrete, dann für die **abstrakte** Gefahrenabwehr (vorbeugende Bekämpfung von Straftaten, Vorbereitung auf

---

24 § 36 b Abs. 5 S. 1 bremPolG; § 38 Abs. 3 bwPolG; § 16 Abs. 2 S. 3 hambGDatPol; § 37 Abs. 1 mvSOG; § 39 Abs. 3 S. 2 ndsSOG; § 29 Abs. 2 saarlPolG; § 189 Abs. 1 shLVwG.

25 Bayern, Brandenburg, Berlin, Hessen, Nordrhein-Westfalen, Rheinland-Pfalz, Sachsen, Sachsen-Anhalt und Thüringen; außerdem der Bund.

die konkrete Gefahrenabwehr) Voraussetzung. Wegen der spezifischen Gefährlichkeit der Datenverarbeitung für die Persönlichkeit und deren informationelle Selbstbestimmung wird die Datenverarbeitung zur vorbeugenden Bekämpfung von Straftaten gelegentlich nur bei Verbrechen zugelassen, deren Begehung aufgrund tatsächlicher Anhaltspunkte zu erwarten ist, und bei anderen Straftaten, bei denen anzunehmen ist, daß sie gewerbs-, gewohnheits-, banden- oder organisationsmäßig begangen werden sollen.[26]

c) Pflichtigkeit. Grundsätzlich sind die Pflichtigen der Datenverarbeitung mit den Pflichtigen der Datenerhebung identisch. Handelt es sich um Kontakt- und Begleitpersonen, Zeugen, Hinweisgeber und sonstige Auskunftspersonen und werden die Daten in Dateien gespeichert, dann ist die Datenverarbeitung zur vorbeugenden Bekämpfung von Straftaten in einigen Ländern auf Straftaten von erheblicher Bedeutung beschränkt.[27] 20

d) Verhältnismäßigkeit. Die Erforderlichkeit zur Aufgabenerfüllung als alleinige tatbestandliche Voraussetzung für die Speicherung, Veränderung und Nutzung wird dem Grundsatz der Verhältnismäßigkeit gerecht, **solange** die Datenverarbeitung dem Zweck der Datenerhebung folgt bzw. den Zweck nur bei Gleichheit oder Vergleichbarkeit der Erhebungsbefugnis ändert. 21

Konkretisierungen der Verhältnismäßigkeit sind die bestehenden **Speicherungs- und Prüffristen.** Die Höchstfrist (vgl. VGH Kassel, NJW 2005, 2727/2730) beträgt bei Erwachsenen bis fünfzehn, bei Jugendlichen bis sieben und bei Kindern bis drei Jahre.[28] Konkretisierung des Verhältnismäßigkeitsgrundsatzes ist auch das Gebot, bei Dateien in angemessenen Abständen zu prüfen, ob die Notwendigkeit zur Weiterführung oder eine Notwendigkeit zur Änderung der errichteten Dateien gegeben ist.[29] 22

---

26 § 30 Abs. 3 S. 1 Nr. 1 u. 2 saarlPolG.

27 § 39 Abs. 4 S. 1 bbgPolG; § 36 b Abs. 8 S. 1 bremPolG; § 38 Abs. 6 S. 1 bwPolG; § 20 Abs. 5 S. 1 hessSOG; § 39 Abs. 5 S. 1 ndsSOG; § 24 Abs. 4 S. 1 nwPolG; § 22 Abs. 4 saSOG.

28 Art. 38 Abs. 2 S. 3 bayPAG; §§ 37 Abs. 1 S. 5, 39 Abs. 2 S. 3 bbgPolG; § 48 Abs. 4 berlASOG; § 38 Abs. 4 S. 2 bwPolG; §§ 15, 16 Abs. 2 S. 4 hambGDatPol; § 47 Abs. 1 S. 1 ndsSOG; § 24 Abs. 2 S. 3 u. Abs. 3 nwPolG; § 33 Abs. 4 S. 3 rpPOG; § 43 Abs. 4 S. 1 sächsPolG; §§ 38 S. 5, 40 Abs. 2 S. 3 thürPAG.

29 Art. 47 Abs. 2 bayPAG; § 48 Abs. 1 bbgPolG; § 49 Abs. 3 berlASOG; § 36 j S. 2 bremPolG; § 26 Abs. 3 S. 1 hambGDatPol; § 47 Abs. 1 S. 2 mvSOG; § 46 Abs. 2 ndsSOG; § 33 S. 2 nwPolG; § 33 Abs. 3 rpPOG; § 39 Abs. 1 S. 2 saarlPolG; § 197 Abs. 1 S. 2 shLVwG; § 46 Abs. 3 thürPAG.

23 **Beispiel: Das polizeiliche Informationssystem INPOL.** Das wichtigste Informationssystem ist das gem. § 11 BKAG gemeinsam von Bund und Ländern beim Bundeskriminalamt betriebene Polizeiliche Informationssystem INPOL und darin das Auskunfts- und Fahndungssystem INPOL-Z. Die wesentlichen hierin zusammengefaßten Dateien sind:

24 **Personenfahndung:** Die im polizeilichen Alltag bedeutsamste Datei ist die Datei Personenfahndung. In ihr sind die Daten zur
- strafprozessualen Festnahme aufgrund eines Haftbefehls,
- Ingewahrsamnahme zur Gefahrenabwehr als vermißte Person,
- Aufenthaltsermittlung,
- Ausweisung, Abschiebung oder Zurückweisung als Ausländer und
- polizeilichen Beobachtung zur vorbeugenden Bekämpfung von Straftaten gesuchter Personen gespeichert.

Neben dem Personendatensatz können sog. personengebundene Hinweise gespeichert werden. Sie dienen
- der Eigensicherung der eingesetzten Beamten, (z. B. bewaffnet, gewalttätig, BTM-Konsument),
- der Unterstützung der Fahndung (z. B. Prostitution, Ausbrecher, BTM-Konsument) oder
- dem Schutz des Betroffenen, damit nach seiner Festnahme unverzüglich ein Arzt hinzugezogen werden kann (z. B. geisteskrank, BTM-Konsument).

25 **Sachfahndung:** In dieser Datei werden Gegenstände ausgeschrieben, die zum Zwecke der Beweissicherung, Einziehung oder Eigentumssicherung benötigt werden, z. B. abhandengekommene Ausweise oder Kfz-Kennzeichen, die wegen fehlenden Versicherungsschutzes entstempelt werden müssen oder bei denen der Halter zur polizeilichen Beobachtung ausgeschrieben ist.

26 **Kriminalaktennachweis KAN:** Alle Länder betreiben automatisierte Aktennachweissysteme. Auf Bundesebene wird ein Kriminalaktennachweis über alle schweren und überregional bedeutsamen Straftaten geführt. Schwere Straftaten sind Verbrechen und die in § 100 a StPO aufgeführten Vergehen. Von überregionaler Bedeutung sind Straftaten, wenn Verdacht auf
- gewohnheits-, gewerbs-, bandenmäßige oder auch planmäßige überörtliche Begehung,
- Triebtäterschaft,
- Verfolgung extremistischer Ziele,
- Begehung unter Mitführung von Schußwaffen,
- internationale Betätigung oder erneute Straffälligkeit des Beschuldigten oder Tatverdächtigen außerhalb seines Wohn- oder Aufenthaltsorts besteht.

KAN ist ein elektronisches Fundstellenverzeichnis, das dem sachbearbeitenden Beamten die Möglichkeit gibt, die jeweilige Kriminalakte zu finden und durch deren Anforderung Erkenntnisse über den Verdächtigen zu bekommen. Einzelheiten aus einer Kriminalakte sind nicht abfragbar. KAN ist allerdings mehr als ein reines Nachweissystem; es stellt auch die personengebundenen Hinweise zur Verfügung und gibt Auskunft über

- Familien-, Geburts- und Vornamen, Geburtsdatum und -ort, Geschlecht und Staatsangehörigkeit,
- Alias-, Künstler- und Spitznamen und
- Hinweise auf Fahndungsausschreibungen, gegenwärtige Inhaftierungen und vorhandenen ed-Unterlagen.

Haftdatei: Hier werden die Daten aller Personen gespeichert, die aufgrund 27
richterlich verfügter Freiheitsentziehung in Haft sind. Die Daten dürfen noch zwei Jahre nach der Entlassung aus der Haft gespeichert bleiben, damit im Rahmen von Alibiüberprüfungen inhaftierte Personen als Tatverdächtige ausgeschlossen werden können.

Erkennungsdienstdatei: In dieser Datei sind Daten über alle Personen ge- 28
speichert, die erkennungsdienstlich behandelt wurden und deren ed-Unterlagen zu präventiven Zwecken aufbewahrt werden. Ähnlich wie bei KAN handelt es sich um ein Nachweissystem, das neben den Personalien über Art, Grund, Ort und Zeit der ed-Behandlung Auskunft gibt und Aktenzeichen und aufbewahrende Stelle benennt.

Datei Gewalttäter Sport: Hier werden Personen gespeichert, die im Zu- 29–33
sammenhang mit Sportveranstaltungen Straftaten begangen haben oder Adressat einer polizeilichen Maßnahme waren (Identitätsfeststellung, Platzverweisung) und bei denen Tatsachen die Annahme rechtfertigen, daß sie künftig anlaßbezogene Straftaten begehen werden (vgl. BVerwGE 137, 113; krit. *Spiecker/Kehr,* DVBl. 2011, 930).

III. Spezialbefugnisse zur Speicherung, Veränderung und Nutzung von Daten

1. Speicherung von Ton-, Bild- und Videoaufnahmen

a) Begriff und Rechtsgrundlagen. Ton-, Bild- und Videoaufnah- 34
men dienen manchmal nur der Überwachung des aufgenommenen Geschehens und erledigen sich mit ihm. Manchmal sollen sie aber auch gespeichert und weiter genutzt werden. Die Rechtsgrundlage dafür finden sich oft in den **Spezialbefugnissen** zur Anfertigung der Aufnahmen; in den anderen Ländern liegt sie in der Datenspeicherungs- und -nutzungs**generalklausel.**

35 **b) Rechtmäßigkeit.** Bild-, Ton- und Videoaufnahmen dürfen zur **vorbeugenden Bekämpfung von Straftaten**[30] gespeichert und genutzt werden, das gilt auch für die aus der Videoüberwachung des öffentlichen Raums oder bei öffentlichen Veranstaltungen und Ansammlungen gewonnenen Aufnahmen.

2. Polizeiliche Beobachtung

36 **a) Begriff und Rechtsgrundlagen.** Die polizeiliche Beobachtung, treffender gekennzeichnet als Ausschreibung (zur gezielten Kontrolle),[31] Kontrollmeldung oder -speicherung[32] oder Mitteilung über das Antreffen von Personen,[33] ist ein spezielles **Bündel von Maßnahmen** zur Kriminalitätsbekämpfung. Auf bestimmten Kriminalitätsfeldern (z. B. Drogen, Waffenhandel, Terrorismus) werden Personen oder diesen zuzuordnende Kfz in den Dateien zur Personen- und Sachfahndung (vgl. Rn. 24 f.) ausgeschrieben, d. h. gespeichert. Relevant wird die Speicherung, wenn die Person bzw. das Kfz in eine polizeiliche Kontrolle gerät, z. B. beim Grenzübertritt, bei einer Verkehrskontrolle nach § 36 Abs. 5 StVO oder bei der sog. Schleierfahndung (vgl. § 14 Rn. 41 f.). Beim routinemäßigen Abgleich der vor Ort festgestellten Daten mit dem Fahndungsbestand erkennen die Polizeibeamten, daß die Person bzw. das Kfz zur polizeilichen Beobachtung ausgeschrieben ist. Sie treffen nun unauffällig Feststellungen zu Ort und Zeit des Antreffens, Mitfahrern, Fahrtroute, mitgeführten Gegenständen und sonstigen relevanten Umständen des Antreffens. Diese Erkenntnisse werden der ausschreibenden Dienststelle auf herkömmlichem Wege (Fax, Fernschreiber) übermittelt. Im Laufe der Zeit soll ein Bewegungsbild der ausgeschriebenen Person entstehen, das Rückschlüsse auf Zusammenhänge und Querverbindungen der ausgeschriebenen Person zu anderen Personen erlaubt und kriminelle Strukturen abbildet, gegen die alsdann vorgegangen werden kann. In

30 Art. 32 Abs. 1 S. 1 u. Abs. 2 bayPAG; § 31 Abs. 1 S. 1 u. Abs. 3 S. 2 bbgPolG; § 24 Abs. 1 i. V. m. Abs. 2 berlASOG; § 29 Abs. 1 S. 1, Abs. 2 u. 3 S. 1 bremPolG; § 21 Abs. 1 S. 1, Abs. 2 u. 3 bwPolG; § 8 Abs. 1 S. 1 u. Abs. 2 S. 1 hambGDatPol; § 14 Abs. 3 S. 1 u. Abs. 4 S. 1 hessSOG; § 32 Abs. 1 S. 3 Hs. 1 u. Abs. 3 S. 2 mvSOG; § 32 Abs. 1 S. 1 ndsSOG; §§ 15 Abs. 1 S. 1, 15 a Abs. 2 S. 1 nwPolG; § 27 Abs. 2 u. 3 rpPOG; § 27 Abs. 1 S. 1 u. Abs. 2 S. 1 saarlPolG; § 38 Abs. 1 S. 1 u. Abs. 2 S. 1 sächsPolG; § 16 Abs. 1 S. 1 u. Abs. 2 S. 1 saSOG; § 184 Abs. 1 S. 2 u. Abs. 3 S. 2 shLVwG; § 33 Abs. 1 u. 2 thürPAG; §§ 26 Abs. 1 S. 1, Abs. 2, 27 S. 1 BPolG.

31 § 36 bbgPolG; § 187 Abs. 1 S. 1 shLVwG; § 37 thürPAG.

32 § 35 Abs. 1 mvSOG; § 37 Abs. 1 u. 2 ndsSOG; § 29 Abs. 1 u. 2 S. 1 saarlPolG; § 19 Abs. 1 u. 2 saSOG; § 187 shLVwG.

33 § 25 Abs. 1 bwPolG; § 32 Abs. 1 rpPOG.

ihrer Effektivität ist die polizeiliche Beobachtung von den Möglichkeiten der Personenkontrolle abhängig.

Die polizeiliche Beobachtung ist in allen Polizeigesetzen als **Spezialbefugnis** geregelt.[34] Die Regelung ist bei der Datenerhebung angesiedelt, obwohl die Befugnisse zur polizeilichen Beobachtung gar keine Ermächtigung zur Datenerhebung enthalten. Regelungsgegenstand sind Speicherung (Ausschreibung) und Übermittlung (Mitteilung der Erkenntnisse). Die Datenerhebung ist auf die Befugnisse zur Personen- und Fahrzeugkontrolle zu stützen. 37

Das durch das Schengen-Durchführungsübereinkommen (SDÜ) von 1990 eingerichtete **Schengener Informationssystem** (vgl. *Kugelmann,* Kap. 14 Rn. 101 ff.; *Mokros,* HdbPolR, O Rn. 185 ff.) sieht in Art. 99 als Sonderformen der Ausschreibung die „verdeckte Registrierung" und die „gezielte Kontrolle" vor. Diese Sonderformen werden in einigen Ländern in die Spezialbefugnis der polizeilichen Ausschreibung übernommen.[35] 38

b) Formelle Rechtmäßigkeit. Die **Anordnungskompetenz** für die polizeiliche Beobachtung liegt in den meisten Ländern bei der Behördenleitung.[36] In manchen Ländern besteht ein genereller Richtervorbehalt,[37] in anderen nur einer für die Verlängerung der Maßnahme.[38] Gelegentlich soll bei Gefahr im Verzuge der Polizeivollzugsdienst die Anordnung treffen können, die innerhalb von drei Tagen vom Richter zu bestätigen ist.[39] Gefahr im Verzuge wird sich indes bei der polizeilichen Beobachtung als auf Dauer angelegter Maßnahme nur schwer begründen lassen. 39

34 Art. 36 Abs. 1 u. 2 bayPAG; § 36 bbgPolG; § 27 Abs. 1 u. 2 berlASOG; § 31 Abs. 1–3 bremPolG; § 25 Abs. 1 bwPolG; § 13 Abs. 1 u. 2 hambGDatPol; § 17 Abs. 1–3 hessSOG; § 35 mvSOG; § 37 Abs. 1 u. 2 ndsSOG; § 21 Abs. 1 u. 2 nwPolG; § 32 rpPOG; § 29 Abs. 1 u. 2 S. 1 saarlPolG; §§ 38 Abs. 1 Nr. 4, 40 Abs. 1 S. 1 u. 2 u. Abs. 3 S. 1 sächsPolG; § 19 Abs. 1 u. 2 saSOG, § 187 Abs. 1 shLVwG; § 37 Abs. 1 u. 2 thürPAG; § 31 Abs. 1 S. 1 u. Abs. 2 BPolG.

35 § 36 Abs. 1 a bbgPolG; § 25 Abs. 1 S. 3 bwPolG; § 187 Abs. 1 S. 3 u. 4 shLVwG.

36 Art. 36 Abs. 3 S. 1 bayPAG; § 36 Abs. 3 S. 1 bbgPolG; § 27 Abs. 3 S. 1 berlASOG; § 25 Abs. 2 S. 1 bwPolG; § 13 Abs. 3 S. 1 hambGDatPol; § 17 Abs. 4 S. 1 hessSOG; § 35 Abs. 2 S. 1 mvSOG; § 37 Abs. 3 S. 1 ndsSOG; § 32 Abs. 3 S. 1 rpPOG; § 29 Abs. 2 S. 2 saarlPolG; § 38 Abs. 4 S. 1 sächsPolG; § 19 Abs. 4 S. 1 saSOG; § 37 Abs. 3 S. 1 thürPAG; § 31 Abs. 3 S. 1 BPolG.

37 § 31 Abs. 4 S. 1 bremPolG; § 21 Abs. 3 S. 1 nwPolG; § 187 Abs. 2 S. 1 shLVwG.

38 § 17 Abs. 5 S. 1 hessSOG; § 35 Abs. 2 S. 4 Hs. 1 mvSOG; § 32 Abs. 3 S. 4 rpPOG; § 19 Abs. 5 S. 1 saSOG; § 31 Abs. 4 S. 4 BPolG.

39 § 31 Abs. 4 S. 3 bremPolG.

40 Die Anordnung muß **schriftlich** ergehen und ist zu **befristen.**[40] Die Höchstfrist beläuft sich je nach Land auf sechs,[41] neun[42] oder zwölf[43] Monate. Nach drei[44] bzw. sechs[45] Monaten ist in einigen Ländern zu prüfen, ob die Voraussetzungen für die Anordnung noch gegeben sind. Soll die polizeiliche Beobachtung über die Höchstfrist hinaus verlängert werden, bedarf es einer erneuten Anordnung.[46]

41 **c) Materielle Rechtmäßigkeit. aa) Schutzgüter und Gefahr.** Bei der polizeilichen Beobachtung handelt es sich um eine typische Vorfeldmaßnahme mit längerer Vorlaufzeit zur Abwehr einer **abstrakten** Gefahr. In erster Linie gilt die polizeiliche Beobachtung denn auch der vorbeugenden Bekämpfung von Straftaten,[47] der Verhütung von Straftaten[48] bzw. der Verhütung von Schäden für Leib, Leben oder Freiheit, gleichgewichtige Sach- oder Vermögenswerte oder die Umwelt.[49]

42 **bb) Pflichtigkeit.** Zur vorbeugenden Bekämpfung von Straftaten kann sich die polizeiliche Beobachtung gegen Personen richten, bei denen eine **Gesamtwürdigung** und die bisher begangenen Straftaten oder sonstige Tatsachen die Annahme rechtfertigen, daß sie künftig

---

40 § 36 Abs. 3 S. 4 bbgPolG; § 27 Abs. 3 S. 2 berlASOG; § 25 Abs. 2 S. 2 Hs. 1 bwPolG; § 17 Abs. 4 S. 2 hessSOG; § 37 Abs. 3 S. 3 ndsSOG; § 32 Abs. 3 S. 2 rpPOG; § 38 Abs. 6 S. 1 sächsPolG; § 19 Abs. 4 S. 2 saSOG; § 187 Abs. 2 S. 2 shLVwG; § 31 Abs. 3 S. 2 BPolG.

41 § 35 Abs. 2 S. 2 mvSOG; § 187 Abs. 2 S. 2 shLVwG; § 31 Abs. 4 S. 1 BPolG.

42 § 19 Abs. 4 S. 2 saSOG.

43 Art. 36 Abs. 3 S. 2 bayPAG; § 36 Abs. 3 S. 4 bbgPolG; § 27 Abs. 3 S. 2 berlASOG; § 31 Abs. 4 S. 6 bremPolG; § 25 Abs. 2 S. 2 Hs. 2 bwPolG; § 13 Abs. 3 S. 2 hambGDatPol; § 17 Abs. 4 S. 2 hessSOG; § 37 Abs. 3 S. 3 ndsSOG; § 29 Abs. 3 S. 4 nwPolG; § 32 Abs. 3 S. 2 rpPOG; § 29 Abs. 3 S. 1 saarlPolG; § 40 Abs. 2 S. 1 sächsPolG; § 37 Abs. 3 S. 2 thürPAG.

44 § 17 Abs. 4 S. 4 Hs. 1 hessSOG; § 19 Abs. 4 S. 4 Hs. 1 saSOG; § 31 Abs. 4 S. 2 BPolG.

45 § 36 Abs. 3 S. 6 bbgPolG; § 27 Abs. 3 S. 4 berlASOG; § 13 Abs. 3 S. 3 hambGDatPol; § 21 Abs. 3 S. 6 nwPolG; § 29 Abs. 3 S. 2 Hs. 1 saarlPolG; § 40 Abs. 2 S. 3 sächsPolG.

46 Art. 36 Abs. 3 S. 3 bayPAG; § 36 Abs. 3 S. 5 bbgPolG; § 27 Abs. 3 S. 3 berlASOG; § 31 Abs. 4 S. 7 bremPolG; § 25 Abs. 2 S. 3 bwPolG; § 17 Abs. 5 S. 1 hessSOG; § 37 Abs. 3 S. 4 ndsSOG; § 21 Abs. 3 S. 5 nwPolG; § 32 Abs. 3 S. 3 rpPOG; § 29 Abs. 3 S. 3 saarlPolG; § 40 Abs. 2 S. 2 sächsPolG; § 187 Abs. 2 S. 3 shLVwG; § 37 Abs. 3 S. 3 thürPAG; § 31 Abs. 4 S. 4 BPolG.

47 Art. 36 Abs. 1 bayPAG; § 36 Abs. 1 bbgPolG; § 27 Abs. 2 berlASOG; § 25 Abs. 1 S. 1 bwPolG; § 13 Abs. 1 hambGDatPol; § 35 Abs. 1 mvSOG; § 21 Abs. 1 nwPolG; § 32 Abs. 1 rpPOG; § 29 Abs. 1 saarlPolG; § 37 Abs. 1 u. 2 thürPAG.

48 § 36 Abs. 1 a bbgPolG; § 31 Abs. 1 S. 1 bremPolG; § 17 Abs. 2 hessSOG; § 35 Abs. 1 mvSOG; § 37 Abs. 1 ndsSOG; § 38 Abs. 2 S. 1 Nr. 2 sächsPolG; § 19 Abs. 2 saSOG; § 31 Abs. 2 BPolG.

49 § 187 Abs. 1 shLVwG.

Straftaten von erheblicher Bedeutung begehen werden.[50] Es geht um sog. gefährliche Intensivtäter bzw. potentielle Straftäter.

Verfassungsrechtliche Bedenken bestehen gegen die Regelungen, wonach auch **Kontakt- und Begleitpersonen** zur polizeilichen Beobachtung ausgeschrieben werden können.[51] Die Kontakt- und Begleitpersonen von vornherein mit den gefährlichen Intensivtätern bzw. potentiellen Straftätern gleichzustellen, verstößt gegen das Verhältnismäßigkeitsprinzip (vgl. *Petri,* HdbPolR, H Rn. 284). Erst wenn sich vermuten läßt, daß jemand, der häufig mit einer ausgeschriebenen Person angetroffen wurde, ebenfalls ein potentieller Straftäter ist, kann er selbst ausgeschrieben werden. Zulässig ist aber, daß die bei einer Personenkontrolle festgestellten Fakten und Umstände, auch soweit sie Kontakt- und Begleitpersonen betreffen, der ausschreibenden Dienststelle mitgeteilt werden. 43

cc) Verhältnismäßigkeit. Die meisten Polizeigesetze fordern ausdrücklich, daß die Ausschreibung zur polizeilichen Beobachtung zur vorbeugenden Bekämpfung von Straftaten bzw. zu deren Verhütung erforderlich sein muß.[52] 44

3. Datenabgleich

a) Begriff und Rechtsgrundlagen. Der Datenabgleich ist **suchendes Vergleichen** im eigenen Datenbestand. Auf der Grundlage aktuell gewonnener Erkenntnisse überprüft die Polizei, ob zu einer Person in den polizeilichen Dateien weitere Erkenntnisse gespeichert sind. Standardfall des Datenabgleichs ist die sog. Routineabfrage, bei der die anläßlich einer Personen- oder Fahrzeugkontrolle festgestellten Personalien oder Kraftfahrzeugkennzeichen mit den Dateien Personen- und Sachfahndung (vgl. Rn. 24 f.) abgeglichen werden. 45

---

50 Art. 36 Abs. 1 Nr. 1 bayPAG; § 36 Abs. 1 Nr. 1 u. 1 a bbgPolG; § 27 Abs. 2 Nr. 1 berlASOG; § 31 Abs. 1 S. 1 Nr. 2 bremPolG; § 25 Abs. 1 S. 1 Nr. 1 bwPolG; § 13 Abs. 1 Nr. 1 hambGDatPol; § 17 Abs. 2 Nr. 1 hessSOG; § 21 Abs. 1 Nr. 1 nwPolG; § 32 Abs. 1 rpPOG; § 29 Abs. 1 Nr. 2 saarlPolG; § 40 Abs. 3 S. 1 sächsPolG; § 19 Abs. 2 Nr. 1 saSOG; § 37 Abs. 1 u. 2 thürPAG; § 31 Abs. 2 Nr. 1 BPolG.

51 § 31 Abs. 1 S. 3 bremPolG; § 17 Abs. 2 hessSOG; § 40 Abs. 1 S. 2 sächsPolG; § 19 Abs. 2 saSOG.

52 Art. 36 Abs. 1 bayPAG; § 36 Abs. 1 u. 1 a bbgPolG; § 27 Abs. 2 berlASOG; § 31 Abs. 1 S. 1 bremPolG; § 25 Abs. 1 S. 1 bwPolG; § 13 Abs. 1 hambGDatPol; § 17 Abs. 2 hessSOG; § 37 Abs. 1 ndsSOG; § 21 Abs. 1 nwPolG; § 32 Abs. 1 rpPOG; § 29 Abs. 2 S. 1 saarlPolG; § 19 Abs. 2 saSOG; § 37 Abs. 1 u. 2 thürPAG; § 31 Abs. 2 BPolG.

46 Alle Polizeigesetze enthalten eine **Spezialbefugnis** zum Datenabgleich[53] und erlauben ausdrücklich die Routineabfrage.[54] In vielen Ländern ist der Abgleich der durch eine Polizeistreife oder elektronisch oder automatisiert (vgl. § 14 Rn. 16) erhobenen Kraftfahrzeugkennzeichen besonders geregelt.[55] Der Sache nach stellt auch die vereinzelt geregelt Ermächtigung zur Erstellung eines Kriminalitätslagebilds[56] eine Spezialbefugnis zum Datenabgleich dar.

47 **b) Rechtmäßigkeit. aa) Schutzgüter und Gefahr.** Die Schutzgüter des Datenabgleichs sind über die Bindung an die **Zwecke der Datenerhebung und -speicherung** die öffentliche Sicherheit und je nach Landesrecht (vgl. § 8 Rn. 1) Ordnung. Tatsachen müssen die Annahme rechtfertigen, daß der Datenabgleich zur Erfüllung einer bestimmten Aufgabe der Gefahrenabwehr erforderlich ist; auch wenn die Polizeigesetze den Datenabgleich bei Störern und potentiellen Straftätern ohne weitere Voraussetzung zulassen, ist doch den Begriffen des Störers und des potentiellen Straftäters die entsprechende Annahme immanent.

48 **bb) Pflichtigkeit.** Die meisten Polizeigesetze lassen den Datenabgleich ausdrücklich bei Störern[57] oder bei Störern und potentiellen Straftätern[58] zu; darin liegt aber keine Beschränkung des Kreises der Pflichtigen, denn sie lassen ihn auch bei anderen und damit **allen Personen** zu, wenn Tatsachen die Annahme rechtfertigen, daß dies zur

53 Art. 43 Abs. 1 S. 1–3 bayPAG; § 40 Abs. 1 bbgPolG; § 28 Abs. 1 S. 1 berlASOG; § 36 h S. 1, 2 u. 4 bremPolG; § 39 Abs. 1 S. 1–3 bwPolG; § 22 Abs. 1 hambGDatPol; § 25 Abs. 1 S. 1–3 hessSOG; § 43 Abs. 1 S. 1–3 mvSOG; § 45 Abs. 1 ndsSOG; § 25 Abs. 1 nwPolG; § 37 Abs. 1 rpPOG; § 36 Abs. 1 S. 1–3 saarlPolG; § 46 Abs. 1 S. 1–3 sächsPolG; § 30 Abs. 1 S. 1–3 saSOG; § 195 Abs. 1 S. 1–3 shLVwG; § 43 Abs. 1 u. 2 thürPAG; § 34 Abs. 1 S. 1 BPolG.

54 Art. 43 Abs. 1 S. 3 bayPAG; § 40 Abs. 1 S. 3 bbgPolG; § 28 Abs. 1 S. 2 berlASOG; § 36 h S. 1 bremPolG; § 39 Abs. 1 S. 3 bwPolG; § 22 Abs. 1 S. 3 hambGDatPol; § 25 Abs. 1 S. 3 hessSOG; § 43 Abs. 1 S. 3 mvSOG; § 45 Abs. 1 S. 1 i. V. m. Abs. 2 ndsSOG; § 25 Abs. 1 S. 3 nwPolG; § 37 Abs. 2 S. 1 rpPOG; § 36 Abs. 1 S. 3 saarlPolG; § 46 Abs. 1 S. 3 sächsPolG; § 30 Abs. 1 S. 3 saSOG; § 195 Abs. 1 S. 3 shLVwG; § 43 Abs. 1 S. 3 thürPAG; § 34 Abs. 1 S. 2 BPolG.

55 Art. 33 Abs. 2 S. 2–4 bayPAG; § 36 h S. 2 bremPolG; § 22 a Abs. 2 bwPolG; § 8 Abs. 6 S. 1 hambSOG; § 14 Abs. 5 S. 1 hessSOG; § 43 a Abs. 2 mvSOG; §§ 32 Abs. 5 S. 3, 45 Abs. 1 S. 2 ndsSOG; § 27 Abs. 5 S. 1 rpPOG; § 19 a Abs. 1 S. 5 sächsPolG; §§ 33 Abs. 7 S. 1, 43 Abs. 2 thürPAG.

56 § 20 Abs. 9 hessSOG.

57 Art. 43 Abs. 1 S. 1 bayPAG; § 40 Abs. 1 S. 1 bbgPolG; § 39 Abs. 1 S. 1 bwPolG; § 22 Abs. 1 S. 1 hambGDatPol; § 25 Abs. 1 S. 1 nwPolG; § 37 Abs. 1 S. 1 rpPOG; § 46 Abs. 1 S. 1 sächsPolG; § 43 Abs. 1 S. 1 thürPAG.

58 § 25 Abs. 1 S. 1 hessSOG; § 43 Abs. 1 S. 1 mvSOG; § 36 Abs. 1 S. 1 saarlPolG; § 30 Abs. 1 S. 1 saSOG; § 195 Abs. 1 S. 1 shLVwG.

Erfüllung einer bestimmten polizeilichen Aufgabe erforderlich ist oder erscheint.[59]

c) **Durchsetzung.** Zur Durchsetzung des Datenabgleichs kann der Betroffene **an- und festgehalten** werden.[60] Wird ein Verkehrsteilnehmer im Rahmen einer Verkehrskontrolle nach § 36 Abs. 5 StVO überprüft, darf er zur Durchführung des Datenabgleichs aber nur solange festgehalten werden, wie dies regelmäßig erforderlich ist. Regelmäßig kann während der Überprüfung des Fahrzeugs durch den einen Beamten der Datenabgleich durch den anderen durchgeführt werden. Die Warteschlange im Computer geht zu Lasten der Polizei. 49

4. Rasterfahndung

a) **Begriff und Rechtsgrundlagen.** Die Rasterfahndung erlaubt den Zugriff auf fremde Datenbestände und deren Abgleich mit polizeilichen oder anderen Dateien. Anhand kriminalistisch relevanter Merkmale rastert der Computer in mehreren Suchläufen Personen aus. Bei diesen Personen setzt die Polizei dann mit herkömmlichen Ermittlungsmethoden an, um die gesuchte Person zu finden. Die Praxis unterscheidet die **positive** und die **negative** Rasterfahndung. Bei jener geht es um die Ermittlung von Personen, die alle oder möglichst viele der kriminalistisch relevanten Merkmale auf sich vereinigen, während die Rasterung bei dieser darauf angelegt ist, aus einem Ausgangsbestand all die Personen auszufiltern, bei denen bestimmte Merkmale **nicht** vorliegen. 50

Beispiele: Um nach dem Angriff auf das World Trade Center terroristische Anschläge in Deutschland zu verhindern, rasterten die Landeskriminalämter aus Datenbeständen, die sie bei Universitäten, Einwohnermeldeämtern und dem Ausländerzentralregister erhoben hatten, männliche Personen zwischen 18 und 40 Jahren aus, die studierten oder studiert hatten, islamischen Glaubens waren und in bestimmten Ländern mit vorwiegend islamischer Bevölkerung geboren oder deren Staatsangehörige waren. Das Bundeskriminalamt 51

---

59 Art. 43 Abs. 1 S. 2 bayPAG; § 40 Abs. 1 S. 2 bbgPolG; § 28 Abs. 1 S. 1 berlASOG; § 36 h S. 4 bremPolG; § 39 Abs. 1 S. 2 bwPolG; § 22 Abs. 1 S. 2 hambGDatPol; § 25 Abs. 1 S. 2 hessSOG; § 43 Abs. 1 S. 2 mvSOG; § 45 Abs. 1 S. 4 ndsSOG; § 25 Abs. 1 S. 2 nwPolG; § 37 Abs. 1 S. 2 rpPOG; § 36 Abs. 1 S. 2 saarlPolG; § 46 Abs. 1 S. 2 sächsPolG; § 30 Abs. 1 S. 2 saSOG; § 195 Abs. 1 S. 2 shLVwG; § 43 Abs. 1 S. 2 thürPAG; § 34 Abs. 1 S. 1 BPolG.

60 Art. 43 Abs. 1 S. 4 bayPAG; § 40 Abs. 2 bbgPolG; § 28 Abs. 1 S. 3 berlASOG; § 39 Abs. 1 S. 4 bwPolG; § 22 Abs. 2 hambGDatPol; § 25 Abs. 1 S. 4 hessSOG; § 45 Abs. 2 ndsSOG; § 25 Abs. 2 nwPolG; § 37 Abs. 2 S. 2 rpPOG; § 46 Abs. 1 S. 4 sächsPolG; § 30 Abs. 1 S. 4 saSOG; § 43 Abs. 3 thürPAG; § 34 Abs. 1 S. 3 BPolG.

glich die gewonnenen Daten mit Dateien u. a. über Inhaber von Fluglizenzen und Beschäftigte bei Kernkraftwerken ab. Ein sog. Schläfer wurde dabei nicht gefunden (vgl. BVerfGE 115, 320/323f., 329ff.). – Die RAF unterhielt in den 70er Jahren konspirative Wohnungen. Da die Terroristen keine Kontoeröffnung riskieren und daher ihre Stromrechnung nicht bargeldlos überweisen konnten, vermutete die Polizei sie unter den Personen, die ihre Stromrechnung bar bezahlten. Die der Polizei vom Energieversorgungsunternehmen überlassene Datei mit den bar zahlenden Stromkunden wurde in mehreren Suchläufen mit der Einwohnermeldedatei, der Kfz-Halterdatei und der Rentenversicherungsdatei abgeglichen. Da die Polizei davon ausgehen konnte, daß Terroristen weder behördlich gemeldet waren noch ein Kfz angemeldet hatten noch auch Beiträge zur Rentenversicherung zahlten, wurden mit den Suchläufen aus der Datei der bar zahlenden Stromkunden alle „Legalen" ausgerastert, bis nur noch Träger von Falschnamen übrigblieben. Bei diesen setzte die Polizei mit herkömmlichen Methoden an und konnte mehrere konspirative Wohnungen ausheben.

52 Bis auf den Bund, wo bewußt auf diese Befugnis verzichtet wurde, ist die Rasterfahndung in allen Polizeigesetzen als **Spezialbefugnis** enthalten und sieht vor, daß die Polizei von öffentlichen oder nichtöffentlichen Stellen die Übermittlung personenbezogener Daten bestimmter Personengruppen aus Dateien zum Zwecke des Abgleichs mit anderen Datenbeständen verlangen kann.[61] Die Bundespolizei kann allerdings anordnen, daß Luftfahrtunternehmen, die Fluggäste nach Deutschland befördern, deren persönliche und Reisedaten erheben und an die Bundespolizei übermitteln.[62]

53 **b) Formelle Rechtmäßigkeit.** Die meisten Länder verlangen die Anordnung und Beteiligung vorgesetzter Instanzen bis hin zum Innenminister.[63] Andere Länder sehen dagegen die Anordnung durch den Richter vor.[64] In den meisten Ländern ist der Datenschutzbeauftragte zu unterrichten.[65]

---

61 Art. 44 Abs. 1 S. 1 bayPAG; § 46 Abs. 1 bbgPolG; § 47 Abs. 1 S. 1 berlASOG; § 36 i Abs. 1 u. 2 bremPolG; § 40 Abs. 1 S. 1 bwPolG; § 23 Abs. 1 hambGDatPol; § 26 Abs. 1 S. 1 hessSOG; § 44 Abs. 1 S. 1 mvSOG; § 45 a Abs. 1 S. 1 ndsSOG; § 31 Abs. 1 nwPolG; § 38 Abs. 1 rpPOG; § 37 Abs. 1 S. 1 saarlPolG; § 47 Abs. 1 S. 1 sächsPolG; § 31 Abs. 1 saSOG; § 195 a Abs. 1 shLVwG; § 44 Abs. 1 thürPAG.

62 § 31 a BPolG.

63 § 36 i Abs. 3 S. 1 bremPolG; § 40 Abs. 3 S. 1 bwPolG; § 23 Abs. 4 S. 1 hambGDatPol; § 26 Abs. 4 S. 1 hessSOG; § 44 Abs. 4 S. 1 mvSOG; § 45 a Abs. 2 S. 1 ndsSOG; § 37 Abs. 4 S. 1 saarlPolG; § 31 Abs. 4 S. 1 saSOG; § 44 Abs. 4 S. 1 thürPAG.

64 Art. 44 Abs. 3 S. 1 bayPAG; § 46 Abs. 4 S. 1 bbgPolG; § 47 Abs. 4 S. 1 berlASOG; § 31 Abs. 4 S. 1 nwPolG; § 38 Abs. 3 rpPOG; § 47 Abs. 3 S. 1 sächsPolG; § 195 a Abs. 2 S. 1 shLVwG.

65 Art. 44 Abs. 3 S. 6 bayPAG; § 47 Abs. 4 S. 11 berlASOG; § 36 i Abs. 3 S. 2 bremPolG; § 40 Abs. 3 S. 2 bwPolG; § 23 Abs. 4 S. 2 hambGDatPol; § 26 Abs. 4 S. 2 hessSOG; § 44 Abs. 4 S. 2 mvSOG; § 45 a Abs. 2 S. 2 ndsSOG; § 38 Abs. 3 S. 4 rpPOG; § 37

c) Materielle Rechtmäßigkeit. aa) Schutzgüter. Weil die Rasterfahndung verdachtslos breit streut, Daten in großem Umfang, von großer Vielfalt und beträchtlicher Persönlichkeitsrelevanz verwendet und erheblich beeinträchtigende Folgen haben kann, ist sie von besonders hoher Eingriffsintensität und nur um hochrangiger Schutzgüter willen gerechtfertigt (BVerfGE 115, 320/345 ff.). Entsprechend muß es in den meisten Ländern um den Bestand oder die Sicherheit des Bundes oder eines Landes um Leib, Leben oder Freiheit einer Person oder den Schutz vor einer schwerwiegenden Straftat gehen.[66] 54

bb) Gefahr. Den Schutzgütern muß in wenigen Ländern eine gegenwärtige[67] oder eine erhebliche[68] Gefahr drohen, in den meisten Ländern einfach eine konkrete.[69] Das Bundesverfassungsgericht verlangt mit Rücksicht auf den Verhältnismäßigkeitsgrundsatz, daß jedenfalls eine konkrete Gefahr vorliegt; danach „darf eine Rasterfahndung nicht schon im Vorfeld einer konkreten Gefahr ermöglicht werden" (BVerfGE 115, 320/362; vgl. *Robrecht,* SächsVBl. 2007, 80). Damit ist nicht vereinbar, daß einige Länder die Rasterfahndung zur vorbeugenden Bekämpfung von Straftaten vorsehen.[70] Soweit die Rasterfahndung der Abwehr oder Verhinderung von besonders schwerwiegenden Straftaten oder von Straftaten von erheblicher Bedeutung dient,[71] ist dies einer verfassungskonformen Interpretation i. S. der Rechtsprechung des Bundesverfassungsgerichts zugänglich. 55, 56

cc) Pflichtigkeit. Die Rasterfahndung kann **jedermann** erfassen, müssen doch besonders bei der negativen Rasterfahndung die Vergleichsbänder möglichst viele Personen enthalten, um die Anzahl der ausgerasterten Personen möglichst gering zu halten (vgl. Rn. 50 f.). Da alle ausgerasterten Personen nicht namentlich ausge- 57

Abs. 4 S. 2 saarlPolG; § 47 Abs. 4 sächsPolG; § 31 Abs. 4 S. 2 saSOG; § 195 a Abs. 6 shLVwG; § 44 Abs. 4 S. 2 thürPAG.

66 Art. 44 Abs. 1 bayPAG; § 46 Abs. 1 bbgPolG; § 47 Abs. 1 S. 1 berlASOG; § 36 i Abs. 1 S. 1 bremPolG; § 40 Abs. 1 S. 1 bwPolG; § 23 Abs. 1 hambGDatPol; § 26 Abs. 1 S. 1 hessSOG; § 44 Abs. 1 S. 1 mvSOG; § 45 a Abs. 1 S. 1 ndsSOG; § 31 Abs. 1 S. 1 nwPolG; § 38 Abs. 1 rpPOG; § 37 Abs. 1 S. 1 saarlPolG; § 47 Abs. 1 S. 1 Nr. 1 sächsPolG; § 31 Abs. 1 saSOG; § 195 a Abs. 1 shLVwG; § 44 Abs. 1 thürPAG.

67 § 47 Abs. 1 S. 1 berlASOG.

68 § 195 a Abs. 1 shLVwG.

69 Art 44 Abs. 1 bayPAG; § 46 Abs. 1 bbgPolG; § 36 i Abs. 1 S. 1 bremPolG; § 40 Abs. 1 S. 1 bwPolG; § 26 Abs. 1 S. 1 hessSOG; § 44 Abs. 1 S. 1 mvSOG; § 31 Abs. 1 S. 1 nwPolG; § 38 Abs. 1 rpPOG; § 37 Abs. 1 S. 1 saarlPolG; § 47 Abs. 1 S. 1 sächsPolG; § 44 Abs. 1 Nr. 2 thürPAG.

70 § 23 Abs. 1 hambGDatPol; § 31 Abs. 1 saSOG; § 44 Abs. 1 Nr. 1 thürPAG.

71 Art. 44 Abs. 1 Nr. 2 bayPAG; § 36 i Abs. 1 S. 1 bremPolG; § 195 a Abs. 1 shLVwG; § 44 Abs. 1 Nr. 1 thürPAG.

worfen werden, überzeugen die verfassungsrechtlichen Bedenken gegen die Rasterfahndung nicht (vgl. *Geis/Möller,* Verwaltung 2004, 431; *Horn,* DÖV 2003, 746; a. A. *Koch,* S. 188).

IV. Datenübermittlung

1. Begriff und Rechtsgrundlagen

58 **a) Begriff.** Datenübermittlung ist das **Bekanntgeben** gespeicherter oder durch Datenverarbeitung gewonnener Daten **an Dritte** in der Weise, daß die Daten entweder an den Dritten weitergegeben werden oder der Dritte die zur Einsicht oder zum Abruf bereitgehaltenen Daten einsieht oder abruft.[72] Die Bekanntgabe kann mündlich, schriftlich oder elektronisch geschehen. Besondere Form der Datenübermittlung ist das automatisierte Abrufverfahren, das durch direkte Verbindung (online-Verbund) den unmittelbaren Zugriff auf eigene oder fremde Datenbestände ermöglicht. Ohne daß im Einzelfall über die Zulässigkeit der Datenübermittlung entschieden wird, greift die Polizei hier entweder auf polizeiliche oder andere Dateien (Verkehrszentral-, Ausländerzentral- und Melderegister) zu.

59 Wann eine Datenübermittlung vorliegt, hängt davon ab, ob man die übermittelnde Stelle als **Verwaltungseinheit** eng oder weit bestimmt.[73] Die Datenübermittlungsbestimmungen sind Schutzgesetze des Rechts der informationellen Selbstbestimmung, das durch die Datenübermittlung insofern besonders gefährdet ist, als mit dem Datenempfänger ein Dritter ins Spiel kommt, der die Daten aus ihrem alten Verwendungskontext lösen und in einem neuen Kontext verwenden kann. Daher ist auch da, wo es nicht im Gesetz ausdrücklich so gefordert wird, von einem funktionalen Behördenverständnis auszugehen, nach dem auch bei einem Datentransfer innerhalb einer Behörde eine Datenübermittlung vorliegen kann.

60 **Beispiel:** Die Abteilung Verwaltung eines Polizeipräsidiums als zuständige Versammlungsbehörde teilt der Schutzpolizei derselben Behörde zur Vorbereitung auf einen Demonstrationseinsatz den Namen des Anmelders der Demonstration mit.

---

72 § 3 Abs. 4 Nr. 3 BDSG.
73 Einerseits § 44 Abs. 1 S. 3 berlASOG, § 18 Abs. 1 S. 3 hambGDatPol, § 40 Abs. 5 ndsSOG und andererseits § 41 Abs. 5 bbgPolG.

b) Rechtsgrundlagen. Die Polizeigesetze lassen die Datenübermittlung alles in allem zu, wenn sie zur Aufgabenerfüllung durch die Polizei oder durch den Empfänger erforderlich ist. Die einzelnen Ermächtigungen zur Datenübermittlung **differenzieren** nach der Sachnähe des Empfängers zur jeweiligen polizeilichen Aufgabe. Solange Daten zwischen Polizei-[74] oder auch Polizei- und Ordnungsbehörden ausgetauscht werden[75] und die Aufgaben identisch sind, sind die Anforderungen am schwächsten; zwischen Polizei- und Ordnungsbehörden besteht Aufgabenidentität nur bei der klassischen Gefahrenabwehr. Strenger werden sie häufig, wenn es um Datenübermittlung an sonstige öffentliche Stellen,[76] an ausländische öffentliche, über- und zwischenstaatliche Stellen[77] und an Private geht;[78] allerdings werden Polizeidienststellen in anderen Mitgliedstaaten der Europäischen Union oder in Staaten, die dem Schengen-Durchführungsübereinkommen (SDÜ) von 1990 beigetreten sind, teilweise den deutschen Polizeibehörden gleichgestellt.[79] 61

Mit besonderen Mitteln erhobene Daten, bewertende Daten und Daten von Kontakt- bzw. Begleitpersonen dürfen in vielen Ländern 62

74 Art. 40 Abs. 1 S. 1 u. 2 bayPAG; § 42 Abs. 1 S. 1 bbgPolG; § 36 d Abs. 1 S. 1 bremPolG; § 42 Abs. 1 bwPolG; § 19 Abs. 1 hambGDatPol; § 22 Abs. 1 S. 1 u. 2 hessSOG; § 40 Abs. 1 S. 1 mvSOG; § 41 ndsSOG; § 27 Abs. 1 nwPolG; § 34 Abs. 1 S. 1 rpPOG; § 33 Abs. 1 saarlPolG; § 14 Abs. 1 sächsDSG; § 192 Abs. 1 S. 1 shLVwG; § 27 Abs. 1 S. 1 saSOG; § 41 Abs. 1 S. 1 thürPAG; § 32 Abs. 1 BPolG.

75 Art. 40 Abs. 3 bayPAG; § 43 Abs. 2 bbgPolG; § 44 Abs. 1 S. 1 berlASOG; § 36 d Abs. 1 S. 2 bremPolG; § 42 Abs. 2 bwPolG; § 20 Abs. 2 hambGDatPol; § 20 Abs. 1 S. 3 hessSOG; § 40 Abs. 1 S. 1 mvSOG; § 41 ndsSOG; § 28 Abs. 2 nwPolG; § 34 Abs. 1 S. 1 rpPOG; § 34 Abs. 1 S. 1 saarlPolG; § 14 Abs. 1 sächsDSG; §§ 192 Abs. 1 S. 1, 193 Abs. 1 S. 1 shLVwG; § 27 Abs. 1 S. 3 saSOG; § 41 Abs. 2 S. 1 thürPAG; § 32 Abs. 2 BPolG.

76 Art. 40 Abs. 2 u. 4 bayPAG; § 43 Abs. 1 u. 3 bbgPolG; § 44 Abs. 2 berlASOG; § 36 f Abs. 1 bremPolG; § 43 Abs. 1 bwPolG; § 20 Abs. 1 hambGDatPol; § 22 Abs. 2 hessSOG; § 41 Abs. 1 mvSOG; § 43 Abs. 1 ndsSOG; § 28 Abs. 1 u. 3 nwPolG; § 34 Abs. 2 u. 3 rpPOG; § 34 Abs. 1 S. 2 saarlPolG; § 14 Abs. 1 sächsDSG; § 193 Abs. 1 S. 2 shLVwG; § 27 Abs. 2 S. 1 saSOG; § 41 Abs. 3 S. 1 thürPAG; § 32 Abs. 2 BPolG.

77 Art. 40 Abs. 5 bayPAG; § 43 Abs. 1 u. 4 bbgPolG; § 44 Abs. 3 berlASOG; § 36 f Abs. 2 bremPolG; § 43 Abs. 3 bwPolG; § 20 Abs. 3 hambGDatPol; § 22 Abs. 3 hessSOG; § 41 Abs. 2 mvSOG; § 43 Abs. 2 ndsSOG; § 28 Abs. 1 u. 4 S. 1 nwPolG; § 34 Abs. 2 u. 3 rpPOG; § 34 Abs. 2 S. 1 saarlPolG; §§ 14 Abs. 1, 17 sächsDSG; § 193 Abs. 2 shLVwG; § 27 Abs. 3 saSOG; § 41 Abs. 4 thürPAG; § 32 Abs. 3 BPolG.

78 Art. 41 bayPAG; § 44 bbgPolG; § 45 berlASOG; § 36 g bremPolG; § 44 bwPolG; § 21 hambGDatPol; § 23 hessSOG; § 44 Abs. 1 ndsSOG; § 29 nwPolG; § 34 Abs. 4 u. 5 rpPOG; § 34 Abs. 1 S. 2 saarlPolG; § 16 sächsDSG; § 44f sächsPolG; § 28 Abs. 1 u. 2 saSOG; § 41 Abs. 3 S. 2 thürPAG; § 32 Abs. 4 BPolG.

79 § 22 Abs. 1 S. 2 hessSOG; § 34 Abs. 1 S. 2 rpPOG; § 192 Abs. 2 shLVwG; § 41 Abs. 1 S. 2 thürPAG.

nur zwischen Polizeibehörden, Ordnungsbehörden und mit Strafverfolgungsaufgaben betrauten Stellen übermittelt werden.[80]

63 Soweit Polizeigesetze eine Datenübermittlung durch andere öffentliche Stellen **an die Polizei** vorsehen,[81] gehört dies eigentlich nicht in das Polizeirecht, weil nicht polizeiliches, sondern das Handeln anderer Behörden geregelt wird. Die Regelungen sind nur in die Polizeigesetze aufgenommen worden, um allfällige Unsicherheiten zu beseitigen (vgl. *Koch,* S. 178).

64 Als **besondere Ermächtigung** zur Datenübermittlung enthalten die Polizeigesetze Bestimmungen für ein automatisiertes Abrufverfahren im online-Verbund.[82] Dieser kann sich auf das jeweilige Land beschränken, aber auch bundesweit erfolgen. Die Datenübermittlung zwischen Ausländer- bzw. Sozialbehörden und Polizei sowie der polizeiliche Zugriff auf andere Verwaltungsdateien (Ausländerzentralregister, Melderegister, Zentrales Verkehrsinformationssystem) richtet sich nach den einschlägigen Spezialregelungen des Melde-,[83] Ausländer-,[84] Sozial-[85] und Straßenverkehrsrechts.[86] Für die Datenübermittlungen zwischen Polizei und Nachrichtendiensten gibt es teilweise Ermächtigungen zur Errichtung gemeinsamer oder Verbunddateien;[87] im übrigen richten sie sich nach den Landesverfassungsschutzgesetzen,[88] dem Bundesverfassungsschutzgesetz,[89] dem Gesetz über den Bundesnachrichtendienst,[90] dem Gesetz über den militärischen Abschirmdienst,[91] dem Bundeskriminalamtgesetz[91a] und speziell für die Bekämpfung des internationalen Terrorismus nach dem Antiterrorda-

80 § 41 Abs. 1 S. 3 bbgPolG; § 44 Abs. 4 berlASOG; § 36 c Abs. 2 bremPolG; § 18 Abs. 2 hambGDatPol; § 20 Abs. 3 S. 1 hessSOG; § 39 Abs. 1 S. 3 mvSOG; § 40 Abs. 2 ndsSOG; § 32 Abs. 2 S. 1 u. 2 saarlPolG; § 26 Abs. 3 S. 1 saSOG; § 191 Abs. 1 S. 3 shLVwG.

81 Art. 42 Abs. 1 bayPAG; § 45 Abs. 1 bbgPolG; § 44 Abs. 7 berlASOG; § 30 Abs. 1 nwPolG; § 34 Abs. 6 rpPOG; § 27 Abs. 5 saSOG; § 41 Abs. 7 thürPAG.

82 Art. 46 bayPAG; § 49 bbgPolG; § 46 berlASOG; § 36 e bremPolG; § 42 Abs. 3 bwPolG; § 27 hambGDatPol; § 24 hessSOG; § 42 mvSOG; § 42 ndsSOG; § 33 Abs. 5 nwPolG; § 36 rpPOG; § 35 saarlPolG; § 48 sächsPolG; § 194 shLVwG; § 42 thürPAG; § 33 Abs. 7 BPolG.

83 § 18 MRRG i. V. m. Landesmelderecht.

84 §§ 10 ff. AZRG.

85 §§ 68, 73 SGB X.

86 § 35 Abs. 1, 3 u. 4 StVG.

87 § 48a bwPolG; § 33 Abs. 6 nwPolG.

88 § 36 c Abs. 3 bremPolG; § 43 Abs. 2 bwPolG; § 41 Abs. 5 mvSOG; § 40 Abs. 3 ndsSOG; § 34 Abs. 3 S. 3 rpPOG; § 193 Abs. 4 shLVwG; § 41 Abs. 2 S. 2 thürPAG.

89 §§ 18 ff. BVerfSchG.

90 §§ 8 ff. BNDG.

91 §§ 10 ff. MADG.

91a §§ 7 ff. BKAG.

teigesetz (vgl. *Wolff/Scheffczyk*, JA 2008, 81; *Stubenrauch*, Gemeinsame Verbunddateien von Polizei und Nachrichtendiensten, 2009). Datenübermittlungen aus Strafverfahren von der Staatsanwaltschaft an die Polizei haben ihre Grundlage in der StPO.[92]

Als besondere Form der Datenübermittlung sehen einige Länder die **präventive Öffentlichkeitsfahndung** vor und erlauben die Bekanntgabe von Daten und Abbildungen einer Person an die Öffentlichkeit zum Zweck der Ermittlung ihrer Identität oder ihres Aufenthalts oder zur Warnung vor ihr.[93] Dabei handelt es sich tatsächlich um Datenübermittlung, soweit mit der Warnung Daten bekanntgegeben werden. Bei der präventiven Öffentlichkeitsfahndung zur Ermittlung der Identität oder des Aufenthalts hat die Übermittlung der Daten an die Öffentlichkeit nur Hilfsfunktion; in der Sache geht es um eine Identitätsfeststellung oder Befragung. In den anderen Ländern ist die Warnung als Teil einer präventiven Öffentlichkeitsfahndung unzulässig, da die Polizeigesetze keine Generalklausel zur Datenübermittlung enthalten. Warnungen können nur bei Vorliegen einer konkreten Gefahr auf die Generalklausel zur Gefahrenabwehr gestützt werden (vgl. § 2 Rn. 46). 65

2. Formelle Rechtmäßigkeit

Einige Polizeigesetze sehen vor, daß die Übermittlung personenbezogener Daten unter bestimmten Voraussetzungen und in bestimmter Weise **aktenkundig** zu machen ist.[94] Darüber hinaus bestehen in einigen Ländern besondere Regelungen für regelmäßige Datenübermittlungen[95] und für automatisierte Verfahren, bei denen Abrufe für Zwecke der Datenschutzkontrolle zumindest stichprobenartig in überprüfbarer Form aufzuzeichnen sind.[96] Die Einrichtung eines au- 66

92 §§ 481 Abs. 1, 482 Abs. 1 u. 2 StPO.
93 § 36 g Abs. 2 bremPolG; § 41 Abs. 2 mvSOG; § 44 Abs. 2 ndsSOG; § 34 Abs. 7 rpPOG.
94 § 36 c Abs. 1 S. 2 bremPolG; § 21 Abs. 1 S. 2 Hs. 1 hessSOG; § 39 Abs. 4 mvSOG; § 40 Abs. 1 S. 2 ndsSOG; § 26 Abs. 1 S. 2 Hs. 1 saSOG; § 191 Abs. 4 shLVwG; § 33 Abs. 2 S. 1 BPolG.
95 § 42 Abs. 3 ndsSOG.
96 § 46 Abs. 3 berlASOG; § 36 e Abs. 2 S. 1 bremPolG; § 27 Abs. 1 S. 4 hambGDatPol; § 24 Abs. 3 hessSOG; § 42 Abs. 1 S. 2 mvSOG; § 42 Abs. 2 S. 1 ndsSOG; §§ 8 Abs. 2 S. 4, 10 Abs. 1 sächsDSG; § 194 Abs. 1 S. 2–4 shLVwG; § 33 Abs. 8 S. 1 BPolG.

tomatisierten Verfahrens steht in einigen Ländern unter Zustimmungsvorbehalt des Innenministeriums.[97]

3. Materielle Rechtmäßigkeit

67 **a) Datenübermittlung unter Polizei- und zwischen Polizei- und Ordnungsbehörden.** Schutzgüter der Ermächtigungen zur Datenübermittlung sind die der Ermächtigungen zur Datenerhebung und -speicherung, weil die Polizei Daten nur zu dem Zweck übermitteln darf, zu dem sie diese erlangt oder gespeichert hat.[98] Die schon bei der Speicherung, Veränderung und Nutzung von Daten bestehende **Bindung an den Zweck** der Erhebung wird in die Phase der Datenübermittlung verlängert. Diese Verlängerung reicht bis zum Empfänger, der die Daten nur zu dem Zweck verwenden darf, zu dem sie ihm übermittelt worden sind.[99]

68 Datenübermittlungen zu einem neuen Zweck sind zwischen Polizeibehörden untereinander sowie zwischen Polizeibehörde und einer anderen Ordnungsbehörde zulässig, wenn die Daten auch zu dem neuen Zweck erhoben werden dürften.[100] Auch darin setzen sich die schon zur Zweckbindung dargelegten (vgl. Rn. 12) Grundsätze der **Zweckänderung** fort. Einige Länder verlangen bei der Zweckänderung wieder die Berücksichtigung der Erhebungsmethode.[101] Das muß wieder auch für die Länder gelten, die das nicht ausdrücklich anordnen, da sonst die Zweckbindung leerliefe (vgl. Rn. 15). Gelegentlich werden bei einer Zweckänderung erhöhte Anforderungen an das Schutzgut gestellt,[102] und auch die präventive Öffentlichkeitsfahndung stellt auf Leib, Leben oder Freiheit einer Person oder die Verhütung einer Straftat ab.[103]

---

97 § 36 e Abs. 1 S. 1 bremPolG; § 42 Abs. 2 S. 1 mvSOG; § 42 Abs. 1 S. 1 ndsSOG; § 36 S. 1 rpPOG; § 35 Abs. 2 S. 1 saarlPolG; § 194 Abs. 3 S. 1 shLVwG; § 42 Abs. 2 S. 1 thürPAG.

98 § 41 Abs. 1 S. 1 bbgPolG; § 36 c Abs. 1 S. 1 bremPolG; § 18 Abs. 1 S. 1 hambGDatPol; § 21 Abs. 1 S. 1 hessSOG; § 39 Abs. 1 S. 1 mvSOG; § 40 Abs. 1 S. 1 ndsSOG; § 26 Abs. 1 S. 1 nwPolG; § 32 Abs. 1 S. 1 saarlPolG; § 14 Abs. 1 Nr. 2 sächsDSG; § 26 Abs. 1 S. 1 saSOG; § 191 Abs. 1 S. 1 shLVwG; § 41 Abs. 5 S. 1 thürPAG.

99 Art. 39 Abs. 2 S. 1 bayPAG; § 41 Abs. 4 S. 1 bbgPolG; § 44 Abs. 1 S. 2 berlASOG; § 41 Abs. 2 S. 1 bwPolG; § 18 Abs. 5 S. 1 hambGDatPol; § 21 Abs. 6 hessSOG; § 39 Abs. 5 mvSOG; § 26 Abs. 4 S. 1 nwPolG; § 35 Abs. 2 S. 1 rpPOG; § 32 Abs. 5 saarlPolG; § 14 Abs. 3 S. 1 sächsDSG; § 191 Abs. 5 shLVwG; § 41 Abs. 9 S. 1 thürPAG; § 33 Abs. 6 S. 1 BPolG.

100 § 42 Abs. 1 S. 2 bbgPolG; § 27 Abs. 1 S. 2 nwPolG; § 191 Abs. 1 S. 2 Nr. 2 shLVwG.

101 § 36 d Abs. 2 bremPolG; § 39 Abs. 1 Nr. 1 ndsSOG; § 191 Abs. 1 S. 2 Nr. 2 shLVwG.

102 §§ 36 c Abs. 1, 36 b Abs. 1 u. 4 bremPolG.

103 § 36 g Abs. 2 bremPolG; § 44 Abs. 2 S. 1 ndsSOG; § 34 Abs. 7 rpPOG.

Für Datenübermittlungen zur vorbeugenden Verbrechensbekämpfung reicht die **abstrakte Gefahr** aus. Sie schließt auch Daten über Nichtverantwortliche (Kontakt- und Begleitpersonen, Zeugen, Hinweisgeber) sowie Daten, die Bewertungen enthalten (z. B. „gewalttätig") ein. 69

b) Datenübermittlung an sonstige öffentliche, an ausländische öffentliche, über- und zwischenstaatliche Stellen und an Private. 70
Übermittelt die Polizei an sonstige öffentliche Stellen und außerhalb der Aufgaben der Gefahrenabwehr Daten, verlangen die Spezialermächtigungen oft **zusätzlich** erhebliche Nachteile für das Gemeinwohl oder eine schwerwiegende Beeinträchtigung der Rechte einer Person.[104] Wo sie dies nicht tun, gebietet der Verhältnismäßigkeitsgrundsatz eine entsprechende einschränkende Auslegung (OVG Hamburg, NVwZ-RR 2009, 878; *Söllner*, DVBl. 2009, 1120). Diese Anforderungen müssen auch bei der Datenübermittlung an Private vorliegen.[105]

Bei Datenübermittlungen an ausländische öffentliche, über- und zwischenstaatliche Stellen muß auf Seiten des Empfängers meistens eine **erhebliche** Gefahr vorliegen.[106] Bestehen beim Empfänger keine vergleichbaren Datenschutzstandards, darf eine Datenübermittlung nur erfolgen, wenn die Belange der internationalen polizeilichen Zusammenarbeit die schutzwürdigen Belange der betroffenen Person überwiegen.[107] 71

---

104 Art. 40 Abs. 4 Nr. 2 u. 3 bayPAG; § 43 Abs. 3 Nr. 3 bbgPolG; § 44 Abs. 2 Nr. 3 u. 4 berlASOG; § 36f Abs. 1 Nr. 3 bremPolG; § 20 Abs. 1 S. 1 Nr. 5 hambGDatPol; § 22 Abs. 2 S. 1 Nr. 4 u. 5 hessSOG; § 43 Abs. 1 Nr. 3 ndsSOG; § 28 Abs. 3 Nr. 3 nwPolG; § 27 Abs. 2 S. 1 Nr. 4 u. 5 saSOG; § 41 Abs. 3 S. 1 Nr. 3 thürPAG; § 32 Abs. 2 Nr. 3 BPolG.

105 Art. 41 Abs. 1 Nr. 2 u. 3 bayPAG; § 44 Abs. 1 Nr. 2 bbgPolG; § 45 Abs. 1 Nr. 2 u. 3 berlASOG; § 44 Abs. 1 S. 1 Nr. 2 bwPolG; § 21 S. 1 Nr. 2 hambGDatPol; § 23 Abs. 1 Nr. 2 u. 3 hessSOG; § 29 Abs. 1 Nr. 2 nwPolG; § 28 Abs. 1 Nr. 2 u. 3 saSOG; § 32 Abs. 4 Nr. 2 BPolG.

106 Art. 40 Abs. 5 S. 1 Nr. 3 bayPAG; § 43 Abs. 4 S. 1 bbgPolG; § 44 Abs. 3 S. 1 Nr. 2 berlASOG; § 36f Abs. 2 Nr. 2 bremPolG; § 43 Abs. 3 S. 1 Nr. 3 bwPolG; § 20 Abs. 3 S. 1 Nr. 3 hambGDatPol; § 22 Abs. 3 S. 1 Nr. 2 hessSOG; § 41 Abs. 3 Nr. 2 mvSOG; § 43 Abs. 2 Nr. 2 ndsSOG; § 28 Abs. 4 S. 1 nwPolG; § 34 Abs. 2 S. 1 Nr. 2 saarlPolG; § 27 Abs. 3 S. 1 Nr. 2 saSOG; § 193 Abs. 2 Nr. 2 shLVwG; § 41 Abs. 4 S. 1 Nr. 2 thürPAG; § 32 Abs. 3 Nr. 2 BPolG.

107 § 36f Abs. 4 S. 2 bremPolG; § 43 Abs. 4 S. 1 ndsSOG; § 28 Abs. 4 S. 2 nwPolG.

V. Rechte des Pflichtigen

1. Unterrichtung, Auskunft

72 **a) Begriffe und Rechtsgrundlagen. aa) Begriffe. Unterrichtungspflichten,** auch Benachrichtungspflichten genannt, legen verdeckte Maßnahmen offen. Sie sind das Pendant zu den Hinweis- und Belehrungspflichten der Datenerhebungsgeneralklausel, können aber erst im nachhinein erfüllt werden, weil die verdeckten Maßnahmen sonst zum Scheitern verurteilt wären.

73 Mit dem **Auskunftsanspruch** kann der Betroffene in Erfahrung bringen, was die Behörden über ihn wissen. Solange der Betroffene von ihn betreffenden verdeckten Maßnahmen, Datenspeicherungen und -übermittlungen nichts weiß, sind seine Grundrechte der informationellen Selbstbestimmung und des effektiven Rechtsschutzes wenig wert. Sie leben davon, daß der Betroffene über verdeckte Maßnahmen unterrichtet werden muß und einen Auskunftsanspruch gegen die Behörden hat. Unterrichtung und Auskunft korrespondieren nicht, weil erstere sich nur auf verdeckte Maßnahmen bezieht, während letztere die gesamte Datenerhebung und -verarbeitung zum Gegenstand hat.

74 **bb) Rechtsgrundlagen.** Die **Unterrichtungspflichten** sind in den Polizeigesetzen unterschiedlich geregelt. Alle Länder kennen Unterrichtungspflichten bei verdeckten Maßnahmen bzw. bei den besonderen Mitteln der Datenerhebung.[108] Teilweise werden auch für die polizeiliche Beobachtung und die Rasterfahndung Unterrichtungspflichten festgelegt.[109] Für die Datenverarbeitung nach einer Video-

108 Art. 33 Abs. 7, 34 Abs. 6, 34 c Abs. 5 bayPAG; §§ 29 Abs. 7 u. 8, 32 Abs. 3 S. 1, 33 a Abs. 6, 33 b Abs. 8, 34 Abs. 3 S. 1, 35 Abs. 5 S. 1 bbgPolG; §§ 25 Abs. 7 u. 7 a, 26 Abs. 5 S. 1 berlASOG; § 33 Abs. 5 bremPolG; §§ 22 Abs. 8 S. 1, 23 Abs. 6, 23 a Abs. 8 S. 1 bwPolG; §§ 9 Abs. 3 S. 1, 10 Abs. 6, 10 c Abs. 4, 11 Abs. 2 S. 1, 12 Abs. 4 S. 1 hambGDatPol; § 29 Abs. 6 hessSOG; §§ 34 Abs. 5 S. 1, 34 a Abs. 7, 34 b Abs. 8 mvSOG; § 30 Abs. 4–6 ndsSOG; §§ 16a Abs. 3, 17 Abs. 5 u. 6, 18 Abs. 7, 19 Abs. 3, 20 Abs. 5 nwPolG; § 40 Abs. 5 S. 1 rpPOG; § 28 Abs. 6 S. 1 saarlPolG; §§ 38 Abs. 8, 41 Abs. 8 sächsPolG; §§ 17 Abs. 7 S. 1, 18 Abs. 6 S. 1 saSOG; §§ 178 Abs. 2 S. 3, 186 Abs. 4 S. 1 shLVwG; § 34 Abs. 9 – 12 thürPAG; § 28 Abs. 5 S. 1 BPolG.

109 Art. 36 Abs. 5, 44 Abs. 5 bayPAG; §§ 36 Abs. 4 S. 1, 46 Abs. 5 S. 1 bbgPolG; § 27 Abs. 5 berlASOG; §§ 25 Abs. 4, 40 Abs. 5 bwPolG; §§ 13 Abs. 4 S. 2, 23 Abs. 5 hambGDatPol; § 35 Abs. 3 S. 2 mvSOG; §§ 21 Abs. 4, 31 Abs. 5 nwPolG; § 29 Abs. 4 S. 2 saarlPolG; §§ 38 Abs. 8, 47 Abs. 5 sächsPolG; § 19 Abs. 7 Hs. 1 saSOG; §§ 187 Abs. 3 S. 2, 195 a Abs. 5 shLVwG.

überwachung[110] und die längerfristige Speicherung in automatisierten Dateien[111] wird gelegentlich die Unterrichtung verlangt. Manche Länder sehen eine Unterrichtung auch für den Fall vor, daß Daten an sonstige öffentliche Stellen oder Private übermittelt worden sind.[112] Werden Daten von Kindern gespeichert, sind die Sorgeberechtigten zu unterrichten, sobald dies ohne Gefährdung des Zwecks der Maßnahme erfolgen kann und nicht zu besorgen ist, daß die Unterrichtung zu erheblichen Nachteilen für das Kind führt.[113]

Der **Auskunftsanspruch** ist in den meisten Ländern im Polizeigesetz enthalten,[114] in den anderen kommt das Datenschutzgesetz unmittelbar zur Anwendung.[115] 75

b) Pflichten- und Anspruchsvoraussetzungen und -inhalte. aa) Notwendige Unterrichtung. Die Unterrichtung muß erfolgen, sobald sie ohne Gefährdung des Zwecks der Datenerhebung geschehen kann.[116] Sie kann oder muß unterbleiben, wenn wegen desselben Sachverhalts ein strafrechtliches Ermittlungsverfahren eingeleitet worden ist bzw. Zwecke der Strafverfolgung entgegenstehen.[117] Da- 76

110 Art. 21 a Abs. 4 bayDSG; § 31 a Abs. 2 bbgPolG; §§ 24 a Abs. 4, 24 b Abs. 2 berlASOG.

111 § 24 Abs. 1 saSOG.

112 §§ 22 Abs. 2 S. 2, 23 Abs. 2 hessSOG; § 44 Abs. 1 S. 1 Nr. 2 ndsSOG; § 13 Abs. 1 S. 2 ndsDSG; §§ 27 Abs. 2 S. 2, 28 Abs. 2 S. 2 saSOG.

113 §§ 29 Abs. 7 S. 3 u. 4, 39 Abs. 3 bbgPolG; § 42 Abs. 5 berlASOG; § 20 Abs. 9 hessSOG; § 36 Abs. 3 mvSOG; § 24 Abs. 3 nwPolG; § 30 Abs. 5 saarlPolG; § 24 Abs. 2 saSOG; § 188 Abs. 3 shLVwG; § 31 S. 1 u. 2 BKAG.

114 Art. 48 Abs. 1 S. 1 bayPAG; § 71 Abs. 1 S. 1 bbgPolG; § 50 Abs. 1 S. 1 berlASOG; § 45 bwPolG; §§ 25 hambGDatPol, 18 hambDSG; § 29 Abs. 1 S. 1 hessSOG; § 48 Abs. 1 S. 1 mvSOG; § 40 Abs. 1 S. 1 rpPOG; § 40 Abs. 1 S. 1 saarlPolG; §§ 51 sächsPolG, 18 Abs. 1 S. 1 sächsDSG; § 15 saDSG; § 198 Abs. 1 S. 1 shLVwG; § 47 Abs. 1 S. 1 thürPAG.

115 §§ 4, 19 bremDSG; § 16 Abs. 1 S. 1 ndsDSG; § 18 Abs. 1 S. 1 nwDSG; § 34 Abs. 1 S. 1 BDSG für Bundeskriminalamt und Bundespolizei.

116 Art. 34 Abs. 5 S. 1 bayPAG; §§ 29 Abs. 7 u. 8, 32 Abs. 3 S. 1, 33 a Abs. 6 S. 1, 33 b Abs. 8, 34 Abs. 3 S. 1, 35 Abs. 5 S. 1, 46 Abs. 5 S. 1 bbgPolG; §§ 25 Abs. 7 S. 4, 26 Abs. 5, 27 Abs. 5 berlASOG; §§ 22 Abs. 8 S. 1, 23 Abs. 6 S. 1, 25 Abs. 4 S. 2, 40 Abs. 5 Nr. 1 bwPolG; §§ 9 Abs. 3 S. 1, 10 Abs. 6, 10 c Abs. 4 S. 1, 11 Abs. 2 S. 1, 12 Abs. 4 S. 1, 13 Abs. 4 S. 2, 23 Abs. 5 hambGDatPol; § 29 Abs. 6 hessSOG; §§ 34 Abs. 5 S. 1, 34 a Abs. 7 S. 1, 34 b Abs. 8 S. 1, 35 Abs. 3 S. 2 mvSOG; § 30 Abs. 4 S. 3 ndsSOG; §§ 16a Abs. 3 S. 1, 17 Abs. 5 S. 1, 18 Abs. 7, 19 Abs. 3, 20 Abs. 5, 21 Abs. 4 31 Abs. 5 S. 1 nwPolG; § 40 Abs. 5 S. 1 rpPOG; §§ 28 Abs. 6 S. 1, 29 Abs. 4 S. 2 saarlPolG; §§ 38 Abs. 8 S. 1, 41 Abs. 8 S. 1 sächsPolG; §§ 17 Abs. 7 S. 1, 18 Abs. 6 S. 1, 19 Abs. 7 saSOG; §§ 178 Abs. 2 S. 3, 186 Abs. 4 S. 4 u. Abs. 5, 187 Abs. 3 S. 2 shLVwG; § 34 Abs. 9 u. 10 thürPAG; § 28 Abs. 5 S. 1 BPolG.

117 Art. 34 Abs. 5 S. 2 bayPAG; §§ 32 Abs. 3 S. 2, 33 a Abs. 6 S. 3, 33 b Abs. 8, 34 Abs. 3 S. 2, 35 Abs. 5 S. 2, 46 Abs. 5 S. 2 bbgPolG; §§ 25 Abs. 7 S. 8, 26 Abs. 5 S. 1, 27 Abs. 5 berlASOG; §§ 22 Abs. 8 S. 2, 23 Abs. 6 S. 2, 25 Abs. 4 S. 2, 40 Abs. 5 Nr. 1 bwPolG; §§ 9 Abs. 3 S. 2, 10 Abs. 6 S. 5, 11 Abs. 2 S. 1, 12 Abs. 4 S. 1, 13 Abs. 4 S. 2, 23 Abs. 5 hambGDatPol; § 29 Abs. 6 S. 4 hessSOG; §§ 34 Abs. 6, 34 a Abs. 7 S. 4, 34 b Abs. 8 S. 4 mvSOG; § 30 Abs. 5 S. 1 Nr. 1 ndsSOG; §§ 16a Abs. 3 S. 2, 17 Abs. 5 S. 4, 18

durch soll eine Unterrichtung nicht ausgeschlossen werden, sie obliegt ab diesem Zeitpunkt aber der Staatsanwaltschaft nach Maßgabe der StPO (vgl. *Würtenberger/Heckmann,* Rn. 692). Dauerhaft darf die Unterrichtung in einigen Ländern nur mit richterlicher Zustimmung unterbleiben.[118] Teilweise kann oder muß die Unterrichtung auch unterbleiben, wenn sie Leib, Leben oder Freiheit einer Person gefährden würde.[119] Beim Einsatz von verdeckten Ermittlern und V-Personen kann von der Unterrichtung abgesehen werden, wenn dadurch ihr weiterer Einsatz oder Leib oder Leben einer Person gefährdet würden.[120] Statt der Unterrichtung sehen einige Länder die Information des Datenschutzbeauftragten vor.[121]

77 Die Unterrichtungspflichten regeln nicht, was **Gegenstand** der Unterrichtung ist. Sie muß mindestens Klarheit darüber schaffen, daß die Maßnahme stattgefunden hat, welchem Zweck sie diente und zu welchem wesentlichen Ergebnis sie geführt hat (vgl. *Würtenberger/Heckmann,* Rn. 689).

78 Die Verletzung einer Unterrichtungspflicht führt zur **Rechtswidrigkeit** der Datenerhebungen und -verarbeitungen, über die zu unterrichten gewesen wäre.

79 **bb) Auskunft.** In Erfüllung des polizei- bzw. datenschutzgesetzlichen Auskunftsanspruchs ist dem Betroffenen auf seinen **Antrag** Auskunft zu erteilen über die zu seiner Person gespeicherten Daten und u. U. deren Herkunft, den Zweck und die Rechtsgrundlage der Speicherung, die Empfänger von Übermittlungen und die Teilnehmer an einem automatisierten Abrufverfahren.[122]

Abs. 7, 19 Abs. 3, 20 Abs. 5, 21 Abs. 4, 31 Abs. 5 S. 2 nwPolG; § 40 Abs. 6 Nr. 1 rpPOG; § 28 Abs. 6 S. 3 saarlPolG; §§ 38 Abs. 8 S. 2, 41 Abs. 8 S. 2 sächsPolG; §§ 17 Abs. 7 S. 2 Nr. 1, 18 Abs. 6 S. 1, 19 Abs. 7 saSOG; §§ 178 Abs. 2 S. 5, 186 Abs. 5 S. 2 shLVwG; § 34 Abs. 10 S. 3 thürPAG; § 28 Abs. 5 S. 2 BPolG.

118 § 23 Abs. 6 S. 3–5 bwPolG; §§ 16a Abs. 3 S. 2, 17 Abs. 6, 18 Abs. 7, 19 Abs. 3, 20 Abs. 5, 21 Abs. 4 S. 3, 31 Abs. 5 S. 2 nwPolG; §§ 38 Abs. 8 S. 4 u. 5, 41 Abs. 8 S. 3 u. 4 sächsPolG.

119 § 25 Abs. 7 S. 4 berlASOG; § 29 Abs. 6 S. 4 hessSOG; § 30 Abs. 5 S. 1 Nr. 2 ndsSOG; §§ 16 a Abs. 3 S. 2, 17 Abs. 5 S. 5, 18 Abs. 7, 19 Abs. 3, 20 Abs. 5, 21 Abs. 4, 31 Abs. 5 S. 2 nwPolG; § 40 Abs. 5 S. 4 rpPOG; § 186 Abs. 4 S. 4 shLVwG.

120 §§ 34 Abs. 3 S. 3, 35 Abs. 5 S. 3 bbgPolG; § 26 Abs. 5 S. 2 berlASOG; § 22 Abs. 8 S. 2 bwPolG; §§ 11 Abs. 2 S. 2, 12 Abs. 4 S. 2 hambGDatPol; §§ 19 Abs. 3, 20 Abs. 5 nwPolG; § 18 Abs. 6 S. 2 saSOG.

121 §§ 34 Abs. 5 S. 2, 35 Abs. 3 S. 3 mvSOG; § 30 Abs. 6 ndsSOG.

122 § 71 Abs. 1 S. 1 bbgPolG; § 50 Abs. 1 berlASOG; § 25 hambGDatPol; § 18 Abs. 1 S. 1 hambDSG; § 29 Abs. 1 S. 1 hessSOG; § 48 Abs. 1 S. 1 mvSOG; § 16 Abs. 1 S. 1 ndsDSG; § 18 Abs. 1 S. 1 nwDSG; § 40 Abs. 1 S. 1 u. 2 rpPOG; § 40 Abs. 1 S. 1 u. 2 saarlPolG; § 18 Abs. 1 sächsDSG; § 15 Abs. 1 S. 1 saDSG; § 198 Abs. 1 S. 1 shLVwG; § 19 Abs. 1 S. 1 BDSG.

Die Auskunft **kann unterbleiben,** wenn durch sie die polizeiliche Aufgabenerfüllung oder die öffentliche Sicherheit gefährdet oder sonst Nachteile für das Wohl des Bundes oder eines Landes eintreten würden bzw. ein überwiegendes Geheimhaltungsinteresse Dritter vorliegt.[123] Die Ablehnung ist zu begründen, es sei denn, daß dadurch der mit der Auskunftsverweigerung verfolgte Zweck gefährdet würde.[124] Wird die Auskunft verweigert, ist der Betroffene darauf hinzuweisen, daß er sich an den Datenschutzbeauftragten wenden kann, damit dieser auf der Grundlage seiner Kontrollrechte Einsicht nimmt bzw., daß ihm ersatzweise Auskunft erteilt wird.[125] Bayern und Thüringen stellen die Ablehnung gänzlich von einer Begründung frei.[126] Das ist mit Art. 19 Abs. 4 GG, der bei belastenden Maßnahmen regelmäßig eine Begründung verlangt (st. Rspr. seit BVerfGE 6, 32/44 f.), nicht zu vereinbaren. 80

2. Berichtigung, Löschung bzw. Vernichtung, Sperrung

a) Begriffe und Rechtsgrundlagen. aa) Begriffe. Berichtigung ist die Korrektur falscher, unvollständiger und ungenauer personenbezogener Daten. **Löschung** ist das Unkenntlichmachen gespeicherter Daten[127] durch Magnetisierung, Druckerschwärze oder Vernichtung des Datenträgers, sei er eine Diskette oder eine Akte. **Sperren** ist das Kennzeichnen personenbezogener Daten zum Zwecke der Einschränkung ihrer weiteren Verarbeitung oder Nutzung[128] durch Anbringen eines Sperrvermerks. 81

bb) Rechtsgrundlagen. Die behördlichen Pflichten zur Berichtigung, Löschung und Sperrung, von Amts wegen zu erfüllen, sind in 82

---

123 Art. 48 Abs. 2 bayPAG; § 71 Abs. 3 bbgPolG; § 50 Abs. 2 berlASOG; § 29 Abs. 3 S. 1 hessSOG; § 48 Abs. 3 mvSOG; § 16 ndsDSG; § 18 Abs. 3 nwDSG; § 40 Abs. 2 S. 1 rpPOG; § 40 Abs. 2 saarlPolG; § 18 Abs. 5 S. 1 sächsDSG; § 198 Abs. 3 shLVwG; § 47 Abs. 2 thürPAG; § 19 Abs. 4 BDSG.

124 § 71 Abs. 4 S. 1 bbgPolG; § 50 Abs. 3 berlASOG; § 29 Abs. 4 hessSOG; § 48 Abs. 4 S. 2 mvSOG; § 16 ndsDSG; § 18 Abs. 4 S. 1 nwDSG; § 40 Abs. 2 S. 2 rpPOG; § 40 Abs. 3 S. 1 saarlPolG; § 18 Abs. 6 S. 1 sächsDSG; § 198 Abs. 4 S. 2 shLVwG; § 19 Abs. 5 S. 1 BDSG.

125 Art. 48 Abs. 3 S. 2 u. Abs. 4 S. 1 bayPAG; § 71 Abs. 4 S. 3 bbgPolG; § 50 Abs. 4 S. 1 u. 3 berlASOG; § 29 Abs. 5 S. 1 hessSOG; § 48 Abs. 4 S. 1 mvSOG; § 16 ndsDSG; § 18 Abs. 6 nwDSG; § 40 Abs. 2 S. 3 rpPOG; § 40 Abs. 3 S. 2 saarlPolG; § 18 Abs. 6 S. 2 u. 3 sächsDSG; § 198 Abs. 4 S. 1 shLVwG; § 47 Abs. 3 S. 2 thürPAG; § 19 Abs. 5 S. 2 BDSG.

126 Art. 48 Abs. 3 S. 1 bayPAG; § 47 Abs. 3 S. 1 thürPAG.

127 § 3 Abs. 4 Nr. 5 BDSG.

128 § 3 Abs. 4 Nr. 4 BDSG.

allen Polizeigesetzen enthalten.[129] Ihnen vorgehende **spezielle Regelungen** über die **Sperrung** bestehen für die Datenerhebung in oder aus Wohnungen und für die Telekommunikationsüberwachung,[130] über die **Löschung** für die elektronische Erhebung von Kraftfahrzeugkennzeichen,[131] bei Kontrollen erhobene personenbezogene Daten,[132] erkennungsdienstliche Unterlagen (vgl. § 14 Rn. 60), DNA-Identifizierungsmuster,[132a] Strafermittlungsdaten, die zur Gefahrenabwehr bzw. zur vorbeugenden Bekämpfung von Straftaten umgewidmet wurden,[133] Datenerhebungen bei öffentlichen Veranstaltungen und Ansammlungen bzw. an Objekten,[134] die Videoüberwachung des öffentlichen Raumes,[135] die besonderen Mittel der Datenerhebung,[136] Datenerhebungen in oder aus Wohnungen mit technischen

---

129 Art. 45 bayPAG; § 47 bbgPolG; § 48 berlASOG; § 36 k bremPolG; § 46 bwPolG; § 24 hambGDatPol; § 27 hessSOG; § 45 mvSOG; § 39 a ndsSOG; § 32 nwPolG; § 39 rpPOG; § 38 saarlPolG; § 49 sächsPolG; § 32 saSOG; § 196 shLVwG; § 45 thürPAG; § 35 BPolG; § 32 BKAG.

130 Art. 34 Abs. 5, 34 c Abs. 4 bayPAG; §§ 33 a Abs. 7 S. 4, 33 b Abs. 10 S. 3 bbgPolG; § 33 Abs. 6 S. 4 bremPolG; §§ 10 Abs. 5, 10 c Abs. 3 hambGDatPol; §§ 34 a Abs. 8 S. 1–3, 34 b Abs. 7 mvSOG; §§ 29 Abs. 5, 31 Abs. 7, 31 b Abs. 4, 31 e Abs. 2 S. 2 Hs. 2 rpPOG; § 34 b Abs. 2–4 thürPAG.

131 Art. 38 Abs. 3 bayPAG; § 36 a Abs. 2 S. 4 bbgPolG; § 22 a Abs. 3 S. 1, Abs. 4 S. 4 bwPolG; § 8 Abs. 6 S. 2 hambGDatPol; § 14 Abs. 5 S. 2 hessSOG; § 43 a Abs. 3 u. 4 mvSOG; § 32 Abs. 5 S. 4 ndsSOG; § 27 Abs. 5 S. 2 rpPOG; § 19 a Abs. 3 sächsPolG.

132 § 11a Abs. 3 bremPolG; § 32 Abs. 5 S. 3 mvSOG.

132a § 21 a Abs. 2 S. 2 berlASOG; § 7 Abs. 5 S. 4 hambGDatPol; § 19 Abs. 3 S. 5 hessSOG; § 31 a Abs. 1 S. 5 mvSOG; § 15 a Abs. 1 S. 4 ndsSOG; § 14 a Abs. 1 S. 5 nwPolG; § 11 a Abs. 2 S. 3 rpPolG; § 183 a Abs. 2 S. 3 shLVwG.

133 Art. 38 Abs. 2 S. 2 bayPAG; § 39 Abs. 2 S. 5 bbgPolG; § 38 Abs. 1 S. 4 bwPolG; § 16 Abs. 2 S. 4 hambGDatPol; § 20 Abs. 4 S. 2 Hs. 2 hessSOG; § 37 Abs. 2 S. 2 Hs. 2 mvSOG; § 24 Abs. 2 S. 5 nwPolG; § 43 Abs. 2 S. 2 sächsPolG; § 189 Abs. 2 S. 3 Hs. 1 shLVwG; § 40 Abs. 2 S. 5 thürPAG; § 29 Abs. 2 S. 4 BPolG.

134 Art. 32 Abs. 3 bayPAG; § 31 Abs. 1 S. 3 bbgPolG; § 24 Abs. 2 berlASOG; § 29 Abs. 4 Hs. 1 bremPolG; § 21 Abs. 5 S. 2 bwPolG; § 8 Abs. 1 S. 3 hambGDatPol; § 14 Abs. 1 S. 2 hessSOG; § 32 Abs. 2 mvSOG; § 15 Abs. 1 S. 3 nwPolG; § 27 Abs. 5 S. 2 rpPOG; § 27 Abs. 3 saarlPolG; § 37 Abs. 3 sächsPolG; § 16 Abs. 4 saSOG; § 184 Abs. 4 S. 2 shLVwG; § 33 Abs. 1 S. 3 thürPAG; §§ 26 Abs. 3 S. 1, 27 S. 3 BPolG.

135 Art. 32 Abs. 4 bayPAG; Art. 21 a Abs. 5 bayDSG; § 31 Abs. 2 S. 3 bbgPolG; §§ 24 a Abs. 3, 24 b Abs. 2 berlASOG; § 29 Abs. 4 Hs. 2, Abs. 5 S. 3 bremPolG; § 21 Abs. 5 S. 2 bwPolG; § 8 Abs. 3 S. 2 i. V. m. Abs. 1 S. 3 hambGDatPol; § 14 Abs. 3 S. 2 hessSOG; § 32 Abs. 4 mvSOG; § 15 a Abs. 2 S. 3 nwPolG; § 27 Abs. 5 rpPOG; § 27 Abs. 3 saarlPolG; § 37 Abs. 3 sächsPolG; § 16 Abs. 4 saSOG; § 184 Abs. 4 S. 2 shLVwG; § 33 Abs. 3 S. 2, Abs. 6 S. 3 thürPAG; § 27 Abs. 1 S. 3 BPolG.

136 Art. 33 Abs. 6 i. V. m. Art. 34 c Abs. 6 bayPAG; § 25 Abs. 9 berlASOG; § 33 Abs. 3 S. 10, Abs. 4 bremPolG; § 22 Abs. 7 bwPolG; §§ 35 Abs. 2 S. 2 u. Abs. 4 S. 7, 36 Abs. 4 S. 2, 36 a Abs. 5 S. 2 ndsSOG; §§ 16 Abs. 4, 17 Abs. 2 S. 9, Abs. 4 S. 3, Abs. 7, 19 Abs. 1 S. 3, 20 Abs. 4 S. 2 nwPolG; § 27 Abs. 5 S. 2 rpPOG; § 28 Abs. 5 saarlPolG; § 38 Abs. 10 sächsPolG; § 186 Abs. 3 shLVwG; § 28 Abs. 4 BPolG.

Mitteln,[137] die Telekommunikationsüberwachung,[138] die Rasterfahndung,[139] die polizeiliche Beobachtung[140] und das automatisierte Abrufverfahren.[141]

Da die Amtspflichten zur Berichtigung, Löschung und Sperrung auch im Interesse des Betroffenen bestehen, sind sie Grundlagen entsprechender **Ansprüche** (VGH Mannheim DVBl. 1992, 1311). Bei diesen Ansprüchen handelt es sich systematisch um Folgenbeseitigungsansprüche. 83

b) Anspruchsvoraussetzungen und -inhalte. aa) Allgemeine Ansprüche auf Berichtigung, Löschung und Sperrung. Der **Berichtigungs**anspruch ist gegeben, wenn unrichtige Daten gespeichert sind; die Daten müssen mit den Tatsachen übereinstimmen. 84

Der **Löschungs**anspruch ist gegeben, wenn eine Speicherung von vornherein unzulässig ist, wenn die durch eine verdeckte Datenerhebung gewonnenen Daten für den der Anordnung zugrunde liegenden Zweck, zur Strafverfolgung oder zur Strafvollstreckung nicht mehr erforderlich sind oder wenn bei der zu bestimmten Terminen vorzunehmenden Prüfung oder aus Anlaß einer Einzelfallbearbeitung festgestellt wird, daß die Speicherung zur Aufgabenerfüllung nicht mehr 85

---

137 Art. 34 Abs. 7 u. 8 S. 5 bayPAG; § 33 a Abs. 5 S. 2 u. Abs. 7 S. 5 bbgPolG; § 25 Abs. 6 S. 3 u. Abs. 8 berlASOG; § 33 Abs. 3 S. 10, Abs. 6 bremPolG; § 23 Abs. 7 S. 6 bwPolG; § 10 Abs. 4 S. 4 u. Abs. 7 hambGDatPol; § 15 Abs. 5 S. 10 u. 11 hessSOG; § 34 b Abs. 3 S. 2 mvSOG; § 35 a Abs. 3 S. 2 u. Abs. 5 S. 7 ndsSOG; § 18 Abs. 2 S. 9, Abs. 4 S. 5, Abs. 5 S. 3, Abs. 7 nwPolG; § 41 Abs. 10 sächsPolG; §§ 186 Abs. 3, 186 a Abs. 3 S. 2 shLVwG; § 35 Abs. 3 S. 4 Abs. 4 thürPAG.

138 Art. 34 c Abs. 6 bayPAG; § 33 b Abs. 4 S. 2 u. Abs. 10 S. 1 u. 4 bbgPolG; § 25 a Abs. 3 S. 2 berlASOG; § 10 c Abs. 5 hambGDatPol; § 34 a Abs. 8 S. 4–7 mvSOG; § 33 a Abs. 5 S. 7 ndsSOG; §§ 186 Abs. 3, 186 a Abs. 3 S. 2 shLVwG; § 34 a Abs. 3 S. 2 thürPAG.

139 Art. 44 Abs. 6 bayPAG; § 46 Abs. 3 S. 1 bbgPolG; § 47 Abs. 3 S. 1 berlASOG; § 36 i Abs. 4 S. 2 bremPolG; § 40 Abs. 4 bwPolG; § 23 Abs. 3 S. 1 hambGDatPol; § 26 Abs. 3 S. 1 hessSOG; § 44 Abs. 3 S. 1 mvSOG; § 31 Abs. 3 nwPolG; § 38 Abs. 4 rpPOG; § 47 Abs. 6 sächsPolG; § 31 Abs. 3 saSOG; § 195 a Abs. 4 S. 1 shLVwG; § 44 Abs. 3 S. 1 thürPAG.

140 Art. 36 Abs. 4 bayPAG; § 27 Abs. 4 berlASOG; § 31 Abs. 4 S. 7 bremPolG; § 25 Abs. 3 bwPolG; § 13 Abs. 4 S. 1 hambGDatPol; § 17 Abs. 6 hessSOG; § 35 Abs. 3 S. 1 mvSOG; § 29 Abs. 4 S. 1 saarlPolG; § 40 Abs. 4 sächsPolG; § 19 Abs. 6 saSOG; § 187 Abs. 3 S. 1 shLVwG; § 37 Abs. 4 thürPAG; § 31 Abs. 5 BPolG.

141 § 194 Abs. 2 shLVwG.

erforderlich ist.[142] Verfalls-, Prüfungs- und Aufbewahrungsfristen[143] konkretisieren die Erforderlichkeit.

86 Wenn die Löschung unterbleiben muß, weil Grund zur Annahme besteht, daß dadurch schutzwürdige Belange des Betroffenen beeinträchtigt werden, die Daten zur Behebung einer bestehenden Beweisnot unerläßlich sind oder für wissenschaftliche Zwecke benötigt werden, sind die Daten zu **sperren** und mit einem Sperrvermerk zu versehen und dürfen ausschließlich zu den im Gesetz genannten Zwecken genutzt werden.[144]

87 **bb) Spezielle Löschungsansprüche.** Diese Ansprüche (vgl. Rn. 82) verschärfen oder lockern die Pflicht zur Löschung bzw. Vernichtung je nach Intensität des Eingriffs in die informationelle Selbstbestimmung sowie Gewicht und Nähe der entdeckten Gefahr. Das geschieht zum einen durch die Anordnung unverzüglicher Löschung oder die Festlegung unterschiedlich langer Fristen für die Löschung. Zum anderen geschieht es dadurch, daß mehr oder weniger zulässige Aufbewahrungszwecke genannt werden: von der Gefahrenabwehr über die Durchsetzung öffentlich-rechtlicher Ansprüche und den Schutz privater Rechte bis zur Verfolgung von Ordnungswidrigkeiten (von erheblicher Bedeutung) und Straftaten, zur Strafvollstreckung und zur vorbeugenden Bekämpfung von Straftaten (von erheblicher Bedeutung). Daten, die dem Kernbereich privater Lebensgestaltung zuzurechnen sind, dürfen nicht verwendet werden und/oder sind zu löschen,[145] es sei denn, es besteht eine gegenwärtige Gefahr für Leib, Leben oder Freiheit (vgl. § 14 Rn. 125 b).

---

142 Art. 45 Abs. 2 bayPAG; § 47 Abs. 2 bbgPolG; § 48 Abs. 2 S. 1 berlASOG; § 36 k Abs. 2 bremPolG; § 46 Abs. 1 bwPolG; § 24 Abs. 2 hambGDatPol; § 27 Abs. 2 S. 1 hessSOG; § 45 Abs. 2 mvSOG; § 32 Abs. 2 nwPolG; § 39 Abs. 2 rpPOG; § 38 Abs. 2 S. 1 saarlPolG; § 20 Abs. 1 u. 2 sächsDSG; § 32 Abs. 2 saSOG; § 196 Abs. 2 S. 1 shLVwG; § 45 Abs. 2 S. 1 thürPAG; § 35 Abs. 2 BPolG; §§ 32 Abs. 2 S. 1, 33 Abs. 2 S. 1 BKAG.

143 Art. 45 Abs. 2 Nr. 2, 38 Abs. 2 S. 3 bayPAG; §§ 47 Abs. 2 S. 1 Nr. 3, 39 Abs. 2 S. 3 bbgPolG; § 48 Abs. 4 berlASOG; § 36 k Abs. 4 S. 1 bremPolG; §§ 46 Abs. 1 S. 1 Nr. 2, 38 Abs. 2 bwPolG; §§ 24 Abs. 2 S. 1 Nr. 3, S. 3, 15, 16 hambGDatPol; § 27 Abs. 4 hessSOG; §§ 45 Abs. 2 S. 3, 46 mvSOG; § 47 ndsSOG; §§ 32 Abs. 2 S. 1 Nr. 3, 22, 24 Abs. 2 nwPolG; § 38 Abs. 2 S. 1 Nr. 2 u. S. 2 saarlPolG; § 43 Abs. 3 u. 4 sächsPolG; § 32 Abs. 4 saSOG; § 196 Abs. 3 shLVwG; §§ 45 Abs. 2 S. 1 Nr. 2, 38, 40 Abs. 2 thürPAG; § 35 Abs. 3 u. 4 BPolG; § 32 Abs. 3 u. 4 BKAG.

144 Art. 45 Abs. 3 bayPAG; § 47 Abs. 5 bbgPolG; § 48 Abs. 6 berlASOG; § 36 k Abs. 6 bremPolG; § 24 Abs. 4 hambGDatPol; § 27 Abs. 6 hessSOG; § 45 Abs. 4 mvSOG; § 32 Abs. 5 nwPolG; § 39 Abs. 3 rpPOG; § 38 Abs. 4 saarlPolG; §§ 20 Abs. 4, 21 Abs. 1 Nr. 2 sächsDSG; § 32 Abs. 7 saSOG; § 196 Abs. 5 shLVwG; § 45 Abs. 4 thürPAG; § 35 Abs. 6 BPolG; §§ 32 Abs. 2 S. 2, 33 Abs. 3 BKAG.

145 Art. 33 Abs. 6, 34 Abs. 5 S. 3–5, Abs. 7, 34 c Abs. 4 S. 3–5, Abs. 6 bayPAG; §§ 33 a Abs. 5 S. 2, 33 b Abs. 4 S. 2 u. Abs. 10 S. 1 bbgPolG; §§ 10 Abs. 5 S. 2, 10 c Abs. 3

Literatur: *C. Gusy,* Polizeiliche Datenverarbeitung zur Gefahrenabwehr, ZJS 2012, 155; *M. Kniesel,* Rasterfahndung vor Gericht, Polizei 2003, 89; *M. Koch,* Datenerhebung und -verarbeitung in den Polizeigesetzen der Länder, 1999; *A. Kowalczyk,* Datenschutz im Polizeirecht, 1989; *T. Petri,* Informationsverarbeitung im Polizei- und Strafverfahrensrecht, HdbPolR, H Rn. 1 ff.; *R. Riegel,* Datenschutz bei den Sicherheitsbehörden, 2. Aufl. 1992; *J.-Y. Son,* Heimliche polizeiliche Eingriffe in das informationelle Selbstbestimmungsrecht, 2006; *M. Walden,* Zweckbindung und -änderung präventiv und repressiv erhobener Daten im Bereich der Polizei, 1996. 88

§ 16. Platzverweisung, Aufenthaltsverbot, Wohnungsverweisung und Kontaktverbot

I. Begriffe und Rechtsgrundlagen

1. Begriffe

Sowohl durch die Platzverweisung als auch durch das Aufenthaltsverbot wird einer Person aufgegeben, einen bestimmten Ort zu verlassen oder nicht zu betreten. Der Unterschied zwischen beiden Maßnahmen besteht in zeitlicher Hinsicht; durch die Platzverweisung wird der Person aufgegeben, den Ort **vorübergehend,** d. h. für kurze Zeit zu verlassen bzw. nicht zu betreten, durch das Aufenthaltsverbot wird es ihr **für eine längere Zeit** aufgegeben. Die ausdrückliche Regelung als Standardmaßnahme, die das Aufenthaltsverbot neben der Platzverweisung in allen Ländern gefunden hat, legt nahe, zwischen beiden Maßnahmen auch in räumlicher Hinsicht zu unterscheiden; sie stellt dem Ort, dem die Platzverweisung gilt, den örtlichen Bereich gegenüber, auf den sich das Aufenthaltsverbot bezieht, und bestimmt ihn oft als einen Ort oder ein Gebiet innerhalb einer Gemeinde oder auch ein gesamtes Gemeindegebiet. Aber daß das Aufenthaltsverbot einen weiteren und die Platzverweisung einen engeren räumlichen Bereich umfaßt, unterscheidet beide Maßnahmen nur tatsächlich, nicht normativ. Gebote, vorübergehend ein gesamtes Gemeindegebiet zu verlassen oder nicht zu betreten, sind selten, aber nicht ausgeschlossen; wenn sie ausgesprochen werden, handelt es sich um Platzverweisungen. 1

S. 2, Abs. 5 hambGDatPol; § 27 Abs. 2 S. 2 hessSOG; §§ 34 a Abs. 8 S. 5, 34 b Abs. 3 S. 2 mvSOG; §§ 16 Abs. 4, 18 Abs. 3 u. 4 nwPolG; § 39 a Abs. 1 S. 2 rpPOG; § 41 Abs. 7 S. 2 sächsPolG.

2 **Beispiele:** Platzverweisungen sind neben Räumungen einzelner oder mehrerer Räume und Gebäude Absperrungen von Unfall- und Katastrophenorten, Anordnungen an Verkehrsteilnehmer, die Straße für Einsatzwagen freizumachen, an Demonstranten, dem Gelände einer Botschaft nicht zu nahezukommen, oder an militante politische Aktivisten, nicht an den Ort einer politischen Konferenz zu reisen, auch die Räumung eines gesamten Gemeindegebiets, wenn es bei der Entschärfung eines Blindgängers insgesamt Schaden zu nehmen droht; ein auf das gesamte Gemeindegebiet bezogenes Bleibegebot hat OVG Lüneburg, NdsVBl. 2007, 98 dagegen auf die Generalklausel gestützt. – Aufenthaltsverbote werden vor allem gegen Drogenhändler und -abhängige gerichtet, um innerstädtische, besonders schul-, kindergarten- oder spielplatznahe Drogenszenen gewissermaßen auszutrocknen.

3 Durch die Wohnungsverweisung wird einer Person aufgegeben, eine **Wohnung,** vollständig oder auf bestimmte Räume beschränkt, gelegentlich auf die unmittelbare Umgebung der Wohnung erstreckt, zu verlassen und nicht mehr zu betreten (zurückzukehren); soweit sie gesetzlich geregelt ist, heben die Gesetze den auch bei Platzverweisung und Aufenthaltsverbot relevanten, aber als selbstverständlich nicht eigens erwähnten Aspekt des Rückkehrverbots ausdrücklich hervor. Teilweise erweitern die Gesetze die Wohnungsverweisung um das Verbot, sich der verletzten oder bedrohten Person zu nähern.[1]

3a Das Kontaktverbot gibt wie Platzverweisung, Aufenthaltsverbot und Wohnungsverweisung die Befugnis zu einem Aufenthaltsverbot, geht aber **über die räumliche Dimension hinaus.** Durch das Kontaktverbot wird insbesondere in Fällen der Gewalt in engen sozialen Beziehungen einer Person untersagt, erstens sich in einem bestimmten Umkreis der Wohnung der gefährdeten Person aufzuhalten, zweitens telefonisch oder auf andere Weise Verbindung zu dieser Person aufzunehmen und drittens ein Zusammentreffen mit dieser Person herbeizuführen. Das Kontaktverbot gilt für eine längere Zeit und kann neben Platzverweisung, Aufenthaltsverbot und Wohnungsverweisung angeordnet werden. – Alle diese Maßnahmen sind Anordnungsbefugnisse.

2. Betroffene Grundrechte

4 Der Unterschied zwischen der vorübergehenden Platzverweisung und dem auf längere Zeit angelegten Aufenthaltsverbot spiegelt den Unterschied zwischen den betroffenen Grundrechten. Die Platzver-

1 § 27a Abs. 3 S. 2 bwPolG.

weisung ist ein Eingriff in die in **Art. 2 Abs. 2 S. 2 GG** geschützte Freiheit der Person, die die Bewegungs- und die Fortbewegungsfreiheit einschließt (*Rachor,* HdbPolR, F Rn. 490; a. A. VGH München, NVwZ 2000, 454/455 f.: Eingriff sogar eines Aufenthaltsverbots nur in Art. 2 Abs. 1 GG; *Hetzer,* JR 2000, 1: Eingriff sogar in Art. 11 GG). Das Aufenthaltsverbot greift in die Freizügigkeit des **Art. 11 GG** ein; es beschränkt die Freiheit, an jedem Ort Wohnsitz oder Aufenthalt zu nehmen (OVG Bremen, NVwZ 1999, 314/315; *Alberts,* NVwZ 1997, 45/47; *Hecker,* NVwZ 1999, 261/262; differenzierend *Gusy,* NWVBl. 2004, 1/6). Zwar kann auch ein Ort, an dem eine Person nur kurz verweilt, ihr Aufenthalt sein; dies ist der Fall, wenn das Verweilen an dem Ort von Bedeutung für die Person ist, einem ihrer Lebenskreise entspricht oder der Erhaltung und Entfaltung ihrer persönlichen Identität dient. Aber darum greift das Gebot, diesen Ort vorübergehend zu verlassen oder nicht zu betreten, doch nicht in Art. 11 ein. Denn staatliches Handeln stellt nur dann einen Eingriff in Art. 11 dar, wenn es eine freizügigkeitsregelnde Tendenz hat, d. h. gerade auf das zielt, was das Verweilen zum Aufenthalt macht (vgl. *Pieroth/Schlink,* Rn. 868). Für die Bedeutung, die das kurze Verweilen für die Person hat, interessieren sich die Polizei- und Ordnungsbehörden bei der Platzverweisung aber nicht; die Gefahren, deren Abwehr die Platzverweisung dient, haben mit dem Verweilen einer Person an einem Ort unabhängig davon zu tun, ob das Verweilen für die Person von Bedeutung ist oder nicht.

Aus diesen grundrechtlichen Zusammenhängen folgt die **Abgrenzung** zwischen der kurzen Zeit, bei der ein Gebot zum Verlassen oder Nichtbetreten eines Orts eine Platzverweisung, und der längeren, bei der es ein Aufenthaltsverbot ist. Es geht nicht einfach um ein paar Minuten oder Stunden mehr oder weniger, sondern darum, ob angesichts der Dauer des Verweilens, das verhindert wird, jeweils schon von einem Aufenthalt zu sprechen ist oder nicht. 5

Beispiele: Das Verbot an eine Sinti- oder Romafamilie, im Wohnwagen auf dem Gemeindegebiet zu übernachten, ist ein Aufenthaltsverbot. Das Verbot, während der ebenfalls für die ganze Nacht geplanten „Wachhund Mahnaktion“ vor der Botschaft deren Gelände zu nahe zu kommen, ist Platzverweisung. Der Sinti- oder Romafamilie soll eine Aufenthaltsnahme, den Teilnehmern der Aktionen sollen Übergriffe, d. h. ein bestimmter Gebrauch ihrer Bewegungs- und Fortbewegungsfreiheit, verwehrt werden. 6

Auch die Wohnungsverweisung beschränkt die Freiheit, Wohnsitz und Aufenthalt zu nehmen, und greift dadurch in Art. 11 GG (VGH 7

Mannheim, JZ 2005, 352) und ferner in **Art. 14 GG** ein, nicht aber, wie der Begriff nahelegen könnte, in Art. 13 GG. Denn das Wohnungsgrundrecht schützt zwar vor einem Eindringen in die räumliche Privatsphäre, nicht aber davor, daß die räumliche Privatsphäre der eigenen Verfügung oder Nutzung entzogen wird. Diese entziehenden Eingriffe gelten dem Eigentum an der Wohnung (vgl. *Pieroth/Schlink*, Rn. 956; *Ruder*, VBlBW 2002, 11/14). Das Kontaktverbot kann in Art. 2 Abs. 2 S. 2 oder Art. 11 GG eingreifen. Beim Verbot telefonischen Kontakts ist Art. 10 GG nicht betroffen, weil nicht von Inhalt oder Umständen des Telefonverkehrs Kenntnis genommen wird.

3. Rechtsgrundlagen

8 In allen Polizei- und Ordnungsgesetzen ist die **Platzverweisung** als Standardmaßnahme ausdrücklich geregelt.[2] Wenn Platzverweisungen Störungen von Amtshandlungen beseitigen, die der Aufklärung oder Verfolgung von Straftaten oder Ordnungswidrigkeiten dienen, werden sie auf § 164 StPO gestützt; dieser Bestimmung bedarf es, weil die öffentliche Sicherheit die amtlichen Handlungen einschließt, neben den Rechtsgrundlagen des Polizei- und Ordnungsrechts eigentlich nicht; sie findet sich in der StPO nur wegen des sachlichen Zusammenhangs.

9 Platzverweisungen liegen auch dann vor, wenn die Polizei eine Person **anhält** oder **vorlädt** und ihr damit gebietet, keinen anderen Platz zu betreten als den, auf dem sie gerade steht bzw. auf den sie vorgeladen wird. Allerdings geschehen Anhalten und Vorladen besonders, um eine sachdienliche Angabe zu erfragen, die Identität einer Person festzustellen oder eine Person oder eine Sache zu durchsuchen, und sind dann und bei ähnlichen Maßnahmen als deren Aspekt explizit oder implizit mitgeregelt (vgl. § 14 Rn. 13, 53, 72; § 18 Rn. 1).

10 Das **Aufenthaltsverbot** ist in allen Ländern als Standardmaßnahme ausdrücklich geregelt.[3]

---

2 Art. 16 bayPAG; § 16 Abs. 1 bbgPolG; § 29 Abs. 1 berlASOG; § 14 Abs. 1 bremPolG; § 27a Abs. 1 bwPolG; § 12 a Abs. 1 hambSOG; § 31 Abs. 1 hessSOG; § 52 Abs. 1 mvSOG; § 17 Abs. 1 ndsSOG; § 34 Abs. 1 nwPolG; § 13 Abs. 1 rpPOG; § 12 Abs. 1 saarlPolG; § 21 Abs. 1 sächsPolG; § 36 Abs. 1 saSOG; § 201 Abs. 1 shLVwG; § 18 Abs. 1 thürPAG; § 17 Abs. 1 thürOBG; § 38 BPolG.

3 § 16 Abs. 2 bbgPolG; § 29 Abs. 2 berlASOG; § 14 Abs. 2 bremPolG; § 27 a Abs. 2 bwPolG; § 12 b Abs. 2 hambSOG; § 31 Abs. 3 hessSOG; § 52 Abs. 3 mvSOG; § 17 Abs. 4 ndsSOG; § 34 Abs. 2 nwPolG; § 13 Abs. 3 rpPOG; § 12 Abs. 3 saarlPolG; § 21 Abs. 2 sächsPolG; § 36 Abs. 2 saSOG; § 201 Abs. 2 shLVwG; § 18 Abs. 3 thürPAG; § 17 Abs. 2 thürOBG.

Dem Aufenthaltsverbot lediglich ähnlich ist ein **Ausreiseverbot,** mit dem gewaltbereite Hooligans oder Globalisierungsgegner daran gehindert werden sollen, zu Fußballspielen bzw. politischen Ereignissen ins Ausland zu reisen. Nicht auf einen Ort oder ein Gebiet, sondern auf ein ganzes Land bezogen, dazu noch auf eines, über das keine Gebietshoheit und keine Polizeigewalt bestehen, ist es kein Aufenthaltsverbot und wird auch nicht auf dessen Rechtsgrundlage gestützt, sondern eine Beschränkung des Geltungsbereichs des Passes oder des Personalausweises (§§ 7f. PaßG; § 2 Abs. 2 PAuswG; vgl. *Nolte,* NVwZ 2001, 147/150; *Rossi,* AöR 2002, 612); letzteres ist bei Ländern ohne Paßpflicht die mildere Maßnahme (OVG Bremen, NordÖR 2009, 43). Eine zur Durchsetzung dieser Beschränkung verfügte Meldeauflage wird problematisch (vgl. § 7 Rn. 20f.) auf die Generalklausel gestützt (vgl. BVerwGE 129, 142; *Krahm,* Polizeiliche Maßnahmen zur Eindämmung von Hooligangewalt, 2008, S. 325ff.). 11

Die **Wohnungsverweisung** ist in den meisten Ländern,[4] das **Kontaktverbot** nur in Rheinland-Pfalz[5] als Standardmaßnahme ausdrücklich geregelt. Sonst werden diese Maßnahmen auf die Generalklausel gestützt; für die Wohnungsverweisung dürfte allerdings die Übergangszeit (vgl. § 7 Rn. 20f.) abgelaufen sein (*Gusy,* JZ 2005, 357; *Bösch,* Jura 2009, 650/656). 12

II. Formelle Rechtmäßigkeit

Weder für die Platzverweisung noch für die Wohnungsverweisung oder das Kontaktverbot gelten besondere Bedingungen der formellen Rechtmäßigkeit. Dagegen wird für das Aufenthaltsverbot gelegentlich verlangt, daß es schriftlich[6] und von unterschiedlichen vorgesetzten Instanzen[7] anzuordnen ist und bei Verlängerungen der Befristung sogar unter Richtervorbehalt[8] steht. Beratungspflichten gegenüber der gefährdeten Person bei der Wohnungsverweisung[9] betreffen nicht deren Rechtmäßigkeit. 13

---

4 § 16 a bbgPolG; § 29 a berlASOG; § 14 a bremPolG; § 27 a Abs. 3 u. 4 bwPolG; § 12 b Abs. 1 hambSOG; § 31 Abs. 2 hessSOG; § 52 Abs. 2 mvSOG; § 17 Abs. 2 u. 3 ndsSOG; § 34 a nwPolG; § 13 Abs. 2 rpPOG; § 12 Abs. 2 saarlPolG; § 21 Abs. 3 sächsPolG; § 36 Abs. 3 saSOG; § 18 Abs. 2 thürPAG; § 201 a shLVwG.

5 § 13 Abs. 4 rpPOG.

6 § 16 Abs. 2 S. 2 bbgPolG.

7 § 201 Abs. 2 S. 9 u. 10 shLVwG.

8 § 201 Abs. 2 S. 11 shLVwG.

9 § 16 a Abs. 4 bbgPolG; § 34 a Abs. 4 nwPolG; § 18 Abs. 2 S. 6 thürPAG.

III. Materielle Rechtmäßigkeit

1. Platzverweisung

14 **a) Schutzgüter und Gefahr.** Was die gefährdeten Schutzgüter angeht, gelten in keinem Land besondere Voraussetzungen. Fast alle Spezialermächtigungen stellen neben die Gefahr für die öffentliche Sicherheit und je nach Landesrecht (vgl. § 8 Rn. 1) Ordnung ausdrücklich die **Behinderung** des Einsatzes von Feuerwehr, Hilfs- oder Rettungsdiensten.[10] Soweit es um diesen Einsatz geht, ist also die Gefahrenschwelle herabgesetzt und genügt als Eingriffsvoraussetzung eine Behinderung, auch wenn sie noch nicht Gefahr ist.

15 **b) Pflichtigkeit.** Zur Frage, ob die Platzverweisung grundsätzlich allein gegen den **Störer** und gegen den **Nichtstörer** nur ausnahmsweise unter den besonderen Voraussetzungen des Vorgehens gegen einen Nichtstörer gerichtet werden kann, sind Rechtsprechung und Literatur uneinheitlich; oft wird die Frage gar nicht angesprochen, manchmal mit oder ohne Begründung dahin beantwortet, es dürfe grundsätzlich nur gegen den Störer vorgegangen werden (VG Schleswig, NVwZ 2000, 464; *Schenke,* Rn. 132a) und manchmal dahin, daß der Nichtstörer ebenso wie der Störer in Anspruch genommen werden könne (VGH München, BayVBl. 1969, 105; *Riegel,* Bundesgrenzschutzneuregelungsgesetz, 1996, § 38 Rn. 1).

16 Was dafür spricht, das Vorgehen nicht auf ein Vorgehen grundsätzlich gegen den Störer zu beschränken und nur ausnahmsweise unter den entsprechenden besonderen Voraussetzungen auch gegen den Nichtstörer zuzulassen, sind die **Vorschriften** einiger Länder, die die Regelungen über die Verantwortlichkeit des Störers und die Inanspruchnahme des Nichtstörers dann für nicht anwendbar erklären, wenn andere Vorschriften bestimmen, gegen wen eine Maßnahme zu richten ist (vgl. § 9 Rn. 2). Die Vorschriften über die Platzverweisung sind andere Vorschriften, die bestimmen, daß einer Person vorübergehend das Verlassen eines Orts ge- oder das Betreten verboten werden kann, ohne daß sie die Person als Verursacher der Gefahr be-

---

10 Art. 16 S. 2 bayPAG; § 16 Abs. 1 S. 2 bbgPolG; § 29 Abs. 1 S. 2 berlASOG; § 14 Abs. 1 S. 2 bremPolG; § 31 Abs. 1 S. 2 hessSOG; § 52 Abs. 1 S. 2 mvSOG; § 17 Abs. 1 S. 2 ndsSOG; § 34 Abs. 1 S. 2 nwPolG; § 13 Abs. 1 S. 2 rpPOG; § 12 Abs. 1 S. 2 saarlPolG; § 21 Abs. 1 S. 2 sächsPolG; § 36 Abs. 1 S. 2 saSOG; § 201 S. 2 shLVwG; § 18 Abs. 1 S. 2 thürPAG.

zeichnen. Danach ist die Maßnahme gegen jede Person zu richten, wenn dies zur Abwehr einer Gefahr erforderlich ist. Soweit es dagegen lediglich um die Beseitigung der Behinderung des Einsatzes von Feuerwehr, Hilfs- und Rettungsdiensten geht, verlangen die Vorschriften über die Platzverweisung, daß Adressat die behindernde Person ist.

Die Situationen, in denen sich die Platzverweisung als notwendig 17
erweist, zeigen allerdings, daß dann, wenn es eines Vorgehens gegen den Nichtstörer bedarf, **regelmäßig** auch die besonderen Voraussetzungen dafür vorliegen.

Beispiele: Wenn Nachbarn aus ihren Wohnungen verwiesen werden müs- 18
sen, weil auf einem Grundstück ein Blindgänger gefunden wurde und entschärft wird, sind sie zwar mangels Verursachung nicht als Störer verantwortlich, können aber als Nichtstörer in Anspruch genommen werden, weil die besonderen Voraussetzungen dafür vorliegen. Auch wenn die Polizei zu einer Schlägerei gerufen wird und die Beteiligten unabhängig davon, wer Angreifer und wer Angegriffener ist, durch Platzverweisung auseinanderbringt, erfüllen die Angegriffenen zwar nicht die Störermerkmale, aber die Voraussetzungen der Inanspruchnahme als Nichtstörer (vgl. zu den Beispielen *Schloer,* DÖV 1991, 955/958).

Nur **ausnahmsweise** wird die Platzverweisung gegen jemanden er- 19
forderlich, der weder die Störermerkmale noch die Voraussetzungen der Inanspruchnahme als Nichtstörer erfüllt. Die Ausnahmen sind um so seltener, als für die häufigen Konflikte zwischen Versammlungsteilnehmern und Versammlungsgegnern, Demonstranten und Gegendemonstranten wenn nicht aus den Störer- und Nichtstörervorschriften des Polizei- und Ordnungsrechts, dann aus dem Grundsatz der Verhältnismäßigkeit folgt, daß der, der von seinen Rechten und Freiheiten einen legalen Gebrauch macht, vor dem, der ihm dies verwehren will, geschützt werden muß und daß ihm nicht, weil dies die einfachere Konfliktvermeidung oder -lösung ist, der legale Rechts- und Freiheitsgebrauch verboten werden darf (vgl. § 9 Rn. 17f.).

Beispiel: Ein seltener Fall, in dem es nicht an einer Gefahr, wohl aber an ei- 20
ner gegenwärtigen erheblichen Gefahr und damit an einer Voraussetzung für die Inanspruchnahme als Nichtstörer fehlt, liegt etwa vor, wenn die Polizei in einem Park Personen vom Rasen verweist, auf dem jemand etwas verloren hat und suchen möchte.

2. Aufenthaltsverbot

21 **a) Verfassungsmäßigkeit. aa) Kompetenzrechtliche Problematik.** Da das Aufenthaltsverbot ein Eingriff in die Freizügigkeit ist, hat die landesgesetzliche Regelung sich vor Art. 73 Abs. 1 Nr. 3 GG zu behaupten, wonach der Bund die ausschließliche Gesetzgebungskompetenz für die Regelung der Freizügigkeit hat. Zum einen kann auf den Kriminalvorbehalt in Art. 11 Abs. 2 GG („... um strafbaren Handlungen vorzubeugen ...") verwiesen werden; daß er einen Aspekt der Kompetenz zur gesetzlichen Regelung des allgemeinen Gefahrenabwehrrechts bezeichnet, die unter dem Grundgesetz ausschließlich den Ländern zusteht, zeigt an, daß die Gesetzgebungskompetenz des Bundes für die Regelung der Freizügigkeit sich nicht auf das allgemeine Gefahrenabwehrrecht bezieht (BayVerfGH, NVwZ 1991, 664/666; OVG Bremen, NVwZ 1999, 314/316; *Randelzhofer,* in: BK-GG, Art. 11 Rn. 142). Zum anderen sieht eine Auffassung die Gesetzgebungskompetenz des Bundes auch nur da sinnvoll und einschlägig, wo es um die interterritoriale Freizügigkeit, d. h. den freien Zug über die Ländergrenzen geht (*Schoch,* Rn. 214; *Alberts,* NVwZ 1997, 45/47).

22 **bb) Materiell-rechtliche Problematik.** Der qualifizierte Gesetzesvorbehalt von Art. 11 Abs. 2 GG läßt eine Beschränkung der Freizügigkeit nur unter bestimmten Voraussetzungen zu. Die ausdrückliche Regelung des Aufenthaltsverbots in einigen Ländern (vgl. Rn. 10) grenzt denn auch i. S. des Kriminalvorbehalts ein, daß der Adressat im fraglichen örtlichen Bereich eine Straftat zu begehen drohen muß. Die Generalklausel enthält keinerlei derartige Eingrenzungen. Von einigen Stimmen in der Literatur wird dies als Indiz dafür genommen, daß das Aufenthaltsverbot auf die Generalklausel nicht zu stützen sei (*Alberts,* NVwZ 1997, 45/47; *Hecker,* NVwZ 1999, 261/262; *Merten,* Polizei 2002, 18/21); andere Stimmen in der Literatur leiten dasselbe Ergebnis aus der Systematik zwischen Generalklausel und Standardmaßnahmen her, die von Rechtsstaats wegen verbiete, eine Maßnahme (hier: Aufenthaltsverbot) mit ähnlicher sachlicher Qualität wie eine Standardmaßnahme (hier: Platzverweisung), aber von höherer Eingriffsintensität als die Standardmaßnahme und von dieser nicht mehr gedeckt, auf die Generalklausel zu stützen (*Cremer,* NVwZ 2001, 1218/1220f.; *Rachor,* HdbPolR, F Rn. 502; *Schenke,* Rn. 134). Ein Teil der Literatur (*Deger,* VBlBW 1996, 90/91; *Götz,* § 8 Rn. 26) und weithin die Rechtsprechung halten es für unproble-

matisch, das auf eine atypische Gefahrenlage zielende Aufenthaltsverbot auf die Generalklausel zu stützen, die gerade für die Abwehr atypischer Gefahren da sei (OVG Bremen, NVwZ 1999, 314/315; VGH Mannheim, NVwZ 2003, 115).

In der Tat ist die Generalklausel für die Abwehr **atypischer Gefahren** bestimmt und läßt sich aus der Systematik zwischen Generalklausel und Standardmaßnahmen i. V. m. dem Parlamentsvorbehalt nur die Pflicht des Gesetzgebers herleiten, das Aufenthaltsverbot dann, wenn es von einer atypischen zu einer typischen Maßnahme wird, auch als Standardmaßnahme zu fassen (vgl. § 7 Rn. 20f.). Inzwischen dürfte die Entwicklung entsprechend vorangeschritten sein (vgl. VGH Kassel, NVwZ 2003, 1400; *Neuner*, S. 117ff.). Im übrigen ist die Generalklausel, wenn ein Aufenthaltsverbot auf sie gestützt werden soll, verfassungskonform dahin zu interpretieren, daß eine der Voraussetzungen von Art. 11 Abs. 2 GG vorliegen muß. 23

b) Schutzgüter. Was die gefährdeten Schutzgüter angeht, beschränken die Spezialermächtigungen das Aufenthaltsverbot ausdrücklich auf die **Verhütung von Straftaten.** Zur Abwehr anderer Gefahren für die öffentliche Sicherheit oder Ordnung, etwa zur Unterbindung von Beeinträchtigungen des Stadtbilds und -lebens durch Bettelei, öffentlichen Alkoholkonsum und öffentliches Auftreten von Obdachlosen und Nichtseßhaften (vgl. § 11 Rn. 16), darf es nicht eingesetzt werden. 24

c) Gefahr. Was die Gefahr angeht, verlangen die Spezialermächtigungen mit der Formulierung, Tatsachen müßten die Annahme rechtfertigen, eine Person werde in einem Gebiet eine Straftat begehen oder zu ihrer Begehung beitragen,[11] nur einen Verdacht; wegen der Bestimmtheit von Person und Gebiet und der Eingrenzung des drohenden Schadens auf die Begehung einer Straftat ist es der **Verdacht einer konkreten Gefahr** (vgl. § 4 Rn. 52f.). Auch unter der Generalklausel könnte nicht mehr als ein Gefahrverdacht verlangt werden; wäre die Straftat als räumlich-zeitlich bestimmter Fall mit hinreichender Wahrscheinlichkeit zu erwarten, bedürfte es nicht des Aufenthaltsverbots, sondern könnte die Person in Gewahrsam genommen 25

11 § 16 Abs. 2 S. 1 bbgPolG; § 29 Abs. 2 S. 1 berlASOG; § 14 Abs. 2 S. 1 bremPolG; § 27 a Abs. 2 S. 1 bwPolG; § 12 b Abs. 2 S. 1 hambSOG; § 31 Abs. 3 S. 1 hessSOG; § 52 Abs. 3 S. 1 mvSOG; § 17 Abs. 4 S. 1 ndsSOG; § 34 Abs. 2 nwPolG; § 13 Abs. 3 S. 1 rpPOG; § 12 Abs. 3 S. 1 saarlPolG; § 21 Abs. 2 S. 1 sächsPolG; § 36 Abs. 2 S. 1 saSOG; § 201 Abs. 2 S. 1 shLVwG; § 18 Abs. 3 S. 1 thürPAG.

werden. Der Gefahrverdacht rechtfertigt hier ausnahmsweise nicht nur einen Gefahrerforschungseingriff, sondern eine Gefahrenabwehrmaßnahme (vgl. § 4 Rn. 59f.).

26 **d) Pflichtigkeit.** Adressat des Aufenthaltsverbots kann nur der **Verhaltensstörer,** d. h. die Person sein, die die Straftat zu begehen droht. Die Spezialermächtigungen statuieren dies ausdrücklich. Situationen, in denen Aufenthaltsverbote gegen Nichtstörer die Gefahren abwehren könnten, im Hinblick auf die das Aufenthaltsverbot als Maßnahme entwickelt wurde, sind im übrigen aber auch nicht vorstellbar.

27 **e) Verhältnismäßigkeit.** Besonders betont wird in den meisten Spezialermächtigungen, aber auch in der einschlägigen Rechtsprechung der Grundsatz der Verhältnismäßigkeit.[12] Er verlangt, wenn im Interesse des Adressaten erforderlich, **Ausnahmen** vom Aufenthaltsverbot für das Aufsuchen der Wohnung,[13] Arzt- und Anwaltsbesuche, berufliche und persönliche Kontakte (vgl. OVG Bremen, NVwZ 1999, 314/317f.; VGH Mannheim, DÖV 1997, 255/256f.; VGH München, DÖV 1999, 520/522, dazu *Kappeler,* BayVBl. 2001, 336; *Hecker,* NVwZ 2003, 1334/1335f.).

3. Wohnungsverweisung

28 **a) Verfassungsmäßigkeit.** Wie beim Aufenthaltsverbot kann auch bei der Wohnungsverweisung gefragt werden, ob sie in der Generalklausel eine hinreichende Ermächtigung findet (vgl. VGH Mannheim, NJW 2005, 88; *Seiler,* VBlBW 2004, 93). Sie ist von ähnlicher sachlicher Qualität wie eine Platzverweisung; bevor sie als eigener Maßnahmetyp begriffen und in den meisten Ländern als Standardmaßnahme geregelt wurde, wurde Personen manchmal unter Berufung auf die Ermächtigung zur Platzverweisung aufgegeben, Wohnungen vorübergehend zu verlassen oder nicht zu betreten. Die

---

12 § 16 Abs. 2 S. 2 bbgPolG; § 29 Abs. 2 S. 2 berlASOG; § 14 Abs. 2 S. 2 bremPolG; § 27 a Abs. 2 S. 2 bwPolG; § 12 b Abs. 2 S. 2 hambSOG; § 31 Abs. 3 S. 2 hessSOG; § 52 Abs. 2 S. 3 mvSOG; § 17 Abs. 4 S. 3 ndsSOG; § 34 Abs. 2 S. 3 nwPolG; § 13 Abs. 3 S. 2 rpPOG; § 12 Abs. 3 S. 2 u. 4 saarlPolG; § 21 Abs. 2 S. 2 sächsPolG; § 201 Abs. 2 S. 3 shLVwG; § 18 Abs. 3 S. 3 thürPAG.

13 § 16 Abs. 2 S. 3 bbgPolG; § 29 Abs. 2 S. 3 berlASOG; § 14 Abs. 2 S. 3 bremPolG; § 27 a Abs. 2 S. 2 bwPolG; § 12 b Abs. 2 S. 3 hambSOG; § 31 Abs. 3 S. 1 hessSOG; § 52 Abs. 2 S. 3 mvSOG; § 17 Abs. 4 S. 1 ndsSOG; § 34 Abs. 2 S. 1 nwPolG; § 13 Abs. 3 S. 2 rpPOG; § 12 Abs. 3 S. 3 saarlPolG; § 21 Abs. 2 S. 2 sächsPolG; § 36 Abs. 2 S. 1 saSOG; § 201 Abs. 2 S. 4 shLVwG; § 18 Abs. 3 S. 5 thürPAG.

Wohnungsverweisung ist aber, weil nicht nur auf kurze, sondern auf längere Zeit gerichtet, von höherer Eingriffsintensität als die Platzverweisung. Aber noch ist sie eine **atypische Maßnahme,** die allerdings, wenn sie zu einer typischen Maßnahme wird, vom Gesetzgeber als Standardmaßnahme zu fassen ist.

b) Schutzgüter, Gefahr und Pflichtigkeit. Bei gegenwärtiger oder 29
unmittelbar bevorstehender Gefahr[14] für Leib, Leben, Freiheit oder sexuelle Selbstbestimmung einer Person kann der Pflichtige, der mit der gefährdeten Person die Wohnung teilt, der Wohnung verwiesen werden. Bei der gefährdeten Person handelt es sich meistens um die Frau, beim Pflichtigen um den **prügelnden Ehemann** oder Lebenspartner. Zwar sehen die gesetzlichen Regelungen bewußt davon ab, die Wohnungsverweisung von einem Antrag der gefährdeten Person abhängig zu machen; die Frau soll auch gerade dann durch die Wohnungsverweisung geschützt werden können, wenn sie unter dem Druck des Pflichtigen steht. Gegen ihren ausdrücklichen, ernsthaften Willen kann die Wohnungsverweisung aber nicht angeordnet oder aufrechterhalten werden; es liegt dann angesichts ihrer auch die Selbstgefährdung einschließenden Selbstbestimmung (vgl. § 8 Rn. 27 ff.) keine polizeilich abzuwehrende Gefahr vor (für eine sog. stabile Opferbeziehung a. A. *Gusy*, Rn. 279).

c) Verhältnismäßigkeit. Der Grundsatz der Verhältnismäßigkeit 30
verlangt, die Wohnungsverweisung zu **befristen** und dem Pflichtigen, wenn ohne Gefährdung der anderen Person möglich, **Zutritt** zu insbesondere beruflich genutzten Teilen der Wohnung zu lassen und Gelegenheit zu geben, sich mit Gegenständen seines **persönlichen Bedarfs** zu versorgen. Die gesetzlich geregelten Spezialbefugnisse sehen alle oder einige dieser Verhältnismäßigkeitsanforderungen ausdrücklich vor.[15]

14 Abweichend: § 29 a Abs. 1 S. 1 berlASOG, § 12 b Abs. 1 S. 1 hambSOG und § 12 Abs. 2 S. 1 saarlPolG (einfache konkrete Gefahr).

15 § 16 a Abs. 2 u. 5 bbgPolG; § 29 a Abs. 3 berlASOG; § 14 a Abs. 1 S. 2, Abs. 2, 4 bremPolG; § 27 a Abs. 4 bwPolG; § 12 b Abs. 1 S. 2 u. 3 hambSOG; § 31 Abs. 2 S. 3 hessSOG; § 52 Abs. 2 S. 3 u. 5 mvSOG; § 17 Abs. 2 S. 3 ndsSOG; § 34 a Abs. 1 S. 2, 3, Abs. 2, 5 nwPolG; § 13 Abs. 2 rpPOG; § 12 Abs. 2 S. 2 u. 4 saarlPolG; § 21 Abs. 3 sächsPolG; § 36 Abs. 3 S. 3 saSOG; § 18 Abs. 2 S. 3 u. 4 thürPAG; § 201 a Abs. 1 shLVwG.

4. Kontaktverbot

30a Für die Frage der Ermächtigung zum Kontaktverbot gilt das zur Wohnungsverweisung Gesagte (vgl. Rn. 28) entsprechend. Bei einer dringenden Gefahr kann dem Pflichtigen, der mit der gefährdeten Person in einer engen sozialen Beziehung lebt, der Kontakt mit dieser Person verboten werden. Auch hier wird vom Gesetz kein Antrag der gefährdeten Person vorausgesetzt. Der Grundsatz der Verhältnismäßigkeit verlangt, das Kontaktverbot zu befristen und den Kontakt zur Wahrnehmung berechtigter Interessen zuzulassen.[16]

IV. Durchsetzung

31 Die Spezialbefugnisse zu Platzverweisung, Aufenthaltsverbot und Wohnungsverweisung ermächtigen als **Anordnungsbefugnisse** zu keinerlei Durchsetzungsmaßnahmen. Die Durchsetzung des Geoder Verbots erfolgt nach den allgemeinen Regelungen des polizei- und ordnungsrechtlichen Vollstreckungsrechts. Die meisten Polizei- und Ordnungsgesetze heben daneben ausdrücklich den Gewahrsam als Mittel der Durchsetzung der Platzverweisung und, soweit geregelt, auch des Aufenthaltsverbots und der Wohnungsverweisung hervor.[17] Statt des Gewahrsams kommt gelegentlich als milderes Mittel eine Meldeauflage oder, falls es sich um eine Platzverweisung oder ein Aufenthaltsverbot der Bundespolizei handelt, auch ein Ausreiseverbot (Rn. 11) in Betracht.

32 **Literatur:** *H. W. Alberts,* Freizügigkeit als polizeiliches Problem, NVwZ 1997, 45; *R. Bösch*, Rechtswidrige polizeiliche Verweisungsmaßnahmen, Jura 2009, 650; *P. Collin,* Das polizeiliche Betretungsverbot bei häuslicher Gewalt, DVBl. 2003, 1499; *W. Cremer,* Aufenthaltsverbote und offene Drogenszene: Gesetzesvorrang, Parlamentsvorbehalte und grundgesetzliche Kompetenzordnung, NVwZ 2001, 1218; *M. E. Eicke*, Die polizeiliche Wohnungsverweisung bei häuslicher Gewalt, 2008; *T. Finger,* Betretungs- und Aufenthaltsverbote im Recht der Gefahrenabwehr, Polizei 2005, 82; *A. Helmke,* Der polizeiliche Platzverweis im Rechtsstaat, 2002; *A.-M. Kappeler,* Öffentliche Sicherheit

---

16 § 13 Abs. 4 rpPOG.

17 Art. 17 Abs. 1 Nr. 3 bayPAG; § 17 Abs. 1 Nr. 3 u. 4 bbgPolG; § 30 Abs. 1 Nr. 3 berlASOG; § 15 Abs. 1 Nr. 3, 4 bremPolG; § 13 Abs. 1 Nr. 2 hambSOG; § 32 Abs. 1 Nr. 3 hessSOG; § 55 Abs. 1 Nr. 5 mvSOG; § 18 Abs. 1 Nr. 3 ndsSOG; § 35 Abs. 1 Nr. 3, 4 nwPolG; § 14 Abs. 1 Nr. 3 rpPOG; § 22 Abs. 1 Nr. 4 sächsPolG; § 37 Abs. 1 Nr. 3 saSOG; § 204 Abs. 1 Nr. 4 u. 5 shLVwG; § 19 Abs. 1 Nr. 3 thürPAG; § 39 Abs. 1 Nr. 2 BPolG; nicht aber im Saarland.

durch Ordnung, 2001; *H. Lang*, „Das Opfer bleibt, der Schläger geht" – Rechtsfragen polizeilicher Wohnungsverweisungen bei der Bekämpfung häuslicher Gewalt –, VerwArch 2005, 283; *C. Neuner*, Zulässigkeit und Grenzen polizeilicher Verweisungsmaßnahmen, 2003; *M. P. Robrecht/M. Petersen-Thrö*, Rechtliche Probleme bei der Anwendung der Platzverweisregelung des § 21 Abs. 1 S. 1 SächsPolG unter besonderer Berücksichtigung von „Platzverweiszonen" und „diffusen" Störergruppen, SächsVBl. 2006, 29; *S. Storr*, Die Wohnungswegweisung bei häuslicher Gewalt, ThürVBl. 2005, 97.

§ 17. Gewahrsam

I. Begriff und Rechtsgrundlagen

Eine Person befindet sich in **Gewahrsam,** wenn sie daran gehindert wird, sich aus einem eng umgrenzten Raum zu entfernen. Die Begründung des Gewahrsams wird **Ingewahrsamnahme** genannt. Der Gewahrsam mit der Ingewahrsamnahme ist in allen Polizeigesetzen als Spezialbefugnis geregelt.[1] Dabei handelt es sich um eine Handlungsbefugnis, die nicht erst um des Grundsatzes der Verhältnismäßigkeit, sondern schon um der Effektivität des polizeilichen Handelns willen eine Anordnungsbefugnis einschließt, aufgrund derer die Kooperation oder immerhin die Duldung des Pflichtigen verlangt werden kann. Eine besondere Form des Gewahrsams und der Ingewahrsamnahme ist die Unterbringung. Sie ist in Landesgesetzen speziell geregelt und dient der Abwehr von Gefahren, die psychisch Kranke für sich und andere verursachen; für die sofortige Unterbringung besitzt die Polizei eine spezielle Eilfallzuständigkeit. 1

Gewahrsam i. S. d. Polizeirechts fällt unter den verfassungsrechtlichen Begriff der **Freiheitsentziehung** gem. Art. 104 Abs. 2 GG (vgl. *Jarass*, JP, Art. 104 Rn. 12; *Pieroth/Schlink*, Rn. 447). Die Definition der Freiheitsentziehung in § 415 Abs. 2 FamFG nennt als typische Fälle eines eng umgrenzten Raums („insbesondere") abgeschlossene Einrichtungen und Gewahrsamsräume. 1a

Beispiele: Jede Art von Arrest, Haft, Freiheitsstrafe und Unterbringung. Darüber hinaus kann das Festhalten an einem eng umgrenzten Raum und da- 2

1 Art. 17 bayPAG; § 17 bbgPolG; § 30 berlASOG; § 15 bremPolG; § 28 bwPolG; § 13 hambSOG; § 32 hessSOG; § 55 mvSOG; § 18 ndsSOG; § 35 nwPolG; § 14 rpPOG; § 13 saarlPolG; § 22 sächsPolG; § 37 saSOG; § 204 shLVwG; § 19 thürPAG; § 39 BPolG.

mit Gewahrsam auch im Freien stattfinden, wenn etwa Demonstranten von der Polizei vollständig eingeschlossen werden, so daß sie auf engem Raum zusammengedrängt und daran gehindert werden, den Ort zu verlassen (zum sog. Polizeikessel vgl. LG Hamburg, NVwZ 1987, 834; VG Berlin, NVwZ-RR 1990, 188; VG Mainz, NVwZ-RR 1991, 242; OVG Münster, NVwZ 2001, 1315). Die Abriegelung eines Dorfes hat OVG Lüneburg, NdsVBl. 2007, 98 wegen der Möglichkeit der Bewohner, sich im Dorf frei zu bewegen, nicht als Gewahrsam qualifiziert, sondern auf die polizeiliche Generalklausel gestützt.

3 Im Anschluß an den Musterentwurf für ein einheitliches Polizeigesetz stellen viele Polizeigesetze das **Festhalten**[2] oder jedenfalls das nicht nur kurzfristige Festhalten[3] dem Gewahrsam gleich und lassen für beides namentlich den Richtervorbehalt (vgl. Rn. 8ff.) gelten. Fälle des Festhaltens sind auch die Verbringung auf die Dienststelle (Sistierung, Vorführung) zum einen zur Identitätsfeststellung und zum anderen zur zwangsweisen Durchsetzung der Vorladung. In der Rechtsprechung und in weiten Teilen der Literatur wird die Verbringung auf die Dienstelle gleichwohl nicht als Freiheitsentziehung, sondern als bloße Freiheitsbeschränkung angesehen: Die Auswirkungen auf die körperliche Bewegungsfreiheit seien lediglich sekundäre, kurzfristige Folgen der Erfüllung der Handlungspflicht, die Identität preiszugeben bzw. die Vorladung zu befolgen (BVerwGE 62, 325/327f.; 82, 243/245; *Rachor,* HdbPolR, F Rn. 553). Es ist aber nicht einzusehen, warum eine Freiheitsentziehung nicht der Erfüllung einer Handlungspflicht sollte dienen können, und die Dienststelle ist jedenfalls ein eng umgrenzter Ort. Bei den ähnlich gelagerten Fällen der Zuführung Minderjähriger und der Rückführung Entwichener (vgl. Rn. 20f.) wird von den Polizeigesetzen ebenfalls ein Gewahrsam angenommen und damit eine Freiheitsentziehung vorausgesetzt.

4 Das hat Konsequenzen für die Streitfrage, ob das Einsperren in einem Polizeifahrzeug in den Fällen des sog. **Verbringungs- und Rückführungsgewahrsams** Gewahrsam i. S. d. Polizeirechts ist. Der Verbringungsgewahrsam ist dadurch gekennzeichnet, daß die Polizei Personen an einen anderen Ort fährt, an dem sie nicht mehr stören

2 Art. 18 Abs. 1 bayPAG; § 18 Abs. 1 bbgPolG; § 31 Abs. 1 berlASOG; § 16 Abs. 1 bremPolG; §§ 26 Abs. 2 S. 3 i. V. m. 28 Abs. 1 Nr. 3, Abs. 3 S. 2 bwPolG; § 13 c Abs. 2 hambSOG; § 33 Abs. 1 hessSOG; §§ 56 Abs. 5 i. V. m. 29 Abs. 3 u. 4 mvSOG; § 19 Abs. 1 ndsSOG; § 36 Abs. 1 nwPolG; § 15 Abs. 1 rpPOG; §§ 19 Abs. 2 S. 3 i. V. m. 22 Abs. 1 Nr. 3, Abs. 7 sächsPolG; § 38 Abs. 1 saSOG; § 181 Abs. 4 shLVwG; § 20 Abs. 1 thürPAG; § 40 Abs. 1 BPolG.

3 § 14 Abs. 1 saarlPolG.

können, und dort freiläßt; das Freilassen außerhalb der Stadt („Aussetzen") ist keine weitere Maßnahme. Beim Rückführungsgewahrsam als einem Sonderfall werden Personen, typischerweise Hooligans, zurück in ihre Heimatstadt verbracht. Eine unterschiedliche rechtliche Qualifikation dieser Maßnahmen gegenüber der Sistierung und der Vorführung kann nicht überzeugen: Es wird jeweils in gleicher Weise die Freiheit der Person entzogen und die Person an einem eng umgrenzten Ort festgehalten; daß der eng umgrenzte Ort zu einem anderen Ort unterwegs ist, ist dabei unerheblich. Verbringungs- und Rückführungsgewahrsam sind daher als Freiheitsentziehung und Gewahrsam anzusehen (vgl. OVG Bremen, NVwZ 1987, 237; *Krahm*, Polizeiliche Maßnahmen zur Eindämmung von Hooligangewalt, 2008, S. 369 ff.; a. A. *Schucht*, DÖV 2011, 553/557).

Sieht man Verbringungs- und Rückführungsgewahrsam nicht als 5
Freiheitsentziehung und Gewahrsam i. S. d. Polizeirechts an, liegt es nahe, sie auf die **polizeiliche Generalklausel** zu stützen (so *Finger*, NordÖR 2007, 423; *Schenke*, Rn. 139). Verbringungs- und Rückführungsgewahrsam greifen aber ebenso tief wie Freiheitsentziehung und Gewahrsam i. S. d. Polizeirechts in die Freiheit der Person ein und sind inzwischen zu typischen Maßnahmen geworden, so daß der Rückgriff auf die polizeiliche Generalklausel nur für eine Übergangszeit zulässig war, die inzwischen abgelaufen ist (vgl. § 7 Rn. 20 f.; *Gusy*, NWVBl. 2004, 1/8).

Fraglich ist auch, ob ein polizeilich angeordneter **Hausarrest** Ge- 6
wahrsam ist. Vielfach wird eine Freiheitsentziehung nur angenommen, wenn gegen das Verlassen des eng umgrenzten Raums Sicherungen bestehen, wie das bei einem verschlossenen Gebäude der Fall ist, oder wenn bei einem Verstoß gegen die Anordnung mit unmittelbarem Zwang gerechnet werden muß (vgl. *Jarass*, JP, Art. 2 Rn. 114; *Schenke*, Rn. 142); danach könnte allenfalls ein Hausarrest unter polizeilicher Bewachung oder ähnlichen Sicherungen als Gewahrsam eingestuft werden. Auf diese Weise werden aber Fragen des Begriffs und des Anwendungsbereichs mit solchen der Durchsetzung vermengt. Die Freiheitsentziehung liegt wie alle Eingriffe in die Freiheit der Person schon in den entsprechenden Geboten und Verboten; sie liegt außerdem auch in den zu deren Durchsetzung eingesetzten Vollstreckungshandlungen (*Pieroth/Schlink*, Rn. 445). Auch der ohne Sicherungen angeordnete Hausarrest ist somit Gewahrsam und kann nicht einfach auf die polizei- oder ordnungsrechtliche Generalklausel gestützt werden.

7 **Kein Gewahrsam** sind demgegenüber bloße Freiheitsbeschränkungen, d. h. Eingriffe in das Grundrecht der Freiheit der Person, die nicht die Qualität und Intensität des Festhaltens an einem eng umgrenzten Raum erreichen. Im Polizeirecht fallen darunter das Anhalten und die Vorladung, für die allerdings ebenfalls spezielle Befugnisnormen existieren. Kein Gewahrsam ist auch der sog. unechte Gewahrsam, bei dem sich jemand freiwillig in polizeiliche Obhut begibt. Da hier kein Grundrechtseingriff vorliegt (vgl. *Pieroth/Schlink*, Rn. 155), bedarf es eigentlich auch keiner Befugnisnorm; gleichwohl wird der unechte Gewahrsam in einigen Ländern dem Anwendungsbereich der speziellen Befugnisnorm unterstellt, um Mißbrauch zu verhindern.

II. Formelle Rechtmäßigkeit

1. Richtervorbehalt

8 In allen Polizeigesetzen wird der in Art. 104 Abs. 2 GG normierte Richtervorbehalt wiederholt.[4] Wegen seiner **verfassungsrechtlichen Normierung** würde er auch gelten, wenn im Polizeirecht die Wiederholung unterblieben wäre. Der Richtervorbehalt besagt, daß die Polizei unverzüglich eine richterliche Entscheidung über Zulässigkeit und Fortdauer der Freiheitsentziehung, die auf einer eigenständigen Gefahrenprognose des Richters beruhen muß (OLG Rostock, NVwZ-RR 2008, 173), herbeizuführen hat. „Unverzüglich" bedeutet nicht wie bei § 121 BGB „ohne schuldhaftes Zögern", da es nicht um die Schuld des Polizeibeamten geht. Vielmehr geht es in einem objektiven Sinn darum, ob die Verzögerung sachlich gerechtfertigt ist, z. B. „durch die Länge des Weges, Schwierigkeiten beim Transport, die notwendige Registrierung und Protokollierung, ein renitentes Verhalten des Festgenommenen" (BVerfGE 105, 239/249; NVwZ 2006, 579/580). Die Unverzüglichkeit verlangt darüber hinaus die Erreichbarkeit des Richters wie bei der Wohnungsdurchsuchung (vgl. § 18 Rn. 29). Die richterliche Entscheidung setzt nicht notwendig eine

4 Art. 18 Abs. 1 bayPAG; § 18 Abs. 1 bbgPolG; § 31 Abs. 1 berlASOG; § 16 Abs. 1 u. 2 bremPolG; § 28 Abs. 3 S. 2–4 bwPolG; § 13 a Abs. 1 hambSOG; § 33 Abs. 1 hessSOG; § 56 Abs. 5 S. 1 i. V. m. 29 Abs. 3 u. 4 mvSOG; § 19 Abs. 1 ndsSOG; § 36 Abs. 1 nwPolG; § 15 Abs. 1 rpPOG; § 14 Abs. 1 saarlPolG; § 22 Abs. 7 sächsPolG; § 38 Abs. 1 saSOG; §§ 204 Abs. 6 i. V. m. 181 Abs. 4 shLVwG; § 20 Abs. 1 thürPAG; § 40 Abs. 1 BPolG.

persönliche Anhörung voraus und darf daher auch bei Vernehmungsunfähigkeit des Betroffenen nicht unterbleiben (VGH Mannheim, NVwZ-RR 2012, 346/347).

Eine **Ausnahme** vom Richtervorbehalt ist in allen Ländern ausdrücklich normiert:[5] Der Herbeiführung der richterlichen Entscheidung bedarf es nicht, wenn anzunehmen ist, daß die Entscheidung des Richters erst nach Wegfall des Grundes der polizeilichen Maßnahme ergehen würde. Dies dient dem Freiheitsschutz des Betroffenen, der nicht auch dann noch zur Herbeiführung einer richterlichen Entscheidung festgehalten werden soll, wenn der Grund für die Freiheitsentziehung entfallen ist, und ist daher mit Art. 104 Abs. 2 GG vereinbar. 9

Rechtsfolge eines Verstoßes gegen die Anforderungen des Richtervorbehalts ist die Rechtswidrigkeit des Gewahrsams und die Pflicht zur Freilassung des Betroffenen. Anders wäre die effektive Befolgung des Richtervorbehalts nicht gewährleistet (vgl. *Dürig*, in: Maunz/Dürig, GG, Art. 104 Rn. 41; *Rachor*, HdbPolR, F Rn. 624). Eine Heilung gem. § 45 Abs. 1 Nr. 5 VwVfG kommt nicht in Betracht, weil der Richter keine „andere Behörde" ist (vgl. *Poscher/Rusteberg*, JuS 2012, 26/27). Allerdings können bei einer im Anschluß an die alte Gefahr neu entstehenden Gefahr die Voraussetzungen für eine erneute polizeiliche Maßnahme vorliegen, so daß der Freizulassende wieder in Gewahrsam genommen oder sogar im Gewahrsam behalten werden darf. 10

Beispiel: Randalierende Hooligans werden in Gewahrsam genommen und nicht dem Richter vorgeführt, obwohl dieser erreichbar wäre. Als der vorgesetzte Polizeibeamte deswegen die Freilassung anordnet, stellt sich heraus, daß die Hooligans sofort wieder zu randalieren beginnen. Je nachdem, ob es sich noch im Gewahrsam oder nach der Freilassung herausstellt, sind die Hooligans im Gewahrsam zu behalten oder wieder in ihn zu nehmen. 11

---

5 Art. 18 Abs. 1 S. 2 bayPAG; § 18 Abs. 1 S. 2 bbgPolG; § 31 Abs. 1 S. 2 berlASOG; § 16 Abs. 2 bremPolG; § 28 Abs. 3 S. 3 bwPolG; § 13 a Abs. 1 S. 2 hambSOG; § 33 Abs. 1 S. 2 hessSOG; § 56 Abs. 5 S. 2 mvSOG; § 19 Abs. 1 S. 2 ndsSOG; § 36 Abs. 1 S. 2 nwPolG; § 15 Abs. 1 S. 2 rpPOG; § 14 Abs. 1 S. 2 saarlPolG; § 22 Abs. 7 S. 2 sächsPolG; § 38 Abs. 1 S. 2 saSOG; §§ 204 Abs. 6 i. V. m. 181 Abs. 4 S. 2 shLVwG; § 20 Abs. 1 S. 2 thürPAG; § 40 Abs. 1 BPolG.

2. Bekanntgabe

12 Alle Landesgesetze verlangen, dem Betroffenen den Grund der Freiheitsentziehung unverzüglich bekanntzugeben.[6] Das ist eine Spezialregelung zu § 39 VwVfG und wie diese Bestimmung eine Konkretisierung des rechtsstaatlichen **Begründungsgebots.** Die Verletzung der Vorschrift über die Bekanntgabe des Grundes kann gem. § 45 Abs. 1 Nr. 2 VwVfG durch nachträgliche Begründung geheilt werden.

3. Rechtsbehelfsbelehrung

13 Die meisten Landesgesetze normieren die Pflicht, den Betroffenen über seine Rechtsbehelfe zu belehren.[7] Das ist eine **Spezialregelung zu § 25 VwVfG.** Wie auch diese Bestimmung ist es weder eine Konkretisierung von Art. 19 Abs. 4 GG (*Jarass,* JP, Art. 19 Rn. 70) noch eine Konkretisierung von Art. 103 Abs. 1 GG; keine der beiden Bestimmungen verpflichtet dazu, eine Rechtsmittelbelehrung zu erteilen (*Pieroth,* JP, Art. 103 Rn. 24). Daß die Verletzung der Pflicht nicht zur Rechtswidrigkeit des Gewahrsams führt, läßt § 58 VwGO erkennen, der zwar wegen der Einschlägigkeit des Freiheitsentziehungsgesetzes bzw. der Gesetze über die freiwillige Gerichtsbarkeit (vgl. Rn. 14) nicht anwendbar ist, aber dem Gedanken Ausdruck gibt, daß als Rechtsfolge der Verletzung der Pflicht zur Rechtsbehelfsbelehrung lediglich die Fristverlängerung für die Einlegung des Rechtsbehelfs in Betracht kommt.

4. Benachrichtigung

14 Der **Richter** hat gem. Art. 104 Abs. 4 GG und § 432 FamFG, auf den fast alle Polizeigesetze verweisen,[8] von seiner Entscheidung un-

---

6 Art. 19 Abs. 1 S. 1 bayPAG; § 19 Abs. 1 S. 1 bbgPolG; § 32 Abs. 1 S. 1 berlASOG; § 17 Abs. 1 S. 1 bremPolG; § 28 Abs. 2 bwPolG; § 13 b Abs. 1 hambSOG; § 34 Abs. 1 hessSOG; § 56 Abs. 1 mvSOG; § 20 Abs. 1 S. 1 ndsSOG; § 37 Abs. 1 nwPolG; § 16 Abs. 1 rpPOG; § 15 Abs. 1 S. 1 saarlPolG; § 22 Abs. 4 sächsPolG; § 39 Abs. 1 saSOG; § 205 Abs. 1 shLVwG; § 21 Abs. 1 thürPAG.

7 Art. 19 Abs. 1 S. 1 bayPAG; § 19 Abs. 1 S. 2 bbgPolG; § 32 Abs. 1 S. 2 berlASOG; § 17 Abs. 1 S. 3 bremPolG; § 28 Abs. 2 bwPolG; § 56 Abs. 1 mvSOG; § 20 Abs. 1 S. 2 ndsSOG; § 15 Abs. 1 S. 2 saarlPolG; § 22 Abs. 4 sächsPolG; § 205 Abs. 1 shLVwG.

8 Art. 18 Abs. 3 S. 3 bayPAG; § 18 Abs. 2 S. 2 bbgPolG; § 31 Abs. 3 S. 2 berlASOG; § 16 Abs. 3 S. 2 bremPolG; § 28 Abs. 4 S. 2 bwPolG; § 13 a Abs. 2 S. 2 hambSOG; § 33 Abs. 2 S. 2 hessSOG; § 56 Abs. 5 S. 5 mvSOG; § 36 Abs. 2 S. 2 nwPolG; § 15 Abs. 2 S. 2 rpPOG; § 14 Abs. 2 S. 2 saarlPolG; § 22 Abs. 8 S. 2 sächsPolG; § 38 Abs. 2 S. 2 saSOG; §§ 204 Abs. 6 i. V. m. 181 Abs. 4 S. 4 shLVwG; § 20 Abs. 2 S. 2 thürPAG; § 40 Abs. 2 S. 2 BPolG.

verzüglich einen Angehörigen des Festgehaltenen oder eine Person dessen Vertrauens zu benachrichtigen; der Festgehaltene hat hierauf ein Recht, auf das er, wenn ihm die Benachrichtigung peinlich ist, auch verzichten kann.

Außerdem verpflichten die meisten Polizeigesetze die **Polizei** dazu, 15
der festgehaltenen Person selbst Gelegenheit zu geben, unverzüglich einen Angehörigen oder eine Person des Vertrauens zu benachrichtigen.[9] Überwiegend wird diese Pflicht aber dahin eingeschränkt, daß dadurch nicht der Zweck der Freiheitsentziehung gefährdet werden darf,[10] oder ausgeschlossen, wenn dies zur Verhütung von Straftaten erforderlich ist.[11] Gelegenheit geben bedeutet praktisch, daß dem Festgehaltenen am Ort des Gewahrsams, in der Regel auf der Polizeidienststelle, ein Telefon zur kostenfreien Benutzung zur Verfügung gestellt wird (*Rachor*, HdbPolR, F Rn. 614). Unter bestimmten gesetzlich normierten Voraussetzungen soll bzw. muß die Polizei die Benachrichtigung selbst übernehmen.[12] Die Rechtsfolge eines Verstoßes ist wie beim Richtervorbehalt (vgl. Rn. 10 f.) zu beurteilen.

III. Materielle Rechtmäßigkeit

1. Schutzgüter und Gefahr

a) Unverletzlichkeit der Rechtsordnung. Als sog. **Sicherheitsgewahrsam** (auch Sicherungs-, Unterbindungs- oder Beseitigungsgewahrsam genannt) dient der Gewahrsam dem Schutz der Unverletzlichkeit der Rechtsordnung. Das Schutzgut ist allerdings in allen Ländern unterschiedlich eingeschränkt; der Sicherheitsgewahrsam ist nur zur Verhinderung einer erheblichen Störung, insbesondere einer 16

9 Art. 19 Abs. 2 S. 1 bayPAG; § 19 Abs. 2 S. 1 bbgPolG; § 32 Abs. 2 S. 1 berlASOG; § 17 Abs. 2 S. 1 bremPolG; § 13 b Abs. 2 S. 1 hambSOG; § 34 Abs. 2 S. 1 hessSOG; § 20 Abs. 2 S. 1 ndsSOG; § 37 Abs. 2 S. 1 nwPolG; § 16 Abs. 2 S. 1 rpPOG; § 15 Abs. 2 S. 1 saarlPolG; § 22 Abs. 5 S. 1 sächsPolG; § 39 Abs. 2 S. 1 saSOG; § 21 Abs. 2 S. 1 thürPAG; § 41 Abs. 2 S. 1 BPolG.

10 Art. 19 Abs. 2 S. 1 bayPAG; § 19 Abs. 2 S. 1 bbgPolG; § 32 Abs. 2 S. 1 berlASOG; § 34 Abs. 2 S. 1 hessSOG; § 20 Abs. 2 S. 1 ndsSOG; § 37 Abs. 2 S. 1 nwPolG; § 15 Abs. 2 S. 1 saarlPolG; § 22 Abs. 5 S. 1 sächsPolG; § 39 Abs. 2 S. 1 saSOG; § 21 Abs. 2 S. 1 thürPAG; § 41 Abs. 2 S. 1 BPolG.

11 § 17 Abs. 2 S. 2 bremPolG.

12 Art. 19 Abs. 2 S. 3 bayPAG; § 19 Abs. 2 S. 3 bbgPolG; § 32 Abs. 2 S. 3 berlASOG; § 17 Abs. 3 S. 1 bremPolG; § 13 b Abs. 2 S. 3 hambSOG; § 34 Abs. 2 S. 3 hessSOG; § 20 Abs. 2 S. 2 ndsSOG; § 37 Abs. 2 S. 3 nwPolG; § 16 Abs. 2 S. 3 rpPOG; § 15 Abs. 2 S. 3 saarlPolG; § 22 Abs. 5 S. 2 sächsPolG; § 39 Abs. 2 S. 3 saSOG; § 21 Abs. 2 S. 3 thürPAG; § 41 Abs. 2 S. 2 BPolG.

Gefahr für Leib oder Leben, oder der Begehung oder Fortsetzung einer Straftat oder Ordnungswidrigkeit von erheblicher Bedeutung für die Allgemeinheit rechtmäßig.[13] Außerdem wird in allen Ländern nicht nur eine konkrete, sondern eine erhebliche Gefahr verlangt oder daß die Verletzung des Schutzguts unmittelbar bevorsteht oder bereits eingetreten ist. In einigen Polizeigesetzen wird das unmittelbare Bevorstehen durch Regelbeispiele konkretisiert.[14]

17 Daß der Gewahrsam auch zur Verhinderung von **Ordnungswidrigkeiten von erheblicher Bedeutung** für die Allgemeinheit rechtmäßig ist,[15] ist wegen Art. 5 Abs. 1 S. 2 Buchst. c EMRK, wonach die Freiheit der Person nur zur Verhinderung einer strafbaren Handlung entzogen werden darf, problematisch. Teilweise werden die entsprechenden Bestimmungen gem. Art. 31 GG für nichtig gehalten, weil die Europäische Menschenrechtskonvention gem. Art. 59 Abs. 2 S. 1 GG im Rang eines Bundesgesetzes steht (vgl. *Blankenagel,* DÖV 1989, 689/697; *Jahn,* DVBl. 1989, 1038/1043). Aber im Zeitpunkt der Schaffung der Europäischen Menschenrechtskonvention war das Ordnungswidrigkeitenrecht noch gar nicht aus dem Strafrecht herausgelöst, so daß die Begriffe des Strafrechts und der strafbaren Handlung im Grundgesetz das Ordnungswidrigkeitenrecht einschließen (vgl. *Pieroth,* JP, Art. 74 Rn. 5; Art. 103 Rn. 44). Außerdem läßt Art. 5 Abs. 1 S. 2 Buchst. e EMRK Freiheitsentziehungen sogar gegen Landstreicher zu; Landstreicherei ist aber seit 1975 in Deutschland nicht mehr strafbar. Daher sind die Regelungen über das Schutzgut des Sicherheitsgewahrsams gültig (BayVerfGH, BayVBl. 1990, 654/658 f.).

18, 19 Dient der Gewahrsam bzw. das Festhalten der **Durchsetzung einer anderen polizeilichen Maßnahme,** nämlich der Platz- oder Wohnungsverweisung, dem Aufenthaltsverbot, der Identitätsfeststellung oder der Vorladung, sind deren Schutzgüter und Gefahranforde-

---

13 Art. 17 Abs. 1 bayPAG; § 17 Abs. 1 bbgPolG; § 30 Abs. 1 berlASOG; § 15 Abs. 1 bremPolG; § 28 Abs. 1 bwPolG; § 13 Abs. 1 hambSOG; § 32 Abs. 1 hessSOG; § 55 Abs. 1 mvSOG; § 18 Abs. 1 ndsSOG; § 35 Abs. 1 nwPolG; § 14 Abs. 1 rpPOG; § 13 Abs. 1 saarlPolG; § 22 Abs. 1 sächsPolG; § 37 Abs. 1 saSOG; § 204 Abs. 1 shLVwG; § 19 Abs. 1 thürPAG; § 39 Abs. 1 BPolG.

14 Art. 17 Abs. 1 Nr. 2 bayPAG; § 17 Abs. 1 Nr. 2 bbgPolG; § 37 Abs. 1 Nr. 2 saSOG; § 19 Abs. 1 Nr. 2 thürPAG.

15 Art. 17 Abs. 1 Nr. 2 bayPAG; § 17 Abs. 1 Nr. 2 bbgPolG; § 30 Abs. 1 Nr. 2 berlASOG; § 15 Abs. 1 Nr. 2 bremPolG; § 13 Abs. 1 Nr. 2 hambSOG; § 32 Abs. 1 Nr. 2 hessSOG; § 55 Abs. 1 Nr. 2 mvSOG; § 18 Abs. 1 Nr. 2 b ndsSOG; § 35 Abs. 1 Nr. 2 nwPolG; § 14 Abs. 1 Nr. 2 rpPOG; § 13 Abs. 1 Nr. 2 saarlPolG; § 37 Abs. 1 Nr. 2 saSOG; § 204 Abs. 1 Nr. 2 shLVwG; § 19 Abs. 1 Nr. 2 thürPAG.

rungen zugleich die Schutzgüter und Gefahranforderungen des Gewahrsams; gelegentlich werden die Gefahranforderungen auch erhöht.[16] Bei den Schutzgütern geht es wieder um die Unverletzlichkeit der Rechtsordnung; dagegen reicht teilweise eine bloß abstrakte Gefahr aus.

b) Subjektive Rechte und Rechtsgüter. Als sog. **Schutzgewahrsam** dient der Gewahrsam dem Schutz der subjektiven Rechtsgüter Leib oder Leben, wenn eine Person sich erkennbar in einem die freie Willensbestimmung ausschließenden Zustand oder sonst in hilfloser Lage befindet.[17] In einigen Ländern wird die Rechtmäßigkeit des Schutzgewahrsams ausdrücklich auf den Fall erstreckt, daß die Person Selbsttötung begehen will[18] (vgl. § 8 Rn. 31 ff.); in den anderen Ländern wird dasselbe Ergebnis durch Auslegung gewonnen (vgl. *Drews u. a.*, S. 230; *Rachor*, HdbPolR, F Rn. 582). Ferner darf eine Ingewahrsamnahme zum Schutz privater Rechte erfolgen, wenn zusätzlich zu den Voraussetzungen der Privatrechtsklauseln, daß gerichtlicher Rechtsschutz nicht rechtzeitig zu erlangen ist und ohne polizeiliche Hilfe die Verwirklichung des Rechts vereitelt oder wesentlich erschwert würde, eine Festnahme oder Vorführung der Person nach den §§ 229, 230 Abs. 3 BGB zulässig ist[19] oder das Sorgerecht für Minderjährige deren Zuführung an die Sorgeberechtigten oder das Jugendamt gebietet.[20] 20

c) Bestand des Staates und seiner Einrichtungen. Soweit das Entweichen aus einer Justizvollzugsanstalt nicht schon eine Verletzung der Rechtsordnung darstellt, dient die Ingewahrsamnahme zur **Rück-** 21

16 § 15 Abs. 1 Nr. 3 a) bremPolG.

17 Art. 17 Abs. 1 Nr. 1 bayPAG; § 17 Abs. 1 Nr. 1 bbgPolG; § 30 Abs. 1 Nr. 1 berlASOG; § 15 Abs. 1 S. 1 Nr. 1 bremPolG; § 28 Abs. 1 Nr. 2 bwPolG; § 13 Abs. 1 Nr. 1 hambSOG; § 32 Abs. 1 Nr. 1 hessSOG; § 55 Abs. 1 Nr. 1 mvSOG; § 18 Abs. 1 Nr. 1 ndsSOG; § 35 Abs. 1 Nr. 1 nwPolG; § 14 Abs. 1 Nr. 1 rpPOG; § 13 Abs. 1 Nr. 1 saarlPolG; § 22 Abs. 1 Nr. 2 a sächsPolG; § 37 Abs. 1 Nr. 1 saSOG; § 204 Abs. 1 Nr. 1 shLVwG; § 19 Abs. 1 Nr. 1 thürPAG; § 39 Abs. 1 Nr. 1 BPolG.

18 § 28 Abs. 1 Nr. 2 c) bwPolG; § 22 Abs. 1 Nr. 2 b) sächsPolG.

19 § 17 Abs. 1 Nr. 5 bbgPolG; § 30 Abs. 1 Nr. 4 berlASOG; § 15 Abs. 1 S. 2 bremPolG; § 13 Abs. 1 Nr. 5 hambSOG; § 32 Abs. 1 Nr. 4 hessSOG; § 55 Abs. 1 Nr. 3 mvSOG; § 35 Abs. 1 Nr. 4 nwPolG; § 14 Abs. 1 Nr. 4 rpPOG; § 204 Abs. 1 Nr. 3 shLVwG.

20 Art. 17 Abs. 2 bayPAG; § 17 Abs. 2 bbgPolG; § 30 Abs. 2 berlASOG; § 15 Abs. 2 bremPolG; § 13 Abs. 2 hambSOG; § 32 Abs. 2 hessSOG; § 55 Abs. 2 mvSOG; § 18 Abs. 3 ndsSOG; § 35 Abs. 2 nwPolG; § 14 Abs. 2 rpPOG; § 13 Abs. 2 saarlPolG; § 22 Abs. 2 sächsPolG; § 37 Abs. 2 saSOG; § 204 Abs. 2 shLVwG; § 19 Abs. 2 thürPAG; § 39 Abs. 2 BPolG.

führung in die Anstalt[21] der Abwehr einer konkreten Gefahr für das Funktionieren dieser staatlichen Einrichtung (vgl. § 8 Rn. 34ff.).

2. Pflichtigkeit

22 Als Pflichtige kommen stets die Verhaltensverantwortlichen in Betracht. Beim **Sicherheitsgewahrsam** muß die Rechtsverletzung gerade durch denjenigen drohen, der in Gewahrsam genommen werden soll (OVG Bremen, NVwZ 2001, 221). Soweit der Gewahrsam der Durchsetzung einer anderen polizeilichen Maßnahme dient, sind die zulässigen Adressaten nach den für die andere polizeiliche Maßnahme maßgeblichen Normen zu bestimmen. Beim **Schutzgewahrsam** kommt neben dem Verhaltensverantwortlichen, der selbst die Gefahr für seinen Leib oder sein Leben verursacht hat, auch ein Nichtstörer als Adressat in Betracht, wenn die Gefahr für seinen Leib oder sein Leben von anderen Personen verursacht worden ist. Gelegentlich wird gefordert, den Schutzgewahrsam dann nur unter der Voraussetzung des polizeilichen Notstandes zuzulassen (*Rachor,* HdbPolR, F Rn. 582f.); das widerspricht jedoch der Spezialität der Standardmaßnahmen (vgl. § 7 Rn. 11).

23 **Beispiele:** Wenn eine aufgebrachte Menschenmenge droht, einen vermeintlichen Mörder zu lynchen, und dieser sich freiwillig in polizeiliche Obhut begibt, liegt darin keine Ingewahrsamnahme (vgl. Rn. 7). Ist das Lynchopfer schon in hilfloser Lage, darf es in Schutzgewahrsam genommen werden. Wenn aber ein politischer Agitator in der Fußgängerzone nur von wenigen Angreifern bedroht wird, ist der Schutzgewahrsam für ihn deshalb nicht erforderlich, weil von der Polizei als milderes Mittel gegen die wenigen Angreifer vorgegangen werden kann. Das folgt unmittelbar aus den Vorschriften über den Schutzgewahrsam; ein Rückgriff auf die allgemeinen Vorschriften über den polizeilichen Notstand ist unzulässig.

3. Verhältnismäßigkeit

24 Häufig wird für die Ingewahrsamnahme die **Unerläßlichkeit** der Maßnahme verlangt, die nichts anderes als deren Erforderlichkeit bezeichnet (vgl. § 10 Rn. 27). Die Verhältnismäßigkeit ist bei alten wie bei neuen Gewahrsamsformen in gleicher Weise relevant.

---

21 Art. 17 Abs. 3 bayPAG; § 17 Abs. 3 bbgPolG; § 30 Abs. 3 berlASOG; § 15 Abs. 3 bremPolG; § 13 Abs. 3 hambSOG; § 32 Abs. 3 hessSOG; § 55 Abs. 3 mvSOG; § 18 Abs. 2 ndsSOG; § 35 Abs. 3 nwPolG; § 14 Abs. 3 rpPOG; § 13 Abs. 3 saarlPolG; § 22 Abs. 3 sächsPolG; § 37 Abs. 3 saSOG; § 204 Abs. 3 shLVwG; § 19 Abs. 3 thürPAG; § 39 Abs. 3 BPolG.

Beispiele: Wenn bei einem Stadtstreicher im Winter die Voraussetzungen für eine Ingewahrsamnahme vorliegen, ist seine Verbringung in eine entfernte Gegend gegenüber der warmen Haftzelle unverhältnismäßig. Wenn dagegen gewaltbereite Hooligans in ihren Heimatort zurückverbracht werden, ist das gegenüber ihrem Einsperren in einer Arrestzelle das mildere Mittel. 25

a) Unterbringung. Gesetzliche Konkretisierungen der Verhältnismäßigkeit sind folgende Anforderungen der Polizeigesetze an die **Ausgestaltung des Gewahrsams:** 26

- Die festgehaltene Person soll gesondert, insbesondere ohne ihre Einwilligung nicht in demselben Raum mit Straf- oder Untersuchungsgefangenen untergebracht werden,[22]
- Männer und Frauen sollen oder müssen getrennt untergebracht werden,[23] und
- der festgehaltenen Person dürfen nur solche Beschränkungen auferlegt werden, die der Zweck der Freiheitsentziehung oder die Ordnung im Gewahrsam erfordert;[24] das kann zum Schutz der Person ihre Beobachtung durch Augenschein oder Videokamera einschließen.[25]

Auch ein die ausdrücklichen Anforderungen der Polizeigesetze einhaltender Gewahrsam kann durch die Art und Weise seiner Durchführung rechtswidrig sein (BVerfG, NVwZ 2006, 579).

b) Dauer. Eine Frage der Verhältnismäßigkeit ist auch die Höchstdauer des Gewahrsams. Sie ist unterschiedlich geregelt. Ohne richterliche Entscheidung darf gem. Art. 104 Abs. 2 S. 3 GG und den meisten Polizeigesetzen niemand länger als bis zum Ende des Tages nach 27

---

22 Art. 19 Abs. 3 S. 1 bayPAG; § 19 Abs. 3 S. 1 bbgPolG; § 32 Abs. 3 S. 1 berlASOG; § 15 Abs. 4 S. 1 bremPolG; § 13 b Abs. 3 S. 1 hambSOG; § 34 Abs. 3 S. 1 hessSOG; § 56 Abs. 3 S. 1 mvSOG; § 20 Abs. 4 S. 1 ndsSOG; § 37 Abs. 3 S. 1 nwPolG; § 16 Abs. 3 S. 1 rpPOG; § 15 Abs. 3 S. 1 saarlPolG; § 22 Abs. 6 S. 2 sächsPolG; § 39 Abs. 3 S. 1 saSOG; § 205 Abs. 3 S. 1 shLVwG; § 21 Abs. 3 S. 1 thürPAG; § 41 Abs. 3 S. 1 BPolG.

23 Art. 19 Abs. 3 S. 2 bayPAG; § 19 Abs. 3 S. 2 bbgPolG; § 32 Abs. 3 S. 2 berlASOG; § 13 b Abs. 3 S. 2 hambSOG; § 34 Abs. 3 S. 2 hessSOG; § 56 Abs. 3 S. 2 mvSOG; § 20 Abs. 4 S. 2 ndsSOG; § 37 Abs. 3 S. 2 nwPolG; § 16 Abs. 3 S. 2 rpPOG; § 15 Abs. 3 S. 2 saarlPolG; § 39 Abs. 3 S. 2 saSOG; § 205 Abs. 3 S. 2 shLVwG; § 21 Abs. 3 S. 2 thürPAG; § 41 Abs. 3 S. 2 BPolG.

24 Art. 19 Abs. 3 S. 3 bayPAG; § 19 Abs. 3 S. 3 bbgPolG; § 32 Abs. 3 S. 3 berlASOG; § 15 Abs. 4 S. 2 bremPolG; § 13 b Abs. 3 S. 3 hambSOG; § 34 Abs. 3 S. 3 hessSOG; § 56 Abs. 4 mvSOG; § 20 Abs. 4 S. 3 ndsSOG; § 37 Abs. 3 S. 3 nwPolG; § 16 Abs. 3 S. 3 rpPOG; § 15 Abs. 3 S. 3 saarlPolG; § 22 Abs. 6 S. 1 sächsPolG; § 39 Abs. 3 S. 3 saSOG; § 205 Abs. 4 shLVwG; § 21 Abs. 3 S. 3 thürPAG; § 41 Abs. 3 S. 3 BPolG.

25 § 34 Abs. 3 S. 4 hessSOG; § 37 Abs. 3 S. 4 nwPolG.

dem Ergreifen in Gewahrsam gehalten werden.[26] In Thüringen wird die Frist auf vierundzwanzig Stunden nach dem Ergreifen verkürzt,[27] in anderen Ländern wird die Freiheitsentziehung zum Zweck der Feststellung der Identität auf höchstens zwölf Stunden begrenzt.[28] In einigen Ländern gilt die Frist des Art. 104 Abs. 2 S. 3 GG selbst für den Gewahrsam mit richterlicher Anordnung, soweit er auf das Polizeirecht, nicht aber soweit er auf ein anderes Gesetz (z. B. § 62 AufenthG) gestützt ist.[29] Teilweise ist die Höchstdauer auf vier,[30] sieben,[31] acht,[32] zehn,[33] vierzehn[34] oder je nach Schutzgut auf zwei bzw. sechs,[35] vier bzw. zehn[36] oder zwei/drei bzw. vierzehn Tage[37] begrenzt. In wenigen Ländern ist keine Höchstdauer normiert.[38]

28 Ein polizeilicher Gewahrsam, der länger dauert als vier Tage, kann verfassungsrechtlich nicht gerechtfertigt werden (vgl. *Blankenagel*, DÖV 1989, 689; a. A. BayVerfGH, NVwZ 1991, 664/669; *Knemeyer/Keller*, SächsVBl. 1996, 197/198; *Schenke*, Rn. 146). Zwar folgt die **Verfassungswidrigkeit** nicht aus Art. 104 Abs. 2 S. 3 GG (so aber *Jahn*, DVBl. 1989, 1038/1043 f.). Denn Art. 104 Abs. 2 S. 3 GG legt die Höchstdauer von achtundvierzig Stunden nur für Freiheitsentziehungen fest, die die Polizei „aus eigener Machtvollkommenheit" anordnet, und in den genannten Vorschriften geht es um Freiheitsentziehungen aufgrund richterlicher Entscheidung. Aber ein längerfristiger polizeilicher Gewahrsam verstößt gegen das Grundrecht der Freiheit der Person i. V. m. dem Verhältnismäßigkeitsgrundsatz, weil er für keines der Schutzgüter des Gewahrsams erforderlich ist (so auch mit Ausnahme des Sicherheitsgewahrsams SächsVerfGH, DVBl. 1996, 1423). Weder für die Beseitigung einer hilflosen Lage noch für

26 Art. 20 Nr. 3 bayPAG; § 20 Abs. 1 Nr. 3 bbgPolG; § 33 Abs. 1 Nr. 3 berlASOG; § 18 Abs. 1 bremPolG; § 28 Abs. 3 S. 2 bwPolG; § 13 c Abs. 1 Nr. 3 hambSOG; § 35 Abs. 1 Nr. 4 hessSOG; § 55 Abs. 5 mvSOG; § 21 Nr. 3 ndsSOG; § 38 Abs. 1 Nr. 3 nwPolG; § 17 Abs. 1 Nr. 3 rpPOG; § 16 Abs. 1 Nr. 3 saarlPolG; § 22 Abs. 7 S. 4 sächsPolG; § 40 Abs. 1 Nr. 3 saSOG; § 204 Abs. 5 shLVwG; § 42 Abs. 1 S. 1 Nr. 3 BPolG.
27 § 22 Nr. 3 thürPAG.
28 § 20 Abs. 2 bbgPolG; § 33 Abs. 2 berlASOG; § 18 Abs. 2 bremPolG; § 13 c Abs. 2 hambSOG; § 35 Abs. 2 hessSOG; § 21 S. 3 ndsSOG; § 38 Abs. 2 nwPolG; § 16 Abs. 2 saarlPolG; § 40 Abs. 2 saSOG; § 42 Abs. 2 BPolG.
29 § 33 Abs. 1 Nr. 3 berlASOG; § 38 Abs. 1 Nr. 3 nwPolG.
30 § 20 Abs. 1 Nr. 3 S. 3 bbgPolG; § 40 Abs. 1 Nr. 3 saSOG; § 42 Abs. 1 S. 3 BPolG.
31 § 17 Abs. 2 S. 2 rpPOG.
32 § 16 Abs. 1 Nr. 3 saarlPolG.
33 § 22 Nr. 3 thürPAG.
34 Art. 20 Nr. 3 S. 2 bayPAG; § 28 Abs. 3 S. 4 bwPolG.
35 § 35 Abs. 1 Nr. 4 hessSOG.
36 § 21 S. 2 ndsSOG.
37 § 13 c Abs. 1 Nr. 3 hambSOG; § 22 Abs. 7 S. 3 sächsPolG.
38 So in Mecklenburg-Vorpommern und Schleswig-Holstein.

die Durchsetzung einer Identitätsfeststellung und einer Platzverweisung oder für die Vor-, Zu- oder Rückführung einer Person sind für die Polizei mehr als wenige Tage nötig.

Das gilt auch für den **Sicherheitsgewahrsam,** bei dem schon das Erfordernis des „unmittelbaren Bevorstehens" einen engen zeitlichen Rahmen vorgibt. Stellt sich heraus, daß nach vier Tagen weiterhin die Begehung oder Fortsetzung einer Straftat oder schweren Ordnungswidrigkeit unmittelbar bevorsteht, ist eine erneute, anschließende Ingewahrsamnahme zulässig, für die aber wieder der Richtervorbehalt gilt. 29

Beispiel: Gewaltbereite Hooligans können nicht für die gesamte Zeit der vierwöchigen Fußballweltmeisterschaft in Sicherheitsgewahrsam genommen werden, weil nicht für alle Tage und bis zum Ende der Veranstaltung ein „unmittelbares Bevorstehen" von Gewalttaten prognostiziert werden kann. Die Prognose hängt u. a. davon ab, welche Mannschaft wann und wo gegen welchen Gegner spielt. Ein vorzeitiges Ausscheiden der deutschen Fußballnationalmannschaft etwa kann die Gefahrenprognose drastisch verändern. Der verfassungsrechtlich verankerte Richtervorbehalt soll die Polizei gerade zur Berücksichtigung derartiger Aspekte zwingen. 30

Unabhängig von der hier vertretenen Verfassungswidrigkeit der Vorschriften über einen über wenige Tage hinausgehenden polizeilichen Gewahrsam kann die Anordnung eines längerfristigen Gewahrsams **im Einzelfall** gegen den Grundsatz der Verhältnismäßigkeit verstoßen (vgl. *Gusy,* Rn. 308; *Würtenberger/Heckmann,* Rn. 363); auch die Rechtsprechung verlangt eine strenge Prüfung der Verhältnismäßigkeit der Anordnung des Gewahrsams zur Gefahrenabwehr (BVerfGE 83, 24/35; BVerwGE 45, 51/56; OLG Hamm, NVwZ-RR 2008, 322). Der Europäische Gerichtshof für Menschenrechte hat einen neunzehnstündigen polizeilichen Gewahrsam, den das Bundesverfassungsgericht für verfassungsmäßig gehalten hat, für unverhältnismäßig erklärt (NVwZ 2006, 797/799). 31

IV. Durchsetzung

Als **Handlungsbefugnis** erlaubt die Spezialbefugnis des Gewahrsams körperliches Einwirken auf den Pflichtigen nur, solange nicht dessen Widerstand gebrochen wird; muß der Widerstand gebrochen werden, kann dies allein nach den Regeln des Zwangsverfahrens erfolgen (vgl. § 12 Rn. 14 f.). Dies gilt auch, soweit die Spezialbefugnis 32 darauf gerichtet ist, daß eine Platz- oder Wohnungsverweisung „durchzusetzen"[39] ist oder eine Vorladung „zwangsweise durchgesetzt"[40] wird. Nach anderer Auffassung sind hier die Regeln des Zwangsverfahrens suspendiert (vgl. *Rachor,* HdbPolR, F Rn. 589); es kann aber nicht einleuchten, daß die Reichweite der Spezialbefugnis je nach Schutzgut unterschiedlich sein soll. Nach wieder anderer Auffassung werden die Normen über den Gewahrsam überhaupt nicht als Ermächtigung zu körperlichem Einwirken verstanden (vgl. *Tegtmeyer/Vahle,* § 34 Rn. 4); das verkennt die Qualität der Spezialbefugnis als Handlungsbefugnis, die mit der Verwendung des Begriffs der Durchsetzung zu besonders deutlichem Ausdruck kommt.

33 **Literatur:** *C. Gusy,* Freiheitsentziehung und Grundgesetz, NJW 1992, 457; *P. Hantel,* Das Grundrecht der Freiheit der Person nach Art. 2 II 2, 104 GG, JuS 1990, 865; *L. Hasse/K. Mordas,* Verbringungsgewahrsam, ThürVBl. 2002, 101, 130; *H. Lisken,* Freiheitsentziehungsfristen im Polizeirecht, ZRP 1996, 332; *A.-M. Kappeler,* Der Verbringungsgewahrsam im System vollzugspolizeilicher Eingriffsbefugnisse, DÖV 2000, 227; *A. Schieder,* Die richterliche Bestätigung polizeilich veranlaßter Freiheitsentziehungen, KritV 2000, 218; *C. Stoermer,* Der polizeirechtliche Gewahrsam unter besonderer Berücksichtigung des Unterbindungsgewahrsams, 1998.

§ 18. Durchsuchung

1 Durchsuchung ist das Suchen nach etwas, das bei äußerlicher Betrachtung zunächst nicht wahrnehmbar ist (vgl. *Gusy,* Rn. 244). Die Polizeigesetze **differenzieren** zwischen Durchsuchungen von

---

39 Art. 17 Abs. 1 Nr. 3 bayPAG; § 17 Abs. 1 Nr. 3 bbgPolG; § 30 Abs. 1 Nr. 3 berlASOG; § 15 Abs. 1 Nr. 3, 4 bremPolG; § 13 Abs. 1 Nr. 3 hambSOG; § 32 Abs. 1 Nr. 3 hessSOG; § 55 Abs. 1 Nr. 5 mvSOG; § 18 Abs. 1 Nr. 3 ndsSOG; § 35 Abs. 1 Nr. 3, 4 nwPolG; § 14 Abs. 1 Nr. 2 rpPOG; § 22 Abs. 1 Nr. 4 sächsPolG; § 37 Abs. 1 Nr. 3 saSOG; § 204 Abs. 1 Nr. 4 shLVwG; § 19 Abs. 1 Nr. 3 thürPAG; § 39 Abs. 1 Nr. 2 BPolG.

40 Art. 15 Abs. 3 bayPAG; §§ 15 Abs. 3 bbgPolG; § 20 Abs. 3 berlASOG; § 27 Abs. 3 bwPolG; § 11 Abs. 2 hambSOG; § 30 Abs. 3 hessSOG; § 50 Abs. 3 mvSOG; § 16 Abs. 3 ndsSOG; § 10 Abs. 3 nwPolG; § 12 Abs. 3 rpPOG; § 11 Abs. 4 saarlPolG; § 18 Abs. 5 sächsPolG; § 35 Abs. 3 saSOG; § 199 Abs. 3 shLVwG; § 17 Abs. 3 thürPAG; § 25 Abs. 3 BPolG.

Personen,[1] von Sachen[2] und von Wohnungen[3] und normieren verschiedene Spezialbefugnisse. Das liegt daran, daß verschiedene Grundrechte betroffen sind: Bei der Durchsuchung und dem Betreten von Wohnungen geht es um die Unverletzlichkeit der Wohnung (Art. 13 GG), bei der Durchsuchung von Sachen um die Eigentumsfreiheit (Art. 14 GG) und bei der Durchsuchung von Personen um die allgemeine Handlungsfreiheit (Art. 2 Abs. 1 GG) und u. U. auch das allgemeine Persönlichkeitsrecht (Art. 2 Abs. 1 i. V. m. 1 Abs. 1 GG). Entsprechend sind die formellen und materiellen Rechtmäßigkeitsvoraussetzungen für die verschiedenen Durchsuchungen in spezifischer Weise ausgestaltet. Alle Befugnisse zur Durchsetzung sind Handlungsbefugnisse, wobei die Handlung regelmäßig mit einem anordnenden Verwaltungsakt einhergeht, der nicht erst um des Grundsatzes der Verhältnismäßigkeit, sondern schon um der Effektivität des polizeilichen Handelns willen vom anwesenden Pflichtigen Kooperation oder immerhin Duldung verlangt.

I. Durchsuchung von Personen

1. Begriff und Rechtsgrundlagen

Die Durchsuchung einer Person ist das Suchen nach verborgenen Gegenständen **in der Kleidung oder am Körper** dieser Person. Sie muß sich auf das Betrachten oder Ertasten der Körperoberfläche und der ohne weiteres zugänglichen Körperhöhlen wie Mund, Nase und Ohren beschränken und darf sich nicht auf das Körperinnere des Menschen erstrecken (vgl. *Rachor*, HdbPolR, F Rn. 635 ff.). 2

Dadurch unterscheidet sich die Durchsuchung von der **Untersuchung,** die darauf gerichtet ist, das Körperinnere oder den körperlichen Zustand einer Person zu erfassen. Soweit die Untersuchung kei- 3

1 Art. 21 bayPAG; § 21 bbgPolG; § 34 berlASOG; § 19 bremPolG; § 29 bwPolG; § 15 hambSOG; § 36 hessSOG; § 53 mvSOG; § 22 ndsSOG; § 39 nwPolG; § 18 rpPOG; § 17 saarlPolG; § 23 sächsPolG; § 41 saSOG; § 202 shLVwG; § 23 thürPAG; § 18 thürOBG; § 43 BPolG.

2 Art. 22 bayPAG; § 22 bbgPolG; § 35 berlASOG; § 20 bremPolG; § 30 bwPolG; §§ 2–4 hambHafenSG; § 15 a hambSOG; § 37 hessSOG; § 57 mvSOG; § 23 ndsSOG; § 40 nwPolG; § 19 rpPOG; § 18 saarlPolG; § 24 sächsPolG; § 42 saSOG; §§ 206 u. 206 a shLVwG; § 24 thürPAG; § 19 thürOBG; § 44 BPolG.

3 Art. 23 bayPAG; § 23 bbgPolG; § 36 berlASOG; § 21 bremPolG; § 31 bwPolG; § 16 hambSOG; § 38 hessSOG; § 59 mvSOG; § 24 ndsSOG; § 41 nwPolG; § 20 rpPOG; § 19 saarlPolG; § 25 sächsPolG; § 43 saSOG; § 208 shLVwG; § 25 thürPAG; § 20 thürOBG; § 45 BPolG.

nen Eingriff in die körperliche Unversehrtheit verlangt, kann sie zu den Zwecken und unter den Voraussetzungen einer erkennungsdienstlichen Behandlung erfolgen (vgl. § 14 Rn. 55ff.). Ist mit ihr dagegen ein Eingriff in die körperliche Unversehrtheit verbunden, findet sie im Polizeirecht außer zur Identitätsfeststellung (vgl. § 14 Rn. 53) und einigen engen Ausnahmen[4] keine Ermächtigungsgrundlage und ist nur zu repressiven Zwecken nach Maßgabe der speziellen Regelungen des Strafprozeßrechts (§ 81 a StPO) zulässig (*Rachor,* HdbPolR, F Rn. 658). Lediglich in unvorhersehbaren, atypischen Situationen können Untersuchungen auf die polizeiliche Generalklausel gestützt werden.

4 **Beispiele:** Die Polizei greift eine Person auf, die vermutlich als Drogenkurier tätig ist und Päckchen mit Rauschgift verschluckt oder im After versteckt hat. Eine körperliche Untersuchung durch Röntgen, die Verabreichung von Abführmitteln, das Auspumpen des Magens oder das Suchen im After kann in den meisten Ländern nur auf die strafprozessuale Eingriffsnorm des § 81 a StPO gestützt werden. Mangels polizeirechtlicher Spezialermächtigungen sind solche Maßnahmen zu präventiven Zwecken nicht gestattet, es sei denn, es liege eine unvorhersehbare, atypische Situation vor wie im Beispiel des gebissenen Polizisten, wobei der Beißende verdächtig ist, HIV-positiv zu sein und den Polizisten infiziert zu haben, was rasch durch eine Blutentnahme erforscht werden muß (vgl. § 7 Rn. 19). – Kein Eingriff in die körperliche Unversehrtheit liegt in der erkennungsdienstlichen Feststellung von Narben, Tätowierungen und ähnlichen körperlichen Merkmalen (vgl. § 14 Rn. 56).

2. Formelle Rechtmäßigkeit

5 Als Verfahrensanforderung ist in allen Polizeigesetzen normiert, daß die Betroffenen grundsätzlich nur **von Personen gleichen Geschlechts oder von Ärzten** durchsucht werden dürfen.[5] Damit soll dem Schamgefühl der von einer Durchsuchung Betroffenen Rechnung getragen werden. Die Vorschrift ist keine zwingende Konsequenz des Gebots in Art. 1 Abs. 1 S. 1 GG, die Menschenwürde zu achten und zu schützen (a. A. *Tegtmeyer/Vahle,* § 39 Rn. 17). Die Gegenansicht kann nicht widerspruchsfrei begründen, warum zulässigerweise eine Ausnahme für den Fall gemacht wird, daß eine sofor-

4 § 15 Abs. 4 hambSOG; § 36 Abs. 5 hessSOG; § 53 Abs. 4 mvSOG; § 22 Abs. 4 ndsSOG; § 18 Abs. 3 rpPOG; § 17 a saarlPolG; § 41 Abs. 5 saSOG.

5 Art. 21 Abs. 3 bayPAG; § 21 Abs. 3 bbgPolG; § 34 Abs. 4 berlASOG; § 19 Abs. 4 bremPolG; § 29 Abs. 3 bwPolG; § 15 Abs. 3 hambSOG; § 36 Abs. 4 hessSOG; § 54 Abs. 2 mvSOG; § 22 Abs. 3 ndsSOG; § 39 Abs. 3 nwPolG; § 18 Abs. 4 rpPOG; § 17 Abs. 3 saarlPolG; § 23 Abs. 3 sächsPolG; § 41 Abs. 4 saSOG; § 203 Abs. 2 shLVwG; § 23 Abs. 3 thürPAG; § 43 Abs. 4 BPolG.

tige Durchsuchung zum Schutz gegen eine Gefahr für Leib oder Leben erforderlich ist; als Eingriff in die Menschenwürde wäre eine Durchsuchung durch eine Person anderen Geschlechts dem Staat ausnahmslos verboten. Rechtsfolge eines Verstoßes gegen die Verfahrensanforderung ist die Rechtswidrigkeit der Durchsuchung; eine Heilung kommt nicht in Betracht; allerdings können bei fortbestehender Gefahr die Voraussetzungen für eine erneute Durchsuchung der Person vorliegen.

3. Materielle Rechtmäßigkeit

a) Schutzgüter. Die Durchsuchung von Personen ist zum einen **Begleit- und Vorbereitungsmaßname** zu anderen Maßnahmen. Sie ist Begleitmaßnahme zum Festhalten und Gewahrsam[6] und dient dabei verschiedenen Zwecken, von der Eigensicherung der Beamten über die Verhinderung einer Selbstschädigung bis zur Vereitelung einer Flucht. Sie ist auch Begleitmaßnahme zur Identitätsfeststellung, manchmal auch zur Vorführung, Verbringung und Ingewahrsamnahme und dient dabei wieder der diesmal näher spezifizierten Eigensicherung der Beamten sowie der Sicherung von Dritten gegen Leib- und Lebensgefahr.[7] Sie ist Vorbereitungsmaßnahme zur Sicherstellung.[8] In allen diesen Fällen dient sie denselben Schutzgütern wie die Maßnahme, zu deren Begleitung bzw. Vorbereitung sie normiert ist. Dies gilt auch, wenn sie zur Durchsetzung der Identitätsfeststellung dient.[9] 6

6 Art. 21 Abs. 2 2. Alt. bayPAG; § 21 Abs. 1 Nr. 1 bbgPolG; § 34 Abs. 2 Nr. 1 berlASOG; § 19 Abs. 1 Nr. 1 bremPolG; § 29 Abs. 1 Nr. 1 bwPolG; § 15 Abs. 1 Nr. 1 hambSOG; § 36 Abs. 2 Nr. 1 hessSOG; § 53 Abs. 1 Nr. 2 mvSOG; § 22 Abs. 1 Nr. 1 ndsSOG; § 39 Abs. 1 Nr. 1 nwPolG; § 18 Abs. 1 Nr. 1 rpPOG; § 17 Abs. 2 2. Alt. saarlPolG; § 23 Abs. 1 Nr. 1 sächsPolG; § 41 Abs. 2 Nr. 1 saSOG; § 202 Abs. 1 Nr. 2 shLVwG; § 23 Abs. 1 Nr. 1 thürPAG; § 43 Abs. 1 Nr. 1 BPolG.

7 Art. 21 Abs. 2 1. Alt. bayPAG; § 21 Abs. 2 bbgPolG; § 34 Abs. 3 berlASOG; § 19 Abs. 3 bremPolG; § 29 Abs. 2 bwPolG; § 15 Abs. 2 hambSOG; § 36 Abs. 3 hessSOG; § 53 Abs. 1 Nr. 3 mvSOG; § 22 Abs. 2 1. Alt. ndsSOG; § 39 Abs. 2 nwPolG; § 18 Abs. 2 rpPolG; § 17 Abs. 2 1. Alt. saarlPolG; § 23 Abs. 2 sächsPolG; § 41 Abs. 3 saSOG; § 202 Abs. 1 Nr. 3 shLVwG; § 23 Abs. 2 thürPAG; § 43 Abs. 3 BPolG.

8 Art. 21 Abs. 1 Nr. 1 bayPAG; § 21 Abs. 1 Nr. 2 bbgPolG; § 34 Abs. 1 Nr. 1 berlASOG; § 19 Abs. 1 Nr. 2 bremPolG; § 29 Abs. 1 Nr. 2 bwPolG; § 15 Abs. 1 Nr. 2 hambSOG; § 36 Abs. 1 Nr. 1 hessSOG; § 53 Abs. 1 Nr. 1 mvSOG; § 22 Abs. 1 Nr. 2 ndsSOG; § 39 Abs. 1 Nr. 2 nwPolG; § 18 Abs. 1 Nr. 2 rpPolG; § 17 Abs. 1 Nr. 1 saarlPolG; § 23 Abs. 1 Nr. 2 sächsPolG; § 41 Abs. 1 Nr. 1 saSOG; § 202 Abs. 1 Nr. 1 shLVwG; § 23 Abs. 1 Nr. 2 thürPAG; § 43 Abs. 1 Nr. 2 BPolG.

9 Art. 13 Abs. 2 S. 3 bayPAG; § 12 Abs. 2 S. 4 bbgPolG; § 21 Abs. 3 S. 4 berlASOG; § 11 Abs. 2 Nr. 6 bremPolG; § 4 Abs. 3 Nr. 5 hambGDatPol; § 18 Abs. 4 2. Alt. hessSOG; § 29 Abs. 3 S. 2 mvSOG; § 12 Abs. 2 S. 4 nwPolG; § 10 Abs. 2 S. 4 rpPolG; § 9 Abs. 2

7 Die Durchsuchung gilt zum anderen Personen, die sich erkennbar in einem die freie Willensbestimmung ausschließenden Zustand oder sonst in **hilfloser Lage** befinden.[10] Dabei dient sie zwar in erster Linie subjektiven Rechtsgütern, wenn sie den Grund der Hilflosigkeit aufklären, Mittel zu deren Behebung wie den Kranken- oder Unfallpaß oder Medikamente auffinden oder die Benachrichtigung der Angehörigen ermöglichen soll. Zugleich kann aber auch die Unverletzlichkeit der Strafrechtsordnung gewahrt werden, wenn eine Hilflosigkeit behoben wird, in der die Person Diebstahl, Raub und anderen Straftaten besonders ausgesetzt ist.

8 Um die Unverletzlichkeit der Strafrechtsordnung geht es schließlich auch bei der Durchsuchung von Personen, die sich an **gefährlichen oder gefährdeten Orten** aufhalten oder in manchen Ländern auch an **Kontrollstellen** angetroffen werden oder zur gezielten Kontrolle gem. Art. 99 SDÜ (vgl. § 15 Rn. 38) ausgeschrieben sind.[11] Neben der Durchsuchung zur Durchsetzung der Identitätsfeststellung und zur Vorbereitung einer Sicherstellung zugelassen, dient sie, wie auch die Identitätsfeststellung an diesen neuralgischen Örtlichkeiten, der besonders intensiven Kontrolle und Verunsicherung krimineller Milieus (vgl. § 14 Rn. 32).

9 **b) Gefahr.** Die Durchsuchung bei festgehaltenen Personen, zur Eigensicherung und zum Schutz Hilfloser setzt jeweils eine **konkrete** Gefahr voraus. Die Durchsuchung zur Sicherstellung ermächtigt zu einem Gefahrerforschungseingriff, wobei die erforschte Gefahr eine konkrete oder **abstrakte** sein kann (vgl. § 4 Rn. 59 f.). Für die Durchsuchung an gefährlichen und gefährdeten Orten oder auch Kontrollstellen reicht wie bei der dortigen Identitätsfeststellung eine abstrakte Gefahr aus (vgl. § 14 Rn. 32). Bei einer Durchsuchung im Rahmen

---

Nr. 5 saarlPolG; § 20 Abs. 4 2. Alt. saSOG; § 181 Abs. 3 S. 3 shLVwG; § 14 Abs. 2 S. 4 thürPAG; § 23 Abs. 3 S. 5 BPolG.

10 Art. 21 Abs. 1 Nr. 2 bayPAG; § 21 Abs. 1 Nr. 3 bbgPolG; § 34 Abs. 1 Nr. 2 berlASOG; § 19 Abs. 1 S. 1 Nr. 3 bremPolG; § 15 Abs. 1 Nr. 3 hambSOG; § 36 Abs. 1 Nr. 2 hessSOG; § 53 Abs. 1 Nr. 2 a) mvSOG; § 22 Abs. 1 Nr. 3 ndsSOG; § 39 Abs. 1 Nr. 3 nwPolG; § 18 Abs. 1 Nr. 3 rpPOG; § 17 Abs. 1 Nr. 2 saarlPolG; § 23 Abs. 1 Nr. 3 sächsPolG; § 41 Abs. 1 Nr. 2 saSOG; § 23 Abs. 1 Nr. 3 thürPAG; § 43 Abs. 1 Nr. 3 BPolG.

11 Art. 21 Abs. 1 Nr. 3 u. 4 bayPAG; § 21 Abs. 1 Nr. 4–6 bbgPolG; § 34 Abs. 2 Nr. 2–4 berlASOG; § 19 Abs. 1 Nr. 4 u. 5 bremPolG; § 29 Abs. 1 Nr. 3–5 bwPolG; § 15 Abs. 2 hambSOG; § 36 Abs. 2 Nr. 2 u. 3 hessSOG; § 53 Abs. 1 Nr. 3 i. V. m. § 29 Abs. 1 S. 2 Nr. 1–3 mvSOG; § 22 Abs. 1 Nr. 4 u. 5 u. Abs. 2 2. Alt. ndsSOG; § 39 Abs. 1 Nr. 4 u. 5 nwPolG; § 18 Abs. 1 Nr. 4–6 rpPolG; § 23 Abs. 1 Nr. 4 u. 5 sächsPolG; § 41 Abs. 2 Nr. 2 u. 3 saSOG; § 202 Abs. 1 Nr. 3 u. 4 shLVwG; § 23 Abs. 1 Nr. 4–6 thürPAG; § 43 Abs. 1 Nr. 4 u. Abs. 2 Nr. 1 u. 2 BPolG.

der Schleierfahndung (vgl. § 14 Rn. 41 ff.) wird gefordert, daß über allgemeine Lageerkenntnisse hinaus „hinreichend greifbare Erkenntnisse“ vorliegen müßten (BayVerfGH, JZ 2006, 617/621).

c) **Pflichtigkeit.** In fast allen Fällen der Durchsuchung von Perso- 10
nen handelt es sich bei diesen um die **Verhaltensverantwortlichen.** Lediglich bei der Durchsuchung zum Schutz Hilfloser ist der hilflose Mensch pflichtig nicht nur, wenn er sich selbst, sondern auch wenn ein anderer ihn in die hilflose Lage gebracht hat; im letzteren Fall müssen wegen der Spezialität der Standardmaßnahmen (vgl. § 7 Rn. 11) nicht die Voraussetzungen des polizeilichen Notstands erfüllt sein.

d) **Verhältnismäßigkeit.** Der Grundsatz der Verhältnismäßigkeit 11
kommt vor allem bei der Durchsuchung als Begleitmaßnahme zum Festhalten und Gewahrsam ins Spiel. Nach dem Wortlaut der meisten Gesetze[12] genügt hier, daß die Person festgehalten werden kann. Da hier aber nicht zu einer Durchsuchung einfach unter den Voraussetzungen des Festhaltens und Gewahrsams, sondern zu einer Durchsuchung als Begleitmaßnahme ermächtigt werden soll, ist unter dem Grundsatz der Verhältnismäßigkeit zu fordern, daß die Person nicht nur festgehalten werden kann, sondern **tatsächlich festgehalten wird** (vgl. *Gusy*, Rn. 246).

II. Durchsuchung von Sachen

1. Begriff und Rechtsgrundlagen

Die Durchsuchung von Sachen ist das Suchen nach verborgenen 12
Gegenständen oder Personen in Sachen. Sachen sind eigentlich alle beweglichen oder unbeweglichen körperlichen Gegenstände. In Abgrenzung zu anderen Durchsuchungsermächtigungen ist der Begriff der Sache hier jedoch enger und erfaßt weder

- Kleidungsstücke, die sich am Körper einer Person befinden, weil für sie die Durchsuchung von Personen (vgl. Rn. 2) einschlägig ist, noch

---

12 Art. 21 Abs. 2 bayPAG; § 21 Abs. 2 bbgPolG; § 34 Abs. 2 Nr. 1 berlASOG; § 29 Abs. 1 Nr. 1 bwPolG; § 15 Abs. 1 Nr. 1 hambSOG; § 36 Abs. 2 Nr. 1 hessSOG; § 53 Abs. 1 Nr. 2 mvSOG; § 22 Abs. 1 Nr. 1 ndsSOG; § 39 Abs. 1 Nr. 1 nwPolG; § 18 Abs. 1 Nr. 1 rpPOG; § 17 Abs. 2 saarlPolG; § 23 Abs. 1 Nr. 1 sächsPolG; § 41 Abs. 2 Nr. 1 saSOG; § 202 Abs. 1 Nr. 2 shLVwG; § 23 Abs. 1 Nr. 1 thürPAG; § 18 Abs. 1 Nr. 1 thürOBG; § 43 Abs. 1 Nr. 1 BPolG.

- Wohnungen, weil für sie spezielle Voraussetzungen gelten (vgl. Rn. 19ff.).

13 **Beispiel:** Ein geistesschwacher Mensch wird im Winter vermißt und irrt in einem privaten Waldgebiet umher. Soweit die Polizei das nicht eingehegte oder sogar eingehegte (vgl. Rn. 19ff.) Waldgrundstück durchsucht, kann sie sich auf die Spezialbefugnis zur Durchsuchung von Sachen stützen. Will die Polizei dagegen auch ein im Wald gelegenes Haus mit Garage und Geräteschuppen durchsuchen, so darf sie dies nur unter den Voraussetzungen der Spezialbefugnis zur Durchsuchung von Wohnungen tun. Im vorliegenden Fall besteht eine gegenwärtige Leibesgefahr, so daß die Durchsuchung rechtmäßig ist.

2. Formelle Rechtmäßigkeit

14 In den Polizeigesetzen sind verschiedene Verfahrensanforderungen normiert:
- Der Inhaber der tatsächlichen Gewalt hat fast überall das Recht, bei der Durchsuchung anwesend zu sein.[13] Dieses **Anwesenheitsrecht** dient der Wahrung der an der durchsuchten Sache bestehenden Besitz- und Eigentumspositionen. Gem. § 25 S. 2 VwVfG besteht eine Hinweispflicht der Polizei auf dieses Anwesenheitsrecht.
- Bei Abwesenheit des Inhabers der tatsächlichen Gewalt soll die Polizei nach den meisten Gesetzen seinen gesetzlichen oder rechtsgeschäftlichen Vertreter oder einen anderen neutralen Zeugen **hinzuziehen.**[14]
- Dem Inhaber der tatsächlichen Gewalt, richtigerweise auch seinem Vertreter, ist nach den meisten Gesetzen auf Antrag eine **Bescheinigung** über die Durchsuchung und ihren Grund zu erteilen.[15] Auch hier besteht gem. § 25 S. 2 VwVfG eine Hinweispflicht der Polizei auf das Antragsrecht (*Rachor,* HdbPolR, F Rn. 730).

---

13 Vgl. Art. 22 Abs. 2 S. 1 bayPAG; § 22 Abs. 2 S 1 bbgPolG; § 35 Abs. 3 S. 1 berlASOG; § 20 Abs. 2 S. 1 bremPolG; § 15 a Abs. 2 S. 1 hambSOG; § 37 Abs. 3 S. 1 hessSOG; § 58 S. 1 mvSOG; § 23 Abs. 2 S. 1 ndsSOG; § 40 Abs. 2 S. 1 nwPolG; § 19 Abs. 2 S. 1 rpPOG; § 18 Abs. 2 S. 1 saarlPolG; § 42 Abs. 3 S. 1 saSOG; § 207 S. 1 shLVwG; § 24 Abs. 2 S. 1 thürPAG; § 19 Abs. 2 S. 1 thürOBG; § 44 Abs. 4 S. 1 BPolG.

14 Art. 22 Abs. 2 S. 2 bayPAG; § 22 Abs. 2 S. 2 bbgPolG; § 35 Abs. 3 S. 2 berlASOG; § 20 Abs. 2 S. 2 bremPolG; § 15 a Abs. 2 S. 2 hambSOG; § 37 Abs. 3 S. 2 hessSOG; § 58 S. 2 mvSOG; § 23 Abs. 2 S. 2 ndsSOG; § 40 Abs. 2 S. 2 nwPolG; § 19 Abs. 2 S. 2 rpPOG; § 18 Abs. 2 S. 2 saarlPolG; § 42 Abs. 3 S. 2 saSOG; § 207 S. 2 shLVwG; § 24 Abs. 2 S. 2 thürPAG; § 19 Abs. 2 S. 2 thürOBG; § 44 Abs. 4 S. 2 BPolG.

15 Art. 22 Abs. 2 S. 3 bayPAG; § 22 Abs. 2 S. 3 bbgPolG; § 35 Abs. 3 S. 3 berlASOG; § 20 Abs. 2 S. 3 bremPolG; § 15 a Abs. 2 S. 3 hambSOG; § 37 Abs. 3 S. 3 hessSOG; § 58 S. 3 mvSOG; § 23 Abs. 2 S. 3 ndsSOG; § 40 Abs. 2 S. 3 nwPolG; § 19 Abs. 2 S. 3 rpPOG; § 18 Abs. 2 S. 3 saarlPolG; § 42 Abs. 3 S. 3 saSOG; § 207 S. 3 shLVwG; § 24 Abs. 2 S. 3 thürPAG; § 19 Abs. 2 S. 3 thürOBG; § 44 Abs. 4 S. 3 BPolG.

Rechtsfolgen für einen Verstoß gegen diese Verfahrensvorschriften werden häufig in Abrede gestellt (vgl. z. B. *Tegtmeyer/Vahle,* § 40 Rn. 9). Nach allgemeinem, auch für die Polizei geltendem Verwaltungsverfahrensrecht ist aber die Regel, daß jeder Rechtsverstoß, auch der gegen Verfahrensvorschriften, zur Rechtswidrigkeit des Verwaltungsakts führt. Hier kommt lediglich für die Verletzung der Vorschrift über die Bescheinigung eine Heilung gem. § 45 Abs. 1 Nr. 2 VwVfG in Betracht (vgl. § 6 Rn. 26). Allerdings können bei fortbestehender Gefahr die Voraussetzungen für eine erneute Durchsuchung der Sache vorliegen. 15

3. Materielle Rechtmäßigkeit

a) Schutzgüter. Die Durchsuchung von Sachen ist **Vorbereitungs-, Begleit- und Durchsetzungsmaßnahme** zu anderen Maßnahmen. Sie ist Vorbereitungsmaßnahme zur Ingewahrsamnahme und Sicherstellung, Begleitmaßnahme zur Durchsuchung von Personen und Durchsetzungsmaßnahme zur Identitätsfeststellung (vgl. Rn. 6). In allen diesen Fällen dient sie denselben Schutzgütern wie die Maßnahme, zu deren Vorbereitung, Begleitung oder Durchsetzung sie normiert ist. 16

Die Durchsuchung von Sachen zur Befreiung widerrechtlich festgehaltener oder hilfloser Personen hat die **Unverletzlichkeit der Rechtsordnung** zum Schutzgut. Um die Unverletzlichkeit der Strafrechtsordnung geht es auch bei der Durchsuchung von Sachen, die sich an gefährlichen oder gefährdeten Orten, an Kontrollstellen oder bei Personen befinden, die zur gezielten Kontrolle ausgeschrieben sind. 17

b) Gefahr und Pflichtigkeit. Eine **konkrete** Gefahr wird nur in dem Fall verlangt, daß die Sache von einer Person mitgeführt wird, die selbst durchsucht werden darf. Im übrigen wird wie bei der Durchsuchung von Personen teils zu einem Gefahrerforschungseingriff ermächtigt, wobei die erforschte Gefahr eine konkrete oder **abstrakte** sein kann, teils reicht eine abstrakte Gefahr aus (vgl. § 4 Rn. 59 f.). Pflichtig sind wieder Verhaltens-, ferner Zustandsverantwortliche und manchmal auch Nichtstörer, ohne daß die Voraussetzungen des polizeilichen Notstands vorliegen müssen (vgl. Rn. 10). 18

III. Durchsuchung und Betreten von Wohnungen

1. Begriffe und Rechtsgrundlagen

19 **a) Wohnung.** In den Polizeigesetzen findet sich in den Spezialbefugnisnormen zum Betreten und zur Durchsuchung von Wohnungen vielfach die folgende[16] oder eine leicht abgewandelte[17] **Legaldefinition:** „Die Wohnung umfaßt die Wohn- und Nebenräume, Arbeits-, Betriebs- und Geschäftsräume sowie anderes befriedetes Besitztum." Dabei ist der Begriff des befriedeten Besitztums anders als bei § 123 Abs. 1 StGB nicht einfach als eingehegter Teil der Erdoberfläche zu verstehen. Denn sowohl das Grundrecht der Unverletzlichkeit der Wohnung gem. Art. 13 GG als auch das ihm dienende Polizeirecht soll dem einzelnen einen „elementaren Lebensraum" (BVerfGE 42, 212/219; 51, 97/110) und darin das Recht gewährleisten, „in Ruhe gelassen zu werden" (BVerfGE 27, 1/6; 89, 1/12). Wohnung bedeutet „räumliche Privatsphäre" (BVerfGE 65, 1/40). Der eingehegte Acker hat mit der Privatsphäre des Bauern nichts zu tun.

20 Nach dem Schutzzweck des Grundrechts und des ihm dienenden Polizeirechts sowie nach dem rechtssystematischen Zusammenhang ist zweierlei für die **räumliche Privatsphäre** entscheidend: zum einen der nach außen erkennbare Wille des einzelnen, seine Räume und Örtlichkeiten nur privat zugänglich zu machen, und zum anderen die soziale Anerkennung dieser individuellen Bestimmung der räumlichen Privatsphäre (*Pieroth/Schlink*, Rn. 947).

21 **Beispiele:** Wohnung sind Wohn- und Schlafraum, Keller, Dachboden, Garage, Innenhof, Vorgarten, Geräteschuppen, Spielhütte, Campingwagen, Zelt, Yacht. Auch dem gekündigten Mieter, der die Wohnung weiter innehat, wird der Schutz des Art. 13 GG zugebilligt (*Pieroth/Schlink*, Rn. 948). Unter bestimmten Voraussetzungen gilt das auch für die von Hausbesetzern okkupierte Wohnung (*Kunig*, in: v. Münch/Kunig, GG, Bd. 1, 6. Aufl. 2012, Art. 13 Rn. 14; *Rachor*, HdbPolR, F Rn. 698). – Keine Wohnung sind gewöhnliche Kraftfahrzeuge, Sportstätten, Warteräume an Haltestellen, Unterstände auf dem Feld (vgl. *Gusy*, Rn. 249).

---

16 Art. 23 Abs. 1 S. 2 bayPAG; § 23 Abs. 1 S. 2 bbgPolG; § 36 Abs. 1 S. 2 berlASOG; § 21 Abs. 1 S. 2 bremPolG; § 38 Abs. 1 hessSOG; § 41 Abs. 1 S. 2 nwPolG; § 19 Abs. 1 S. 2 saarlPolG; § 43 Abs. 1 saSOG; § 25 Abs. 1 S. 2 thürPAG; § 20 S. 2 thürOBG; § 45 Abs. 1 S. 2 BPolG.

17 § 16 Abs. 1 hambSOG; § 24 Abs. 1 ndsSOG.

In Übereinstimmung mit der Rechtsprechung des BVerfG zu Art. 13 Abs. 1 GG (vgl. BVerfGE 32, 54/68 ff.; 76, 83/88) werden auch die **Arbeits-, Betriebs- und Geschäftsräume** in den polizeirechtlichen Wohnungsbegriff einbezogen. Allerdings dürfen sie ebenso wie andere Räume und Grundstücke, die der Öffentlichkeit zugänglich sind, zum Zwecke der Gefahrenabwehr während der Arbeits-, Geschäfts- oder Aufenthaltszeit betreten, freilich nicht durchsucht werden. 22

b) Durchsuchung und Betreten. Unter der **Durchsuchung** von Wohnungen versteht das BVerfG „das ziel- und zweckgerichtete Suchen staatlicher Organe nach Personen oder Sachen oder zur Ermittlung eines Sachverhalts, um etwas aufzuspüren, was der Inhaber der Wohnung von sich aus nicht offenlegen oder herausgeben will" (BVerfGE 76, 83/89). Darunter würde auch die Besichtigung einer Hotelküche durch einen Bediensteten der Gewerbeaufsicht fallen, der durch Suche nach Schmutz, Schimmel und Schaben ermitteln will, ob die hygienischen Verhältnisse ausreichend oder, was der Hotelier natürlich nicht offenlegen will, ungenügend sind. Daß dergleichen Besichtigungen und Überprüfungen keine Durchsuchungen sind, ist aber seit jeher unstreitig. Die Definition des BVerfG ist daher zu präzisieren: Das, was aufgespürt werden soll, darf sich nicht, wie bei der Besichtigung der Hotelküche, der äußerlichen Betrachtung darbieten (vgl. *Pieroth/Schlink,* Rn. 952). Durchsuchung ist also das Suchen staatlicher Organe nach Personen oder Sachen, die sich in einer Wohnung befinden oder sogar in ihr versteckt sind, um dem Augenschein oder Zugriff entzogen zu sein; es ist durch Handlungen gekennzeichnet, die Verborgenes zu Tage fördern sollen (vgl. OVG Hamburg, DVBl. 1997, 665/666). 23

Die Durchsuchung **reicht** vom Betreten der Wohnung durch Polizeibeamte bis zur Öffnung von in der Wohnung befindlichen Gegenständen wie Schränken, Kommoden und Kisten (vgl. *Gusy,* Rn. 253; *Rachor,* HdbPolR, F Rn. 672), wozu vereinzelt ausdrücklich ermächtigt wird.[18] Nicht mehr zur Durchsuchung gehört dagegen die Sicherstellung der aufgespürten Sachen (vgl. BVerfGE 113, 29/45). 24

Das **Betreten** von Wohnungen umfaßt das Eintreten, Verweilen und Besichtigen durch Polizeibeamte; das Besichtigen meint die Kenntnisnahme von sich der äußeren Betrachtung darbietenden, 25

18 § 47 Abs. 5 S. 2 hessSOG.

ohne weiteres wahrnehmbaren Sachen oder Sachverhalten i. S. einer sog. Nach- und Umschau (*Drews u. a.*, S. 204).

26 **Lauschangriffe** (vgl. Art. 13 Abs. 3–5 GG) sind kein Betreten und keine Durchsuchung und können daher nicht auf diese polizeirechtlichen Befugnisnormen gestützt werden. Zu Lauschangriffen ermächtigen aber die Vorschriften über die Datenerhebung durch den verdeckten Einsatz technischer Mittel zur Anfertigung von Bildaufnahmen und -aufzeichnungen und zum Abhören und Aufzeichnen des gesprochenen Wortes (vgl. § 14 Rn. 105).

27 c) **Keine Einwilligung.** Die Durchsuchung und das Betreten, zu denen die Spezialbefugnisse ermächtigen, finden ohne **Einwilligung des Wohnungsinhabers** statt. Im Fall seiner Einwilligung liegt kein Eingriff vor, so daß es keiner Befugnisnorm bedarf. Voraussetzung ist allerdings, daß die Einwilligung freiwillig ist; sie ist nicht mehr freiwillig, wenn sie unter der Drohung erteilt wird, die Tür werde zwangsweise geöffnet, wenn der Wohnungsinhaber sie nicht öffne.

2. Formelle Rechtmäßigkeit

28 Die Polizeigesetze enthalten besondere Zuständigkeits- und Verfahrenserfordernisse **nur für Durchsuchungen,** nicht für das Betreten von Wohnungen. Sie tragen dem qualifizierten Gesetzesvorbehalt des Art. 13 Abs. 2 GG Rechnung.

29 a) **Richtervorbehalt.** Die Durchsuchung darf überall grundsätzlich nur durch den Richter angeordnet werden;[19] örtlich und sachlich zuständig ist das Amtsgericht, in dessen Bezirk die Durchsuchung durchgeführt werden soll;[20] in Berlin und Hamburg ist ein bestimmtes Amtsgericht ausschließlich zuständig.[21] Eine Durchsuchung ohne richterliche Anordnung ist nur bei **Gefahr im Verzug** zulässig.[22]

---

19 Art. 24 Abs. 1 S. 1 bayPAG; § 24 Abs. 1 S. 1 bbgPolG; § 37 Abs. 1 S. 1 berlASOG; § 22 Abs. 1 S. 1 bremPolG; § 31 Abs. 5 S. 1 bwPolG; § 16 a Abs. 1 S. 1 hambSOG; § 39 Abs. 1 S. 1 hessSOG; § 59 Abs. 5 S. 1 mvSOG; § 25 Abs. 1 S. 1 ndsSOG; § 42 Abs. 1 S. 1 nwPolG; § 21 Abs. 1 S. 1 rpPOG; § 20 Abs. 1 S. 1 saarlPolG; § 25 Abs. 5 S. 1 sächsPolG; § 44 Abs. 1 S. 1 saSOG; § 208 Abs. 5 S. 1 shLVwG; § 26 Abs. 1 S. 1 thürPAG; § 21 Abs. 1 S. 1 thürOBG; § 46 Abs. 1 S. 1 BPolG.

20 Art. 24 Abs. 1 S. 2 bayPAG; § 24 Abs. 1 S. 2 bbgPolG; § 22 Abs. 1 S. 2 bremPolG; § 31 Abs. 5 S. 1 bwPolG; § 39 Abs. 1 S. 2 hessSOG; § 59 Abs. 5 S. 2 mvSOG; § 25 Abs. 1 S. 2 ndsSOG; § 42 Abs. 1 S. 2 nwPolG; § 21 Abs. 1 S. 2 rpPOG; § 20 Abs. 1 S. 2 saarlPolG; § 25 Abs. 5 S. 1 sächsPolG; § 44 Abs. 1 S. 2 saSOG; § 208 Abs. 5 S. 2 shLVwG; § 26 Abs. 1 S. 2 thürPAG; § 21 Abs. 1 S. 2 thürOBG; § 46 Abs. 1 S. 2 BPolG.

21 § 37 Abs. 1 S. 2 berlASOG; § 16 a Abs. 1 S. 2 hambSOG.

22 Art. 24 Abs. 1 S. 1 bayPAG; § 24 Abs. 1 S. 1 bbgPolG; § 37 Abs. 1 S. 1 berlASOG; § 22 Abs. 1 S. 1 bremPolG; § 31 Abs. 5 S. 1 bwPolG; § 16 a Abs. 1 S. 1 hambSOG;

Diese liegt vor, wenn die Einholung der richterlichen Anordnung den Erfolg der Durchsuchung gefährden würde (BVerfGE 57, 97/111; BVerwGE 28, 285/291). In der polizeilichen Praxis ist dieser gesetzliche Ausnahmefall zur Regel geworden – angesichts der Bedeutung des Richtervorbehalts, der eine zusätzliche gerichtliche Verhältnismäßigkeitsprüfung ermöglichen und auch das fehlende rechtliche Gehör des Betroffenen kompensieren soll, eine befremdliche Umkehrung des von der Verfassung gewollten Regel-Ausnahme-Verhältnisses. Der Kritik in der Literatur hat sich inzwischen das Bundesverfassungsgericht in einer der Strafprozeßordnung geltenden, für das Gefahrenabwehrrecht aber gleichermaßen relevanten Entscheidung angeschlossen (BVerfGE 103, 142/151 ff.; vgl. *Amelung*, NStZ 2001, 337); es verlangt, die Voraussetzungen der Gefahr im Verzug eng und streng auszulegen, und verneint bei der Prüfung der Voraussetzungen einen Beurteilungsspielraum, es verlangt weiter ein rechtzeitiges Bemühen um die Durchsuchungsanordnung, ein auch längerfristiges Suchen nach einem entscheidungsbereiten Richter und organisatorische Vorkehrungen, die die Erreichbarkeit anordnungsbefugter Richter durch die Einrichtung von Eil- und Notdiensten gewährleisten. Zur Frage der Rechtsfolgen hat sich das Bundesverfassungsgericht nicht geäußert; es spricht alles dafür, sie denen des Richtervorbehalts beim Gewahrsam entsprechen zu lassen (vgl. § 17 Rn. 8 ff.).

b) Verfahren. Folgende Verfahrensanforderungen sind in den Polizeigesetzen für die Durchsuchung normiert: 30

- Der Wohnungsinhaber hat überall das **Recht, anwesend zu sein.**[23] Wohnungsinhaber ist, wer die tatsächliche Gewalt über die Räumlichkeit hat; bei Mietwohnungen ist das der Mieter und nicht der Vermieter. Gem. § 25 S. 2 VwVfG besteht eine Hinweispflicht der Polizei auf dieses Anwesenheitsrecht.
- Im Fall der Abwesenheit des Wohnungsinhabers soll die Polizei überall seinen gesetzlichen oder rechtsgeschäftlichen Vertreter

---

§ 39 Abs. 1 S. 1 hessSOG; § 59 Abs. 5 S. 1 mvSOG; § 25 Abs. 1 S. 1 ndsSOG; § 42 Abs. 1 S. 1 nwPolG; § 21 Abs. 1 S. 1 rpPOG; § 20 Abs. 1 S. 1 saarlPolG; § 25 Abs. 5 S. 1 sächsPolG; § 44 Abs. 1 S. 1 saSOG; § 208 Abs. 5 S. 1 shLVwG; § 26 Abs. 1 S. 1 thürPAG; § 46 Abs. 1 S. 1 BPolG.

23 Art. 24 Abs. 2 S. 1 bayPAG; § 24 Abs. 2 S. 1 bbgPolG; § 37 Abs. 2 S. 1 berlASOG; § 22 Abs. 2 S. 1 bremPolG; § 31 Abs. 7 S. 1 bwPolG; § 16 a Abs. 2 S. 1 hambSOG; § 39 Abs. 2 S. 1 hessSOG; § 60 Abs. 1 S. 1 mvSOG; § 25 Abs. 2 S. 1 ndsSOG; § 42 Abs. 2 S. 1 nwPolG; § 21 Abs. 2 S. 1 rpPOG; § 20 Abs. 2 S. 1 saarlPolG; § 25 Abs. 6 S. 1 sächsPolG; § 44 Abs. 2 S. 1 saSOG; § 209 Abs. 1 S. 1 shLVwG; § 26 Abs. 2 S. 1 thürPAG; § 21 Abs. 2 S. 1 thürOBG; § 46 Abs. 2 S. 1 BPolG.

oder einen erwachsenen Angehörigen, Hausgenossen oder Nachbarn **hinzuziehen.**[24]

- Dem Wohnungsinhaber oder seinem Vertreter ist überall der Grund der Durchsuchung unverzüglich **bekanntzugeben,** soweit dadurch deren Zweck nicht gefährdet wird;[25] dabei heißt unverzüglich grundsätzlich vor Beginn der Durchsuchung (*Tegtmeyer/Vahle,* § 42 Rn. 6).
- Dem Wohnungsinhaber oder seinem Vertreter ist in den meisten Ländern auf Verlangen eine Abschrift der **Niederschrift,** zu deren Anfertigung die Polizei grundsätzlich verpflichtet ist, mindestens aber eine schriftliche Bestätigung der Durchsuchung auszuhändigen.[26] Auch hier besteht gem. § 25 S. 2 VwVfG eine Hinweispflicht der Polizei auf das Antragsrecht (*Rachor,* HdbPolR, F Rn. 730).
- Der Wohnungsinhaber oder sein Vertreter ist in wenigen Ländern darüber zu **belehren,** daß er einen Anspruch auf Vernichtung der durch die Durchsuchung gewonnenen Unterlagen hat, wenn die Voraussetzungen für ihre weitere Aufbewahrung entfallen sind.[27]

31 **Rechtsfolge** eines Verstoßes gegen diese Verfahrensvorschriften ist regelmäßig die Rechtswidrigkeit der Durchsuchung (vgl. Rn. 5, 15). Für die Verletzung der Vorschriften über die Bekanntgabe und die Niederschrift bzw. schriftliche Bestätigung kommt aber eine Heilung gem. § 45 Abs. 1 Nr. 2 VwVfG in Betracht (vgl. § 6 Rn. 26). Die Belehrungspflicht schließlich betrifft die Aufbewahrung von Unterlagen, nicht aber die Rechtmäßigkeit der Durchsuchung.

---

24 Art. 24 Abs. 2 S. 2 bayPAG; § 24 Abs. 2 S. 2 bbgPolG; § 37 Abs. 2 S. 2 berlASOG; § 22 Abs. 2 S. 2 bremPolG; § 31 Abs. 7 S. 2 bwPolG; § 16 a Abs. 2 S. 2 hambSOG; § 39 Abs. 2 S. 2 hessSOG; § 60 Abs. 1 S. 2 mvSOG; § 25 Abs. 2 S. 2 ndsSOG; § 42 Abs. 2 S. 2 nwPolG; § 21 Abs. 2 S. 2 rpPOG; § 20 Abs. 2 S. 2 saarlPolG; § 25 Abs. 6 S. 2 sächsPolG; § 44 Abs. 2 S. 2 saSOG; § 209 Abs. 1 S. 2 shLVwG; § 26 Abs. 2 S. 2 thürPAG; § 21 Abs. 2 S. 2 thürOBG; § 46 Abs. 2 S. 2 BPolG.

25 Art. 24 Abs. 3 bayPAG; § 24 Abs. 3 bbgPolG; § 37 Abs. 3 berlASOG; § 22 Abs. 3 bremPolG; § 31 Abs. 8 bwPolG; § 16 a Abs. 3 hambSOG; § 39 Abs. 3 hessSOG; § 60 Abs. 2 mvSOG; § 25 Abs. 3 ndsSOG; § 42 Abs. 3 nwPolG; § 21 Abs. 3 rpPOG; § 20 Abs. 3 saarlPolG; § 25 Abs. 6 S. 3 sächsPolG; § 44 Abs. 3 saSOG; § 209 Abs. 3 shLVwG; § 26 Abs. 3 thürPAG; § 21 Abs. 3 thürOBG; § 46 Abs. 3 BPolG.

26 Art. 24 Abs. 4 u. 5 bayPAG; § 24 Abs. 4 u. 5 bbgPolG; § 37 Abs. 4 u. 5 berlASOG; § 22 Abs. 4 u. 5 bremPolG; § 16 a Abs. 4 u. 5 hambSOG; § 39 Abs. 4 u. 5 hessSOG; § 60 Abs. 3 u. 4 mvSOG; § 25 Abs. 4 u. 5 ndsSOG; § 42 Abs. 4 u. 5 nwPolG; § 21 Abs. 4 u. 5 rpPOG; § 20 Abs. 4 u. 5 saarlPolG; § 25 Abs. 7 sächsPolG; § 44 Abs. 4 u. 5 saSOG; § 208 Abs. 3 u. 4 shLVwG; § 26 Abs. 4 u. 5 thürPAG; § 21 Abs. 4 u. 5 thürOBG; § 46 Abs. 4 u. 5 BPolG.

27 § 24 Abs. 6 bbgPolG; § 42 Abs. 6 nwPolG.

3. Materielle Rechtmäßigkeit

a) Durchsuchung. aa) Schutzgüter. Die Durchsuchung von Wohnungen ist einmal Vorbereitungsmaßnahme für andere Maßnahmen, nämlich Vorführung, Ingewahrsamnahme und Sicherstellung, und dient denselben Schutzgütern wie diese Maßnahmen. Die Durchsuchung gilt zum anderen Wohnungen, von denen Immissionen ausgehen, die nach Art, Ausmaß oder Dauer zu einer Gesundheitsbeschädigung oder erheblichen Belästigung der Nachbarschaft führen, oder sie dient der Abwehr einer Gefahr für Leib, Leben oder Freiheit einer Person oder für bedeutende Sach- oder Vermögenswerte; hier sind Schutzgüter die Unverletzlichkeit der Rechtsordnung und die subjektiven Rechte und Rechtsgüter. Durchsuchungen können daher zur Befreiung widerrechtlich festgehaltener oder zur Rettung hilfloser Personen stattfinden; manche Gesetze regeln diese Fälle ausdrücklich. 32

bb) Gefahr und Pflichtigkeit. Bei der Durchsuchung von Wohnungen als Vorbereitungsmaßnahme wird zu einem Gefahrerforschungseingriff ermächtigt, wobei die erforschte Gefahr wieder eine konkrete oder abstrakte sein kann (vgl. § 4 Rn. 59f.). Die erhebliche Belästigung muß konkret und die abzuwehrende Gefahr sogar gegenwärtig sein.[28] Die gesetzlich als Pflichtige bezeichneten Wohnungsinhaber können Verhaltens- und Zustandsverantwortliche und auch Nichtstörer sein, bei denen wegen der Spezialität der Standardmaßnahmen wieder die Voraussetzungen des polizeilichen Notstands nicht erfüllt sein müssen. 33

cc) Verhältnismäßigkeit. Eine besondere gesetzliche Anforderung der Verhältnismäßigkeit liegt darin, daß nach allen Polizeigesetzen die Durchsuchung von Wohnungen nur bei einer Gefahr für besonders 34

28 Art. 23 Abs. 1 S. 1 Nr. 3 bayPAG; § 23 Abs. 1 S. 1 Nr. 4 bbgPolG; § 36 Abs. 1 S. 1 Nr. 3 berlASOG; § 38 Abs. 2 Nr. 2 hessSOG; § 24 Abs. 2 Nr. 3 ndsSOG; § 41 Abs. 1 S. 1 Nr. 4 nwPolG; § 20 Abs. 1 Nr. 3 rpPOG; § 19 Abs. 1 S. 1 Nr. 3 saarlPolG; § 43 Abs. 2 Nr. 2 saSOG; § 25 Abs. 1 Nr. 3 thürPAG; § 45 Abs. 1 S. 1 Nr. 3 BPolG. Ähnlich heißt es „zur Abwehr einer gegenwärtigen erheblichen Gefahr" in § 21 Abs. 1 S. 1 Nr. 3 bremPolG; § 59 Abs. 3 Nr. 3 mvSOG; § 208 Abs. 3 Nr. 3 shLVwG; bzw. „zur Abwehr einer unmittelbar bevorstehenden Gefahr für Leib, Leben oder Freiheit einer Person oder Sachen von bedeutendem Wert" in § 16 Abs. 2 Nr. 4 hambSOG; bzw. „zum Schutz eines einzelnen oder des Gemeinwesens gegen dringende Gefahren" in § 31 Abs. 1 S. 1 i. V. m. Abs. 2 bwPolG; § 25 Abs. 1 S. 1 i. V. m. Abs. 2 sächsPolG, wobei hiermit sowohl der zeitliche wie auch der sachliche Aspekt erfaßt wird (vgl. *Götz*, § 8 Rn. 50).

hochrangige Schutzgüter auch zur Nachtzeit zulässig ist.[29] – Das Bundesverfassungsgericht hat aus dem Grundsatz der Verhältnismäßigkeit auch Anforderungen an die Durchsuchung der einzelnen Gegenstände entwickelt. So verlangt es, bei Endgeräten der Telekommunikation bzw. gespeicherten Verbindungsdaten (vgl. § 14 Rn. 128 a) und informationstechnischen Systemen Rücksicht darauf zu nehmen, daß die Daten außerhalb der Sphäre des Betroffenen unter besonderem grundrechtlichen Schutz stehen; bei derart sensiblen und geschützten Daten liege die Eingriffsschwelle höher (BVerfGE 115, 166/198; 120, 274/326 ff.). Nach derselben Logik setzt der Verhältnismäßigkeitsgrundsatz auch bei persönlichen Briefen, Adressenverzeichnissen und Aufzeichnungen die Eingriffsschwelle herauf.

35 **b) Betreten.** Nach den meisten Polizeigesetzen ist das Betreten von öffentlich zugänglichen Arbeits-, Betriebs- und Geschäftsräumen während der Arbeits- und Geschäftszeit zur Gefahrenabwehr,[30] etwa zur Identitätsfeststellung an einem gefährlichen Ort (BVerwGE 121, 345/350 ff.), rechtmäßig. Das Betreten von Wohnungen ist dann rechtmäßig, wenn

- auch eine **Durchsuchung rechtmäßig** ist (vgl. Rn. 32 ff.) oder
- zur Abwehr einer dringenden Gefahr,[31] meistens allerdings nur unter der zusätzlichen Voraussetzung, daß Tatsachen die Annahme rechtfertigen, daß die Wohnung ein **gefährlicher Ort** ist oder der **Prostitution** dient.[32]

36 Fraglich ist, ob die Befugnis zum Betreten einer Wohnung zur Abwehr einer erheblichen Belästigung der Nachbarschaft durch Immissionen **mit Art. 13 Abs. 7 GG vereinbar** ist, der Eingriffe in die Wohnungsfreiheit nur zur Verhütung dringender Gefahren für die

---

29 Art. 23 Abs. 2 bayPAG; § 23 Abs. 2 bbgPolG; § 36 Abs. 3 berlASOG; § 21 Abs. 2 bremPolG; § 31 Abs. 1 S. 2 bwPolG; § 16 Abs. 3 hambSOG; § 38 Abs. 5 hessSOG; § 59 Abs. 4 mvSOG; § 24 Abs. 4 ndsSOG; § 41 Abs. 2 nwPolG; § 20 Abs. 2 rpPOG; § 19 Abs. 2 saarlPolG; § 25 Abs. 1 S. 2 sächsPolG; § 43 Abs. 5 saSOG; § 208 Abs. 4 shLVwG; § 25 Abs. 2 thürPAG; § 20 thürOBG; § 45 Abs. 2 BPolG.

30 Art. 23 Abs. 4 bayPAG; § 23 Abs. 4 bbgPolG; § 36 Abs. 5 berlASOG; § 21 Abs. 4 bremPolG; § 31 Abs. 6 bwPolG; § 16 Abs. 5 hambSOG; § 38 Abs. 7 hessSOG; § 59 Abs. 2 mvSOG; § 24 Abs. 6 ndsSOG; § 41 Abs. 4 nwPolG; § 20 Abs. 4 rpPOG; § 19 Abs. 4 saarlPolG; § 25 Abs. 1 S. 3 sächsPolG; § 43 Abs. 7 saSOG; § 208 Abs. 2 shLVwG; § 25 Abs. 4 thürPAG; § 45 Abs. 5 BPolG.

31 § 20 Abs. 3 rpPOG.

32 Art. 23 Abs. 3 bayPAG; § 23 Abs. 3 bbgPolG; § 36 Abs. 4 berlASOG; § 21 Abs. 3 bremPolG; § 16 Abs. 4 hambSOG; § 38 Abs. 6 hessSOG; § 59 Abs. 4 mvSOG; § 24 Abs. 5 ndsSOG; § 41 Abs. 3 nwPolG; § 19 Abs. 3 saarlPolG; § 25 Abs. 1 S. 1 sächsPolG; § 43 Abs. 6 saSOG; § 208 Abs. 1 shLVwG; § 25 Abs. 3 thürPAG; § 45 Abs. 4 BPolG.

öffentliche Sicherheit und Ordnung zuläßt. Dringend bedeutet im Zusammenhang mit den ergänzend genannten Beispielsfällen, daß Rechtsgüter von besonderem Gewicht gefährdet sein müssen (vgl. BVerwGE 47, 31/40). Weil dies bei Belästigungen nicht der Fall sei, ist die Verfassungswidrigkeit der Befugnis behauptet worden (so *Rachor,* HdbPolR, F Fn. 720). Durch die Qualifikation der Belästigung als erheblicher ist aber eine verfassungskonforme Interpretation möglich (vgl. *Schwabe,* NVwZ 1993, 1173/1174): Die Immission muß von solcher Art, Stärke und Dauer sein, daß ein Rechtsgut von besonderem Gewicht, besonders die menschliche Gesundheit, gefährdet ist. Auch in den anderen Fällen des Betretens einer Wohnung ist angesichts von Art. 13 Abs. 7 GG in verfassungskonformer Auslegung stets eine dringende Gefahr erforderlich (vgl. *Schwabe,* NVwZ 1993, 1173).

IV. Durchsetzung

Als Handlungsbefugnisse erlauben die Durchsuchungsbefugnisse **körperliches Einwirken,** solange nicht der Widerstand des Pflichtigen gebrochen oder die Funktionsfähigkeit einer Sache zerstört wird; jenseits dieser Grenze regieren die Regeln des Zwangsverfahrens (vgl. § 12 Rn. 14f.). 37

Beispiele: Die durchsuchenden Polizeibeamten dürfen wie die Wohnungs- auch die Schrank- oder Kommodentür, die der Pflichtige nicht zu öffnen bereit ist, selbst öffnen und dabei auch einen Dietrich verwenden; sie dürfen die Tür aber nicht aufbrechen. Sie dürfen auch dem Pflichtigen, der trotz Aufforderung seine Hosentaschen nicht leert und nach außen kehrt, in die Hosentaschen greifen. 38

Literatur: *P. Hansen,* Der polizeirechtliche Durchsuchungsbegriff und seine Abgrenzungen, Polizei 1993, 196; *J. Ruthig,* Die Unverletzlichkeit der Wohnung (Art. 13 GG n. F.), JuS 1998, 506; *M. Sachs,* Behördliche Nachschaubefugnisse und richterliche Durchsuchungsanordnung nach Art. 13 II GG, NVwZ 1987, 560; *J. Schwabe,* Verfassungsmäßigkeit des Betretens und Durchsuchens von Wohnungen durch die Polizei, NVwZ 1993, 1173. 39

§ 19. Sicherstellung und Beschlagnahme

I. Begriffe und Rechtsgrundlagen

1 Nach wenigen Polizeigesetzen wird zwischen Sicherstellung und Beschlagnahme unterschieden[1] und ist Sicherstellung die Ansichnahme einer gefährdeten Sache im Interesse des sachenrechtlich Berechtigten, Beschlagnahme die Ansichnahme im öffentlichen Interesse. Nach den meisten Polizeigesetzen erfaßt die Sicherstellung beide Fälle und kann von einem weiten Sicherstellungsbegriff gesprochen werden.[2] Die Sicherstellung umfaßt die **Entziehung** der tatsächlichen Gewalt über eine Sache und die **Begründung neuer tatsächlicher Gewalt** über sie durch die Polizei. Unter Verstoß gegen den sonstigen Sprachgebrauch wird gelegentlich auch die Pfändung einer Forderung oder anderer Vermögensrechte als Beschlagnahme bezeichnet.[3] Die Befugnis zur Sicherstellung ist Handlungsbefugnis, aber auch Befugnis zur Anordnung, die fragliche Sache herauszugeben.

2 Am Merkmal der Begründung neuer tatsächlicher Gewalt entzünden sich mehrere Streitfragen. Umstritten ist zunächst, ob die Entziehung den **Zweck** der Begründung neuer tatsächlicher Gewalt haben muß. Teilweise wird für ausreichend gehalten, daß die Begründung neuer tatsächlicher Gewalt Nebenfolge der Entziehung ist (vgl. VGH München, NVwZ 1990, 180/181). Dabei wird aber der systematische Zusammenhang zwischen der Regelung über die Sicherstellung und der über die Verwahrung als Durchsetzung der Sicherstellung (vgl. Rn. 15) verkannt. Die Verwahrung ist als Form der Ausübung der tatsächlichen Gewalt zwingend vorgeschrieben; andere Formen sind zwar grundsätzlich zulässig, dienen aber gleichfalls dazu, die Sache aufzubewahren oder zu sichern. Erst dieser auf die Verwahrung zielende Zweckzusammenhang verleiht dem Institut der Sicherstellung die Konturen, die eine sinnvolle Abgrenzung zu anderen polizeilichen Maßnahmen ermöglichen (vgl. VGH Kassel,

---

1 §§ 32, 33 bwPolG; §§ 26, 27 sächsPolG.
2 Art. 25 bayPAG; § 25 bbgPolG; § 38 berlASOG; § 23 bremPolG; § 14 hambSOG; § 40 hessSOG; § 61 mvSOG; § 26 ndsSOG; § 43 nwPolG; § 22 rpPOG; § 21 saarlPolG; § 45 saSOG; § 210 shLVwG; § 27 thürPAG; § 22 thürOBG; § 47 BPolG.
3 § 33 Abs. 2 u. 5 bwPolG.

DVBl. 1995, 370; OVG Münster, DVBl. 1991, 1373; *Knemeyer*, Rn. 251; *Rachor*, HdbPolR, F Rn. 734).

Umstritten ist auch, ob der Zweck der Sicherstellung über die Begründung neuer tatsächlicher Gewalt hinaus der **Ausschluß anderer** von der Einwirkung auf die Sache sein muß (so VGH Kassel, NVwZ 1987, 904/909). Aber indem die Polizeigesetze von Verwahrung, Aufbewahrung oder Sicherung sprechen, wobei die Verwahrung durch die Polizei, die Aufbewahrung und die Sicherung durch andere erfolgen, lassen sie erkennen, daß die neue tatsächliche Gewalt nicht so ausschließlich polizeilich sein muß, daß sie keine Einwirkung anderer zuläßt. 2a

Umstritten ist weiter der **Umfang** der Begründung neuer tatsächlicher Gewalt. Teilweise wird schon das kurzfristige, vorübergehende Ansichnehmen einer Sache als Sicherstellung angesehen (vgl. *Schwabe*, NJW 1983, 369/373). Wenn aber die Polizei ihre tatsächliche Gewalt alsbald wieder vollständig aufgibt, kann nicht von Verwahrung, Aufbewahrung oder Sicherung der Sache die Rede sein. 3

Beispiel: Das Versetzen verbotswidrig geparkter Kraftfahrzeuge ist nach der weitesten Auffassung, die auch die kurzfristige, vorübergehende Ansichnahme einer Sache ohne den Zweck der Verwahrung genügen läßt, stets eine Sicherstellung. Nach der hier vertretenen Auffassung ist zwar noch nicht das Versetzen auf eine in der Nähe gelegene freie Parkfläche („Umsetzung"), wohl aber der Normalfall des Abschleppens des Kfz auf einen amtlichen oder privaten Verwahrplatz eine Sicherstellung.[4] Nach der engsten und verbreitetsten Auffassung liegt auch darin noch keine Sicherstellung: Das Abschleppen zielte hier nicht auf den Ausschluß der Einwirkung anderer, sondern auf die Beseitigung der Störung durch Entfernung des Fahrzeugs; anders sei es erst dann, wenn Polizeibeamte einen aufgebrochenen Pkw auf ein sicheres Grundstück abtransportierten, um ein Ausschlachten des Fahrzeugs zu verhindern. Diese Auffassung stützt den Normalfall auf die Generalklausel i. V. m. einer Ersatzvornahme. Da die Grundverfügung aber nur das Wegfahrgebot enthält, wird für die Verbringung des Kfz auf den Verwahrplatz teilweise zusätzlich eine Sicherstellung angenommen. 4

Eine Sicherstellung ist auch die **Einweisung eines Obdachlosen.** Dem Hauseigentümer wird die tatsächliche Gewalt über sein Haus oder seine Wohnung entzogen und neue tatsächliche Gewalt über sie durch die Polizei begründet. Da an die Stelle der Verwahrung durch die Polizei auch die Aufbewahrung durch einen Dritten treten kann, ist es unschädlich, daß die Polizei dem Eingewiesenen die Aus- 5

4 So ausdrücklich § 14 Abs. 1 S. 2 hambSOG.

übung des durch sie begründeten Gewahrsams überläßt (*Schenke*, Rn. 162; a. A. *Erichsen/Biermann*, Jura 1998, 371/376). Von der an den Hauseigentümer gerichteten Einweisung ist die an den Obdachlosen gerichtete Zuweisung zu unterscheiden. Weil eine Verpflichtung des Obdachlosen zum Einzug in die sichergestellte Wohnung gegen Art. 11 GG verstoßen würde, ist die Zuweisung keine eingreifende Maßnahme, sondern eine bloße Mitteilung (vgl. *Reitzig*, S. 171 ff.).

II. Formelle Rechtmäßigkeit

6 Als Verfahrenserfordernis für die Sicherstellung sehen alle Polizeigesetze vor, daß dem Betroffenen eine **Bescheinigung** auszustellen ist, die den Grund der Sicherstellung und die sichergestellten Sachen bezeichnet.[5] Betroffener ist der, dessen tatsächlicher Gewalt die Sache entzogen wurde. Wenn dem Betroffenen nach den Umständen, z. B. wegen Abwesenheit, keine Bescheinigung ausgestellt werden kann, ist eine **Niederschrift** aufzunehmen und der Eigentümer oder der rechtmäßige Inhaber der tatsächlichen Gewalt unverzüglich zu unterrichten. Bescheinigung oder Niederschrift dienen der Beweissicherung und sollen die Nachprüfung der polizeilichen Maßnahme ermöglichen, ungerechtfertigten Sicherstellungen vorbeugen und dem Betroffenen die Wahrnehmung seiner Rechte auch für den Fall erleichtern, daß die sichergestellten Sachen verlorengehen oder beschädigt werden (vgl. *Tegtmeyer/Vahle*, § 44 Rn. 6). Ein Verstoß gegen diese Vorschriften kann gem. § 45 Abs. 1 Nr. 2 VwVfG geheilt werden (vgl. § 6 Rn. 26).

III. Materielle Rechtmäßigkeit

1. Schutzgüter und Gefahr

7 **a) „Eingeschränkte Generalklausel".** Die Sicherstellung zur Abwehr einer **gegenwärtigen Gefahr** dient **allen polizeilichen Schutzgütern.** Sie unterscheidet sich von der polizeilichen Generalklausel

---

5 Art. 26 Abs. 2 bayPAG; § 26 Abs. 2 bbgPolG; § 39 Abs. 2 berlASOG; § 24 Abs. 2 bremPolG; § 33 Abs. 3 S. 2 bwPolG; § 14 Abs. 2 hambSOG; § 41 Abs. 2 hessSOG; § 62 Abs. 2 mvSOG; § 27 Abs. 2 ndsSOG; § 44 Abs. 2 nwPolG; § 23 Abs. 2 rpPOG; § 22 Abs. 2 saarlPolG; § 27 Abs. 2 S. 1 sächsPolG; § 46 Abs. 2 saSOG; § 211 Abs. 2 shLVwG; § 28 Abs. 2 thürPAG; § 23 Abs. 2 thürOBG; § 48 Abs. 2 BPolG.

nur durch die erhöhte Anforderung an die Gefahr („gegenwärtig"[6] oder „unmittelbar bevorstehend";[7] vgl. § 4 Rn. 19) und ist daher als „eingeschränkte Generalklausel" bezeichnet worden (*Heise/Riegel*, Musterentwurf eines einheitlichen Polizeigesetzes, 2. Aufl. 1978, Begründung zu § 21). Die gegenwärtige Gefahr kann zum einen von der sicherzustellenden Sache selbst ausgehen, d. h. in deren Beschaffenheit ihre Ursache haben. Sie kann zum anderen durch das Verhalten des Besitzers hervorgerufen werden, d. h. durch die gerade stattfindende oder unmittelbar bevorstehende Verwendung der u. U. eigentlich ungefährlichen Sache.

Beispiele: Ein bissiges Tier, gefährliche Munition oder giftiger Müll stellen 8
bereits als solche und ohne weiteres Zutun von Menschen eine Gefahr für die öffentliche Sicherheit dar. Dagegen geht von Stahlmuttern eine Gefahr aus, wenn sie als Geschosse für Zwillen verwendet werden sollen, vom Schlüssel eines Kraftfahrzeugs, wenn der betrunkene Besitzer mit dem Kfz davonfahren will, von Werkzeugen zum Verstellen von Kilometerzählern, wenn sie für betrügerische Handlungen genutzt werden (OVG Hamburg, DÖV 2004, 928), und von Bargeld, wenn es für illegale Drogengeschäfte eingesetzt werden soll (OVG Lüneburg, NVwZ-RR 2009, 954). – Bei einer Kamera, die zum Fotografieren eines Polizeieinsatzes verwendet wird, sind die Schranken der §§ 22 f., 30 KUG und des allgemeinen Persönlichkeitsrechts gem. Art. 2 Abs. 1 i. V. m. Art. 1 Abs. 1 GG zu beachten. Diese machen das grundsätzlich zulässige Fotografieren (*Schenke*, Rn. 61) unter folgenden Voraussetzungen rechtswidrig: Es droht die Veröffentlichung des Fotos, es liegt keine Einwilligung des Fotografierten vor, und es handelt sich auch nicht um eine Person der Zeitgeschichte. Im Ergebnis dürfen keine Porträtaufnahmen von Polizeibeamten im rechtmäßigen Einsatz gemacht werden; droht dies, darf die Kamera sichergestellt werden (vgl. OVG Saarlouis, AfP 2002, 545; *Pieroth*, AfP 2006, 305/308 ff.).

b) Besondere Schutzgüter und Gefahren. Unter bestimmten Vo- 9
raussetzungen reichen für die materielle Rechtmäßigkeit der Sicherstellung geringere Gefahren als die gegenwärtige Gefahr aus. Für die Sicherstellung **bei festgehaltenen Personen** genügt nach allen Polizeigesetzen eine abstrakte Gefahr, weil verhindert werden muß, daß die Sachen durch die festgehaltene Person in gefährlicher Weise ver-

---

6 Art. 25 Nr. 1 bayPAG; § 25 Nr. 1 bbgPolG; § 38 Nr. 1 berlASOG; § 23 Nr. 2 bremPolG; § 40 Nr. 1 hessSOG; § 61 Abs. 1 Nr. 1 mvSOG; § 26 Nr. 1 ndsSOG; § 43 Nr. 1 nwPolG; § 22 Nr. 1 rpPOG; § 21 Nr. 1 saarlPolG; § 45 Nr. 1 saSOG; § 210 Abs. 1 Nr. 1 shLVwG; § 27 Abs. 1 thürPAG; § 47 Nr. 1 BPolG.

7 § 14 Abs. 1 Bst. a hambSOG; § 33 Abs. 1 Nr. 1 bwPolG; § 27 Abs. 1 Nr. 1 sächsPolG.

wendet werden.[8] Dies droht nicht nur bei Waffen oder Werkzeugen, sondern kann auch bei Gürteln, Nadeln, Feuerzeugen oder Eßbestecken drohen. **Schutzgüter** sind dieselben, denen das Festhalten der Personen dient, soweit die Verwendung der Sache eine Flucht ermöglichen oder erleichtern kann. Schutzgüter sind auch die subjektiven Rechtsgüter des Lebens und der Gesundheit, soweit die Sache zur Selbsttötung oder Selbstverletzung verwendet werden kann. Schutzgut ist schließlich die Unverletzlichkeit der Strafrechtsordnung, soweit die Sache zur Schädigung des Lebens oder der Gesundheit anderer oder zur Beschädigung fremder Sachen dienen kann.

10 Ein **Gefahrverdacht** genügt für die in wenigen Polizeigesetzen geregelte Sicherstellung von Sachen, bei denen Tatsachen die Annahme rechtfertigen, daß sie zur Begehung einer Straftat oder Ordnungswidrigkeit gebraucht werden sollen. Schutzgut ist auch hier die **Unverletzlichkeit der Strafrechtsordnung.**[9] Anders als im Regelfall der Ermächtigung zu einem Gefahrerforschungseingriff erfolgt mit der Sicherstellung kein nur vorläufiges, sondern ein endgültiges Einschreiten zur Abwehr der Gefahr. Diese Vorverlegung der Eingriffsschwelle ist für rechtsstaatlich bedenklich erklärt worden (vgl. *Rachor*, HdbPolR, F Rn. 764 ff.). Aber endgültiges Einschreiten kann beim Gefahrerforschungseingriff durchaus zulässig sein (§ 4 Rn. 59 f.), und überdies ist die Endgültigkeit bei der Sicherstellung insoweit relativ, als sichergestellte Sachen wieder herauszugeben sind, sobald die Voraussetzungen für die Sicherstellung weggefallen sind.

11 Bei der in allen Polizeigesetzen geregelten Sicherstellung einer Sache zum **Schutz des Eigentümers** oder rechtmäßigen Inhabers der tatsächlichen Gewalt vor Verlust oder Beschädigung der Sache (vgl. VGH Kassel, NJW 1999, 3793; VGH München, NJW 2001, 1960) wird die **konkrete Gefahr** des Verlusts oder der Beschädigung abgewehrt.[10] Diese Sicherstellung kommt oft ohne Eingriff aus und ist dann auch ohne ausdrückliche Ermächtigung zulässig.

---

8 Art. 25 Nr. 3 bayPAG; § 25 Nr. 3 bbgPolG; § 38 Nr. 3 berlASOG; § 23 Nr. 3 bremPolG; § 33 Abs. 1 Nr. 2 bwPolG; § 14 Abs. 1 b) hambSOG; § 40 Nr. 3 hessSOG; § 61 Abs. 1 Nr. 2 mvSOG; § 26 Nr. 3 ndsSOG; § 43 Nr. 3 nwPolG; § 22 Nr. 3 rpPOG; § 21 Nr. 3 saarlPolG; § 27 Abs. 1 Nr. 2 sächsPolG; § 45 Nr. 3 saSOG; § 210 Abs. 1 Nr. 2 shLVwG; § 27 Nr. 3 thürPAG; § 22 Abs. 1 Nr. 3 thürOBG; § 47 Nr. 3 BPolG.

9 § 33 Abs. 1 Nr. 3 bwPolG; § 40 Nr. 4 hessSOG; § 45 Nr. 4 saSOG.

10 Art. 25 Nr. 2 bayPAG; § 25 Nr. 2 bbgPolG; § 38 Nr. 2 berlASOG; § 23 Nr. 1 bremPolG; § 32 Abs. 1 bwPolG; § 14 Abs. 1 c) hambSOG; § 40 Nr. 2 hessSOG; § 61 Abs. 1 Nr. 3 mvSOG; § 26 Nr. 2 ndsSOG; § 43 Nr. 2 nwPolG; § 22 Nr. 2 rpPOG; § 21 Nr. 2 saarlPolG; § 26 Abs. 1 sächsPolG; § 45 Nr. 2 saSOG; § 210 Abs. 1 Nr. 3 shLVwG; § 27 Nr. 2 thürPAG; § 22 Abs. 1 Nr. 2 thürOBG; § 47 Nr. 2 BPolG.

Beispiel: Die Polizei sammelt nach einem Verkehrsunfall die Sachen eines bereits ins Krankenhaus verbrachten Unfallteilnehmers ein, um sie vor Beschädigung oder dem Zugriff Dritter zu bewahren. 12

2. Pflichtigkeit

Die Sicherstellung zur Abwehr einer gegenwärtigen Gefahr, zum Schutz des Berechtigten und zum Schutz der Unverletzlichkeit der Strafrechtsordnung richtet sich gegen **Verhaltens- und Zustandsverantwortliche** und unter den Voraussetzungen des polizeilichen Notstands gegen Nichtstörer. Die Sicherstellung der Sache eines Festgehaltenen kann diesen auch dann treffen, wenn er Nichtstörer ist und die Voraussetzungen des polizeilichen Notstands nicht vorliegen; die Standardmaßnahme der Sicherstellung ist insoweit speziell (vgl. § 9 Rn. 2). 13

IV. Durchsetzung

Als **Handlungsbefugnisse** ermächtigen die Sicherstellungs- und Beschlagnahmebefugnisse bis zur Grenze des Brechens eines persönlichen Widerstands und des Zerstörens der Funktionsfähigkeit einer Sache (vgl. § 12 Rn. 14 f.) zu allen faktischen Maßnahmen, die geeignet und erforderlich sind, die tatsächliche Gewalt über eine Sache zu entziehen und neue tatsächliche Gewalt über sie zu begründen. 14

Durchgesetzt wird die Entziehung der tatsächlichen Gewalt durch Wegnahme und u. U. durch vorbereitende Durchsuchung, die Begründung neuer tatsächlicher Gewalt durch Verwahrung, in die sichergestellte Sachen nach allen Polizeigesetzen zu nehmen sind.[11] Auf das öffentlich-rechtliche **Verwahrungsverhältnis** werden die Vorschriften für den zivilrechtlichen Verwahrungsvertrag mit Ausnahme des § 690 BGB analog angewendet (*Schenke,* Rn. 160). Über den weiteren Umgang mit sichergestellten Sachen (Aufbewahrung/Si- 15

11 Art. 26 Abs. 1 S. 1 bayPAG; § 26 Abs. 1 S. 1 bbgPolG; § 39 Abs. 1 S. 1 berlASOG; § 24 Abs. 1 S. 1 bremPolG; § 32 Abs. 3 bwPolG, § 3 Abs. 1 S. 1 bwDVOPolG; § 14 Abs. 3 hambSOG; § 41 Abs. 1 S. 1 hessSOG; § 62 Abs. 5 S. 1 mvSOG; § 27 Abs. 1 S. 1 ndsSOG; § 44 Abs. 1 S. 1 nwPolG; § 23 Abs. 1 S. 1 rpPOG; § 22 Abs. 1 S. 1 saarlPolG; § 29 Abs. 1 S. 1 sächsPolG; § 46 Abs. 1 S. 1 saSOG; § 211 Abs. 5 S. 1 shLVwG; § 28 Abs. 1 S. 1 thürPAG; § 23 Abs. 1 S. 1 thürOBG; § 48 Abs. 1 S. 1 BPolG.

cherung,[12] Verwertung/Einziehung/Vernichtung,[13] Herausgabe/Kosten)[14] enthalten die Polizeigesetze detaillierte Vorschriften, die für sich sprechen.

16 Problematisch ist die **Rechtfertigung der Einziehung und Vernichtung** sichergestellter Sachen vor Art. 14 GG. Das BVerfG hat die vergleichbare strafrechtliche Einziehung als überkommene, vom Grundgesetz stillschweigend zugelassene gesetzliche Schrankenbestimmung gem. Art. 14 Abs. 1 GG angesehen (BVerfG, NJW 1996, 246). Aber bei der Abgrenzung zwischen Inhalts- und Schrankenbestimmungen auf der einen und Enteignung auf der anderen Seite spricht einiges dafür, die Vernichtung sichergestellter Sachen als Enteignung anzusehen, denn sie ist konkret, trifft individuell und entzieht das Eigentum. Nur der Umstand, daß die Enteignung der staatlichen Güterbeschaffung dient und daß das sichergestellte und vernichtete Objekt in keiner Weise staatlich nutzbar gemacht wird, spricht letztlich gegen eine Enteignung (vgl. *Ehlers,* VVDStRL 1992, 211/239f.).

17 **Literatur:** *M. Dolderer,* Beschlagnahme und Einziehung im Polizeirecht, VBlBW 2003, 222; *T. Finger,* Möglichkeiten und Grenzen einer polizeieigenen Ingebrauchnahme sichergestellter bzw. beschlagnahmter Gegenstände im Rahmen von „Einziehung" und „Verwertung", Polizei 2006, 259; *G. Gornig,* Abschleppen eines Kfz von privatem Stellplatz, JuS 1995, 208; *R. Klenke,* Rechtsfragen im Zusammenhang mit ordnungsbehördlichen Reaktionen auf das verbotswidrige Abstellen von Kraftfahrzeugen im öffentlichen Verkehrsraum, NWVBl. 1994, 288; *L. O. Michaelis,* Das Abschleppen von Kraftfahrzeugen, Jura 2003, 298; *K. Reitzig,* Die polizeiliche Beschlagnahme von Wohnraum zur Unterbringung Obdachloser, 2003; *B. Remmert,* Rechtsdogmatische Probleme des Umsetzens verkehrszeichenwidrig geparkter Kraftfahrzeuge, NVwZ 2002, 642; *B. Schieferdecker,* Die Entfernung von Kraftfahrzeugen als Maßnahme staatlicher Gefahrenabwehr, 1998; *J. Schwabe,* Das Abschleppen aus Fußgängerzonen, NVwZ 1994, 629.

---

12 Art. 26 Abs. 1 S. 2 bayPAG; § 26 Abs. 1 S. 2 bbgPolG; § 39 Abs. 1 S. 2 berlASOG; § 24 Abs. 1 S. 2 bremPolG; § 3 Abs. 1 S. 1, 2 bwDVOPolG; § 14 Abs. 3 hambSOG; § 41 Abs. 1 S. 2 hessSOG; § 62 Abs. 5 S. 2 mvSOG; § 27 Abs. 1 S. 2 ndsSOG; § 44 Abs. 1 S. 2 nwPolG; § 23 Abs. 1 S. 2 rpPOG; § 22 Abs. 1 S. 2 saarlPolG; § 29 Abs. 1 S. 1, 2 sächsPolG; § 46 Abs. 1 S. 2 saSOG; § 211 Abs. 5 S. 2 shLVwG; § 28 Abs. 1 S. 2 thürPAG; § 23 Abs. 1 S. 2 thürOBG; § 48 Abs. 1 S. 2 BPolG.

13 Art. 27 bayPAG; § 27 bbgPolG; § 40 berlASOG; § 25 bremPolG; § 34 bwPolG, § 3 Abs. 2 bwDVOPolG; § 14 Abs. 5 u. 6 hambSOG; § 42 hessSOG; § 64 mvSOG; § 28 ndsSOG; § 45 nwPolG; § 24 rpPOG; § 23 saarlPolG; §§ 28, 29 sächsPolG; § 47 saSOG; § 213 shLVwG; § 29 thürPAG; § 24 thürOBG; § 49 BPolG.

14 Art. 28 bayPAG; § 28 bbgPolG; § 41 berlASOG; § 26 bremPolG; §§ 34, 83 a bwPolG; § 14 Abs. 3 hambSOG; §§ 43, 83 a hessSOG; § 61 Abs. 2 u. 3 mvSOG; § 29 ndsSOG; § 46 nwPolG; § 25 rpPOG; § 24 saarlPolG; § 28 sächsPolG; § 48 saSOG; §§ 210 Abs. 2 u. 3, 227 a shLVwG; § 30 thürPAG; § 25 thürOBG; § 50 BPolG.

5. Teil. Versammlungsrecht

§ 20. Systematik des Versammlungsrechts

I. Vorbemerkung zur Rechtslage

Das vom Bundesgesetzgeber auf Grund des Art. 74 Abs. 1 Nr. 3 GG a. F. erlassene Versammlungsgesetz gilt gem. Art. 125a Abs. 1 S. 1 GG in den meisten Ländern fort. Von der Befugnis des Art. 125a Abs. 1 S. 2 GG, es durch Landesrecht zu ersetzen, haben bisher nur Bayern, Niedersachsen, Sachsen und Sachsen-Anhalt Gebrauch gemacht.[1] Sachsen und Sachsen-Anhalt haben das Versammlungsgesetz inhaltlich fast komplett übernommen, Sachsen sogar mit derselben Paragraphennumerierung. Dagegen haben Bayern und Niedersachsen ein eigenständiges, in vielem neues Versammlungsrecht geschaffen. Im Folgenden wird noch die Rechtslage nach dem Versammlungsgesetz des Bundes dargestellt. 1

II. Versammlungsrecht als Gefahrenabwehrrecht

Das Versammlungsrecht ist **besonderes Polizei- und Ordnungsrecht.** Seine Aufgabe ist die Abwehr der besonderen Gefahren, die durch Versammlungen für die öffentliche Sicherheit und Ordnung entstehen. Das Besondere an diesen Gefahren ist, daß eine Versammlung vieler Menschen, die gemeinsam tätig werden und auf andere Menschen wirken wollen, mit diesen anderen Menschen in Konflikte geraten kann. Das Versammlungsrecht muß sowohl denen gerecht werden, die von ihrer Versammlungsfreiheit Gebrauch machen, als auch den anderen, die im Gebrauch anderer grundrechtlicher Freiheiten mit der Versammlung konfrontiert und u. U. durch sie beeinträchtigt werden. 1a

---

1 BayVersG vom 22. Juli 2008 (GVBl. S. 421), geändert am 22. April 2010 (GVBl. S. 190); ndsVersG vom 7. Oktober 2010 (GVBl. S. 465, 532); sächsVersG vom 25. Januar 2012 (GVBl. S. 54); saVersG vom 3. Dezember 2009 (GVBl. S. 558).

2 Der Begriff der **Gefahr** ist im Versammlungsrecht kein anderer als im sonstigen Polizei- und Ordnungsrecht. Wenn § 15 Abs. 1 VersG voraussetzt, daß „die öffentliche Sicherheit oder Ordnung unmittelbar gefährdet ist", setzt er nicht eine besonders geartete unmittelbare Gefährdung, sondern eine unmittelbare Gefahr für die öffentliche Sicherheit oder Ordnung voraus (*Dietel u. a.*, § 15 Rn. 27ff. *Schenke*, Rn. 373).

3 Die **Schutzgüter** der öffentlichen Sicherheit und Ordnung umfassen im Versammlungsrecht, was sie auch sonst im Polizei- und Ordnungsrecht umfassen (vgl. § 8 Rn. 3ff.); das Schutzgut der öffentlichen Ordnung ist im Versammlungsrecht so problematisch wie sonst (vgl. § 8 Rn. 48ff.), hat aber gerade im Versammlungsrecht eine besondere Renaissance erlebt (vgl. § 21 Rn. 23, 37; *Kniesel/Poscher*, NJW 2004, 422/427ff.). Das Schutzgut der öffentlichen Sicherheit schließt auch ein, daß die Versammlung ordnungsgemäß durchgeführt werden kann (§ 2 Abs. 2 VersG). Die Versammlung wird ordnungsgemäß durchgeführt, wenn sie mit dem selbstbestimmten Ablauf in der selbstbestimmten Ordnung stattfindet. Dabei wählt der Veranstalter das Thema oder den Gegenstand der Versammlung (§ 14 VersG) und bestimmt der Leiter, der oft, aber nicht stets mit dem Veranstalter identisch ist (vgl. §§ 7 Abs. 2 S. 1 und Abs. 3, 14 Abs. 2 VersG), den Ablauf und sorgt für die Ordnung (vgl. §§ 8, 18 Abs. 1, 19 Abs. 1 VersG). Wenn das Versammlungsgesetz von der Ordnung spricht, für die der Leiter sorgt, u. a. indem er Ordner bestellt (§§ 9 Abs. 1, 18 Abs. 1, 19 Abs. 1 S. 2 VersG) und Anweisungen trifft (§§ 10, 18 Abs. 1, 19 Abs. 2 VersG), oder die von Teilnehmern gröblich gestört wird (§§ 11 Abs. 1, 18 Abs. 3, 19 Abs. 4 VersG), spricht es durchweg von der selbstbestimmten inneren Ordnung.

4 Auch für die **Pflichtigkeit** gilt im Versammlungsrecht nichts anderes als im sonstigen Polizei- und Ordnungsrecht. Mangels spezieller anders lautender Regelung müssen Maßnahmen der Gefahrenabwehr sich nach den allgemeinen Polizei- und Ordnungsgesetzen gegen die Störer richten und dürfen Nichtstörer nur im polizeilichen Notstand in Anspruch nehmen, wenn die Gefahrenabwehr anders scheitern würde (vgl. § 9 Rn. 74ff.). Dabei werden die Teilnehmer an einer Versammlung durch ihr Handeln zu Störern; der Leiter kann Störer auch durch Unterlassen werden, wenn er seine Pflicht, während der Versammlung für Ordnung zu sorgen (vgl. §§ 8, 18 Abs. 1, 19 Abs. 1 S. 1 VersG), verletzt und die Störungen der inneren zu Störungen der äußeren Ordnung eskalieren.

Das Bundesverfassungsgericht hat beim besonderen Polizei- und Ordnungsrecht des Versammlungsrechts den Grundsatz der **Verhältnismäßigkeit** besonders betont. Die eingreifenden Polizei- und Ordnungsbehörden haben den „hohen Rang" der Versammlungsfreiheit zu beachten und „die grundrechtsbeschränkenden Gesetze stets im Lichte der grundlegenden Bedeutung dieses Grundrechts im freiheitlichen demokratischen Staat auszulegen und sich bei ihren Maßnahmen auf das zu beschränken, was zum Schutz gleichwertiger Rechtsgüter notwendig ist" (BVerfGE 69, 315/349). 5

III. Begriff und Formen der Versammlung

1. Weiter und enger Versammlungsbegriff

Der Begriff der Versammlung ist im Versammlungsrecht grundsätzlich derselbe **wie in Art. 8 GG.** Er bezeichnet eine Zusammenkunft mehrerer, mindestens zweier (VGH Mannheim, VBlBW 2008, 60) Menschen zur Verfolgung eines gemeinsamen Zwecks. Nach dem weiten Versammlungsbegriff kann der gemeinsame Zweck jeden Inhalt haben, nach einem engeren muß er auf gemeinsame Meinungsbildung und -äußerung in beliebigen Angelegenheiten und nach dem engen auf gemeinsame Meinungsbildung und -äußerung in öffentlichen Angelegenheiten zielen (*Pieroth/Schlink,* Rn. 749 ff.). 6

Beispiele: Dem engen Versammlungsbegriff unterfallen politische, nicht aber wissenschaftliche, kulturelle oder religiöse Kongresse und Demonstrationen, dem weiten Versammlungsbegriff unterfallen sogar gesellige Veranstaltungen wie die Love-Parade, Kultfilme, Rockkonzerte und Straßenfeste, wenn die Beteiligten nicht nur Konsumenten sind, sondern Akteure, die das Geschehen gemeinsam gestalten. 7

Das **Bundesverfassungsgericht** hat den Versammlungsbegriff früher weit gefaßt (BVerfGE 69, 315/343). Heute faßt es ihn eng und versteht die Versammlungsfreiheit wegen ihrer historischen und aktuellen Bedeutung für die Demokratie als Freiheit der Teilhabe an der Bildung der öffentlichen Meinung (BVerfGE 104, 92/104; ebenso BVerwG, NVwZ 2007, 1431). Es vergißt dabei, daß die Versammlungsfreiheit historisch und aktuell für jede Persönlichkeitsentfaltung in Gemeinschaft Bedeutung hat und die Teilhabe an der Bildung der öffentlichen Meinung nicht allein, sondern i. V. m. Art. 5 GG gewährleistet (vgl. *Pieroth/Schlink,* Rn. 752 ff.). Es rückt damit auch ohne 8

Not vom Versammlungsbegriff des Versammlungsgesetzes ab, das als Versammeln einfach erfassen will, was traditionell und gemeinhin als Versammlung verstanden wird, und deshalb auch Gottesdienste, Prozessionen, Bittgänge und Wallfahrten, Leichenbegängnisse, Hochzeitszüge und Volksfeste zu den Versammlungen zählt, um sie anschließend von bestimmten versammlungsgesetzlichen Anforderungen auszunehmen (§ 17 VersG; a. A. *Enders*, Jura 2003, 103/108f.).

9 Das Versammlungsgesetz hat insofern einen **engeren Begriff** der Versammlung als die Verfassung, als es manchmal die sich fortbewegende Versammlung als Aufzug aus dem Versammlungsbegriff herausnimmt und neben die Versammlung stellt, die dann allein die stationäre Versammlung ist (vgl. z. B. §§ 1 Abs. 1, 14 VersG). Manchmal unterstellt es die sich fortbewegende Versammlung aber auch dem Begriff der Versammlung und kennt daneben keinen Aufzug (vgl. § 3 Abs. 1 VersG). In diesem Lehrbuch schließt der Begriff der Versammlung den Aufzug ein; wenn für den Aufzug etwas anderes als für die anderen Versammlungen gilt, wird dies eigens erwähnt. – Enger als Art. 8 GG ist das Versammlungsgesetz insofern, als es nur von öffentlichen Versammlungen (vgl. Rn. 12) handelt, **weiter** insofern, als es das Recht, sich zu versammeln, nicht nur Deutschen, sondern jedermann zuspricht.

2. Versammlungsformen

10 Eine Versammlung **unter freiem Himmel** ist eine räumlich offene, durch seitliche Begrenzung den Zugang nicht versperrende Versammlung. Eine Versammlung **in geschlossenem Raum** ist entsprechend nicht nur eine oben überdachte, sondern jede seitlich umschlossene Versammlung. Denn Art. 8 GG und das Versammlungsgesetz privilegieren Versammlungen in geschlossenen Räumen durch Ausnahme vom Gesetzesvorbehalt bzw. durch Beschränkung der Eingriffsbefugnisse, weil eine Versammlung bei seitlicher Begrenzung weniger gestört werden und weniger stören kann, weniger gefährdet und weniger gefährlich ist (vgl. *Pieroth/Schlink*, Rn. 764; *Gusy*, Rn. 418).

11 **Beispiele:** Versammlungen auf Straßen und Plätzen, in Fußgängerzonen und Parks, aber auch auf überdachten Foren und Arenen, finden unter freiem Himmel, Versammlungen in ummauerten Höfen und Anlagen finden in geschlossenen Räumen statt.

Eine Versammlung ist **öffentlich** und damit wieder besonders störungsanfällig und besonders störungsträchtig, wenn die Teilnahme jedermann offensteht. Der an der Teilnahme Interessierte muß die Versammlung im geschlossenen Raum aufsuchen und sich der Versammlung unter freiem Himmel anschließen können. Die Versammlung ist **nicht öffentlich,** wenn nur ein namentlich oder auf andere Weise begrenzter Personenkreis zugelassen ist (vgl. BVerwG, NVwZ 1999, 991/992). 12

IV. Verhältnis zum allgemeinen Polizei- und Ordnungsrecht

Das **Versammlungsgesetz** ist **nicht abschließend.** Es regelt nur die öffentliche Versammlung in geschlossenem Raum und unter freiem Himmel, nicht die nichtöffentliche Versammlung, die ebenfalls in geschlossenem Raum und unter freiem Himmel stattfinden kann. Es regelt im Vorfeld der Versammlung weder deren Planung und Vorbereitung, die Werbung für sie und die Einladung zu ihr noch die Anreise, obwohl die Versammlungsfreiheit des Art. 8 GG dies alles neben der Versammlung selbst schützt (vgl. *Pieroth/Schlink,* Rn. 766). Wenn die Versammlung im Gang ist, kennt das Versammlungsgesetz nach teilweise vertretener Auffassung (*Butzer,* VerwArch 2002, 506/533 f.; *Schoch,* JuS 1994, 479/482; *Schnur,* VR 2000, 114/115) als Eingriffsmöglichkeit nur die Auflösung der ganzen Versammlung und die Ausschließung einzelner Teilnehmer, obwohl minderintensive Eingriffe, sog. Minusmaßnahmen, wie sie das allgemeine Polizei- und Ordnungsrecht enthält, zur Gefahrenabwehr ausreichen würden. 13

Daher kann die sog. **Polizeifestigkeit der Versammlungsfreiheit** nicht bedeuten, daß in die Versammlungsfreiheit nur auf der Grundlage des Versammlungsgesetzes eingegriffen werden kann. Sie vermittelt dem Versammlungsgesetz keine andere Sperrwirkung als die, die besonderen Ordnungsgesetzen auch sonst eignet (vgl. § 5 Rn. 22 ff.) und die nur so weit reicht, als die Regelung des besonderen Ordnungsgesetzes abschließend ist (*Deger,* NVwZ 1999, 265/266; *Dietel u. a.,* § 1 Rn. 193; *Gusy,* Rn. 419; *Schenke,* Rn. 377 f.). Wo diese Sperrwirkung des Versammlungsgesetzes im Vorfeld und nach Auflösung der Versammlung endet, sind die Regelungen des allgemeinen Polizei- und Ordnungsrechts, aber auch des Straßen- und Straßenver- 14 kehrsrechts einschlägig (BVerfG, NVwZ 2005, 80/81; BVerwGE 80, 158/159; VGH Mannheim, DÖV 1990, 572).

15 Wenn die Versammlung im Gang ist, bedarf es für die sog. Minusmaßnahmen nach richtiger Auffassung **keines Rückgriffs auf das allgemeine Polizei- und Ordnungsrecht,** auch nicht des häufig geforderten (BVerwGE 64, 55/57f.; BVerwG, NVwZ 1988, 250; *Schenke,* Rn. 379) eingeschränkten Rückgriffs auf dessen Rechtsfolgen. Das Versammlungsgesetz ermächtigt nicht nur zur Auflösung, sondern auch zu minderintensiven Beschränkungen der Versammlung (BVerfGE 69, 315/353; OVG Greifswald, NJ 1999, 104; *Kniesel/Poscher,* HdbPolR, J Rn. 26ff.; vgl. § 22 Rn. 16f.), und dem einzelnen Teilnehmer kann, wenn eine minderintensive Beschränkung als die Ausschließung ausreicht, eröffnet werden, daß er durch entsprechendes Verhalten die Ausschließung vermeiden kann (vgl. § 22 Rn. 17). Auch für die nichtöffentliche Versammlung bedarf es keines Rückgriffs auf das allgemeine Polizei- und Ordnungsrecht, sondern ist die analoge Anwendung des Versammlungsgesetzes geboten (*Dietel u. a.,* § 1 Rn. 221f.; *Drews u. a.,* S. 176; *Rühl,* NVwZ 1988, 579/581; a. A. BVerwG, NVwZ 1999, 991/992; *Denninger,* HdbPolR, E Rn. 147; *Gusy,* Rn. 421; *Kniesel/Poscher,* HdbPolR, J Rn. 21f.). Denn da die nichtöffentliche Versammlung ebenso wie die öffentliche Versammlung in geschlossenen Räumen in Art. 8 GG nicht unter Gesetzesvorbehalt steht, kann in beide nur unter denselben, in §§ 5ff. VersG geregelten engen Voraussetzungen eingegriffen werden, und da die nichtöffentliche Versammlung unter freiem Himmel weniger gefährdet und gefährlich als die öffentliche ist, wäre es sinn- und systemwidrig, wenn in die nichtöffentliche aufgrund des allgemeinen Polizei- und Ordnungsrechts leichter eingegriffen werden dürfte als in die öffentliche aufgrund des Versammlungsgesetzes.

16 Gegenstand des Versammlungsgesetzes sind nur **versammlungsspezifische Gefahren** und versammlungsbezogene Eingriffe. Fehlt die Versammlungsspezifik und geht es etwa um Bau-, Feuer- und Gesundheitsgefahren, steht die sog. Polizeifestigkeit der Versammlungsfreiheit überhaupt nicht in Rede und ist der Rückgriff auf das sonstige Polizei- und Ordnungsrecht selbstverständlich (*Gusy,* Rn. 419; *Schenke,* Rn. 377, 382).

17 Die Systematik der Rechtsgrundlagen für versammlungsbezogene Eingriffe in die verschiedenen Versammlungsformen stellt sich im **Schaubild** so dar:

	unter freiem Himmel (Gesetzesvorbehalt)	in geschlossenem Raum (kein Gesetzesvorbehalt)
öffentlich	§§ 14 ff. VersG	§§ 5 ff. VersG
	nach vielfach vertretener Ansicht bei Minusmaßnahmen Rückgriff auf die Rechtsfolgen des allgemeinen Polizei- und Ordnungsrechts	
nicht öffentlich	§§ 14 ff. VersG analog (nach a. A. allgemeines Polizei- und Ordnungsrecht)	§§ 5 ff. VersG analog (nach a. A. allgemeines Polizei- und Ordnungsrecht, allerdings wegen fehlenden Gesetzesvorbehalts verfassungskonform reduziert)

Dogmatischer Hintergrund der Kontroverse um die Rechtsgrundlagen für Eingriffe in die Versammlungsfreiheit ist das **Zitiergebot** des Art. 19 Abs. 1 S. 2 GG (vgl. *Wuttke,* Polizeirecht und Zitiergebot, 2004, S. 125 ff.; *Schäffer,* DVBl. 2012, 546). Das Versammlungsgesetz zitiert Art. 8 GG als eingeschränktes Grundrecht (§ 20 VersG), die allgemeinen Polizei- und Ordnungsgesetze tun es regelmäßig nicht. Je mehr die Eingriffe in die Versammlungsfreiheit auf das Versammlungsgesetz gestützt werden, desto unproblematischer ist das Vorgehen gegen die Versammlung; je mehr sie auf die Polizei- und Ordnungsgesetze gestützt werden, desto problematischer. Das Problem wird bei den sog. Minusmaßnahmen gegen die Ansicht eingewandt, die allein das allgemeine Polizei- und Ordnungsrecht zur Anwendung bringen will; es entfällt, wenn die Minusmaßnahmen auf § 15 Abs. 1, 3 VersG als Tatbestand i. V. m. den Rechtsfolgen des allgemeinen Polizei- und Ordnungsrechts oder allein auf die Ermächtigung zu Auflagen in § 15 Abs. 1 VersG gestützt wird (§ 22 Rn. 17). Im Vorfeld hilft dies nicht. Zwar greifen die Verbots- und Auflagentatbestände der §§ 5 und 15 Abs. 1 VersG schon vor Beginn der Veranstaltung und sind insofern Vorfeldmaßnahmen. Aber sie erlauben nur das Vorgehen gegen den Veranstalter, nicht gegen die potentiellen Teilnehmer, deren Versammlungsfreiheit mit Meldeauflagen, Kontrollen und Rückführungsgewahrsam im Vorfeld (§ 21 Rn. 46 ff.) auch ohne versammlungsgesetzliche Grundlage beschränkt wird. 18

Eine Ansicht will das Problem dadurch lösen, daß sie die Vorfeldmaßnahmen nicht als Einschränkungen der Versammlungsfreiheit, sondern als Maßnahmen zu deren Schutz versteht (VGH Mannheim, DÖV 1990, 572). Eine andere Ansicht will in Vorfeldmaßnahmen nur mittelbare Beeinträchtigungen der Versammlungsfreiheit sehen, für 19 die das Zitiergebot des Art. 19 Abs. 1 S. 2 GG nicht gelten soll (*Schenke,* Rn. 343). Man mag auch überlegen, dem Gesetzgeber dann, wenn das allgemeine Polizei- und Ordnungsrecht im Vorfeld erst allmählich immer relevanter wird, eine Übergangszeit für die Zitierung einzuräumen (vgl. § 7 Rn. 20). Keine dieser Überlegungen kann dogmatisch befriedigen; die Rechtspraxis nimmt das Zitiergebot hier aber so wenig ernst, daß die Rechtswissenschaft und auch die Fallbearbeitung im Studium, wenn sie den Anschluß an die Rechtspraxis wahren wollen, sich mit einer dieser Überlegungen befreunden müssen. Dogmatisch befriedigend wäre entweder die Verankerung der notwendigen **Vorfeldmaßnahmen im Versammlungsgesetz** oder die Zitierung von Art. 8 GG in den Polizei- und Ordnungsgesetzen.[1a]

V. Zuständigkeiten

20 Das Versammlungsgesetz weist seine Befugnisse zu, **ohne** dabei ein **System** erkennen zu lassen. Zum Verbot, zur Auflösung und zu sonstigen Beschränkungen von öffentlichen Versammlungen unter freiem Himmel ermächtigt es die zuständige Behörde. Zur Auflösung von öffentlichen Versammlungen in geschlossenen Räumen ermächtigt es die Polizei. Für das Verbot von öffentlichen Versammlungen in geschlossenen Räumen nennt es keinen Befugnisträger.

21 Welches die **zuständige Behörde** i. S. des Versammlungsgesetzes (Versammlungsbehörde) ist, bestimmen Zuständigkeitsvorschriften der Länder. In einigen Ländern[2] ist das Polizeipräsidium, in den meisten[3] ist die Ordnungsbehörde Versammlungsbehörde, und in wenigen Ländern[4] ist in den großen Städten das Polizeipräsidium oder die Polizeidirektion, sonst die Ordnungsbehörde Versammlungsbehörde.

1a So § 10 ndsSOG; § 8 Nr. 3 rpPOG.
2 Abschn. 3 Nr. 23 berlASOG Zustkatalog Ordngsaufg.; bbgVersG ZustVO; nwVersG ZustVO.
3 BwVersG ZustVO; bayVersGAG; bremVersG ZustVO; hmbg I. ZustAO Vers- u. öfftl. VereinsR; mvVersG ZustVO; saarl VersG ZustVO; sächs. VersG ZustVO; shVersG ZustVO; § 18 thür. 2. ZustVO Geschber. Innenmin; ebenso ohne ausdrückliche Vorschrift auch in Hessen und in Rheinland-Pfalz.
4 §§ 4 u. 5 ndsSOG ZustVO; § 1 saSOG ZustVO.

VI. Arten und Reichweite der Befugnisse

Das Versammlungsgesetz räumt teils aktionelle, teils informationelle Befugnisse ein, die teils der Abwehr konkreter, teils der Abwehr abstrakter Gefahren dienen. Mit Verbot, Ausschließung und Auflösung handelt die Behörde unmittelbar zur Abwehr einer konkreten Gefahr. Die Entsendung von Polizeibeamten und Bild-und Tonaufnahmen dienen der Abwehr einer abstrakten Gefahr bzw. der Vorbereitung der Abwehr einer konkreten Gefahr. Die informationellen Befugnisse sind Handlungsbefugnisse. Die aktionellen Befugnisse sind Anordnungsbefugnisse; auch mit Ausschließung und Auflösung trifft die Behörde Anordnungen, die allerdings, ob sie befolgt oder nicht befolgt werden, die **rechtsgestaltende Wirkung** haben, daß der Schutz von Art. 8 GG endet und das Versammlungsgesetz den Gebrauch der Befugnisse des allgemeinen Polizei- und Ordnungsrechts nicht mehr versperrt (BVerfG, NVwZ 2005, 80f.; OVG Bremen, NVwZ 1987, 235; *Dietel u. a.*, § 1 Rn. 74f.; *Gusy*, Rn. 430; *Schenke*, Rn. 381). Daher bedarf es auch keiner eigentlichen Durchsetzung der versammlungsgesetzlichen Befugnisse. Soll ein Teilnehmer nach seiner Ausschließung die Versammlung verlassen oder sollen alle Teilnehmer nach der Auflösung einer Demonstration den Platz räumen, werden, falls erforderlich, Platzverweisungen ausgesprochen und durchgesetzt (BVerfG, NVwZ 2005, 80f.). 22

Literatur: *H. Butzer*, Flucht in die polizeiliche Generalklausel?, VerwArch 2002, 506; *C. Gröpl*, Grundstrukturen des Versammlungsrechts, Jura 2002, 18; *M. Kniesel/R. Poscher*, Die Entwicklung des Versammlungsrechts 2000 bis 2003, NJW 2004, 422; *A. Meßmann*, Das Zusammenspiel von Versammlungsgesetz und allgemeinem Polizeirecht, JuS 2007, 524; *H.-J. Papier*, Das Versammlungsrecht in der Rechtsprechung des Bundesverfassungsgerichts, BayVBl. 2010, 225; *K. Waechter*, Die Vorgaben des Bundesverfassungsgerichts für das behördliche Vorgehen gegen politisch extreme Versammlungen: Maßgaben für neue Versammlungsgesetze der Länder, VerwArch 2008, 73. 23

§ 21. Befugnisse vor Beginn der Versammlung

I. Anmeldepflicht

1. Begriff und Rechtsgrundlagen

1 Die Anmeldung einer öffentlichen Versammlung unter freiem Himmel **umfaßt** die Angabe von Zeit, Ort, Thema und Leiter der Versammlung. Sie kann mündlich oder schriftlich, über Telefon, Fax oder E-Mail erfolgen. Das Versammlungsgesetz macht in § 14 VersG die Anmeldung zu einer Pflicht, die der Veranstalter 48 Stunden vor Ankündigung der Versammlung zu erfüllen hat, und sanktioniert die Pflicht dadurch, daß es in § 15 Abs. 3 VersG die Versammlungsbehörde zur Auflösung der nichtangemeldeten Versammlung ermächtigt und in § 26 Nr. 2 VersG die Durchführung der nichtangemeldeten Versammlung mit Strafe bedroht.

2 Die Anmeldung ist **kein Antrag auf Erlaubnis** der Versammlung. Versammlungen bedürfen keiner Erlaubnis; sie stehen wegen der Bedeutung der Versammlungsfreiheit nicht unter präventivem Verbot mit Erlaubnis- und erst recht nicht unter repressivem Verbot mit Befreiungsvorbehalt (vgl. *Herzog,* in: Maunz/Dürig, GG, Art. 8 Rn. 82). Auch aus anderen Bestimmungen folgende Erlaubnisvorbehalte sind wegen der Sperrwirkung des Versammlungsgesetzes (vgl. § 20 Rn. 14) nicht einschlägig (BVerwG, NJW 1989, 2412). Einer straßenrechtlichen Erlaubnis bedarf der Gebrauch des öffentlichen Raums für öffentliche Versammlungen schon deshalb nicht, weil er sog. kommunikativer Gemeingebrauch ist (BVerfGE 73, 206/249; VGH München, NJW 1984, 2116; VGH Kassel, NJW 1988, 2125; *Gusy,* Rn. 434; a. A. *Dietel u. a.*, § 1 Rn. 51; *Schenke,* Rn. 383).

3 **Beispiele:** Nicht einschlägig sind die straßenverkehrsrechtlichen Erlaubnisse nach § 29 Abs. 2 StVO für die nichtverkehrsübliche Inanspruchnahme von öffentlichem Straßenraum (BVerwGE 82, 34/41), etwa für eine Fahrraddemonstration auf einer Bundesautobahn (VGH Kassel, NJW 2009, 312/313), und nach § 46 Abs. 1 Nr. 9 StVO für den Betrieb von Lautsprechern (OLG Karlsruhe, DÖV 1976, 533 f.) oder straßenrechtliche Sondernutzungserlaubnisse für die über den eigentlichen Gemeingebrauch der Versammlung hinausgehende, für die Durchführung der Versammlung aber wesentliche, in „notwendigem inneren Zusammenhang“ (OVG Berlin, LKV 1999, 372/373) mit ihr stehende Aufstellung von Hilfsmitteln (Infostand oder -tisch, Regensegel,

Imbiß- oder Toilettenwagen; vgl. BVerwG, NJW 1989, 2411f.; *Dietel u. a.*, § 15 Rn. 11; *Kanther,* NVwZ 2001, 1239).

Die Anmeldung ist bei der sog. **Eilversammlung,** deren Zweck die baldige Zusammenkunft verlangt, nicht rechtzeitig und bei der sog. **Spontanversammlung,** deren Zweck die sofortige Zusammenkunft verlangt, überhaupt nicht möglich. Um der Versammlungsfreiheit willen hat das Bundesverfassungsgericht die Anmeldepflicht modifiziert. Es hat bei der Spontanversammlung die Anmeldung für verzichtbar (BVerfGE 69, 315/351) und bei der Eilversammlung die Anmeldungsfrist für verkürzbar erklärt (BVerfGE 85, 69/75); die Literatur will teilweise auch bei der Eilversammlung auf die Anmeldung verzichten (*Kniesel/Poscher,* HdbPolR, J Rn. 234; *Schenke,* Rn. 370; *Geis,* NVwZ 1992, 1025/1030; a. A. *Dietel u. a.*, § 14 Rn. 13; *Gusy,* Rn. 425). 4

Das Bundesverfassungsgericht hat auch die Sanktion der **Auflösung** in § 15 Abs. 3 VersG außer Anwendung gestellt (BVerfGE 69, 315/350f.), und es hat dies auch für die Versammlung getan, die rechtzeitig hätte angemeldet werden können und bei der die Anmeldung aus Nachlässigkeit oder sogar Böswilligkeit unterlassen wurde. Das leuchtet ein. Auch sonst berechtigt nicht die formelle, sondern nur die materielle Rechtswidrigkeit zum Unterbinden des Freiheitsgebrauchs. Wie ein ohne Genehmigung errichteter, aber materiell rechtmäßiger Bau nicht abgerissen werden darf, darf eine ohne Anmeldung, aber auch ohne Gefahr für die öffentliche Sicherheit und Ordnung ablaufende Versammlung nicht aufgelöst werden. 5

An der Sanktion der **Bestrafung** nach § 26 Nr. 2 VersG hat das Bundesverfassungsgericht dagegen noch festgehalten (BVerfGE 85, 69/76); es kann aber erwartet werden, daß es auch sie fallen lassen wird. Nicht daß die Anmeldung ohne Bedeutung wäre. Sie ist Voraussetzung dafür, daß die Versammlungsbehörde in der Phase der Planung und Vorbereitung der Versammlung die verschiedenen beteiligten, u. U. miteinander konfligierenden und kollidierenden Interessen kennt und aufeinander abstimmen kann. Nur bei Kenntnis der Versammlungsbehörde von der bevorstehenden Versammlung und im Kontakt mit deren Veranstalter können Gestaltungs- und Rechtsfragen erörtert, Informationen ausgetauscht, Kooperationen abgesprochen und dadurch Gefahren für die öffentliche Sicherheit und Ordnung vermieden werden. Aber die Folgen des Unterlassens der Anmeldung treffen in erster Linie die Versammlung, ihren Veranstalter und ihren Leiter selbst. Wenn die Versammlung Gefahren verur- 5a sacht, die bei Anmeldung, Kontakt und Koordinierung vermeidbar gewesen wären, kann sie aufgelöst werden.

5b Mit dem Entfallen auch der Sanktion des § 26 Nr. 2 VersG wird die Anmeldung von einer Pflicht zu einer **Obliegenheit,** d. h. zu einer Tätigkeit, die dem Veranstalter und dem Leiter im eigenen Interesse obliegt. Das paßt auch besser zu Art. 8, der das Recht, sich zu versammeln, ausdrücklich als das Recht schützt, sich ohne Anmeldung zu versammeln (vgl. zu Zweifeln an der Verfassungsmäßigkeit der Anmeldepflicht *Höfling,* in: Sachs, GG, 3. Aufl. 2003, Art. 8 Rn. 58; *Jarass,* JP, Art. 8 Rn. 22). Die Anmeldeobliegenheit beläßt die Freiheit, sich anzumelden oder nicht anzumelden – mit dem Risiko, daß ohne die Anmeldung vermeidbare Gefahren entstehen und eine vermeidbare Auflösung verfügt wird.

6 Solange § 26 Nr. 2 VersG noch gilt, begeht der Veranstalter oder Leiter, der eine öffentliche Versammlung unter freiem Himmel ohne Anmeldung durchführt, eine Straftat und stört damit die öffentliche Sicherheit. Folglich besteht dann, wenn die Versammlung sich ankündigt, aber nicht angemeldet wird, eine Gefahr. Zur Abwehr der Gefahr kann die Versammlungsbehörde den Veranstalter **vorladen** (vgl. § 14 Rn. 71 ff.) und **befragen** (vgl. § 14 Rn. 1 ff.). So folgt aus der Anmeldepflicht eine Vorladungs- und Befragungsbefugnis. Mit ihr kann die Versammlungsbehörde die Anmeldung nicht erzwingen. Sie kann dem Veranstalter aber die Notwendigkeit der Anmeldung, des Informationsaustauschs und der Kooperationsabsprache vor Augen führen und erklären, daß sie eine Versammlung, die wegen entsprechender Defizite zur Gefahr für die öffentliche Sicherheit und Ordnung wird, verbieten kann oder sogar muß.

2. Rechtmäßigkeit

7 **Schutzgüter** der Anmeldepflicht sowie der Vorladung und Befragung zur Anmeldung sind die öffentliche Sicherheit und Ordnung. Ihnen droht durch eine unangemeldete und, weil unangemeldet, gefährdete und gefährliche Versammlung Gefahr. **Pflichtig** sind der Veranstalter und, sobald er feststeht, der Leiter. Da den Veranstalter die gesetzliche Pflicht zur Anmeldung trifft, korrespondiert dem Befragungsrecht der Versammlungsbehörde eine unbeschränkte Auskunftspflicht des Veranstalters (vgl. § 14 Rn. 1).

8 Im übrigen stehen die Vorladung und Befragung zur Anmeldung unter den Rechtmäßigkeitsvoraussetzungen, unter denen Vorladung

und Befragung auch sonst stehen. Es mag nicht ungewöhnlich sein, daß die Versammlungsbehörde bei Versammlungen, die sich anzukündigen beginnen, zwar diesen und jenen Namen kennt, sich des Veranstalters aber nicht sicher ist. Hier gelten die allgemeinen Grundsätze zur **Anscheinsgefahr** und zum **Gefahrverdacht.**

II. Auflage

1. Begriff und Rechtsgrundlage

Die Auflage i. S. des Versammlungsgesetzes ist keine Auflage im allgemeinen verwaltungsrechtlichen, in § 36 Abs. 2 Nr. 4 VwVfG normierten Sinn. Wegen der Erlaubnisfreiheit der Versammlung gibt es keinen (Erlaubnis-)Verwaltungsakt, mit dem sie als Nebenbestimmung verbunden werden könnte; sie ist ein eigenständiger Verwaltungsakt (BVerfG, NVwZ 2007, 1183/1184). In der Literatur wird daher statt des Begriffs der Auflage der Begriff der **beschränkenden Verfügung** verwendet (*Kniesel/Poscher*, HdbPolR, J Rn. 348). 9

§ 15 Abs. 1 VersG bestimmt als Zweck der Beschränkungen, die die Versammlungsbehörde dem Veranstalter mit der Auflage aufgibt, die Gewähr, daß die Versammlung nicht zur unmittelbaren Gefahr für die öffentliche Sicherheit oder Ordnung wird. Manche Beschränkungen finden sich schon im Versammlungsgesetz selbst: § 2 Abs. 3 VersG verbietet das Mitführen von Waffen, § 3 Abs. 1 VersG das Tragen von Uniformen, § 17 a Abs. 1 VersG das Mitführen von sog. Schutzwaffen und § 17 a Abs. 2 VersG die Vermummung. Wenn sich diese Beschränkungen nicht im Gesetz fänden, würde die Versammlungsbehörde sie als Auflagen aufgeben; sie sind gesetzlich **vertypte Auflagen.** 10

Die Fertigstellung des Denkmals für die ermordeten Juden Europas in Berlin war dem Gesetzgeber Anlaß, der Versammlungsbehörde durch einen neuen **§ 15 Abs. 2 VersG** zu ermöglichen, rechtsextreme Demonstrationen durch Verbote und Auflagen vom Denkmal fernzuhalten. Die Länder können ähnliche Gedenkstätten unter den gleichen Schutz stellen und haben das teilweise getan.[1] 11

1 § 15 Abs. 2 S. 2 u. 3 sächsVersG; § 13 saVersG.

2. Formelle Rechtmäßigkeit

12 Mit der Anmeldung der Versammlung bei der Versammlungsbehörde kommt ein Verwaltungsverfahren in Gang. Für das Verwaltungsverfahren gelten, da das Versammlungsgesetz keine besonderen Vorschriften enthält, die allgemeinen Vorschriften der Verwaltungsverfahrensgesetze. Sie verlangen, daß der Veranstalter vor Erlaß einer Auflage anzuhören ist. Das Bundesverfassungsgericht verlangt eine „grundrechtsfreundliche Anwendung vorhandener Verfahrensvorschriften" (BVerfGE 69, 315/355) und meint damit vertrauensvollen Informationsaustausch und vertrauensvolle **Kooperation** mit Offenlegung und Erörterung der behördlichen Gefahrenprognose und Gelegenheit für den Veranstalter, Einwendungen vorzubringen und Austauschmittel anzubieten.

13 Eine Auflage kann auch als **Allgemeinverfügung** ergehen und für einen bestimmten Ort und für eine bestimmte Zeit alle Versammlungen derselben Beschränkung unterwerfen.

14 **Beispiel:** Bei einem Transport nuklearen Materials mit der Bahn (Castor-Transport) werden Demonstrationen für die Tage des Transports derart beschränkt, daß sie einen bestimmten Korridor entlang der Bahnstrecke zu meiden haben.

3. Materielle Rechtmäßigkeit

15 **a) Schutzgüter.** Die Schutzgüter der Auflage sind die öffentliche Sicherheit und Ordnung. Auflagen stellen sicher, daß Versammlungen die Grenzen wahren, die ihnen in **anderen Gesetzen** gezogen sind. Hierzu zählen die Strafgesetze, die volksverhetzende (§ 130 StGB), bekenntnisbeschimpfende (§ 166 StGB), beleidigende (§§ 185 ff. StGB) oder verunglimpfende (§ 189 StGB) Äußerungen auch und gerade auf Versammlungen verbieten, wo sie den öffentlichen Frieden besonders stören. Zu den anderen Gesetzen zählen auch die Gesetze des Bundes und der Länder über befriedete Bezirke, Bannmeilen oder -kreise und Gräberstätten; zwar gebietet schon § 16 VersG, daß Versammlungen die Befriedung respektieren, aber er gebietet es in einer kategorischen Weise, die zumal angesichts des hohen Rangs der Versammlungsfreiheit (vgl. § 20 Rn. 5) verfassungskonform i. S. eines präventiven Verbots mit Erlaubnisvorbehalt auf die Erhaltung der Fähigkeit der geschützten Einrichtungen, ihre gesetzlichen Aufgaben tatsächlich zu erfüllen, reduziert werden muß und in den anderen Gesetzen auch reduziert wird (vgl. *Dietrich*, DÖV 2010, 683/684;

Kniesel/Poscher, HdbPolR, J Rn. 97ff.; *Werner,* Formelle und materielle Versammlungsrechtswidrigkeit, 2001, S. 149ff.). Zu den anderen Gesetzen zählen weiter die Sonn- und Feiertagsgesetze der Länder; auch sie müssen allerdings verfassungskonform reduziert werden. Denn zum einen verbieten sie Versammlungen unter freiem Himmel während der Gottesdienstzeiten auch dann, wenn sie die Gottesdienste nicht stören. Zum anderen verbieten sie störende Versammlungen in geschlossenen Räumen auch dann, wenn Gottesdienst und Versammlung sich gegenseitig stören; hier müssen beide Veranstaltungen, weil sie beide vorbehaltlos grundrechtlich geschützt sind, sich auch beide gegenseitig beschränken und kann nicht einfach die Versammlung dem Gottesdienst geopfert werden. Zu den anderen Gesetzen zählen ferner das Straßen- und Straßenverkehrsrecht. Die Straßen- und Wegegesetze des Bundes und der Länder verbieten die Verunreinigung des öffentlichen Raums, und die Ordnung des Straßenverkehrs durch die Straßenverkehrsordnung muß sich dem Gemeingebrauch der Versammlung zwar öffnen, darf ihm aber auch Grenzen setzen.

Beispiele: Die Versammlungsbehörde verbietet, daß ein notorisch volksverhetzender Redner auftritt oder daß er ein bestimmtes Thema anspricht, sie läßt Versammlungen nur mit Wegstrecken zu, die an Sitzungstagen die Befriedung des Parlaments respektieren und an Sonntagen eine Störung des Gottesdienstes vermeiden, sie verlangt, daß die Veranstalter einer großen Versammlung durch das Aufstellen von Toilettenwagen und Abfallkörben einer Verunreinigung des öffentlichen Raums vorbeugen und daß eine kleine Demonstration sich auf den Gehweg oder die eine Straßenseite beschränkt, damit auf der Straße bzw. der anderen Straßenseite der Verkehr fließen kann. **15a**

Nicht zu diesen Gesetzen gehört das brandenburgische Gesetz über Versammlungen und Aufzüge an und auf Gräberstätten, das an diesen Orten Versammlungen und Aufzüge mit bestimmten nicht strafbaren aber unliebsamen rechtsextremen Meinungen verbietet und damit gegen Art. 5 GG verstößt (vgl. Rn. 23). **16**

Auflagen geben eine Durchführung der Versammlung derart auf, daß auch darüber hinaus zwischen der Freiheit der Veranstalter, Leiter und Teilnehmer und den Rechten Dritter ein **Ausgleich** gewahrt wird. Gerade weil die Erlaubnispflichten fehlen, die sonst für eine besonders intensive Nutzung des öffentlichen Raums und Beteiligung am Straßenverkehr bestehen und den Ausgleich ermöglichen, ist die Versammlungsbehörde zum Ausgleich verpflichtet (BVerwGE 82, 34/40; *Dietel u. a.*, § 15 Rn. 45). **17**

18 **Beispiel:** Eine Bürgerinitiative „Autofreie Innenstadt" meldet für einen verkaufsoffenen Samstag um 10.30 Uhr einen Aufzug durch die Innenstadt mit einer Abschlußkundgebung um 12 Uhr auf dem Marktplatz an, wo traditionell gerade der Wochenmarkt stattfindet. Die Versammlungsbehörde läßt mit Rücksicht auf die Rechte der Gewerbetreibenden und der Einkaufenden nur einen Aufzug mit einer anderen, den Marktplatz und die umliegenden Straßen schonenden Wegstrecke und einer Abschlußkundgebung auf einem anderen innerstädtischen Platz um 14 Uhr zu.

19 **Andere Behörden** können gegen eine Versammlung nicht selbst vorgehen. Sie müssen die unmittelbare Gefahr für die öffentliche Sicherheit, die sie sehen, der Versammlungsbehörde mitteilen und von dieser durch eine Auflage abwehren lassen.

20 **Beispiel:** Von der Ausweisung bedrohte Roma wollen ein Zeltlager errichten, um auf ihre Situation aufmerksam zu machen. Das Gesundheitsamt erfährt davon und sieht, daß in dem Lager unhygienische Zustände drohen, die die Gesundheit der Kinder unmittelbar gefährden. Diese gesundheitspolizeilichen Belange sind nur über eine Auflage der Versammlungsbehörde zu wahren (vgl. OVG Münster, NVwZ-RR 1992, 360/361).

21 Die **öffentliche Ordnung** wurde in der Praxis der Verwaltung immer wieder als Schutzgut verstanden, das Beschränkungen inhaltlich anstößiger, besonders rechtsextremer Demonstrationen erlaubt.

22 **Beispiele:** Die Fraueninitiative, die mit dem Transparent „Hätt' Maria abgetrieben, wär' uns das erspart geblieben" an der Route demonstrieren will, auf der der Papst bei seinem Besuch eine Prozession führen wird, wird auf einen anderen Standort verwiesen. Rechtsextreme Demonstrationen am Grab von Rudolf Heß in Wunsiedel werden verboten, anderen wird aufgegeben, die Straße vor der Synagoge oder einer Gedenkstätte oder die Zeit zu meiden, die als Zeit des Gedenkens für die Opfer des Holocaust angesetzt wurde.

23 Die Rechtsprechung einiger Verwaltungsgerichte, besonders des OVG Münster, hat diese Praxis gerechtfertigt (OVG Münster, NJW 2001, 2111/2112; 2986; vgl. *Schenke,* Rn. 373; *Battis/Grigoleit,* NJW 2001, 2051/2054; *Enders,* JZ 2001, 652/654). Das Bundesverfassungsgericht (BVerfGE 111, 145/157) hat gegen diese Rechtsprechung klargestellt, daß zugunsten des Schutzguts der öffentlichen Ordnung **keine Beschränkungen von Meinungsinhalten** zulässig sind, die über die gesetzlichen, besonders die strafgesetzlichen Beschränkungen der Meinungsfreiheit zugunsten des Schutzguts der öffentlichen Sicherheit hinausgehen; darüber hinausgehende Beschränkungen würden gegen Art. 5 GG, u. U. auch gegen das Parteienprivileg von Art. 21 Abs. 2 GG verstoßen. Mit inhaltlich unliebsamen, anstößigen,

extremen Minderheitspositionen muß, so die Botschaft dieser Rechtsprechung des Bundesverfassungsgerichts, die Gesellschaft leben. Beschränkungen der Meinungsfreiheit zugunsten der öffentlichen Ordnung läßt das Bundesverfassungsgericht nur zu, wenn sie sich nicht auf den Inhalt, sondern nur auf die Art und Weise der Meinungsäußerung beziehen; das Bundesverfassungsgericht spricht illustrierend von provokativen, aggressiven, einschüchternden Durchführungen rechtsextremer Demonstrationen, durch die ein Klima der Gewalt erzeugt wird, auf denen also nicht einfach Inhalte kommuniziert werden sollen.

Seit § 130 StGB durch einen 4. Absatz ergänzt wurde, der die Ver- 24
herrlichung oder Rechtfertigung der nationalsozialistischen Gewalt- und Willkürherrschaft in einer die Würde der Opfer verletzenden Weise verbietet, ist das Bundesverfassungsgericht unverständlicherweise umgeschwenkt (BVerfGE 124, 300/321 ff.). Zwar sei § 130 Abs. 4 StGB kein allgemeines Gesetz (anders noch BVerwGE 131, 216). Aber die dadurch verbotenen Meinungsäußerungen seien, weil die Bundesrepublik Deutschland der Gegenentwurf zur nationalsozialistischen Herrschaft sei, ein Angriff auf die Identität des Gemeinwesens und eine Beunruhigung des Auslands und dürften daher **ausnahmsweise** einem **Sonderrecht** unterworfen werden.

Beispiel: Für verfassungsrechtlich unbedenklich hat das BVerfG daher das 24a
Verbot einer Versammlung mit dem Thema „Gedenken an Rudolf Heß" und unter dem Motto „Seine Ehre galt ihm mehr als die Freiheit" erklärt.

b) Gefahr. Die Gefahr für die öffentliche Sicherheit muß **grund-** 25
sätzlich unmittelbar sein (vgl. § 4 Rn. 19 ff.). Es muß eine hohe Wahrscheinlichkeit des Schadenseintritts bestehen (vgl. BVerfG, NVwZ 1998, 834/835), und es darf nicht leichtfertig von früheren Vorfällen auf die Gefährlichkeit einer zukünftigen Versammlung geschlossen werden (vgl. BVerfG, DVBl. 2000, 1121/1122). Bei der Gefahr einer Beeinträchtigung der Würde der Opfer hat der Gesetzgeber um der besonderen Bedeutung der Menschenwürde willen die Anforderungen an die Nähe der Gefahr herabgesetzt und auf die Unmittelbarkeit verzichtet. Das Erfordernis konkret feststellbarer Umstände bedeutet dabei, daß die abstrakte Prognose, rechtsextreme Demonstrationen neigten dazu, die Würde der Opfer zu beeinträchtigen, nicht ausreichen kann (vgl. VGH Mannheim, NVwZ-RR 2011, 602/603 f.).

26 **c) Pflichtigkeit.** Die Auflage richtet sich an den **Veranstalter.** Auch Beschränkungen, die vom Leiter, allen Teilnehmern oder auch einzelnen Teilnehmern wie auftretenden Rednern, Künstlern und Musikern zu befolgen sind, werden dem Veranstalter aufgegeben, da die anderen Versammlungsbeteiligten nur über ihn erreichbar sind. Ihm kann aber auch aufgegeben werden, die anderen Versammlungsbeteiligten in bestimmter Weise, mit Flugblättern, vor Beginn der Versammlung durch öffentliche Aushänge und während des Verlaufs der Versammlung durch Lautsprecheransagen, über die Auflagen zu unterrichten (*Dietel u. a.*, § 15 Rn. 57; *Kniesel/Poscher,* HdbPolR, J Rn. 356).

27 **d) Verhältnismäßigkeit.** Eine Auflage, auch eine gesetzliche, darf die Versammlung **nicht im Kern** treffen. Der Veranstalter muß seine Versammlung wiedererkennen können und darf mit den Auflagen der Versammlungsbehörde nicht eine Versammlung verordnet bekommen, die er nicht angemeldet hat. Ort und Zeit sind keine beliebigen Größen. Die Wahl von Ort und Zeit geht mit dem Thema der Versammlung oft eine untrennbare Verbindung ein, die allerdings von der Versammlungsbehörde nur erkannt werden kann, wenn der Veranstalter sein Interesse am speziellen Ort oder speziellen Termin äußert (vgl. BVerfG, NJW 2001, 1409/1410). Nimmt die Veränderung von Ort und Zeit durch die Versammlungsbehörde der Versammlung ihren Zweck, schlägt die Auflage in ein Verbot um (*Dietel u. a.*, § 15 Rn. 47 u. 50; *Gusy,* Rn. 429; *Schenke,* Rn. 373).

28 **Beispiele:** Demonstrationen gegen das Militär machen vor Kasernen Sinn, nicht auf der grünen Wiese. Demonstrationen gegen die Abschiebung eines Asylbewerbers mit dem Ziel der Verhinderung der Abschiebung müssen spätestens am Tag vor der Abschiebung stattfinden, nicht erst am Tag danach. Wollen rechtsextreme Parteien oder Gruppen an Geburts- oder Todestagen von Nazigrößen demonstrieren und läßt die Versammlungsbehörde die Demonstration nur zu einem anderen, von ihr bestimmten und vom Veranstalter erkennbar nicht gewollten Termin zu, handelt es sich nicht mehr um eine Auflage, sondern um ein Verbot (vgl. *Schörnig,* NVwZ 2001, 1246/1247; *Laubinger/Repkewitz,* VerwArch 2002, 149/155).

III. Genehmigung der Verwendung von Ordnern

1. Begriff und Rechtsgrundlage

29 Die Verwendung von Ordnern, die auch über eine Auflage zu erfassen und zu beschränken wäre, ist in **§ 18 Abs. 2 VersG** zum Ge-

genstand einer eigenen polizeilichen Maßnahme gemacht worden. Sie ist bei der Anmeldung zu beantragen und bedarf der polizeilichen Genehmigung. §§ 9 Abs. 1, 18 Abs. 1, 19 Abs. 1 S. 2 VersG stellen klar, daß die Ordner ehrenamtlich, volljährig, unbewaffnet und durch eine weiße Armbinde als Ordner kenntlich sein müssen und eine angemessene Zahl nicht überschreiten dürfen.

2. Formelle Rechtmäßigkeit

Die Stellung des Antrags und die Erteilung der Genehmigung sind 30
Teil des Verwaltungsverfahrens, das mit der Anmeldung beginnt. Der Antrag muß erkennen lassen, daß die Anforderungen, die das Gesetz stellt, erfüllt sind, und er muß dies in einer Weise tun, die von der Polizei **nachgeprüft** werden kann. Er muß über die vom Veranstalter erwartete Größe und Art der Versammlung Auskunft geben, weil sich danach die Angemessenheit der Zahl der Ordner richtet, und er muß die Namen der Ordner angeben, weil sich ihre Zuverlässigkeit anders nicht nachprüfen läßt (OVG Münster, NJW 2001, 1441/1442; a. A., Nennung der Namen nur bei entsprechender Auflage, VGH Mannheim, Polizei 2011, 329). Vor einer Verweigerung der Genehmigung hat die Polizei eine Anhörung wieder i. S. vertrauensvollen Informationsaustauschs und vertrauensvoller Kooperation durchzuführen.

3. Materielle Rechtmäßigkeit

Die Genehmigung der Verwendung von Ordnern hat auf die 31
Schutzgüter der öffentlichen Sicherheit und Ordnung in zweierlei Hinsicht Bedacht zu nehmen. Zum einen geht es um den ordnungsmäßigen Ablauf der Versammlung, zum anderen um das sicherheits- und ordnungswahrende Verhältnis der Versammlung zu ihrer Umgebung. Nach beidem bestimmt sie die Angemessenheit der Zahl der Ordner. Für beides ist maßgebend, ob die Ordner zuverlässig oder ob sie polizeibekannte Hooligans, Schläger oder Randalierer sind; die Polizei kann es anhand der Namen nachprüfen. Sowohl das Urteil der Polizei, daß die Zahl nicht angemessen ist, als auch das Urteil, daß die Ordner nicht zuverlässig sind, enthält eine **Gefahrenprognose;** gerechtfertigt ist es, wenn die konkrete Gefahr besteht, daß durch die zu vielen, zu wenigen oder unzuverlässigen Ordner die öffentliche Sicherheit und Ordnung gestört wird. Diese konkrete Gefahr muß nicht unmittelbar drohen; das Merkmal der Unmittelbarkeit ist

anders als bei den Auflagen bei der Genehmigung der Verwendung von Ordnern nicht erwähnt.

IV. Verbot

1. Begriff und Rechtsgrundlagen

32 Das Verbot einer Versammlung bedeutet, daß die Versammlung nicht veranstaltet werden darf. Während die Auflage als Teilverbot wirkt, das der Versammlung bestimmte Wege, Zeiten, Redner, Inhalte und Beeinträchtigungen verbietet, andere aber erlaubt, ist das Verbot ein **Vollverbot.**

33 Das Verbot von Versammlungen unter freiem Himmel hat seine Rechtsgrundlage in **§ 15 Abs. 1 VersG,** das Verbot von Versammlungen in geschlossenen Räumen in **§ 5 VersG.** Das Verbot ist die einzige Verfügung, die das Versammlungsgesetz bei Versammlungen in geschlossenen Räumen vor deren Beginn nennt; die vorbehaltlose Verbürgung der Freiheit, sich in geschlossenen Räumen zu versammeln, läßt eine Anmeldepflicht oder das Erfordernis einer vorherigen Genehmigung der Verwendung von Ordnern nicht zu. Auch vorherige Auflagen sind bei Versammlungen in geschlossenen Räumen nicht genannt; sie können allerdings gegenüber einem vorherigen Verbot das mildere Mittel darstellen und daher an dessen Stelle treten (*Dietel u. a.*, § 5 Rn. 43; a. A. *Kniesel/Poscher,* HdbPolR, J Rn. 367).

2. Formelle Rechtmäßigkeit

34 Das Verbot steht unter den Anforderungen formeller Rechtmäßigkeit, unter denen auch die Auflage steht. Bei großen Demonstrationen gilt darüber hinaus, daß die Versammlungsbehörde ein Verbot unter Setzung einer Frist **ankündigen** und in der Frist Gelegenheit zur Erörterung geben muß (BVerfGE 69, 315/362). Wieder kommt auch der Erlaß als Allgemeinverfügung in Betracht.

3. Materielle Rechtmäßigkeit

35 **a) Schutzgut.** Bei den vorbehaltlos geschützten Versammlungen in geschlossenen Räumen ist ein Verbot um der öffentlichen Sicherheit nur insoweit möglich, als die Versammlungen dadurch in die Grenzen des Schutzbereichs verwiesen und an Kollisionen mit anderen

verfassungsrechtlichen Gütern gehindert werden. Eine Versammlung kann verboten werden, wenn der Veranstalter die Versammlungsfreiheit nicht genießt (§ 5 Nr. 1 VersG), wenn Waffenlosigkeit und Friedlichkeit nicht gewährleistet sind (§ 5 Nr. 2 und 3 VersG) und wenn Verbrechen und Vergehen drohen, durch die der Gesetzgeber andere verfassungsrechtliche Güter beeinträchtigt sieht (§ 5 Nr. 4 VersG). Bei Versammlungen unter freiem Himmel ist die öffentliche Sicherheit insgesamt Schutzgut. Alle Aspekte der öffentlichen Sicherheit, die eine Auflage rechtfertigen (Rn. 15 ff.), rechtfertigen, wenn die Auflage zum Schutz nicht ausreicht oder wenn der Veranstalter die Auflage nicht zu befolgen bereit ist, als **„ultima ratio"** ein Verbot.

Beispiele: Die Versammlungsbehörde verbietet die Versammlung, bei der nicht nur ein notorisch volksverhetzender Redner auftreten soll, sondern die in allen rednerischen und musikalischen Beiträgen einen volksverhetzenden Charakter erkennen läßt, und sie verbietet die Versammlung auch dann, wenn der Veranstalter auf dem mit der Befriedung des Parlaments oder der Störungsfreiheit eines Gottesdiensts unvereinbaren Weg besteht. 36

Bei Verboten erkennt das Bundesverfassungsgericht wie bei Auflagen (vgl. Rn. 23) die **öffentliche Ordnung** als Schutzgut, das Meinungsinhalte beschränkt, nicht an (BVerfGE 111, 145/157; BVerfG, NVwZ 2006, 585/586; vgl. schon E 69, 315/353). Verbote sind um des Schutzguts der öffentlichen Ordnung willen nur dann zulässig, wenn eine provokative, aggressive, einschüchternde Art und Weise der Durchführung ausnahmsweise nicht durch Auflagen verhindert werden kann. 37

Verbote zum Schutz von Gedenkstätten wie dem Denkmal der ermordeten Juden Europas in Berlin, die zur Verhinderung von Beeinträchtigungen der Würde der Opfer erforderlich sind, werden durch **§ 15 Abs. 2 VersG** u. U. in Verbindung mit einem Landesgesetz (vgl. *Kirschniok-Schmidt,* NJ 2006, 441) ausdrücklich erlaubt. Dies hebt den Schutz des Denkmals und ähnlicher Gedenkstätten von einem Aspekt der öffentlichen Ordnung zu einem Aspekt der öffentlichen Sicherheit (vgl. BVerfG, NVwZ 2005, 1055 f.; *Schoch,* Jura 2006, 27; *Stohrer,* JuS 2006, 15). 38

b) Gefahr, Pflichtigkeit und Verhältnismäßigkeit. Die Gefahr muß beim Verbot **ebenso** unmittelbar bzw. aus konkret feststellbaren Umständen ersichtlich sein wie bei der Auflage (vgl. Rn. 25; BVerfG, NJW 2010, 141). Das Verbot richtet sich auch ebenso wie die Auflage an den Veranstalter. Anders als mit der Auflage kann ihm mit dem 39

Verbot allerdings nicht aufgegeben werden, die zu erwartenden Teilnehmer der Versammlung vom Verbot zu benachrichtigen und vom Kommen abzuhalten; dies muß die Versammlungsbehörde selbst tun (*Dietel u. a.*, § 15 Rn. 36). Der Grundsatz der Verhältnismäßigkeit verlangt, daß ein Verbot nur ergeht, wenn die Gefahr nicht durch Auflagen abgewehrt werden kann.

V. Bild- und Tonaufnahmen

1. Begriff und Rechtsgrundlage

40 Schon im **Vorfeld** einer Versammlung können tatsächliche Anhaltspunkte dafür bestehen, daß von der Versammlung erhebliche Gefahren für die öffentliche Sicherheit oder Ordnung ausgehen werden, und können zur Abwehr der Gefahren Bild- und Tonaufnahmen, d. h. fotografische, videografische und Aufnahmen mit Mikrofon erforderlich werden. Da §§ 12 a, 19 a VersG zu Bild- und Tonaufnahmen im Zusammenhang mit öffentlichen Versammlungen ermächtigen, ermächtigen sie auch zu Aufnahmen vorbereitender Reisen, Treffen und Gespräche (*Kniesel/Poscher*, HdbPolR, J Rn. 373).

41 Die Ermächtigung selbst findet sich im Abschnitt des Versammlungsgesetzes über öffentliche Versammlungen in geschlossenen Räumen; im Abschnitt über öffentliche Versammlungen unter freiem Himmel wird auf sie verwiesen. Das ist **redaktionell verfehlt** insofern, als die Ermächtigung nur bei Versammlungen unter freiem Himmel so anwendbar ist, wie sie lautet; bei Versammlungen in geschlossenen Räumen ist sie wegen des vorbehaltlosen grundrechtlichen Schutzes verfassungskonform zu reduzieren.

2. Rechtmäßigkeit

42 Bei Versammlungen in geschlossenen Räumen ist im Sinn einer verfassungskonformen Reduktion nur die öffentliche Sicherheit und diese nur insoweit **Schutzgut,** als sie die Grenzen des Schutzbereichs der Versammlungsfreiheit sichert und Kollisionen mit anderen verfassungsrechtlichen Gütern verhindert. §§ 5 und 13 Abs. 1 S. 1 VersG stecken den entsprechenden Umfang der öffentlichen Sicherheit im einzelnen ab. Bei Versammlungen unter freiem Himmel sind die öffentliche Sicherheit und Ordnung insgesamt Schutzgüter.

Die Gefahr, die §§ 12 a, 19 a VersG verlangen, muß erheblich, d. h. als Gefahr für Leib, Leben oder bedeutende Vermögensgüter oder als gemeine Gefahr eine Gefahr von besonderem Gewicht sein. Eine solche Gefahr ist beim Schutzgut der öffentlichen Ordnung nicht vorstellbar. Wie bei öffentlichen Veranstaltungen und Ansammlungen (vgl. § 14 Rn. 88) muß die Gefahr auch hier eine **konkrete Gefahr** sein; es geht auch hier um eine bestimmte Versammlung und um bestimmte Personen, die die bestimmte Versammlung vorbereiten. §§ 12 a Abs. 1 S. 2, 19 a VersG regeln ausdrücklich, daß auch Dritte betroffen werden dürfen, wenn es nicht vermieden werden kann; sie lassen damit erkennen, daß die Ermächtigung sich auch hier zunächst nur auf die Störer bezieht. Mit der Gefahr ist auch hier besonders der Gefahrenverdacht gemeint; im Vorfeld der Versammlung ist die Polizei besonders im Ungewissen. 43

Auch hier gilt grundsätzlich der allgemeine Vorrang **offener vor verdeckter Datenerhebung,** allerdings erfolgen die Vorbereitungen von Versammlungen von erheblicher Gefährlichkeit oft konspirativ und erfordern eine verdeckte Aufnahme (vgl. § 13 Rn. 21; *Dietel u. a.,* § 12 a Rn. 4; *Henninger,* DÖV 1998, 713/719). 44

Beispiel: Wenn die Polizei den Verdacht hat, daß rechtsextreme Gruppen sich an einem Ort treffen, um gemeinsam eine Demonstration mit gewalttätigen Ausschreitungen vorzubereiten, kann sie an dem Ort verdeckt Personen und Kraftfahrzeugkennzeichen fotografieren und videografieren. 45

VI. Gefährderansprachen, Meldeauflagen, Kontrollen, Rückführungsgewahrsam

Bei der Anreise zu Versammlungen setzt die Polizei zur Abwehr konkreter und abstrakter Gefahren auch die Befugnisse des allgemeinen Polizeirechts ein (*Kniesel,* NJW 2000, 2857/2862 f.; *Gröpl,* Jura 2002, 18/23; a. A. *Dietel u. a.,* § 15 Rn. 5 f.; *Gusy,* Rn. 430; *Deger,* NVwZ 1999, 265/267; vgl. § 20 Rn. 14). Um zu verhindern, daß gewalttätige Radikale zu einer Versammlung auch nur anreisen, spricht oder schreibt die Polizei diese als Gefährder an oder verfügt **Meldeauflagen.** Auf die Generalklausel gestützt, fordern Gefährderansprachen oder -schreiben die Betroffenen auf, nicht an einer Versammlung teilzunehmen (vgl. OVG Lüneburg, NJW 2006, 391; *Arzt,* Polizei 2006, 156). Problematisch ebenfalls auf die Generalklausel gestützt verlangen Meldeauflagen von den Betroffenen, sich zu bestimmten 46

Zeiten bei seiner heimischen Polizeidienststelle zu melden (vgl. § 16 Rn. 11). Da die Generalklausel eine konkrete Gefahr voraussetzt, können beide Maßnahmen jedenfalls nur verfügt werden, wenn konkret zu erwarten ist, daß der Demonstrant bei der Versammlung gewalttätig werden wird. Seine Zugehörigkeit zu gewalttätigen Kreisen oder eine gelegentliche, zurückliegende gewalttätige Handlung genügen nicht (VGH Mannheim, DÖV 2002, 218).

47 Waffen, die bei der Anreise mitgeführt werden, sollen wahrscheinlich bei der Versammlung eingesetzt werden; das Versammlungsgesetz hat in § 2 Abs. 3 S. 2, 17 a Abs. 1 und 2 Nr. 2, 27 VersG mit dem Verbot, Waffen oder sogar Schutzwaffen und Vermummungshilfsmittel bei der Anreise mitzuführen oder sonst zur Versammlung hinzuschaffen oder für die Versammlung bereitzuhalten, die Schwelle einer konkreten Gefahr für die öffentliche Sicherheit daher schon auf die Anreise vorverlegt. Zur Abwehr können **Kontrollen** mit Identitätsfeststellung, Durchsuchung und Sicherstellung nach allgemeinem Polizeirecht erforderlich werden. Dabei setzt das Erfordernis einer konkreten Gefahr voraus, daß zumindest ein bestimmter Verdacht gerade gegen die kontrollierte Person besteht. Für die Rechtmäßigkeit der Kontrolle gilt hier nichts anderes als im allgemeinen Polizeirecht (OVG Münster, NJW 1982, 46; VG Braunschweig, NVwZ 1988, 661).

48 Besteht lediglich ein allgemeiner Verdacht gegen alle, die zu einer Versammlung anreisen, liegt eine abstrakte Gefahr vor. Für deren Abwehr lassen die allgemeinen Polizeigesetze die Einrichtung von **Kontrollstellen** zu, für die, wie für alle Kontrollstellen (vgl. § 14 Rn. 32, 38) gilt, daß an ihnen nicht blindlings und schon gar nicht schikanös und schleppend kontrolliert werden darf, so daß von der Teilnahme an der Versammlung abgeschreckt oder abgehalten wird, sondern nur so, wie es die Abwehr der Gefahr erfordert.

49 Schließlich ermächtigen die allgemeinen Polizeigesetze bei einer konkreten Gefahr mit der Ermächtigung zum Gewahrsam auch zum sog. **Rückführungsgewahrsam,** der für die Rückführung von gewalttätigen Radikalen vor einer Versammlung unter denselben Voraussetzungen steht wie für die von Hooligans vor einem Fußballspiel (vgl. § 17 Rn. 4, 8 ff.). – Für alle in diesem Abschnitt genannten polizeilichen Maßnahmen gilt, daß ihre Rechtmäßigkeit ohne Zitierung von Art. 8 GG in den Polizeigesetzen fragwürdig ist (vgl. § 20 Rn. 18 f.).

Literatur: *B. Behmenburg,* Polizeiliche Maßnahmen bei der Anfahrt zur Versammlung, LKV 2003, 500; *C. Brüning,* Das Grundrecht der Versammlungsfreiheit in der „streitbaren Demokratie“, Staat 2002, 213; *O. Dörr,* Keine Versammlungsfreiheit für Neonazis?, VerwArch 2002, 485; *C. Enders/R. Lange,* Symbolische Gesetzgebung im Versammlungsrecht?, JZ 2006, 105; *M.-E. Geis,* Die „Eilversammlung“ als Bewährungsprobe verfassungskonformer Auslegung, NVwZ 1992, 1025; *R. Poscher,* Neue Rechtsgrundlagen gegen rechtsextremistische Versammlungen, NJW 2005, 1316. 50

§ 22. Befugnisse im Verlauf der Versammlung

I. Entsendung von Polizeibeamten

1. Begriff und Rechtsgrundlagen

Die Entsendung von Polizeibeamten ist eine Handlungsbefugnis, 1 die zunächst in § 12 VersG für öffentliche Versammlungen in geschlossenen Räumen geregelt und hier auch besonders wichtig ist, weil es mangels Anmeldepflicht und auch mangels Genehmigungspflicht für den Ordnereinsatz regelmäßig keinen vorherigen Kontakt zwischen Veranstalter und Versammlungsbehörde bzw. Polizei gibt. Wenn die Polizei befürchtet, daß der Verlauf der Versammlung rechtswidrig geraten könnte, kann sie dies nicht im vorherigen Kontakt klären, sondern muß Beamte entsenden, die die Situation **vor Ort** beobachten und auf sie reagieren. Die entsandten Polizeibeamten können dabei auch verlangen, daß ihnen die Zahl der Ordner mitgeteilt und, wenn zu groß, beschränkt wird (§ 9 Abs. 2 VersG). § 18 Abs. 1 VersG erklärt § 12 VersG auch bei Versammlungen unter freiem Himmel für anwendbar, § 19 VersG aber nicht bei Aufzügen. Allerdings setzt § 19 Abs. 4 VersG voraus, daß auch bei Aufzügen Polizeibeamte anwesend sein und zu ihnen entsendet werden können. § 12 VersG wurde bei Aufzügen nicht für anwendbar erklärt, weil seine weiteren Gehalte bei Aufzügen nicht passen: Daß die Polizeibeamten sich dem Leiter zu erkennen geben und daß dieser ihnen einen angemessenen Platz zuweist, ist im bewegten Geschehen des Aufzugs einfach nicht praktikabel.

2. Formelle Rechtmäßigkeit

Daß die entsendeten Polizeibeamten sich dem Leiter **zu erkennen** 2 **geben,** ist formelle Voraussetzung der Rechtmäßigkeit der Entsendung. Erfüllen die Polizeibeamten die Pflicht, sich zu erkennen zu geben, nicht, sind darum aber nicht etwa die von ihnen erhobenen Informationen rechtswidrig erhoben und nicht verwertbar. Denn die Pflicht dient in erster Linie nicht dem Leiter oder den Teilnehmern. In erster Linie soll die Entsendung der Polizeibeamten die sofortige Reaktion auf einen rechtswidrigen Verlauf der Versammlung ermöglichen, und die Sichtbarkeit der Polizeibeamten soll von rechtswidrigen Handlungen abschrecken.

3. Materielle Rechtmäßigkeit

3 **Schutzgut** ist bei den Versammlungen in geschlossenen Räumen wieder nur die öffentliche Sicherheit und diese nur insoweit, als sie die Grenzen des Schutzbereichs sichert und Kollisionen mit anderen verfassungsrechtlichen Gütern verhindert. Bei Versammlungen unter freiem Himmel ist die öffentliche Sicherheit und Ordnung insgesamt Schutzgut.

4 Die Entsendung von Polizeibeamten setzt eine **konkrete Gefahr** voraus. Das Versammlungsgesetz spricht es nicht ausdrücklich aus; der Eingriff in die Versammlungsfreiheit ist für andere legitime Zwecke jedoch weder geeignet noch erforderlich (*Kniesel/Poscher,* HdbPolR, J Rn. 385; auch VGH München, BayVBl. 2009, 16/17f. verneint ein voraussetzungsloses Anwesenheitsrecht). Betroffen sind vom Eingriff nicht nur mutmaßliche und tatsächliche Störer, sondern unvermeidbar auch der Leiter und alle Teilnehmer; die Rechtmäßigkeit dieses unvermeidbaren Betroffenseins Dritter, die bei der Bild- und Tonaufnahme ausdrücklich ausgesprochen ist, gilt auch bei der Entsendung von Polizeibeamten.

II. Bild- und Tonaufnahmen

5 Das Fotografieren, Videografieren und Aufnehmen von Stimmen und anderen Geräuschen auf Versammlungen (§§ 12 a, 19 a VersG) dient als modernes **technisches Äquivalent** zur gesetzgeberisch älteren Entsendung von Polizeibeamten denselben Zielen wie diese und steht auch unter ähnlichen Rechtmäßigkeitsvoraussetzungen. Wie die Entsendung soll die Bild- und Tonaufnahme Störer abschrecken und sofortiges Reagieren auf Störungen ermöglichen.

Die **Rechtmäßigkeit** beurteilt sich bei den Bild- und Tonaufnahmen im Verlauf der Versammlung nach den gleichen Voraussetzungen wie vor deren Beginn (vgl. § 21 Rn. 42 ff.). Diese Voraussetzungen rechtfertigen nicht das Anfertigen sog. Übersichtsaufnahmen, mit denen sich die Polizei auch ohne Vorliegen von Gefahren zum Zweck der Einsatzlenkung und -leitung ein allgemeines Bild über das Versammlungsgeschehen macht; sie bedürfen einer eigenen gesetzlichen Ermächtigung (OVG Münster, NWVBl. 2011, 151/152; *Roggan*, NVwZ 2010, 1402/1403; *Koranyi/Singelnstein*, NJW 2011, 124). Bei Aufzügen, bei denen die entsendeten Polizeibeamten sich nicht zu erkennen geben müssen, dürfen auch die Bild- und Tonaufnahmen ausnahmsweise verdeckt erfolgen; wieder gilt allerdings der grundsätzliche Vorrang der offenen vor der verdeckten Datenerhebung, und nur die offene Bild- und Tonaufnahme kann die bezweckte Abschreckung bewirken. 6

III. Ausschließung von Teilnehmern

1. Begriff und Rechtsgrundlage

Die Ausschließung von Teilnehmern beendet deren Teilnahme an der Versammlung und verpflichtet sie dazu, die Versammlung sofort zu verlassen (§§ 11 Abs. 2, 18 Abs. 1 VersG). Sie erfolgt, wenn die Teilnehmer den ordnungsgemäßen Ablauf der Versammlung stören, und ist eigentlich Ausfluß der Ordnungsgewalt. Diese hat der Leiter, bei Versammlungen in geschlossenen Räumen neben dem Hausrecht (§ 7 Abs. 4, 8 VersG), bei Versammlungen unter freiem Himmel, wo es weder Haus noch Hausrecht gibt, ohne das Hausrecht (§§ 18 Abs. 1, 19 Abs. 2 VersG). Aber nur bei Versammlungen in geschlossenen Räumen hat der Leiter das Recht zur Ausschließung, das ihm hier ausdrücklich zugesprochen ist (§ 11 Abs. 1 VersG); bei Versammlungen unter freiem Himmel verweist das Gesetz auf § 11 Abs. 1 VersG gerade nicht, sondern ermächtigt die Polizei zur Ausschließung (§§ 18 Abs. 3, 19 Abs. 4 VersG). Der Grund hierfür ist, daß die Beendigung der Teilnahme keinen Sinn macht, wenn der Teilnehmer, der den Ort der Versammlung nicht sofort verläßt, nicht von ihm verwiesen werden kann. Diese Verweisung kann nur bei Versammlungen in geschlossenen Räumen auf das Hausrecht gestützt werden. Bei Versammlungen unter freiem Himmel ist sie eine Platz- 7 verweisung, die nur die Polizei verfügen kann und hier auch verfügen darf, da die Ausschließung wie die Teilnahme an der Versammlung so auch die Sperrwirkung des Versammlungsgesetzes enden läßt.

2. Rechtmäßigkeit

8 **a) Schutzgut.** Schutzgut ist der ordnungsgemäße Ablauf der Versammlung als Aspekt der öffentlichen Sicherheit (vgl. § 20 Rn. 3). Er wird nur vor gröblichen Störungen geschützt. Das Äußern von Zweifeln, Widerspruch, Empörung und abweichenden Meinungen ist keine gröbliche Störung; es muß auf öffentlichen Versammlungen so lange ertragen werden, als es kommunikativ erfolgt und die Versammlung nicht sprengt oder sonst den Zweck der Versammlung gefährdet (BVerfGE 84, 203/209; 92, 191/202f.). Wenn die sog. **kommunikativen Gegendemonstranten** diese Grenze überschreiten, bilden sie u. U. eine eigene Spontanversammlung; für die Ausgangsversammlung sind sie gleichwohl gröbliche Störer.

9 **Beispiele:** Kritische oder protestierende Zwischenrufe zu machen und Transparente hochzuhalten ist geschützt, nicht aber, den Redner niederzuschreien und den Blick auf die anderen Transparente zu versperren. Bei einem Schweigemarsch dürfen auch Kritik und Protest nur schweigend ausgedrückt werden, und passiver Widerstand in Gestalt einer Mahnwache muß sich nicht zu einem Ereignis kämpferischer Agitation umfunktionieren lassen. Straftaten gegen den Leiter und andere Teilnehmer sind stets gröbliche Störungen.

10 Ein ordnungsgemäßer Ablauf bedeutet aber nicht nur, daß es im Inneren der Versammlung nicht zu Störungen kommt, sondern auch, daß von der Versammlung keine Gefahren nach außen ausgehen, die zu Konflikten und zur Auflösung der Versammlung führen. **Straftaten,** die ein Teilnehmer gegenüber Anwohnern, Passanten oder Teilnehmern einer Gegendemonstration begeht, sind auch gröbliche Störungen der Versammlung (a. A. *Schwabe,* DÖV 2010, 720/722f.).

11 **b) Gefahr, Pflichtigkeit.** Wenn das Gesetz dazu ermächtigt, gröbliche Störer auszuschließen, ermächtigt es zur Ausschließung nicht als Sanktions-, sondern als **Gefahrenabwehrmaßnahme.** Es genügt daher nicht, daß eine gröbliche Störung erfolgt ist; es muß vielmehr die Gefahr weiterer gröblicher Störungen bestehen, die allerdings durch die erste Störung indiziert sein kann. Pflichtig ist der Störer; die Ausschließung eines Nichtstörers kommt nur selten in Betracht.

Beispiele: Wer den Redner einmal niedergeschrieen hat, wird es wahrscheinlich wieder tun; wer den einen Knallfrosch, den er bei sich hatte, gezündet und auf die Bühne geworfen und dadurch versehentlich jemanden verletzt hat, gefährdet den ordnungsgemäßen Fortgang der Versammlung nicht. Ein Demonstrant und ein kritischer Gegendemonstrant mögen sich in einer Weise streiten und die Versammlung stören, daß die Polizei des Streits nur noch dadurch Herr wird, daß sie beide ausschließt. 12

c) Durchsetzung. Wenn die Ausschließung mit einer Platzverweisung verbunden ist, kann sie mit dieser durch **Gewahrsam** durchgesetzt werden (vgl. § 16 Rn. 31). 13

IV. Andere polizeiliche Maßnahmen, Auflagen

1. Begriffe und Rechtsgrundlagen

Mit nicht weiter bezeichneten und beschriebenen anderen polizeilichen Maßnahmen der Abwehr von Gefahren für Versammlungen in geschlossenen Räumen nennt das Versammlungsgesetz ausdrücklich und besonders die **Unterbrechung** (§ 13 Abs. 1 S. 2 VersG). Sie steht neben der Unterbrechung, über die bei Versammlungen in geschlossenen Räumen (§ 8 S. 3 VersG) und unter freiem Himmel (§§ 18 Abs. 1, 8 S. 3 VersG), nicht allerdings bei Aufzügen, der Leiter entscheiden kann. Beidemal zielt die Unterbrechung weniger auf eine Gefahrenabwehr selbst als darauf, die erforderlichen Beschränkungen zu ermöglichen und zu begleiten und die Teilnehmer darüber zu informieren, daß die Versammlung, obwohl ihr Ablauf keinen Fortgang nimmt, nicht geschlossen ist, sondern nach Abwehr der Gefahr fortgesetzt werden wird. 14

Von anderen polizeilichen Maßnahmen spricht das Versammlungsgesetz nur bei geschlossenen Versammlungen; bei Versammlungen unter freiem Himmel ermächtigt es aber zu den gleichen Beschränkungen, indem es zu **Auflagen** ermächtigt. Zwar kann § 15 Abs. 1 VersG so gelesen werden, als gelte die Ermächtigung zum Erlaß von Auflagen nur Beschränkungen vor Beginn der Versammlung, als handele das Versammlungsgesetz von Beschränkungen nach Beginn der Versammlung erst in § 15 Abs. 3 VersG und als kenne es dann als Beschränkung nur die Auflösung. Die Folge dieser Lesart ist, daß (vgl. § 20 Rn. 15) nach Beginn der Versammlung die sog. Minusmaßnahmen, d. h. die Maßnahmen unterhalb der Schwelle der Auflösung, mangels versammlungsgesetzlicher Ermächtigung allein auf das allge- 15 meine Polizeirecht gestützt werden müssen (vgl. § 20 Rn. 17) oder aber auf ein Zusammenspiel zwischen § 15 Abs. 1 VersG, der als Voraussetzung des polizeilichen Einschreitens eine unmittelbare Gefahr für die öffentliche Sicherheit oder Ordnung fordert, und den Polizeigesetzen, die in der Generalklausel und den Spezialbefugnissen die Rechtsfolge, d. h. die Art und Weise des polizeilichen Einschreitens regeln (BVerwGE 64, 55/57 f.; BVerwG, NVwZ 1988, 250; *Kniesel/Poscher*, HdbPolR, J Rn. 350; *Schenke*, Rn. 379). § 15 VersG kann aber auch so gelesen werden, daß Auflagen auch nach Beginn der Versammlung verfügt werden können; auch nach Beginn der Versammlung können die Umstände erkennen lassen, daß die öffentliche Sicherheit oder Ordnung bei Durchführung der Versammlung unmittelbar gefährdet ist (BVerfGE 69, 315/353; OVG Greifswald, NJ 1999, 104). Da er so gelesen werden kann, gibt es für den Rückgriff auf das allgemeine Polizeirecht keine Notwendigkeit; es wäre ein lückenfüllender Rückgriff, obwohl keine Lücke besteht.

16 Die sog. Minusmaßnahmen sind bei Versammlungen in geschlossenen Räumen wie auch bei Versammlungen unter freiem Himmel ohnehin **nur selten angezeigt.** Einzelne Teilnehmer, die den ordnungsgemäßen Ablauf gröblich stören und gefährden, können unter Androhung der Ausschließung aufgefordert werden, sich ordnungsgemäß zu verhalten, und, wenn sie dies nicht tun, ausgeschlossen werden, so daß alle weiteren Maßnahmen wie die Wegnahme volksverhetzender oder beleidigender Plakate, die Platzverweisung und die Ingewahrsamnahme ohnehin außerhalb des Schutzbereichs der Versammlungsfreiheit und außerhalb der Regelung des Versammlungsgesetzes, also nach allgemeinem Polizeirecht erfolgen. Auch bei der Versammlung als Gesamtheit werden beschränkende Verfügungen (vgl. § 21 Rn. 9 f.) nachträglich nur erforderlich, wenn die Versammlung sonst aufgelöst werden müßte, und da der Leiter und die Teilnehmer dies vermeiden wollen, genügen regelmäßig Aufforderungen der Polizei, den nachträglichen Erfordernissen freiwillig Rechnung zu tragen. Der polizeilichen Maßnahme und der Auflage bedarf es vor allem dann, wenn das Versammlungsgeschehen die entsprechende Kommunikation zwischen Polizei und Leiter nicht zuläßt. Nur selten werden polizeiliche Maßnahmen und Auflagen verfügt werden müssen, weil sich Leiter und Teilnehmer der Aufforderung der Polizei, den nachträglichen Erfordernissen freiwillig Rechnung zu tragen, verweigern.

Beispiele: Auf dem geplanten und angemeldeten Weg ereignet sich plötzlich ein Unfall oder droht unerwartet ein Konflikt mit gewalttätigen Gegendemonstranten, dem die Polizei nicht gewachsen wäre, so daß die Demonstration einen anderen Weg nehmen muß. Unter normalen Umständen teilt die Polizei dies dem Leiter mit, der die Notwendigkeit versteht und die Teilnehmer auffordert, den anderen Weg zu nehmen. Kann die Polizei den Leiter nicht erreichen, leitet sie selbst die Demonstration um. Verweigert sich der Leiter der Umleitung, dann kann sie verfügt werden; allerdings liegt dann ein Konflikt in der Luft, angesichts dessen die Notwendigkeit einer Auflösung wahrscheinlich wird. 17

2. Rechtmäßigkeit

Die Gefahr muß bei Versammlungen in geschlossenen Räumen wieder allein der verfassungskonform reduzierten öffentlichen Sicherheit gelten, bei Versammlungen unter freiem Himmel kann sie der öffentlichen Sicherheit und Ordnung insgesamt, muß ihr aber unmittelbar drohen. Pflichtig sind die Störer; unter den Voraussetzungen des polizeilichen Notstands können aber auch Nichtstörer in Anspruch genommen werden (vgl. § 9 Rn. 16 ff.). 18

Literatur: *J. Deger,* Polizeirechtliche Maßnahmen bei Versammlungen, NVwZ 1999, 265; *V. Götz,* Polizeiliche Bildaufnahmen von öffentlichen Versammlungen, NVwZ 1990, 112; *M. Henninger,* Observation im Versammlungsgeschehen?, DÖV 1998, 713; *R. Riegel,* Nochmals: Polizeiliche Bildaufnahmen bei Versammlungen, NVwZ 1990, 745; *R. Schnur,* Minusmaßnahmen gegen Versammlungsteilnehmer, VR 2000, 114. 19

§ 23. Befugnisse am Ende der Versammlung

I. Auflösung

1. Begriff und Rechtsgrundlage

Die Auflösung durch die Polizei beendet die Versammlung und verpflichtet die Teilnehmer von Versammlungen in geschlossenen Räumen und von **stationären Versammlungen** unter freiem Himmel, sich sofort zu entfernen (§§ 13 Abs. 2, 18 Abs. 1 VersG). Wie an die Ausschließung kann die Polizei auch an die Auflösung eine Platzverweisung anschließen, die für die Teilnehmer konkretisiert, wohin, auf welchem Weg und in welcher Weise sie sich zu entfernen haben. Erst diese Platzverweisung kann nach allgemeinem Polizeirecht vollstreckt 1 werden (BVerfG, NVwZ 2005, 80; VGH Mannheim, VBlBW 1986, 299/304; *Kniesel/Poscher,* HdbPolR, J Rn. 394; *Schenke,* Rn. 375); die Auflösung selbst entbehrt der vollstreckungsfähigen Bestimmtheit (a. A. *Gusy,* Rn. 429).

2 Bei **Aufzügen** fehlt die Verpflichtung, sich sofort zu entfernen (§ 19 VersG). Denn während bei den Versammlungen an einem Ort die Gefahr nur an diesem Ort drohen kann und durch das Sich-Entfernen abgewehrt wird, kann sie bei Versammlungen in Bewegung durch die Fortsetzung der Bewegung drohen und durch ein Anhalten abgewehrt werden müssen. Es ist eine Frage des einzelnen Falls, ob die Teilnehmer nach Beendigung der Versammlung des Platzes verwiesen werden müssen, an dem sie sich gerade befinden, oder des Platzes, zu dem sie sich gerade bewegen wollen.

3 Die Auflösung macht aus der Versammlung eine **Ansammlung,** die nicht in den Schutzbereich der Versammlungsfreiheit und nicht in den Regelungsbereich des Versammlungsgesetzes, sondern in den des allgemeinen Polizeirechts fällt, auf das daher auch die Platzverweisung gestützt wird. Wird die Versammlung dadurch beendet, daß der Leiter sie schließt oder für beendet erklärt (vgl. §§ 8 S. 3, 18 Abs. 1, 19 Abs. 3 VersG), dann ergibt sich nicht einmal die Verpflichtung, sich sofort zu entfernen, aus dieser Beendigung und dem Versammlungsgesetz, sondern erst aus der anschließenden Platzverweisung nach Polizeirecht. Maßnahmen, die der Zerstreuung einer Versammlung dienen, ohne daß diese rechtmäßig aufgelöst worden wäre, sind mit den dabei eingesetzten Vollstreckungsmaßnahmen rechtswidrig, und Widerstand, auf den sie stoßen, kann straf- und ordnungswidrigkeitenrechtlich nicht geahndet werden; entsprechendes gilt für die Entfernung einzelner Versammlungsteilnehmer (vgl. BVerfGE 87, 399/407 ff.; BVerfG, NVwZ 2007, 1180; OVG Schleswig, NordÖR 2006, 166/168).

2. Rechtmäßigkeit

4 Schutzgut ist bei Versammlungen in geschlossenen Räumen wieder die verfassungskonform reduzierte öffentliche Sicherheit (vgl. § 21 Rn. 35 sowie § 13 Abs. 1 VersG), bei Versammlungen unter freiem Himmel sind Schutzgüter die öffentliche Sicherheit und die öffentliche Ordnung, die allerdings zur Rechtfertigung einer Auflösung nur unter den engen Voraussetzungen taugt, unter denen sie auch zur Rechtfertigung einer Auflage oder eines Verbots (§ 21 Rn. 21 ff., 37 f.)

taugt. § 15 Abs. 3 VersG nennt als Auflösungsgründe neben der **unmittelbaren Gefahr für die öffentliche Sicherheit** und fälschlich Ordnung, die auch Voraussetzung eines Verbots nach § 15 Abs. 1 VersG ist, eigens das Versäumnis einer Anmeldung, das Abweichen von den Angaben bei der Anmeldung und den Verstoß gegen Auflagen – Aspekte der öffentlichen Sicherheit, bei denen mit Versäumnis, Abweichen und Verstoß eine abstrakte Gefahr besteht und darüber hinaus keine unmittelbare konkrete Gefahr bestehen muß. Angesichts des hohen Rangs der Versammlungsfreiheit sind diese Auflösungsgründe unverhältnismäßig und verfassungswidrig (BVerfGE 69, 315/351; OVG Münster, NVwZ 1989, 886; *Dietel u. a.*, § 15 Rn. 120ff.; *Enders,* Jura 2003, 103/104; *Frowein,* NJW 1985, 2376/23/77). Das Versäumnis einer Anmeldung macht die Versammlung nicht materiell, sondern nur formell rechtswidrig, und formelle Rechtswidrigkeit rechtfertigt hier wie auch sonst nicht den Entzug der materiellen Rechtsposition (vgl. § 21 Rn. 5). Wenn von den Angaben bei der Anmeldung abgewichen und gegen Auflagen verstoßen wird, kann die Versammlung im übrigen doch rechtmäßig und störungsfrei verlaufen und kann ihre Freiheit den Schutz des Rechts verdienen. So bleibt als Auflösungsgrund nur die durch das Abweichen von den Angaben bei der Anmeldung und den Verstoß gegen Auflagen allenfalls indizierte unmittelbare Gefahr für die öffentliche Sicherheit.

Die Auflösung trifft den **Leiter und alle Teilnehmer** der Versamm- 5
lung. Sind sie alle Störer, ist die Auflösung unproblematisch. Sind nur einige Störer, muß die Polizei gegen sie und darf sie mit der Auflösung auch gegen die Nichtstörer nur dann vorgehen, wenn ein polizeilicher Notstand vorliegt. Die Auflösung erweist sich darin als ultima ratio.

II. Platzverweisung und Gewahrsam

Während nach einer Auflösung die Pflicht zum Sichentfernen bei 6
einer Versammlung in geschlossenen Räumen und einer stationären Versammlung unter freiem Himmel durch eine **Platzverweisung** nur konkretisiert wird, begründet die Platzverweisung diese Pflicht bei einem Aufzug allererst. So oder so darf sie nur ausgesprochen werden, wenn sie nach den Vorschriften über die Platzverweisung im Rahmen des Versammlungsrechts (vgl. § 22 Rn. 15 f.) zulässig ist. So oder so kann die Platzverweisung, wie auch sonst, durch Ingewahrsamnahme durchgesetzt werden.

7 Eine Ingewahrsamnahme liegt auch dann vor, wenn die Polizei die Demonstranten nach der Auflösung des Aufzugs **einkesselt,** um sie an drohender Randale zu hindern, nur nach Kontrollen gehen zu lassen, bei denen Straftäter gefaßt werden sollen, oder vor einem Zusammenstoß mit gewalttätigen Gegendemonstranten zu schützen (vgl. § 17 Rn. 2; *Gusy,* Rn. 430). Was immer das Ziel der Einkesselung sein mag – ihre Zulässigkeit richtet sich nicht nach besonderen versammlungsrechtlichen Gesichtspunkten, sondern ergibt sich allein aus den polizeirechtlichen Bestimmungen über die Ingewahrsamnahme.

8 **Literatur:** *C. D. Hermanns/D. Hönig,* Die Einschließung bei Versammlungen als Rechtsproblem, NdsVBl. 2002, 201; *J. Hofmann,* Zur Frage der Rechtswidrigkeit polizeilicher Maßnahmen – „Hamburger Kessel", NVwZ 1987, 769; *H. W. Alberts,* Nochmals: Der „Hamburger Kessel", NVwZ 1988, 224.

6. Teil. Folgen

§ 24. Vollstreckung

I. Allgemeines

1. Begriff

Vollstreckung ist die **zwangsweise Durchsetzung** öffentlich-rechtlicher Pflichten durch die Behörde in einem besonderen Verfahren. Geht es um die Vollstreckung von öffentlich-rechtlichen Geldforderungen, spricht man vom Beitreibungsverfahren; geht es um die Vollstreckung eines Verwaltungsakts, der auf die Herausgabe einer Sache oder auf die Vornahme einer Handlung oder auf Duldung oder Unterlassung gerichtet ist, spricht man vom Zwangsverfahren. Handelt im Zwangsverfahren die Polizei, ist manchmal von polizeilichem Zwang, handeln Ordnungsbehörden, ist stets von Verwaltungszwang die Rede. Manchmal sind mit dem Begriff des polizeilichen Zwangs auch nur die Zwangsmittel bezeichnet, über die allein die Polizei verfügt. 1

2. Grundsätzliche Bedeutung

Mit dem Erlaß eines Verwaltungsakts können sich die Polizei- und Ordnungsbehörden selbst den Vollstreckungstitel schaffen, aus dem sie dann vollstrecken. Im Gegensatz zum Zivilrecht, wo sich der Bürger erst im Klageweg ein zusprechendes Urteil als Titel verschaffen, mit Vollstreckungsklausel versehen lassen und dem Schuldner zustellen muß, den der Gerichtsvollzieher vollstreckt (vgl. §§ 704 ff. ZPO), hat der Staat also das Recht der **Selbsttitulierung und Selbstvollstreckung.** 2

Die Polizei hat im wahrsten Sinne des Wortes gewaltige Vollstreckungsmittel. Sie kann bei Anwendung des unmittelbaren Zwangs auch Hilfsmittel und Waffen einsetzen. Die Waffen reichen bis hin zu Maschinengewehren und Sprengmitteln. Daß die Polizei über ein derartiges Arsenal verfügt, hebt sie von allen anderen Behörden ab und macht sie augenfällig zum **Vollstrecker des staatlichen Gewalt-** 3

monopols (vgl. § 5 Rn. 62). Zugleich versteht es sich im Rechtsstaat, daß die Vollstreckung, einschließlich des Zwangsverfahrens, der Anwendung des unmittelbaren Zwangs und des Gebrauchs der Hilfsmittel und Waffen, ausführlich und differenziert geregelt ist.

3. Rechtsgrundlagen

4 Die Vollstreckung wird für den Bereich der Bundesverwaltung in erster Linie durch das Verwaltungsvollstreckungsgesetz des Bundes geregelt. Für den unmittelbaren Zwang finden sich aber Sonderregelungen im Gesetz über den unmittelbaren Zwang bei Ausübung öffentlicher Gewalt durch Vollzugsbeamte des Bundes und im Gesetz über die Anwendung unmittelbaren Zwanges und die Ausübung besonderer Befugnisse durch Soldaten der Bundeswehr und verbündeter Streitkräfte sowie zivile Wachpersonen. Das Vollstreckungsrecht für die Polizei- und Ordnungsbehörden der Länder findet sich teils in den **Verwaltungsvollstreckungsgesetzen** und teils in den **Polizeigesetzen.** In den meisten Ländern gelten grundsätzlich die Zwangsvorschriften der Polizeigesetze für die Polizei[1] und diejenigen der Verwaltungsvollstreckungsgesetze für die Ordnungsbehörden.[2] Schleswig-Holstein hat die Vollstreckung für die Polizei und die Ordnungsbehörden einheitlich im Landesverwaltungsgesetz geregelt.[3] In den Ländern, deren Polizeigesetze das Zwangsverfahren gar nicht oder nur begrenzt auf den unmittelbaren Zwang regeln, gelten die Verwaltungsvollstreckungsgesetze ganz[4] oder ergänzend[5] auch für die Polizei; in Berlin ist die Anwendung unmittelbaren Zwangs in einem eigenen Gesetz geregelt.[6] Außerdem gibt es Sonderregelungen der Verwaltungsvollstreckung wie z. B. in §§ 58 ff. AufenthG für die Abschiebung.

---

1 Art. 53 ff. bayPAG; §§ 53 ff. bbgPolG; §§ 40 ff. bremPolG; §§ 49 ff. bwPolG; §§ 47 ff. hessSOG; §§ 79 ff. mvSOG; §§ 64 ff. ndsSOG; §§ 50 ff. nwPolG; §§ 57 ff. rpPOG; §§ 44 ff. saarlPolG; §§ 30 ff. sächsPolG; §§ 53 ff. saSOG; §§ 51 ff. thürPAG.
2 §§ 15 ff. bbgVwVG; §§ 55 ff. nwVwVG; §§ 43 ff. thürVwZVG.
3 §§ 228 ff. shLVwG.
4 §§ 5a berlVwVfG, 6 ff. BVwVG; §§ 14 ff. hambVwVG.
5 § 40 Abs. 1 u. 2 bremPolG; § 49 Abs. 1 bwPolG; § 57 Abs. 1 rpPOG; § 30 Abs. 1 sächsPolG.
6 § 1 berlUZwG.

4. Unterscheidung von gestrecktem und gekürztem Zwangsverfahren

Die wichtigste Differenzierung ist die zwischen dem gestreckten und dem gekürzten Zwangsverfahren, die zwei typische Konstellationen betreffen: Die **Ordnungsbehörden** begegnen Gefahren regelmäßig vom Schreibtisch aus, indem sie vom Verantwortlichen ein bestimmtes Handeln, Dulden oder Unterlassen verlangen. Die Beseitigung der Gefahr kann dann der Bürger bewirken, indem er das von ihm Verlangte tut; er wird deshalb auch selbst aktiver Gefahrenbeseitiger genannt. Tut der Bürger das von ihm Verlangte nicht, d. h. mißachtet er das Gebot, kann es zwangsweise durchgesetzt werden. Das geschieht durch die Zwangsmittel, die im gestreckten Verfahren auf dem Gebot als der Grundverfügung aufbauend und ihm nachfolgend von den Ordnungsbehörden eingesetzt werden. Für den Einsatz der Zwangsmittel ist ein Verfahren vorgeschrieben,[7] das normalerweise von der Androhung über die Festsetzung bis zur Anwendung des Zwangsmittels fortschreitet. 5

Beispiel: X hat im Außenbereich ein Wochenendhaus schwarz errichtet. Als die Bauordnungsbehörde davon erfährt, gibt sie dem X durch eine Bauordnungsverfügung auf, den formell und materiell illegalen Bau abzureißen. Als X dieser Verfügung nicht nachkommt, droht die Behörde an, die Verfügung nach Ablauf einer bestimmten Frist durch einen beauftragten Abrißunternehmer durchsetzen zu lassen. Nach Ablauf der Frist teilt die Behörde dem X mit, daß sie den Unternehmer beauftragt hat, der an einem bestimmten Tag den Abriß des Wochenendhauses vornehmen wird. 6

Demgegenüber begegnen die **Beamten des Polizeivollzugsdienstes** Gefahren regelmäßig vor Ort. Sie werden typischerweise mit Ereignissen konfrontiert, die ein sofortiges, direktes Eingreifen erfordern. Für den Erlaß einer polizeilichen Verfügung ist entweder keine Zeit, oder die Verfügung kann nicht an einen Verantwortlichen adressiert werden, insbesondere weil der störende Bürger, der die Gefahr beseitigen könnte, nicht anwesend ist. Hier müssen die Polizeibeamten selbst handeln, sei es durch Selbstvornahme oder unmittelbaren Zwang, sei es mit der Hilfe Dritter. Hierzu dienen die Rechtsinstitute 7

---

7 Art. 53 Abs. 1 bayPAG; § 53 Abs. 1 bbgPolG; § 15 Abs. 1 bbgVwVG; §§ 5 a berlVwVfG, 6 Abs. 1 BVwVG; § 11 Abs. 1 bremVwVG; § 18 bwVwVG; § 14 hambVwVG; § 47 Abs. 1 hessSOG; § 80 Abs. 1 mvSOG; § 64 Abs. 1 ndsSOG; § 50 Abs. 1 nwPolG; § 55 Abs. 1 nwVwVG; § 61 Abs. 1 rpVwVG; § 44 Abs. 1 saarlPolG; § 19 Abs. 1 sächsVwVG; § 53 Abs. 1 saSOG; § 229 Abs. 1 shLVwG; § 51 Abs. 1 thürPAG; § 43 Abs. 1 thürVwZVG.

des sofortigen Vollzugs[8] und der unmittelbaren Ausführung[9] (vgl. Rn. 36ff.).

5. Zwangsmittel

8 Es gibt drei zulässige Zwangsmittel, nämlich die Ersatzvornahme, das Zwangsgeld und den unmittelbaren Zwang.[10] Diese Aufzählung ist **abschließend;** die Durchsetzung eines polizei- oder ordnungsrechtlichen Gebots oder Verbots auf andere Weise ist rechtswidrig.

9 **Beispiele:** Die Polizei- oder Ordnungsbehörde darf einem Einzelhandelskaufmann, der dem Gebot, gesundheitsgefährdende Konserven aus dem Verkaufsregal zu nehmen, nicht nachkommt, nicht die Konzession entziehen, sondern muß im Weg der Ersatzvornahme die Konserven beseitigen lassen. Einem renitenten Bürger, der polizei- oder ordnungsbehördlichen Ge- oder Verboten nicht nachkommt, darf nicht einfach der Gashahn abgedreht, die Stromzufuhr unterbrochen oder das Kraftfahrzeug stillgelegt werden.

10 **a) Ersatzvornahme.** Ersatzvornahme[11] ist die Vornahme einer vertretbaren Handlung anstelle und auf Kosten des Handlungspflichtigen durch einen Dritten. Die **vertretbare Handlung** ist eine Handlung, deren Vornahme durch einen anderen möglich ist. Daher kommt die Ersatzvornahme auch nur zur Durchsetzung der Verpflichtung in Betracht, eine Handlung vorzunehmen; die Verpflichtung zu einer Duldung oder Unterlassung ist stets höchstpersönlich und unvertretbar. Gem. § 10 BVwVG und in Berlin[12] fällt nur die sog. Fremdvornahme, d. h. die Ersatzvornahme, bei der die Polizei einen anderen mit der Ausführung beauftragt, unter den Begriff der Ersatzvornahme. Hier wird die Selbstvornahme, d. h. die Ersatzvor-

---

8 Art. 53 Abs. 2 bayPAG; § 53 Abs. 2 bbgPolG; § 15 Abs. 2 bbgVwVG; §§ 5 a berlVwVfG, 6 Abs. 2 BVwVG; § 11 Abs. 2 bremVwVG; § 47 Abs. 2 hessSOG; § 81 Abs. 1 mvSOG; § 64 Abs. 2 ndsSOG; § 50 Abs. 2 nwPolG; § 55 Abs. 2 nwVwVG; § 61 Abs. 2 rpVwVG; § 44 Abs. 2 saarlPolG; § 53 Abs. 2 saSOG; § 230 Abs. 1 shLVwG; § 51 Abs. 2 thürPAG; § 54 thürVwZVG.

9 Art. 9 bayPAG; § 15 berlASOG; § 8 bwPolG; § 7 hambSOG; § 8 hessSOG; § 6 rpPOG; § 6 sächsPolG; § 9 saSOG; § 9 thürPAG.

10 Art. 54 Abs. 1 bayPAG; § 54 Abs. 1 bbgPolG; § 17 Abs. 1 bbgVwVG; §§ 5 a berlVwVfG, 9 Abs. 1 BVwVG; § 1 berlUZwG; § 13 Abs. 1 bremVwVG; § 19 Abs. 1 bwVwVG; § 14 hambVwVG; § 48 Abs. 1 hessSOG; § 86 Abs. 1 mvSOG; § 65 Abs. 1 ndsSOG; § 51 Abs. 1 nwPolG; § 57 Abs. 1 nwVwVG; § 62 Abs. 1 rpVwVG; § 45 Abs. 1 saarlPolG; § 19 Abs. 2 sächsVwVG; § 54 Abs. 1 saSOG; § 235 Abs. 1 shLVwG; § 52 Abs. 1 thürPAG; § 44 Abs. 2 thürVwZVG.

11 Art. 55 bayPAG; § 55 bbgPolG; § 19 bbgVwVG; §§ 5 a berlVwVfG, 10 BVwVG; § 15 bremVwVG; § 25 bwVwVG; § 14 Bst. a hambVwVG; § 49 hessSOG; § 89 mvSOG; § 66 ndsSOG; § 52 nwPolG; § 59 nwVwVG; § 63 rpVwVG; § 46 saarlPolG; § 24 sächsVwVG; § 55 saSOG; § 238 shLVwG; § 53 thürPAG; § 50 thürVwZVG.

12 § 5 a berlVwVfG.

nahme, bei der die Polizei selbst die vertretbare Handlung vornimmt, durch die Institute des unmittelbaren Zwangs und der unmittelbaren Ausführung geregelt (vgl. Rn. 14f., 41ff.). In den übrigen Ländern werden Selbstvornahme und Fremdvornahme als Unterfälle der Ersatzvornahme normiert.

b) Zwangsgeld. Das Zwangsgeld[13] ist ein **Beugemittel:** Es führt im Unterschied zur Ersatzvornahme den Erfolg nicht selbst herbei, sondern soll den Pflichtigen mit Hilfe des psychischen Drucks der Zahlungspflicht anhalten, sich entsprechend der Grundverfügung zu verhalten. Grundsätzlich können mit dem Zwangsgeld sowohl vertretbare als auch unvertretbare Handlungen erzwungen werden. Allerdings ist bei vertretbaren Handlungen die Ersatzvornahme häufig das effektivere Mittel. 11

Beispiele: Für unvertretbare Handlungen wie das Unterlassen einer Ruhestörung ist das Zwangsgeld das richtige Zwangsmittel. Die vertretbare Handlung des Entfernens eines behindernd parkenden Kraftfahrzeugs wird am effektivsten durch die Ersatzvornahme zwangsweise durchgesetzt. Der Abbruch eines Schwarzbaus wird mit Zwangsgeld genauso gut wie mit Ersatzvornahme durchgesetzt, wenn das Zwangsgeld zusammen mit den Selbstkosten für den Abriß unter den Kosten der Ersatzvornahme bleibt. 12

Für das Zwangsgeld bestehen noch folgende **Sonderregelungen:** Die Mindest- und Höchstbeträge des Zwangsgelds sind in den einzelnen Gesetzen unterschiedlich festgelegt. Aus seinem Beugecharakter folgt, daß es verschuldensunabhängig ist und das Verbot der Doppelbestrafung gem. Art. 103 Abs. 3 GG nicht gilt. Ist das Zwangsgeld im Beitreibungsverfahren uneinbringlich, kann unter bestimmten Voraussetzungen die (Ersatz-)Zwangs- oder Erzwingungshaft[14] verhängt werden. Diese werden überwiegend nicht als selbständige Zwangsmittel angesehen,[15] sondern treten als Beugehaft an die Stelle des Zwangsgeldes. 13

---

13 Art. 56 bayPAG; § 56 bbgPolG; § 20 bbgVwVG; §§ 5 a berlVwVfG, 11 BVwVG; § 14 bremVwVG; § 23 bwVwVG; § 20 hambVwVG; § 50 hessSOG; § 88 mvSOG; § 67 ndsSOG; § 53 nwPolG; § 60 nwVwVG; § 64 rpVwVG; § 47 saarlPolG; § 22 sächsVwVG; § 56 saSOG; § 237 shLVwG; § 54 thürPAG; § 48 thürVwZVG.

14 Art. 57 bayPAG; § 57 bbgPolG; § 21 bbgVwVG; §§ 5 a berlVwVfG, 16 BVwVG; § 20 bremVwVG; § 24 bwVwVG; § 24 hambVwVG; § 51 hessSOG; § 91 mvSOG; § 68 ndsSOG; § 54 nwPolG; § 61 nwVwVG; § 67 rpVwVG; § 48 saarlPolG; § 23 sächsVwVG; § 57 saSOG; § 240 shLVwG; § 55 thürPAG; § 49 thürVwZVG.

15 Anders z. B. § 14 Buchst. d hambVwVG.

14 **c) Unmittelbarer Zwang.** Der unmittelbare Zwang[16] als ultima ratio ist die Einwirkung auf Personen oder Sachen durch körperliche Gewalt, ihre Hilfsmittel und durch Waffen; was unter Hilfsmittel und Waffen zu verstehen ist, wird in den einschlägigen Gesetzen näher bestimmt. Körperliche Gewalt ist definiert als jede **unmittelbare körperliche Einwirkung auf Personen oder Sachen.** Fraglich ist die Abgrenzung zwischen unmittelbarem Zwang und der Selbstvornahme als Unterfall der Ersatzvornahme. Die Abgrenzung ist wichtig, weil regelmäßig nur bei der Ersatzvornahme der Betroffene zu den Kosten herangezogen werden kann (vgl. § 25 Rn. 9 ff.). Da die Ersatzvornahme eine vertretbare Handlung des Pflichtigen voraussetzt, gibt es bei unvertretbaren, höchstpersönlichen Handlungen des Pflichtigen keine Ersatzvornahme. Bei unmittelbarer körperlicher Einwirkung auf Personen wird eine höchstpersönliche Handlung des Pflichtigen herbeigeführt, so daß unmittelbarer Zwang vorliegt. Bei unmittelbarer körperlicher Einwirkung der Polizei auf Sachen ist zu unterscheiden: Eine Ersatzvornahme liegt vor, wenn das polizeiliche Handeln mit der dem Pflichtigen obliegenden Handlung identisch ist; ist es dagegen nicht mit der dem Pflichtigen obliegenden Handlung identisch, handelt es sich um unmittelbaren Zwang (*Erichsen/Rauschenberg*, Jura 1998, 31/34; *Gusy*, JA 1990, 296/299).

15 **Beispiele:** Das Aufbrechen des Türschlosses stellt körperliche Gewalt gegen eine Sache dar; da diese Zwangsanwendung nicht mit der dem Pflichtigen obliegenden Handlung, die Tür schlicht zu öffnen, identisch ist, liegt unmittelbarer Zwang vor. Das Herbeirufen eines Schlüsseldienstes, der das Schloß ebenfalls schlicht, nämlich ohne Beeinträchtigung seiner Funktionstauglichkeit öffnet, ist dagegen eine Ersatzvornahme als Fremdvornahme. Das Öffnen des Türschlosses mittels eines die Funktionsfähigkeit ebenfalls nicht beeinträchtigenden Dietrichs durch die Polizei selbst ist nicht einmal ein Zwangsmittel (vgl. § 12 Rn. 15).

16 Wenn unmittelbarer Zwang anzuwenden ist, eine Behörde ihn aber nicht selbst vollziehen kann, insbesondere weil sie nicht über die hierzu erforderlichen Dienstkräfte verfügt, ist die Polizei auf Ersuchen dieser Behörde verpflichtet, **Vollzugshilfe** zu leisten (vgl. § 5 Rn. 8). Die entsprechende Anwendung der Grundsätze der Amtshilfe

---

16 Art. 58 bayPAG; § 58 bbgPolG; § 22 bbgVwVG; §§ 5 a berlVwVfG, 12 BVwVG; § 2 berlUZwG; § 16 bremVwVG; § 26 bwVwVG; § 18 hambSOG; § 14 Bst. c hambVwVG; § 52 hessSOG; § 90 mvSOG; § 69 ndsSOG; § 55 nwPolG; § 62 nwVwVG; § 58 rpPOG i. V. m. § 65 rpVwVG; § 49 saarlPolG; § 25 sächsVwVG; § 58 saSOG; § 239 shLVwG; § 56 thürPAG; § 51 thürVwZVG.

auf die Vollzugshilfe bedeutet, daß die Vollstreckungsbefugnisse der ersuchenden Behörde durch die Vollzugshandlung der Polizei nicht erweitert werden dürfen (*Gusy*, Rn. 145 f.), m. a. W. darf die Polizei keine Zwangsmittel einsetzen, die nur ihr zustehen. Keine Vollzugshilfe liegt vor, wenn die Polizei selbst gefahrenabwehrend tätig wird.

Beispiel: Wenn der Gerichtsvollzieher, der ein Räumungsurteil des Hauseigentümers gegen Hausbesetzer vollstrecken will, die Polizei um Unterstützung ersucht, handelt es sich um Vollzugshilfe, wenn der passive Widerstand der Hausbesetzer durch Heraustragen, also Anwendung unmittelbaren Zwangs, gebrochen werden soll. Wenn aber der Gerichtsvollzieher bei der Übergabe des Räumungsurteils von Angriffen der Hausbesetzer bedroht ist, bittet er nicht um Vollzugshilfe, sondern er erinnert die Polizei nur an deren eigene Aufgabe der Gefahrenabwehr. 17

d) Insbesondere: der gezielte Todesschuß. Das Zwangsverfahren ist durchweg detailliert geregelt. Der Gesetzgeber folgt damit der **Wesentlichkeitslehre** des BVerfG, wonach wesentliche Entscheidungen über die Voraussetzungen, Umstände und Folgen von Eingriffen in Grundrechte vom Gesetzgeber getroffen werden müssen, wobei die Wesentlichkeit der Entscheidungen sich nach der Eingriffsintensität bemißt (*Pieroth/Schlink*, Rn. 276). Der gezielte Todesschuß als Fall der Anwendung unmittelbaren Zwangs gegen Personen ist der intensivste polizeiliche Grundrechtseingriff. Gem. Art. 2 Abs. 2 S. 1 i. V. m. Art. 19 Abs. 2 GG darf er nur als äußerstes und letztes Mittel zur Rettung aus unmittelbar drohender Lebensgefahr abgegeben werden; insbesondere muß der Geiselnehmer die Möglichkeit gehabt haben, durch Freilassung der Geisel den Schuß abzuwenden (*Pieroth/Schlink*, Rn. 432). Nach der Wesentlichkeitslehre müssen seine Voraussetzungen präzise bestimmt sein. Diesen Anforderungen werden die Landesregelungen nicht durchweg gerecht: 18

Die verfassungsrechtlichen Anforderungen erfüllt die Regelung des **§ 41 Abs. 2 S. 2 MEPolG,** die die meisten Länder wörtlich oder leicht abgewandelt[17] übernommen haben: „Ein Schuß, der mit an Sicherheit grenzender Wahrscheinlichkeit tödlich wirken wird, ist nur zulässig, wenn er das einzige Mittel zur Abwehr einer gegenwärtigen Lebensgefahr oder gegenwärtigen Gefahr einer schwerwiegenden Verletzung der körperlichen Unversehrtheit ist." 19

17 Art. 66 Abs. 2 S. 2 bayPAG; § 66 Abs. 2 S. 2 bbgPolG; § 46 Abs. 2 bremPolG; § 54 Abs. 2 bwPolG; § 25 Abs. 2 S. 1 hambSOG; § 60 Abs. 2 S. 2 hessSOG; § 76 Abs. 2 S. 2 ndsSOG; § 63 Abs. 2 S. 2 nwPolG; § 63 Abs. 2 S. 2 rpPOG; § 57 Abs. 1 S. 2 saarlPolG; § 34 Abs. 2 sächsPolG; § 65 Abs. 2 S. 2 saSOG; § 64 Abs. 2 S. 2 thürPAG.

20 In anderen Ländern[18] wird der gezielte Todesschuß auf die Vorschrift gestützt, wonach Schußwaffen gegen Personen nur gebraucht werden dürfen, um **angriffs- oder fluchtunfähig** zu machen. Richtig ist daran, daß manchmal nur der polizeiliche Todesschuß die geeignete Maßnahme ist, einen Angreifer angriffsunfähig zu machen. In dem typischen Fall, daß der Geiselnehmer die Flucht mit der Pistole an der Schläfe der mitgeführten Geisel ergreifen will, muß der Präzisionsschütze der Polizei das nur Zentimeter große Stammhirn treffen, um die sofortige Bewegungsunfähigkeit des Geiselnehmers zu erreichen und zu verhindern, daß dieser die Pistole noch abdrückt; überlebt der Geiselnehmer, kann das Leben der Geisel nicht verläßlich gerettet werden. Da dies aber präzise geregelt werden kann, muß es auch präzise geregelt werden; die Vorschriften zur Angriffs- und Fluchtunfähigkeit sind im Licht der Wesentlichkeitslehre (vgl. *Buschmann/Schiller,* NWVBl. 2007, 249; *Schenke,* Rn. 561; *Kugelmann,* Kap. 11 Rn. 29) und auch am Maßstab des Art. 2 Abs. 2 EMRK (EGMR, NJW 2005, 3405/3407) keine tauglichen Grundlagen für den gezielten Todesschuß. Das gilt umso mehr, als in denselben Ländern ein so relativ belangloser Grundrechtseingriff wie die schlichte Befragung des Bürgers mit einer detaillierten Befugnisnorm geregelt wird (vgl. § 14 Rn. 1 ff.).

II. Gestrecktes Zwangsverfahren

1. Begriff und Rechtsgrundlagen

21 Die Rechtmäßigkeit einer polizei- und ordnungsbehördlichen Maßnahme im gestreckten Zwangsverfahren setzt wie alle polizei- und ordnungsbehördlichen Eingriffe eine Ermächtigungsgrundlage sowie die formelle und materielle Rechtmäßigkeit voraus. Ermächtigungsgrundlage sind die durchweg am Anfang der einschlägigen Abschnitte der Verwaltungsvollstreckungs- und Polizeigesetze stehenden Vorschriften über die **Zulässigkeit des Verwaltungszwanges,**[19] die regelmäßig gleichzeitig die materiellen Rechtmäßigkeitsvorausset-

18 § 9 Abs. 2 berlUZwG; § 109 Abs. 1 mvSOG; § 258 Abs. 1 shLVwG.

19 Art. 53 Abs. 1 bayPAG; § 53 Abs. 1 bbgPolG; § 15 Abs. 1 bbgVwVG; §§ 5 a berlVwVfG, 6 Abs. 1 BVwVG; § 11 Abs. 1 bremVwVG; § 18 bwVwVG; § 14 hambVwVG; § 47 Abs. 1 hessSOG; § 80 Abs. 1 mvSOG; § 64 Abs. 1 ndsSOG; § 50 Abs. 1 nwPolG; § 55 Abs. 1 nwVwVG; § 61 Abs. 1 rpVwVG; § 44 Abs. 1 saarlPolG; § 19 Abs. 1 sächsVwVG; § 53 Abs. 1 saSOG; § 229 Abs. 1 shLVwG; § 51 Abs. 1 thürPAG; § 43 Abs. 1 thürVwZVG.

zungen enthalten; in einigen Ländern sind einzelne materielle Rechtmäßigkeitsvoraussetzungen gesondert geregelt.[20] Die formellen Rechtmäßigkeitsvoraussetzungen sind in weiteren Einzelvorschriften speziell geregelt.

2. Formelle Rechtmäßigkeit

a) Zuständigkeit. Für die Vollstreckung gelten die allgemeinen Zu- 22
ständigkeitsvorschriften; denn die Ordnungsbehörden sind ebenso Verwaltungs- und zugleich Vollstreckungsbehörde wie auch die Polizei zugleich für Erlaß und zwangsweise Durchsetzung ihrer Maßnahmen zuständig ist (sog. Grundsatz der Selbstvollstreckung).

b) Androhung. Das Zwangsmittel, insbesondere der unmittelbare 23
Zwang, muß regelmäßig angedroht werden.[21] Ausnahmsweise ist die Androhung **nicht erforderlich,** und zwar nach allen Verwaltungsvollstreckungs- und Polizeigesetzen, wenn die Voraussetzungen des gekürzten Zwangsverfahrens vorliegen (vgl. Rn. 36 ff.), teilweise darüber hinaus, wenn die Umstände eine Androhung nicht zulassen.[22] Geht es um die Androhung unmittelbaren Zwangs, sind die Ausnahmen beschränkt: Schußwaffen und Handgranaten dürfen in fast allen Ländern nur dann ohne Androhung gebraucht werden, wenn das zur Abwehr einer gegenwärtigen Gefahr für Leib oder Leben erforderlich ist; beim Einsatz gegen Personen in einer Menschenmenge ist sogar eine wiederholte Androhung ausnahmslos geboten.[23]

---

20 § 2 bwVwVG; § 18 hambVwVG; § 2 rpVwVG; § 2 sächsVwVG; § 19 thürVwZG.

21 Art. 59, 64 bayPAG; §§ 59, 64 bbgPolG; §§ 23, 29 bbgVwVG; §§ 5 a berlVwVfG, 13 BVwVG; § 10 berlUZwG; § 44 bremPolG; § 17 bremVwVG; § 52 Abs. 2 bwPolG; § 20 bwVwVG; § 22 hambSOG; §§ 52, 58 hessSOG; §§ 87, 111 mvSOG; §§ 70, 74 ndsSOG; §§ 56, 61 nwPolG; §§ 63, 69 nwVwVG; § 61 rpPOG; § 66 rpVwVG; §§ 50, 54 saarlPolG; § 32 Abs. 2 sächsPolG; § 20 sächsVwVG; §§ 59, 63 saSOG; §§ 236, 259 shLVwG; §§ 57, 62 thürPAG; § 46 thürVwZVG.

22 Art. 59 Abs. 1 S. 3, 64 Abs. 1 S. 2 bayPAG; §§ 59 Abs. 1 S. 3, 64 Abs. 1 S. 2 bbgPolG; § 44 Abs. 1 S. 1 bremPolG; § 52 Abs. 2 bwPolG; § 22 Abs. 1 S. 2 hambSOG; §§ 53 Abs. 1 S. 4, 58 Abs. 1 S. 2 hessSOG; §§ 87 Abs. 1 S. 2, 111 Abs. 1 S. 2 mvSOG; §§ 70 Abs. 1 S. 3, 74 Abs. 1 S. 2 ndsSOG; §§ 56 Abs. 1 S. 3, 61 Abs. 1 S. 2 nwPolG; §§ 63 Abs. 1 S. 5, 69 Abs. 1 S. 2 nwVwVG; § 61 Abs. 1 S. 2 rpPOG; § 66 Abs. 1 S. 2 rpVwVG; §§ 50 Abs. 1 S. 3, 54 Abs. 1 S. 2 saarlPolG; § 32 Abs. 2 S. 2 sächsPolG; § 21 sächsVwVG; §§ 59 Abs. 1 S. 4, 63 Abs. 1 S. 2 saSOG; §§ 236 Abs. 1 S. 2, 259 Abs. 1 S. 2 shLVwG; §§ 57 Abs. 1 S. 3, 62 Abs. 1 S. 2 thürPAG; § 54 thürVwZVG.

23 Art. 64 Abs. 2 u. 3 S. 2 bayPAG; § 64 Abs. 3 S. 2 bbgPolG; § 44 Abs. 2 u. 3 S. 2 bremPolG; § 22 Abs. 2 u. 3 S. 2 hambSOG; § 58 Abs. 2 u. 3 S. 2 hessSOG; § 111 Abs. 2 u. 3 S. 2 mvSOG; § 74 Abs. 2 u. 3 S. 2 ndsSOG; § 61 Abs. 2 u. 3 S. 2 nwPolG; § 61 Abs. 2 u. 3 S. 2 rpPOG; § 54 Abs. 2 u. 3 S. 2 saarlPolG; § 32 Abs. 3 u. 4 S. 2 sächsPolG; § 63 Abs. 2 u. 3 S. 2 u. 3 saSOG; § 259 Abs. 2 u. 3 S. 2 shLVwG; § 62 Abs. 2 u. 3 S. 2 thürPAG.

24 Die Androhung unterliegt ihrerseits folgenden **zwingenden Rechtmäßigkeitsanforderungen:**

- Die Androhung muß überwiegend schriftlich oder „möglichst“ schriftlich erfolgen;[24] gelegentlich fehlt ein entsprechendes Formerfordernis.[25] Allerdings gilt auch die Abgabe eines Warnschusses als Androhung des Schußwaffengebrauchs.[26]
- Die Androhung muß eine angemessene Frist zur Erfüllung einer Handlungsverpflichtung, nicht aber einer Duldungs- oder Unterlassungsverpflichtung enthalten.[27] Die Angemessenheit richtet sich nach der Möglichkeit und Zumutbarkeit für den Betroffenen, der Verpflichtung nachzukommen und um einstweiligen Rechtsschutz nachzusuchen (BVerwG, DÖV 1964, 168/169). Eine Verpflichtung zum „unverzüglichen Handeln“ stellt keine ausreichende Fristbestimmung dar (VGH Mannheim, NVwZ-RR 1995, 506/507).
- Die Androhung muß sich auf ein bestimmtes Zwangsmittel beziehen.[28] Eine Konkretisierung der Art und Weise der Anwendung des unmittelbaren Zwangs ist nicht erforderlich (OVG Münster, NWVBl. 1990, 426f.; *Brühl*, JuS 1997, 926/930; a. A. *Schoch*, JuS 1995, 307/311). Die Androhung anderer Konsequenzen ist unzulässig.

---

24 Art. 59 Abs. 1 S. 1 bayPAG; § 59 Abs. 1 S. 1 bbgPolG; §§ 23 Abs. 1 S. 1, 29 Abs. 2 bbgVwVG; §§ 5 a berlVwVfG, 13 Abs. 1 S. 1 BVwVG; § 17 Abs. 1 S. 2 bremVwVG; § 20 Abs. 1 S. 1 bwVwVG; § 53 Abs. 1 S. 2 hessSOG; § 87 Abs. 1 S. 1 mvSOG; § 70 Abs. 1 S. 1 ndsSOG; § 56 Abs. 1 S. 1 nwPolG; §§ 63 Abs. 1 S. 1, 69 Abs. 2 nwVwVG; § 66 Abs. 1 S. 1 rpVwVG; § 50 Abs. 1 S. 1 saarlPolG; § 20 Abs. 1 S. 1 sächsVwVG; § 59 Abs. 1 S. 2 saSOG; § 236 Abs. 1 S. 1 shLVwG; § 57 Abs. 1 S. 1 thürPAG; § 46 Abs. 1 S. 1 thürVwZVG.

25 § 22 Abs. 1 S. 1 hambSOG; § 18 Abs. 2 hambVwVG.

26 Art. 64 Abs. 1 S. 3 bayPAG; § 64 Abs. 1 S. 3 bbgPolG; § 34 S. 3 bbgVwVG i. V. m. § 64 Abs. 1 S. 3 bbgPolG; § 10 berlUZwG; § 44 Abs. 1 S. 2 bremPolG; § 22 Abs. 1 S. 3 hambSOG; § 58 Abs. 1 S. 3 hessSOG; § 111 Abs. 1 S. 3 mvSOG; § 74 Abs. 1 S. 3 ndsSOG; § 61 Abs. 1 S. 3 nwPolG; § 74 S. 2 nwVwVG i. V. m. § 61 Abs. 1 S. 3 nwPolG; § 61 Abs. 1 S. 3 rpPOG; § 54 Abs. 1 S. 3 saarlPolG; § 32 Abs. 2 S. 3 sächsPolG; § 63 Abs. 1 S. 3 saSOG; § 259 Abs. 1 S. 3 shLVwG; § 62 Abs. 1 S. 3 thürPAG.

27 Art. 59 Abs. 1 S. 2 bayPAG; § 59 Abs. 1 S. 2 bbgPolG; § 23 Abs. 1 S. 2 bbgVwVG; §§ 5 a berlVwVfG, 13 Abs. 1 S. 2 BVwVG; § 17 Abs. 1 S. 3 bremVwVG, § 20 Abs. 1 S. 2 bwVwVG; § 53 Abs. 1 S. 3 hessSOG; § 87 Abs. 2 mvSOG; § 70 Abs. 1 S. 2 ndsSOG; § 56 Abs. 1 S. 2 nwPolG; § 63 Abs. 1 S. 2 nwVwVG; § 66 Abs. 1 S. 3 rpVwVG; § 50 Abs. 1 S. 2 saarlPolG; § 20 Abs. 1 S. 2 u. 3 sächsVwVG; § 59 Abs. 1 S. 3 saSOG; § 236 Abs. 2 shLVwG; § 57 Abs. 1 S. 2 thürPAG; § 46 Abs. 1 S. 2 u. 3 thürVwZVG.

28 Art. 59 Abs. 3 S. 1 bayPAG; § 59 Abs. 3 S. 1 bbgPolG; § 23 Abs. 3 S. 1 bbgVwVG; §§ 5 a berlVwVfG, 13 Abs. 3 S. 1 BVwVG; § 17 Abs. 3 S. 1 bremVwVG; § 20 Abs. 3 S. 1 bwVwVG; § 53 Abs. 3 S. 1 hessSOG; § 87 Abs. 4 S. 1 mvSOG; § 70 Abs. 3 S. 1 ndsSOG; § 56 Abs. 3 S. 1 nwPolG; § 63 Abs. 3 S. 1 nwVwVG; § 66 Abs. 3 S. 1 rpVwVG; § 50 Abs. 3 S. 1 saarlPolG; § 20 Abs. 3 S. 1 sächsVwVG; § 59 Abs. 3 S. 1 saSOG; § 236 Abs. 4 S. 1 shLVwG; § 57 Abs. 3 S. 1 thürPAG; § 46 Abs. 3 S. 1 thürVwZVG.

- Die Androhung darf nicht gleichzeitig mehrere Zwangsmittel nennen und der Vollzugsbehörde die Wahl zwischen mehreren Zwangsmitteln vorbehalten, es sei denn, die Reihenfolge der Anwendung wird festgelegt.[29]
- Die Androhung eines Zwangsgeldes muß einen bestimmten Betrag angeben.[30]
- Die Androhung ist gem. § 39 Abs. 1 VwVfG zu begründen.
- Die Androhung ist nach den Regelungen einiger Länder zuzustellen.[31]

Weitere Rechtmäßigkeitsanforderungen an die Androhung sind als **Kann-** oder **Soll-Vorschriften** normiert: 25
- Die Androhung soll oder kann mit der Grundverfügung verbunden werden, wenn die sofortige Vollziehung angeordnet oder die Rechtsmittel keine aufschiebende Wirkung haben.[32]
- Die Androhung einer Ersatzvornahme soll die Angabe der voraussichtlichen Kosten enthalten (vgl. OVG Saarlouis, NVwZ 2009, 602/603).[33]

29 Art. 59 Abs. 3 S. 2 bayPAG; § 59 Abs. 3 S. 2 bbgPolG; § 23 Abs. 3 S. 2 bbgVwVG; §§ 5 a berlVwVfG, 13 Abs. 3 S. 2 BVwVG; § 17 Abs. 3 S. 2 bremVwVG; § 20 Abs. 3 S. 2 bwVwVG; § 53 Abs. 3 S. 2 hessSOG; § 87 Abs. 4 S. 2 u. 3 mvSOG; § 70 Abs. 3 S. 2 ndsSOG; § 56 Abs. 3 S. 2 nwPolG; § 63 Abs. 3 S. 2 nwVwVG; § 66 Abs. 3 S. 2 u. 3 rpVwVG; § 50 Abs. 3 S. 2 saarlPolG; § 20 Abs. 3 S. 2 sächsVwVG; § 59 Abs. 3 S. 2 saSOG; § 236 Abs. 4 S. 2 u. 3 shLVwG; § 57 Abs. 3 S. 2 thürPAG; § 46 Abs. 3 S. 2 thürVwZVG.

30 Art. 59 Abs. 5 bayPAG; § 59 Abs. 5 bbgPolG; § 23 Abs. 5 bbgVwVG; §§ 5 a berlVwVfG, 13 Abs. 5 BVwVG; § 17 Abs. 4 bremVwVG; § 20 Abs. 4 bwVwVG; § 53 Abs. 5 hessSOG; § 87 Abs. 5 mvSOG; § 70 Abs. 5 ndsSOG; § 56 Abs. 5 nwPolG; § 63 Abs. 5 nwVwVG; § 66 Abs. 5 rpVwVG; § 50 Abs. 5 saarlPolG; § 20 Abs. 4 sächsVwVG; § 59 Abs. 5 saSOG; § 236 Abs. 5 shLVwG; § 57 Abs. 5 thürPAG; § 46 Abs. 4 thürVwZVG.

31 Art. 59 Abs. 6 S. 1 bayPAG; § 59 Abs. 6 S. 1 bbgPolG; § 23 Abs. 6 S. 1 bbgVwVG; §§ 5 a berlVwVfG, 13 Abs. 7 S. 1 BVwVG; § 17 Abs. 7 S. 1 bremVwVG; § 53 Abs. 6 S. 1 hessSOG; § 56 Abs. 6 S. 1 nwPolG; § 63 Abs. 6 S. 1 nwVwVG; § 66 Abs. 6 S. 1 rpVwVG; § 50 Abs. 6 S. 1 saarlPolG; § 59 Abs. 6 S. 1 saSOG; § 57 Abs. 6 S. 1 thürPAG; § 46 Abs. 6 S. 1 thürVwZVG.

32 Art. 59 Abs. 2 bayPAG; § 59 Abs. 2 bbgPolG; § 23 Abs. 2 bbgVwVG; §§ 5 a berlVwVfG, 13 Abs. 2 BVwVG; § 17 Abs. 2 bremVwVG; § 20 Abs. 2 bwVwVG; § 53 Abs. 2 hessSOG; § 87 Abs. 3 mvSOG; § 70 Abs. 2 ndsSOG; § 56 Abs. 2 nwPolG; § 63 Abs. 2 nwVwVG; § 66 Abs. 2 rpVwVG; § 50 Abs. 2 saarlPolG; § 20 Abs. 2 sächsVwVG; § 59 Abs. 2 saSOG; § 236 Abs. 3 shLVwG; § 57 Abs. 2 thürPAG; § 46 Abs. 2 thürVwZVG.

33 Art. 59 Abs. 4 bayPAG; § 59 Abs. 4 bbgPolG; § 23 Abs. 4 bbgVwVG; §§ 5 a berlVwVfG, 13 Abs. 4 BVwVG; § 17 Abs. 5 bremVwVG; § 20 Abs. 5 bwVwVG; § 53 Abs. 4 hessSOG; § 87 Abs. 6 mvSOG; § 70 Abs. 4 ndsSOG; § 56 Abs. 4 nwPolG; § 63 Abs. 4 nwVwVG; § 66 Abs. 4 rpVwVG; § 50 Abs. 4 saarlPolG; § 20 Abs. 5 sächsVwVG; § 59 Abs. 4 saSOG; § 236 Abs. 6 shLVwG; § 57 Abs. 4 thürPAG; § 46 Abs. 5 thürVwZVG.

26 **c) Festsetzung.** Voraussetzung der Rechtmäßigkeit des gestreckten Zwangsverfahrens ist weiter nach einigen Verwaltungsvollstreckungsgesetzen regelmäßig die Festsetzung des Zwangsmittels.[34] Sie soll nach der Rechtsprechung des Bundesverwaltungsgerichts ausnahmsweise **nicht erforderlich** sein, wenn der Betroffene ernstlich und endgültig erklärt, daß er der Grundverfügung nicht Folge leisten werde, weil er dadurch auf den Schutz durch die Festsetzung verzichtet habe (BVerwG, NVwZ 1997, 381/382; krit. *Dünchheim,* NVwZ 1997, 350/351). Nach den Polizeigesetzen und den Verwaltungsvollstreckungsgesetzen anderer Länder ist die Festsetzung nur bei dem Zwangsgeld vorgeschrieben,[35] aber auch bei den anderen Zwangsmitteln zulässig (*Malmendier,* VerwArch 2003, 25/31) und u. U. aus Verhältnismäßigkeitsgründen geboten.

27 Die Festsetzung unterliegt ihrerseits folgenden **Rechtmäßigkeitsanforderungen:**

- Die in der Androhung bestimmte Frist muß abgelaufen sein, ohne daß die Verpflichtung erfüllt worden ist.
- Gegen das durch das Zwangsmittel durchzusetzende Ge- oder Verbot muss verstoßen worden sein (OVG Magdeburg, NVwZ-RR 2011, 942).
- Die Festsetzung muß sich inhaltlich im Rahmen der Androhung halten oder weniger belastend sein.
- Die Festsetzung muß dem Betroffenen mitgeteilt werden (BVerwG, NVwZ 1997, 381). In den meisten Ländern ist die schriftliche Festsetzung des Zwangsgeldes speziell geregelt.[36]

28 **d) Anwendung.** Voraussetzung der Rechtmäßigkeit des gestreckten Zwangsverfahrens ist schließlich die rechtmäßige Anwendung des Zwangsmittels. Allgemeine Rechtmäßigkeitsvoraussetzung ist, daß sich die Anwendung inhaltlich im Rahmen der Androhung und/oder der Festsetzung halten oder weniger belastend sein muß (*Brühl,*

---

34 § 24 bbgVwVG; §§ 5 a berlVwVfG, 14 BVwVG; § 64 nwVwVG.

35 Art. 56 bayPAG; § 56 bbgPolG; § 40 Abs. 1 bremPolG; § 18 bremVwVG; § 49 Abs. 1 bwPolG; § 23 bwVwVG; § 20 hambVwVG; § 50 hessSOG; § 88 mvSOG; § 67 ndsSOG; § 53 nwPolG; § 57 Abs. 1 rpPOG; § 64 rpVwVG; § 47 saarlPolG; § 30 Abs. 1 sächsPolG; § 22 sächsVwVG; § 56 saSOG; § 237 shLVwG; § 54 thürPAG; § 48 thürVwZVG.

36 Art. 56 Abs. 1 bayPAG; § 56 Abs. 1 bbgPolG; § 20 Abs. 1 bbgVwVG; § 18 Abs. 2 bremVwVG; § 23 bwVwVG; § 50 Abs. 1 hessSOG; § 88 Abs. 2 mvSOG; § 67 Abs. 1 S. 1 ndsSOG; § 53 Abs. 1 nwPolG; § 60 Abs. 1 nwVwVG; § 64 Abs. 2 rpVwVG; § 47 Abs. 1 saarlPolG; § 22 Abs. 2 sächsVwVG; § 56 Abs. 1 saSOG; § 237 Abs. 2 shLVwG; § 54 Abs. 1 thürPAG.

JuS 1997, 1021/1022). Sodann gelten für die verschiedenen Zwangsmittel folgende besondere **Rechtmäßigkeitsanforderungen:**

- Die Anwendung der Ersatzvornahme erfolgt in Berlin nur durch Fremdvornahme, im übrigen durch Selbst- oder Fremdvornahme.[37]
- Die Anwendung des Zwangsgeldes erfolgt durch die Beitreibung gem. den Vorschriften der meisten Verwaltungsvollstreckungsgesetze über das Beitreibungsverfahren.[38]
- Die Anwendung des unmittelbaren Zwangs erfolgt nach den in allen Ländern außer Berlin getroffenen Regelungen[39] durch körperliche Gewaltausübung oder mit zugelassenen Hilfsmitteln und Waffen. Detaillierte Rechtmäßigkeitsanforderungen bestehen für den Schußwaffengebrauch[40] (vgl. auch Rn. 18ff.).

3. Materielle Rechtmäßigkeit

a) **Grundverfügung.** Die Verwaltungsvollstreckungs-, Polizei- und Ordnungsgesetze verlangen übereinstimmend, daß ein Verwaltungsakt vorliegt, der auf die Vornahme einer Handlung oder auf Duldung oder Unterlassung gerichtet ist.[41] Diesen Verwaltungsakt nennt man auch Grundverfügung. Es muß sich zum einen um einen **befehlenden Verwaltungsakt** handeln, d. h. der Verwaltungsakt muß ein Gebot oder Verbot enthalten, weil rechtsgestaltende und feststel- 29

---

37 Art. 55 bayPAG; § 55 bbgPolG; § 19 bbgVwVG; §§ 5 a berlVwVfG, 10 BVwVG; § 15 bremVwVG; § 25 bwVwVG; § 14 Bst. a hambVwVG; § 49 hessSOG; § 89 mvSOG; § 66 ndsSOG; § 52 nwPolG; § 59 nwVwVG; § 63 rpVwVG; § 46 saarlPolG; § 24 sächsVwVG; § 55 saSOG; § 238 shLVwG; § 53 thürPAG; § 50 thürVwZVG.

38 Art. 56 Abs. 3 S. 1 bayPAG; § 56 Abs. 3 S. 1 bbgPolG; § 20 Abs. 3 S. 1 bbgVwVG; §§ 5 a berlVwVfG, 11 BVwVG; § 19 Abs. 4 bremVwVG; § 23 bwVwVG; § 50 Abs. 3 S. 1 hessSOG; § 53 Abs. 3 S. 1 nwPolG; § 60 Abs. 3 S. 1 nwVwVG; § 64 Abs. 3 rpVwVG; § 22 sächsVwVG; § 56 Abs. 3 saSOG; § 54 Abs. 3 thürPAG; § 48 Abs. 3 thürVwZVG.

39 Art. 61 bayPAG; § 61 bbgPolG; § 27 bbgVwVG; § 2 berlUZwG; § 41 bremPolG; § 50 bwPolG; § 26 bwVwVG; § 18 hambSOG; § 55 hessSOG; § 102 mvSOG; § 69 ndsSOG; § 58 nwPolG; § 67 nwVwVG; § 58 rpPOG i. V. m. § 65 rpVwVG; § 49 saarlPolG; § 31 sächsPolG; § 58 saSOG; § 251 shLVwG; § 59 thürPAG; § 51 thürVwZVG i. V. m. §§ 58ff. thürPAG.

40 Art. 66–68 bayPAG; §§ 66–68 bbgPolG; §§ 46–47 bremPolG; §§ 53–54 bwPolG; §§ 24–26 hambSOG; §§ 60–62 hessSOG; §§ 107–110 mvSOG; §§ 76–78 ndsSOG; §§ 63–65 nwPolG; §§ 63–65 rpPOG; §§ 56–57 saarlPolG; §§ 33–34 sächsPolG; §§ 65–67 saSOG; §§ 257f. shLVwG; §§ 64–66 thürPAG.

41 Art. 53 Abs. 1 bayPAG; § 53 Abs. 1 bbgPolG; § 15 Abs. 1 bbgVwVG; §§ 5 a berlVwVfG, 6 Abs. 1 BVwVG; § 11 Abs. 1 bremVwVG; § 18 bwVwVG; § 14 hambVwVG; § 47 Abs. 1 hessSOG; § 79 Abs. 1 mvSOG; § 64 Abs. 1 ndsSOG; § 50 Abs. 1 nwPolG; § 55 Abs. 1 nwVwVG; § 61 Abs. 1 rpVwVG; § 44 Abs. 1 saarlPolG; § 19 Abs. 1 sächsVwVG; § 53 Abs. 1 saSOG; § 228 Abs. 1 shLVwG; § 51 Abs. 1 thürPAG; § 43 Abs. 1 thürVwZVG.

lende Verwaltungsakte Rechtswirkungen zeitigen, ohne daß ein weiteres Geschehen – eben eine Vollstreckung – hinzutreten muß. Der Verwaltungsakt muß zum anderen wirksam sein, d. h. er muß gem. §§ 41, 43 VwVfG bekanntgegeben worden sein und er darf nicht gem. § 44 VwVfG nichtig sein. Ein Nichtigkeitsgrund gem. § 44 Abs. 1 VwVfG kann auch eine fehlende hinreichende Bestimmtheit gem. § 37 Abs. 1 VwVfG sein.

30 **b) Vollstreckbarkeit.** Voraussetzung für die zwangsweise Durchsetzung der Grundverfügung ist, daß sie unanfechtbar ist oder daß ein Rechtsbehelf gegen sie keine aufschiebende Wirkung hat.[42] **Unanfechtbarkeit** liegt vor, wenn die Grundverfügung bestandskräftig ist, d. h. wenn innerhalb der Rechtsbehelfsfrist nach §§ 70, 74 VwGO von regelmäßig einem Monat kein Rechtsbehelf eingelegt wurde oder wenn über einen eingelegten Rechtsbehelf rechtskräftig ablehnend entschieden wurde.

31 Schon vor Bestandskraft ist die Grundverfügung vollstreckbar, wenn ein Rechtsmittel gegen sie **keine aufschiebende Wirkung** hat. Zwar haben Anfechtungsklage und, soweit statthaft, Widerspruch gegen eine polizei- und ordnungsbehördliche Verfügung gem. § 80 Abs. 1 S. 1 VwGO aufschiebende Wirkung. Die aufschiebende Wirkung kann aber unter den Voraussetzungen des § 80 Abs. 2 VwGO entfallen. Für die Polizei, die ja normalerweise überhaupt nur im Eilfall zuständig ist, entfällt die aufschiebende Wirkung regelmäßig gem. § 80 Abs. 2 S. 1 Nr. 2 VwGO (unaufschiebbare Anordnungen und Maßnahmen von Polizeivollzugsbeamten). Die Ordnungsbehörden, bei denen diese Voraussetzung nicht vorliegt, können aber die aufschiebende Wirkung gem. § 80 Abs. 2 S. 1 Nr. 4 VwGO durch die Anordnung der sofortigen Vollziehung entfallen lassen. Mit dem Vorliegen einer derartigen Anordnung ist die Vollstreckbarkeit der Grundverfügung gegeben; sie darf wiederum nur nicht nichtig sein. Hält ein Betroffener die Anordnung der sofortigen Vollziehung für rechtswidrig, kann er gem. § 80 Abs. 5 VwGO beim Verwaltungsgericht die Wiederherstellung der aufschiebenden Wirkung seines Rechtsbehelfs beantragen.

---

42 Art. 53 Abs. 1 bayPAG; § 53 Abs. 1 bbgPolG; § 15 Abs. 1 bbgVwVG; §§ 5 a berlVwVfG, 6 Abs. 1 BVwVG; § 11 Abs. 1 bremVwVG; § 2 bwVwVG; § 18 Abs. 1 hambVwVG; § 47 Abs. 1 hessSOG; § 80 Abs. 1 mvSOG; § 64 Abs. 1 ndsSOG; § 50 Abs. 1 nwPolG; § 55 Abs. 1 nwVwVG; § 2 rpVwVG; § 44 Abs. 1 saarlPolG; § 2 sächsVwVG; § 53 Abs. 1 saSOG; § 229 Abs. 1 shLVwG; § 51 Abs. 1 thürPAG; § 19 Abs. 1 thürVwZVG.

c) Rechtmäßigkeit der Grundverfügung? Für den Fall der Unanfechtbarkeit bzw. Bestandskraft der Grundverfügung ist allgemein anerkannt, daß die Rechtmäßigkeit der Grundverfügung nicht Vollstreckungsvoraussetzung ist. Es ist gerade der Sinn des Instituts der Bestandskraft, die Frage nach der Rechtmäßigkeit des Verwaltungsakts abzuschneiden. Dagegen ist als Problem des Rechtswidrigkeitszusammenhangs oder der Konnexität **umstritten,** ob bei der nicht unanfechtbaren bzw. bestandskräftigen Grundverfügung, bei der aber gem. § 80 Abs. 2 VwGO die aufschiebende Wirkung entfällt, ihre Rechtmäßigkeit Vollstreckungsvoraussetzung ist. Dafür wird vorgebracht, daß die rechtsstaatliche Gesetzmäßigkeit der Verwaltung die Vollstreckung von rechtswidrigen Verwaltungsakten verbiete (vgl. VGH Kassel, NVwZ 1982, 514/515; *Pietzcker,* in: FS Schenke, 2011, S. 1045). Dagegen wird überzeugend zum einen auf den Wortlaut der Zulässigkeit des Verwaltungszwangs im gestreckten Verfahren verwiesen, wonach nur ein vollstreckbarer Verwaltungsakt verlangt wird, und zum anderen ein systematischer Vergleich mit den Normen über das gekürzte Verfahren angestellt, wo die Rechtmäßigkeit der Grundverfügung durch die Formulierung „... Handeln innerhalb ihrer Befugnisse ...“ ausdrücklich zur Voraussetzung der Rechtmäßigkeit der Vollstreckung gemacht worden ist. Auch die Titelfunktion des Verwaltungsakts spricht für die Rechtmäßigkeit von Vollstreckungsmaßnahmen auf der Grundlage eines sofort vollziehbaren rechtswidrigen, aber wirksamen Verwaltungsakts (*Poscher,* VerwArch 1998, 111/125). Außerdem hat der Betroffene es ja in der Hand, gegen den noch anfechtbaren Verwaltungsakt Rechtsbehelfe einzulegen, insbesondere einen Antrag auf Anordnung oder Wiederherstellung der aufschiebenden Wirkung gem. § 80 Abs. 5 VwGO zu stellen, und auf diesem Weg der Vollstreckung ihre Grundlage zu entziehen (vgl. *Schenke/Baumeister,* NVwZ 1993, 1/3). 32

Im **Ergebnis** ist also die Rechtmäßigkeit der Grundverfügung nicht Voraussetzung der Rechtmäßigkeit eines Zwangsmittels im gestreckten Zwangsverfahren (BVerfG, NVwZ 1999, 292). Davon ist aber eine Ausnahme zu machen, wenn die Behörde bei einer Zwangsmaßnahme weiß, daß die Grundverfügung rechtswidrig ist. Im Rechtsstaat darf nicht sehendes Auges Unrecht vollstreckt werden (vgl. BVerwG, NJW 1984, 2591/2592). 33

d) Fehlen von Vollstreckungshindernissen. Ein Vollstreckungshindernis liegt vor allem vor, wenn dem Adressaten die Befolgung 34 des polizei- oder ordnungsbehördlichen Befehls aus tatsächlichen oder rechtlichen Gründen **nicht (mehr) möglich** ist[43] (vgl. *Erichsen/Rauschenberg,* Jura 1998, 31/37), z. B. wenn der Schwarzbau inzwischen abgebrannt ist. Hierunter fallen auch die Zweckerreichung,[44] wenn die zu erzwingende Verpflichtung erfüllt ist, und der Zweckfortfall, wenn die Handlung, Duldung oder Unterlassung wegen veränderter Umstände oder einer neuen Rechtslage nicht mehr geboten ist (vgl. *Brühl,* JuS 1998, 65/66).

34a **Beispiele:** Gegen den Eigentümer eines Schwarzbaus soll die Abrißverfügung vollstreckt werden; der Schwarzbau ist aber inzwischen abgebrannt. – Gegen eine Drogenkonsumentin wird ein dreimonatiges Aufenthaltsverbot verhängt. Wegen Verstoßes hiergegen wird gegen sie ein Zwangsgeld festgesetzt, das aber nicht beigetrieben werden kann (OVG Münster, NVwZ-RR 2009, 516).

35 **e) Verhältnismäßigkeit, Bestimmtheit und Ermessensfehlerfreiheit.** Ebenso wie die Grundverfügung (vgl. Rn. 29) muß auch **jede Maßnahme** des Zwangsverfahrens verhältnismäßig, bestimmt und ermessensfehlerfrei sein. Die Verhältnismäßigkeit der Zwangsmittelanwendung ist zudem in einigen Ländern ausdrücklich neben den Regelungen der Polizeigesetze in den Verwaltungsvollstreckungsgesetzen bzw. im Gesetz über die Anwendung unmittelbaren Zwangs normiert;[45] der Verhältnismäßigkeitsgrundsatz ist bei den Regelungen zum unmittelbaren Zwang insbesondere zum Schußwaffengebrauch nochmals eigens normiert.

III. Gekürztes Zwangsverfahren

1. Sofortiger Vollzug

36 **a) Begriff und Rechtsgrundlagen.** Für alle Fälle, die ein sofortiges, direktes Eingreifen erfordern, sehen die Verwaltungsvollstreckungs- und Polizeigesetze mit Ausnahme von Baden-Württemberg, Hamburg und Sachsen in ihrem Abschnitt über Zwang ein gekürztes Zwangsverfahren vor (vgl. Rn. 7), in dem nicht nur auf den Erlaß der Grundverfügung, sondern auch auf die Androhung und Festsetzung

---

43 § 48 Abs. 4 hessSOG.
44 § 25 Abs. 3 bbgVwVG; §§ 5 a berlVwVfG, 15 Abs. 3 BVwVG; § 19 Abs. 5 bremVwVG; § 19 Abs. 4 bwVwVG; § 26 Abs. 1 Buchst. c hambVwVG; § 92 Abs. 1 mvSOG; § 65 Abs. 3 nwVwVG; § 62 Abs. 4 rpVwVG; § 2 a Abs. 1 sächsVwVG.
45 § 18 bbgVwVG; § 4 berlUZwG; § 45 thürVwZVG.

des Zwangsmittels verzichtet werden kann (vgl. Rn. 23, 26). Es handelt sich also um ein **besonderes Verfahren der Zwangsmittelanwendung.** Dieser sofortige Vollzug oder Sofortvollzug ist nicht zu verwechseln mit der Anordnung der sofortigen Vollziehung gem. § 80 Abs. 2 Nr. 4 VwGO (vgl. Rn. 31).

Die Voraussetzungen der Rechtmäßigkeit des sofortigen Vollzugs oder Sofortvollzugs sind in mehrfacher Hinsicht gegenüber denen des gestreckten Verfahrens **modifiziert:** Bei der formellen Rechtmäßigkeit entfallen die Androhung und die Festsetzung.[46] Es bleiben die formellen Rechtmäßigkeitsvoraussetzungen der Zuständigkeit und der Anwendung des Zwangsmittels; allerdings kommt die Anwendung eines Zwangsgeldes im Hinblick auf die Notwendigkeit gegenwärtiger Gefahrenabwehr (vgl. Rn. 40) regelmäßig nicht in Betracht. Es bleiben auch die materiellen Rechtmäßigkeitsvoraussetzungen des Fehlens von Vollstreckungshindernissen sowie der Verhältnismäßigkeit, Bestimmtheit und Ermessensfehlerfreiheit. Dagegen treten an die Stelle der Voraussetzung einer vollstreckbaren Grundverfügung besondere materielle Rechtmäßigkeitsvoraussetzungen. 37

b) Besondere Rechtmäßigkeitsvoraussetzungen. aa) Fiktive Grundverfügung. Der sofortige Vollzug ist dadurch gekennzeichnet, daß Verwaltungs- oder Polizeizwang ohne vorausgehenden Verwaltungsakt angewendet werden kann. Gemeint ist damit, daß der vorausgehende Erlaß eines Verwaltungsakts entfallen kann; nicht entfallen kann ein Ge- oder Verbot, das sofort vollzogen werden soll. Dieses nennt man die fiktive Grundverfügung. Erst recht ist deswegen sofortiger Vollzug zulässig, wenn eine Grundverfügung ergangen ist. Die ergangene wie die fiktive Grundverfügung müssen **rechtmäßig** sein. Das ergibt sich aus der Formulierung der Gesetze, daß die Vollstreckungsbehörde und die Polizei beim sofortigen Vollzug „innerhalb ihrer Befugnisse" handeln müssen. 38

Beispiele: Soweit das Abschleppen eines Kraftfahrzeugs als Ersatzvornahme zu qualifizieren ist, liegt ihr entweder eine Sicherstellungsverfügung oder ein 39

---

46 Art. 59 Abs. 1 S. 3, 64 Abs. 1 S. 2 bayPAG; §§ 59 Abs. 1 S. 3, 64 Abs. 1 S. 2 bbgPolG; §§ 23 Abs. 1 S. 3, 24 S. 2 bbgVwVG; §§ 5 a berlVwVfG, 13 Abs. 1 S. 1, 14 S. 2 BVwVG; § 17 Abs. 1 S. 1 bremVwVG; § 44 Abs. 1 S. 1 bremPolG; §§ 53 Abs. 1 S. 4, 58 Abs. 1 S. 2 hessSOG; §§ 87 Abs. 1 S. 2, 111 Abs. 1 S. 2 mvSOG; §§ 70 Abs. 1 S. 5, 74 Abs. 1 S. 2 ndsSOG; §§ 56 Abs. 1 S. 3, 61 Abs. 1 S. 2 nwPolG; §§ 63 Abs. 1 S. 5, 64 S. 2, 69 Abs. 1 S. 2 nwVwVG; § 61 Abs. 1 S. 2 rpPOG; § 66 Abs. 1 S. 1 rpVwVG; §§ 50 Abs. 1 S. 3, 54 Abs. 1 S. 2 saarlPolG; §§ 59 Abs. 1 S. 4, 63 Abs. 1 S. 2 saSOG; §§ 236 Abs. 1 S. 2, 259 Abs. 1 S. 2 shLVwG; §§ 57 Abs. 1 S. 3, 62 Abs. 1 S. 2 thürPAG; § 54 thürVwZVG.

auf die Generalklausel gestütztes Gebot zugrunde, das Kraftfahrzeug von dem Gefahren begründenden Ort zu entfernen. Der unmittelbaren Zwangsanwendung durch einen gezielten Todesschuß liegt das auf die Generalklausel gestützte Gebot zugrunde, die Geisel freizulassen.

40 **bb) Notwendigkeit gegenwärtiger Gefahrenabwehr.** Der sofortige Vollzug ist nur rechtmäßig, wenn er zur Abwehr einer gegenwärtigen Gefahr (vgl. § 4 Rn. 19ff.) notwendig ist. Notwendigkeit liegt vor, wenn der **Zeitraum** zwischen der Feststellung der Gefahr und dem voraussichtlichen Schadenseintritt so gering ist, daß die Durchführung des gestreckten Zwangsverfahrens den Erfolg des Zwangsmittels unmöglich machen oder wesentlich beeinträchtigen würde (vgl. OVG Münster, DVBl. 1964, 684/685). Unter diesen Voraussetzungen darf auch ein bereits eingeleitetes gestrecktes Verfahren als gekürztes fortgesetzt werden.

2. Unmittelbare Ausführung

41 **a) Begriff und Rechtsgrundlagen.** Viele Länder haben in Anknüpfung an § 5 a des MEPolG neben dem sofortigen Vollzug das Institut der unmittelbaren Ausführung geregelt (vgl. Rn. 7). In Baden-Württemberg, Hamburg und Sachsen ist nur die unmittelbare Ausführung und nicht auch der sofortige Vollzug geregelt. Danach kann die Polizei eine Maßnahme selbst oder durch einen Beauftragten unmittelbar ausführen, wenn der Zweck der Maßnahme durch Inanspruchnahme der möglichen Störer nicht oder nicht rechtzeitig erreicht werden kann. Obwohl diese Vorschrift außerhalb der Abschnitte über den polizeilichen Zwang steht, sprechen Funktion und Erscheinungsbild, die mit der Ersatzvornahme im Rahmen des sofortigen Vollzugs identisch sind, dafür, die unmittelbare Ausführung als **Variante des gekürzten Zwangsverfahrens** anzusehen (vgl. *Gusy,* Rn. 440; a. A. *Kugelmann,* Kap. 11 Rn. 46ff.; *Kästner,* JuS 1994, 361/364).

42 Die gesonderte Regelung der unmittelbaren Ausführung beruht auf der fälschlichen Annahme, bei Abwesenheit des Handlungspflichtigen sei der sofortige Vollzug nicht anwendbar, weil kein dem polizeilichen Handeln entgegengesetzter Wille gebrochen werde; die Zwangsanwendung setzt aber gar kein Brechen eines entgegengesetzten Willens voraus. Daher ist die gesonderte Regelung der unmittelbaren Ausführung neben dem sofortigen Vollzug entbehrlich (vgl. *Rachor,* HdbPolR, F Rn. 883). Wo beide Institute bestehen, betrifft die unmittelbare Ausführung in den meisten Ländern nur die Fälle

der **Abwesenheit des Handlungspflichtigen;** in Bayern ist die unmittelbare Ausführung vorrangig und der sofortige Vollzug nur bei unvertretbaren Handlungen sowie gegenüber Nichtverantwortlichen einschlägig (*Heckmann,* Rn. 283 ff.). Wo nur die unmittelbare Ausführung geregelt ist, erfüllt dieses Institut zugleich die Funktion des sofortigen Vollzugs.

b) Besondere Rechtmäßigkeitsvoraussetzungen. aa) Formell. Insoweit ist in vielen Ländern geregelt, daß der von der Maßnahme Betroffene unverzüglich zu unterrichten ist.[47] 43

bb) Materiell. Insoweit bestehen praktisch die gleichen Besonderheiten gegenüber dem gestreckten Zwangsverfahren wie beim sofortigen Vollzug. Da die Vorschriften über die unmittelbare Ausführung keine Befugnisnormen sind, sondern an eine aufgrund anderer Befugnisnormen ergehende Maßnahme anknüpfen, muß diese als fiktive Grundverfügung verstanden werden und formell und materiell rechtmäßig sein. Die Voraussetzung der Notwendigkeit gegenwärtiger Gefahrenabwehr wird in einigen Ländern in der Weise normiert, daß die unmittelbare Ausführung nur zulässig ist, wenn der polizeiliche Zweck durch Maßnahmen gegen die möglichen Störer nicht oder nicht rechtzeitig erreicht werden kann,[48] und folgt im übrigen aus dem Verhältnismäßigkeitsgrundsatz. 44

Beispiel: Ereignet sich der Tankwagenunfall, bei dem auslaufendes Öl das Grundwasser zu verseuchen droht, auf einem Grundstück des Landwirts L, der über einen Bagger verfügt, ist diesem aufzugeben, die Gefahr unter Einsatz des Baggers selbst abzuwehren, bevor die Polizei eigenes oder fremdes Gerät einsetzt. 45

Literatur: *M. App/A. Wettlaufer,* Verwaltungsvollstreckungsrecht, 4. Aufl. 2005; *R. Brinktrine,* Rechtsfragen des Zwangsgeldeinsatzes im Verwaltungsvollstreckungsverfahren, SächsVBl. 2001, 101; *R. Brühl,* Die Prüfung der Rechtmäßigkeit des Verwaltungszwangs im gestreckten Verfahren, JuS 1998, 65; *H.-U. Erichsen/D. Rauschenberg,* Verwaltungsvollstreckung, Jura 1998, 31; *J. A. Frowein,* Im Zweifel für den vielleicht tödlichen Schuß?, in: FS Peter Schneider, 1990, S. 112; *B. M. Geier,* Konnexität im Polizeirecht, BayVBl. 2004, 389; *C. Gusy,* Verwaltungsvollstreckungsrecht am Beispiel der Vollstre- 46

---

47 Art. 9 Abs. 1 S. 2 bayPAG; § 15 Abs. 1 S. 2 berlASOG; § 8 Abs. 1 S. 2 bwPolG; § 7 Abs. 2 hambSOG; § 8 Abs. 1 S. 2 hessSOG; § 6 Abs. 1 S. 2 rpPOG; § 6 Abs. 1 S. 2 sächsPolG; § 9 Abs. 1 S. 2 saSOG; § 9 Abs. 1 S. 2 thürPAG.

48 Art. 9 Abs. 1 S. 1 bayPAG; § 15 Abs. 1 S. 1 berlASOG; § 8 Abs. 1 S. 1 bwPolG; § 8 Abs. 1 S. 1 hessSOG; § 6 Abs. 1 S. 1 rpPOG; § 6 Abs. 1 S. 1 sächsPolG; § 9 Abs. 1 S. 1 saSOG; § 9 Abs. 1 S. 1 thürPAG.

ckung von Polizeiverfügungen, JA 1990, 296, 339; *D. Heckmann,* Der Sofortvollzug rechtswidriger polizeilicher Verfügungen, VBlBW 1993, 41; *M. C. Jakobs,* Terrorismus und polizeilicher Todesschuss, DVBl. 2006, 83; *K.-H. Kästner,* Unmittelbare Maßnahmen der Gefahrenabwehr, JuS 1994, 361; *H.-D. Lemke,* Das Verwaltungsvollstreckungsrecht des Bundes und der Länder, 1997; *B. Malmendier,* Die Zwangsmittelfestsetzung in der Verwaltungsvollstreckung des Bundes und der Länder, VerwArch 2003, 25; *F. Mußgnug,* Das Recht des polizeilichen Schußwaffengebrauchs, 2001; *R. Poscher,* Verwaltungsakt und Verwaltungsrecht in der Vollstreckung, VerwArch 1998, 111; *A. Schmitt-Kammler,* Die Sofortbefugnisse im Polizei- und Ordnungsbehördenrecht, NWVBl. 1989, 389; *P. Selmer/H. Gersdorf,* Verwaltungsvollstreckungsverfahren, 1996; *W. Weiß,* Gibt es einen Rechtswidrigkeitszusammenhang in der Verwaltungsvollstreckung?, DÖV 2001, 275.

§ 25. Kostentragung

I. Grundsätze

1. Notwendigkeit spezieller Normierung

1 Solange der Pflichtige, der sog. Störer, die Gefahr selbst abwehrt, hat allenfalls er ein Kostenproblem. Für die Polizei- oder Ordnungsbehörde stellt sich die Kostenfrage nur dann, wenn sie an Stelle des Pflichtigen eine Maßnahme zur Gefahrenabwehr trifft oder einen Dritten damit beauftragt. Es leuchtet ein, wenn die dabei entstehenden Kosten auf den Pflichtigen **übergewälzt** werden; in ihnen wirkt das nicht erfüllte Ge- oder Verbot als Last fort, und der Pflichtige muß Kosten erstatten, die er gehabt hätte, wenn er seiner Pflicht zur Gefahrenabwehr nachgekommen wäre.

2 Es gibt allerdings weder einen tradierten polizei- und ordnungsrechtlichen Grundsatz noch einen in den einschlägigen Gesetzen normierten Rechtssatz, daß der polizei- und ordnungsrechtlich Pflichtige für **alle** von ihm verursachten Kosten aufzukommen hat. Kostentragungspflichten bedürfen spezieller Normen, die im Tatbestand den Grund und in der Rechtsfolge das Ausmaß der Kostentragung bestimmt festlegen. Insoweit gibt es im Recht der Kostentragung zwei gedankliche Stränge.

3 Der eine Strang, bei dem die Rechtsgrundlage sich in den einschlägigen Vollstreckungs- bzw. Polizeigesetzen findet, gründet sich auf die **Pflicht zur Gefahrenabwehr,** die im Wege der Ersatzvornahme,

des unmittelbaren Zwanges oder der unmittelbaren Ausführung, bei bestimmten Standardmaßnahmen (Sicherstellung und Verwahrung) oder im Rückgriff auf den Pflichtigen realisiert wird. Bei dieser Kostentragungspflicht handelt es sich um eine außerhalb des Abgabenrechts (Steuern, Gebühren, Beiträge, Sonderabgaben) begründete öffentlich-rechtliche Geldleistungspflicht eigener Art (*Götz,* DVBl. 1984, 14f.). Nur hilfsweise kommen hier gebührenrechtliche Bestimmungen bei der Berechnung der Kostenlast zur Anwendung, etwa weil Ersatzvornahmen gebührenpflichtig gemacht, Selbstvornahmen nach Maßgabe eines Kostengesetzes zu berechnen oder Auslagen in Kostenbestimmungen spezifiziert sind.

Im zweiten Strang der Kostentragung hat die Gebühr selbständige 4
Bedeutung. Hier wird der Veranlasser oder Begünstigte einer polizei- und ordnungsrechtlichen Maßnahme zu deren in einem spezialgesetzlichen Gebührentatbestand festgesetzten Kosten herangezogen, weil ihm der **Anlaß** oder der **Vorteil** der Amtshandlung individuell zugerechnet werden kann.

2. Kostenbegriff

Die einschlägigen Kostenbestimmungen der Verwaltungsvollstre- 5
ckungsgesetze unterscheiden zwischen **Gebühren** und **Auslagen.**[1] Einige Polizei- bzw. Ordnungsgesetze übernehmen diese Begrifflichkeit.[2] Manchmal werden Kosten auch als die unmittelbaren und mittelbaren persönlichen und sächlichen Ausgaben[3] oder als Personal- und Sachausgaben für die Gefahrenabwehr[4] definiert, manchmal ist nur von Kosten bei Aufgaben der Gefahrenabwehr die Rede.[5]

Gebühren werden für die Vornahme polizei- und ordnungsrechtli- 6
cher Amtshandlungen oder für die Benutzung polizei- und ordnungsrechtlicher Einrichtungen erhoben. Auslagen entstehen, wenn die Polizei- und Ordnungsbehörde zur Abwehr einer Gefahr an Dritte gezahlt hat oder ihr bei der Selbstvornahme, bei der Anwendung unmittelbaren Zwanges oder bei der unmittelbaren Ausführung einer Maßnahme eigene Aufwendungen entstanden sind. Von eigenen

---

1 § 45 bbgOBG; §§ 5 a berlVwVfG, 19 Abs. 1 S. 1 BVwVG; § 77 Abs. 1 S. 1 nwVwVG; § 83 S. 1 rpVwVG; § 1 sächsVwKG; § 19 Abs. 1 S. 1 BVwVG.
2 Art. 9 Abs. 2 S. 1 bayPAG; § 114 Abs. 1 mvSOG; § 90 Abs. 2 S. 1 saarlPolG; § 53 Abs. 2 S. 1 thürOBG.
3 § 83 Abs. 3 bremPolG; § 82 Abs. 3 bwPolG.
4 § 104 hessSOG.
5 § 105 Abs. 1 ndsSOG; § 103 Abs. 1 saSOG.

Aufwendungen in diesem Sinne kann nur die Rede sein, wenn die Polizei- und Ordnungsbehörde einen über ihre normale sächliche und personelle Ausstattung hinausreichenden bestimmbaren Aufwand treibt. Damit **normaler** Aufwand in Ansatz gebracht werden kann, bedarf es nach dem Gebot rechtsstaatlicher Bestimmtheit der Spezifizierung in Kosten- oder Gebührentatbeständen.

7 **Beispiele:** Für das Abschleppen eines gefährlich abgestellten Fahrzeugs durch ein Abschleppunternehmen entstehen Auslagen; beim Abschleppen durch die Polizei mit Hilfe eines gemieteten Abschleppfahrzeugs entstehen eigene Aufwendungen. – Um Castor-Transporte gegen Demonstranten, die sich auf dem Schienengelände einbetoniert und angekettet haben, zu sichern, wird für die Bundespolizei schweres Bohr- und Schneidgerät besorgt; dabei handelt es sich um eigene Aufwendungen.

8 Die Kostentragung stellt sich im **Schaubild** so dar:

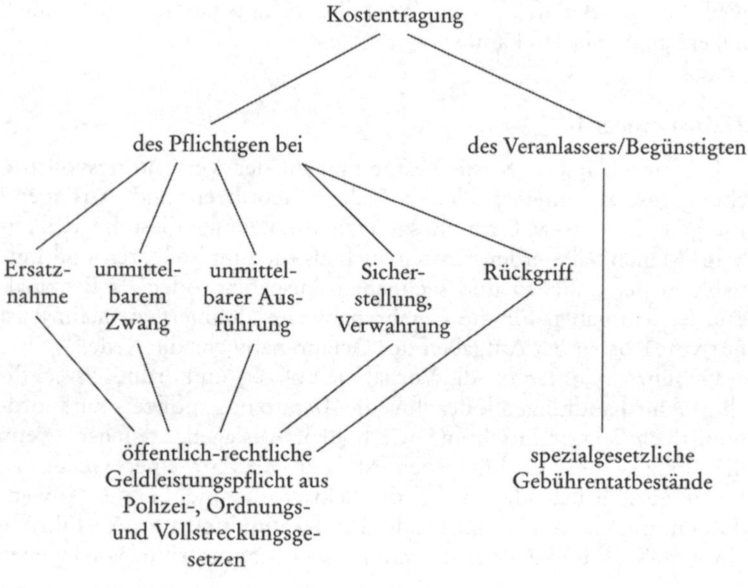

II. Kostentragung durch den Pflichtigen

1. Ersatzvornahme

Die Polizei- und Ordnungsgesetze ziehen den Pflichtigen zur Tragung der Kosten heran, wenn die zuständige Behörde zur Abwehr einer Gefahr eine **vertretbare Handlung** durch einen privatrechtlich beauftragten Dritten vornehmen läßt oder sie selber vornimmt.[6] 9

Voraussetzungen der Kostentragungspflicht sind: 10

- **Rechtmäßigkeit der Ersatzvornahme** (vgl. § 24 Rn. 10, 21 ff., 36 ff.). Ist die Ersatzvornahme rechtswidrig, läßt sich eine Kostenerstattung nicht auf Geschäftsführung ohne Auftrag oder öffentlich-rechtliche Erstattung stützen, weil das Verwaltungskosten-, Polizei- und Ordnungsrecht eine abschließende Regelung enthalten (BVerfG, NJW 2011, 3217; *Götz,* § 14 Rn. 8; *Schenke,* Rn. 700).
- Entstehung von **Kosten in bestimmter Höhe,** wozu die Auslagen gehören, die an Beauftragte und Hilfspersonen zu zahlen sind (vgl. BGH, NVwZ 2008, 349), sowie die den normalen Aufwand übersteigenden Aufwendungen, die der Vollzugsbehörde entstanden sind.
- Heranziehung des Pflichtigen, d. h. des Verhaltens- oder Zustandsstörers als **Schuldner.** Ihm gleichzustellen sind der Anscheinsstörer, wenn er die die Anscheinsgefahr begründenden Umstände verschuldet hat (vgl. *Sailer,* HdbPolR, M Rn. 51; *Schoch,* JuS 1995, 507) und der Verdachtsstörer, wenn sich seine Pflichtigkeit als Ergebnis der von der Behörde vorgenommenen Gefahrerforschungsmaßnahme herausstellt (vgl. OVG Münster, NVwZ 2001, 1314; *Sailer,* HdbPolR, M Rn. 52; *Schoch,* JuS 1995, 507). Da **Zurechnungsgrund** der Kostenlast die Pflichtigkeit zur Gefahrenabwehr ist, muß der im polizeilichen Notstand in Anspruch genommene Nichtstörer, weil für die Gefahr nicht verantwortlich, keine Kosten tragen.

---

6 Art. 55 Abs. 1 S. 2 bayPAG; § 55 Abs. 1 S. 1 bbgPolG i. V. m. § 37 bbgVwVG; §§ 5 a berlVwVfG, 10 BVwVG; § 49 Abs. 1 S. 1 hessSOG; § 89 Abs. 1 mvSOG; § 66 Abs. 1 S. 1 ndsSOG; §§ 52 Abs. 1 S. 1 nwPolG, 59 Abs. 1 nwVwVG i. V. m. § 11 Abs. 2 S. 1 nwKostO; § 46 Abs. 1 saarlPolG; § 24 Abs. 1 sächsVwVG; § 55 Abs. 1 S. 1 saSOG; § 238 Abs. 1 shLVwG; § 53 Abs. 1 thürPAG; § 10 BVwVG, allerdings ohne Selbstvornahme.

2. Unmittelbarer Zwang

11 Die Anwendung unmittelbaren Zwangs bei der Vollstreckung einer Gefahrenabwehrverfügung ist nach den Vollstreckungs- und Polizeigesetzen in der Regel kostenfrei, es sei denn der Polizei entstehen **besondere** eigene Aufwendungen. Das wird nur ausnahmsweise der Fall sein, weil die Behörden im Regelfall mit ihrer sächlichen und personellen Ausstattung auskommen. Die darüber hinausreichenden besonderen Aufwendungen können in Ansatz gebracht werden, ohne daß es dazu näher spezifizierender Kosten- und Gebührenregelungen bedürfte; allgemeine Kostenauferlegungsnormen genügen. Näher spezifizierende Regelungen sind aber erforderlich, wenn der **normale** Aufwand bei der Anwendung unmittelbaren Zwangs über Gebühren in Ansatz gebracht werden soll. Die entsprechenden Gebührenregelungen müssen den Aufwand etwa nach Maßgabe der Anzahl der eingesetzten Beamten und der Dauer ihres Einsatzes spezifizieren.

12 So sehen einige Länder in besonderen Fällen Gebühren für die Anwendung unmittelbaren Zwangs vor,[7] etwa für die Zwangsräumung einer Wohnung oder das Wegtragen von Sitzblockierern nach Auflösung der Demonstration. Der Adressat der Maßnahme hat eine Gebühr für jeden eingesetzten Polizeibeamten je angefangene Stunde zu zahlen.[8] Dabei darf aber **kein unberechenbares** Kostenrisiko entstehen (BVerfGE 69, 315/344 f.). Beim unmittelbaren Zwang gegenüber mehreren Störern, etwa bei einer Sitzblockade, geht es nicht an, von einem einzelnen Störer die Kosten des gesamten Einsatzes und womöglich auch noch der Bereitstellung weiterer Einsatzkräfte zu verlangen; verlangt werden kann nur das, was der Einsatz unmittelbaren Zwangs gegenüber dem einzelnen Störer gekostet hat. Was er gegenüber dem einzelnen Störer gekostet hat, läßt sich aber nicht genau berechnen, sondern nach Einsatzstunden, Fahrzeugkosten etc. nur überschlagen und **pauschal** ansetzen.

13 Verfassungsrechtliche Einwände gegen die ausnahmsweise Gebührenerhebung bei der Anwendung unmittelbaren Zwanges bestehen nicht. Auf der Grundlage seiner Gesetzgebungskompetenz für das

---

7 Art. 58 Abs. 3 bayPAG i. V. m. § 1 Nr. 6 PolKostVO; § 52 Abs. 4 bwPolG i. V. m. § 31 Abs. 1 u. 4 bwVwVG i. V. m. § 7 VollstrKostenO; § 52 Abs. 1 S. 3 hessSOG; § 73 ndsVwVG i. V. m. Nr. 26.3 KostTar zur ndsAllgGO; § 49 Abs. 7 saarlPolG i. V. m. § 1 Nr. 6 saarlPolKostVO; KostTar 75 Nr. 12 8. sächsKVZ; KostTar 118 Nr. 3 saAllgGO; § 56 Abs. 3 thürPAG i. V. m. § 1 Nr. 6, 7 thürPolKostVO.

8 § 6 Abs. 2 bwVollstrKostenO.

Verwaltungsvollstreckungs- und Verwaltungskostenrecht kann der Landesgesetzgeber Gebühren auch dann vorsehen, wenn die von der Polizei wahrzunehmende Aufgabe, wie im Falle des Versammlungsrechts, **durch Bundesgesetz geregelt** ist (vgl. *Götz,* § 14 Rn. 28; *Würtenberger/Heckmann,* Rn. 924 f.).

3. Unmittelbare Ausführung

14 Die Polizeigesetze, die das Rechtsinstitut der unmittelbaren Ausführung kennen, sehen die **Kostentragung durch den Pflichtigen** vor.[9] Sie setzten dabei die Rechtmäßigkeit der unmittelbaren Ausführung voraus. Für die Berechnung des normalen und des besonderen Aufwands gilt das zur Anwendung unmittelbaren Zwangs Gesagte.

4. Sicherstellung und Verwahrung

15 Der Ersatzvornahme und der unmittelbaren Ausführung systematisch verwandt sind Sicherstellung und Verwahrung. Denn eine Möglichkeit, das mit Sicherstellung und Verwahrung erstrebte polizei- und ordnungsrechtliche Ziel zu erreichen, bestünde darin, dem Störer zu befehlen, nicht mehr über die Sache zu verfügen und sie in verläßlichem Gewahrsam zu halten. Der Kostentragungspflicht bei der Ersatzvornahme ist die im Polizei- und Ordnungsrecht aller Länder anzutreffende Pflicht des Störers, die Kosten der Sicherstellung und Verwahrung zu tragen,[10] daher **verwandt.** Der Kostenerstattungsanspruch der Behörde gegen den Pflichtigen setzt die Rechtmäßigkeit der Sicherstellung voraus. Art und Höhe der Kosten richten sich nach der Verwahrungsart.

16 Wird die sichergestellte Sache **verwertet,** ist teils die Kostentragung durch den Pflichtigen einschließlich der Kosten für Unbrauchbarmachung und Vernichtung,[11] teils die Deckung der Kosten aus dem Erlös vorgesehen.[12]

---

9 Art. 9 Abs. 2 bayPAG; § 15 Abs. 2 berlASOG; § 8 Abs. 2 bwPolG; § 7 Abs. 3 S. 1 hambSOG; § 6 Abs. 2 rpPOG; § 8 Abs. 2 hessSOG; § 9 Abs. 2 saSOG; § 6 Abs. 2 sächsPolG; § 9 Abs. 2 thürPAG.

10 Art. 28 Abs. 3 bayPAG; § 28 Abs. 3 bbgPolG; § 41 Abs. 3 berlASOG; § 14 Abs. 3 S. 3 hambSOG; § 43 Abs. 3 S. 1 hessSOG; § 29 Abs. 3 S. 1 ndsSOG; § 46 Abs. 3 S. 1 nwPolG; § 25 Abs. 3 S. 1 rpPOG; § 24 Abs. 3 S. 1 saarlPolG; § 48 Abs. 3 S. 1 saSOG; § 30 Abs. 3 S. 2 thürPAG; § 50 Abs. 3 S. 1 BPolG.

11 § 26 Abs. 3 S. 1 bremPolG; § 34 Abs. 4 bwPolG; § 43 Abs. 3 S. 1 hessSOG; § 24 Abs. 3 S. 1 saarlPolG; § 28 Abs. 4 S. 1 sächsPolG; § 48 Abs. 3 S. 1 saSOG.

12 Art. 28 Abs. 3 S. 3 Hs. 2 bayPAG; § 28 Abs. 3 S. 6 bbgPolG; § 41 Abs. 3 S. 4 berlASOG; § 26 Abs. 3 S. 5 bremPolG; § 43 Abs. 3 S. 6 hessSOG; § 29 Abs. 3 S. 4

5. Rückgriff auf den Pflichtigen

17 Auch der Rückgriff auf den Störer, zu dem die Polizei- und Ordnungsbehörden berechtigt sind, wenn sie einem in Anspruch genommenen Nichtstörer Schadensausgleich geleistet haben[13] (vgl. § 26 Rn. 7), gehört in den vorliegenden **systematischen Zusammenhang.** Die Inanspruchnahme des Nichtstörers unterscheidet sich von der Ersatzvornahme häufig nur dadurch, daß der bei der Ersatzvornahme zum Einsatz kommende Dritte freiwillig und aufgrund privatrechtlichen Auftrags handelt, während der Nichtstörer nicht freiwillig handelt und zum Handeln verpflichtet werden muß.

6. Kostenausgleich unter mehreren Pflichtigen

18 Ist einer von mehreren Pflichtigen ausgewählt und herangezogen worden, stellt sich die Frage eines Kostenausgleichs. Eine allgemeine öffentlich-rechtliche Rechtsgrundlage für einen Ausgleichsanspruch des herangezogenen gegen die übrigen Pflichtigen gibt es nicht. Nicht immer wird der in Anspruch genommene Zustandsverantwortliche, der das Opfer eines Verhaltensverantwortlichen ist (vgl. § 9 Rn. 86 ff.), von diesem nach § 823 BGB Schadensersatz verlangen können, und da er nicht einer fremden, sondern einer eigenen Verantwortlichkeit genügt hat, bieten ihm auch die Vorschriften über die Geschäftsführung ohne Auftrag keine Anspruchsgrundlage (a. A. *Felix/Nitschke,* NordÖR 2004, 469/475 ff.). Von einem wachsenden Teil der Literatur wird gegen die ältere herrschende Meinung (vgl. BGH, NJW 1981, 2457/2458; *Papier,* NVwZ 1986, 256/263) eine **analoge Anwendung von § 426 BGB** gefordert (vgl. *Denninger,* HdbPolR, E Rn. 134 f.; *Schenke,* Rn. 289 f.; *Garbe,* DÖV 1998, 632/634 ff.), und in neueren Gesetzen finden sich erste Regelungen eines entsprechenden Kostenausgleichs unter mehreren Störern (§ 24 Abs. 2 BBodSchG; vgl. *Jochum,* NVwZ 2003, 526; *Bockwoldt,* S. 229 ff.). Die Subjektivierung des Polizei- und Ordnungsrechts bricht sich auch hier Bahn; Verantwortlichkeit mehrerer Pflichtiger ohne Kostenausgleich wird zunehmend als unzumutbar bzw. unvereinbar mit dem Gebot eines gerechten Lastenausgleichs empfunden.

---

ndsSOG; § 46 Abs. 3 S. 5 nwPolG; § 25 Abs. 3 S. 4 rpPOG; § 24 Abs. 3 S. 4 saarlPolG; § 48 Abs. 3 S. 6 saSOG; § 30 Abs. 3 S. 4 Hs. 2 thürPAG.

13 Art. 72 Abs. 1 bayPAG; §§ 70 bbgPolG, 41 Abs. 2 bbgOBG; § 64 Abs. 1 berlASOG; § 61 Abs. 1 bremPolG; § 57 bwPolG; § 69 Abs. 1 hessSOG; § 75 Abs. 3 mvSOG; § 85 Abs. 1 S. 1 ndsSOG; §§ 67 nwPolG, 42 Abs. 2 nwOBG; § 73 Abs. 1 rpPOG; § 73 Abs. 1 saarlPolG; § 57 Abs. 1 sächsPolG; § 74 Abs. 1 saSOG; § 224 Abs. 2 shLVwG; § 73 Abs. 1 thürPAG; § 55 Abs. 2 S. 1 BPolG.

III. Kostentragung durch den Veranlasser oder Begünstigten

1. Grundsatz der Gebührenfreiheit

Die Kosten für die Aufrechterhaltung der öffentlichen Sicherheit und Ordnung trägt der Staat. Gefahrenabwehr gehört zu seinen Kernleistungen, für die der Bürger mit seinen Steuern gezahlt hat. Gefahrenabwehr liegt auch dann im **öffentlichen Interesse** und ist kosten- bzw. gebührenfrei, wenn sie sich zugunsten des Bürgers auswirkt. Die Polizei hat seine Grundrechte zu schützen und die Ausübung seiner staatsbürgerlichen Rechte zu gewährleisten. 19

Beispiel: Für Auflagen, die dem Entstehen einer versammlungsrechtlichen Gefahr vorbeugen sollen, dürfen keine Gebühren erhoben werden (BVerfG, NVwZ 2008, 414). 19a

Der Grundsatz der Gebührenfreiheit (vgl. *Sailer,* HdbPolR, M Rn. 23) kann durchbrochen und es dürfen ausnahmsweise **Gebühren** auf spezialgesetzlicher Grundlage erhoben werden, wenn die Maßnahme der Gefahrenabwehr dem Veranlasser oder dem Begünstigten individuell zuzurechnen ist. Veranlasser ist, wer die Maßnahme durch tatsächliches Verhalten ausgelöst hat, Begünstigter, wer wirtschaftlich von ihr profitiert, indem ihm eigene Schutzaufwendungen erspart werden und daraus ein unmittelbarer finanzieller Vorteil erwächst (vgl. BVerfG, NVwZ 1999, 177; 2008, 414; *Sailer,* HdbPolR, M Rn. 8 f.). 20

2. Zulässige Gebührentatbestände

Bei **kommerziellen Veranstaltungen,** besonders bei Spielen der Fußballbundesligen, entlastet die Polizei die Veranstalter von erheblichen Aufwendungen und verschafft ihnen finanzielle Vorteile, die zulässigerweise mit einer Gebühr abgeschöpft werden könnten (vgl. *Sailer,* HdbPolR, M Rn. 67; *Lege,* VerwArch 1998, 71/90). In Baden-Württemberg wurde zwar eine entsprechende Regelung 1991 wieder aufgehoben,[14] aber einige Länder sehen Gebührentatbestände 21

14 § 81 Abs. 2 bwPolG a. F.: „Für die Kosten polizeilicher Maßnahmen bei privaten Veranstaltungen kann von dem Veranstalter Ersatz verlangt werden, soweit sie dadurch entstehen, daß weitere als die im üblichen örtlichen Dienst eingesetzten Polizeibeamten herangezogen werden müssen".

vor und belasten die Veranstalter mit den Kosten für Absperr- und Sicherungsmaßnahmen.[15] Solange religiöse, wissenschaftliche und politische Veranstaltungen ausgenommen werden, bestehen bei kommerziellen Veranstaltungen gegen die Einführung von Gebührentatbeständen zur Abschöpfung des dem Veranstalter zufließenden wirtschaftlichen Vorteils keine Bedenken (vgl. dazu näher *Sailer,* HdbPolR, M Rn. 67). In verschiedenen Ländern und auch beim Bund bestehen weitere mehr oder weniger ähnliche Gebührentatbestände.

22 **Beispiele:** Luftsicherheitsgebühr (vgl. BVerwGE 120, 227);[16] Bahnschutzgebühr oder -umlage;[17] Begleitung von Schwer- und Großraumtransporten;[18] Absperren einer nicht oder unvollständig gesicherten Baustelle;[19] Bergung von Wasserfahrzeugen;[20] Transport von Sachen mit Polizeifahrzeug;[21] Suche nach Vermißten;[22] Löschen von Bränden.[23]

23 Steht nach Auslösung einer Alarmanlage fest, daß keine Gefahr bestanden hat, so ist die Gebührenbelastung des Alarmanlagenbetreibers[24] für den **Fehlalarm** gerechtfertigt, weil das bei ca. 90 % liegende Fehlfunktionsrisiko eher dem durch die Alarmmöglichkeit begünstigten Betreiber als der Allgemeinheit aufzubürden ist. Die Rechtsprechung billigt die Gebührenbelastung des Betreibers auch im Fall der Unerweislichkeit des Vorliegens eines Fehlalarms, weil das spezifische Fehlerpotential der Alarmanlage der Sphäre des Betreibers zuzurechnen ist (BVerwG, NJW 1992, 2243; VGH München, NJW 2005, 1065; vgl. auch *Sailer,* HdbPolR, M Rn. 94 ff.).

---

15 § 1 Abs. 1 8. sächsKVZ i. V. m. der Anlage zu § 1 lfd. Nr. 75 TarSt 10; § 1 Abs. 1 saAllgGO i. V. m. Kostentarif lfd. Nr. 76.
16 Abschn. VII Nr. 23 der Anlage zu § 2 Abs. 1 LuftKostV.
17 § 3 Abs. 2 BPolG.
18 Nr. 15.1 bwGebVerZ; TarSt 18.1 nwAVwGebO.
19 § 7 a Nr. 5 nwKostO.
20 Nr. 15.7 bwGebVerZ.
21 Nr. 15.3 bwGebVerZ.
22 Nr. 15.10 bwGebVerZ.
23 § 41 nwFSHG.
24 Art. 3 Abs. 1 Nr. 10 S. 2 b) bayKostG; TarSt 3 des GebVerZ zu § 1 berlPolBenGebO; Nr. 15.9 bwGebVerZ; § 2 Abs. 2 S. 1 Nr. 2 hambGebOSt; Nr. 67, 5.2 mit Anm. b) zu § 1 ndsAllgGO; Nr. 75 TarSt 9 der Anlage 1 zu § 1 8. sächsKVZ; § 2 Nr. 2 saarlPolKostVO.

IV. Geltendmachung der Kostentragung durch Leistungsbescheid

Die Polizei- bzw. Ordnungsbehörde kann ihren Kostenerstattungsanspruch durch Leistungsbescheid geltend machen (sog. Verwaltungsaktsbefugnis; vgl. *Schoch,* JuS 1995, 508; *Götz,* § 14 Rn. 6; *Sailer,* HdbPolR, M Rn. 37). Dies wird teilweise im Gesetz ausdrücklich geregelt,[25] im übrigen läßt es sich aus den Regelungen zur Ersatzvornahme ableiten oder aus der vorgesehenen Möglichkeit der Zwangsbetreibung des Kostenbetrages schließen (vgl. *Schoch,* JuS 1995, 508). 24

Literatur: *G. Bockwoldt,* Rechtmäßigkeit und Kostentragungspflicht polizeilichen Handelns, 2003; *M. Boll,* Die Gebührenpflicht des Nichtstörers für polizeiliche Maßnahmen, 1998; *F. Braun,* Die Finanzierung polizeilicher Aufgabenwahrnehmung im Lichte eines gewandelten Polizeiverständnisses, 2009; *C. Gramm,* Ersatz von Polizeikosten, in: U. Sacksofsky/J. Wieland (Hrsg.), Vom Steuerstaat zum Gebührenstaat, 2000, S. 179 ff.; *C. Gusy,* Polizeikostenüberwälzung auf Dritte, DVBl. 1996, 722; *T. Linke,* Privatrechtliche Geschäftsführung ohne Auftrag durch die Ordnungsbehörden?, DVBl. 2006, 148; *F. Oschmann,* Die Finanzierung der inneren Sicherheit, 2005; *W. Sailer,* Haftung für Polizeikosten, HdbPolR, M Rn. 1 ff.; *W.-R. Schenke,* Geschäftsführung ohne Auftrag zum Zwecke der Gefahrenabwehr, in: FS Bartlsperger, 2006, S. 529; *T. I. Schmidt,* Der Anspruch auf Ersatz von Polizeikosten bei Großveranstaltungen, ZRP 2007, 120; *K. Waechter,* Polizeigebühren und Staatszwecke, 1988. 25

§ 26. Schadensausgleich

I. Der polizei- und ordnungsrechtliche Schadensausgleich im System der staatlichen Ersatzleistungen

Im Öffentlichen Recht sind Haftungs-, Schadenersatz-, Entschädigungs-, Ausgleichs- und Wiederherstellungsansprüche des Bürgers bei Beeinträchtigung seiner Rechte durch staatliches Verhalten zu unterschiedlichen Zeiten, für unterschiedliche Problemlagen und auf unterschiedlichen Rechtsebenen entstanden; daher bildet das Recht der staatlichen Ersatzleistungen „insgesamt eine mehrschichtige, lü- 1

25 § 75 Abs. 3 mvSOG; § 85 Abs. 1 S. 2 ndsSOG.

ckenhafte und unübersichtliche Materie“ (*Maurer,* Allg. VwR, § 25 Rn. 1). Grob kann man **zwei Stränge der Rechtsentwicklung** in diesem Bereich unterscheiden: zum einen die Entschädigung bzw. der Schadensausgleich für rechtmäßiges Handeln des Staates, zum andern die Amts-, Beamten- oder Staatshaftung für rechtswidriges schuldhaftes Handeln durch öffentliche Bedienstete. Prototyp für Entschädigung bzw. Schadensausgleich waren §§ 74, 75 der Einleitung des Allgemeinen Landrechts für die Preußischen Staaten (Einl. ALR) von 1794 (abgedruckt bei *Maurer,* Allg. VwR, § 27 Rn. 4), wonach der einzelne die Entziehung oder Beschränkung seiner Rechte dulden muß, aber Entschädigung für seinen Rechtsverlust verlangen kann. Dieser Konfliktlösung zwischen Allgemeininteresse und Individualrechten wird auch heute noch als allgemeiner Rechtsgrundsatz oder sogar als Verfassungsgewohnheitsrecht Geltung zuerkannt. Das bedeutet, daß der Gesetzgeber diesen Aufopferungsanspruch nicht abschaffen, wohl aber näher ausgestalten kann (*Ossenbühl,* S. 130 f.).

2 Die Polizei- und Ordnungsgesetze enthalten als **spezielle Regelungen** des Rechts der staatlichen Ersatzleistungen den Schadensausgleich zum einen für den rechtmäßig zur Gefahrenabwehr herangezogenen Nichtstörer und zum andern für rechtswidrige Maßnahmen der Polizei- und Ordnungsbehörden; dagegen wird in Bayern nicht zwischen rechtmäßigen und rechtswidrigen Maßnahmen unterschieden (*Heckmann,* Rn. 448 ff.). Der erste Regelungskomplex ist als Ausprägung des Aufopferungsanspruchs zu identifizieren. Der zweite Regelungskomplex ist dem anderen Strang der Rechtsentwicklung aber nur teilweise zuzuordnen, weil es zwar wie bei der Amts-, Beamten- oder Staatshaftung um rechtswidrige Maßnahmen geht, aber kein Verschulden vorliegen muß. Die Unklarheit der Zuordnung zeigt sich auch an einer wenig konsequenten Begrifflichkeit.

3 **Beispiel:** Während in § 39 nwOBG von Schadenersatz (Abs. 1) und Ersatzanspruch (Abs. 2) die Rede ist, verwenden die folgenden Paragraphen den Begriff „Entschädigung(sleistung, -sanspruch)“; auch § 67 nwPolG verweist auf diese Paragraphen als „Entschädigungsansprüche“.

4 Hat die Polizei- oder Ordnungsbehörde nicht nur rechtswidrig, sondern auch schuldhaft gehandelt, kommt ein **Amtshaftungsanspruch** gem. § 839 BGB, Art. 34 GG in Betracht. Danach haftet der Staat, wenn jemand in Ausübung eines ihm anvertrauten Amtes die ihm einem Dritten gegenüber obliegende Amtspflicht schuldhaft verletzt und dadurch einen Schaden verursacht. Im Vergleich mit dem

polizei- und ordnungsrechtlichen Schadensausgleich für rechtswidrige Maßnahmen ist der Amtshaftungsanspruch einerseits auf der Tatbestandsseite enger (vgl. *Rachor,* HdbPolR, L Rn. 78ff.) und andererseits auf der Rechtsfolgenseite weiter; denn er führt zu Schadenersatz, der gem. § 249 S. 1 BGB den Zustand herstellen soll, der bestehen würde, wenn der zum Ersatz verpflichtende Umstand nicht eingetreten wäre, während der polizei- und ordnungsrechtliche Schadensausgleich für rechtswidrige Maßnahmen nur auf angemessenen Ausgleich in Geld gerichtet ist (vgl. Rn. 26). Viele Polizei- und Ordnungsgesetze stellen ausdrücklich klar, daß die Ansprüche aus der Amtshaftung unberührt bleiben.[1]

Nicht näher dargestellt wird hier der **Folgenbeseitigungsanspruch.** Er zielt auf die Beseitigung der tatsächlichen Folgen eines rechtswidrigen Eingriffs oder – anders betrachtet – auf Wiederherstellung des ursprünglichen, durch den rechtswidrigen Eingriff veränderten Zustands (vgl. *Maurer,* Allg. VwR, § 30 Rn. 1). Er gibt aber keinen Anspruch auf Schadenersatz oder Entschädigung in Geld für eingetretene und/oder fortdauernde Schäden (*Schenke,* Rn. 690). Ein „Folgenentschädigungsanspruch" kann sich nur aus einem der allgemeinen staatlichen Ersatzleistungsansprüche ergeben (*Maurer,* Allg. VwR, § 30 Rn. 17). Teilweise wird er aber schon dann angenommen, wenn die Wiederherstellung des ursprünglichen Zustands für den Betroffenen unzumutbar ist (vgl. VGH München, NVwZ 1999, 1237; *Erbguth,* JuS 2000, 336). 5

Das Recht des polizei- und ordnungsrechtlichen Schadensausgleichs stellt sich im **Schaubild** so dar: 6

1 § 70 bbgPolG; § 39 Abs. 5 bbgOBG; § 59 Abs. 4 berlASOG; § 56 Abs. 3 bremPolG; § 64 Abs. 4 hessSOG; § 80 Abs. 3 ndsSOG; § 40 Abs. 5 nwOBG; § 68 Abs. 3 rpPolG; § 69 Abs. 4 saSOG; § 68 Abs. 3 thürPAG; § 51 Abs. 4 BPolG.

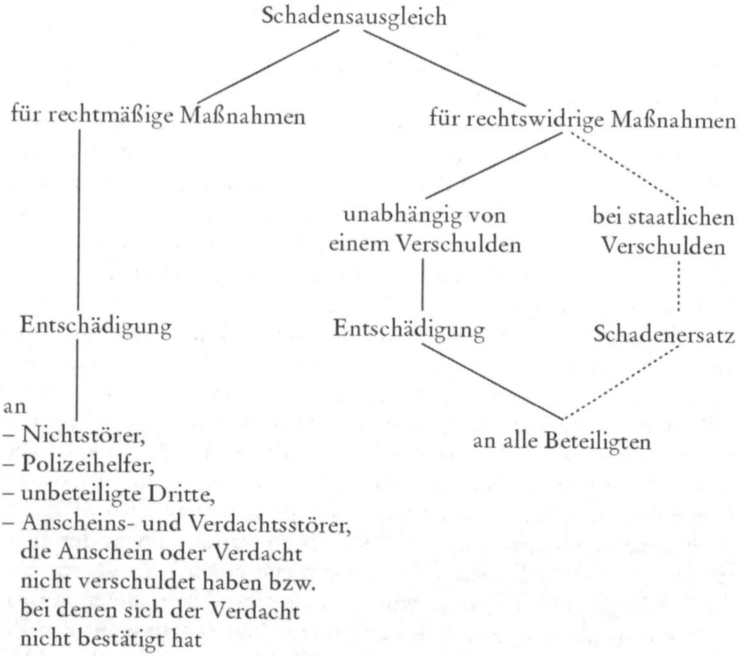

II. Schadensausgleich für rechtmäßige Maßnahmen

1. Zugunsten des Nichtstörers

7 Die in den Polizei- und Ordnungsgesetzen vorgesehene Entschädigung des polizei- und ordnungsrechtlichen Nichtverantwortlichen[2] kommt dem allgemeinen Aufopferungsanspruch in seiner ursprünglichen Gestalt (vgl. Rn. 1) am nächsten. Der im polizeilichen Notstand in Anspruch genommene erbringt ein **Sonderopfer.** Die Voraussetzungen der Rechtmäßigkeit der Inanspruchnahme ergeben sich aus

2 Art. 70 Abs. 1 bayPAG; § 70 bbgPolG; § 38 Abs. 1 a) bbgOBG; § 59 Abs. 1 Nr. 1 berlASOG; § 56 Abs. 1 S. 1 bremPolG; § 55 Abs. 1 bwPolG; § 10 Abs. 3 S. 1 hambSOG; § 64 Abs. 1 S. 1 hessSOG; § 72 Abs. 1 mvSOG; § 80 Abs. 1 S. 1 ndsSOG; § 67 nwPolG; § 39 Abs. 1 a) nwOBG; § 68 Abs. 1 S. 1 rpPOG; § 68 Abs. 1 S. 1 saarlPolG; § 52 Abs. 1 S. 1 sächsPolG; § 69 Abs. 1 S. 1 saSOG; § 221 Abs. 1 shLVwG; § 68 Abs. 1 S. 1 thürPAG; § 52 thürOBG; § 51 Abs. 1 Nr. 1 BPolG.

den Vorschriften über das polizeiliche Einschreiten gegen Nichtverantwortliche (vgl. § 9 Rn. 74 ff.). Der Entschädigungsanspruch setzt im übrigen Kausalität zwischen der polizeilichen Maßnahme und dem Schaden voraus.

2. Zugunsten des Polizeihelfers

In vielen Polizeigesetzen wird der Entschädigungsanspruch auf alle Personen ausgedehnt, die – ohne als Nichtstörer in Anspruch genommen worden zu sein – als sog. Polizeihelfer bei der Erfüllung der polizeilichen Aufgaben **freiwillig** mit Zustimmung der Polizei **mitgewirkt** oder Sachen zur Verfügung gestellt und dadurch einen Schaden erlitten haben.[3] Gelegentlich wird auch demjenigen, der seiner Pflicht aus § 323 c StGB genügt und dabei einen Schaden erleidet, ein angemessener Ausgleich gewährt.[4] Sinn dieser Regelungen ist, daß der freiwillige Polizeihelfer und der aus eigenem Antrieb gesetzestreu Handelnde nicht schlechter gestellt werden sollen als der Nichtstörer, der sich zur Hilfeleistung erst durch Polizei- oder Ordnungsverfügung verpflichten läßt. 8

In den Ländern, in denen diese gesetzliche Regelung nicht exitiert, kann ein Schadensausgleich allerdings **weder** auf den Entschädigungsanspruch für den polizei- und ordnungsrechtlich Nichtverantwortlichen (vgl. Rn. 7) **noch** auf den allgemeinen Aufopferungsanspruch (vgl. Rn. 1) gestützt werden. Der erste kommt nicht in Betracht, weil der freiwillige Polizeihelfer und der aus eigenem Antrieb gesetzestreu Handelnde eben nicht polizei- oder ordnungsrechtlich in Anspruch genommen werden. Der zweite kommt nicht in Betracht, wenn zur Erfüllung der Pflicht aus § 323c StGB gehandelt wird: Die Nichterfüllung wäre eine Störung (vgl. *Würtenberger/Heckmann*, Rn. 873; *Schenke*, Rn. 694). Der Polizeihelfer hat aber gegen die Polizei- und Ordnungsbehörden einen Anspruch aus § 683 BGB analog (*Gusy*, Rn. 470; *Schenke*, Rn. 694). 9

Überall stehen dem Polizeihelfer **unfallversicherungsrechtliche Ansprüche** zu, wenn er einem öffentlichen Bediensteten, der ihn zu einer Dienstleistung heranzieht, Hilfe leistet.[5] Allerdings gehen in 10

3 § 59 Abs. 3 berlASOG; § 56 Abs. 2 bremPolG; § 10 Abs. 5 hambSOG; § 64 Abs. 3 hessSOG; § 80 Abs. 2 ndsSOG; § 68 Abs. 2 rpPOG; § 68 Abs. 2 saarlPolG; § 69 Abs. 3 saSOG; § 68 Abs. 2 thürPAG; § 52 thürOBG.

4 § 59 Abs. 1 Nr. 3 berlASOG.

5 § 2 Abs. 1 Nr. 13 SGB VII.

diesem Fall seine Entschädigungsansprüche gem. § 116 Abs. 1 SGB X auf den Unfallversicherungsträger über.

3. Zugunsten des unbeteiligten Dritten

11 Einige Polizei- und Ordnungsgesetze sehen einen Ausgleichsanspruch des unbeteiligten Dritten vor, der infolge einer rechtmäßigen polizeilichen Maßnahme einen Schaden davonträgt.[6] Erfaßt sind hiervon die **unbeabsichtigten Nebenfolgen** polizeilichen Handelns, wie z. B. der Querschläger aus der Dienstpistole. In den Ländern, in denen diese gesetzliche Regelung nicht existiert, erhält der unbeteiligte Dritte in diesen Fällen ebenfalls einen Schadensausgleich; umstritten ist lediglich, auf welche Rechtsgrundlage er zu stützen ist. Ein Entschädigungsanspruch für rechtswidriges Handeln und damit ein Abstellen auf das Erfolgsunrecht (vgl. *Götz,* Rn. 442) scheidet aus, weil die Rechtmäßigkeit der Maßnahme entscheidend und daher auf das Handlungsunrecht abzustellen ist. Ob der allgemeine Aufopferungsanspruch (so *Rachor,* HdbPolR, L Rn. 39; *Schenke,* Rn. 691) oder der Entschädigungsanspruch des polizei- und ordnungsrechtlich Nichtverantwortlichen zumindest analog (so *Schoch,* JuS 1995, 509; *Würtenberger/Heckmann,* Rn. 870) zur Anwendung kommt, bleibt sich gleich.

12 Wer von einer polizeilichen **Kontrollmaßnahme zur Abwehr einer abstrakten Gefahr** betroffen ist, ist kein unbeteiligter Dritter, weil die Maßnahme gegen ihn gerichtet ist. Ihm steht aber, wenn er durch die Maßnahme einen Schaden erleidet, ebenfalls der Entschädigungsanspruch des polizei- und ordnungsrechtlich Nichtverantwortlichen zu, weil ihm in gleicher Weise ein Sonderopfer auferlegt wird (*Möllers,* NVwZ 2000, 386; *Schenke,* Rn. 692; *Waechter,* DÖV 1999, 147; a. A. *Ossenbühl,* S. 400; *Rachor,* HdbPolR, L Rn. 59 ff.; *Würtenberger/Heckmann,* Rn. 871).

4. Zugunsten des Störers

13 Wenn ein Störer rechtmäßig in Anspruch genommen wird, hat er **grundsätzlich keinen Anspruch** auf Schadensausgleich oder Entschädigung. Das einfache Recht sieht entsprechende Ansprüche nicht vor, und aus den Grundrechten, insbesondere aus Art. 14 GG, erge-

---

6 Art. 70 Abs. 2 S. 1 bayPAG; § 59 Abs. 1 Nr. 2 berlASOG; § 73 mvSOG; § 222 shLVwG.

ben sie sich nicht, weil die rechtmäßige Inanspruchnahme durch die Polizei- und Ordnungsbehörden von den Grundrechtsschranken gedeckt ist (vgl. BGHZ 45, 23; BVerwGE 38, 209). Allerdings gibt es vereinzelte wirtschafts- oder sozialpolitisch motivierte Regelungen, die dem rechtmäßig in Anspruch genommenen Störer eine Entschädigung zubilligen.

Beispiele: Gem. § 66 S. 1 Nr. 1 TierSG wird eine Entschädigung in Geld für Tiere geleistet, die auf behördliche Anordnung getötet worden oder nach Anordnung der Tötung verendet sind. Gem. § 56 Abs. 1 S. 1 IfSG erhält eine Entschädigung in Geld, wer insbesondere als Ausscheider, Ansteckungsverdächtiger oder Krankheitsverdächtiger Verboten in der Ausübung seiner bisherigen Erwerbstätigkeit unterliegt und dadurch einen Verdienstausfall erleidet. 14

5. Zugunsten des Anscheins- und Verdachtsstörers

Nach dem subjektiven Gefahrbegriff (vgl. § 4 Rn. 47 ff.) müßte in den Fällen der Anscheinsgefahr und des Gefahrverdachts ein Schadensausgleich eigentlich entfallen, da die Polizei- und Ordnungsbehörden rechtmäßig einen Störer in Anspruch nehmen. Insoweit wird von der Rechtsprechung und der überwiegenden Meinung im Schrifttum aber die Entschädigungsfrage als Sekundärebene von der Rechtmäßigkeitsfrage als Primärebene unterschieden (vgl. BGHZ 117, 303/307; 126, 279/283 ff.; *Rachor*, HdbPolR, L Rn. 42 ff.; *Schenke*, Rn. 685; *Schoch*, JuS 1995, 510; *Würtenberger/Heckmann*, Rn. 866 ff.). 15

a) Anscheinsstörer. Die Anscheinsgefahr ist dadurch definiert, daß eine Gefahr objektiv nicht vorliegt, aber vertretbar angenommen wird (vgl. § 9 Rn. 47 ff.). Der Anscheinsstörer erbringt ein vergleichbares Sonderopfer wie der Nichtstörer. Ihm einen Entschädigungsanspruch zu versagen, wird allgemein für grob unbillig gehalten. Die **analoge Anwendung** des Entschädigungsanspruchs des Nichtstörers auf den Anscheinsstörer wird damit gerechtfertigt, daß auf der Primärebene des Gefahrenabwehrrechts andere gesetzliche Zwecke verfolgt werden als auf der Sekundärebene des Entschädigungsrechts: Während für eine wirksame Gefahrenabwehr die ex-ante-Sichtweise zugrunde zu legen sei (vgl. § 9 Rn. 39 ff.), geht es bei der Entschädigung um einen gerechten Ausgleich für erbrachte Opfer. Eines gerechten Ausgleichs bedarf es nicht und der Entschädigungsanspruch entfällt, wenn der Anscheinsstörer den Anschein verschuldet hat. Es ist aber nicht gerechtfertigt, den Anspruch schon dann entfallen zu 16 lassen, wenn der Anscheinsstörer den Anschein lediglich verursacht hat. Die Rechtsprechung verwischt diesen Unterschied dadurch, daß sie auf die Verantwortlichkeit abstellt (vgl. BGHZ 117, 303; 126, 279).

17 **Beispiel:** Ein Papagei schreit in Abwesenheit seines Eigentümers und Wohnungsinhabers W laut um Hilfe. Die alarmierten Polizeibeamten treten die Wohnungstür ein. Ein Entschädigungsanspruch des W für die zerstörte Tür scheidet aus, wenn er die Anscheinsgefahr verschuldet hat, z. B. dadurch, daß er seinem Papagei den Hilfeschrei andressiert hat oder mindestens diese Fähigkeit seines Papageis kennt. Der Entschädigungsanspruch entfällt aber nicht allein deshalb, weil er Eigentümer des Papageis ist und ihn allein in seiner Wohnung zurück läßt.

18 **b) Verdachtsstörer.** Der Gefahrverdacht ist dadurch definiert, daß die Möglichkeit einer Gefahr besteht (vgl. § 4 Rn. 50ff.). Stellt sich durch den erforderlichen Gefahrerforschungseingriff (vgl. § 4 Rn. 59f.) heraus, daß die Gefahr wirklich besteht, d. h. bestätigt sich der Verdacht, hat der Störer keinen Anspruch auf Schadensausgleich oder Entschädigung. Anders wird aber mit der gleichen Begründung wie bei der Anscheinsgefahr entschieden, wenn sich der **Gefahrverdacht nicht bestätigt,** sondern der Gefahrerforschungseingriff zeigt, daß keine Gefahr bestand und der Adressat der polizeilichen Maßnahme kein Störer war.

19 **Beispiel:** Der Kälbermäster B hatte einen Bestand von etwa 300 Kälbern von einem Betrieb erworben, bei dem die Verwendung verbotener hormoneller Masthilfsmittel festgestellt wurde. Daraufhin ordnete die zuständige Ordnungsbehörde des Kreises K die Schlachtung von fünf Kälbern des B zum Zwecke der Untersuchung an, ob auch diese – möglicherweise vor dem Verkauf an B – mit Hormonen behandelt worden sind. Weder diese Stichprobe noch der später bei der Schlachtung ebenfalls untersuchte Restbestand wiesen jedoch Hinweise auf den Einsatz verbotener Masthilfsmittel auf (vgl. BGHZ 117, 303; dazu *Götz,* DVBl. 1992, 1158; *Schoch,* JuS 1993, 724).

III. Schadensausgleich für rechtswidrige Maßnahmen

20 Wenn schon vielfach für rechtmäßige Maßnahmen Schadensausgleich gewährt wird, dann **erst recht** für rechtswidrige Maßnahmen. In der Tat normieren die meisten Polizei- und Ordnungsgesetze einen Anspruch auf angemessenen Ausgleich für den, der durch eine rechtswidrige Maßnahme der Polizei- oder Ordnungsbehörde einen Schaden erlitten hat.[7] Durchweg wird dieser Anspruch unabhängig

7 § 70 bbgPolG; § 38 Abs. 1 b) bbgOBG; § 59 Abs. 2 berlASOG; § 56 Abs. 1 S. 2 bremPolG; § 64 Abs. 1 S. 2 hessSOG; § 80 Abs. 1 S. 2 ndsSOG; § 67 nwPolG; § 39 Abs. 1 b)

davon gewährt, ob die Polizei- und Ordnungsbehörden ein Verschulden trifft oder nicht. Es muß aber in jedem Fall Kausalität zwischen der polizei- oder ordnungsbehördlichen Maßnahme und dem Schaden bestehen. Die Rechtswidrigkeit beurteilt sich nach den allgemeinen Maßstäben.

Danach kommen folgende Personen als **Anspruchsberechtigte** in Betracht: 21

- der rechtswidrig in Anspruch genommene Nichtverantwortliche;
- die Verantwortlichen, denen gegenüber die Polizei- und Ordnungsbehörden aus anderen Gründen rechtswidrig gehandelt haben, sowie
- Unbeteiligte, d. h. Personen, die weder als Verantwortliche noch als Nichtverantwortliche von der Polizei herangezogen worden sind, sondern die zufällig von einer rechtswidrigen polizeilichen Maßnahme geschädigt worden sind (teilweise ist dieser Fall noch besonders geregelt; vgl. *Treffer,* BayVBl. 1996, 200).

Der Begriff der **Maßnahme** wird weit ausgelegt; er umfaßt also rechtliches wie faktisches Handeln, Eingriffe und nicht eingreifendes Tätigwerden, Polizeiverfügungen und den Erlaß von Verordnungen (vgl. BGHZ 137, 15; *Schenke,* Rn. 684). Dadurch bedeutet diese Regelung eine Erleichterung für den Betroffenen gegenüber dem Amtshaftungsanspruch (vgl. *Schoch,* JuS 1995, 510). 22

Beispiele: „Feindliches" Grün einer Verkehrsampel (BGHZ 99, 249); Erteilung einer falschen Auskunft (BGH, NJW 1994, 2087); „Bitte" der Gesundheitsbehörde an einen Arzneimittelhersteller, wegen des Verdachts einer Kontamination geeignete Maßnahmen zu treffen (BGH, NJW 1996, 3151). 23

Einige Polizei-, Ordnungs- und Datenschutzgesetze normieren einen nochmals spezielleren Schadensausgleichsanspruch für den, dem durch eine **unzulässige Datenverarbeitung** ein Schaden zugefügt worden ist.[8] 24

Ob dort, wo spezielle Regelungen über den Schadensausgleich für rechtswidrige Maßnahmen fehlen, auf den allgemeinen **Aufopferungsanspruch** zurückgegriffen (vgl. *Rachor,* HdbPolR, L Rn. 69) oder der Entschädigungsanspruch des polizei- und ordnungsrechtlichen Nichtverantwortlichen zumindest analog (dagegen *Ossenbühl,* S. 405) angewendet wird, bleibt sich wiederum (vgl. Rn. 11) gleich. 25

---

nwOBG; § 68 Abs. 1 S. 2 rpPOG; § 68 Abs. 1 S. 2 saarlPolG; § 69 Abs. 1 S. 2 saSOG; § 68 Abs. 1 S. 2 thürPAG; § 52 thürOBG.

8 §§ 48 bwPolG, 21 bwDSG; § 76 mvSOG.

IV. Einzelheiten des Schadensausgleichs

1. Inhalt, Art und Umfang

26 Der Schadenausgleich des Polizei- und Ordnungsrechts ist nicht auf Naturalrestitution durch Vornahme einer Handlung, sondern auf Entschädigung, d. h. auf **angemessenen Ausgleich in Geld** gerichtet.[9] Die Polizei- bzw. Ordnungsgesetze beschränken den Ausgleich auf erlittene Vermögensschäden.[10]

27 Viele Länder gewähren dem Geschädigten über den Aufopferungsgrundsatz hinausgehend wie bei der Amtshaftung auch **Schmerzensgeld** für den immateriellen Schaden, wobei im Hinblick auf die geschützten Rechtsgüter Gesundheit und Freiheit unterschiedliche Regelungen bestehen.[11]

28 **Entgangenen Gewinn** erstatten die meisten Polizei- bzw. Ordnungsgesetze nur insoweit, als der gewöhnliche Verdienst oder Nutzungsausfall ausgeglichen wird.[12] Schäden, die weiter reichen, können nur bei Vorliegen einer unbilligen Härte Berücksichtigung finden (*Rachor*, HdbPolR, L Rn. 108).

29 In den Ländern, die keine Regelung für den Ersatz des immateriellen Schadens[13] und den entgangenen Gewinn vorsehen,[14] kann ein solcher nicht unter Berufung auf den ausschließlich auf Entschädigung gerichteten Aufopferungsgrundsatz gänzlich ausgeschlossen

---

9 Art. 70 Abs. 7 S. 4 bayPAG; §§ 70 bbgPolG, 39 Abs. 2 S. 1 bbgOBG; § 60 Abs. 3 S. 1 berlASOG; § 57 Abs. 2 bremPolG; § 10 Abs. 3 S. 1 hambSOG; § 65 Abs. 3 S. 1 hessSOG; § 74 Abs. 2 S. 1 mvSOG; § 81 Abs. 3 S. 1 ndsSOG; §§ 67 nwPolG, 40 Abs. 2 S. 1 nwOBG; § 69 Abs. 3 S. 1 rpPOG; § 69 Abs. 3 S. 1 saarlPolG; § 53 Abs. 3 S. 1 sächsPolG; § 70 Abs. 3 S. 1 saSOG; § 223 Abs. 2 S. 1 shLVwG; §§ 69 Abs. 3 S. 1 thürPAG, 52 thürOBG; § 52 Abs. 3 S. 1 BPolG.

10 Art. 70 Abs. 7 S. 1 bayPAG; §§ 70 bbgPolG, 39 Abs. 1 S. 1 bbgOGB; § 60 Abs. 1 S. 1 berlASOG; § 57 Abs. 1 S. 1 bremPolG; § 55 Abs. 1 S. 1 bwPolG; § 10 Abs. 3 S. 1 hambSOG; § 65 Abs. 1 S. 1 hessSOG; § 74 Abs. 1 S. 1 mvSOG; § 81 Abs. 1 S. 1 ndsSOG; §§ 67 nwPolG, 40 Abs. 1 S. 1 nwOBG; § 69 Abs. 1 S. 1 rpPOG; § 69 Abs. 1 S. 1 saarlPolG; § 53 Abs. 1 S. 1 sächsPolG; § 70 Abs. 1 S. 1 saSOG; § 223 Abs. 1 S. 1 shLVwG; §§ 69 Abs. 1 S. 1 thürPAG, 52 thürOBG; § 52 Abs. 1 S. 1 BPolG.

11 Art. 70 Abs. 7 bayPAG; § 60 Abs. 2 berlASOG; § 57 Abs. 1 S. 2 bremPolG; § 65 Abs. 2 hessSOG; § 81 Abs. 2 ndsSOG; § 69 Abs. 2 rpPOG; § 69 Abs. 2 saarlPolG; § 53 Abs. 2 sächsPolG; § 70 Abs. 2 saSOG; §§ 69 Abs. 2 thürPAG, 52 thürOBG.

12 §§ 70 bbgPolG, 39 Abs. 1 S. 2 bbgOBG; § 60 Abs. 1 S. 2 berlASOG; § 57 Abs. 1 S. 1 bremPolG; § 65 Abs. 1 S. 2 hessSOG; § 74 Abs. 1 S. 2 mvSOG; § 81 Abs. 1 S. 2 ndsSOG; §§ 67 nwPolG, 40 Abs. 1 S. 2 nwOBG; § 69 Abs. 1 S. 2 rpPOG; § 69 Abs. 1 S. 2 saarlPolG; § 53 Abs. 1 S. 2 sächsPolG; § 70 Abs. 1 S. 2 saSOG; § 223 Abs. 1 S. 2 shLVwG; §§ 69 Abs. 1 S. 2 thürPAG, 52 thürOBG; § 52 Abs. 1 S. 2 BPolG.

13 Brandenburg, Baden-Württemberg, Hamburg, Mecklenburg-Vorpommern, Nordrhein-Westfalen, Schleswig-Holstein und auf Bundesebene.

14 Bayern, Baden-Württemberg, Hamburg.

werden. Beispielsweise ist zwar § 55 Abs. 1 S. 1 bwPolG nicht auf völlige Kompensation des Schadens gerichtet, läßt aber gleichwohl eine umfassende Berücksichtigung der Sach- und Interessenlage zu; stellt sich das Sonderopfer des Betroffenen nicht nur als materieller Schaden dar, so kann bei Vorliegen einer **unbilligen Härte** auch ein Ausgleich für den immateriellen Schaden und den entgangenen Gewinn gewährt werden (*Würtenberger/Heckmann,* Rn. 848; *Drews u. a.,* S. 671).

2. Beschränkung, Ausschluß, Vorteilsausgleichung

Die meisten Polizei- und Ordnungsgesetze berücksichtigen bei der Höhe der Entschädigung wie § 254 BGB das **Mitverschulden** des Geschädigten.[15] Die Mitverschuldensquote bemißt sich regelmäßig nach der Art der Gefahrverursachung, stellt also darauf ab, ob der Betroffene Störer, Verdachts- oder Anscheinsstörer, Nichtstörer oder Unbeteiligter ist (*Rachor,* HdbPolR, L Rn. 109). Das „Mit"-Verschulden führt zum gänzlichen Entschädigungsentfall, wenn die Gefahrensituation nur vorgetäuscht wird. 30

Einige Polizeigesetze schließen die Entschädigung aus, wenn die den Schaden bewirkende Maßnahme **zum Schutz des Betroffenen** oder seines Vermögens erfolgt ist.[16] Es kommt dabei nicht darauf an, daß dem Betroffenen auch ein Vorteil erwächst, sondern es reicht aus, daß sein Schutz beabsichtigt war und in seinem Interesse lag (*Rachor,* HdbPolR, L Rn. 114). In einem solchen Fall erbringt der Betroffene kein Sonderopfer. 31

Beispiel: Die Personenschützer des BKA werfen sich auf den Bundeskanzler, um ihn vor einem Attentat zu bewahren, und verletzen ihn dabei. 32

Eine Entschädigung ist auch dann ausgeschlossen, wenn der Geschädigte auf andere Weise **Ersatz erlangt** hat.[17] Der Ausschluß greift erst dann ein, wenn die Entschädigung gezahlt worden ist, nicht aus- 33

---

15 Art. 70 Abs. 7 S. 3 bayPAG; §§ 70 bbgPolG, 39 Abs. 4 bbgOBG; § 60 Abs. 5 S. 2 berlASOG; § 57 Abs. 4 S. 2 bremPolG; § 65 Abs. 5 S. 3 hessSOG; § 74 Abs. 4 mvSOG; § 81 Abs. 5 S. 3 ndsSOG; §§ 67 nwPolG, 40 Abs. 4 nwOBG; § 69 Abs. 5 S. 2 rpPOG; § 69 Abs. 5 S. 2 saarlPolG; § 53 Abs. 5 S. 2 sächsPolG; § 70 Abs. 5 S. 2 saSOG; § 223 Abs. 4 shLVwG; §§ 69 Abs. 5 S. 2 thürPAG, 52 thürOBG; § 52 Abs. 5 S. 2 BPolG.

16 Art. 70 Abs. 4 bayPAG; § 55 Abs. 1 S. 2 bwPolG; §§ 70 bbgPolG, 38 Abs. 2 b) bbgOBG; § 10 Abs. 3 S. 2 hambSOG; § 64 Abs. 2 hessSOG; § 72 Abs. 2 Nr. 2 mvSOG; § 81 Abs. 5 S. 2 ndsSOG; §§ 67 nwPolG, 39 Abs. 2 b) nwOBG; § 52 Abs. 1 S. 2 sächsPolG; § 69 Abs. 2 saSOG; § 52 Abs. 5 S. 1 BPolG.

17 §§ 70 bbgPolG, 38 Abs. 2 a) bbgOBG; § 72 Abs. 2 Nr. 1 mvSOG; §§ 67 nwPolG, 39 Abs. 2 a) nwOBG.

reichend ist die Möglichkeit der Realisierung (*Gusy,* Rn. 471). Hat der Geschädigte Ansprüche gegen Dritte, so kann er einen Schadensausgleich nur erlangen, wenn er diese Ansprüche an den Entschädigungspflichtigen abtritt.[18]

34 Einige Polizeigesetze mindern die Entschädigung nach den zivilrechtlichen Grundsätzen über die Vorteilsausgleichung (vgl. dazu *Medicus,* Bürgerliches Recht, 21. Aufl. 2007, Rn. 854 ff.), wenn der Schaden mit einem Vorteil einhergeht.[19] Anders als beim Entschädigungsausschluß, wo die Schutzabsicht ausreicht (vgl. Rn. 31), muß der Betroffene in einem seiner Rechtsgüter **tatsächlich** geschützt worden sein.

35 **Beispiel:** Die Polizei findet ein Fahrzeug, das als gestohlen gemeldet worden ist, mit eingeschlagener Scheibe in einem abgelegenen Waldstück auf und verbringt es auf den Hof des Polizeipräsidiums.

3. Verjährung, Konkurrenzen

36 Die meisten Polizei- und Ordnungsgesetze haben für den Schadensausgleich eine **dreijährige Verjährungsfrist** speziell geregelt.[20] Unbillig erscheint die gelegentlich vorgesehene Verjährungsfrist von einem Jahr[21] (vgl. *Rachor,* HdbPolR, L Rn. 125). In den übrigen Ländern ergibt sich die dreijährige Verjährungsfrist aus § 195 BGB[22] oder einem entsprechenden Verweis.[23]

37 Die polizei- und ordnungsgesetzlichen Ausgleichsansprüche gehen dem allgemeinen Aufopferungsanspruch als leges speciales vor (*Maurer,* Allg. VwR, § 27 Rn. 103). Zur Amtshaftung besteht **Anspruchskonkurrenz;** bei Vorliegen der Voraussetzungen können beide Ansprüche nebeneinander geltend gemacht werden (BGH, NVwZ 1993, 1228).

18 §§ 70 bbgPolG, 39 Abs. 3 bbgOBG; § 60 Abs. 4 berlASOG; § 57 Abs. 3 bremPolG; § 65 Abs. 4 hessSOG; § 74 Abs. 3 mvSOG; § 81 Abs. 4 ndsSOG; §§ 67 nwPolG, 40 Abs. 3 nwOBG; § 69 Abs. 4 rpPOG; § 69 Abs. 4 saarlPolG; § 53 Abs. 4 sächsPolG; § 70 Abs. 4 saSOG; § 223 Abs. 3 shLVwG; §§ 69 Abs. 4 thürPAG, 52 thürOBG; § 52 Abs. 4 BPolG.

19 § 60 Abs. 5 S. 1 berlASOG; § 57 Abs. 4 S. 1 bremPolG; § 65 Abs. 5 S. 1 hessSOG; § 69 Abs. 5 S. 1 rpPOG; § 69 Abs. 5 S. 1 saarlPolG; § 53 Abs. 5 S. 1 sächsPolG; § 70 Abs. 5 S. 1 saSOG; §§ 69 Abs. 5 S. 1 thürPAG, 52 thürOBG; § 52 Abs. 5 S. 1 BPolG.

20 §§ 70 bbgPolG, 40 bbgOBG; § 62 berlASOG; § 59 bremPolG; § 67 hessSOG; § 83 ndsSOG; § 71 rpPOG; § 71 saarlPolG; § 72 saSOG; §§ 71 thürPAG, 52 thürOBG; § 54 BPolG.

21 § 74 Abs. 5 S. 1 mvSOG; § 223 Abs. 5 S. 1 shLVwG.

22 Bayern, Baden-Württemberg, Hamburg.

23 §§ 67 nwPolG, 41 nwOBG.

4. Anspruchsgegner, Rechtsweg

Entschädigungspflichtig ist die Körperschaft, in deren Dienst der handelnde Beamte steht.[24] Das ist bei Polizeibeamten das jeweilige **Land** oder der **Bund,** bei einem Bediensteten der Ordnungsverwaltung die jeweilige kommunale Körperschaft. Kommen Polizeibeamte, etwa bei einer Großdemonstration, länderübergreifend zum Einsatz, ist das Land ersatzpflichtig, für deren örtlich und rechtlich zuständige Polizeibehörde die Beamten aus anderen Ländern zur Unterstützung eingesetzt worden sind. 38

Nach § 40 Abs. 2 S. 1 VwGO ist für vermögensrechtliche Ansprüche aus Aufopferung der **ordentliche** Rechtsweg gegeben. Die meisten Länder haben von der Ermächtigung des § 40 Abs. 1 S. 2 VwGO Gebrauch gemacht und für alle polizei- und ordnungsgesetzlich geregelten Ausgleichsansprüche – einschließlich des nicht auf dem Aufopferungsgrundsatz beruhenden Anspruchs des Polizeihelfers – den ordentlichen Rechtsweg eröffnet.[25] 39

Literatur: *M. Hoeft,* Die Entschädigungsansprüche des Störers im allgemeinen Polizei- und Ordnungsrecht, 1995; *H.-H. Kasten,* Die Haftung der Ordnungsbehörden, JuS 1986, 450; *F. Ossenbühl,* Staatshaftungsrecht, 5. Aufl. 1998, S. 392 ff.; *A. Schmitt-Kammler,* Der Aufopferungsgedanke, JuS 1995, 473; *G. Sydow,* Entschädigungsansprüche im Polizei- und Ordnungsrecht, Jura 2007, 7; *C. Treffer,* Staatshaftung im Polizeirecht, 1993. 40

24 Art. 70 Abs. 6 bayPAG; §§ 70 bbgPolG, 41 Abs. 1 S. 1 bbgOBG; § 63 Abs. 1 berlASOG; § 60 Abs. 1 bremPolG; § 56 S. 1 bwPolG; § 68 Abs. 1 hessSOG; § 75 Abs. 1 mvSOG; § 84 Abs. 1 ndsSOG; § 72 Abs. 1 rpPOG; § 72 Abs. 1 saarlPolG; § 56 S. 1 sächsPolG; § 73 Abs. 1 saSOG; § 224 Abs. 1 shLVwG; §§ 72 Abs. 1 thürPAG, 52 thürOBG; § 55 Abs. 1 S. 1 BPolG.

25 Art. 73 Abs. 1 bayPAG; §§ 70 bbgPolG, 42 Abs. 1 bbgOBG; § 65 berlASOG; § 62 S. 1 bremPolG; § 58 bwPolG; § 70 hessSOG; § 77 mvSOG; § 86 ndsSOG; §§ 67 nwPolG, 43 Abs. 1 nwOBG; § 74 rpPOG; § 74 saarlPolG; § 58 sächsPolG; § 75 saSOG; § 226 shLVwG; §§ 74 thürPAG, 52 thürOBG; § 56 Hs. 1 BPolG.

7. Teil. Der Polizei- und Ordnungsrechtsfall

§ 27. Technik der Fallbearbeitung

I. Grundfall

1 Den Polizei- und Ordnungsrechtsfall kennzeichnet, daß Polizei- und Ordnungsbehörden in Anwendung von Polizei- und Ordnungsrecht gegenüber dem Bürger tätig werden. Im Grundfall wird nach der Rechtmäßigkeit des eingreifenden **rechtlichen Handelns** der Polizei- oder Ordnungsbehörde in einem Einzelfall, d. h. einer Polizei- oder Ordnungsverfügung gefragt. Die folgenden Ausführungen zur Polizeiverfügung gelten in gleicher Weise auch für die Ordnungsverfügung und für das eingreifende **tatsächliche Handeln** der Polizei- und Ordnungsbehörden, d. h. den polizei- oder ordnungsbehördlichen Realakt, es sei denn Abweichungen werden benannt. Die Frage nach der Rechtmäßigkeit kann in zwei oder drei Teilfragen aufgeteilt werden:

2 Traditionell ist ein zweistufiger Aufbau, in dem die formelle vor der materiellen Rechtmäßigkeit geprüft wird. Allerdings kommen einschlägige formelle Rechtmäßigkeitsvoraussetzungen oft erst dann in den Blick, wenn die Ermächtigungsgrundlage, d. h. das Gesetz, auf das die Verfügung gestützt ist, feststeht. Daher wird heutzutage vielfach ein dreistufiger Aufbau (Ermächtigungsgrundlage, formelle Rechtmäßigkeit, materielle Rechtmäßigkeit) empfohlen. **Zwei- oder dreistufiger Aufbau** sind nicht normativ vorgegeben, sondern eine Frage der Zweckmäßigkeit. Wenn die einschlägige Ermächtigungsgrundlage fraglich ist, etwa weil eine spezialgesetzliche die polizeirechtliche Ermächtigungsgrundlage möglicherweise verdrängt, und hiervon abhängt, welche formellen Rechtmäßigkeitsvoraussetzungen zu prüfen sind, sollte mit der Prüfung der Ermächtigungsgrundlage begonnen und dreistufig geprüft werden; andernfalls besteht die Gefahr überflüssiger, weil nicht einschlägige Normen betreffender Ausführungen zur formellen Rechtmäßigkeit. Wenn aber die einschlägige Ermächtigungsgrundlage unproblematisch ist oder wenn von ihrer Bestimmung nicht abhängt, welche formellen Rechtmäßigkeitsvo-

raussetzungen zu erfüllen sind, sollte sofort mit der Prüfung der formellen Rechtmäßigkeit begonnen und zweistufig geprüft werden.

Beispiele: Von der Streitfrage, ob der Verbringungsgewahrsam eine Freiheitsbeschränkung oder eine Freiheitsentziehung darstellt (vgl. § 17 Rn. 4), hängt ab, ob der Richtervorbehalt einschlägig ist. Geht es in einem Fall um die Rechtmäßigkeit eines Verbringungsgewahrsams, sollte dreistufig aufgebaut und im Rahmen der Prüfung der Ermächtigungsgrundlage die Streitfrage erörtert und entschieden werden. – Für die polizeiliche Maßnahme, das Betteln zu unterlassen, kommt offensichtlich nur die Generalklausel in Betracht. Dann braucht die Ermächtigungsgrundlage auch nicht in einem eigenen Gliederungspunkt problematisiert zu werden, sondern sollte gleich die formelle Rechtmäßigkeit der auf die Generalklausel gestützten Maßnahme der Polizei behandelt werden. – Ist das sofortige Einschreiten der Polizei bei einem Tankwagenunfall zu beurteilen, dann braucht nicht erst nach einer Ermächtigungsgrundlage im Abfall-, Bau-, Bodenschutz- oder Immissionsschutzrecht gesucht zu werden, sondern sollte gleich die Eilfallzuständigkeit der Polizei geprüft werden. 3

Bei der Frage nach der Ermächtigungsgrundlage für eine Polizeiverfügung muß geklärt werden, ob ein **spezielles Gesetz** anzuwenden ist. Spezielle Gesetze sind zunächst Gesetze, die die Polizei zur Abwehr besonders geregelter Gefahren ermächtigen, z. B. bei der Überwachung des Straßenverkehrs und im Versammlungs-, Waffen- und Munitionswesen. Außerdem gehen die Spezialbefugnisse der Generalklausel vor, d. h. bei Einschlägigkeit einer speziellen Ermächtigungsgrundlage ist nicht weiterzuprüfen und die polizeirechtliche Generalklausel darf nur bei Nichteinschlägigkeit der speziellen Ermächtigungsgrundlagen als Ermächtigungsgrundlage angenommen werden. Bei Erörterung der Ermächtigungsgrundlage ist die Aufgabenzuweisungsnorm im Blick zu behalten, d. h. gegebenenfalls muß geprüft werden, ob es überhaupt um Gefahrenabwehr geht. 4

Beispiel: Die Ermächtigungsgrundlage der Identitätsfeststellung an einem gefährlichen Ort begnügt sich mit einer abstrakten Gefahr. Bei einer Gruppe von Nonnen ist aber offensichtlich keinerlei Gefahr abzuwehren, so daß die Identitätsfeststellung ausscheidet und auch keine andere Ermächtigungsgrundlage für eine polizeiliche Maßnahme in Betracht kommt (vgl. § 5 Rn. 12). 5

Bei der Frage nach der Ermächtigungsgrundlage empfiehlt sich auch zu prüfen, ob das Handeln der Polizei gegenüber dem der Ordnungsbehörden, anderer Behörden und Gerichte **subsidiär** ist. Denn die meisten Polizeigesetze regeln die Frage der Subsidiarität in der Aufgabenzuweisungsnorm und getrennt von den Zuständigkeitsnor- 6 men; außerdem ist teilweise die Subsidiarität von der Spezialität nicht zu trennen (vgl. § 5 Rn. 40). Es ist aber nicht falsch, die Subsidiarität im Rahmen der Zuständigkeit zu prüfen, denn grundsätzlich betrifft die Spezialität das Verhältnis von Gesetzen und die Subsidiarität das Verhältnis von Behörden. Kommt nach der Fallgestaltung offensichtlich eine Eilkompetenz der Polizei in Betracht, empfiehlt es sich, zweistufig aufzubauen (vgl. Rn. 2) und mit der Zuständigkeit der Polizei zu beginnen.

6a Wenn bei einer in Betracht kommenden Ermächtigungsgrundlage ihre **Verfassungsmäßigkeit** zweifelhaft ist (vgl. § 10 Rn. 6), hat an dieser Stelle, d. h. vor der Erörterung der formellen und materiellen Rechtmäßigkeit, eine Prüfung der Frage zu erfolgen, ob die Ermächtigungsgrundlage eine Verfassungsnorm, insbesondere ein Freiheitsgrundrecht, verletzt (vgl. das Aufbauschema bei *Pieroth/Schlink*, Rn. 359). Hierbei muß wie stets die Möglichkeit einer verfassungskonformen Auslegung bedacht werden (*Poscher/Rusteberg*, JuS 2011, 888/892).

7 Die Frage nach der **formellen Rechtmäßigkeit** umfaßt die drei Teilfragen nach Zuständigkeit, Verfahren und Form. Die Polizeiverfügung ist formell rechtmäßig, wenn die Anforderungen der bei den einzelnen Spezialbefugnissen besonders normierten und allgemein geltenden Zuständigkeits-, Verfahrens- und Formvorschriften eingehalten sind. Bei der Fallbearbeitung ist darauf zu achten, ob die Frage oder die Teilfragen nicht schon durch den Aufgabentext abgeschnitten sind, etwa dadurch, daß von einer formell ordnungsmäßig erlassenen Polizeiverfügung oder davon die Rede ist, daß die (örtlich, sachlich) zuständige Behörde gehandelt habe. Unabhängig davon liegt bei der formellen Rechtmäßigkeit kaum einmal der Schwerpunkt eines polizei- oder ordnungsrechtlichen Falls und müssen die Ausführungen dementsprechend knapp gehalten werden.

8 Die Frage nach der **materiellen Rechtmäßigkeit** umfaßt die sechs Teilfragen nach dem Vorliegen eines (1) Schutzguts (vgl. § 8), für das eine (2) Gefahr besteht (vgl. § 4), der (3) Pflichtigkeit, d. h. der Inanspruchnahme des richtigen Adressaten (vgl. § 9), der (4) Grundrechskonformität (vgl. § 10 Rn. 5–14), der (5) Verhältnismäßigkeit (vgl. § 10 Rn. 15–30 a), der (6) Bestimmtheit (vgl. § 10 Rn. 31 f.) und der (7) Ermessensfehlerfreiheit (vgl. § 10 Rn. 32–46). Die ersten sechs Teilfragen werden häufig unter den Oberbegriff „Tatbestand" zusammengezogen und dem Ermessen als „Rechtsfolge" gegenübergestellt. Eine entsprechende Gliederung ist aber entbehrlich, weil alle sieben

Teilfragen gleichrangig und gleich wichtig für die materielle Rechtmäßigkeit oder Rechtswidrigkeit sind. Die Polizeiverfügung ist materiell rechtmäßig, wenn die Anforderungen der Ermächtigungsgrundlage bezüglich des Schutzguts, der Gefahr und der Pflichtigkeit eingehalten sind und sie grundrechtskonform, verhältnismäßig, bestimmt und ermessensfehlerfrei ist. Die Polizeiverfügung ist insgesamt rechtmäßig, wenn die formellen und materiellen Voraussetzungen der Ermächtigungsgrundlage und des sonstigen einschlägigen Rechts vorliegen.

Aufbauschema: Grundfall 9

I. Ermächtigungsgrundlage
   1. Spezialbefugnis im besonderen Gefahrenabwehrrecht (oder)
   2. Spezialbefugnis im Polizei- oder Ordnungsrecht (oder)
   3. Polizei- oder ordnungsrechtliche Generalklausel (sowie jeweils)
   4. Aufgabenzuweisung und fehlende Subsidiarität

II. Formelle Rechtmäßigkeit
   1. Zuständigkeit (und)
   2. Verfahren (und)
   3. Form

III. Materielle Rechtmäßigkeit
   1. Schutzgut (und)
   2. Gefahr (und)
   3. Pflichtigkeit (und)
   4. Grundrechtskonformität (und)
   5. Verhältnismäßigkeit (und)
   6. Bestimmtheit (und)
   7. Ermessensfehlerfreiheit

Spielt der Grundfall im **Versammlungsrecht,** tauchen typische Probleme auf, die wie folgt im Aufbauschema zu verorten sind: 9a

I. Ermächtigungsgrundlage
   1. Die Frage, ob eine Spezialbefugnis des Versammlungsgesetzes anzuwenden ist, ist zu bejahen, wenn die polizeiliche Maßnahme sich gegen eine Versammlung richtet (vgl. § 20 Rn. 6–9), das Versammlungsgesetz Sperrwirkung ge-

genüber dem allgemeinen Polizei- und Ordnungsrecht hat (vgl. § 20 Rn. 13–15) und es sich um eine versammlungsspezifische polizeiliche Maßnahme handelt (vgl. § 20 Rn. 16). Liegt eine dieser drei Voraussetzungen nicht vor, sind I.2. und I.3. zu prüfen.

2. oder 3. Wird bei einer versammlungsspezifischen Maßnahme die Sperrwirkung verneint und der Eingriff auf das allgemeine Polizei- und Ordnungsrecht gestützt, ist die Verfassungsmäßigkeit der Ermächtigungsgrundlage im Hinblick auf Art. 19 Abs. 1 S. 2 GG zu prüfen (vgl. § 20 Rn. 18f.).
4. Bei Versammlungen in geschlossenen Räumen ist die Subsidiarität des Handelns der Polizei gegenüber dem Hausrecht und der Ordnungsgewalt des Leiters zu beachten (vgl. § 22 Rn. 7). Bei Versammlungen unter freiem Himmel ist sie dann zu beachten, wenn ein Träger öffentlicher Gewalt das Hausrecht über das Gelände hat (vgl. § 5 Rn. 40f.).

III. Materielle Rechtmäßigkeit
1. Das Schutzgut der öffentlichen Sicherheit kann auch durch Verstöße gegen das Versammlungsgesetz selbst verletzt werden (vgl. § 20 Rn. 3); allerdings ist die Anmeldung einer öffentlichen Versammlung unter freiem Himmel bei Spontanversammlungen verzichtbar und die Anmeldefrist bei Eilversammlungen verfassungskonform verkürzbar (vgl. §§ 21 Rn. 3, 23 Rn. 4). Das Schutzgut der öffentlichen Ordnung muß im Hinblick auf das Grundrecht der Meinungsfreiheit restriktiv interpretiert werden (vgl. § 21 Rn. 23, 37).
3. Bei Gegendemonstrationen ist zu prüfen, ob die die Gegendemonstration mittelbar verursachenden Demonstranten als nichtverantwortliche Dritte polizeilich in Anspruch genommen werden dürfen (vgl. § 9 Rn. 17f.).

10 Die Frage, in welchem **Umfang** das Aufbauschema geprüft werden muß, hängt zunächst von der konkreten Fallfrage ab. Beschränkt sie sich z. B. auf die materielle Rechtmäßigkeit, dann sind nur I. und III. des Aufbauschemas zu prüfen; ist nach der Rechtmäßigkeit insgesamt gefragt, hängt der Umfang der Prüfung davon ab, ob überhaupt eine

einschlägige Ermächtigungsgrundlage vorhanden ist; falls nicht, ist die Prüfung mit I. zu Ende. Wenn die formelle oder die materielle Rechtswidrigkeit festgestellt wird, ehe alle Punkte unter II. bzw. III. erörtert wurden, muß das Aufbauschema unter der Voraussetzung zu Ende geprüft werden, daß die späteren Punkte ausweislich des Sachverhalts noch problemträchtig sind oder laut Fallfrage geprüft werden müssen; diese Fortsetzung der Prüfung wird gelegentlich als hilfsgutachtlich bezeichnet. Immer gilt, daß Ausführungen zu einem Punkt des Aufbauschemas nur dann erforderlich sind, wenn Sachverhalt oder Rechtslage Anhaltspunkte dafür bieten, daß der Punkt möglicherweise zur Rechtswidrigkeit führt.

Beispiele: Schutzgut, Gefahr, Pflichtigkeit und Verhältnismäßigkeit sind 11
rechtlich so komplex, daß sie regelmäßig Anhaltspunkte für Zweifel an der Rechtmäßigkeit liefern und geprüft werden müssen. Die Voraussetzungen der formellen Rechtmäßigkeit liegen dagegen häufig offensichtlich vor. Die Grundrechtskonformität wird nur bei speziellen Qualifikationen und Schranken-Schranken zum Problem. Die Bestimmtheit bei Spezialbefugnisnormen als Ermächtigungsgrundlage ist regelmäßig nicht fraglich. Bei Gesetzen, die zur Abwehr besonders geregelter Gefahren ermächtigen, ist gelegentlich kein Ermessen eingeräumt (vgl. § 15 Abs. 3 VersG); dann entfällt der Prüfungspunkt der Ermessensfehlerfreiheit.

Das Aufbauschema für den polizei- und ordnungsrechtlichen Grundfall ist das A und O der Fallösung – auch in Bayern (vgl. 12
Wehr, JuS 2006, 582). Für alle Fälle, in denen nach der Rechtmäßigkeit einer Polizeiverfügung gefragt ist, **reicht es aus.** Wenn in einem Fall mehrere Polizeiverfügungen erlassen worden sind oder das Handeln eines Polizeibeamten in mehrere Regelungen zerlegbar ist, muß das Aufbauschema mehrfach durchgeprüft werden. Geht es ausnahmsweise einmal nicht um eingreifendes Handeln der Polizei- oder Ordnungsbeamten, genügt es, die Voraussetzungen der Aufgabenzuweisungsnorm und der Zuständigkeit zu prüfen. In anderen Konstellationen, die im folgenden vorgestellt werden, wird das Prüfungsschema ergänzt, und zwar meistens so, daß sich das Aufbauschema des Grundfalls in ein anderes Aufbauschema hineinschiebt (vgl. Rn. 21, 23, 25, 29, 31, 32, 35), oder auch so, daß sich ein anderes Aufbauschema in das Aufbauschema des Grundfalls hineinschiebt (vgl. Rn. 15). Nie wird aber das Aufbauschema des Grundfalls strukturell verändert oder aufgegeben.

II. Variationen des Grundfalls

1. Verordnungsfall

13 Aufgabe kann zunächst sein, **unmittelbar** die Rechtmäßigkeit einer Verordnung zu überprüfen. Dies kommt besonders in den Ländern in Betracht, in denen der Landesgesetzgeber gem. § 47 Abs. 1 Nr. 2 VwGO eine abstrakte Normenkontrolle über Rechtsvorschriften im Rang unter dem Landesgesetze geregelt hat; das ist lediglich in Berlin, Hamburg und Nordrhein-Westfalen nicht geschehen. Aufzubauen ist wie unter den Gliederungspunkten von II. und III. des § 11 (Rn. 9ff., 12ff.).

14 Häufiger lautet die Aufgabe, die Rechtmäßigkeit einer Polizeiverfügung zu prüfen, die wegen eines drohenden **Verstoßes gegen eine Verordnung** erlassen worden ist. Die Überprüfung der Rechtmäßigkeit der Verordnung schiebt sich beim Schutzgut in das Aufbauschema des Grundfalls hinein: Bei einem drohenden Verstoß gegen eine Verordnung liegt eine Gefahr für die öffentliche Sicherheit unter dem Aspekt der Unverletzlichkeit der Rechtsordnung vor; der Verstoß setzt aber die Rechtmäßigkeit der Verordnung voraus.

15 **Aufbauschema:** Verordnungsfall

I. Ermächtigungsgrundlage für die Polizeiverfügung
   1. Spezialbefugnis im besonderen Gefahrenabwehrrecht (oder)
   2. Spezialbefugnis im Polizei- und Ordnungsrecht (oder)
   3. Polizei- und ordnungsrechtliche Generalklausel (sowie jeweils)
   4. Aufgabenzuweisung und fehlende Subsidiarität

II. Formelle Rechtmäßigkeit der Polizeiverfügung
   1. Zuständigkeit (und)
   2. Verfahren (und)
   3. Form

III. Materielle Rechtmäßigkeit der Polizeiverfügung
   1. Schutzgut: öffentliche Sicherheit, Teilschutzgut: Unverletzlichkeit der Rechtsordnung, hier Unverletzlichkeit der Verordnung, Voraussetzung: Rechtmäßigkeit der Verordnung
      a) Ermächtigungsgrundlage für die Verordnung

b) Formelle Rechtmäßigkeit der Verordnung
   aa) Zuständigkeit (und)
   bb) Verfahren (und)
   cc) Form
c) Materielle Rechtmäßigkeit der Verordnung
   aa) Vereinbarkeit mit höherrangigem Recht (und)
   bb) Schutzgut (und)
   cc) abstrakte Gefahr (und)
   dd) Pflichtigkeit (und)
   ee) Grundrechtskonformität (und)
   ff) Verhältnismäßigkeit (und)
   gg) Bestimmtheit

2. Konkrete Gefahr (und)
3. Pflichtigkeit (und)
4. Grundrechtskonformität (und)
5. Verhältnismäßigkeit (und)
6. Bestimmtheit (und)
7. Ermessensfehlerfreiheit

Beispiele: Auf eine Spezialbefugnis im besonderen Gefahrenabwehrrecht stützt sich das Verbot gem. § 15 Abs. 1 VersG einer Versammlung gegen eine bereits in Kraft getretene neue Hundeverordnung, auf der entgegen dem in der Hundeverordnung normierten Verbot Hunde unangeleint und ohne Maulkorb mitgeführt werden. Unter III. 1. ist zu prüfen, ob der Verstoß gegen die Hundeverordnung die Rechtsordnung und damit das Schutzgut der öffentlichen Sicherheit verletzt. Voraussetzung dafür ist die Rechtmäßigkeit der Hundeverordnung, deren Prüfung wie unter den Gliederungspunkten von II. und III. des § 11 aufzubauen ist. – Auf die Spezialbefugnis der Sicherstellung stützt sich die Einweisung Obdachloser oder Evakuierter in Privatwohnungen oder -häuser (vgl. § 19 Rn. 5). Verpflichtet eine Verordnung für den Fall einer Flutkatastrophe alle Eigenheimbesitzer oberhalb einer bestimmten Quadratmeterzahl pro Hausbewohner zur Aufnahme Evakuierter, dann ist bei einer entsprechenden Sicherstellungsverfügung unter III. 1. zu prüfen, ob die Nichtaufnahme ein Schutzgut der Sicherstellung gefährdet. Dieses ist wiederum in der Unverletzlichkeit der Verordnung zu finden, deren Voraussetzungen damit zugleich Voraussetzungen der materiellen Rechtmäßigkeit sind. 16

2. Vollstreckungsfall

Geht es in einem Fall um die zwangsweise Durchsetzung von Maßnahmen der Polizei- und Ordnungsbehörden, ist zunächst zu 17 klären, ob die zwangsweise Durchsetzung nicht schon von einer **Spezialbefugnis** des Polizei- und Ordnungsrechts umfaßt ist (vgl. § 12 Rn. 12ff.). Dann ist nach dem Aufbauschema für den Grundfall vorzugehen. Ist eine Spezialbefugnis ausdrücklich zur Durchsetzung einer anderen Spezialbefugnis eingeräumt, gehören deren Rechtmäßigkeitsvoraussetzungen zur materiellen Rechtmäßigkeit der Spezialbefugnis, auf die die Durchsetzung gestützt wird.

18 **Beispiele:** Bei einer Ingewahrsamnahme, Durchsuchung und Sicherstellung enthalten die Spezialbefugnisse auch die Ermächtigung, diese Maßnahme faktisch durchzusetzen, d. h. dem Betroffenen in den eng umgrenzten Raum zu bringen, nach verborgenen Gegenständen zu suchen und eine Sache an sich zu nehmen. Dient die Ingewahrsamnahme der Durchsetzung einer Platzverweisung, ist sie nur (materiell) rechtmäßig, wenn die Platzverweisung (formell und materiell) rechtmäßig ist.

19 Ein Vollstreckungsfall liegt erst vor, wenn die besonderen Vorschriften über den **Zwang** für die Polizei oder über die **Vollstreckung** für Ordnungsbehörden zur Anwendung kommen. Dann ist die Norm zu ermitteln, die die handelnde Behörde zum Zwang oder zur Vollstreckung ermächtigt. Ob das gestreckte oder das gekürzte Zwangsverfahren geprüft wird, hängt davon ab, welches Verfahren sich nach dem Sachverhalt aufdrängt. Besteht insofern Unklarheit, ist zunächst das gestreckte Verfahren zu prüfen. Erweist sich im Verlauf der Prüfung, daß nicht alle Stationen des gestreckten Verfahrens gegeben sind, ist das gekürzte Zwangsverfahren zu prüfen.

20 **Beispiele:** Der Erlaß eines Zwangsgeldbescheids zeigt, daß ein gestrecktes Zwangsverfahren durchgeführt wird. Das Abdrängen von Schaulustigen im Fall eines Brandes geschieht offensichtlich im gekürzten Zwangsverfahren. Ist nach der Rechtmäßigkeit eines noch durchzuführenden Zwangsverfahrens oder einer bereits erfolgten Zwangsanwendung gefragt, sind sämtliche Rechtmäßigkeitsvoraussetzungen zu prüfen. Ist ein Zwangsmittel festgesetzt oder erst angedroht, sind nur die Rechtmäßigkeitsvoraussetzungen bis zur Festsetzung oder Androhung zu prüfen.

21 **Aufbauschema:** Vollstreckungsfall (gestrecktes Zwangsverfahren)

I. Ermächtigungsgrundlage für die Zwangsmaßnahme
   1. Polizei- oder Verwaltungsvollstreckungsgesetz? (und)
   2. Gestrecktes oder gekürztes Zwangsverfahren? (und)
   3. Zwangsmittel

a) Androhung oder Anwendung der Ersatzvornahme (oder)
b) Androhung, Festsetzung oder Anwendung (Beitreibung) des Zwangsgeldes (oder)
c) Androhung oder Anwendung des unmittelbaren Zwangs

II. Formelle Rechtmäßigkeit der Zwangsmaßnahme
1. Zuständigkeit (und)
2. Verfahren
a) Androhung (und)
b) Festsetzung (und)
c) Anwendung

III. Materielle Rechtmäßigkeit der Zwangsmaßnahme
1. Grundverfügung (und)
2. Vollstreckbarkeit (und)
3. Keine Kenntnis der Vollzugsbehörde von der Rechtswidrigkeit der Grundverfügung (und)
4. Fehlen von Vollstreckungshindernissen (und)
5. Tatbestandliche Voraussetzungen des Zwangsmittels (und)
6. Grundrechtskonformität (und)
7. Verhältnismäßigkeit (und)
8. Bestimmtheit (und)
9. Ermessensfehlerfreiheit

Auch die Prüfung der Rechtmäßigkeit des gekürzten Verfahrens erfolgt weitgehend nach diesem Aufbauschema. Allerdings ist keine vollstreckbare Grundverfügung zu verlangen. Stattdessen muß die **fiktive Grundverfügung** rechtmäßig gewesen sein; an dieser Stelle ist eine Prüfung nach dem Schema des Grundfalls vorzunehmen. Außerdem ist das gekürzte Verfahren nur materiell rechtmäßig, wenn die Notwendigkeit gegenwärtiger Gefahrenabwehr besteht (vgl. § 24 Rn. 40). 22

Aufbauschema: Vollstreckungsfall (gekürztes Zwangsverfahren) 23

I. Ermächtigungsgrundlage für die Zwangsmaßnahme
1. Polizei- oder Verwaltungsvollstreckungsgesetz? (und)
2. Gestrecktes oder gekürztes Zwangsverfahren? (und)
3. Zwangsmittel

a) Anwendung der Ersatzvornahme (oder)
b) Anwendung des unmittelbaren Zwangs
II. Formelle Rechtmäßigkeit der Zwangsmaßnahme
1. Zuständigkeit (und)
2. Anwendung
III. Materielle Rechtmäßigkeit der Zwangsmaßnahme
1. Fiktive Grundverfügung
a) Ermächtigungsgrundlage
aa) Spezialbefugnis im besonderen Gefahrenabwehrrecht (oder)
bb) Spezialbefugnis im Polizei- oder Ordnungsrecht (oder)
cc) Polizei- oder ordnungsrechtliche Generalklausel (sowie jeweils)
dd) Aufgabenzuweisung und fehlende Subsidiarität
b) Formelle Rechtmäßigkeit
aa) Zuständigkeit (und)
bb) Verfahren (und)
cc) Form
c) Materielle Rechtmäßigkeit
aa) Schutzgut (und)
bb) Gefahr (und)
cc) Pflichtigkeit (und)
dd) Grundrechtskonformität (und)
ee) Verhältnismäßigkeit (und)
ff) Bestimmtheit (und)
gg) Ermessensfehlerfreiheit
2. Notwendigkeit gegenwärtiger Gefahrenabwehr (und)
3. Fehlen von Vollstreckungshindernissen (und)
4. Tatbestandliche Voraussetzungen des Zwangsmittels (und)
5. Grundrechtskonformität (und)
6. Verhältnismäßigkeit (und)
7. Bestimmtheit (und)
8. Ermessensfehlerfreiheit

3. Kostenfall

Durch das Gesetz können die Kosten des polizei- und ordnungsbehördlichen Handelns dem Bürger auferlegt sein. Neben Gebühren für die Vornahme polizei- und ordnungsbehördlicher Amtshandlungen und für die Benutzung polizei- und ordnungsbehördlicher Einrichtungen ist die Kostentragung für Auslagen und Aufwendungen in den Fällen der Ersatzvornahme, der unmittelbaren Ausführung, des unmittelbaren Zwangs, der Sicherstellung und Verwahrung sowie beim Rückgriff auf den Pflichtigen geregelt. Diese gesetzliche Regelung ist unter dem Prüfungsgesichtspunkt der Ermächtigungsgrundlage zu ermitteln. Außerdem ist hier zu klären, ob die Kostentragungspflicht ggf. durch Leistungsbescheid durchgesetzt werden darf (vgl. § 25 Rn. 24). Für die formelle Rechtmäßigkeit gelten keine Besonderheiten. Bei der materiellen Rechtmäßigkeit müssen die tatbestandlichen Voraussetzungen der Kostentragungspflicht (Kostengläubiger, Kostenschuldner, Entstehung der Kosten, Höhe der Kosten, Wegfall wegen Unbilligkeit, Ermessensfehlerfreiheit) geprüft werden. Je nach dem, für welches polizei- oder ordnungsbehördliche Handeln die Kosten entstanden sind, müssen dessen Rechtmäßigkeitsvoraussetzungen vorliegen (vgl. *Poscher/Rusteberg*, JuS 2012, 26/31 f.). Handelt es sich etwa um eine Zwangsmaßnahme, sind infolgedessen drei Rechtmäßigkeitsprüfungen **auseinanderzuhalten:** 24

Aufbauschema: Kostenfall 25

I. Ermächtigungsgrundlage für den Kostenbescheid
   1. Spezieller Gebührentatbestand (oder)
   2. Spezieller Auslagentatbestand

II. Formelle Rechtmäßigkeit des Kostenbescheids

III. Materielle Rechtmäßigkeit des Kostenbescheids
   1. Rechtmäßigkeit des kostenauslösenden Handelns der Polizei- oder Ordnungsbehörde
      a) (wenn für Grundverfügung Kosten verlangt werden) Aufbauschema Grundfall (oder)
      b) (wenn für Vollstreckungsmaßnahme Kosten verlangt werden) Aufbauschema Vollstreckungsfall
   2. Voraussetzungen des Kostentatbestands
   3. Grundrechtskonformität, Verhältnismäßigkeit, Bestimmtheit, Ermessensfehlerfreiheit

4. Folgenbeseitigungsfall

26 Der Folgenbeseitigungsanspruch ist ein Rechtsinstitut des allgemeinen Verwaltungsrechts, das auch für polizei- und ordnungsrechtliche Fälle relevant wird. Der Anspruch setzt tatbestandlich voraus, daß durch hoheitlichen Eingriff in ein subjektives Recht ein rechtswidriger Zustand geschaffen wurde, der noch andauert (vgl. *Maurer*, Allg. VwR, § 30 Rn. 7). Wurde der hoheitliche Eingriff von Polizei- oder Ordnungsbehörden vorgenommen, ist die **Schaffung des rechtswidrigen Zustands** nach dem Aufbauschema des Grundfalls zu prüfen. Eine Variante des Folgenbeseitigungsanspruchs ist gegeben, wenn ein von einer Polizei- oder Ordnungsbehörde geschaffener rechtmäßiger Zustand durch Fristablauf oder Wegfall der Eingriffsvoraussetzungen rechtswidrig geworden ist. Auch für diese Feststellung ist die Prüfung nach dem Aufbauschema des Grundfalls erforderlich.

27 **Beispiele:** Die Behörde unterläßt es, eine rechtmäßig beschlagnahmte Sache nach Aufhebung der Beschlagnahmeverfügung zurückzugeben (vgl. *Schoch*, VerwArch 1988, 39). Der Bürgermeister, der einen Obdachlosen durch eine rechtmäßige, aber befristete Verfügung in eine private Wohnung eingewiesen hat, unterläßt es nach Fristablauf, den Obdachlosen zum Verlassen der Wohnung zu veranlassen (vgl. *Knemeyer*, JuS 1988, 696).

28 Die im Polizei- und Ordnungsrecht speziell geregelten Berichtigungs-, Sperrungs-, Löschungs- und Vernichtungsansprüche (vgl. § 15 Rn. 81 ff.) sind **besondere Ausprägungen** des Folgenbeseitigungsanspruchs. Soweit bei ihnen die Rechtmäßigkeit der Datenerhebung oder -verarbeitung relevant ist, kommt wiederum das Aufbauschema des Grundfalls ins Spiel.

29 **Aufbauschema:** Folgenbeseitigungsfall

I. Anspruchsgrundlage
   Folgenbeseitigungsanspruch als richterrechtliche Folgerung aus den Grundrechten

II. Anspruchsvoraussetzungen
   1. Subjektives Recht
   2. Hoheitlicher Eingriff
   3. Rechtswidrigkeit des Eingriffs, von Anfang an bestehend oder später eingetreten
      a) Ermächtigungsgrundlage

aa) Spezialbefugnis im besonderen Gefahrenabwehrrecht (oder)
bb) Spezialbefugnis im Polizei- oder Ordnungsrecht (oder)
cc) Polizei- oder ordnungsrechtliche Generalklausel (sowie jeweils)
dd) Aufgabenzuweisung und fehlende Subsidiarität
b) Formelle Rechtmäßigkeit
aa) Zuständigkeit (und)
bb) Verfahren (und)
cc) Form
c) Materielle Rechtmäßigkeit
aa) Schutzgut (und)
bb) Gefahr (und)
cc) Pflichtigkeit (und)
dd) Grundrechtskonformität (und)
ee) Verhältnismäßigkeit (und)
ff) Bestimmtheit (und)
gg) Ermessensfehlerfreiheit
4. Andauern des rechtswidrigen Zustands
III. Anspruchsinhalt
Wiederherstellung des ursprünglichen Zustands soweit tatsächlich möglich, rechtlich zulässig und für die Polizei- und Ordnungsbehörden zumutbar.

5. Schadensausgleichsfall

Der Bürger kann unter bestimmten Voraussetzungen Schadensausgleich für ein Handeln der Polizei- und Ordnungsbehörden vom Staat verlangen. Die einschlägigen Anspruchsgrundlagen unterscheiden danach, ob die Polizei- und Ordnungsbehörden **rechtmäßig oder rechtswidrig** gehandelt haben (vgl. § 26 Rn. 6). Bei der Prüfung der Anspruchsvoraussetzungen ist dann jeweils das Aufbauschema des Grundfalls heranzuziehen. 30

31 **Aufbauschema:** Schadensausgleichsfall (rechtmäßiges Handeln)

I. Anspruchsgrundlage
   1. Nichtstörer (oder)
   2. Polizeihelfer (oder)
   3. Unbeteiligter Dritter (oder)
   4. Anscheins- oder Verdachtsstörer

II. Anspruchsvoraussetzungen
   1. Rechtmäßigkeit der Maßnahme
      a) Ermächtigungsgrundlage
         aa) Spezialbefugnis im besonderen Gefahrenabwehrrecht (oder)
         bb) Spezialbefugnis im Polizei- oder Ordnungsrecht (oder)
         cc) Polizei- oder ordnungsrechtliche Generalklausel (sowie jeweils)
         dd) Aufgabenzuweisung und fehlende Subsidiarität
      b) Formelle Rechtmäßigkeit
         aa) Zuständigkeit (und)
         bb) Verfahren (und)
         cc) Form
      c) Materielle Rechtmäßigkeit
         aa) Schutzgut (und)
         bb) Gefahr (und)
         cc) Pflichtigkeit (und)
         dd) Grundrechtskonformität (und)
         ee) Verhältnismäßigkeit (und)
         ff) Bestimmtheit (und)
         gg) Ermessensfehlerfreiheit
   2. Schaden (und)
   3. Kausalität (und)
   4. (nur bei Anscheins- oder Verdachtsstörer) Fehlendes Verschulden (und)
   5. Kein Anspruchsausschluß durch
      a) Anspruchsübergang auf den Unfallsversicherungsträger (oder)
      b) anderweitige Ersatzerlangung (oder)
      c) Inanspruchnahme des Anspruchsstellers zu seinem Schutz (oder)
      d) Verjährung

III. Anspruchsinhalt
   1. Angemessener Ausgleich in Geld
   2. Mitverschuldensanrechnung

Aufbauschema: Schadensausgleichsfall (rechtswidriges Handeln) 32

I. Anspruchsgrundlage
   1. Spezieller polizei- und ordnungsrechtlicher Aufopferungsanspruch (oder)
   2. Allgemeiner Aufopferungsanspruch

II. Anspruchsvoraussetzungen
   1. Rechtswidrigkeit der Maßnahme
      a) Ermächtigungsgrundlage
         aa) Spezialbefugnis im besonderen Gefahrenabwehrrecht (oder)
         bb) Spezialbefugnis im Polizei- oder Ordnungsrecht (oder)
         cc) Polizei- oder ordnungsrechtliche Generalklausel (sowie jeweils)
         dd) Aufgabenzuweisung und fehlende Subsidiarität
      b) Formelle Rechtmäßigkeit
         aa) Zuständigkeit (und)
         bb) Verfahren (und)
         cc) Form
      c) Materielle Rechtmäßigkeit
         aa) Schutzgut (und)
         bb) Gefahr (und)
         cc) Pflichtigkeit (und)
         dd) Grundrechtskonformität (und)
         ee) Verhältnismäßigkeit (und)
         ff) Bestimmtheit (und)
         gg) Ermessensfehlerfreiheit
   2. Schaden (und)
   3. Kausalität (und)
   4. Kein Anspruchsausschluß durch
      a) anderweitige Ersatzerlangung (oder)
      b) Inanspruchnahme des Anspruchsstellers zu seinem Schutz (oder)

c) Verjährung
III. Anspruchsinhalt
1. Angemessener Ausgleich in Geld
2. Mitverschuldensanrechnung

33 Ob das Schema für rechtmäßiges oder rechtswidriges Handeln geprüft wird, verlangt die **Vorüberlegung,** ob man im Ergebnis zur Rechtmäßigkeit oder zur Rechtswidrigkeit kommen wird. Notfalls kann vom einen zum anderen Prüfungsschema übergegangen werden. Die Vorüberlegung sollte sich auch darauf erstrecken, ob nach der Fragestellung der jeweilige Anspruchsinhalt verlangt werden kann. Scheidet dieser erkennbar aus, etwa weil ein gesetzlich nicht vorgesehenes Schmerzensgeld verlangt wird, sollte der Prüfungspunkt III. vorgezogen und die Prüfung damit beendet werden.

6. Anspruch auf Einschreiten - Fall

34 Wenn in einem Fall danach gefragt ist, ob jemand ein bestimmtes Handeln von den Polizei- oder Ordnungsbehörden verlangen kann, geht es um das subjektive Recht des einzelnen, die objektive Rechtmäßigkeit des beanspruchten Handelns und die Ermessensreduktion auf Null (vgl. § 10 Rn. 44 ff.). Das subjektive Recht des einzelnen setzt voraus, daß der inzwischen allgemein anerkannte drittschützende Charakter der Aufgaben- und Befugnisnormen (vgl. § 5 Rn. 52) gerade auch den Anspruchsteller schützt. Die Rechtmäßigkeit des verlangten Handelns ist anhand des Aufbauschemas des Grundfalls zu prüfen. Problematisch ist in diesem Zusammenhang häufig die **Subsidiarität gegenüber den Gerichten** bei ausschließlich privaten Rechten (vgl. § 5 Rn. 42 ff.).

Aufbauschema: Anspruch auf Einschreiten-Fall 35

I. Subjektives Recht des Anspruchstellers aus Aufgaben- oder Befugnisnorm

II. Rechtmäßigkeit des beanspruchten Handelns
  1. Ermächtigungsgrundlage
    a) Spezialbefugnis im besonderen Gefahrenabwehrrecht (oder)
    b) Spezialbefugnis im Polizei- oder Ordnungsrecht (oder)
    c) Polizei- oder ordnungsrechtliche Generalklausel (sowie jeweils)
    d) Aufgabenzuweisung und fehlende Subsidiarität
  2. Formelle Rechtmäßigkeit
    a) Zuständigkeit (und)
    b) Verfahren (und)
    c) Form
  3. Materielle Rechtmäßigkeit
    a) Schutzgut (und)
    b) Gefahr (und)
    c) Pflichtigkeit (und)
    d) Grundrechtskonformität (und)
    e) Verhältnismäßigkeit (und)
    f) Bestimmtheit (und)
    g) Ermessensfehlerfreiheit

III. Ermessensreduktion
  1. Anspruch auf Einschreiten (Reduktion des Entschließungsermessens auf Null) (und, wenn beansprucht)
  2. Anspruch auf bestimmtes Einschreiten (Reduktion des Auswahlermessens auf Null).

III. Polizei- und Ordnungsrechtsfälle vor Widerspruchsbehörde und Gericht

Häufig ist nicht nur nach der materiellen Rechtslage, sondern nach Rechtsschutzmöglichkeiten, insbesondere den Erfolgsaussichten eines Widerspruchs oder einer Klage vor Gericht gefragt; Widerspruch oder Klage können bereits erhoben oder erst noch zu erheben sein. Derartige Polizei- und Ordnungsrechtsfälle mit verfahrensrechtlicher 36 oder prozessualer Einkleidung **vermehren die Prüfungsebenen,** verändern aber wiederum nicht die Struktur der bisher dargestellten Falltypen des materiellen Rechts. Die verfahrensrechtlichen oder prozessualen Fragen werden üblicherweise als Prüfung der Zulässigkeit eines Rechtsschutzbegehrens der Begründetheitsprüfung vorangestellt, die sich entsprechend den dargestellten Aufbauschemata vollzieht. Eingangs der Begründetheitsprüfung ist die normative Verknüpfung der Begründetheit des jeweiligen Rechtsmittels mit der Ausgangsfrage des jeweiligen Aufbauschemas herzustellen. Das geschieht z. B. bei der verwaltungsgerichtlichen Anfechtungsklage gegen eine Polizeiverfügung wie folgt: „Die Anfechtungsklage ist gem. § 113 Abs. 1 S. 1 VwGO begründet, soweit die Polizeiverfügung rechtswidrig und der Kläger dadurch in seinen Rechten verletzt ist." Die Rechtswidrigkeit ist nach dem Aufbauschema des Grundfalls zu prüfen. Besondere prozessuale Probleme tauchen in Polizei- und Ordnungsrechtsfällen an folgenden Stellen auf:

1. Rechtswegeröffnung

37 Da Streitigkeiten über polizei- und ordnungsbehördliches Handeln ohne weiteres als öffentlich-rechtliche zu qualifizieren sind, ist gem. § 40 Abs. 1 S. 1 Hs. 1 VwGO regelmäßig der Verwaltungsrechtsweg eröffnet. **Sonderzuweisungen an die ordentlichen Gerichte** finden sich in § 40 Abs. 2 S. 1 VwGO und in polizei- und ordnungsbehördlichen Gesetzen gem. § 40 Abs. 1 S. 2 VwGO hauptsächlich für den Schadensausgleich (vgl. § 26 Rn. 39), ferner für Rechtsmittel gegen die Entscheidungen des Amtsgerichtes in den Fällen des Richtervorbehalts bei Gewahrsam, Wohnungsdurchsuchungen und Maßnahmen der Datenerhebung und -verarbeitung (vgl. § 17 Rn. 14; § 18 Rn. 29; § 14 Rn. 28, 61, 80, 111, 126; § 15 Rn. 39, 53). Der Rechtsweg zu den ordentlichen Gerichten ist gem. § 40 Abs. 1 S. 1 Hs. 2 VwGO auch eröffnet für den Rechtsschutz gegen polizeiliche Maßnahmen, die aufgrund der StPO (z. B. gem. §§ 98 Abs. 2, 112 ff.) getroffen wurden.

38 Wichtig ist die **Sonderzuweisung gem. § 23 EGGVG.** Danach entscheiden über Maßnahmen der Justizbehörden zur Regelung einzelner Angelegenheiten auf dem Gebiet der Strafrechtspflege die Oberlandesgerichte (vgl. § 25 EGGVG), soweit nicht durch andere Rechtsnormen bereits die Zuständigkeit ordentlicher Gerichte begründet worden ist. Auch die Polizei regelt Angelegenheiten auf dem Gebiet der Strafrechtspflege, wenn sie nach Maßgabe der StPO und damit repressiv handelt (vgl. § 2 Rn. 7 ff.). Die Abgrenzung nach

dem Schwerpunkt bei doppelfunktionalen Maßnahmen ist auch für die Rechtswegeröffnung maßgeblich (vgl. § 2 Rn. 14 f.).

2. Klageart

a) Anfechtungsklage. Die Anfechtungsklage als richtige Klageart setzt einen Verwaltungsakt gem. § 35 VwVfG voraus. Ob ein Verwaltungsakt oder nur ein Realakt vorliegt, ist bei den **Spezialbefugnissen** problematisch. Wie bei der Frage, ob sie zur Zwangsvollstreckung ermächtigen (vgl. § 12 Rn. 12 ff.), ist zu differenzieren: Bei Anordnungsbefugnissen liegt stets ein Verwaltungsakt vor. Handlungsbefugnisse ermächtigen sowohl zu einem Verwaltungsakt als auch zu einem Realakt. Letzterer liegt vor, wenn der Betroffene abwesend ist oder sich eine Regelung aus anderen Gründen erübrigt (vgl. § 12 Rn. 10). Wenn aber bei Personen ein Widerstand gebrochen und bei Sachen die Funktionsfähigkeit zerstört wird, handelt es sich um eine Maßnahme der Zwangsvollstreckung (vgl. § 12 Rn. 14). 39

Im Rahmen des **polizeilichen Zwangs und der Verwaltungsvollstreckung** liegen bei der Androhung und Festsetzung eines Zwangsmittels sowie bei der Anwendung des Zwangsgeldes im Beitreibungsverfahren Verwaltungsakte vor. Fraglich ist dies bei der Anwendung der Ersatzvornahme und des unmittelbaren Zwangs, soweit keine speziellen Regelungen wie § 18 Abs. 2 BVwVG einschlägig sind. Die überkommene Auffassung sieht hierin stets einen Verwaltungsakt. Der Regelungscharakter liege in einem konkludenten Duldungsbefehl, die Zwangsanwendung hinzunehmen (vgl. *Drews u. a.*, S. 439, 530 f.). Hintergrund dieser Konstruktion oder „Erdichtung“ *(Otto Mayer)* war, daß bis zur Einführung der verwaltungsgerichtlichen Generalklausel nach dem Zweiten Weltkrieg der Rechtsschutz weitgehend vom Vorliegen eines Verwaltungsakts abhängig war, gegen den allein Anfechtungsklage erhoben werden konnte. Heute ist aber auch gegen Realakte effektiver Rechtsschutz im Wege der Feststellungs- und allgemeinen Leistungsklage gegeben. Außerdem führt die Annahme eines konkludenten Duldungsbefehls zuweilen zu skurrilen Ergebnissen. 40

Beispiel: Während der „Schwabinger Krawalle“ (BVerwGE 26, 161) hatte die Polizei gegenüber Demonstranten einen Platzverweis ausgesprochen. Dieser sollte durch den Einsatz von Gummiknüppeln durchgesetzt werden. Die Annahme einer konkludenten Verfügung, die Schläge zu dulden, ist widersprüchlich: Mußten die Demonstranten weggehen, um den Platzverweis zu 41 befolgen, oder bleiben, um die Schläge zu dulden? Wenn dulden heißt, das Tun eines anderen nicht hindern oder abwehren, hätten die Demonstranten gar nicht versuchen dürfen, den Schlägen auszuweichen (vgl. krit. *Finger,* JuS 2005, 116/117f.; *Pietzner,* VerwArch 1993, 261/275).

42 Teilweise wird **differenziert:** Die Anwendung der Ersatzvornahme und des unmittelbaren Zwangs sei im gestreckten Zwangsverfahren entsprechend ihrem Erscheinungsbild bei unbefangener Betrachtungsweise als Realakt anzusehen. Demgegenüber müsse sie im gekürzten Zwangsverfahren als Verwaltungsakt qualifiziert werden: Sie konkretisiert mangels Androhung und Festsetzung die vollstreckungsrechtlichen Pflichten und stellt fest, daß die gesetzlichen Voraussetzungen für das gekürzte Zwangsverfahren vorliegen (vgl. *Knemeyer,* Rn. 364). Gegen diese Auffassung spricht entscheidend, daß die aufgrund derselben Rechtsnormen ergehende gleiche Handlung nicht unterschiedlich rechtlich bewertet werden kann.

43 Die Anwendung der Ersatzvornahme und des unmittelbaren Zwangs ist folglich einheitlich, d. h. sowohl im gestreckten wie im gekürzten Zwangsverfahren, als **Realakt** zu qualifizieren (vgl. *Maurer,* Allg. VwR, § 20 Rn. 26; *Schenke,* Rn. 553, 558; *Erichsen/Rauschenberg,* Jura 1998, 31/40). Anders ist es nur, wenn das konkrete Geschehen der Anwendung des Zwangsmittels Regelungscharakter hat.

44 **Beispiel:** Nach ordnungsgemäßer Abrißverfügung und ebenfalls ordnungsgemäß angedrohter und festgesetzter Ersatzvornahme erscheint der zuständige Vollzugsbeamte der Bauaufsichtsbehörde mit dem Abrißunternehmer bei dem abzureißenden Objekt und verlangt von dem Eigentümer Handlungen, ohne die der Unternehmer nicht mit dem Abriß beginnen kann.

45 **b) (Fortsetzungs-)Feststellungsklage.** Es liegt in der Natur polizeilicher und – in geringerem Maß – auch ordnungsbehördlicher Maßnahmen zur Gefahrenabwehr, daß sie rasch ergehen. Vor ihrer Durchsetzung kann häufig kein gerichtlicher Rechtsschutz erreicht werden. Daher hat die verwaltungsgerichtliche Fortsetzungsfeststellungsklage eine besondere Bedeutung für das Polizei- und Ordnungsrecht. Gem. § 113 Abs. 1 S. 4 VwGO kann bei Erledigung der polizeilichen Maßnahme, d. h. insbesondere wenn sie ihre Wirkungen in der Vergangenheit gehabt hat, die Feststellung ihrer Rechtswidrigkeit angesprochen werden. Hat sich der Verwaltungsakt schon vor Eintritt der Bestandskraft und vor Klageerhebung durch Aufhebung **erledigt,** sind die Voraussetzungen der Feststellung der Rechtswidrigkeit nach § 43 VwGO zu beurteilen (BVerwGE 109, 203/209; *Wehr,*

DVBl. 2001, 785). Die Rechtswidrigkeit ist wiederum nach dem Aufbauschema des Grundfalls oder Vollstreckungsfalls zu prüfen.

3. Klagebefugnis

Die Zulässigkeit einer Anfechtungs- und Verpflichtungsklage setzt gem. § 42 Abs. 2 VwGO voraus, daß der Kläger geltend macht, durch den Verwaltungsakt oder seine Ablehnung oder Unterlassung in seinen Rechten verletzt zu sein. Das wird allgemein dahin verstanden, daß eine Rechtsverletzung des Klägers möglich sein muß. Das ist unproblematisch bei Polizeiverfügungen, aber erörterungswürdig, wenn ein polizeiliches Einschreiten verlangt wird. Denn zwar ist es inzwischen allgemein anerkannt, daß die polizeilichen Aufgaben- und Befugnisnormen drittschützenden Charakter haben und daher das Nichteinschreiten die Rechte Dritter verletzen kann. Im konkreten Fall kann aber fraglich sein, ob auch der Kläger **zu den Dritten gehört.** 46

Beispiele: Im Bauordnungsrecht ist der Bauherr objektiv-rechtlich zur Rücksicht auf die Umgebung, insbesondere auf das Eigentum an den Nachbargrundstücken und die Gesundheit der Nachbarn, verpflichtet. Ein subjektives Recht erwächst daraus, „wenn in qualifizierter und zugleich individualisierter Weise auf schutzwürdige Interessen eines erkennbar abgegrenzten Kreises Dritter Rücksicht zu nehmen ist" (BVerwG, DVBl. 1981, 928; NVwZ 1989, 666). Zu diesen Dritten gehören, wenn es um die Einhaltung des Bauwichs geht, nur die angrenzenden Grundstückseigentümer und wenn es um die Höhe der Bebauung geht, darüber hinaus auch noch diejenigen Nachbarn, denen die Sicht genommen wird, aber niemand sonst. Soll gegen eine Lärmbelästigung eingeschritten werden, ist der Kreis der subjektiv Berechtigten auf diejenigen beschränkt, die der Lärm in gesundheitsgefährdender Weise erreicht. Anderen Dritten fehlt die Klagebefugnis. 47

Literatur: *R. Brinktrine/B. Kastner,* Fallsammlung zum Verwaltungsrecht, 2. Aufl. 2005; *H. Butzer/V. Epping,* Arbeitstechnik im Öffentlichen Recht, 3. Aufl. 2006; *M.-E. Geis,* Fälle zum Polizei- und Ordnungsrecht, 2011; *G.-H. Gornig/R. Jahn,* Fälle zum Polizei- und Ordnungsrecht, 3. Aufl. 2006; *E. V. Heyen/P. Collin/I. Spiecker gen. Döhmann,* 40 Klausuren aus dem Verwaltungsrecht, 10. Aufl. 2012; *F.-J. Peine,* Klausurenkurs im Verwaltungsrecht, 4. Aufl. 2010; *H. P. Prümm/U. Thieß,* Fälle mit Lösungen aus dem Sicherheits- und Ordnungsrecht, 2. Aufl. 2004; *S. Muckel,* Klausurenkurs zum besonderen Verwaltungsrecht, 4. Aufl. 2009; *R. Poscher/B. Rusteberg,* Die Klausur im Polizeirecht, JuS 2011, 888, 984, 1082; 2012, 26; *R. Schmidt,* Fälle zum Gefahrenabwehrrecht, 2005; *G. Schwerdtfeger,* Öffentliches Recht in der Fallbearbeitung, 13. Aufl. 2008; *A. Seidel/E. Reimer/M. Möstl,* Besonderes Verwaltungsrecht, 3. Aufl. 2009. 48

Sachverzeichnis

Die Zahlen ohne Paragraphenzeichen beziehen sich auf Randnummern